DIE SCHULE DES LOKOMOTIVFÜHRERS

I. Brosius/R. Koch

DIE SCHULE DES LOKOMOTIVFÜHRERS

I. BROSIUS/R. KOCH

II. Band

Erster Reprint der 14. neubearbeiteten Auflage
von Prof. Dr.-Ing. e.h. H. Nordmann unter
Mitwirkung von Dipl.- Ing. H. van Hees mit
409 Textabbildungen
und 4 Tafeln
Einführung zur Neuausgabe
Prof. Dr.-Ing. Manfred Berger

Steiger

CIP-Titelaufnahme der Deutschen Bibliothek

Brosius I./Koch R.
Die Schule des Lokomotivführers
II. Band
- Solingen: Steiger 1992
  ISBN 3-925952-20-9

Erstmaliges Faksimile
der Ausgabe von 1931 in 800 Expl.

Die Vorlage zum Druck dieser Ausgabe stellte die Universitätsbibliothek
Hannover und Technische Informationsbibliothek freundlichst zur
Verfügung. Für Hilfestellung und Mühe danken wir besonders Herrn
Bibliotheksdirektor Jobst Tehnzen, Hannover.

(c) Steiger Verlag
Schellberger Weg 104, 5650 Solingen 1
Druck: Weihert-Druck, Darmstadt
ISBN 3-925952-20-9

Einführung zur Neuausgabe
Prof.Dr.-Ing. Manfred Berger

Von allen jemals in Deutschland erschienenen praxisorientierten Handbüchern der Dampflokomotive war "Die Schule des Lokomotivführers" von Brosius und Koch das populärste und mit seinen 14 Auflagen über sechs Jahrzehnte am meisten verbreitete Werk seiner Art. Die versierten Verfasser erkannten die nach 1870 entstandene Lücke im speziellen Fachbuchangebot, besonders im Hinblick auf die damalige technische Entwicklung des deutschen Eisenbahnwesens, der die Literatur nicht mehr genügte, wie Edmund Heusinger von Waldegg (1817-1886) im Vorwort zur ersten Auflage 1873 freimütig bekannte. Dies betraf sicher nicht nur die von ihm genannten "3 Schriftchen" für angehende Lokomotivführer von Kretschmer, Kosak und Fritsche, sondern auch die "Abbildung und Beschreibung der Locomotive-Maschine ... für Praktiker bearbeitet" von ihm selbst zusammen mit Wilhelm Clauss (1830-1896), Maschinen-Ingenieur der Braunschweigischen Eisenbahn, zuletzt Herzoglicher Bahndirektor, oder beispielsweise "Die Schule des Eisenbahnwesens" von Max Maria von Weber (1822-1881), die 1857 in Leipzig erschien. Der rasche technische Fortschritt überholte die Aktualität aller Publikationen schon in wenigen Jahren nach ihrem Erscheinen. Folglich kamen Werke fast gleichen Inhalts neuer Konkurrenten heraus, so unter anderen von 1908 bis 1910 eine dreibändige Ausgabe "Die Prüfung zum Lokomotivführer und Heizer" von L. Gebhardt und J.W. van Heys, 1908 "Die Prüfung zum Zugführer und Schaffner" von L. Gebhardt und 1909 ein "Lehrbuch für den Eisenbahn-Werkführer und Werkmeister-Dienst" von R. Hirt und G. Brandt.
Auch Brosius und Koch mußten ihre Nachauflagen dem neuesten Stand entsprechend verbessern. Nach ihrem Tode überarbeitete Max Brosius, Königlicher Regierungs- und Baurat in Paderborn, die 11. Auflage schon wesentlich. Wie realitätsbezogen diese Arbeit durchzuführen war, erläuterten die Verfasser im Vorwort zur 9. Auflage : "Da Lokomotiven 25 Jahre und darüber hinaus alt werden können, so sind sehr viele Einrichtungen an hunderten und auch tausenden Lokomotiven noch vorhanden, die bei Neubeschaffungen zwar nicht mehr zur Anwendung kommen, welche aber ... vorläufig in einem an erster Stelle für die Praxis bestimmten

Lehrbuche noch Berücksichtigung finden müssen." Auch nach diesen weiter gültigen Grundsätzen war schließlich eine gewöhnliche Überarbeitung nicht mehr möglich, so daß Hans Nordmann die 14. Auflage (1923/1931) de facto fast ganz neu, jedoch unter dem traditionellen Titel, verfassen mußte.
Brosius und Koch's vom Verein Deutscher Eisenbahnverwaltungen preisgekröntes Werk umfaßte ursprünglich drei Bände: I. Der Lokomotivkessel und seine Armatur; II. Die Maschine und der Wagen; III. Der Fahrdienst. Diese originären, mit vielen Holzschnitten illustrierten Bände vermitteln ein nostalgisch-authentisches Bild der Technik jener Zeit. Für die Abteilungstitel der neubearbeiteten 14. Auflage, die nun im Reprint vorliegt, wählte Nordmann anstelle der teilweise veralteten neuzeitliche technische Begriffe. Doch auch diese Neuauflage konnte der letzten rasanten Entwicklungsphase der Dampflokomotive nicht folgen, die Nordmann in vorwiegend eigenen wissenschaftlichen Veröffentlichungen darlegte. Letztes derartiges, zum Synonym für die Dampflokomotivkunde gewordenes Werk wurde der "Leitfaden für den Dampflokomotivdienst" von Oberreichsbahnrat Leopold Niederstraßer, der 1935 erschien und bis 1957 neun Auflagen erreichte! Möglich war dies, weil die Dampflokomotive während jener Zeit auf dem Höhepunkt ihrer Entwicklung bis zum Ausscheiden als Traktionsmittel wesentliche technische Veränderungen nicht mehr erfuhr. Zudem konnte diese letzten Publikationen des Gegenstandes "Dampflokomotive" noch durch ein bis zwei Verfasser allein bewältigt werden, während Abhandlungen neuerer Zeit mit ständig komplizierteren technischen Systemen Teamarbeit erfordern.
Diesen Trend läßt bereits ein Vergleich der fachlichen Lebenswege der ursprünglichen Autoren mit jenem des letzten Bearbeiters erkennen. Wie die meisten hervorragenden Techniker ihrer Zeit erwarb auch Ignaz Brosius, geboren am 29.07.1838 in Burgsteinfurt, nach dem Studium am Gewerbe-Institut in Berlin und an der Eidgenössischen Polytechnischen Schule in Zürich zunächst praktische Erfahrungen im mehrjährigen Dienst als Lokomotivführer bei der Westfälischen Eisenbahn, bevor er dort 1865 Ingenieur und 1873 Maschinenmeister der Hannoverschen Staatsbahn wurde. Danach leitete er die technischen Büros der Eisenbahndirektionen Magdeburg und Breslau, zuletzt die Hauptwerkstatt Harburg. Im Auftrag des Ministers der Öffentlichen Arbeiten besuchte er als Kommissar die Weltausstellungen Wien (1873), Philadelphia

(1876) und Paris (1878). Er schrieb seine "Reise-Erinnerungen an die Eisenbahn der Vereinigten Staaten von Nordamerika" (2. Auflage 1885), mit R. Koch außer "Die Schule des Lokomotivführers" das vierbändige Werk "Der äußere Eisenbahnbetrieb" (2. Auflage 1893 ff.) sowie "unter Mitwirkung von Fachgenossen" ein "Illustriertes Wörterbuch der Eisenbahn-Materialien für Oberbau, Werkstätten, Betrieb und Telegraphie". Eisenbahndirektor z.D. I. Brosius starb am 31.08.1904 in Hannover.

Richard Koch wurde am 24.08.1836 in Wildungen geboren. Nach seiner Ausbildung arbeitete er bei mehreren Eisenbahnverwaltungen, war von 1882 bis 1886 Sektionsdirektor im Serbischen Eisenbahnministerium und seit 1890 als Oberinspektor Leiter des maschinentechnischen Büros der Württembergischen Staatseisenbahnen. Auch Koch legte seine zahlreichen Erfahrungen in mehreren größeren Publikationen nieder, besonders in Zusammenarbeit mit I. Brosius. Selbst verfaßte er das dreibändige Werk "Das Eisenbahnmaschinenwesen" (1879 - 1880. Er starb am 6.09.1900 in Hannover.

Hans Nordmann, am 14.01.1879 in Halberstadt geboren, studierte an der Technischen Hochschule Hannover und begann 1905 seine berufliche Laufbahn nach der Staatsprüfung als Regierungsbaumeister bei verschiedenen Ämtern der Eisenbahndirektion Magdeburg der Preußischen Staatsbahn. Vor allem für die Theorie und Praxis des Lokomotivbaues interessiert, orientierte er sich auf intensiven Studienreisen zu mitteleuropäischen Eisenbahnverwaltungen und Lokomotivbaufirmen über den neusten technischen Stand. Hiernach war er bei Berliner Eisenbahndienststellen, zunächst beim Starkstromdezernat der Eisenbahndirektion, seit 1912 im Abnahmedienst und dann im Zentralamt tätig. 1917 wurde er Vorstand des Werkstättenamtes Kassel. Seit 1922 leitete er schließlich bis 1945 als Mitglied des Reichsbahn-Zentralamtes, zuletzt als Reichsbahn-Abteilungspräsident das Dezernat für Versuche mit Dampflokomotiven. Durch die Lokomotiv-Versuchs-Anstalt Grunewald erfolgten unter seiner Regie die Tests und Versuche fast aller Neukonstruktionen deutscher Dampflokomotiven, besonders der Einheits- und Hochgeschwindigkeitslokomotiven, deren Weiterentwicklung er aufgrund der Versuchsergebnisse wesentlich beeinflußte. In Würdigung seiner wissenschaftlich-technischen Leistungen wurde er bereits am 17. Januar 1923 zum Honorarprofessor an der Technischen Hochschule Berlin ernannt, an welcher er bis kurz vor seinem Tode lehrte. Am 9. Dezember 1930 verlieh ihm die TH Berlin als Anerkenung seiner Verdienste bei der Erforschung des Arbeitsganges in der Lokomotive und bei der Vervollkommnung der Untersuchungsverfahren nach brillantem Vortrag die Würde eines Dr.-Ing.E.h.. 1942 berief ihn die Akademie der Wissenschaften zu Berlin zu ihrem ordentlichen Mitglied. Daneben gehörte der hervorragende Techniker vielen Gremien an, unter anderem im Verein Deutscher Ingenieure, der Deutschen Maschinentechnischen Gesellschaft, zuletzt als deren Vorstandsmitglied. Prof.Dr.-Ing.E.h.. Hans Nordmann starb am 17. November 1957 in Berlin-Wilmersdorf. Nordmann hat seine ebenso großen praktischen wie theoretischen Erfahrungen, insbesondere die Resultate seiner Untersuchungen und Versuche in über 60 Veröffentlichungen dargelegt, die als Abhandlungen der Deutschen Akademie der Wissenschaften, Mathematisch-Naturwissenschaftliche Klasse, in Schriften des Vereins Deutscher Ingenieure (VDI), in Glasers Annalen, im Organ für die Fortschritte des Eisenbahnwesens ..., im Springer-Verlag, Elsner-Verlag und bei Siemens, Berlin, erschienen. Vor allem widmete er diese der Mechanik der Zugförderung und Lokomotivbelastung, der Heißdampflokomotive, der Weiterentwicklung und Leistungsbeurteilung des Lokomotivkessels und der Hochgeschwindigkeits-Dampflokomotive. Besonders erwähnenswert sind u.a. "Die Versuche mit der Turbinenlokomotive von Krupp-Zoelly" (1930) und "Versuche mit Dampflokomotiven für Hochgeschwindigkeiten" (1936). Unter seiner Leitung wurden durch die Lokomotiv-Versuchs-Abteilung Grunewald auch die legendären Versuchsfahrten mit der von Adolf Wolff konstruierten 05 001 und 05 002 (1935), und der 61 001 des Henschel-Wegmann-Zuges (1936), ferner mit der stromlinienverkleideten Einheitslok 01^{10} (1939) und der Versuchslok 19^{10} mit Einzelachsenantrieb (1941) durchgeführt. Mit dem vorliegenden Nachdruck der 14. Auflage der "Schule des Lokomotivführers" von Brosius und Koch, deren Titel Hans Nordmann "nur" als Neubearbeiter nennt, erscheint nun eine der ersten Arbeiten dieses um die letzte Entwicklung der Dampflokomotive hochverdienten Wissenschaftlers und Ingenieurs wieder.

Vorwort.

Weit länger, als es dem Verleger und mehr noch dem Verfasser lieb war, hat das Erscheinen der neuen Auflage des zweiten Bandes auf sich warten lassen. Die Versetzung in ein neues arbeitsreiches Amt, zu dem sich bald noch die Lehrtätigkeit an der Technischen Hochschule und die Mitgliedschaft bei Prüfungsämtern gesellte, ließen es mir nach Inangriffnahme der Arbeit wenig aussichtsreich erscheinen, das Manuskript ohne Unterstützung durch einen Mitarbeiter in nicht allzulanger Zeit zu vollenden. Und auch dessen Auffindung und Einarbeitung erforderte Zeit.

Dennoch wird man, wie ich glaube, im Enderfolg die starke Verzögerung nicht zu bedauern brauchen. Denn bei eiliger Verfassung gleich nach dem Erscheinen des ersten Bandes wäre der zweite Band schon nach kurzer Zeit stark veraltet gewesen; er hätte weder etwas über die neuen Einheitslokomotiven der Reichsbahn enthalten können, noch viel über die Sonderbauarten von Lokomotiven, wie Kohlenstaub-, Hochdruck-, Turbinen- und Diesellokomotiven. Die Entwicklungszeit all dieser Fahrzeuge ist gerade die Zeit von 1925 bis 1930; die Einheitslokomotiven der erforderlichen Gattungen sind nun da, die Sonderlokomotiven haben meist ihre etwas unruhigen Kinderjahre hinter sich, ihre Entwicklung ist erst einmal in die ruhigen Bahnen betrieblicher Erprobung im nüchternen Alltagsdienst eingelenkt. So konnten alle diese Maschinen gleichsam noch im neuen zweiten Band eingefangen werden.

Freilich ein Mißstand mußte ohne einen etwas ungewöhnlichen Schritt mit dem zeitlichen Abstand vom ersten Bande wachsen. Das Werk, das an sich in der Summe der ersten beiden Bände den Aufbau der Lokomotiven darstellt, drohte immer ungleichmäßiger zu werden, eine je längere Entwicklung einem Hauptgegenstand des ersten Bandes, dem Lokomotivkessel, seit 1923 beschieden war. Deshalb wurde ein besonderer Nachtrag aufgenommen, der alle seitherigen Kesselneuerungen in der gleichen Reihenfolge, wie diese Einrichtungen im ersten Bande beschrieben wurden, enthält. Die beiden Bände schildern also zusammen den Stand des Lokomotivbaus um 1930, und der Leser der ersten Bandes braucht nicht das peinliche Gefühl fehlenden Anschlusses an das „Heute" zu haben. Dieser Umstand ist so wichtig, daß er mir starke Hervorhebung zu verdienen schien; der Leser wird nicht vergeblich nach den neuen Formen der Feuerbüchse einschließlich der Wasserkammern, der Rauchkammer und Kesselausrüstung fragen, und auch der neue Langrohrkessel ist in Wort und Bild aufgenommen.

Nachdem die vorige Auflage doch immerhin eine gewisse zeitliche Nacheilung bei allen sonstigen guten Eigenschaften gezeigt hatte, ist es verständlich, daß die neue Auflage, anderthalb Jahrzehnte später an einer zentralen Stelle der Reichsbahn herangereift, eigentlich nichts mehr von dem früheren Werk enthält, als die Reihenfolge des Aufbaus. Der alte Text wurde gar nicht mehr zu Rate gezogen, nur wenige brauchbare Abbildungen noch benutzt.

Daß ich mich mancher Unterstützung zu erfreuen hatte, das auch im Vorwort hervorzuheben, ist mir eine angenehme Pflicht. Den obenerwähnten Mitarbeiter fand ich in der Person des Herrn Reichsbahnrats Dipl.-Ing. van Hees. Obgleich ich mir als sozusagen verantwortlichem Schriftleiter den maßgebenden Einfluß auf Inhalt und Text vorbehalten mußte, erwies sich doch die ganze Darstellungsart des Herrn van Hees als so verwandt der meinigen, war der Umfang seiner Mitarbeit so groß, daß ich ihn als Mitarbeiter auf dem Titelblatt ausdrücklich gern genannt habe.

Daneben hat mir auch mein zweiter Hilfsarbeiter, Herr Reichsbahnrat Dipl.-Ing. Woschni eine Reihe konstruktiver Beschreibungen, einschließlich der zugehörigen Abbildungen so wirksam vorbereitet, daß ich dieser Mithilfe als einer mich erheblich entlastenden Arbeit dankbar hier gedenken möchte. Das gleiche möchte ich noch tun gegenüber Herrn technischen Reichsbahninspektor Kneist, der am Lesen der Korrektur verdienstlichen Anteil hat und in großer Gewissenhaftigkeit den geschäftlichen Briefwechsel mit dem Verlag und den Bauanstalten wegen der Abbildungen geführt hat. Manche kleinere Hilfe aus dem Schoß der eigenen Verwaltung muß in einem knappen Vorwort im einzelnen ungenannt bleiben.

Wegen der Abbildungen bin ich nahezu allen deutschen Lokomotivbauanstalten verpflichtet, auch mancher, die leider unter der wirtschaftlichen Ungunst ihre Pforten hat schließen oder sich mit einer anderen hat fusionieren müssen. Ich danke hier den Firmen Allgemeine Elektrizitäts-Gesellschaft, Berliner Maschinenbau AG. (auch als Hartmann-Chemnitz Nachfolger), Borsig, Eßlingen, Hanomag, Henschel, Krupp, Maffei und Schichau; an außerdeutschen Bauanstalten den Lokomotivfabriken Floridsdorf-Wien und Winterthur (Schweiz). Reichliche Unterstützung in Abbildungsstoff verdanke ich weiter der Knorrbremse AG., und endlich sind in diesem Zusammenhang die Zeitschriften „Glasers Annalen" und „Organ für die Fortschritte des Eisenbahnwesens", sowie der „Verein deutscher Ingenieure" mit mehreren seiner literarischen Erzeugnisse für die zugestandene Benutzung von geeigneten Abbildungen dankbar zu nennen.

Vor allem aber gilt der Dank des Verfassers auch dem Verleger, der keine Mühe gescheut hat, um in gewohnter vorbildlicher Gediegenheit nach Satz und wenn möglich noch mehr nach den Abbildungen, nun den zweiten Band neu herauszubringen.

Noch ein kurzes Wort über das Verhältnis des „Brosius und Koch" zu manchen halbamtlichen Lehrheften über die Lokomotive. Es kann und soll ein gutes sein. Denn neben kurzgefaßter Einarbeitung oder Wiederholung wird der strebsame Lokomotivbeamte gewiß gern die Möglichkeit haben, nach einem ausführlichen Lehrbuch zu greifen. Auch dem technischen Betriebs- und Werkstattsbeamten wird es nicht unwillkommen sein, und endlich hoffe ich, die Darstellung so getroffen zu haben, daß bei guter Verständlichkeit für den Lokomotivbeamten sich auch der Student der Technischen Hochschule nicht zu schämen braucht, das verhältnismäßig wohlfeile Buch zu seiner Unterrichtung über den Aufbau der Lokomotive — natürlich ohne Theorie und Berechnung — zu benutzen.

So gebe ich denn dem zweiten Bande im neuen Gewande den Wunsch mit, vor allem auch unserem deutschen Lokomotivpersonal, auf das der Jahrzehnte alte Titel des Buches weist, dazu zu verhelfen, daß es nicht nur ein gewissenhafter und pflichttreuer, sondern auch kenntnisreicher Beamtenkörper sei und bleibe.

Berlin, Juni 1931.

Nordmann.

Inhaltsverzeichnis.

Seite

Einleitung. Überblick über den Inhalt des II. Bandes 1

I. Die Dampfmaschine der Lokomotive.

1. Die Entstehung der Zugkraft. Die Lokomotive soll Zugkraft ausüben. Das Kurbeltriebwerk. Zugkraftbildung durch Reibung am Radumfang bedingt. Der Totpunkt. Ungleichförmige Bewegung des Kolbens. Günstiger Einfluß langer Treibstangen, Kreuzkopfdruck. Notwendigkeit zweier Triebwerke mit versetzten Kurbeln 3
2. Grundsatz der Schiebersteuerung. Dampfzylinder mit Schieberkasten, Dampfkanälen und Schieber 9
3. Die Dampfwirkung im Zylinder und das Indikatordiagramm. Druckabfall zum Schieberkasten. Ausnutzung und Vorteil der Dehnung. Die Perioden der Dampfarbeit. Der Indikator. Das (theoretische) Indikatordiagramm oder die Dampfdruck-Schaulinie. Wirkliche Diagramme. Der Gegendruck. Anbringung der Indikatoren. Wert der Diagramme 11
4. Die einfache Schiebersteuerung. Antrieb des Schiebers. Unmöglichkeit der Dehnung bei fehlender Überdeckung. Voröffnung und Voreilwinkel. Äußere und innere Überdeckung. Hauptstellungen des Schiebers. Das Exzenter als Kurbel 20
5. Die Umsteuerung. Umkehrung der Drehrichtung mit der Dampfströmung, Vorwärts- und Rückwärtsexzenter 25
6. Die Stephensonsche Schwingensteuerung. Entwicklung der Eigenschaften der Schwingensteuerungen überhaupt. Beschreibung der Stephenson-Steuerung. Erhaltung des Schwingungsmittelpunktes des Schiebers, Krümmung der Schwinge. Offene und gekreuzte Stangen, veränderliche Voröffnung. Springen des Schwingensteins . . . 27
7. Die Steuerung von Gooch. Gleichbleibende Voröffnung 32
8. Die Steuerung von Allan-Trick. Gerade Schwinge. Zweiarmiger Aufwerfhebel, sein Längenverhältnis 33
9. Die Heusinger-Steuerung. Nur ein Exzenter, Heranziehung des Kreuzkopfes. Gleichbleibende Voröffnung. Vorteile der Steuerung . . 35
10. Übergang zur Kolbenschiebersteuerung. Flachschieber und äußere Einströmung, für Heißdampf nicht geeignet. Umgekehrte Schieber- und Exzenterlage für gleiche Dampfverteilung bei Kolbenschiebern mit Inneneinströmung . . . 37

Seite

11. Bauliche Durchbildung der Flach- und Kolbenschieber. Einfacher Flachschieber mit Schieberrahmen. Flachschieber mit doppelter Einströmung. Entlastete Flachschieber. Kolbenschieber mit doppelter Einströmung, seine Dichtungsringe. Kolbenschieber mit einfacher Einströmung. Schieberbuchsen 39
12. Die äußere Steuerung. Die Hubscheiben. Die Schwingen: Schlitzschwinge, Taschenschwinge, Schlitzschwinge mit Seitenschilden. Die Schieberschubstange. Schieberstangeneinstellung. Lagerung der Steuerungsteile. Steuerhebel zum Umsteuern. Steuerschrauben 46
13. Ventilsteuerung bei Lokomotiven. Erhoffte Vorteile. Ältere Lentz-Ventilsteuerung. Neuere Lentz-Ventilsteuerung, Österreich. Caprotti-Ventilsteuerung 60
14. Die Dampfzylinder. Naßdampfzylinder mit Flachschieber. Heißdampfzylinder mit Kolbenschieber. Ausströmkästen. Zylinder der Einheitslokomotiven. Zylinderdeckel, Kolbenstangen-Tragbuchsen. Stopfbuchsen mit Weichpackung. Ältere Metallpackung. Stopfbuchsen mit gußeisernen Dichtringen. Dreizylinderlokomotiven 63
15. Kolben und Kolbenstange. Dampfkolben. Kolbenringe. Die Kolbenstange 78
16. Ausrüstung der Dampfzylinder. Zylinderventile (-hähne) für das Niederschlagwasser. Zylinder-Sicherheitsventile. Luftsaugeventile. Druckausgleicher mit Hahn oder Ventil. Neue Druckausgleicher mit Eckventilen. Druckausgleich-Kolbenschieber „Nicolai" und „Trofimoff" 80
17. Die Schmierpumpen. Sichtöler für Naßdampf. Heißdampföl. Schmierpumpe von Michalk. Schmierpumpe von De Limon Fluhme. Hochdruckpumpe von Bosch. Schmierpumpe von Friedmann. Ölsperren 88
18. Kreuzköpfe, Gleitbahn und Gleitbahnträger. Zweischieniger Kreuzkopf. Einschienige Kreuzköpfe. Die Gleitbahnen. Gleitbahnträger 101
19. Treib- und Kuppelstangen. Zweck und bauliche Grundgedanken. Älterer Stangenkopf. Neuere Treibstange. Lagerschalen mit Beilagen. Offene Stangenköpfe in neuere Treibstangen. Kuppelstangen und ihre Gelenke. Kuppelstangen für Achsen mit Seitenspiel. Stangenkopf mit Buchsenlager. Lagerschmierung. Schleuderschmierung mit Ventilstift. Nadelschmierung 104
20. Der Sandstreuer. Ungünstige Einflüsse auf die Schienenreibung. Aufhebung durch Sandstreuen. Älterer Sandkasten. Sandung aller Treibräder für hohe Zugkräfte. Preßluftsandstreuer von Knorr und Borsig 117
21. Die Gegendruckbremse. Ältere Versuche. Gegendruckbremse bei Zahnradbahnen. Übertragung auf Reibungslokomotiven. Bauliche Anordnung, Wechselschieber. Reihenfolge der Bedienungsgriffe 121
22. Geschwindigkeitsmesser. Geschwindigkeitsschätzung. Einführung der Geschwindigkeitsmesser. Geschwindigkeitsmesser von Haushälter, Hasler und der Deutawerke. Beleuchtung, Leuchtzifferblätter 127

II. Das Fahrgestell.

1. Der Rahmen. Seine Einzelteile. Innen- und Außenrahmen. Blech- und Barrenrahmen. Kraußscher Kastenrahmen 133

2. **Die Kesselträger.** Rauchkammerträger. Stehkesselträger, Schlingerstücke und Stützbleche. Pendelstützen. Kesselhalter 138
3. **Pufferträger und Kuppelkasten. Zug- und Stoßvorrichtungen.** Pufferträger. Zugvorrichtungen. Kupplung. Puffer: Stangenpuffer, Hülsenpuffer und Reibungspuffer. Gesetzliche Bestimmungen für Zug- und Stoßvorrichtungen. Bahnräumer. Kuppelkasten. Kuppeleisen und Stoßpuffer 144
4. **Die Radsätze.** Kuppelräder und Laufräder. Maße an den Radsätzen. Laufradsatz. Radreifen. Sprengring. Kuppelradsatz. Kuppel- und Treibzapfen. Schwingenkurbel. Gegengewichte. Gekröpfte Achsen . . . 155
5. **Achslager und deren Führungen.** Achslager: Lagerschale, Gehäuse und Unterkasten. Achslagergleitplatten. Lagerführungen. Stellkeil. Achsgabelsteg. Obergethmann-Lager 164
6. **Federung und Ausgleich.** Zweck der Federn. Entstehung der Blattfedern. Die Federblätter. Federgehänge und Federspannschrauben. Ausgleichshebel in verschiedenen Ausführungen. Dreipunktauflagerung . . . 170
7. **Verschiebbarkeit von Radsätzen, Dreh- und Lenkgestelle.** Schwächerdrehen und Abdrehen der Spurkränze. Seitlich verschiebbare Radsätze. Klien-Lindner-Radsatz. Luttermöller-Radsatz. Drehbare Laufradsätze. Das Schlingern der Lokomotive. Geführte Länge. Adams-Achse. Bisselgestell. Drehgestelle. Krauß-Helmholtz-Gestell 181
8. **Führerhaus und Laufblech.** Führerhauswände. Türen. Fenster. Sitze. Dach- und Lüftung. Boden. Tenderbrücke. Handgriffe und Meßvorrichtungen. Laufblech. Windleitbleche 201

III. Mehrzylinder- und Verbundlokomotiven.

1. **Die störenden Bewegungen der Lokomotive.** Das Schlingern und die Mittel zu seiner Kleinhaltung. Die störenden Bewegungen auf den Federn; Nicken, Wanken, Wogen. Störende Bewegungen als Rückwirkung auf das Spiel der Triebwerksmassen. Die Zuck- und Drehbewegung. Verminderung durch Gegengewichte. Größe der störenden Ausschläge 207
2. **Die Gleichmäßigkeit der Zugkraft.** Veränderlichkeit der Kolbenkraft durch Dampfdruck und Massenkräfte. Veränderlichkeit der Zugkraft mit dem Kurbelwinkel; Zusammensetzung der einzelnen Zylinderzugkräfte. Höchst- und Kleinstwerte der Zugkraft 217
3. **Drei- und Vierzylinderlokomotiven.** Geschichtliches. Lokomotiven mit zwei Innenzylindern. Dreizylinderlokomotiven, ihre kleineren störenden Bewegungen und gleichmäßige Zugkraft. Vierzylinderlokomotiven mit einfacher Dehnung, Vor- und Nachteile. Vierzylinder-Verbundlokomotiven, zuckfrei und sparsam. Ein- und Zweiachsentrieb. Steuerung der Vierlinglokomotiven, der Vierzylinder-Verbundlokomotiven. Zusammengesetzte Steuerung von Dreizylinderlokomotiven mit nur zwei Schwingen. Neuerlicher Übergang zu drei selbständigen Steuerungen 219
4. **Verbundlokomotiven.** Dampfdehnung in zwei Zylindern nacheinander. Dampfersparnis durch geringere Verluste. Indikatordiagramm der Verbundlokomotive. Bauliche Ausführung der Zylinder bei Zwei- und Vierzylinderlokomotiven. Notwendigkeit einer Anfahrvorrichtung. An-

Inhaltsverzeichnis.

fahrvorrichtung von Dultz. Anfahrvorgang der Einheits-Verbund-Schnellzuglokomotive. Anfahrvorrichtung der S 3/6-Lokomotive 232

IV. Tender und Vorratsbehälter, Beleuchtung.
1. Der Tender. Notwendigkeit des Tenders. Übliche Tendergrößen. Laufwerk des vierachsigen Einheitstenders. Vorratsbehälter. Ausrüstung des Tenders. Bayerische Form des vierachsigen Tenders. Vierachsiger 21,5 cbm-Tender mit Fachwerkdrehgestellen. Dreiachsiger Tender ... 246
2. Vorratsbehälter der Tenderlokomotiven 262
3. Die Beleuchtung der Lokomotiven. Gasbeleuchtung, Druckregler, Laternen. Elektrische Beleuchtung, Turbodynamo, Schaltung 265

V. Die Lokomotiven der Regelbauart.
1. Die Bezeichnung der Lokomotiven. Bezeichnung nach dem reinen Kupplungsverhältnis. Schärfere Hervorhebung der Achsanordnung. Bezeichnung des Vereins Deutscher Eisenbahnverwaltungen. Neue Bezeichnung der Reichsbahn. Gegenüberstellung der neuen Bauartreihen und der früheren Länder-Gattungsbezeichnungen. Bezeichnung der Einheitslokomotiven 271
2. Übersicht über die Lokomotivgattungen, insbesondere der Deutschen Reichsbahn. Die Schnellzugslokomotiven, Gattungen 2 C, 2 C 1, 1 D 1. Die Personenzuglokomotiven der Bauarten 2 C und 1 D 1. Ausländische vierfach gekuppelte Schnell- und Personenzuglokomotiven der Formen 2 D, 2 D 1 und 1 D 2. Leichte Personenzuglokomotive der 1 C-Bauform. Güterzuglokomotiven. Die leichteren Bauformen C, D, 1 D und E, die schwerere Form 1 E, 1 F. Eigenart der Tenderlokomotiven. Personenzug-Tenderlokomotiven der Bauformen 1 C, 1 C 1 und 2 C 2. Güterzug-Tenderlokomotiven der Bauformen C, D, 1 D 1, E, 1 E 1. Lokomotiven der Bauart Mallet-Rimrott, insbesondere D + D. Leichte Personenzug- und Schmalspurlokomotiven 276

VI. Sonderbauarten von Lokomotiven.
Begriffsbestimmung der Sonderbauarten 300
1. Zahnradlokomotiven. Sehr große Zugkräfte auf Steilstrecken. Formen der Zahnstange. Schema der Zahnradlokomotiven. Verbundform der neueren Zahnradlokomotiven. Wechselventil für Reibungs-, Zahnstangen- und Talfahrt. Bremsen und Ausrüstung. Lokomotiven für gemischten und reinen Zahnstangenbetrieb 300
2. Kohlenstaublokomotiven. Erwartungen und Schwierigkeiten. Die Brenner der AEG. und der Studiengesellschaft. Die Sondereinrichtungen von Lokomotive und Tender. Bisherige Ergebnisse 308
3. Hochdrucklokomotiven. Eigenart und Dampfspannungen. Der Schmidt-Henschel-Zweidruckkessel mit mittelbarer Beheizung. Die Kesselausrüstung. Die Maschinenanordnung. Bisherige Ergebnisse. Die Bauart Löffler-Schwartzkopff 315
4. Turbinenlokomotiven. Vorteile des Dampfniederschlags. Übertragung auf die Lokomotive, nur mit der Turbine möglich. Der Kessel der Krupp-Zoelly-Turbinenlokomotive. Triebwerk, Turbine und Kondensator. Die Hilfsmaschinen. Der Kühltender. Ergebnisse. Die Maffei-Lokomotive 325

X Inhaltsverzeichnis.

Seite

5. Diesellokomotiven. Eigenart des Dieselmotors. Notwendigkeit einer besonderen Übertragung. Das Zahnradgetriebe. Das Flüssigkeitsgetriebe. Die dieselelektrische Lokomotive. Die Dieseldruckluftlokomotive 336
6. Feuerlose Lokomotiven 347

VII. Nachtrag zu Band I, Abschnitt III (Der Kessel).

Einleitung 350
1. Feuerbüchswasserkammern. Zweck und bauliche Durchbildung .. 350
2. Neue Form der Aschkästen. Ergänzung des Kipprostes durch Bodenklappen 352
3. Rauchkammer, Schornstein und Blasrohr, Funkenfänger. Große Rauchkammern mit tiefem, weitem Blasrohr. Nischen für die Pumpen. Stollerz-Funkenfänger 356
4. Neuer Ventilregler 358
5. Neuerungen an den Kesselspeisevorrichtungen. Frischdampfventil zum Vorwärmer. Speisewasserrückgewinnung. Neue saugende Dampfstrahlpumpe. Verbundspeisepumpe Nielebock-Knorr. Abdampfstrahlpumpe 360
6. Das Ackermann-Sicherheitsventil 366
7. Das neue Dampfheizventil 368
8. Neue Form der Dampfentnahmestutzen 369
9. Speisedom, Schlammabscheider, Abschlammventile. Speisedom mit Winkelrosttürchen. Abschlammschieber von Strube. Abschlammschieber von Ludwig 373
10. Neueste Form des Einheitskessels und Überhitzers. Langrohrkessel. Geteilter Dampfsammelkasten. Dreiteiliger, geschweißter Überhitzer 376

VIII. Die Bremsen.

1. Allgemeines. Zweck der Bremsen. „Lebendige Kraft". Reibungsbremsen: Klotzbremsen, Bandbremsen, Zangenbremsen, Schlittenbremsen und Keilbremsen. Gegenkraftbremsen: Le Chatelier, Riggenbach. Elektrische Bremsen 380
2. Die Klotzbremsen. Die Wirkung der Klotzbremse. Die Bremsklötze. Das Bremsgestänge. Der Bremsgestängesteller schwedischer Bauart. Die Kraftquelle für den Bremsdruck 382
3. Die Handbremsen. Die Spindelbremse. Die Extersche Wurfhebelbremse 394
4. Die Luftbremsen. Allgemeines. Einkammer-Druckluftbremsen: Die unmittelbar wirkende, nicht selbsttätige Bremse von Westinghouse und die mittelbar wirkende, selbsttätige Bremse. Zweikammerbremsen. Saugluftbremsen 398
5. Die selbsttätigen Einkammer-Druckluftbremsen von Westinghouse und Knorr. Allgemeine Anordnung der Druckluftbremsen. Ihre Wirkungsweise 403
6. Die Lokomotiv-Zusatzbremse. Anordnung. Der Führerbremshahn. Das Doppelrückschlagventil. Die Zusatzbremse bei Lokomotiven mit Flachschieberventil 408

Inhaltsverzeichnis.

Seite

7. Die Luftpumpe. Die einstufige Pumpe. Die zweistufige Pumpe. Die Doppel-Verbund-Luftpumpe. Die DK-Schmierpumpe. Der Luftpumpendruckregler. Der Hauptluftbehälter 412

8. Das Führerventil. Das Westinghouse-Führerventil. Das Knorr-Flachschieberführerventil. Das Drehschieberführerventil von Knorr . . 432

9. Die Hauptleitung. Die Leitung. Staubfänger. Bremskuppelungen. Luftabsperrhähne 449

10. Die Steuerventile. Das Einfachsteuerventil. Das schnellwirkende Steuerventil von Westinghouse. Das schnellwirkende Steuerventil K 1 der Knorrbremse A.-G. 455

11. Der Hilfsluftbehälter. Der Hilfsluftbehälter. Das Auslöseventil . . 474

12. Der Bremszylinder. Bauarten und Abmessungen der Bremszylinder 476

13. Die Notbremse. Der Notbremshahn. Die Notbremseinrichtung der Personenwagen. Das Notbremsventil. Das Ackermann-Notbremsventil 478

14. Die Kunze-Knorr-Bremse. Die Nachteile des Handbremsbetriebs für Güterzüge. Die Mängel der Einkammerbremsen für Güterzüge. Forderungen an eine Güterzug-Luftbremse. Wirkungsweise der Einkammer-Steuerventile. Der Zweikammerzylinder. Die Übertragungskammer, das Mindestdruckventil und die Drosselbohrung. Der Zweikammerzylinder als Bremszylinder und das Zwischenventil. Der GP-Wechsel. KKP- und KKS-Bremse. Das Beschleunigungsventil. Der Bremsdruckregler. Die Kennzeichen der KKG-, der KKP- und der KKS-Bremse . 484

15. Einzelteile der Kunze-Knorr-Güterzugbremse. Das Steuerventil G. Wirkungsweise des Steuerventils G. Der Bremszylinder KKG. Die Auslösevorrichtung. Der Lastwechsel. KKG$_2$-, KKG$_1$- und KKG$_3$-Bremse 508

16. Einzelteile der Kunze-Knorr-Personenzugbremse und der Kunze-Knorr-Schnellzugbremse. Die Steuerventile P und S. Das Beschleunigungsventil. Wirkungsweise der Steuerventile und des Beschleunigungsventils. Die Bremszylinder P und S. Die Auslösevorrichtungen. Der Bremsdruckregler 524

Sachverzeichnis 542

Einleitung.

Der II. Band trug bisher die Bezeichnung: „Die Maschine und der Wagen". An dieser Stoffeinteilung soll auch die neue Auflage nichts ändern, denn sie ist angesichts der engen Zusammengehörigkeit von Dampfmaschine und Fahrzeug wohlbegründet. Der Rahmen der Maschine ist gleichzeitig der Fahrzeugrahmen, die Treibachse gleichzeitig eine Tragachse des Fahrzeugs, und der Ausbau der Achsen in der Werkstatt löst sowohl den Zusammenhang des Fahrzeugs als der Maschine. Im Gegensatz dazu bildet der Kessel, der ja auch in der Werkstatt abhebbar ist, einen Teil für sich.

Der Band behandelt zunächst des näheren die Dampfmaschine mit ihrer Steuerung und dem Triebwerk. Dabei ist die neuzeitliche Zylinderausrüstung nicht vergessen; auch die Schmierpumpen, als allein oder vornehmlich der Kolben- und Schieberschmierung dienend, sind hier angereiht. Die heute im Steilrampenbetrieb so bedeutungsvolle Gegendruckbremse ist dem Bremsteil des Bandes vorweggenommen und hat als unmittelbare Umkehrung des Dampfmaschinenprozesses hier ihren Platz gefunden. Ebenso gehört der Sandstreuer, insofern er auch bei ungünstigen Verhältnissen die notwendige Reibung sichert, in das große Kapitel, dessen Inhalt letzten Endes die Bildung der Zugkraft der Lokomotive behandelt. Als die andere wichtige Bestimmungsgröße der Lokomotivleistung ist die Geschwindigkeit zu nennen, ihre Messung bildet den Beschluß des Hauptabschnittes. Es folgt nunmehr die Beschreibung des Laufwerks — die Lokomotive als Fahrzeug — mit Rahmen, Achsen und Federn, mit kurvenbeweglichen Achsen und Drehgestellen.

Nachdem bisher im wesentlichen von der einfachen Zwillinglokomotive als der Grundform und häufigsten Form die Rede gewesen, sind weiter die unsymmetrischen Zweizylinderverbundlokomotiven, sowie die drei- und vierzylindrigen Triebwerke zu erörtern; ihr voran geht zweckmäßig eine kurze Behandlung der störenden Bewegungen. Der Tender nebst einigen Bemerkungen über die Vorratsbehälter der Tenderlokomotiven folgt, und alsdann die Beleuchtung, die in der bisherigen Auflage gar nicht erörtert war. Nachdem nunmehr alles Notwendige über die Lokomotive der Regelbauart behandelt ist, folgt die Beschreibung der wichtigeren Lokomotiven der Deutschen Reichsbahn. Darüber hinaus war nunmehr ein Überblick zu geben über besondere Lokomotivbauarten, die Zahnradlokomotiven und die Ergebnisse neuzeitlicher Bestrebungen: die Kohlenstaublokomotiven, die Turbinen-, Hochdruck- und Diesellokomotiven.

Nach dem seit dem Erscheinen des 1. Bandes eine längere Spanne verstrichen ist, ist nunmehr noch ein Abschnitt eingeschoben, der das Werk hinsichtlich des Kessels und seiner Ausrüstung wieder auf das Laufende bringt. Er beschreibt die neuen Speisepumpen, Regler und Sicherheitsventile sowie die heutige Anordnung des Vorwärmers und der Entschlammung. Auf diese Weise ist das Werk in seinen beiden ersten Bänden zusammen wieder das, was von ihm zu erwarten ist; eine Darstellung der Bauart der modernen Lokomotive.

Den letzten Hauptabschnitt bildet, wie bisher im II. Band, die Beschreibung der durchgehenden Bremsen, allerdings nun wirklich nur der neueren, nicht auch der zur Erscheinungszeit der vorigen Auflage längst aufgegebenen Bauarten von Carpenter, Heberlein und von Borries.

Soweit ist die Einteilung bis auf einige Abweichungen im großen und ganzen die gleiche geblieben. Gewiß könnte man hinsichtlich der Reihenfolge darüber zweifelhaft sein, ob zunächst die Maschine oder der Wagen, also die Lokomotive als Fahrzeug zu behandeln sein möchte. Beide Arten lassen sich rechtfertigen und finden sich in der Literatur angewandt; hier soll es indes bei dem bisherigen Brauch verbleiben, die Maschine voran zu nehmen, da sich in ihr die Dampfwirkung und Bildung der Zugkraft abspielt.

I. Die Dampfmaschine der Lokomotive.

1. Die Entstehung der Zugkraft.

Als Zweck der Lokomotive ist, wie wir einleitend schon mehrfach hervorgehoben, die Entwicklung einer Zugkraft zu bezeichnen, die sowohl dazu ausreicht, im Beharrungszustand die Bewegungswiderstände des Zuges und der Lokomotive selbst zu überwinden, als auch beim Anfahren über diesen Betrag hinaus einen Kraftüberschuß abzugeben, der den Zug in beschleunigte Bewegung zu versetzen vermag. Bei jeder Lokomotive, nicht nur der hauptsächlich den Gegenstand dieses Buches bildenden

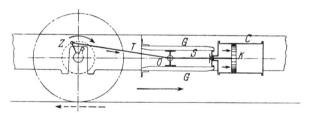

Abb. 1. Dampfzylinder mit Kolben, zweischienigem Kreuzkopf, Treibstange und Kurbel (im oberen Halbkreis) schematisch.

Kolbenlokomotive, sondern auch bei der Turbinen= und elektrischen Lokomotive, wird diese Zugkraft dadurch erzeugt, daß die Triebmaschine die Treib= und Kuppelräder in Umdrehung versetzt; denkt man sich dies zunächst bei einer etwa am Kran schwebenden Lokomotive vollzogen, und die Lokomotive dann auf die Schienen gesetzt, so wird die Lokomotive je nach der Drehrichtung der Räder eine vorwärts oder rückwärts rollende Bewegung annehmen, und das Drehmoment der Treibachsen muß genügend sein, die eben erörterte Zugkraft am hinteren Zughaken zu entwickeln. Wir haben daher zunächst kurz zu betrachten, wie die Kolbendampfmaschine die Treibräder in Umdrehung versetzt. Dies wird in folgender Weise erreicht.

In dem Dampfzylinder C (Abb. 1) läßt sich der Dampfkolben K durch den Dampf hin= und herschieben. Der Kolben ist ein im wesentlichen scheiben=

1*

förmiger Maschinenteil, der vermöge der sog. Kolbenringe dampfdicht an den Zylinderwandungen anliegt und mit der Kolbenstange S fest verbunden ist. Diese Kolbenstange ist in der Regel durch beide Zylinder= deckel, mindestens aber den hinteren, vermöge der Stopfbuchsen dampf= dicht hindurchgeführt und trägt an ihrem der Kurbel zugewandten hin= teren Ende den Kreuzkopf O mit seinem Zapfen, dem Kreuzkopfbolzen. Der Kreuzkopf dient, indem er entweder gemäß Abb. 1 an zwei oder gemäß Abb. 2, wie neuerdings meist der Fall, an einer Gleitbahn G geführt wird, zur geradlinigen und gegen Verbiegung sicheren Führung der Kolben= stange. An dem Kreuzkopfbolzen O greift nun das eine Ende der Treib= stange T an, welche an ihrem anderen Ende den Zapfen Z (Treibzapfen) der Kurbel R umfaßt.

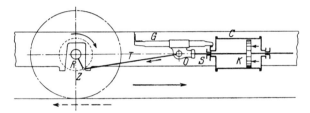

Abb. 2. Der einschienige Kreuzkopf (Kurbel im unteren Halbkreis).

Wird der Kolben durch den in den Zylinder einströmenden Dampf, z. B. von links nach rechts (Abb. 1) geschoben, so rücken Kolben und Treibstange gleichfalls nach rechts, und die letztere versetzt die Kurbel in eine drehende Bewegung im gleichen Sinn. Die Kurbel besteht entweder — und das ist die Regel — aus einem Stück mit dem Treibrad, oder Kurbel und Treibrad sind auf dieselbe Achse aufgekeilt, so daß in jedem Fall das Treibrad an der drehenden Bewegung der Kurbel teilnimmt und die oben erörterte drehende Bewegung zustande kommt. In Abb. 2, wo der Treibzapfen den unteren Kurbelhalbkreis durchläuft, wird der Kolben von rechts nach links geschoben. Der Treibzapfen bewegt sich durch Vermittlung der Treibstange im gleichen Sinne, jedoch ist die Um= drehungsrichtung des Treibrades, wie man sich leicht überzeugt, dabei die gleiche. Auf der nicht mit dem Kesseldampf beaufschlagten Seite des Kolbens befindet sich der abgespannte Dampf, der bei dem vorangehenden Spiel des Kolbens, dem sog. Kolbenhube, seine Arbeit bereits geleistet hat und nun durch den anderen Dampfkanal zum Blasrohr abströmt. Indem dieses Spiel des Dampfeintritts sich bald rechts, bald links wieder=

holt, wird das Treibrad in gleichmäßiger Umdrehung in demselben Sinne gehalten. Es ist leicht ersichtlich, wenn man die Abb. 1 oder 2 betrachtet, daß eine Umkehrung der Drehrichtung der Maschine dadurch bewerkstelligt werden kann, daß man etwa in Abb. 1 den hochgespannten Kesseldampf nunmehr von rechts gegen den Kolben drücken läßt, womit er in entgegengesetzter Richtung getrieben und dadurch auch die Kurbel mit dem Rade in entgegengesetzte Drehrichtung versetzt wird.

Um uns die Entstehung der Zugkraft noch klarer zu machen, können wir uns denken, daß die Lokomotive zunächst durch starke Querbalken an beiden Rahmenenden festgehalten, dagegen das Schienengleis unter ihr verschiebbar sei. Wir sahen schon im I. Bande, daß zwischen dem an sich glatt erscheinenden Rade und der gleichfalls glatt erscheinenden Schiene dennoch eine Reibung besteht, die man sich durch die Annahme klarmachen kann, daß Rad und Schiene mikroskopisch kleine Unebenheiten, ähnlich den Zähnen bei Zahnrad und Zahnstange, aufweisen und diese nun beim Ineinandergreifen das Gleis nach links verschieben würden, wenn das Rad rechtsdrehend in Bewegung gesetzt wird. Reines Wasser stört diese Reibung nicht; bei Laubfall oder Glatteis kann man sich vorstellen, daß jene kleinen Zahnlücken sich zusetzen und nunmehr das Rad auf der Schiene gleitet, ohne eine Bewegung zustande zu bringen. Bekanntlich wird die Reibung in solchem Falle dadurch wieder hergestellt, daß man Sand zwischen Treibrad und Schiene bringt. In Wirklichkeit liegt nun nicht die Lokomotive fest und das Gleis ist unter ihr verschiebbar, sondern das Gleis ist fest mit der Erdoberfläche verbunden. Die gegensätzliche Bewegung von Lokomotive und Gleis muß aber dieselbe bleiben, wenn sich die Räder im gleichen Sinne drehen; wurde daher das Gleis bei unserem Gedankenexperiment von der Lokomotive nach rückwärts geschoben, so muß nun in Wirklichkeit die Lokomotive auf dem festliegenden Gleis nach vorwärts rollen.

Bevor wir auf die Steuerung eingehen, welche die bereits oben skizzierte Dampfströmung bewirkt, wollen wir noch die geradlinige Kolbenbewegung in ihrem Verhältnis zu der kreisförmigen Bewegung des Treibzapfens betrachten. Der Kreis, auf welchem sich der Mittelpunkt des Treibzapfens bewegt, heißt der Kurbelkreis. Die beiden äußersten Stellungen des Treibzapfens, nämlich dem Zylinder so nah und so fern wie möglich, heißen die beiden toten Punkte oder Totpunkte; steht die Kurbel auf diesem toten Punkt, so bilden Kurbel und Treibstange eine einzige Gerade, und der Dampfdruck auf dem Kolben vermag eine Bewegung der Kurbel nicht zu veranlassen, da diese sozusagen nicht weiß, ob sie nach rechts oder links ausweichen soll, und sich daher nicht vom Platze rührt, wenn man zunächst von der anderen Lokomotivseite absieht. Aus dieser Unfähigkeit, bei der Totlage der Kurbel eine Bewegung hervorzurufen, erklärt sich auch die Bezeichnung des Totpunktes bzw. der Totlage der Kurbel. Den ganzen Weg des Kolbens von einem Ende zum anderen nennt man den Kolbenhub; er ist doppelt so groß wie die Kurbellänge und naturgemäß gerade so groß wie der Durchmesser des Kurbelkreises. Steht die Kurbel gerade nach oben oder nach unten, so sagt man wohl, sie stehe nach oben oder unten auf dem höchsten Hub.

Die Bewegung der Kurbel geht an sich von dem Kolben aus, auf den die treibende Kraft des Dampfes wirkt. Ist jedoch die Lokomotive allein oder gar mit dem angehängten Zuge erst mit einiger Geschwindigkeit in

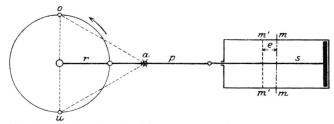

Abb. 3. Kolbenstellung jenseits der Mitte bei senkrechter Stellung der Kurbel (kurze Treibstange).

Fahrt, so ist die lebendige Kraft dieser großen Massengruppe so erheblich, daß nennenswerte Geschwindigkeitsänderungen während des einmaligen Durchlaufens des Kurbelkreises in der Regel nicht, im Beharrungszustande überhaupt nicht vorkommen. Wir wollen daher, auch wenn an sich der Kolben der Ausgangspunkt der bewegenden Kraft ist, doch bei der in Fahrt befindlichen Lokomotive annehmen, daß die Kurbel sich mit gleichmäßiger Geschwindigkeit dreht und der Kolben sich in seinem Laufe nach der Kurbel richtet.

In Abb. 3 ist in einfachen Linien wieder ein Kurbeltrieb dargestellt. s ist die Kolbenstange, p die Treibstange und r die Kurbel; die ausgezogenen Linien stellen zunächst die Totpunktlage dar. mm ist die Mitte des Hubes. Steht nun die Kurbel senkrecht nach oben oder unten, so ist der Ort des Treibzapfens durch o oder u bezeichnet, und wir finden nun die Lage des Kolbens dadurch, daß wir die Treibstangenlänge in den Zirkel nehmen und von o oder u einen Kreis beschreiben, der die Mittellinie der ganzen Maschine in a trifft und durch Abtragung der Kolbenstangenlänge

Die Entstehung der Zugkraft.

von a aus alsdann die wirkliche Kolbenlage m'm' ergibt. Wir erkennen, daß der Kolben bereits um das Stück e über die Zylindermitte hinaus ist, und da wir den einleitenden Worten gemäß annehmen, daß die Kurbel mit gleichmäßiger Geschwindigkeit umläuft, so können wir den Satz aussprechen, daß, wenn die Kurbel senkrecht steht, der Kolben bereits über seine Mittelstellung hinaus ist und also die vordere Zylinderhälfte schneller durchlaufen wird als die hintere, weil ja für dieselbe Zeit der Weg ein längerer ist.

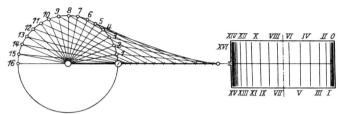

Abb. 4. Veranschaulichung der wechselnden Kolbengeschwindigkeit.

Teilen wir nun gemäß Abb. 4 die obere Kurbelkreishälfte in mehrere gleiche Teile, z. B. 16, und ermitteln auf die oben angegebene Weise zu den Kurbelstellungen 1, 2, 3 . . . 16 die zugehörigen Kolbenstellungen

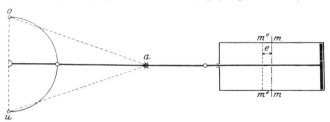

Abb. 5. Vorteil langer Treibstangen im Vergleich zu Abb. 3.

I, II, III . . . XVI, so finden wir, daß für gleiche Längenwege des Treibzapfens die Kolbenwege nicht gleich sind, sondern vom toten Punkt nach der Mitte zu größer werden, dann wieder abnehmen. Wenn die Kurbel also gleichförmig umläuft, so wird die Geschwindigkeit des Kolbens vom toten Punkt nach der Mitte zu immer größer und erreicht ihren höchsten Wert, wenn die Kurbel ihre senkrechte Stellung durchläuft.

In Abb. 5 ist die Abb. 3 mit dem Unterschied noch einmal wiederholt, daß die Treibstange im Verhältnis zur Kurbel wesentlich länger ist. Wir erkennen, daß sich der Kolben jetzt bei senkrechter Stellung der Kurbel viel weniger als in Abb. 3 über die Mitte hinaus bewegt hat, und stellen damit fest, daß, je länger die Treibstange gegen die Kurbel ist, um so näher der Kolben der Zylindermitte steht. Die Kolbenbewegung wird damit um so gleichmäßiger, und diese Erkenntnis ist einer der Gründe, daß man die Treibstange so lang macht, wie es die Umstände gestatten.

Ein weiterer Grund ist der folgende. Nach einem bekannten Satz der Mechanik setzen sich zwei Kräfte, die an demselben Punkt angreifen und die man durch einen bestimmten Maßstab zum Ausdruck bringt, zu einer Wirkung so zusammen, daß diese als ausgehend betrachtet werden kann von einer resultierenden Kraft, welche die Diagonale des aus den beiden Kräften gebildeten Parallelogramms (Abb. 6) darstellt (Parallelo=

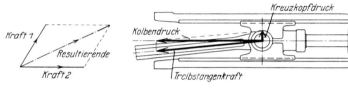

Abb. 6. Parallelogramm der Kräfte.

Abb. 7. Kreuzkopfdruck nach dem Kräfte= parallelogramm.

gramm der Kräfte). Umgekehrt kann man eine Kraft in zwei beliebige Richtungen so zerlegen, daß diese beiden Teilkräfte die ursprünglich gegebene Kraft zur Resultierenden haben. In Abb. 7 ist nun in den Kurbeltrieb die Kolbenkraft eingezeichnet und in die Richtung der Treibstange, in der sie sich ja fortpflanzt, und in die eines Druckes senkrecht gegen die Kreuzkopfgleitbahn zerlegt. Wir erkennen, daß dieser Druck gegen die Gleitbahn um so geringer ist, je länger die Treibstange gegen die Kurbel ist, je plattgedrückter sozusagen also das Parallelogramm erscheint. Der Druck gegen die Gleitbahn ist es übrigens, der an sich die Kolbenstange zu verbiegen sucht und die Notwendigkeit des Kreuzkopfes begründet. Im übrigen verschwindet diese Kraft jeweils in den Totpunkten und hat dadurch, daß die Lokomotive ein abgefederter Bau ist, gewisse Schwingungen, die zu den störenden Bewegungen gezählt werden, zur Folge; auch diese sind also um so geringer, je länger die Treibstange ist. Eine Grenze findet die Treibstangenlänge immerhin darin, daß bei sehr großer Länge doch auch ihre Knickbeanspruchung erheblich ist und gleichzeitig ihr Gewicht sehr groß wird, die Stange also in der Werkstatt unhandlich werden würde.

Es fehlt nun in diesem einleitenden Abschnitt über die Wirkung des Kurbeltriebes nur noch der Hinweis auf die Notwendigkeit zweier einzelner Dampfmaschinen auf der Lokomotive. Wir sahen, daß bei der Totpunktstellung der Kurbel der Kolbendruck eine Bewegung nicht hervorzubringen, also die gestreckte Gruppe Kolbenstange-Treibstange-Kurbel gewissermaßen nicht zum Ausknicken zu veranlassen vermag. Wäre die Lokomotive bereits in Fahrt, so vermöchte die lebendige Kraft der Bewegung der Lokomotive über diesen Punkt hinwegzuhelfen. Da es aber natürlich auch vorkommen kann, daß die Lokomotive in einer Stellung zum Halten kommt, wo sich die eine Kurbel genau im Totpunkt oder in seiner Nähe befindet, wo ein Drehmoment also zwar vorhanden, aber noch unerheblich ist, so vermöchte sie aus einer solchen Stellung heraus überhaupt nicht anzufahren. Es wirkt daher auf die Treibachse der Lokomotive noch wenigstens eine zweite gleiche Maschine, deren Kurbel dann um einen rechten Winkel gegen die erste versetzt ist und also gerade in der senkrechten, also der für die Hervorbringung des Drehmomentes günstigsten Stellung steht, wenn sich die andere Seite auf dem toten Punkt befindet. Die mit zwei Maschinen ausgerüstete Lokomotive vermag also aus jeder Stellung heraus anzufahren. Im übrigen hat das Vorhandensein zweier einzelner Maschinen bei der Lokomotive noch den großen Vorzug, daß die durch die Drehmomente gegebene Zugkraft sich gleichmäßiger gestaltet, weil immer einem kleinen Drehmoment in der Nähe des Totpunktes ein günstiges Drehmoment der anderen Lokomotivseite in der Nähe der günstigsten Kurbelstellung entspricht und umgekehrt.

2. Grundsatz der Schiebersteuerung.

Der Dampf, der den Kessel durch den Regler verläßt, strömt durch das Dampfeinströmrohr nicht unmittelbar in den Zylinder, sondern zunächst in ein demselben angegossenes Gehäuse, das man aus der Zeit der ausschließlichen Anwendung der Flachschiebersteuerung als Schieberkasten zu bezeichnen pflegt, wenngleich dieser Ausdruck für die heutige Kolbenschiebersteuerung der Heißdampflokomotive nicht mehr streng richtig ist. Wir werden der Anschaulichkeit halber, und weil es noch Naßdampflokomotiven mit Flachschiebern gibt, den Grundsatz der Schiebersteuerung zunächst an dieser entwickeln; die Übertragung auf die Kolbenschiebersteuerung ist später ein leichtes.

Die Abb. 8 u. 9 stellen einen (älteren) Dampfzylinder mit dem Schieberkasten dar. Der Dampf gelangt durch die Dampfkanäle e abwechselnd zu den beiden Kolbenseiten, wie wir vorn bereits sahen. Denjenigen Teil der Steuerung nun, der die Dampfein- und -ausströmung abwechselnd vor und hinter den Kolben unmittelbar bewirkt, nennt man die innere Steuerung. Sie besteht bei Lokomotiven, wenn man von den zunächst selten angewandten Ventilsteuerungen noch absieht, für jeden Zylinder aus einem Schieber und wird deshalb als Schiebersteuerung bezeichnet. Die Dampfverteilung im Zylinder wird in folgender Weise erreicht. Der

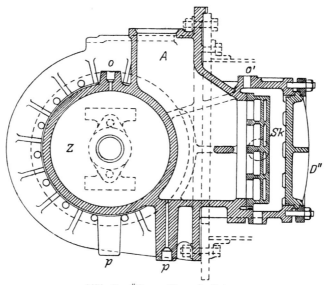

Abb. 8. Älterer Dampfzylinder.

Schieber ist auf die Ebene des Schieberkastens, den sog. Schieberspiegel, in den die Dampfkanäle münden, dampfdicht aufgeschliffen, so daß nur dann Dampf in den Zylinder eintreten kann, wenn der Schieber rechts oder links den Dampfkanal freigibt. Gleitet der Schieber mit seiner Grundfläche infolge Verschleißes oder schlechter Bearbeitung nicht dampf= dicht auf dem Schieberspiegel, oder liegen bei einem Kolbenschieber die Ringe nicht dampfdicht an der Schieberbuchse an, so sagt man, der Schieber heult durch, und dieser mit dem Gehör leicht feststellbare Fehler hat zur Folge, daß Dampf, ohne in der Maschine Nutzarbeit ge= leistet zu haben, durch die Schieberundichtigkeit in den Schornstein ent= weicht. Der Flachschieber muß in solchen Fällen neu aufgeschliffen, ab= gerichtet oder der Kolbenschieber mit neuen Ringen versehen werden.

Die Dampfwirkung im Zylinder und das Indikatordiagramm. 11

Der Schieber wird nun so hin und her geschoben, daß er abwechselnd den rechten und linken Dampfkanal nach dem Zylinder hin öffnet und schließt.

Der abgespannte Dampf, der beim vorigen Hub seine Arbeit geleistet hat, strömt unter der Schieberhöhlung hindurch durch den Ausströmkanal a und das Blasrohr in den Schornstein. Diejenigen Teile,

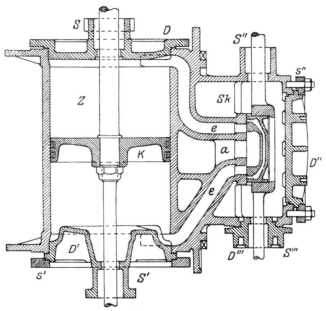

Abb. 9. Älterer Dampfzylinder.

die den Schieber in eine hin- und hergehende Bewegung versetzen und ihn dadurch zu der eben geschilderten Dampfverteilung befähigen, bilden die äußere Steuerung. Ehe wir zu ihrer Betrachtung übergehen, bedarf es zunächst einer näheren Erörterung der Dampfwirkung im Zylinder.

3. Die Dampfwirkung im Zylinder und das Indikatordiagramm.

Denken wir uns den Dampfkolben am Anfang seines Hubes stehend und den Dampfeinströmkanal bereits geöffnet. Wird nun die Treibachse in Drehung versetzt (durch die Maschine der anderen Lokomotivseite), so wird der Kesseldampf, und zwar drückend, bis zu dem Augenblick in den Zylinder einströmen, in dem der Schieber den Einströmkanal wieder schließt. Der Druck, der dabei im Zylinder auftritt, ist allerdings dem Kesseldruck nicht völlig gleich, weil zur Überwindung der Strömungswiderstände im Regler, in den Dampfrohren und Kanälen sowie dem Schieber, bei Heißdampflokomotiven auch im Überhitzer, ein kleiner Teil des Kesseldruckes aufgezehrt wird; man kann im Durchschnitt etwa annehmen, daß der höchsterreichbare Druck im Zylinder $1/2$ bis 1 at geringer ist als im Kessel. Dieser Drosselungsverlust ist an sich nicht, wie man gelegentlich in der Führerprüfung zu hören bekommt, beabsichtigt. Anders ist es mit der viel stärkeren Drosselung um mehrere Atmosphären, wenn bei bereits stark eingezogener Steuerung durch teilweises Schließen des Reglers die bei leichtem Zuge immer noch zu große Leistung der Lokomotive herabgedrückt werden muß, oder mit dem leichten absichtlichen Drosseln bei den Naßdampflokomotiven, um dadurch den Dampf etwas zu trocknen.

Das Absperren des Kesseldampfes durch den Schieber bewirkt nun keineswegs das Erlöschen der Druckkraft für den weiteren Lauf des Kolbens. Es beruht hierin, wie wir im ersten Teil schon sahen, ein wesentlicher Unterschied zwischen den Dämpfen und Gasen einerseits und den Flüssigkeiten andererseits. Würde man bei einer Wasserdruckpresse das Druckwasser absperren, so würde im gleichen Zeitpunkt auch der Wasserdruck auf den Kolben erlöschen; Dämpfe und Gase haben dagegen das Bestreben, einen möglichst großen Raum einzunehmen, und eine gegebene Dampfmenge wird deshalb den Kolben auch dann noch weiterschieben, wenn sie nur einem Teil des Kolbenhubes entsprach. Selbstverständlich nimmt dabei der Druck und auch die Temperatur des Dampfes ab. Gegenüber einer sog. Volldruckmaschine hat diese Ausnutzung des Dehnungsvermögens des Dampfes den außerordentlichen Vorteil einer sehr erheblichen Dampf- und damit Kohlenersparnis; denn die Dehnungsarbeit des Dampfes während des weiteren Kolbenlaufes wird ohne Aufwendung von Dampf und Kohlen gewonnen. Denken wir uns z. B. eine Dampfmaschine mit $1/4$ Füllung (25%) arbeitend, so wird am Ende des ersten Kolbenwegviertels der Kesseldruck (um jenen kleinen Betrag vermindert) noch eben vorhanden sein. Wir wollen ihn der Einfachheit halber gleich 1 setzen. Bei Naßdampf kann man nun annehmen, daß ohne Zufuhr neuen Dampfes der Druck in umgekehrtem Maße fällt, wie der Raum zunimmt. Wir werden demnach am Ende des zweiten Viertels einen Dampfdruck von $1/2$ haben, da der Dampf dann den doppelten Raum einnimmt, am Ende des dritten Viertels einen Druck von $1/3$ und am

Schluß des ganzen Kolbenweges von $1/4$. Wählt man nun ein ganz rohes Betrachtungsverfahren und nimmt (der Wirklichkeit gegenüber zu ungünstig) an, daß das zweite Viertel des Kolbenweges völlig mit diesem Druck von $1/2$ durchlaufen sei, ebenso die beiden weiteren Viertel mit Drücken von $1/3$ und $1/4$, und zählt man diese vier Arbeitsanteile zusammen, so erhält man eine Arbeit von $2^1/_{12}$. Hätte der Kolben seinen ganzen Weg, also alle 4 Viertel, mit dem Druck 1 zurückgelegt, so wäre allerdings eine Arbeit von 4 geleistet, dabei aber auch die vierfache Menge Dampf verbraucht worden. Fragt man also, welche Arbeit mit der gleichen Dampfmenge erreicht worden ist, so ist sie bei vierfacher Dehnung gut doppelt so groß. Dieses Bild verschiebt sich zwar um einige Prozente, wenn man den schädlichen Raum (zwischen Kolbenendlage und Deckel), die Kompression und das etwas andere Dehnungsgesetz des Heißdampfes in Betracht zieht, jedoch bleibt die Sachlage grundsätzlich dieselbe und enthält die für den wirtschaftlichen Betrieb der Lokomotive gar nicht hoch genug einzuschätzende Regel, **von der Dampfdehnung soweit als irgend möglich Gebrauch zu machen, d. h. also mit voll geöffnetem Regler und möglichst eingezogener Steuerung zu fahren.**

Derjenige Teil der Dampfwirkung im Zylinder, während dessen der Kesseldampf Zutritt hat, heißt die Einströmperiode, der weitere Teil, während dessen man von der Dampfdehnung Gebrauch macht, die Dehnungs- (Expansions-) Periode. Bei jeder wirklichen Dampfmaschine wirkt nun die Steuerung so, daß der Ausströmkanal bereits freigegeben wird, noch ehe der Kolben das Ende seines Hubes völlig erreicht hat; dieser kleine Teil des Kolbenlaufes, während dessen der Dampf bei weiter vorwärtsschreitendem Kolben schon in das Blasrohr auszuströmen beginnt, nennt man die Vorausströmung. Sie macht sich durch den sog. Dampfschlag deutlich bemerkbar; dieser Dampfschlag ist deshalb gegenüber dem Ausblasen des Dampfes unter geringerem Druck gut mit dem Ohr erkennbar, weil der Dampf dann noch eine höhere Spannung hat, als während der nun folgenden Ausströmperiode. Man benutzt die deutliche Hörbarkeit der Dampfschläge besonders bei geöffneter Feuertür gelegentlich (Probefahrt) zur Beurteilung gleichmäßiger Dampfverteilung durch die Steuerung; alle Dampfschläge während einer Umdrehung müssen gleich stark und durch gleiche Pausen getrennt sein. Die eigentliche **Ausströmperiode** besteht darin, daß, nachdem der Kolben im Totpunkt nunmehr seine Bewegung umgekehrt hat, der im Zylinder befindliche abgespannte Dampf vermöge des Schiebers dem Blasrohr zuströmt bzw.

in das Ausströmrohr hineingeschoben wird. So wie die Ausströmung bereits begann, ehe der Kolben seinen Weg völlig zurückgelegt hatte, bewirkt die Eigenart aller äußeren Steuerungen andererseits einen Abschluß der Ausströmung, noch ehe der Kolben in die erste Totlage zurückgekehrt ist, die den Ausgangspunkt der Betrachtung bildete. Die jetzt noch im Zylinder befindliche Dampfmenge kann nun nicht mehr entweichen, sondern wird einer Verkleinerung des Raumes unterworfen, und wie einerseits mit der Dehnung des Dampfes eine Abnahme des Druckes und der Temperatur verknüpft war, so zeigt sich andererseits bei dieser Periode des Kolbenlaufs, den man als die Kompressions- oder Zusammendrückungsperiode zu bezeichnen pflegt, ein Steigen des Druckes und der Temperatur. Noch ehe der Kolben endlich ganz den Ausgangspunkt dieses ersten Kolbenspiels erreicht hat, öffnet der Schieber wiederum den Einströmkanal — Voreinströmung —, so daß sich der Zylinder nun vollends mit dem Kesseldruck anfüllt, es sei denn, daß die Kompression bereits die Höhe des Kesseldruckes erreicht hätte, und er sein neues Spiel gleich wieder mit vollem Druck, wie wir eingangs sahen, antritt.

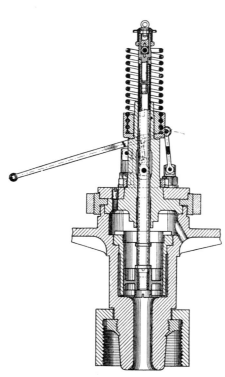

Abb. 10. Maihak-Indikator.

Dieses Verhalten des Dampfes im Zylinder braucht man sich nun nicht nur auf theoretischem Wege klarzumachen, sondern es gibt auch einen Apparat, den sog. Indikator, mit dem man diesen Vorgang aufzeichnen, also durch eine Schaulinie sichtbar machen kann (Abb. 10 u. 11). Ein Indikator besteht im wesentlichen aus einem kleinen Dampfzylinder mit dampfdicht eingeschliffenem Kolben, der mit der einen oder anderen Kolbenseite durch ein Dampfrohr in Verbindung steht. Der Druck unter

Die Dampfwirkung im Zylinder und das Indikatordiagramm. 15

diesem kleinen Kolben ist mithin stets der gleiche, wie der auf den großen Arbeitskolben der eigentlichen Maschine. Die Kolbenstange des kleinen Indikatorkolbens drückt nun eine Feder zusammen, die, um sie der Temperatur des Dampfes zu entziehen, bei allen neuen Indikatoren außer-

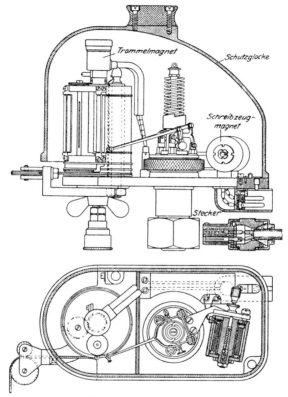

Abb. 11. Maihak-Indikator.

halb des Zylinders angebracht ist, und diese Zusammendrückung ist um so größer oder kleiner, je größer oder kleiner der Dampfdruck ist. Den Hub dieses kleinen Indikatorkolbens überträgt man nun durch ein geeignetes Schreibgestänge, dessen Schreibstift eine senkrechte Bahn beschreibt und dessen Hub verhältnisgleich mit dem des kleinen Kolbens ist, ins Große, und zwar auf ein Papier, das auf einer Trommel mit senkrechter Achse aufgewickelt ist. Diese Trommel wird durch eine um sie gelegte Schnur von einem Hebelwerk aus in Bewegung gesetzt, das vom Kreuzkopf bewegt wird und dessen Weg vermöge eines Hubverminderers ins Kleine übersetzt. Da der Kreuzkopf denselben Weg beschreibt wie der Kolben, mit dessen Stange er ja verkeilt ist, so ist der Ausschlag der Trommel (gleich der Abwicklung der Schnur) eine verkleinerte Abbildung des Kolbenhubes, während andererseits der senkrechte Ausschlag des Schreibstiftes ein Maß für den jeweils im Zylinder herrschenden Dampfdruck abgibt, und zwar gibt der Indikator diesen Ausschlag des Schreibstiftes immer gerade über der zugehörigen Kolbenstellung an. Bei arbeitender Maschine beschreibt also, solange die Steuerung nicht verlegt wird, der Schreibstift eine Linie, die als Indikatordiagramm oder Dampfdruckschaulinie bezeichnet wird.

Abb. 12. Ideale Dampfdruckschaulinie (Indikatordiagramm).

Das theoretisch zu erwartende Indikatordiagramm würde nach dem oben Erörterten die folgende, durch Abb. 12 wiedergegebene Form aufweisen müssen. Wir haben zunächst, vom Hubende ausgehend, eine waagerechte Linie bei hohem Druck, welche die Einströmung bedeutet. Schließt der Schieber den Einströmkanal ab und beginnt dadurch die Dehnung, so fällt der Druck im Zylinder nach einer gekrümmten Linie, der sog. Dehnungslinie, bis zum Beginn der Vorausströmung. In diesem Augenblick wird die Druckabnahme eine weit stärkere, da ja jetzt dem Dampf der Ausweg nach dem Blasrohr offensteht. Indem der Kolben nunmehr seine Bewegungsrichtung umkehrt, wird bei dem niedrigen, inzwischen erreichten Ausströmdruck der gebrauchte Dampf aus dem Zylinder herausgeschoben (durch den nunmehr auf die andere Kolbenseite wirkenden stärkeren Dampfdruck), und diese Ausströmlinie verläuft wie die Einströmlinie waagerecht bis zu demjenigen Punkte, wo die Kompression beginnt. Von hier ab steigt nun der Druck wieder nach einer Linie, welche mit der Dehnungslinie von gleicher Art ist. In unserer Abbildung ist angenommen, daß die Endspannung der Kompression dem Kesseldruck noch nicht völlig gleich ist; findet also ganz kurz vor Erreichung des ursprünglichen Totpunktes die Voreinströmung statt, so steigt nunmehr der Druck schnell auf die Kesselspannung, womit die gesamte Indikatorschaulinie geschlossen ist. Besonders sei noch darauf aufmerksam gemacht, daß an den Vorgängen im Zylinder nicht nur der Dampf im eigentlichen Hubraum — Kolbenfläche mal Kolbenhub — teilnimmt, sondern auch derjenige im sog. schädlichen Raum zwischen Endstellung des Kolbens und Zylinderdeckel zuzüglich des Inhalts des Dampfkanals. Der schädliche Raum hebt die Dehnungslinie, gestattet eigentlich überhaupt erst die Zusammendrückung, verlangt aber besonderen Fülldampf, wenn die Zusammendrückung den Schieberkastendruck nicht erreicht, daher wohl sein Name. Notwendig ist er natürlich auch, um ein Anstoßen des Kolbens an den Deckel zu verhüten.

Ehe wir erörtern, in welcher Weise die wirkliche Schaulinie von dieser theoretischen abweicht, sei noch auf folgendes hingewiesen. Wir wissen

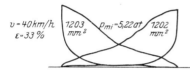
Abb. 13. Wirkliches Diagramm für mittlere Füllung und kleine Geschwindigkeit.

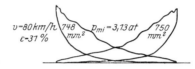
Abb. 14. Wirkliches Diagramm für etwas kleinere Füllung und große Geschwindigkeit.

aus der naturwissenschaftlichen Einleitung, daß die mechanische Arbeit das Produkt aus Kraft mal Weg ist; in unserem Diagramm bedeutet nun jede waagerechte Entfernung einen Teil des Kolbenweges, während andererseits jede senkrechte Strecke ein Maß für den Druck auf den Kolben bedeutet, und wenn man diesen Druck mit der Kolbengröße multipliziert, auch für die Kolbenkraft selbst. Die von der Schaulinie eingeschlossene Fläche ist das Produkt aus waagerechtem Weg mal senkrechtem Druck, also ein maßstäbliches Bild der bei einem Kolbenhub geleisteten Arbeit.

Die tatsächlichen Dampfdruckschaulinien, für welche die Abb. 13 u. 14 aus der Wirklichkeit entnommene Beispiele geben, zeigen namentlich bei großen Geschwindigkeiten und kleinen Füllungen (Abb. 14) insofern eine Abweichung vom theoretischen Diagramm, als die Einströmlinie nicht mehr waagerecht verläuft, sondern fast unvermittelt in die Dehnungslinie übergeht. Dieser Druckabfall schon während der Einströmung hat seinen Grund in den Widerständen, die der Dampf beim schnellen Durchströmen der nur teilweise geöffneten Steuerungskanäle findet. Er bedeutet im übrigen keine nennenswerte Verschlechterung der Wirtschaftlichkeit, da der geringeren Arbeit auch eine geringere Dampfaufnahme während der Füllung entspricht. Auch an den übrigen Stellen des Diagramms zeigt sich, daß an Stelle der scharfen Ecken des theoretischen Diagramms allmähliche Abrundungen treten, die den gleichen Grund haben.

Hinsichtlich des Gegendrucks, der mit dem Blasrohrdruck bis auf den Druckverlust für das Durchströmen des Ausströmrohres übereinstimmt, wäre noch zu bemerken, daß man diesen Druck durch die geeignete Wahl der Blasrohr- und Schornsteinverhältnisse bei schwach arbeitender Lokomotive bis unter $^1/_{10}$ at, selbst bei angestrengt arbeitender Lokomotive auf $^2/_{10}$ bis $^3/_{10}$ at Überdruck herabsetzen kann. Damit ergibt sich gegenüber einem höheren Gegendruck, wie er z. B. durch das Engstellen eines veränderlichen Blasrohrs erzeugt wird, ein Gewinn an Diagrammfläche und also an nutzbarer Arbeit ohne Erhöhung des Dampfverbrauchs. Diese Bemerkung unterstützt noch das im I. Band gelegentlich der Besprechung des Blasrohrs Gesagte.

Bei einer Verbundlokomotive, bei welcher der aus dem Hochdruckzylinder strömende Dampf noch eine beträchtliche Spannung hat, da er ja noch im Niederdruckzylinder Arbeit leisten muß, ist der Gegendruck für den Hochdruckzylinder natürlich erheblich größer. Dieser Druck im Verbindungsrohr zwischen den Zylindern, dem „Verbinder", zu dessen Anzeige die Verbundlokomotiven meist besondere Druckmesser haben, schwankt in der Regel zwischen $3^1/_2$ und 5 at. Der Gegendruck im Niederdruckzylinder ist dagegen wieder der Blasrohrdruck.

Auch für den Lokomotivführer ist eine kurze Andeutung über die Anbringung und Handhabung des Indikators deshalb von Wert, weil nach den neueren Bestimmungen jede Lokomotive nach einer größeren Ausbesserung oder auch selbst nach einer kleineren Ausbesserung, durch welche die Steuerung in Mitleidenschaft gezogen ist, indiziert werden soll. Der Abnahmelokomotivführer wird demgemäß den Indikator an seiner Probelokomotive angebracht finden und muß daher wenigstens oberflächlich darüber unterrichtet sein. Früher, ehe die Indikatoren durch elektrischen Strom vom Führerhaus aus in Tätigkeit gesetzt wurden, mußte der die Indizierung ausführende Beamte zur Seite der Rauchkammer in einem kleinen, besonders hergerichteten und durch Segeltuchvorhänge notdürftig geschützten Verschlag nicht gerade angenehm und ungefährlich sitzen. Die heutige Anbringung eines Indikators stellt die Abb. 15 dar; wir erkennen unter dem Indikator den Umschalthahn, der mittels eines Gestänges vom Führerhaus aus verstellt wird, und es ermöglicht, für die eine oder andere Kolbenseite die Schaulinie aufzunehmen. Der Schreibstift des Indikators wird durch einen Elektromagneten an die Papiertrommel gedrückt; der

Die Dampfwirkung im Zylinder und das Indikatordiagramm. 19

Strom entstammt einer kleinen, beim Indizieren auf der Lokomotive mitgeführten Batterie, und der Schalter läßt sich sehr handlich im Führerhaus unterbringen. Ein zweiter Schalter gestattet, die Papiertrommel ohne zu schreiben ein Stück weiterlaufen zu lassen, damit das nächste Diagramm, das häufig bei geänderter Füllung oder Geschwindigkeit aufgenommen wird, nicht auf derselben Stelle aufgezeichnet wird, wie das vorige Diagramm. Solange Geschwindigkeit und Füllung unverändert sind, kann man den Schreibstift ruhig mehrere Male das Diagramm umlaufen lassen, ohne ein mißverständliches Gewirr von Linien zu bekommen; man wird allerdings, wenn dieser Zustand längere Zeit anhält, das Diagramm lieber an anderer Stelle noch einmal schreiben, etwa bei jedem vollen Kilometer.

Es würde wohl zu weit führen, wenn hier alle möglichen Fehler angegeben werden sollen, über welche die Dampfdruckschaulinie Auskunft gibt. Es gibt darüber eine besondere Dienstanweisung für das Indizieren der Lokomotiven. Nur ein Beispiel möge hier hervorgehoben werden, daß nämlich die Steuerung dann verbesserungsbedürftig ist, wenn die Diagramme vor und hinter dem Kolben wesentlich verschiedenen Inhalt, namentlich also verschieden lange Einströmungen besitzen. Man kann, wenn man die Diagramme rechts und links des Kolbens gleichzeitig aufgeschrieben hat, dies schnell dadurch feststellen,

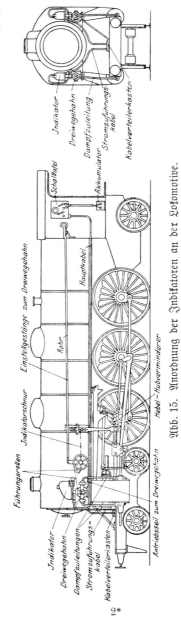

Abb. 15. Anordnung der Indikatoren an der Lokomotive.

2*

daß man das Papier mit den beiden Indikatordiagrammen in der Mitte knifft; beim Halten gegen das Licht müssen sich dann bei ordnungs=
mäßiger Steuerung die beiden Linienzüge genau oder annähernd decken. Für sehr kurz gebaute Steuerungen ist eine gute Deckung bisweilen nicht zu erzielen, ohne daß indes, wie eingehende Versuche zeigten, die Wirtschaftlichkeit im Dampfverbrauch gestört war.

4. Die einfache Schiebersteuerung.

Abb. 16 zeigt zunächst einen Schieber, dessen Kanäle mit den Kanten der Einströmkanäle (bei seiner Mittellage) zusammenfallen, so daß also die Schieberlappen die Kanalkanten weder nach außen noch innen über=

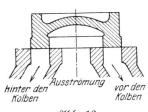

Abb. 16.
Schieber ohne Überdeckung.

decken; es ist sofort zu erkennen, daß bei der kleinsten Verschiebung der eine Dampfkanal, etwa der rechte, für die Einströmung geöffnet wird, der andere (linke) mit Hilfe der Schieberhöhlung mit dem Blasrohr verbunden wird. Auf die rechte Kolbenseite drückt dann der Kessel= dampf, links strömt der entspannte Dampf ab. Da man nun naturgemäß den Schieber von der Achse der Maschine aus antreibt,
so ergibt sich die Notwendigkeit, daß die Kurbel für die Treibstange des Schiebers, die man meist nach altem Brauch als Exzenterstange be=
zeichnet, der Kurbel unter einem rechten Winkel voraneilen muß (Abb. 17). Unmittelbar nach Durchschreiten des toten Punktes der eigentlichen Maschinenkurbel gibt dann der Schieber den linken Einströmkanal frei. Die Kanalöffnungen werden am größten, wenn die Kurbel senkrecht nach oben oder unten steht, die Kanäle im Schieberspiegel zum Zylinder hin sind dann ganz geöffnet. Abb. 18 stellt dies für die obere Kurbel=
stellung dar; steht die Kurbel nach unten auf dem tiefsten Hub, so ist umgekehrt der rechte Kanal ganz geöffnet (Abb. 19). Die Drehrichtung der Maschine ist dagegen, wie leicht zu erkennen, die gleiche.

Eine solche Steuerung wäre nun an sich wohl möglich, enthielte aber außerordentliche Mängel. Vor allen Dingen den, daß es mit ihr nicht mög=
lich wäre, die Dehnung des Dampfes auszunutzen, weil ja der Schieber erst wieder abschließt, wenn der Kolben nach Durchlaufen des ganzen Kolbenhubes auf dem anderen toten Punkt anlangt. Wir hätten also hier eine Volldruckmaschine mit ihrem hohen, oben gekennzeichneten

Dampfverbrauch. Zu diesem Hauptmangel käme noch, daß der Kessel= dampf den Kolben im Moment des toten Punktes noch nicht beaufschlagt, und da jeder Druckanstieg eine, wenn auch noch so geringe Zeit bean= sprucht, der Kolben also seinen Weg ohne genügenden Druck antreten müßte. Der letzte Mangel endlich würde darin bestehen, daß man den Schieber in Mittelstellung nicht dauernd dicht halten und damit Dampf= verluste vermeiden könnte, weil diese Dichtung nur bei mathematisch genau aufeinanderliegenden, messerscharfen Kanten bestände.

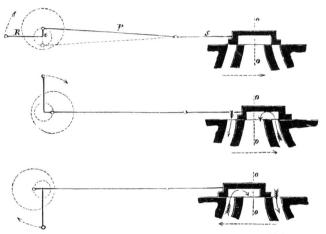

Abb. 17 bis 19. Steuerung mit deckungslosem Schieber.

Eine Steuerung dieser Art findet sich deshalb längst bei keiner Dampf= maschine mehr. Sie ist hier aber gerade deshalb angeführt, um zu zeigen, in welcher Richtung die Bauart einer befriedigenden Steuerung liegen muß. Es ist also zunächst zu verlangen, daß bereits im Totpunkt eine kleine Öffnung des Schieberkanals vorhanden ist, damit der Kolben seinen Weg sogleich unter Druck antritt. Diese kleine Öffnung, die sogenannte **Voröffnung**, würde bei der eben besprochenen Steuerung nur dadurch möglich sein, daß man die kleine Schieberkurbel um einen Winkel gegen die eigentliche Maschinenkurbel versetzt, der größer ist als ein rechter. Den Überschuß dieses Winkels über den rechten pflegt man als den **Vor= eilwinkel** zu bezeichnen. Hiermit wäre indes die ursprüngliche Schieber= steuerung noch immer nicht zur Erzielung der Dampfdehnung befähigt, weil der Schieber erst kurz vor Erreichung des toten Punktes abschließen, aber auch gleichzeitig den Ausströmkanal freigeben würde. Um eine nennenswerte Dehnung selbst bei einfacher Schiebersteuerung zu erzielen, muß deshalb der Schieber Lappen aufweisen, breiter als die Dampfkanäle sind. Ein solcher Schieber ist für sich in Abb. 20, mit seinem Antrieb in Abb. 21 dargestellt; dasjenige Maß, um das der Schieber bei seiner mittleren Stellung die Kante des Dampfkanals nach außen überdeckt, heißt die äußere Überdeckung; das entsprechende Maß nach innen wird die innere Überdeckung genannt. Ein Blick auf die Abbildung lehrt sofort, daß durch diese Deckungen nun auch ein dichter Abschluß, wenn nur die Schieberebene selbst auf der Grundfläche, dem sog. Schieberspiegel, dicht aufliegt, ohne weiteres gewährleistet ist. Die einen rechten Winkel überschreitende Abweichung der Schieberkurbel von der Maschinenkurbel ist ohne weiteres ersichtlich, und es ist noch zu bemerken, daß der Ausschlag des Schiebers im toten Punkte so groß sein muß, daß er nicht nur um die äußere Deckung, beispielsweise nach

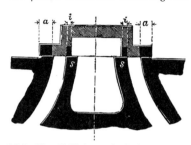

Abb. 20. Schieber mit äußerer und innerer Überdeckung.

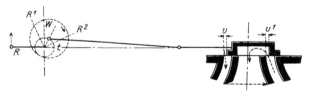

Abb. 21. Antrieb des Schiebers nach Abb. 20.

rechts, verschoben ist, sondern daß noch ein weiterer Betrag, nämlich die eben erwähnte Voröffnung, freigegeben wird. Vermöge des Vorhandenseins der äußeren Überdeckung ist man nun selbst mit der einfachen Schiebersteuerung in der Lage, eine Dampfdehnung herbeizuführen, weil der Schieber den Einströmkanal bereits vor Rückkehr in seine Mittelstellung abschließt, nämlich dann, wenn die Außenkante des Schiebers die Außenkante des Dampfkanals erreicht. Ein Freigeben der Schieberhöhlung und mit ihr der Ausströmung nach dem Blasrohr findet dagegen erst statt, wenn der Schieber bei weiterem Fortschreiten in der gleichen Bewegungsrichtung um die innere Überdeckung nach links weiterge-

Die einfache Schiebersteuerung. 23

laufen ist. Es steht also für die Dampfdehnung diejenige Zeit zur Verfügung, die der Schieber gebraucht, um einen Weg zu durchlaufen, welcher der Summe der äußeren und inneren Überdeckung gleich ist.

Es würde zu weit führen, den Zusammenhang zwischen der Schieberbewegung und dem theoretischen Dampfdiagramm mathematisch zu entwickeln, jedoch sind in der Abbildungsreihe 22 (I—IX) die charakteristischen Schieberstellungen dargestellt.

Bei Stellung I ist der (nach rechts laufende) Schieber in genauer Mittelstellung, die Kanäle sind um e und i überdeckt. Bei II ist — für den linken Totpunkt — die Voröffnung v_e erkennbar; der Abdampf der rechten Kolbenseite hat unter der Muschel des Schiebers bereits Gelegenheit, zu entweichen. Der Kolben beginnt seinen Weg unter vollem Dampfdruck. Die Stellung III zeigt den Schieber bei seinem größten Ausschlag mit voller Eröffnung des linken Einströmkanals. Nunmehr kehrt der Schieber wieder um, er bewegt sich im Bilde nach links und schließt bei IV gerade die Einströmung in den linken Kanal ab; auf der linken Kolbenseite beginnt also die Dampfdehnung. Bei V geht der Schieber wieder durch seine Mittelstellung; in VI will die linke

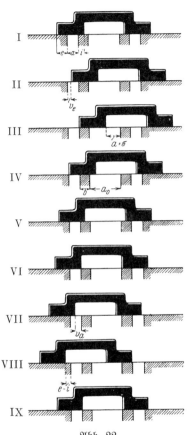

Abb. 22.
Hauptstellungen des Schiebers.

innere Schieberkante — kurz vor dem Totpunkt — gerade den linken Kanal freigeben und damit den Beginn der Ausströmung unter der Schiebermuschel hindurch. Hier beginnt also die Vorausströmung. VII ist die Schieberstellung für den (II) entgegengesetzten rechten Totpunkt; jetzt ist der rechte Dampfkanal eben für den Frischdampf eröffnet, während dem Ausströmdampf bereits die größere Öffnung v_a zur Verfügung steht. Bei VIII ist der Schieber am weitesten nach links ausgeschlagen, für die linke Kolbenseite bedeutet das die Ausströmung, während der Frischdampf auf der rechten Kolbenseite steht. Nun kehrt der Schieber wieder nach rechts um; verengt die Ausströmung für den linken Kanal immer mehr und schließt sie bei IX (mit der linken Innenkante) ganz; es beginnt die Zusammendrückung oder Kompression. Der Schieber durchläuft nun wieder die Stellung I (vor dem linken Totpunkt der Kurbel, von der wir oben ausgingen) und eröffnet, noch kurz vor dem Totpunkt, wieder den linken Kanal für die Voreinströmung, die in II im Totpunkt selbst sich zur Kanalöffnung v_e vergrößert.

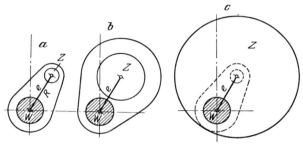

Abb. 23. Entstehung des Exzenters (Hubscheibe) aus der Kurbel.

Es bleibt noch angesichts des Vorhandenseins vieler Lokomotiven mit Hubscheiben (Exzentern) kurz die Wirkungsweise dieses Maschinenteils zu erörtern. In der Abb. 23a, b, c ist die Entstehung des Exzenters oder der Hubscheibe, wie man neuerdings sagt, dargestellt. Wir erblicken in der linken Abbildung a zunächst eine gewöhnliche Kurbel, bei welcher die Welle W dicker ist als der Zapfen Z. Die Doppelbezeichnung Re soll in Übereinstimmung mit früheren Abbildungen bedeuten, daß es sich (bei R) um eine gewöhnliche Kurbel handelt, die aber durch die Nebenbezeichnung e in eine Hubscheibe umgewandelt werden soll. In der mittleren Abbildung b ist unter Beibehaltung der Entfernung e der Zapfen Z wesentlich verdickt und die Kurbel daher scheinbar umgekehrt; infolge ihrer gleichen Stellung und gleichen Entfernung der Achsen- und Zapfenmitte ist ihre Wirkung jedoch genau die gleiche wie die der linken Abbildung. Lassen wir nun den Zapfen Z wiederum unter Beibehaltung der Länge e so dick und damit in Wirklichkeit scheibenförmig — daher Hubscheibe — werden, daß er die Achswelle noch umgreift, so sind wir zum eigentlichen Exzenter gelangt, dessen bisherige Bezeichnung sich aus dem Lateinischen herleitet, da der Mittelpunkt (Zentrum) der Scheibe außerhalb (ex) des Mittelpunktes W liegt. Die Ursprungskurbel ist in der rechten Abbildung c punktiert noch eingezeichnet. Dieses Exzenter hat also genau deren Wirkung und die Annehmlichkeit, daß man von einer Welle eine Kurbelbewegung ableiten kann, ohne diese Welle irgendwie unterbrechen zu müssen. Beim Exzenter spricht man nun übrigens nicht mehr von Kurbellänge, sondern nennt das Maß e nunmehr Exzentrizität, um damit auszudrücken, daß die theoretische Kurbel praktisch durch das Exzenter verwirklicht ist. Der Nachteil einer solchen Hubscheibe liegt nur darin, daß die Reibung an dem großen Umfang verhältnismäßig beträchtlich ist, und man bewegt daher nur solche Maschinenteile vermittels Hubscheiben, die keine großen hin- und hergehenden Wege zurückzulegen haben, weil sonst die Reibungsarbeit überaus groß sein würde.

5. Die Umsteuerung.

Wir wollen auch hier, obgleich die früher allein herrschenden Steuerungen mit zwei Hubscheiben heute zu geringer Bedeutung herabgesunken sind, sie doch angesichts ihres immerhin noch beträchtlichen Vorkommens bei älteren Lokomotiven und der Möglichkeit, an ihrer Hand das Wesen der Umsteuerung gut klarzumachen, kurz behandeln, ehe wir zu der hauptsächlich verwendeten Heusinger-Steuerung übergehen.

Wir erkannten bereits, daß eine einfache Schiebersteuerung in der Lage ist, durch Schieberdeckung und Voreilung der Schieberkurbel, die also natürlich mit der Exzentrizität völlig übereinstimmt, die Dehnung des Dampfes bis zu einem gewissen Grade auszunutzen. Haben wir deshalb in Abb. 24 in dem oberen Exzenter die Möglichkeit, die Maschine in Richtung des oberen Pfeiles umlaufen zu lassen, so besteht für die Lokomotive, die natürlich sowohl vorwärts wie rückwärts laufen können muß, die Notwendigkeit, die Schieberbewegung für die entgegengesetzte Fahrtrichtung einem zweiten Exzenter anzuvertrauen, dessen Dampfverteilung nunmehr die entgegengesetzte sein muß. Diese zweite Hubscheibe der ersten Hubscheibe genau gegenüber zu setzen, geht aus folgendem Grunde nicht an. In demselben Totpunkte, wie er in der Abb. 21 dargestellt ist, muß die Maschine in entgegengesetzter Drehrichtung in Gang gesetzt werden können, ohne daß wiederum der Kolben auf seinen Dampf zu warten braucht. (Selbstverständlich vermag die Maschinenseite mit der auf dem Totpunkt stehenden Kurbel die Bewegung in der bezeichneten

Stellung nicht einzuleiten; das muß vielmehr die in ihrer günstigsten Stellung stehende Kurbel der gegenüberliegenden Maschinenseite tun.)

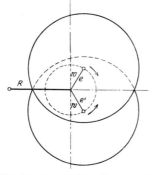 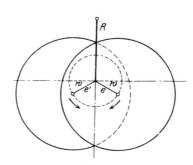

Abb. 24. Gegenseitige Lage von Vorwärts- und Rückwärtsexzenter im Totpunkt.

Abb. 25. Desgleichen für die senkrechte Kurbelstellung.

Auch das Exzenter für die entgegengesetzte Bewegungsrichtung muß also den gleichen Schieberausschlag im Totpunkt ergeben, damit der Schieber

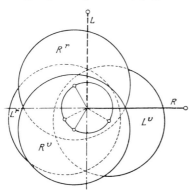

Abb. 26. Die 4 Hubscheiben einer Zwillinglokomotive.

auch jetzt um eine Strecke aus seiner Mittellage abgelenkt ist, die aus der äußeren Deckung und der Voröffnung besteht. Es ergibt sich damit eine Lage für das Rückwärtsexzenter, wie sie in der Abbildung unten gezeigt ist. Denkt man sich die Kurbel in ihrer senkrechten, günstigsten Stellung, die man sich dadurch anschaulich machen kann, daß man die Abb. 24 um einen rechten Winkel dreht und dadurch in Abb. 25 überführt, so erkennt man ohne weiteres, daß die zweite Bedingung, die für den Rückwärtslauf zu stellen ist, erfüllt ist. Der Schieber ist jetzt nämlich genau entgegengesetzt und genau gleich weit aus seiner Mittellage abgelenkt, also die beiden Dampfkanäle sind hinsichtlich der Ein- und Ausströmung genau vertauscht.

Bedenkt man endlich weiter, daß die Lokomotive zwei zueinander senkrechte Maschinenkurbeln hat, so ergibt sich insgesamt eine Anordnung von 4 Exzentern, die in der Abb. 26 dargestellt sind. Die rechte Kurbel R läuft bei der Drehung im Uhrzeigersinn der linken Kurbel L um einen rechten Winkel voran, Rv und Rr sind das rechte Vorwärts- und Rückwärtsexzenter, während die linken Exzenter Lv und Lr den Schieber der linken Maschinenseite steuern.

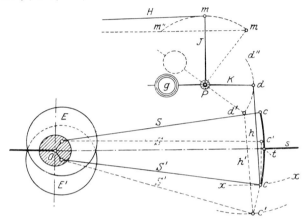

Abb. 27. Stephenson-Steuerung.

Es kommt nunmehr darauf an, die Bewegung des Schiebers von dem einen Exzenter auf das andere zu übernehmen. Wir können hier auf das in dem geschichtlichen Teil des I. Bandes Gesagte bereits Bezug nehmen; wir sahen dort, daß die Schwingenstangen (Exzenterstangen) bei der alten Bauart der Steuerung den Zapfen der Schieberstange mit Gabeln ergriffen, und daß Stephenson und sein Mitarbeiter diese Gabeln zu der sog. Schwingensteuerung vereinigten. Diese Stephenson-Steuerung soll nun hier kurz näher betrachtet werden.

6. Die Stephensonsche Schwingensteuerung. Entwicklung der Eigenschaften der Schwingensteuerungen überhaupt.

Die Steuerung ist in Abb. 27 in einfachen Linien dargestellt. Wir erkennen hier die beiden Hubscheiben E und E', von denen die Schwingenstangen (Exzenterstangen) S und S' bewegt werden; die beiden anderen Enden der Stangen sind durch die Schwinge cc oder Kulisse — wie man früher ganz allgemein sagte — verbunden, an die bei t mit einem geeigneten Gelenk die Schieberstange s angreift. Wir erinnern uns aus dem I. Teil, daß ursprünglich nur an die beiden Enden der Schwinge gedacht wurde, und daß deshalb deren Wirkung so war, als ob entweder die Vorwärtsexzenterstange S oder die Rückwärtsexzenterstange S' die Schieberstange s ergriffe. Die Art, die Schwinge zu heben und zu senken, ist aus der Abbildung ohne weiteres zu erkennen; die Schwinge hängt mit dem Hängeeisen h an dem sog. Aufwerfhebel K, der auf die Steuerwelle P aufgekeilt ist. Diese Welle läuft nach der anderen Maschinenseite durch, wo sich die gleiche Anordnung für die linksseitige Maschine wiederholt. Rechtwinklig zum Aufwerfhebel K ist der Steuerwellenhebel J auf die Welle aufgekeilt, der nun vom Führerhaus aus vermöge der Steuerstange H bewegt und damit die Schwinge gehoben und gesenkt werden kann. Der an der Steuerwelle sitzende Arm mit dem Gewicht g hat den Zweck, das in Wirklichkeit beträchtliche Gewicht der Schwingenstangen und der Schwinge auszugleichen, so daß der Führer nicht etwa, wenn er die Steuerstange nach links verstellt, dieses Gewicht zu heben hat, während bei der Verstellung nach rechts ohne das Gegengewicht die Gefahr bestände, daß dem Führer der Steuerhebel schneller entgleitet, als er es beabsichtigt.

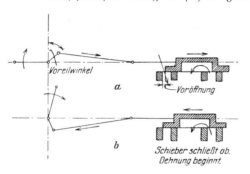

Abb. 28 a und b.
Exzenter mit großem Voreilwinkel.

Es ist auch bereits im I. Teil erwähnt, daß durch die praktische Erfahrung festgestellt wurde, daß man die Schieberbewegung nicht nur von den beiden Endpunkten der Schwinge, sondern von jedem beliebigen Punkt derselben ableiten kann, und daß sogar als Wirkung dieser Ableitung von mehr nach der Mitte zu gelegenen Stellen ein sparsamerer Kohlenverbrauch beobachtet worden war. Nun verhält sich die Schieberbewegung von einem solchen Punkte aus so, als ginge sie von einem einzigen (resultierenden) Exzenter aus, das aber eine kleinere Exzentrizität und einen größeren Voreilwinkel hätte. Namentlich der letztere Umstand läßt, wie in Abb. 28 a b angedeutet, den Schieber schon lange vor dem Totpunkt den Einströmkanal schließen und verwirklicht damit die erwünschte stärkere Dehnung. Die Voröffnung (oder das lineare Voreilen) bleibt erhalten und muß es ja auch, damit der Kolben seinen Weg unter Dampf antritt. Der Hub des Schiebers wird dabei kleiner, die Dampfkanäle werden also nicht mehr so weit geöffnet. Der mathematische Beweis für dieses Verhalten der Schwinge ist allerdings nicht einfach und würde den Rahmen des Buches überschreiten.

Es ist nun noch die Forderung zu stellen, daß, von welchem Punkte der Schwinge aus man auch die Schieberbewegung ableiten mag, der Schieber stets um die gleiche mittlere Lage schwingt. Täte er das nicht, so wäre die Dampfverteilung außerordentlich unregelmäßig; man würde auf der einen Kolbenseite ein ganz anderes Diagramm als auf der anderen Kolbenseite erhalten, die Arbeitsverteilung würde sehr ungleichmäßig sein und damit auch die Anzugskraft der Maschine. Dieser Forderung wird nun, wie die mathematische Theorie nachweist, dadurch genügt, daß die Stephensonsche Schwinge einen ganz bestimmten Krümmungshalb=
messer haben muß, nämlich denjenigen der Länge der Schwingenstange, und daß ihre Wölbung, wie aus der Abbildung auch ersichtlich, dem Schieberkasten zugewandt bzw. von der Achswelle abgewandt sein muß. Der Mittelpunkt der Schwinge, den man früher wohl als toten Punkt bezeichnete, bewirkt, da er gleich stark vom Vor= und Rückwärtsexzenter beeinflußt wird, daß ein Ingangsetzen der Maschine also nicht möglich ist. Es mag deshalb hier gleich darauf hingewiesen werden, daß allgemein die Vorschrift besteht, bei einer (z. B. im Schuppen) abgestellten Lokomotive — das hier Bemerkte gilt für j e d e Schwingensteuerung — die Steuerung auf ihre Mittellage zu stellen, weil dann selbst bei einer kleinen Un=
dichtigkeit des Reglers der in den Schieberkasten gelangende Dampf die Maschine nicht unbeabsichtigt und gefahrbringend in Bewegung zu setzen vermag. (Die weiteren Handgriffe, Öffnen der Zylinderventile und An=
ziehen der Tenderbremse werden wir später an geeigneter Stelle be=
sprechen.) Nebenbei mag bemerkt werden, daß es bei Steuerungen mit großen Voröffnungen allerdings möglich ist, die b e r e i t s im Gang be=
f i n d l i c h e Maschine auch bei Mittelstellung der Schwinge weiterzufahren.

Hinsichtlich des Angriffs der Schwinge von der Vorwärtsschwingen=
stange oben oder unten mag noch auf eine bei allen Zweiexzenter=Steue=
rungen mögliche, unterschiedliche Lösung hingewiesen werden, die durch die beiden Abb. 29 u. 30 wiedergegeben ist. In der Abb. 29 greift die Vorwärtsschwingenstange S' am oberen Schwingenende, wie auch in der früheren Abb. 27, die Rückwärtsschwingenstange am unteren Schwingen=

ende an. Läßt man umgekehrt die Vorwärtsschwingenstange das untere und die Rückwärtsschwingenstange das obere Schwingenende ergreifen, so kreuzen sich in der gezeichneten Kurbelstellung (bei auf dem hinteren Totpunkt liegender Kurbel) die Schwingenstangen. Man spricht dann von gekreuzten Schwingenstangen, während man im Gegensatz dazu die erstgenannte Anordnung als die mit offenen Schwingenstangen zu bezeichnen pflegt. Die beiden Steuerungen sind übrigens in ihrer Wirkung, hinsichtlich der Veränderlichkeit der Voröffnung, nicht völlig gleichartig. Die Voröffnung wird nämlich bei der Steuerung mit offenen Stangen von den Endpunkten der Schwinge nach der Mitte zu

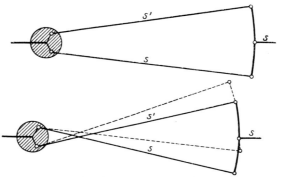

Abb. 29 und 30. Stephenson-Steuerung mit offenen und gekreuzten Schwingenstangen.

größer, bei gekreuzten kleiner. Praktisch hat die Verschiedenartigkeit der Anordnung die Wirkung, daß die Schwinge bei offenen Stangen für den Vorwärtsgang gesenkt, bei gekreuzten gehoben werden muß. Da das Heben und Senken durch Drehen der Steuerwelle geschieht, so erfordern offene Stangen eine Lage der Steuerwelle zwischen Treibachse und Schwinge, gekreuzte Stangen eine Lage der Steuerwelle vor der Schwinge, mehr nach dem Schieberkasten zu, und die bauliche Möglichkeit oder Unmöglichkeit, die Steuerwelle in der einen oder anderen Lage anzubringen, ist es zweifellos mit gewesen, die zu den beiden verschiedenen Lösungen Anlaß gegeben hat. Denn als Regel gilt immer, daß wegen der leichten Merkbarkeit ein Verlegen der Steuerstange nach vorn Vorwärtsgang, nach hinten Rückwärtsgang im Gefolge hat.

Bevor wir zur Betrachtung der weiteren Schwingensteuerungen übergehen, sei noch an Hand der Abb. 32 einer Erscheinung gedacht, die ebenfalls bei allen Schwingensteuerungen in der einen oder andern Form wiederkehrt.

Die Stephensonsche Schwingensteuerung. 31

Zu ihrem Verständnis wollen wir zuvor noch kurz die Abb. 31 betrachten, worin die Schwinge nicht nur in ihrer mathematischen Mittellinie, sondern in einer wirklichen Ausführungsform dargestellt ist. Wir erkennen hier die Schwinge als geschlitzten Bogen mit oberem und unterem Bolzen für die Schwingenstangen, und in diesem Schlitz, mit gleicher Bogenkrümmung angepaßt, sitzt ein Maschinenteil, den man als Schwingenstein zu bezeichnen pflegt. Dieser enthält in seinem Bolzenloch den Bolzen, der andererseits in der Schieberstangengabel sitzt und so die Schwingenbewegung in gleicher Weise auf den Schieber überträgt, als wäre die Schieberstange unmittelbar an einen Punkt der Schwinge angehängt. Dieses „unmittelbar" bedarf nun allerdings einer Richtigstellung, und darin beruht die Erscheinung, derer wir hier kurz noch gedenken wollten. In der Abb. 32 ist in einfachen Linien eine Stephensonsche Schwingensteuerung aufgezeichnet, deren Schwinge

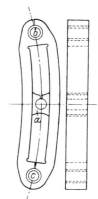

Abb. 31.
Schwinge mit Schwingenstein.

in der Mitte aufgehängt ist und deren Mittelpunkt also den Kreisbogen x x beschreibt. Es sind nun 12 verschiedene Exzenterstellungen dargestellt, wobei

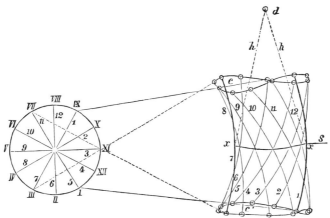

Abb. 32. Wirkliche Bahnen der Schwingenpunkte (Steinspringen).

der Einfachheit der Abbildung halber der auch in der Wirklichkeit häufig anzutreffende Voreilwinkel von 30° angewandt worden ist. Für diese 12 Exzenterstellungen, von denen die des Vorwärtsexzenters arabische, die des Rückwärtsexzenters römische Ziffern tragen, sind nun die zugehörigen Schwingenstellungen eingezeichnet, und wir erkennen, daß sowohl das obere wie das untere Ende eine Schleife beschreibt, während die zwischen den Enden und der Mitte gelegenen Punkte Figuren beschreiben, die sich von der Schleife immermehr dem Kreisbogen nähern. Die Schieberstange selbst ist in der Regel geradlinig geführt, so daß der etwa in dem rechten x zu denkende Schwingenstein beim Arbeiten der Lokomotive nicht genau in der Mitte der Schwinge stehen bleibt, sondern um die Höhe des flachen Bogens auf- und abspielt. Ähnlich ist es bei den anderen Schwingenstellungen. Dieses kleine Auf- und Abspielen des Schwingensteins in der Schwinge, das auch bei den übrigen Steuerungen wiederkehrt, pflegt man als das Springen des Steins zu bezeichnen. Da der Schwingenstein, der ja den Schieber mit seinem Widerstand zu bewegen hat, unter Druck an der Schwinge anliegt, so hat diese Erscheinung die praktische Folge, daß sich die Bogenflächen der Schwinge und des Steins etwas abnutzen, insbesondere an Stellen, an denen der Stein häufig steht. Es liegt darin die Notwendigkeit begründet, um diese Abnutzung in geringen Grenzen zu halten (selbst Heißläufer und Einschweißungen sind vorgekommen), die Schwinge und den Stein aus zweckentsprechendem Werkstoff herzustellen und zu schleifen. Für hochbeanspruchte Steuerungen wählt man jetzt stählerne Schwingen mit einem Stein aus Phosphorbronze. Für die Mittelstellung der Schwinge könnte man durch ein besonders langes Hängeeisen h dieses Springen zwar nahezu beseitigen, doch wird das häufig nicht möglich sein, wenn auch zuzugeben ist, daß die Abb. 32 die Abmessungen absichtlich etwas verzerrt; im übrigen würde es selbst bestenfalls immer nur einen Schwingenpunkt geben, für den ein Springen nicht stattfindet.

Die Steuerung von Stephenson, die bei Schiffsmaschinen noch heute überwiegt, hat bei Lokomotiven sehr an Bedeutung verloren, nachdem auch die Engländer und Amerikaner sie überwiegend zugunsten der Heusinger-Steuerung aufgegeben haben.

7. Die Steuerung von Gooch.

Diese Steuerung mag hier ganz kurz nur gestreift werden, weil sie, mindestens im deutschen Lokomotivbau, in sehr bescheidenem Umfange angewandt worden ist. Ihr Wesen ist aus der skizzenhaften Abb. 33 ersichtlich. Sie besitzt wiederum zwei Hubscheiben (Exzenter), deren Stangen eine nach der Treibachse zu gewölbte Schwinge ergreifen; diese

Schwinge wird auch im Gegensatz zu Stephenson nicht gehoben und gesenkt, sondern ist an einem Hängeeisen h am Rahmen aufgehängt. In der Schwinge kann der Schwingenstein vermöge der Schieberschubstange s gehoben und gesenkt werden und damit ein Antrieb vorwiegend von dem Vorwärts- oder Rückwärtsexzenter erfolgen. Die Art des Hebens und Senkens ist die gleiche wie bei Stephenson. Hier wie dort bewirkt auch jede Stellung des Schwingensteins eine Dampfverteilung gleicher Art, als ob sie von einem einzigen, resultierenden Exzenter ausginge,

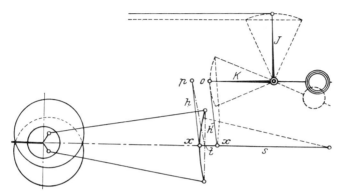

Abb. 33. Schema der Gooch-Steuerung.

dessen Exzentrizität und Voreilwinkel zu ermitteln, allerdings ohne mathematische Theorie nicht möglich ist. Eins kann jedoch aus der Abb. 33 ohne weiteres erkannt werden, daß nämlich die Voröffnung für alle Stellungen des Schwingensteins in der Schwinge ein und dieselbe ist, wenn diese nach einem Halbmesser gleich der Länge der Schieberschubstange gekrümmt ist. Und die gleiche Bedingung ist es auch, deren Erfüllung bewirkt, daß der Schieber bei jeder Steinstellung um dieselbe mittlere Lage schwingt.

8. Die Steuerung von Allan-Trick.

Wie wir im geschichtlichen Abschnitt des I. Bandes bereits kurz sahen, machte die Herstellung gekrümmter Schwingen bei dem früheren Fehlen geeigneter Werkzeugmaschinen Schwierigkeiten, und das Bestreben, eine Schwingensteuerung mit gerader Schwinge zu erfinden, war gleichzeitig in England und Deutschland von Erfolg gekrönt, wo dort

Allan, hier Trick auf die in der folgenden Abb. 34 gezeichnete Lösung kamen.

Bei dieser Steuerung wird sowohl die Schwinge als auch die Schieberschubstange gehoben und gesenkt; der einfache Aufwerfhebel der beiden vorigen Steuerungen ist hier durch den Doppelhebel KH ersetzt, so daß die Schieberschubstange gehoben wird, wenn die Schwinge sich senkt und umgekehrt. Auch bei dieser Steuerung ist selbstverständlich die Bedingung zu stellen, daß der Schwingungsmittelpunkt des Schiebers von der Stellung des Steins in der Schwinge unabhängig ist, und diese Bedingung

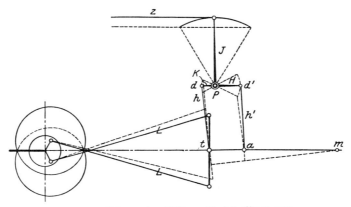

Abb. 34. Schema der Allan-Trick-Steuerung.

ist erfüllbar, wenn die Längen der beiden Hebel H und K in einem ganz bestimmten Verhältnis stehen, das durch die Abmessungen der übrigen Steuerungsteile bedingt ist. Auf die Anführung dieser Formel darf hier verzichtet werden, da es nicht Aufgabe des Buches ist, zum Entwerfen von Steuerungen anzuleiten, sondern nur ihre Wirkung zu erklären.

Die Allansche Steuerung hat wie die Stephensonsche die Eigentümlichkeit, daß die Voröffnung nicht konstant ist wie bei Gooch; allerdings ist die Veränderlichkeit der Voröffnung bei Allan kleiner, wie man gefühlsmäßig vielleicht daraus schließen möchte, daß sie in gewisser Beziehung eine Verquickung der Stephenson- und Gooch-Steuerung ist, von denen ja die letztere ein völlig konstantes Voreilen gibt.

Die Allansche Steuerung war namentlich in Norddeutschland außerordentlich verbreitet und ist noch heute bei den älteren Lokomotiven zu finden, sowohl als Innensteuerung, als welche sie den preußischen Lokomotivbau bis in die 80er Jahre des vorigen Jahrhunderts beherrschte und auch bis zur ersten Hälfte der 90er Jahre noch nicht nennenswert von der Heusinger=Steuerung verdrängt wurde. Die alten preußischen Tenderlokomotiven hatten sie als Außensteuerung, so die noch heute im leichten Verschiebedienst zu findende T3=Lokomotive.

9. Die Heusinger=Steuerung.

Die Heusinger=Steuerung unterscheidet sich von den 3 vorher beschriebenen Steuerungen dadurch, daß sie nur ein Exzenter ohne Voreilwinkel besitzt und ihre Schwinge im Mittelpunkt fest gelagert ist. Zur

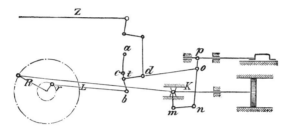

Abb. 35. Schema der Heusinger=Steuerung.

Erzeugung der Voröffnung, und damit in gewissem Grade als Ersatz des zweiten Exzenters der vorigen Steuerungen, wird der Kreuzkopf zu Hilfe genommen.

Die Abb. 35 gibt in einfachen Linien die Heusinger=Steuerung unter Zugrundelegung eines Flachschiebers wieder. Wir erkennen sofort die Maschinenkurbel R, die ihr unter einem rechten Winkel voraneilende Exzenterkurbel r, die in der wirklichen Ausführung bei der Regelform der Heusinger=Steuerung als Außensteuerung durch eine sog. Gegenkurbel dargestellt wird, und die unten an der Schwinge angreifende Schwingenstange L. Die gekrümmte Schwinge c ist in ihrem Mittelpunkte fest gelagert; sie kehrt ihre Wölbung der Treibachse zu und ist nach einem Halbmesser gleich der Schieberschubstange gekrümmt. Diese letztere ergreift nun nicht, wie bei der Allan=Steuerung unmittelbar die Schieberstange mit ihrem Endpunkt o, sondern hier ist der unten vom Kreuzkopf angetriebene sog. Voreilhebel n o p eingeschaltet, dessen Wirkung besonders charakteristisch für die Herstellung der Voröffnung ist. Steht nämlich die Maschinenkurbel im Totpunkt, so bewirkt das Heben und Sen-

3*

ken des auch hier wieder vorhandenen Schwingensteins keinerlei Verschiebung des Punktes o, der in diesem Falle genau im Mittelpunkt des Krümmungskreises der Schwinge steht. Es ist dabei zu beachten, daß bei der Totpunktstellung der Kurbel der Kreuzkopf in einer seiner Endlagen steht und der Voreilhebel n o p deshalb eine stark schräge Stellung einnimmt, derart, daß die Entfernung des Kreuzkopfes K aus einer Mittellage im Verhältnis der Hebellängen po zu on ins Kleine übersetzt wird. Der hierdurch bewirkte Ausschlag des Schiebers aus seiner Mittellage ist wiederum gleich der Schieberdeckung, vermehrt um die eigentliche Voröffnung. Der untere Punkt n des Voreilhebels beschreibt nicht, wie der Kreuzkopf selbst, eine zur Kolbenschubrichtung parallele Gerade, auch nicht einmal eine immer genau gleiche Kurve, sondern eine je nach der Stellung des Schwingensteins in der Schwinge unterschiedliche Bahn. Es ist deshalb zwischen den Punkt n und den Ableitungspunkt m, der dem Kreuzkopf angehört, noch eine kleine Stange mn, die sog. Lenkerstange eingeschaltet.

Wie leicht ersichtlich, ist infolge der Tatsache, daß die Voröffnung wegen der unverrückbaren Lage des Punktes o lediglich vom Kreuzkopf hergeleitet wird, die Heusinger-Steuerung, ebenso wie die von Gooch, eine solche mit unveränderlicher Voröffnung, und ebenso wie dort ist die Krümmung der Schwinge nach einem Halbmesser gleich der Schieberschubstange die Bedingung dafür, daß der Schieber bei jeder beliebigen Stellung des Steins um dieselbe Mittellage schwingt.

Eine große Annehmlichkeit der Heusinger-Steuerung ist der Umstand, daß sie bei äußerer Lage nicht nur in einer senkrechten Ebene unterzubringen ist, sondern vor allem auch, daß die Schieberstange der Kolbenstange parallel läuft. Bei außenliegender und also bequem zugänglicher Steuerung ist eine waagerechte Lage der Schieberstangen bei den üblichen Zwei-Exzentersteuerungen nur unter Zuhilfenahme weiterer Zwischenglieder möglich, und verzichtet man aus Gründen der Einfachheit auf solche Zwischenglieder, so liegt die mathematische Mittellinie der Gesamtsteuerung schräg; damit wird die Gleichmäßigkeit der Dampfverteilung durch das Federspiel der Lokomotive nachteilig beeinflußt, während die Heusinger-Steuerung, sobald nur die Schwingenstange L nicht zu kurz ist, von diesem praktisch unberührt bleibt. Diese Vorteile dürften es auch vor allem gewesen sein, welche die Heusinger-Steuerung heute nicht nur auf dem europäischen Festland, sondern selbst in England und Amerika zur vorherrschenden gemacht haben; auf dem europäischen Festland findet im Neubau größerer Lokomotiven wohl überhaupt keine andere Steuerung mehr Anwendung.

10. Übergang zur Kolbenschiebersteuerung.

Bevor wir, wie in der vorigen Auflage, zur Beschreibung der Steuerungsteile übergehen, erscheint es geboten, bereits grundsätzlich auf die Unterschiede aufmerksam zu machen, die auch die äußere Steuerung für den Antrieb der Kolbenschieber aufweist. Alle unsere bisherigen Betrachtungen und grundlegenden Skizzen waren auf den älteren und noch heute in nennenswertem Umfang anzutreffenden Flachschieber aufgebaut. Der Ersatz des Flachschiebers durch einen Kolbenschieber würde an sich eine Änderung der äußeren Steuerung dann nicht zu bedeuten brauchen, wenn auch hier mit der sog. äußeren Einströmung gearbeitet würde. Das ist jedoch bei dem heutigen Vorherrschen des Heißdampfes und seiner ausschließlichen Verwendung im Neubau, selbst bei Verschiebelokomotiven, nicht mehr der Fall. Der Heißdampf verbot, schon bei den wesentlich höheren zu beherrschenden Temperaturen, die Weiterverwendung von Flachschiebern, und zwar weil sie auf die Dauer wegen Verziehens und schnellerer Abnutzung kaum dicht zu erhalten waren, wie Umbauten von Naßdampf- in Heißdampflokomotiven unter versuchsweiser Weiterverwendung der Flachschieber neuerdings bestätigt haben. Der Kolbenschieber ist demgegenüber ein völlig entlasteter Schieber, dessen Bewegungswiderstand einzig in der Reibung der Schieberringe in den Schieberbuchsen besteht. Wäre nun die Flachschiebersteuerung ohne weiteres auf den Kolbenschieber übertragen worden, so hätte der Heißdampf sich jenseits der äußeren Kanten des Schiebers (der beiden äußeren Teilkolben) befunden, mit der Notwendigkeit, die Schieberstangenstopfbuchsen dem Heißdampf auszusetzen, und zwar dauernd dem Heißdampf vom vollen Druck und der höchsten Temperatur. Bei Anwendung der sog. Inneneinströmung, wenn man nämlich den Kesseldampf zwischen die beiden steuernden Kolben, also gewissermaßen in die Höhlung des Flachschiebers einführt, wobei nun Ein- und Ausströmrohr ihre Rollen vertauschen, werden die Steuerkolben außen nur von dem Auspuffdampf bespült. Infolgedessen sind die Stopfbuchsen lediglich einem Dampf von niedriger Spannung und geringer Temperatur ausgesetzt; sie sind demnach leicht dicht zu halten, und selbst etwa vorhandene kleine Undichtigkeiten würden nicht wertvollen Kesseldampf, sondern nur Abdampf verloren gehen lassen, der seine Nutzarbeit bereits verrichtet hat und mit seinem geringen Überdruck auch gar nicht so stark durchblasen würde. Die Sachlage ist also derart, als wäre der Schieberkasten der Flachschiebermaschine mit dem Blasrohr, der Auspuffkanal hingegen mit dem Kessel verbunden.

In baulicher Beziehung hat die Anwendung der inneren Einströmung bei Kolbenschiebern die Folge — wie aus der Abb. 36 leicht erkenntlich —, daß der Kolbenschieber gerade nach der entgegengesetzten Lage auszuschlagen hat, um die gleiche Dampfströmung in der Maschine zu bewirken, wie der Flachschieber, denn die gleiche Dampfverteilung oder wie wir auch sagen können, ein gleiches Indikatordiagramm, soll natür=

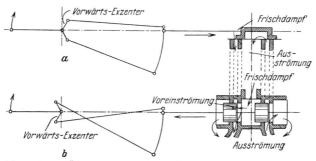

Abb. 36 a und b. Übergang zum Kolbenschieber mit innerer Einströmung.

lich auch mit dem Kolbenschieber erzeugt werden. Für eine Zwei Exzentersteuerung, die übrigens für Kolbenschieberantrieb bei Heißdampflokomotiven, wie gesagt, kaum verwendet ist, würde damit eine

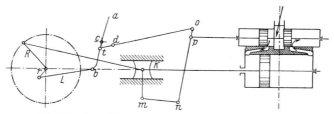

Abb. 37. Heusinger=Steuerung mit Kolbenschieber.

Anordnung der äußeren Steuerung beispielsweise für eine Stephensonsche Steuerung nach Abb. 36 b erforderlich sein. Eine Heusinger=Steuerung für Kolbenschieber gibt die Abb. 37 wieder, und ein charakteristischer Unterschied gegenüber der früheren Abb. 35 ist der, daß nunmehr die Schieberschubstange am oberen Ende des Voreilhebels angreift. Müßte nämlich, in dem Fall der früheren Skizze bei der Lage der Kurbel im hinteren Totpunkt, der Flachschieber nach vorn, also entgegengesetzt zum Kreuzkopf ausschlagen, damit er den hinteren Einström=

kanal um den Betrag der Voröffnung freigibt, so muß nun der Kolbenschieber, um die Voreinströmung in denselben Dampfkanal von innen zu bewirken, im gleichen Sinne ausschlagen wie der Kreuzkopf. Der früher o genannte Punkt darf deshalb nicht als unten liegender Punkt (Abb. 35) die Bewegung unter gleichzeitiger Verkleinerung umkehren, sondern er darf sie nur als Bewegung in gleicher Richtung verkleinern. Zugleich muß das Exzenter nacheilen statt voreilen.

11. Bauliche Ausbildung der Flach= und Kolbenschieber.

Von den inneren Steuerungsteilen ist der wichtigste der eigentliche Schieber, und es sollen nun im folgenden in einigen Abbildungen die Schieber nicht mehr nur in schematischer Darstellung, sondern in ihrer wirklichen Ausführung gezeigt werden.

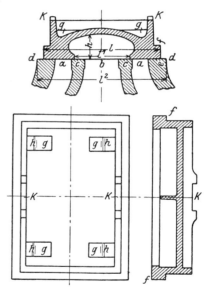

Abb. 38. Gewöhnlicher Flachschieber.

Ein gewöhnlicher Flachschieber ist in Abb. 38 dargestellt. Wir erkennen deutlich in der oberen Abbildung, wie die Außenkanten des Schiebers über die Kanalkanten um die äußere Deckung herausragen, und ebenso, wie die Innenkanten der Schieberhöhlung diejenigen des Einströmkanals noch um die innere Deckung überdecken. Der abgebildete Schieber ist aus einheitlichem Baustoff hergestellt, und zwar hat sich hier in der Regel der Rotguß besser bewährt als das Gußeisen, weil der Rotgußschieber bei mangelnder Ölung weniger zum Fressen neigt. Aus diesem Grunde findet man gelegentlich auch Schieber aus Gußeisen, deren eigentliche Gleitfläche aus Rotguß besteht; man spricht dann von einem Schieber mit aufgegossener Sohle. Der Schieber wird von der Schieberstange e f, vermöge des sog. Schieberrahmens (Abb. 39), umgriffen, deren Versteifungsbügel in den Aussparungen k liegt, jedoch so, daß er nicht unmittelbar auf den Schieber drückt; das besorgen vielmehr Blattfedern c, die sich in die Vertiefungen h der angegossenen Knaggen g legen. Diese Einrichtung macht den Schieber bei zu hohem Überdruck im Zylinder, wie er durch zu starke Kompression oder gar Wasserschläge gelegentlich vorkommen kann, zu einer Art Sicherheitsventil. Der Schieber klappt dann

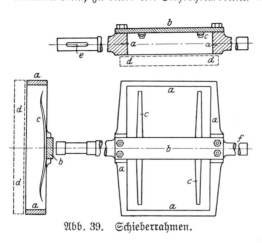

Abb. 39. Schieberrahmen.

nämlich, wie man sagt, ab, während er beim gewöhnlichen Arbeiten der Lokomotive durch den Dampfdruck dauernd auf den Spiegel gepreßt oder beim Leerlauf durch die Feder leicht angedrückt wird. Um die Schiebergleitfläche mit günstigen Gleiteigenschaften gegen ein etwaiges Fressen zu versehen, findet man sie wohl auch gelegentlich mit einer Reihe regelmäßig angeordneter Anbohrungen versehen, die mit Weißmetall ausgegossen sind.

Der bisherige Schieber ist ein solcher mit sog. einfacher Einströmung. Man hat sich bis in die jüngste Zeit der Befürchtung hingegeben, daß

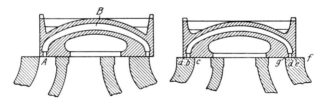

Abb. 40 a und b. Flachschieber mit doppelter Einströmung.

bei weitgehender Anwendung der Dampfdehnung und der dabei durch die Schwingensteuerungen gegebenen geringen Eröffnung der Dampfkanäle eine zu starke Drosselung des Dampfes stattfände, das Diagramm also einen zu starken Druckabfall aufwiese. Diese Vermutung, die sich nach neueren Versuchen auch nicht annähernd in dem befürchteten Grade als bestehend erwiesen hat, verdankt der Schieber mit doppelter Einströmung, von Trick erfunden, seine Entstehung. Er ist

Bauliche Ausbildung der Flach- und Kolbenschieber.

in der Abb. 40 a b dargestellt und enthält im Gegensatz zum gewöhnlichen Flach- oder Muschelschieber 4 Kanäle B in dem Fleisch des Schiebers. Die Steuerkanten dieses Kanals sind, wie aus der linken Abbildung ersichtlich, so angeordnet, daß im gleichen Augenblick, wo die äußere Schieberkante links die Kante des Einströmkanals freigibt, die rechte äußerste Kante des Schieberspiegels die rechte Kante dieser Überströmkanäle B eröffnet. Bewegt sich der Schieber noch weiter nach rechts, so tritt der Dampf dann nicht nur, wie bei einem gewöhnlichen Schieber, links unmittelbar aus dem Schieberkasten in den linken Einströmkanal, sondern von unten her auch noch vermöge des Überströmkanals B von rechts her

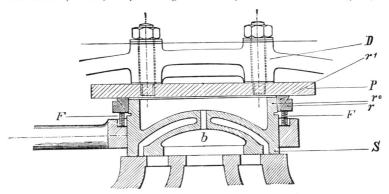

Abb. 41. Entlasteter Schieber nach v. Borries.

in eben jenen Einströmkanal. Aus dieser Bedingung heraus ist es leicht, sich über die Abmessungen des Schiebers ein Bild zu machen; zu fordern ist natürlich, wie aus der rechten Abbildung klar erkennbar, daß die Überströmkanäle in der Schubrichtung des Schiebers so schmal sein müssen, daß sie innerhalb der äußeren Schieberdeckung verbleiben, damit nicht eine unbeabsichtigte Verbindung zwischen den beiden Zylinderseiten hergestellt wird.

Auf dem Schieber lastet bei dem normalen Betrieb der Lokomotive der volle Dampfdruck, während als Gegendruck, und zwar nur auf dem durch die Schieberhöhlung dargestellten Teil, der sehr geringe Blasrohrdruck wirkt. Der Schieber wird daher mit sehr großem Druck auf seine Gleitfläche gepreßt und erfordert trotz ausreichender Schmierung, die schon gewährt werden muß, um das Fressen zu verhüten, einen erheblichen Bewegungswiderstand. Um diesen zu vermindern, hat man häufig sog. entlastete Schieber ausgeführt, von denen die Abb. 41 ein Beispiel zeigt. Es ist die Entlastung von v. Borries. Der Schieber trägt dabei auf seinem Rücken und aus einem Stück mit ihm bestehend, einen ballig

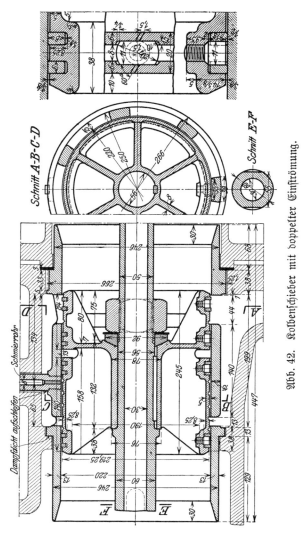

Abb. 42. Kolbenschieber mit doppelter Einströmung.

abgedrehten Ring r^0, auf den dampfdicht ein kegelförmiger Ring r^1 aufgeschliffen ist, der durch einen zweiten Ring r von gleicher Kegel=

Bauliche Ausbildung der Flach- und Kolbenschieber.

neigung vermöge von 4 Federn F an eine Platte P angedrückt wird. Der Raum zwischen dem Schieber und dieser Platte ist durch den Kanal b mit der Ausströmung in Verbindung, so daß nunmehr der im Schieberkasten herrschende, der Kesselspannung mehr oder weniger nahe kommende Dampfdruck nur auf eine Fläche wirkt, die gleich der Schieberfläche, vermindert um die sehr erhebliche Kreisfläche, ist.

Wir gehen nun zu dem Kolbenschieber über, den man als das Urbild des entlasteten Schiebers deshalb ansprechen kann, weil ein Dampfdruck quer zur Schieberstange überhaupt nicht auf ihm lastet, und die Kolbendrücke sich jeweils rechts und links aufheben. Der Kolbenschieber hat infolgedessen, wie wir oben schon kurz andeuteten, als einzigen Bewegungswiderstand denjenigen der nach Art der Kolbenringe sich an die Schieberbuchse anlegenden Schieberringe. Wir erwähnten oben schon, daß bei Heißdampflokomotiven ausschließlich Kolbenschieber mit innerer Einströmung bestehen, und beschränken uns auf deren Erörterung, weil man den bei älteren Lokomotiven allenfalls noch zu findenden Kolbenschieber mit äußerer Einströmung unschwer aus ihm ableiten kann.

Auch beim Kolbenschieber war man zunächst der Ansicht, daß man nach Art des Trick-Schiebers einer doppelten Einströmung bedürfe, um keine zu starke Drosselung des Dampfes zu haben. Abb. 42 zeigt einen derartigen Kolbenschieber (zur Hälfte), wie er für preußische Heißdampflokomotiven in großer Zahl ausgeführt worden ist. Wir erkennen hier die innere Einströmung, die von der Mitte des Zylinders, in der Abbildung von E her erfolgt. Die doppelte Einströmung wird durch die 13 mm breiten Schlitze (rechts neben der Einführung des Schmierrohrs) bewirkt, die im gleichen Augenblick den zweiten Einströmkanal, an der Stelle AD, freigeben, wie die nach E zu gerichtete Schieberkante den anderen Einströmkanal bei den Buchstaben BC eröffnet.

Die Kolbenschieberringe selbst sind schmale federnde Ringe aus sehr hochwertigem Gußeisen von 6 mm Breite und 8 mm Höhe, die durch ein in der rechten Abbildung ersichtliches, je zwei Ringe gleichzeitig gegen Verdrehen sicherndes Stück gehalten und befestigt sind.

Die folgende Abb. 43 stellt den Kolbenschieber mit einfacher Einströmung dar, dessen Einfachheit sich durch Vergleich mit der vorigen Abbildung ohne weiteres aufdrängt, und der die Frucht der Erkenntnis ist, daß jene Befürchtungen über die zu starke Drosselung mindestens in der Richtung, daß durch diese eine fühlbare Verschlechterung in der Dampfausnutzung gegeben sei, übertrieben waren. Diese Vereinfachung besteht nicht nur in dem Schieberkörper selbst, der nun an jedem

Einzelkörper — es ist zu betonen, daß die hier dargestellten Schieberkolben nur je den halben Kolbenschieber darstellen — nur 4 Ringe statt oben deren 8 aufweist, sondern auch die Schieberbuchse ist wesentlich einfacher, da sie

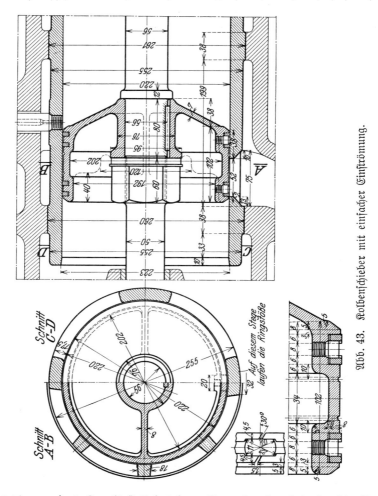

Abb. 43. Kolbenschieber mit einfacher Einströmung.

jetzt nur eines Kanals statt des doppelten wie oben bedarf. Die Befestigung der einzelnen Schieberkolben erfolgt in beiden Fällen auf der Schieberstange durch eine Schraubenmutter, wobei sich der Kolbenkörper gegen einen Bund der Stange stützt. Die Sicherung der Schieber=

Bauliche Ausbildung der Flach= und Kolbenschieber. 45

ringe gegen Verdrehen ist in der linken unteren Ecke der Abbildung besonders gut erkennbar, und es ist noch hervorzuheben, daß man die Stoßstelle der Ringe stets auf dem unteren Stege der Schieberbuchse laufen läßt. Während Abb. 42 übrigens den vorderen Schieberkolben mit Einströmung von links darstellt, ist es in Abb. 43 der hintere mit Einströmung von rechts, bei A ist die Deckung mit 38 mm erkennbar. Die Innenfläche der Schieberbuchse, die gewissermaßen einen zylinderförmig zusammengewickelten Schieberspiegel darstellt, ist aus der späteren Abb. 66 ersichtlich. Die einzelnen Schlitze sind auch in Abb. 65 im Querschnitt links gut erkennbar.

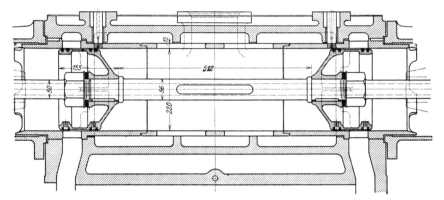

Abb. 44. Gesamtanordnung des einfachen Kolbenschiebers mit seinen Buchsen.

Der zuletzt beschriebene Schieber war schon die Regelbauart der ehemals preußischen Lokomotiven geworden. Er ist in seiner Gesamterscheinung in Abb. 44 nochmals dargestellt. Wir erkennen hier die beiden eigentlichen Schieberbuchsen, in denen die beiden einzelnen Schieberkolben laufen, und die zwischengeschaltete Mittelbuchse, die das Herausbringen des Schiebers erleichtern soll; sie weist zahlreiche Durchbrechungen auf, durch die der Dampf von außen her eintritt. Der Auspuffdampf entweicht links und rechts von dem gesamten Kolbenschieber durch die sog. Ausströmkästen, die uns bei der Betrachtung der Dampfzylinder wieder begegnen werden. Es bleibt an der Abbildung nur noch zu bemerken, daß durch die beiden, über den einzelnen Schieberkolben dargestellten engen Rohre das Schmieröl eingeführt wird. Die Schieber der übrigen ehemaligen deutschen Ländereisenbahnen weichen nicht oder nicht wesentlich davon ab, mit Ausnahme einiger Maffeischer Sonderschieber für bayerische und badische Vierzylinderlokomotiven. Hervorzuheben ist noch, daß der in der Abb. 44 erscheinende Durchmesser von 220 mm — der frühere einheitliche Schieberdurchmesser der preußischen Lokomotiven — für die neuesten Lokomotiven der Reichsbahn mit ihren großen Zylindern verlassen worden ist, um zu starke Drosselung zu vermeiden. Bei an sich gleicher Bauart haben die Kolbenschieber der großen Zylinder jetzt 300 mm Durchmesser, für die kleineren Zylindermodelle ist der 220-mm-Schieber jedoch beibehalten.

Wir verbleiben zunächst bei der Erörterung der gewöhnlichen Schiebersteuerung und wenden uns nunmehr den äußeren Steuerungsteilen zu.

12. Die äußere Steuerung.

Die Abb. 45 gibt ein anschauliches Bild der Allan-Schwingensteuerung. Diese Zweiexzentersteuerung ist angesichts der Tatsache gewählt, daß sie bei vielen älteren Lokomotiven noch vorhanden ist. Die

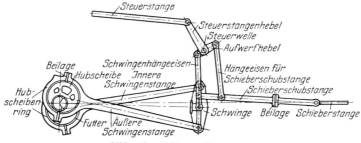

Abb. 45. Allan-Steuerung.

Abbildung ist besonders dadurch anschaulich, daß die Bezeichnungen der einzelnen Steuerungsteile in ihr angeschrieben sind und sich deshalb eine lange textliche Aufzählung erübrigt, um so mehr, als wir auf die früheren Erörterungen über die Wirkung der Steuerung (mit ihren Skizzen in einfachen Linien) zurückgreifen können. Es brauchen sich also nur einige Bemerkungen über die bauliche Durchbildung der einzelnen Teile anzuschließen.

Die Hubscheiben (Abb. 46), bisher in der Regel Exzenter genannt, bestehen aus zwei ungleichen körperlichen Kreisteilen, deren Trennfuge durch den Mittelpunkt der Treibachse geht. Diese Trennung geschieht deshalb, um die Exzenter auch ohne Abpressen der Räder für ein gelegentliches Nachdrehen abnehmen zu können. Der Zusammenhalt ist dadurch gewährleistet, daß zwei zylindrische Bolzen zu beiden Seiten der

Achswelle in genau entsprechende Höhlungen eingesetzt sind, die mit Verschraubung am einen und durch kleine Keile am anderen Ende den festen Zusammenhang der beiden Hälften bewirken, wobei noch die ganze Hubscheibe durch einen Keil gegen Verdrehung auf der Achse und also eine Veränderung des Voreilwinkels gesichert ist. Die Hubscheibe trägt an ihrem zylindrischen Umfang in der Regel zwei umlaufende Bunde, die in die entsprechenden Höhlungen des Hubscheibenringes (Exzenterringes) eingreifen und ihn dadurch am Abrutschen hindern.

Die Hubscheiben werden von der Schwingenstange mit dem geteilten Hubscheibenring (Exzenterring) umgriffen, der in der Regel mit seiner einen Hälfte aus einem Stück mit ihr besteht (Exzenterstange). In selteneren Fällen findet man den Ring völlig für sich ausgeführt und die Schwingenstange mittels Flansches an einer geeigneten Anlagefläche des Ringes befestigt.

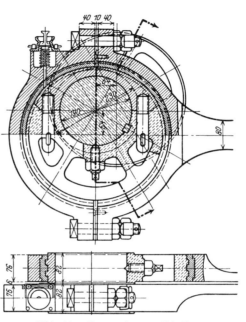

Abb. 46. Bauart der Hubscheiben.

Besonders hervorzuheben ist die Tatsache, daß man die Ringhöhlung zur Aufnahme der Hubscheibe größer ausführt als diese selbst, und den bestehenden Zwischenraum durch ein sog. Futter, in der Regel aus Weißmetall bestehend, ausfüllt. Dieses Futter hat den Zweck, bei eingetretener Abnutzung die Hubscheibe und den Hubscheibenring trotzdem nicht zu verwerfen, sondern lediglich das leicht ersetzbare Futter aus einem Metall mit niedrigerem Schmelzpunkt erneuern zu müssen. Der Hubscheibenring selbst muß naturgemäß geteilt sein, da man ihn sonst weder wegen der vorher erwähnten Bunde über die Hubscheibe noch über die Achse schieben könnte. Die beiden Ringhälften tragen deshalb an der Durchmessertrennfuge je einen Flansch, und diese beiden Flansche sind vermöge einer durchgesteckten, gut gesicherten Schraube (Gegenmutter mit Splint) fest miteinander unter Zwischenschaltung einer Beilage verbunden. Diese Beilage ist eine geeignet gestaltete Rotgußplatte, die bei eingetretener Abnutzung in der Werkstatt etwas dünner gehobelt zu werden pflegt, worauf der Ring die Scheibe wieder gut passend umgreift. Bei den außenliegenden Zweierzentersteuerungen ist eine Teilung der Exzenter selbst nicht erforderlich, da man sie nicht über die Treibachse zu

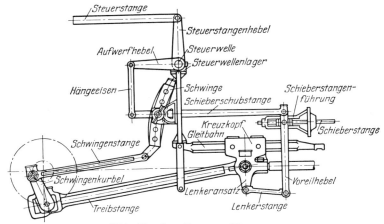

Abb. 47. Heusinger-Steuerung.

schieben braucht, sondern von außen auf den Zapfen der Gegenkurbel aufstecken kann. Hinsichtlich der Schwingenstange wäre noch zu bemerken, daß nicht beide an einer Schwinge angreifenden Stangen in ihrer Gestalt übereinstimmen, weil sie naturgemäß nicht in einer Ebene, nämlich der Mittelebene der eigentlichen Schwinge liegen können. Es sitzen daher entweder die Gabeln, welche die Schwinge angreifen, unsymmetrisch, oder es ist auch selbst eine der beiden Stangen schwach gekröpft. Hubscheibenantrieb kommt auch bei innenliegender Heusinger-Steuerung (z. B. der Dreizylinder-Einheitsgüterzuglokomotive) vor. Abb. 47 zeigt in gleicher Art wie Abb. 45 die heute vorwiegend gebräuchliche Heusinger-Steuerung. Bei äußerer Lage sind Hubscheiben nicht erforderlich, die Schwingenstange zur Schwingenkurbel, auch Gegenkurbel genannt, gleicht hier einer kleinen Treibstange, die am Zapfen der Schwingenkurbel (Gegenkurbel) angreift. Dieser Zapfen beschreibt den gleichen kleinen Kreis wie der Hubscheibenmittelpunkt.

Bei der Schwinge unterscheidet man in der Regel drei Ausführungsarten. Die eine ist die einfach geschlitzte Schwinge, wie sie in der Abb. 48 für eine Heusinger=Steuerung dargestellt ist. Sie bedarf keiner besonderen Beschreibung weiter. Einen Hinweis verdient die Ausbuchsung der Schwingenstangenlöcher. Die Einschaltung von Buchsen hat, wie das Ausgießen der Hubscheibenringe mit Weißmetall, den Zweck, für den Abnutzungsfall einen leicht auswechselbaren kleinen Einzelteil zu haben, um nicht den eigentlichen Maschinenteil vorzeitig erneuern zu

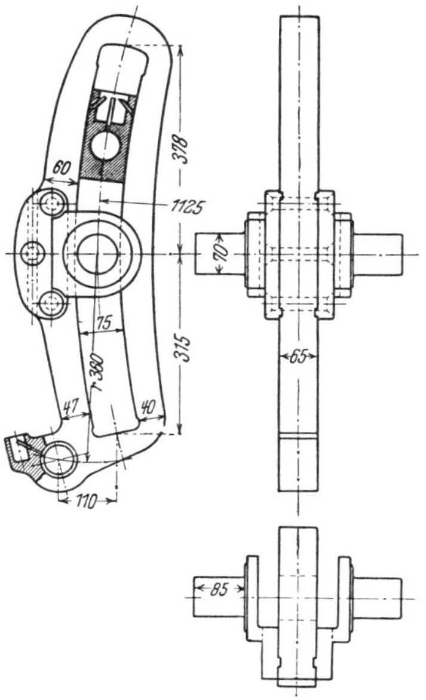

Abb. 48. Einfache Schlitzschwinge. 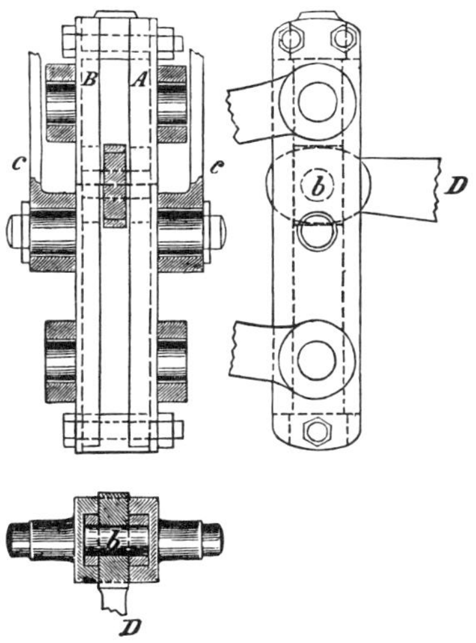   Abb. 49. Schwinge der Taschenform.

müssen. Die mittlere Lagerung der Schwinge erfolgt in den besonders im Grundriß erkennbaren beiden Zapfen, die mit Paßflächen gegen die eigentliche Schwinge geschraubt sind. Zwischen der so gebildeten weiten Gabel kann die in der Abbildung von oben her zu denkende Schubstange mit schmalerer Gabel, die an den Schwingenstein greift, ungehindert hindurchschlagen. Der Schwingenstein ist im Schnitt mit seiner Schmierung dargestellt.

Die zweite Form der Schwinge ist die sog. Taschenschwinge, in Abb. 49 für eine Allan=Steuerung dargestellt. Sie besteht aus zwei, ihre Höhlung einander zukehrenden Hälften, die oben und unten unter Einschaltung geeigneter Zwischenstücke mit meist je zwei Schrauben verbunden sind. Der Schwingenstein zerfällt in diesem Falle in zwei einzelne Platten. Während die Schieberstange oder Schieberschubstange bei der Schlitzschwinge diese gabelförmig umgreift, wobei also der Bolzen durch die beiden Gabelenden und den Schwingenstein geht, ist hier die Schieberschubstange D ohne gabelförmige Endigung und erfaßt, wie aus dem unteren Schnitt ersichtlich, mit dem Bolzen b die beiden seitlichen Schwingensteine. c c sind die Hängeeisen, deren Bolzen (mit Vorsteckscheibe und Splint) je aus einem Stück mit den Schwingenhälften sind.

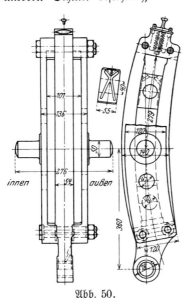

Abb. 50.
Schlitzschwinge mit Seitenschilden.

Die dritte Bauart der Schwinge ist als eine mit tragenden Seitenschilden versehene Schlitzschwinge zu bezeichnen (Bauart v. Borries). Sie ist namentlich in Deutschland bei der Heusinger-Steuerung sehr verbreitet und in Abb. 50 dargestellt. Danach ist die eigentliche Schwinge wieder eine Schlitzschwinge, die vorn und hinten ein Schild trägt, das die Zapfen, um welche sich die Heusinger-Schwinge dreht, in einem Stück mit enthält. Die beiden Schilde sind wieder oben und unten durch je zwei Schraubenbolzen mit der Schwinge verbunden; der Zapfen für den Angriff der Schwingenstange ist an der mittleren, eigentlichen Schlitzschwinge angeordnet. Der Schwingenstein selbst ist zum Teil in einer Nebenfigur dargestellt; an ihm sind die Ölnuten für die Schmierung erkennbar. Die Löcher in den Schilden gestatten das Ölen des Schwingensteins. Die Maße gehören natürlich nur einer bestimmten (älteren) Lokomotive an. In Süddeutschland kommt noch eine Abart der skizzierten Schwinge vor, bei der nur das hintere der beiden Schilde vorhanden ist, das nun aber nicht nur mit einem kurzen Zapfen, sondern einer längeren, zweimal gelagerten Welle verbunden ist; dem Beschauer der Lokomotive kehrt sich bei dieser Steuerung die eigentliche Schlitzschwinge (wie in Abb. 48) ohne Verdeckung durch ein Lagerschild zu.

Über die Schieberschubstange wären noch einige Worte zu sagen. Bei den heutigen Ausführungen der Heusinger-Steuerung verzichtet man aus räumlichen Gründen häufig auf die ursprüngliche Aufhängung an Hängeeisen und verstellt die Schieberschubstange unmittelbar durch den Aufwerfhebel. Hierbei muß naturgemäß der Tatsache Rechnung getragen werden, daß die Schieberschubstange ein mehr oder weniger großes horizontales Spiel ausführt; mit anderen Worten, der Bolzen des Aufwerfhebels muß die Schieberschubstange mit einem Schlitz ergreifen. Um auch hier überall möglichst große Abnutzungsflächen zu haben, läßt man diesen Schlitz nicht lediglich den Bolzen oben und unten berühren, sondern schaltet einen Körper ein, der in seiner Art mit einem Schwingenstein völlig übereinstimmt, so daß einerseits der Bolzen in seiner Höhlung überall anliegt, andererseits der Stangenschlitz an der oberen oder unteren Fläche des Steins eine genügende Führung und Abnutzungsfläche findet. Ob die Schieberschubstange gabelförmig oder ungegabelt an der Schwinge angreift, hängt von der Ausführungsform der Schwinge selbst ab. Eine Taschenschwinge bedarf, wie bemerkt, keiner Gabelung der Schieberschubstange, während die Schlitzschwinge naturgemäß gabelförmig umfaßt werden muß. Das dem Schieber zugekehrte Ende der Schieberschubstange ist heute in der Regel gabelt. Die Einzelheiten einer solchen Schieberschubstange — auch die Gabelung (im Grundriß) — sind in der Abb. 51 gut erkennbar, welche die Steuerung der fünfachsigen Tenderlokomotiven (T16) der ehemals preußisch-hessischen Bahnen zeigt. Über dem Schlitz der Schieberschubstange ist hier auch gut das Schmiergefäß erkennbar. Man nennt diese Ausführungsform der Schieberschubstange mit jenseits der Schwinge liegender Steuerwelle die Kuhnsche Schleife.

Eine noch andere, neuerdings gelegentlich angewandte Art der Schwingenführung ist die zuerst von der Lokomotivfabrik Winterthur ausgeführte axiale Lagerung von Schwinge und Steuerwelle, wie sie aus der Abb. 52 (T20) ersichtlich ist. An sich handelt es sich auch hier um eine Schlitzschwinge mit Seitenschilden, die aber nicht in einem besonderen Bock, sondern in der Steuerwelle gelagert ist. Der Aufwerfhebel, der also die Schildzapfen der Schwinge aufnimmt, ist mit weiter Kröpfung gegabelt. Die Kehle der Gabel ist mit reichlicher Wandstärke versehen, damit sie zugleich als Gegengewicht für den Aufwerfhebel und dessen anteilige Belastung durch die Schieberschubstange dient; die Schlitzführung der Schieberschubstange selbst ist wieder die übliche.

4*

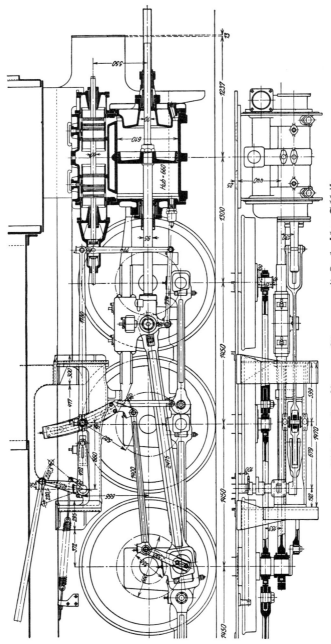

Abb. 51. Heusinger-Steuerung mit Kuhnscher Schleife.

Die äußere Steuerung. 53

Es handelt sich nun nur noch darum, die bei der verbreitetsten aller Steuerungen, der Heusinger-Steuerung, übliche Einstellbarkeit der Schieberstange kurz zu skizzieren (Abb. 53). Die Schieberstange endet dabei in einem Vierkant, der in einem viereckigen Loch der hinteren Schieberstangenführung geführt ist und die Schieberstange gegen Verdrehen sichert. Auf diese Sicherung gegen Verdrehen ist bei dem Kolbenschieber großer Wert zu legen, damit die Stoßstelle der Schieberringe stets auf der Führungsfläche der Schieberbuchse bleibt. Die weitere, und zwar hauptsächliche Führung übernimmt ein kleiner Schieberstangenkreuzkopf, in dem die Schieberstange jedoch im Gegensatz zur Kolbenstange nicht festgekeilt, sondern mit Gewinde und Muttern verstellbar gelagert ist, während die kleinen Kreuzkopfbolzen von dem oben gegabelten

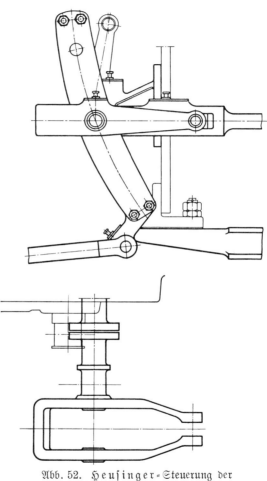

Abb. 52. Heusinger-Steuerung der Winterthurer Anordnung.

Voreilhebel ergriffen werden, welch letzterer in Abb. 54 noch besonders dargestellt ist. Da die übrigen Glieder der Steuerung von unveränderlicher Länge sind, so bedarf es, um den Schieber genau um seine Mittel-

lage schwingen zu lassen, der Möglichkeit einer Veränderung der Schieber=
stangenlänge für den Fall, daß sich bei der Ausführung der äußeren

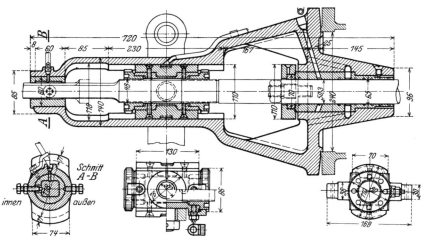

Abb. 53. Hintere Schieberstangenführung.

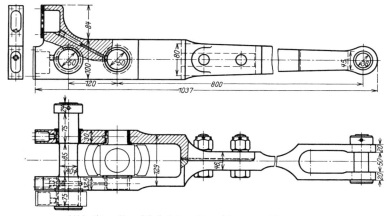

Abb. 54. Voreilhebel der Heusinger=Steuerung.

Steuerungsteile kleine Ungenauigkeiten eingeschlichen haben. Haben
diese etwa die Wirkung, daß der zunächst eingestellte Schieber zu weit
nach hinten steht, so wird man beim Einregeln der Steuerung unschwer

Die äußere Steuerung.

denjenigen Betrag herausfinden, um den der Schieber durch Verlängerung der wirksamen Schieberstangenlänge nach vorwärts geschoben werden muß. In der Abbildung der hinteren Schieberstangenführung erkennen wir noch die Schmiereinrichtungen, auf deren Vorhandensein vom heutigen Maschinenbau stets großer Wert gelegt wird.

Nicht überflüssig dürfte ein Hinweis darauf sein, daß es für die ordnungsmäßige Wirkung der Steuerung einer guten und gegeneinander unverschiebbaren Lagerung derjenigen Punkte bedarf, die fest am Lokomotivrahmen sitzen müssen. Bei der Heusinger-Steuerung im besonderen ist das der Schwingenmittelpunkt und die Steuerwelle; in der Abb. 51 ist dies beispielsweise gut zu erkennen, da hier sowohl das Schwingenlager, wie auch das Steuerwellenlager einem einzigen Stahlgußkörper angehören, der an zwei Auskragungen des Hauptrahmens gut befestigt ist. Diese Art der Lagerung wurde zuerst von Maffei bei bayerischen Schnellzuglokomotiven ausgeführt. Die Steuerwelle hat bekanntlich den Zweck, die Steuerungen beider Maschinenseiten (bei Mehrzylinderlokomotiven sind bisweilen zwei gekuppelte Steuerwellen vorhanden) in gleicher Weise und durch eine einzige Bewegung zu verstellen. Statt der früher schon erwähnten Gegengewichte zum Ausgleich des Stangengewichts findet man heute häufig auch Federn, die an einem kurzen Arm der Steuerwelle, anderseits an einem festen Punkt des Rahmens angreifen.

Die Steuerung wurde im Führerhaus bei den alten Lokomotiven und wird noch heute zuweilen bei ganz leichten Lokomotiven durch den Steuerhändel verstellt, von dem aus die Steuerstange nach vorn zum Steuerstangenhebel geführt wurde. Sonst wird die Steuerstange ausschließlich vermittels der Steuerschraube bewegt, die in der Regel im Führerhaus neben dem hinteren Ende des Stehkessels gelagert ist. Ein Steuerhändel ist in Abb. 55 gezeigt. Der Steuerhändel hat neben seinem Handgriff einen in der Regel durch eine Feder abgedrückten Griff einer Fallklinke, die unten in einen gezahnten Bogen eingreift; beim Andrücken des federnden Griffes wird die Klinke ausgeklinkt und damit die Bewegung des Steuerhändels möglich. Der Steuerhändel dreht sich um seinen unteren, am Rahmen befestigten Endpunkt. Die Steuerstange greift in dem Bolzen unterhalb des Zahnbogens an und beschreibt beim Verlegen des Umsteuerhändels den in der Abbildung punktierten Kreisbogen. Die äußersten Lagen des Steuerhändels bedeuten dabei eine Einstellung des Schwingensteins nahe den beiden Schwingenenden und also ein Arbeiten mit möglichst großer Füllung, während jeder Zahn nach der Mitte zu eine Verkleinerung der Füllung bedeutet. Die Steuerung kann dabei vorwärts und rückwärts mit so viel verschiedenen Füllungsgraden arbeiten, wie auf dem halben Zahnbogen Zähne vorhanden sind. Hinsichtlich der Stellung des Steuerhändels pflegt man wegen der leichteren Merkbarkeit die Steuerung stets so anzuordnen, daß der vorderen Lage des Steuerhändels auch die Vorwärtsbewegung der Lokomotive entspricht; ebenso wird die Steuerschraube stets so angeordnet, daß, wenn

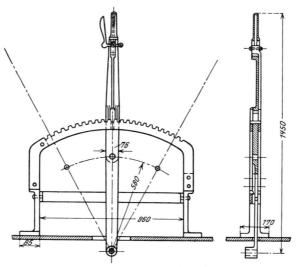

Abb. 55. Umsteuerhändel.

die Mutter sich auf der vorderen Hälfte der Schraube befindet, die Lokomotive vorwärts läuft und umgekehrt.

Eine Steuerschraube ist in der Abb. 56 gezeigt, wie sie viele Jahre hindurch die Regelausführung der preußischen Staatsbahnen war und noch heute bei vielen tausend Lokomotiven zu finden ist. Es handelt sich um eine steile, mehrgängige Schraube, deren Handkurbel K mit einem gezahnten Rad R verkeilt ist; in jede Zahnlücke des Rades kann man eine mit Feder einschnappende Klinke k einlegen. In der linken Abbildung ist der Handgriff dieser Winkelhebelklinke gut zu erkennen. Die Steuermutter läuft zwischen 2 Gradführungen; die obere trägt die sog. Steuerleiste, auf welcher die verschiedenen Füllungsgrade in Teilung nach Zehnteln oder Prozenten aufgetragen sind. In der rechten Abbildung ist der auf die Mutter auf-

gesetzte Zeiger sichtbar, dessen Stellung neben oder zwischen den Teil=
strichen der Steuerleiste (Zifferstreifen, Skala), die Ablesung oder Ein=
stellung der Füllung gestattet. Die Steuerschraube selbst ist durch das
ganz rechts erkennbare Kammlager (bisweilen mit Weißmetallausguß)
gegen Verschiebung in der Längsrichtung sicher gelagert. Diese Sicherheit
ist erforderlich, damit nicht die von der Steuerung her auf die gegabelte
Steuerstange Ss gelegentlich einwirkenden rüttelnden Kräfte auch die
Steuerschraube ins Rütteln versetzen können, was dann das Übel nur
noch ärger macht. Die beiden Lager der Steuerschraube gehören dem
Steuerbock D an, der in der Regel unten am Rahmen befestigt ist, bis=

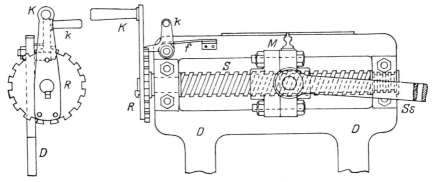

Abb. 56. Steuerschraube (preuß. Bauart).

weilen aber auch am Stehkessel, in welch letzterem Falle bei der kalten
Einregelung der Steuerung zu bedenken ist, daß sich der Kessel, der nur
vorn an der Rauchkammer mit dem Rahmen fest verbunden ist, durch
die Wärmedehnung bei betriebsfähiger Lokomotive nach hinten verschiebt.

Bei den neuen schweren Lokomotiven ersetzt man in der Regel den
verhältnismäßig leichten Handgriff der eben geschilderten Steuerschraube
durch ein schweres Rad, hinter dem wieder eine kreisförmige Klinkscheibe
mit einem Kranz von Löchern mit einschiebbarem Stift vorhanden ist,
macht auch die Steuerschraube nicht so steilgängig, so daß an sich eine
größere Anzahl von Umdrehungen für die völlige Verlegung der Steue=
rung notwendig wird. Dies ist auch deshalb erwünscht, weil zur Ver=
legung der schweren Steuerungsteile die anzuwendende Übersetzung vom
Kurbelhandgriff auf die Steuerwelle eine größere sein muß. Andererseits
erleichtert das Schwungmoment des schweren Steuerrades die Ver=

58   Die Dampfmaschine der Lokomotive.

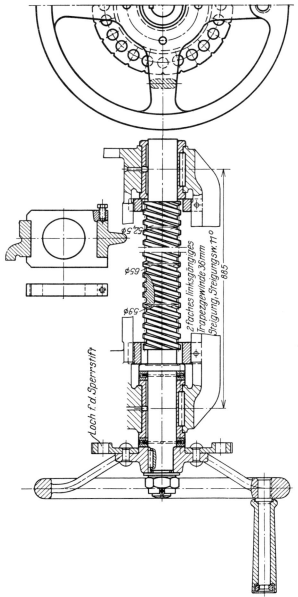

Abb. 57. Steuerschraube der Einheitslokomotiven.

Die äußere Steuerung. 59

legung der Steuerung. Abb. 57 zeigt als Beispiel die Steuerschraube der neuen Einheits=Schnellzuglokomotiven. Auf eine Eigentümlichkeit der Steuerschraube der preußischen S10=Lokomotiven sei hier noch kurz hingewiesen; die Anordnung der Steuerung dieser Maschine ist so getroffen, daß die untere Hälfte der Schwinge den Vorwärts=gang bewirkt, so daß der auf der Schwinge liegende Aufwerfhebel bei Vorwärtsgang gesenkt, also die Steuerstange nach hinten bewegt werden muß, weil eine rückwärtige Lage der Steuerwelle nicht möglich war. Damit nun der Lokomotivführer nicht dadurch irregeführt wird, daß die Steuer=mutter beim Vorwärtsgang hinten (rück=wärts) steht, ist die eigentliche Steuer=schraube bis auf einen Schlitz für das Ölen verdeckt und eine kleine scheinbare Steuerschraube mit Zifferstreifen über der wirklichen angebracht, die durch ein Zahnradpaar mit ihr gekuppelt ist. Die Mutter dieser kleinen scheinbaren Steuerschraube steht dann bei Vorwärts=gang der Lokomotive auch vorwärts und der Zifferstreifen ist neben ihr, nicht neben der eigentlichen großen Steuer=mutter, angebracht.

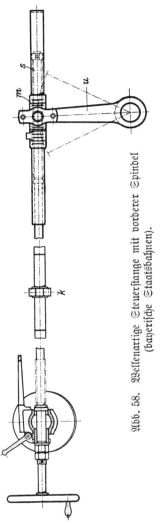

Abb. 58. Wellenartige Steuerstange mit vorderer Spindel (bayerische Staatsbahnen).

Wenn neben dem Stehkessel sehr wenig Platz ist, behilft man sich unter Umständen so, daß man die Steuer=schraube nicht im Führerhaus anordnet, sondern nach Abb. 58 die Steuerstange durch eine Welle ersetzt, die innerhalb des Führerhauses nur mit Handrad und Klinke versehen und in einem am Stehkessel befestigten hohlen Zapfen dreh=bar gelagert ist. Diese runde Steuer=stange trägt dann an ihrem vorderen Ende ein Schraubengewinde, die dazugehörige Mutter ist in einer Gabel des Steuerstangenhebels gelagert. Eine Hilfsskala muß natürlich innerhalb des Führerhauses angebracht sein. Diese Anordnung findet sich mehrfach an bayerischen und württembergischen Lokomotiven.

Die früheren Auflagen unseres Buches enthielten am Schluß der Erörterung der Steuerung noch einen Abschnitt über die Regelung der Steuerung. Er war ausschließlich auf die Zweierzentersteuerungen zugeschnitten und betraf ein so grob handwerksmäßiges Arbeitsverfahren, wie es sich mit den heutigen Anschauungen über genaue Herstellung nicht mehr verträgt. Überdies ist die Regelung der Steuerung ein dem Werkstättenwesen angehörendes Kapitel, und wir möchten deshalb, so anregend es auch ist, darauf verzichten, um den Buchumfang nicht durch solche loseren Einfügungen über Gebühr zu vergrößern. Es sei nur erwähnt, daß man heute die Stangenlängen nach Urmaßen genau herstellt, durch sorgfältige Vermessung für richtige Lage der festen Steuerungspunkte sorgt und das geringe dann noch etwa nötige Nachregeln mit den Einstellschrauben der kleinen Kreuzköpfe der Schieberstange, wie wir bei der hinteren Schieberstangenführung sahen, vornehmen kann.

13. Ventilsteuerung bei Lokomotiven.

Mit der bei ortsfesten Dampfmaschinen sehr häufig zu findenden Ventilsteuerung sind auch bei Lokomotiven umfangreiche Versuche gemacht worden, die in einigen Fällen, so z. B. bei dem oldenburgischen Netz, zur regelmäßigen Verwendung in größerem Maße geführt hatten. Dem Ventil bei ortsfesten Maschinen wird als Hauptvorzug eine rasche Ventileröffnung und damit eine geringe Drosselung bei der Einströmung nachgerühmt. Durch die Anwendung je eines Ein- und Ausströmungsventils für jede Kolbenseite war außerdem eine Unabhängigkeit der Kompression von der Dehnung möglich; bei kleinerer Zusammendrückung ist also ein größeres Dampfdiagramm erzielbar. Diese günstigen Eigenschaften wurden zunächst auch bei der Lokomotive zu erreichen versucht, waren hier allerdings nur unter gewissen Nachteilen zu erkaufen. Die Ventile müssen hier, es sei denn, daß ein durchaus vollwertiger Ersatz für die Schwingensteuerung gefunden wird, aus Gründen der Umsteuerung und Leistungsänderung von einer Schwingensteuerung aus angetrieben werden, und zwar in der Art, daß die Schieberstange der gewöhnlichen Steuerung durch die Nockenstange für die Ventile ersetzt wird. Wenn man einen schnellen Anhub der Ventile auch bei kleinen Füllungen mit diesen Nocken erreichen will, so müssen sie verhältnismäßig steil ansteigen. Das bedingt aber bei größeren Umdrehungszahlen ein stoßweises Anheben des Ventils und damit einen schnellen Verschleiß der Steuerungsteile. Läßt man dagegen die Hubkurven der Nockenstange verhältnismäßig sanft ansteigen, so werden die Ventile bei kleinen Füllungen, also geringen Ausschlägen der Nockenstange, nicht sehr hoch angehoben, so daß die erreichte Öffnung am Ventilumfang die des gewöhnlichen Kolbenschiebers, der die Einströmöffnung durch Weggleiten freigibt, nicht übertrifft. Die Einströmlinie der Ventilsteuerung fällt also genau so gut ab wie bei der Kolbenschiebersteuerung; selbst stärkeres Abfallen ist schon festgestellt, mit der Wirkung, daß man mit etwas weiter ausgelegter Steuerung fahren muß, um gleiche Leistungen zu erzielen. Nur die italienische Caprotti-Ventilsteuerung, die aber einen ganz anderen äußeren Antrieb hat, nämlich eine durch Kegelräder angetriebene Steuerwelle, hat nach ausländischen Berichten Vorteile in der Dampfverteilung hervorzubringen vermocht. Bei Anwendung der üblichen Schwingensteuerung beruht nach deutschem Urteil der Vorteil der Ventilsteuerungen also nicht in einem völligeren Diagramm, sondern in der Möglichkeit geringeren Ölbedarfs und des Ertragens etwas höherer Dampftemperaturen, auch in dichterem Schluß und geringerer Ausbesserungs- und Unterhaltungsbedürftigkeit. Längere Beobachtungen im Betriebe der Reichsbahn hatten freilich diese Erwartungen bisher nicht bestätigt; mit einer verbesserten Form ist seit kurzem ein neuer Versuch geplant.

In großem Maße hatte zuerst die oldenburgische Bahn die Ventilsteuerung angewandt und auch geringe Unterhaltungskosten festgestellt, freilich, wie sich bei neuen, genaueren Versuchen im Lokomotiv-Versuchsamt Berlin-Grunewald zeigte, auf Kosten der Dichtigkeit und des Dampfverbrauchs.

Diese oldenburgische Steuerung (Lentz-Ventile), die auch einige Seitenstücke bei preußischen Lokomotivgattungen der Reichsbahn fand, zeigt Abb. 59. Jede Kolbenseite hat, wie gesagt, ein besonderes Ein- und Auslaßventil mit senkrechter Ventilspindel. Die Ventile sind infolge ihrer Dünnwandigkeit außerordentlich leicht und erfordern, da sie nahezu entlastet sind, verhältnismäßig geringe Bewegungswiderstände. Der Schluß der Ventile wird durch die über ihnen liegenden Schraubenfedern bewirkt. Über den eigentlichen Ventilgehäusen verläuft, vom Voreilhebel der Heusinger-Steuerung angetrieben, die Nockenstange. Wir erkennen an dem im Schnitt dargestellten Ventil die in der gegabelten Ventilspindel sitzende Rolle und die ihr Hochheben bewirkende Nocke.

Die Rollen so gut wie die eigentlichen Nocken sind auswechselbar, um die Steuerung nach Eintreten eines gewissen Verschleißes wieder auf den Zustand guter Dampfverteilung zurückbringen zu können. Damit die Abnutzung trotzdem möglichst langsam eintritt, sind die Hubkurven im Einsatz gehärtet. Die Befestigung auf der Nockenstange erfolgt mit

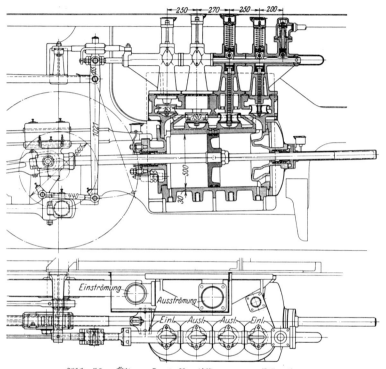

Abb. 59. Ältere Lentz=Ventilsteuerung (Oldenburg).

Schwalbenschwanz und durch Hartlötung. Der letzte Versuch der Reichs= bahn war mit einer anderen Form der Ventilsteuerung von Lentz ge= macht worden, bei dem die Ventilspindeln waagerecht liegen und durch eine zwischen ihnen liegende schwingende Welle mit Hubkurven gesteuert werden. Die 4 Ventile sind samt den Lagern der Zwischenwelle in einem Gehäuse angeordnet, das wie ein besonderer Schieberkasten auf den eigentlichen Zylinder mit entsprechenden, die Dampfkanäle enthaltenden Flanschen aufgeschraubt wird. Es sollte dadurch erreicht werden, daß

Die Dampfzylinder. 63

man mit einer einzigen Bauform dieses Ventilkastens bei den verschiedenen
Lokomotivgattungen auskommt, doch werden besser für größere Kolben
auch größere Ventile angewandt. Die Ventile sind besonders leicht aus
Stahl gearbeitet. Der außen an der schwingenden Welle sitzende Hebel
wird von einer schwingend aufgehängten Stange ergriffen, die der
Schieberstange der Heusinger-Steuerung entspricht. Mit der Abweichung eines kleinen zylindrischen Ansatzes im Ventilsitz, der wie eine
kleine Schieberdeckung wirkt, und der Einschaltung eines Zwischenhebels
zur Hub- und Geschwindigkeitsvergrößerung der Ventile ist diese Steuerung bei den österreichischen Bundesbahnen sehr verbreitet, wo seinerzeit

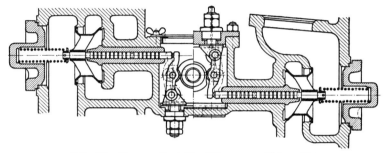

Abb. 60. Neuere Lentz-Ventilsteuerung (Österreich).

ein weniger guter Kolbenschieber mit breiten, leichter undicht werdenden
Schieberringen den Vergleichsversuchen zugrunde gelegen hatte. Abb. 60
gibt einen guten Eindruck dieser Ventilsteuerung.

14. Die Dampfzylinder.

Über den Zweck des Dampfzylinders und des in ihm hin- und her-
bewegten Dampfkolbens bedarf es nach dem vorigen keiner Worte mehr.
Wir treten deshalb sofort an die Beschreibung der Dampfzylinder heran.
Als Beispiel ihrer Anordnung an der Lokomotive stellt Abb. 61 einen
Schnitt durch Rauchkammer und Zylinder einer Naßdampflokomotive mit
innerer Steuerung dar, also zwar eine ältere, jetzt seltene Bauform, die
jedoch für die gesamte Anordnung, auch der Rohrleitungen in der Rauchkammer, recht anschaulich ist. Wir erkennen, wie jedem Dampfzylinder Z
sein Schieberkasten S K angegossen ist. Jeder Schieberkasten enthält 2 Rohrstutzen, von denen in den einen die Einströmrohre E einmünden, während
der andere den gebrauchten Dampf in die Ausströmrohre A zum Blas-

rohr entläßt. Die Zylinder sind rechts und links nicht in derselben senkrechten Ebene geschnitten; wäre das der Fall, so würden beide Rohrstutzen in der Mitte des Schieberspiegels unter der Schieberhöhlung münden. Die Einströmrohre E müssen aber natürlich außerhalb des Schieberspiegels in den Schieberkasten eintreten, und sie liegen deshalb außerhalb der Zylindermitte; das ist aus Abb. 62 gut erkennbar. Diese Abbildung stellt die Draufsicht auf denselben Dampfzylinder dar, den wir in den früheren Abb. 8 u. 9 in Längs- und Querschnitt kennenlernten. Wir weisen nochmals auf die Abb. 8 und 9 hin; sie stellen den Hochdruckzylinder einer Naßdampf-Verbundlokomotive mit Flachschieber dar, bei welchem der Flansch für die Befestigung der Zylinderdeckel aus dem Grunde so groß gewählt worden ist, um äußerlich eine Symmetrie der Lokomotive herbeizuführen (großer Niederdruckzylinder). Nach allem Vorhergesagten bedarf es nur einer kurzen Erläuterung; Z ist der eigentliche Zylinder, D der hintere, D' der vordere Zylinderdeckel, ee sind die beiden Einströmkanäle und a der Ausströmkanal. Die Stange des Kolbens K tritt durch die Stopfbuchse S durch den hinteren Zylinderdeckel, und mit ihrem dünneren vorderen Ende vermöge der Stopfbuchse S' durch den vorderen Zylinderdeckel. Der Schieberkasten SK

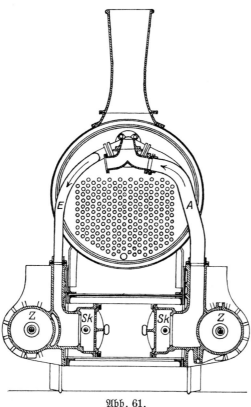

Abb. 61.
Schnitt durch Rauchkammer und Zylinder.

Die Dampfzylinder. 65

weist einen vorderen Deckel D''' sowie einen großen runden Deckel D''
auf, nach dessen Abnahme der Schieber freiliegt. Die Schieberstange
mit ihrem Rahmen tritt wieder vermöge der beiden erkennbaren
Stopfbuchsen durch die vordere und hintere Wand des Schieberkastens.
Zu den Zylinderdeckeln ist zu bemerken, daß der hintere Deckel vermöge
der erkennbaren Dichtfläche auf das zugehörige Ende des Zylinders
dampfdicht aufgeschliffen ist; das gleiche ist mit dem vorderen Deckel D' der

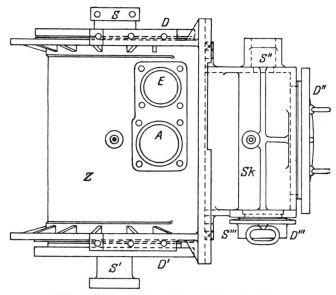

Abb. 62. Draufsicht auf den Naßdampfzylinder.

Fall, nur ist hier der Deckel nicht mit einem Flansch für die zum Andrücken
dienenden Schrauben versehen, sondern wird mittels des Druckringes s'
angepreßt. Hinzuweisen ist noch auf die Rohrstutzen o o$_1$ p (Abb. 8), von
denen die beiden ersteren zur Einführung der Ölleitungen zum Schmieren
von Kolben und Schieber dienen, während sich an die Stutzen p die
Zylinderventile (früher Hähne) anschließen, die es ermöglichen, das beim
Anfahren oder sonst durch Eintrittskondensation gebildete Niederschlag=
wasser aus dem Zylinder auszublasen. Es wäre noch darauf aufmerksam
zu machen, daß der Zylinder an dem Hauptrahmen der Maschine nicht
nur mittels der in der Abbildung erkennbaren Paßschrauben befestigt ist,
sondern außerdem noch mit der oben erkennbaren Leiste an der ent=

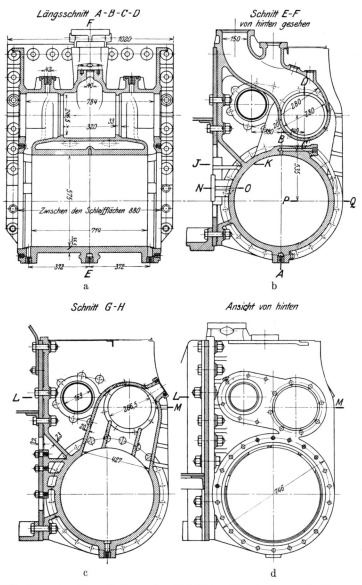

Abb. 63 a—d. Dampfzylinder der P 8=Lokomotive in den verschiedenen Schnitten und Ansichten.

Die Dampfzylinder. 67

sprechenden Auflagefläche des Rahmens hängt, und daß er vorn und hinten je eine kleinere Erweiterung seines Innendurchmessers erfährt, über deren Grenzkante der Kolben zur Vermeidung der Gratbildung streicht.

Die Abb. 63 a—h stellen den Zylinder einer Heißdampflokomotive,

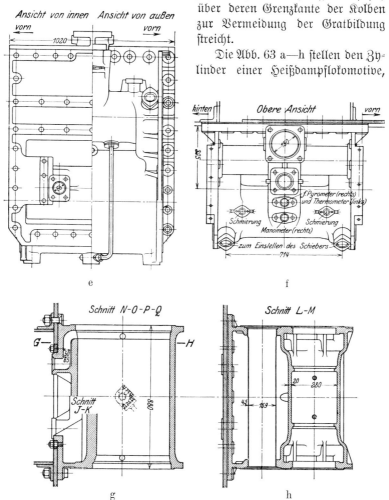

Abb. 63 e—h. Dampfzylinder der P8-Lokomotive in den verschiedenen Schnitten und Ansichten.

und zwar der weitverbreiteten P8-Lokomotive dar. Wir erkennen leicht den eigentlichen Zylinder und über ihm liegend (da es sich um eine

5*

außenliegende Heusinger-Steuerung handelt) das Gehäuse zur Unterbringung des Kolbenschiebers mit seinen Schieberbuchsen. Oben im Schieberkasten, der nun hier, wie gesagt, kein eigentlicher Kasten mehr ist, mündet das Einströmrohr, dessen kegelförmige Linsendichtung am Verbindungsflansch mit dem Einströmrohr aus der Rauchkammer gut erkennbar ist; der kleinere Flansch daneben ist für das Luftsaugeventil bestimmt. Das Ausströmrohr verläßt den Zylinder nach vorn und dann nach unten, und die Führung des Dampfes geschieht dabei von den Außenseiten der Kolbenschieber hinweg durch die sog. Ausströmkästen — Abb. 64 links hinterer und rechts vorderer Ausströmkasten — mit ihrem hinter dem Schieberkasten entlang laufenden Verbindungskanal.

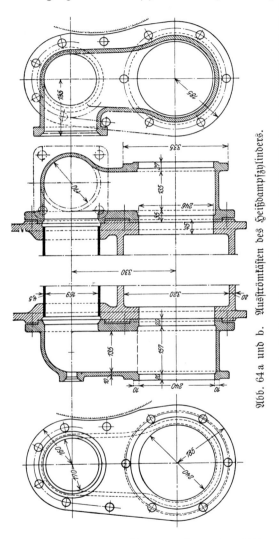

Abb. 64 a und b. Ausströmkästen des Heißdampfzylinders.

Die Ansätze für die Zylinderventile sind unten am Zylinder gut erkennbar, und zwar unmittelbar neben den Zylinderenden; sie dienen zur Ableitung des Niederschlagwassers aus dem eigentlichen Zylinder, während sich am mittleren Ventilstutzen die beiden Rohre vereinigen, die von den beiden Kolbenschieberseiten herkommen. Die Ölzuführung kann hier, da über dem Zylinder zunächst der Schieberkasten liegt, nicht unmittelbar von oben erfolgen, sondern der Rohrstutzen zur Ölzuführung, der in den oberen Zylinderscheitel mündet, verläuft über der Zylinderwandung zunächst waagerecht, wie aus dem Zylinderquerschnitt erkennbar ist. In der oberen Ansicht des Zylinders sind dann, durch entsprechende Anschriften gut erkennbar, die Durchführungsstutzen für die Schmierrohre der beiden einzelnen Steuerkolben, der Stutzen für die Einführung des Tauchelementes des Pyrometers und der Anschluß des Schieberkasten-Druckmessers zu setzen, sowie endlich die mit großen Flanschen versehenen Öffnungen zum Einstellen des Schiebers, die so in die Schieberbuchse einmünden, daß nach Abnahme der Deckel die steuernden Kanten sichtbar sind. Die Aufhängung des Zylinders mit oberer Leiste, und im übrigen seine Befestigung mit Paßschrauben an dem

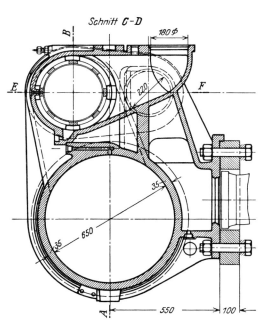

Abb. 65. Querschnitt durch einen neuen Heißdampfzylinder.

Blechrahmen sind in gleicher Weise wie beim Naßdampfzylinder vorhanden. Auf den Überströmkanal ist noch besonders hinzuweisen, der in dem Schnitt NOPQ des beschriebenen Dampfzylinders (Abb. 63g) sowie in der Ansicht von innen (Abb. 63e) je für die eine Zylinderhälfte gut erkennbar ist; an diese Flansche schließt sich das Gehäuse für das später noch zu betrachtende Umlaufventil an.

Die Abb. 65 bis 67 stellen als Beispiel einen neuzeitlichen Zylinder für eine Lokomotive mit Barrenrahmen, denjenigen der neuen Reichsbahn-Schnellzuglokomotive der Reihe O 1, dar. Eine eingehende Be=

schreibung erübrigt sich nach dem Vorigen; nur auf wenige Punkte sei hingewiesen: Die Aufhängenase ist auch beim Barrenrahmen vorhanden. Das Ausströmrohr ist nicht nach vorn, sondern nach der Mitte abgeführt. Der Druckausgleicher (oben in Abb. 66) verbindet (geöffnet) nicht die Zylinder, sondern die Schieberkastenenden. Die Schieberbuchsen (für den 300 mm-Kolbenschieber) sind in Abb. 66 besonders gut erkennbar.

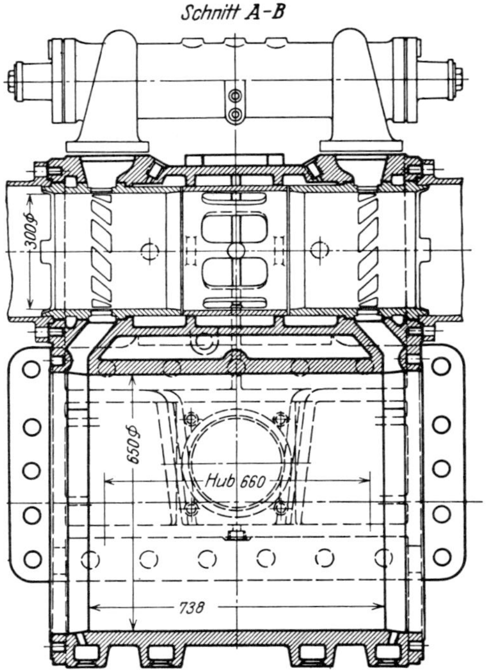

In Abb. 68 u. 69 ist der hintere Zylinderdeckel des vorigen P 8-Zylinders dargestellt. Wir sehen, daß an dem oberen Stopfbuchsenflansch das eine Ende der Gleitbahn befestigt ist, erkennen weiterhin, daß der Zylinderdeckel noch zwei Stutzen enthält, nämlich einen für das Sicherheitsventil gegen Wasserschläge und einen zweiten zum Anschluß des Indikatorrohrs. Die nächsten Abbildungen 70 und 71 stellen alsdann den vorderen Zylinderdeckel dar. Wir erkennen hier wiederum die beiden Stutzen für den Indikator und das Sicherheitsventil und sehen weiterhin, wie in Übereinstimmung mit der Bauart der früheren Naßdampfzylinder und im Gegensatz zum hinteren Zylinderdeckel der Druckring zum Aufpressen des Zylinderdeckels nicht gleichzeitig diesem als Flansch angegossen ist, sondern als besonderer Ring ausgeführt ist. Es ist ferner zu erkennen, daß der Körper für die vordere Stopfbuchse noch besonders auf den Deckel aufgesetzt ist und endlich, daß durch eine eingelegte Asbestfüllung zwischen dem eigentlichen Zylinderdeckel und dem äußeren Verschalungsblech für einen guten Wärmeschutz

Abb. 66. Längsschnitt durch einen neuen Heißdampfzylinder.

Die Dampfzylinder. 71

des ja gerade dem Aufprall der Luft ausgesetzten vorderen Zylinder=
deckels gesorgt ist. Bei der eben dargestellten Ausführung der Kolben=
stangenführung durch die Stopfbuchsen ist es in neuester Zeit deshalb
nicht verblieben, weil man der Stopfbuchse lediglich noch die Abdichtung,
nicht mehr das Tragen der Kolbenstange (nebst Kolben) überläßt. Hinsicht=
lich der hinteren Kolbenstangenstopfbuchse ist das bereits in den Abb. 68

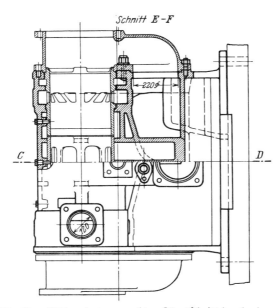

Abb. 67. Draufsicht und waagerechter Längsschnitt durch einen neuen
Heißdampfzylinder.

und 69 nicht mehr der Fall; die Kolbenstange wird hier durch den Kreuz=
kopf getragen. Für die vordere Führung der Kolbenstange hat man nun
gleichfalls eine eigentliche Tragbuchse ausgebildet, die in Abb. 72 dar=
gestellt ist. Es bedarf wohl nur des Hinweises, daß die vordere lange
Buchse, deren Zusammenhang mit dem Stopfbuchsendeckel durch vier
Rippen in der linken Abbildung erkennbar ist, die eigentliche Trägerin
der Kolbenstange ist; an der Stopfbuchse selbst erkennt man, daß sie in=
sofern ein allseitiges Spiel hat, als der Durchmesser der Endbuchse nur
119 mm beträgt, dem ein Hohlraum von 125 mm Durchmesser gegenüber=
steht. An die vordere Führung schließt sich das Schutzrohr (die Kolben=

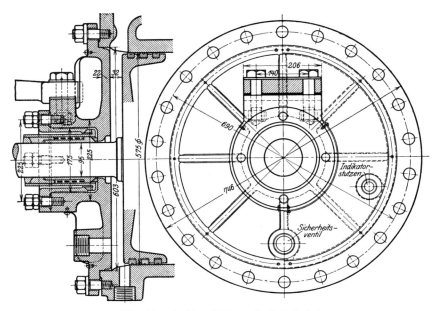

Abb. 68 und 69. Hinterer Zylinderdeckel.

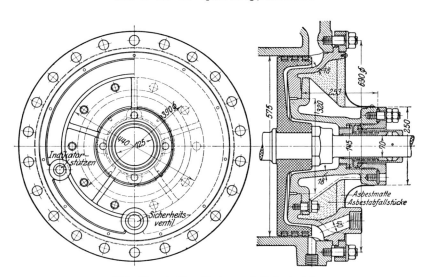

Abb. 70 und 71. Vorderer Zylinderdeckel.

Die Dampfzylinder. 73

stangenhülse) an, die neuerdings bei ihrer Ausführung aus genügend starkem Eisenrohr in einigen Fällen auch dazu benutzt wird, einen Fuß=
tritt zum Besteigen des Laufbleches am vorderen Ende an ihr zu be=

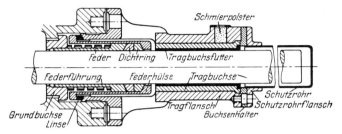

Abb. 72. Stopfbuchse und vordere Tragbuchse der Kolbenstange.

festigen. Eine andere Ausführung der Tragbuchse, die infolge ihrer kugeligen Lagerung gegen Klemmen unempfindlich ist, zeigt Abb. 73. Zur Schmierung der vorderen Führung dient ein Schmiergefäß, das mit

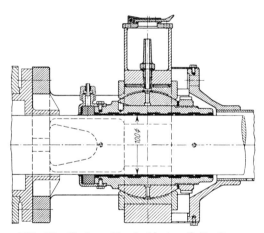

Abb. 73. Vordere Tragbuchse der Kolbenstange.

einem ölgetränkten Schmierpolster ausgefüllt ist, das nach außen hin auch den Staubschutz übernimmt. Auf die Abnutzung der vorderen tra=
genden Buchse ist gehöriges Augenmerk zu richten; es ist gelegentlich schon vorgekommen, daß der Dampfkolben, der nur mit seinen Ringen dichten, aber nicht im Zylinder unten schleifend aufliegen soll, dies doch — nach

unzulässigem Verschleiß der Tragbuchse — unter starker Abnutzung (Knurren) getan hat.

Stopfbuchsen zur dampfdichten Durchführung von Kolben- und Schieberstange gibt es in mannigfaltigen Ausführungsformen, und es geht nicht an, sie sämtlich in Abbildungen vorzuführen.

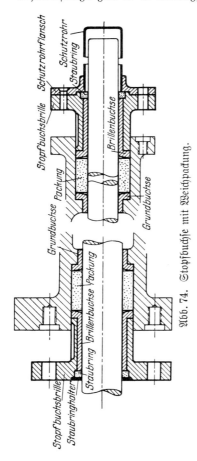

Abb. 74. Stopfbuchse mit Weichpackung.

Es sei zunächst erwähnt, daß sich bei den alten Naßdampflokomotiven vielfach noch die Dichtung durch sog. Weichpackungen (die Urform der Stopfbuchsen) findet, deren Wesen aus der Abb. 74 ersichtlich ist, und die übrigens auch für Heißdampf versuchsweise angewandt wurde. Die Öffnung im Deckel ist hier mit der sog. Grundbuchse ausgerüstet. In dem Hohlraum bleibt nun zwischen der Kolbenstange und dessen Wandungen ein hohlzylindrischer Raum frei, und dieser kann durch Dichtungsmittel irgendwelcher Art, die man in diesem Fall wegen ihrer Zusammendrückbarkeit als Weichpackungen bezeichnet, ausgefüllt werden. Das Zusammendrücken dieser Packung geschieht durch Anziehen der Schraubenmuttern, wodurch der Stopfbuchsflansch, wohl auch Stopfbuchsbrille genannt, mit einer Buchse in die Höhlung hineingedrückt wird. Dadurch wird der hohlzylindrische Raum verkleinert und die weiche Packung gegen alle Wandungen gepreßt, wodurch sodann ein dampfdichter Schluß erzielt wird. Dieser hält je nach Art der verwandten Packung eine gewisse Zeit vor, bis die Schrauben weiter angezogen oder, um die eigentliche Stopfbuchse nicht zu tief in den Raum hineintreiben zu müssen, neuer Packungsstoff nachgelegt oder nach Verschleiß desselben schließlich überhaupt eine Erneuerung der ganzen Einlage stattfinden muß.

Die Dampfzylinder. 75

Als Weichpackungsstoff dienten früher Talkum und Seifenstein, in der letzten Zeit Wickelzöpfe aus Weichblei mit Hanfseele u. dgl.

Bei Heißdampflokomotiven ist die Anwendung von Weichpackungen sehr unwirtschaftlich, bei hohen Temperaturen gar nicht möglich, da sie nur sehr kurze Zeit halten würde; hier hat man allgemein Metallpackungen, die übrigens auch bei den neueren Naßdampflokomotiven verwandt werden. Wir beschränken uns hier auf die Erörterung der Heißdampfstopfbuchsen, weil sie von den neueren Naßdampfmetallstopfbuchsen grundsätzlich nicht sehr abweichen, vielmehr deren Vervollkommnung darstellen. Wir erkennen in der Abb. 75 (hintere Stopfbuchse), daß die beiden kegelförmigen Dichtringe aus Weißmetall in der sog. Spannbuchse liegen und durch eine Feder in den Hohlkegel hineingepreßt werden, während sie andererseits auf die genau kreisrund geschliffene Kolbenstange sorgfältig aufgepaßt sind. Die Federführung legt sich wieder gegen den Grundring, andererseits legt sich noch die Federhülse nach

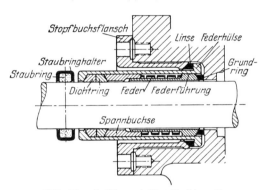

Abb. 75. Heißdampf-Stopfbuchse mit Metallpackung.

außen hin gegen die Linse, die eine kugelförmige Schleiffläche hat und nun ihrerseits vom Stopfbuchsflansch vermöge der Federhülse mit Inhalt gegen den Grundring gedrückt wird. Wie man sieht, kann in senkrechter Richtung die Kolbenstange etwas spielen, und sie kann außerdem aus ihrer waagerechten Richtung bei kleinen Durchbiegungen etwas abgelenkt werden, wobei sich dann das ganze Dichtungssystem in der kugelförmigen Dichtfläche der Linse verschiebt. Die ganze Stopfbuchse ist also etwas nachgiebig, und das gleiche ist mit der im übrigen völlig entsprechend ausgeführten vorderen Stopfbuchse der Fall, die wir in Abb. 72 mit erkennen. Der Grund für diese Nachgiebigkeit besteht, wie oben bereits angedeutet, darin, daß man heute allgemein auf dem Standpunkt steht, die Kolbenstange nur außerhalb des Zylinders tragen zu lassen und die Stopfbuchsen selbst, denen lediglich die Aufgabe der Dichtung zugewiesen ist, nicht zu diesem Zwecke heranzuziehen. An ihrem hinteren Ende wird die Kolbenstange durch den Kreuzkopf und vorn durch die bereits behandelte Tragbuchse geführt.

In den letzten Jahren haben Versuche mit **gußeisernen Dichtungsringen** bei allerdings völlig veränderter Bauart der Stopfbuchse zu so erfreulichen Ergebnissen geführt, daß diese „gußeisernen" Stopfbuchsen künftig bei allen Reichsbahnlokomotiven angewandt werden. Sie besitzen eine sehr große Lebensdauer bei außerordentlich geringer Abnutzung der Kolbenstange und sind bereits bis auf die Dichtelemente genormt. Die Abb. 76/77 geben sie wieder.

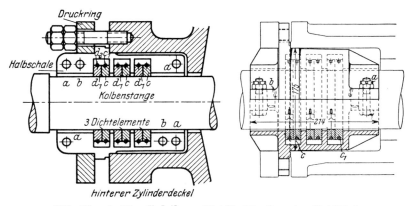

Abb. 76 und 77. Gußeiserne Stopfbuchspackung der Reichsbahn.

Die gußeiserne Stopfbuchspackung besteht aus einer gußeisernen Dreikammerbuchse und den darin befindlichen drei Dichtelementen. Die Kammerbuchse ist axial in zwei **Halbschalen** geteilt, die an ihren ebenen Teilstellen dampfdicht aufeinander passend geschliffen sind. Sie werden durch 4 Mutterschrauben a zusammengehalten und durch 2 schlanke, konische Paßstifte b gegen Verschieben gesichert. Der stärkere Teil der Paßstifte ist mit der Schale unlösbar verbunden.

Während die grundsätzliche Bauart der Halbschalen für alle Lokomotivgattungen festgelegt ist, bestehen für die Dichtelemente bis auf weiteres verschiedene Ausführungen, die nebeneinander erprobt werden sollen, mit dem Ziel, auch hier auf Grund der Betriebsversuche schließlich zu einer Einheitsausführung zu gelangen. Angewandt werden zur Zeit drei Ausführungen, und zwar die der Lieferwerke 1. Sack & Kießelbach, 2. Gustav Huhn und 3. U. von der Osten & Kreisinger, die sich nur durch die Schnittart des Dichtrings unterscheiden.

Bei diesen Ausführungsarten bestehen die Dichtelemente der Kammer aus einem mehrteiligen Dichtring c mit Schlauchfeder c^1 und Deck- oder Auflagering d^1. Die Dichtringe sind in ihrer Ausführung verschieden; übereinstimmend ist zu sagen, daß ihre Flächen, insbesondere die die Kolbenstange umfassenden, geschliffen sein müssen. Als Beispiel zeigt Abb. 78 das Dichtelement von Sack & Kießelbach. Die Deck- oder Auflageringe d^1 sind für die drei Arten von Ausführungen gleich, und zwar sind diese Ringe für die vordere Stopfbuchse einteilig und ohne Schlauchfeder; die Deckringe d_1 für die hintere Stopfbuchse dagegen zweiteilig und mit Schlauchfeder d^2 ausgerüstet.

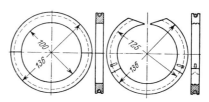

Abb. 78. Zweiteiliger gußeiserner Dichtungsring von Sack & Kießelbach.

Oben wurde schon dargelegt, daß die Kolbenschieber mit innerer Einströmung den Vorteil bieten, daß die Schieberstangendurchführungen keine gegen hohen Druck dichtenden Stopfbuchsen zu sein brauchen. Die einfache, durch Eindrehungen „labyrinthartig" wirkende Rotgußbuchse ist in Abb. 53 gut zu erkennen.

Verwickeltere Zylindergußstücke sind diejenigen der Vierzylinder-Verbundlokomotiven. Es sei ihrethalben auf die ent-

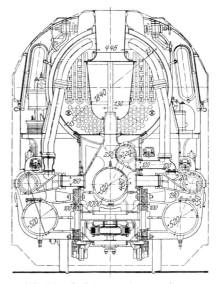

Abb. 79. Zylinderanordnung einer Drilling-Lokomotive (P 10-Lokomotive).

sprechende Abbildung im Abschnitt Verbundlokomotiven hingewiesen.

Um endlich noch eine Anschauung von einer Dreizylinderlokomotive mit einfacher Dehnung zu geben, ist in Abb. 79 ein Rauchkammerschnitt durch die P 10-Lokomotive gegeben. Die drei gleichen Zylinder liegen nicht in einer waagerechten Ebene, sondern der mittlere liegt wesentlich höher, bei allerdings schräger Lage, weil seine Kolbenstange über die vordere Kuppelachse hinweggehen muß. Die Abbildung läßt weiterhin erkennen, wie jeder der Zylinder ein besonderes Gußstück bildet und wie er an dem Barrenrahmen befestigt wird. Endlich ist ersichtlich, wie bei Ausbildung der Dampfleitungen dem Umstande Rechnung getragen ist, daß die einzelnen Zylinder mit ihrem Schieberkasten selbständige Guß= stücke bilden.

15. Kolben und Kolbenstange.

Der Dampfkolben soll sich dampfdicht im Zylinder verschieben lassen, dabei sollen die Dichtelemente, die durch die Kolbenringe gegeben sind, aus solchem Baustoff bestehen, daß sie den Zylinder möglichst wenig und gleichmäßig angreifen; die Verbindung zwischen Kolben und Kolbenkörper muß fest sein und dabei das Gewicht des Kolbens so klein gehalten werden, wie aus Festigkeitsgründen möglich, damit die hin= und hergehenden Massen und die durch sie bedingten sog. störenden Bewegungen der Loko= motive möglichst gering bleiben. Heute ist nun allgemein im Loko= motivbau ein Kolben üblich, den man früher als den schwedischen zu bezeichnen pflegte. Abb. 80 stellt einen derartigen Kolben dar (preuß. P 8=Lokomotive). Der Kolben ist im wesentlichen scheibenförmig, weist in der Mitte die Nabe zur Aufnahme der Kolbenstange und an seinem Umfang den breiten Flansch zur Aufnahme der Kolbenringe auf. An Kolbenringen sind drei vor= handen, die in entsprechenden Nuten des Kolbenkörpers liegen und lediglich zum Abdichten, nicht zum Tragen dienen. Es

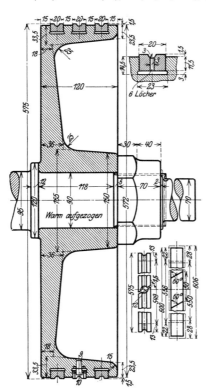

Abb. 80. Dampfkolben für Heißdampf= lokomotiven.

muß deshalb darauf geachtet werden, daß auch bei leichter elastischer Durchbiegung der Kolbenstange, die ja hinten vom Kreuzkopf, vorn in der Führungsbuchse getragen wird, der Kolben nicht auf die Ringe unten aufsetzt und sie dadurch mit seinem Gewicht belastet. Ist diese Bedingung erfüllt, so liegen die Kolbenringe nur mit ihrem geringen Gewicht und ihrer verhältnismäßig kleinen elastischen Spannung an den Zylinderwandungen an. Die Kolbenringe selbst bestehen aus einem Gußeisen, das weicher ist als das Zylindergußeisen, so daß sich die trotz der Schmierung unvermeidliche, allmähliche Abnutzung vornehmlich auf die leicht auswechselbaren Ringe beschränkt und die Zeiträume zum Nachdrehen des Zylinders sehr in die Länge gezogen werden. Die Kolbenringe sind in der Regel aus einer Gußeisentrommel gedreht, deren Durchmesser größer ist als der Zylinderdurchmesser. Es ist dann ein schräges Stück herausgeschnitten (links unten in Abb. 80), und dieser aufgeschnittene Kolbenring hat, nachdem er in die Ringnute im Kolbenkörper durch elastisches Aufbiegen nach außen und Überschieben eingebracht ist, das Bestreben, seinen ursprünglichen Durchmesser vermöge der Elastizität beizubehalten. Wird er jetzt in den kleineren Dampfzylinder eingebracht, so schließt sich die breite Schnittfuge, und der Ring nimmt den Innendurchmesser des Zylinders an, wobei nun die elastischen Kräfte sozusagen in ihm erwachen und ihn stets mit federndem Druck gegen die Zylinderwandungen pressen. In jeden der Ringe ist eine kleine Rille eingedreht, aus der nach dem Innern der Ringnute im Kolbenkörper kleine Löcher von 3 mm Durchmesser führen. Wenn im Totpunkt der erste oder dritte Ring beim Hereintreten in die kleine Erweiterung des Zylinders — damit der Kolben keinen Grat bilden kann — vom Dampf zusammengepreßt wird, so tritt dieser durch die kleinen Öffnungen in den Innenraum der Ringnute und läßt durch seinen Gegendruck eine wirkliche Abklappung gar nicht zustande kommen. Drei Ringe sind angewandt, damit der mittlere, der niemals in die Erweiterung im Totpunkt eintritt, auch niemals zum Abklappen kommt und daher stets zwei Ringe dichten. Auf alle Fälle (Undichtigkeiten am Mittelring) ist auch dieser mit Rille und Löchern versehen. Der Kolbenkörper selbst ist aus Stahl hergestellt und, wie oben schon gesagt, so leicht wie möglich gehalten; die äußeren Kanten werden stark, die Ringnuten etwas weniger abgerundet, damit der Kolbenkörper bei doch etwa (durch mangelnde Pflege der Kolbenstangenführung) erfolgendem Aufsetzen auf der Zylinderwandung mit den scharfen Kanten keinen Schaden anrichten und im übrigen das Schmieröl gut verteilen kann. Außerdem werden die Ringkanten abgerundet. Der Durchmesser des Kolbenkörpers wird, um ein Aufsetzen zu vermeiden, um 3 mm kleiner als der Zylinderdurchmesser gehalten. Der Kolben ist in der Regel auf die Kolbenstange warm aufgezogen, wobei er sich einerseits gegen den Bund derselben legt; von der anderen Seite ist er durch eine große Mutter gesichert.

Bei durchgehender Kolbenstange wurde bisher in der Regel das vordere, lediglich Tragzwecken dienende Ende dünner gehalten als das nach hinten zum Kreuzkopf führende, eigentliche kraftübertragende Ende. Heute neigt man vielfach der Ansicht zu, daß beide Hälften zur Erzielung gleicher Biegungsverhältnisse durch das Kolbengewicht gleich stark auszuführen wären. Zu diesem Zwecke wird bisweilen auf die an sich dünnere vordere Hälfte nachträglich eine Hülse von gleichem Durchmesser aufgezogen. Öfter kommen auch hohlgebohrte Kolbenstangen zur Erzielung eines möglichst geringen Gewichtes vor. Die vorn und hinten gleich starke Kolbenstange hat auch den Vorteil genau gleicher Kolbendrücke und den weiteren, daß man nur eines Stopfbuchsenmodells für eine Lokomotive bedarf.

Das hintere Ende der Kolbenstange bekommt zur Befestigung mit dem Kreuzkopf einen kegelförmigen Ansatz mit Schlitz für den Keil.

16. Ausrüstung der Dampfzylinder.

Unter der Ausrüstung der Dampfzylinder sollen hier diejenigen Einrichtungen verstanden werden, die über die Aufgabe hinausgehen, den Dampfzylinder mit Kolben und Schieber zum arbeitleistenden Lokomotivteil im eigentlichen Sinne zu machen. Dieser Aufgabe werden die schon beschriebenen Teile gerecht; sie genügen indes noch nicht zur Betriebsführung in allen Arbeitslagen.

Werden die Dampfzylinder angewärmt oder sind sie auch nur, etwa nach einem längeren Aufenthalt, kälter geworden als der Kesseldampf, so schlägt sich dieser im Zylinder, ja auch im Schieberkasten teilweise nieder, wenn der Regler wieder geöffnet wird. Dieses Niederschlagwasser muß, da es den Arbeitsprozeß während der Fahrt verschlechtern würde, aus dem Zylinder entfernt werden. Hierzu dienen die Zylinderhähne oder Zylinderventile, deren Stutzen wir schon bei der Beschreibung der Zylinder erwähnten. Bei den neueren Lokomotiven sind meist 4 Ventile je Zylinder vorhanden, nämlich für jedes Zylinderende eins und je eins für jede Schieberseite. Der Hahn ist die ältere, Jahrzehnte hindurch übliche Lösung, so daß man auch heute noch vielfach von Zylinder-

Ausrüstung der Dampfzylinder.

hähnen und vom Zylinderhahn-Zug im Führerhaus spricht, auch wenn es Ventile sind. Das Ventil ist dem Hahn schließlich aus dem Grunde vorgezogen worden, weil es ohne besondere Betätigung als kleines Saugventil wirkt und daher wenigstens bei kleineren Geschwindigkeiten keine so starke Luftverdünnung hinter dem Kolben aufkommen läßt, wie der (geschlossene) Hahn, und damit den Leerlauf der Lokomotive erleichtert; auch ist die Dichthaltung leichter durchführbar. Abb. 81 zeigt das Zylinderventil der Einheitslokomotiven der Reichsbahn, das sich indes von denen der alten preußischen Staatsbahnlokomotiven, grundsätzlich nur durch den Anhub unterscheidet. Wir erkennen, wie das kleine Ventil bei arbeitender Lokomotive durch den Dampf auf seinen Sitz gedrückt wird; beim Anwärmen und Anfahren nach längerem Halt wird ein im Ventilgehäuse geführtes Lineal mit keilförmig ansteigender Fläche (links unten an der Schraffur erkennbar) durch ein Gestänge vom Führerhaus verschoben und damit das Ventil hochgehoben; es führt sich an den Flügeln und entläßt das Niederschlag-

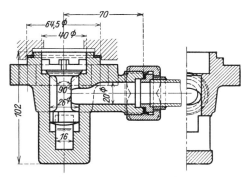

Abb. 81. Zylinderventil.

wasser, das mit dem nachdrängenden Dampf ausgeblasen wird, durch das nach innen gerichtete Loch. Die Ventile jedes Zylinders haben ein gemeinsames Lineal; die in verschiedenen senkrechten Ebenen liegenden Ventilzüge sind an eine quer zur Lokomotive am Rahmen verlaufende Welle angehängt, die nun vom Führerhaus aus gedreht wird; in der überwiegenden Zahl der Fälle liegt der zugehörige Bedienungshebel unten neben der Steuerschraube. Bei der alten Bauart wurden die Ventile durch am Gehäuse drehbare Hebel mit Anhubdaumen betätigt, die in sonst gleicher Weise gekuppelt waren; die Bauart hatte den Nachteil, daß der auf die Ventile und damit die Daumen drückende Dampf sie in ihre Schlußlage zurückzudrücken suchte und damit ein Festhalten des Hebels (Hahnzuges) erforderlich machte. Diesen Fehler vermeidet das Lineal. Bei geschlossenen Ventilen ist ein kleiner Zwischenraum vorhanden, um die Ventile nicht durch kleine Arbeitsungenauigkeiten unabsichtlich dauernd etwas abzuheben, während bei geöffneten Ventilen die unteren Ventilstiftköpfe auf dem hinter den Keilflächen wieder horizontalen Lineal ohne Verstellungsstreben aufsitzen. Übrigens ist meist auch am unteren Ende des Auspuffrohres ein solches Zylinderventil angebracht.

Für größere Mengen von Niederschlagwasser, die etwa durch plötzliches Wasserüberreißen aus dem Kessel in die Zylinder gelangen, ist noch auf alle Fälle Vorsorge zu treffen. Wasser ist bekanntlich ein praktisch nicht zusammendrückbarer Körper. Ist also eine größere Wassermenge in den Zylinder gelangt, so findet sie sich schließlich im Totpunkt auf den schädlichen Raum zusammengedrängt und würde, wenn dieser Raum, namentlich der dem Zylinder selbst angehörende Teil des schädlichen Raumes, nicht auslangt, zum Absprengen des Zylinderdeckels führen. Wenn ein derartiger sog. „Wasserschlag" überraschend kommt, so kann ihm der Führer nicht einmal durch Öffnen der Zylinderventile vorbeugen.

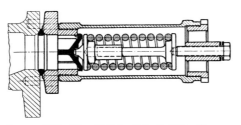

Abb. 82. Zylindersicherheitsventil.

Bei den Naßdampflokomotiven mit Flachschiebern machte man, wie wir oben schon sahen, den Schieber abklappbar und damit zugleich zu einem Sicherheitsventil gegen Wasserschläge. Für Kolbenschieber und also für die Heißdampflokomotiven bedarf es besonderer Zylinder-Sicherheitsventile, deren Stutzen wir schon kurz bei den Zylinderdeckeln erwähnten. Die Öffnungsrichtung dieser Ventile ist neuerdings immer mit der Kolbenstange parallel, so daß sie infolge Vermeidung jeder Richtungsänderung besonders wirksam sind; auch macht man, eben wegen genügend schneller Abfuhr des Wassers, ihren Querschnitt nicht zu klein. Wie jedes Sicherheitsventil werden sie durch eine kräftige Schraubenfeder geschlossen; deren Einregelung erfolgt so, daß ein Öffnen erst mit Überschreiten des Kesseldruckes eintritt. Abb. 82 zeigt ein neuzeitliches Zylinder-Sicherheitsventil; eine weitere Beschreibung erübrigt sich nach den vorstehenden grundsätzlichen Ausführungen.

Der Forderung nach leichtem Leerlauf der Lokomotive vermögen doch die kleinen Zylinderventile bei nennenswerter Geschwindigkeit nicht mehr zu genügen. Ihr Querschnitt ist zu klein, um die Bildung eines fühlbaren Unterdrucks auf der Saugseite des Kolbens zu verhindern. Die Maschine wirkt dann als Luftpumpe mit entsprechendem Arbeits-

Ausrüstung der Dampfzylinder. 83

verbrauch; der Raum, den sie leersaugt, ist die gesamte Dampfleitung vom Regler ab, also einschließlich des Überhitzers. Die Luftpumpenarbeit läßt sich nahezu vermeiden, wenn man in der Dampfzuleitung zum Zylinder ein Luftsaugeventil großen Querschnitts anordnet, das bei arbeitender Lokomotive durch den Dampfdruck geschlossen bleibt. Dieses Ansaugen frischer, kalter Luft verhindert auch, daß während der Vorausströmung heiße Rauchgase durch das Blasrohr angesaugt werden und zu Verkrustungen, auch durch Verbrennen des Öls, führen. Abb. 83 zeigt das bisherige Luftsaugeventil der preußischen Lokomotiven, das vom Führerhaus aus durch Preßluft gesteuert wird. Das Ventil schließt nach oben und wird in dieser Lage von der Schraubenfeder festgehalten. Der Dampf unterstützt während der Fahrt diesen Ventilschluß aufs wirksamste. Bei der Fahrt ohne Dampf kann indes der Führer durch einen im Führerhaus angeordneten Hahn mit anschließender Leitung Preßluft aus dem Hauptluftbehälter über den kleinen Kolben leiten; dieser Kolben ist

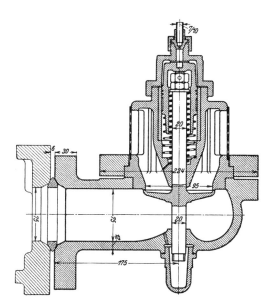

Abb. 83. Luftsaugeventil.

groß genug, um den Federdruck zu überwinden und das Ventil nach unten aufzudrücken. Abb. 84 zeigt diesen Steuerhahn; er versorgt gleichzeitig den noch zu behandelnden Druckausgleicher mit Preßluft. Die äußere Luft durchstreicht vor Erreichung des Ventils ein Sieb, das größere Fremdkörper der Maschine fernhalten soll; es ist an der kräftigen Strichelung erkennbar (oben in Abb. 83).

Eine gewisse Leerlaufarbeit verbleibt freilich gleichwohl noch, da ein kleinerer Unterdruck auf der Saugseite der Kolben und Überdruck auf der anderen Seite nötig ist, um die Strömungswiderstände im Luftsauge-

6*

ventil und in der Auspuffleitung zu überwinden. Auch hier kann man noch förderlich wirken durch den Druckausgleicher, der bei Leerlauf die Räume vor und hinter dem Kolben verbindet. Es findet dann, freilich auch noch nicht ohne jeden Druckunterschied, lediglich ein Hin- und Herschieben der Luft von der einen zur anderen Zylinderseite statt, wobei

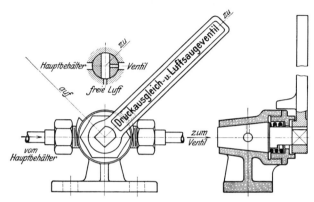

Abb. 84. Steuerhahn für Luftsauge- und Druckausgleichventil.

noch das Luftsaugeventil dafür sorgt, daß das, was hin und her geschoben wird, eben reine (kalte) Außenluft ist. Stutzen für diesen Druckausgleicher wurden schon bei der Beschreibung der Dampfzylinder erwähnt.

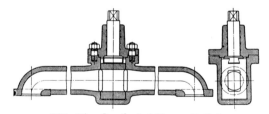

Abb. 85. Druckausgleicher mit Hahn.

Abb. 85 zeigt den ursprünglichen, bei vielen Lokomotiven noch vorhandenen Druckausgleicher mit Hahn; betätigt von Hand durch einen entsprechenden Hahnzug vom Führerhaus aus, wobei natürlich die beiden Maschinenseiten gekuppelt sind. Die immerhin nicht leichte Betätigung der großen dichtschließenden Hähne regte zu der Preßluftsteuerung an, die gleichzeitig den Übergang zum Ventil mit sich brachte. Abb. 86 zeigt das Druckausgleichventil von Knorr, das sehr große Verbreitung gewonnen hat.

Ausrüstung der Dampfzylinder. 85

Es weicht von dem Luftsaugeventil dadurch ab, daß ein besonderer Schluß= oder Ausgleichkolben notwendig ist (90 mm Durchmesser in der Abbildung), um das Ventil beim Arbeiten unter Dampf immer geschlossen zu halten. Hat der eigentliche Maschinenkolben Frischdampf von rechts und also das Druckausgleichventil von unten, so würde allerdings das Ventil auch ohne die Ausgleichkolben zugedrückt bleiben. Im anderen Falle würde aber der Frischdampf von oben das Ventil aufdrücken, und dem wirkt nun der Ausgleichkolben entgegen, der größeren Querschnitt als das Ventil hat. Die Feder unterstützt wiederum die Schluß= lage; beim Leerlauf, also ohne große Drücke im Ventilgehäuse, wird die Ventilöffnung durch Preßluft auf den oberen kleinen Kolben bewirkt (55 mm Durchmesser), die von dem gleichen Steuerhahn bedient wird, den wir in Abb. 84 kennenlernten.

So angenehm sich nun in dem be= trachteten Zusammenhang die Ein= führung frischer Luft durch das Luft= saugeventil auswirkt, so hat sie doch auch eine Kehrseite, namentlich für Lokomotiven mit sehr hoher Über= hitzung. Denn die Luft ist sauerstoff= haltig, und wenn nun plötzlich zu den noch hocherhitzten Schieberbuchsen und zu dem entsprechend heißen Öl der Sauerstoff hinzutritt, so verbrennt und verkrustet das Öl und führt also

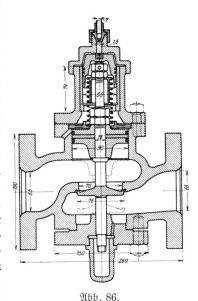

Abb. 86.
Luftgesteuertes Druckausgleichventil.

zu größerer Schieberreibung und häufigerer Reinigung. Man hat das gelegentlich auch an blauen Wölkchen von Öldampf erkannt, die dem Luftsaugeventil entweichen. Deshalb hat sich neuerdings bei der Reichs= bahn der Standpunkt durchgesetzt, daß der Druckausgleich möglichst ohne das Luftsaugeventil zu bewirken ist, gerade auch, weil bei den neuen Einheitslokomotiven hohe Dampftemperaturen angestrebt und auch erreicht wurden. Damit die Leerlaufarbeit gleichwohl möglichst klein bleibt, wurden die Durchgangsquerschnitte stark vergrößert, und damit dies wiederum nicht zu einer übermäßigen Vergrößerung der schädlichen Räume führte, die ja bis an das Ventil oder den Hahn heranreichen, wurde das eine Ventil

86 Die Dampfmaschine der Lokomotive.

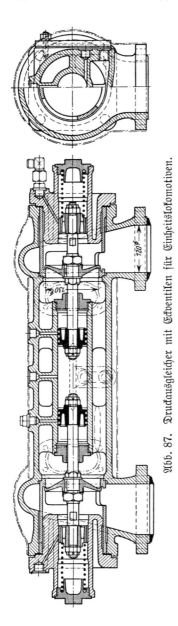

Abb. 87. Druckausgleicher mit Eckventilen für Einheitslokomotiven.

gewissermaßen in zwei Ventile auf= gelöst, die nun unmittelbar an den Ausströmenden der Schieberbuchsen sitzen, sog. Eckventile. Bei der Be= schreibung des Dampfzylinders der Einheits=Schnellzuglokomotive wurde bereits darauf Bezug genommen.

Abb. 87 zeigt den Druckausgleicher der Einheitslokomotiven, und zwar be= ziehen sich die Maße auf die größere Ausführungsform. Wir erkennen die wesentlich größeren Durchgangsquer= schnitte gegenüber dem bisherigen Knorr=Ventil (130 mm statt 70 mm im Durchmesser). Die beiden Ventile werden wieder je durch den Dampf zugedrückt, wozu auch die außen= liegenden Federn beitragen. Geöffnet werden sie durch Einlassen von Preß= luft in den innersten Raum gegen die beiden Kolben von 70 mm Durch= messer. Der Druckausgleich erfolgt durch den ringförmigen Kanal zwischen der Außenwand des (waagerechten) Gehäuses und dem innenliegenden Luftzylinder. In dieser Form hat der Druckausgleicher noch nicht ganz be= friedigt. Setzt sich nämlich ein Ventil, etwa durch ungenügende Schmierung der Federkolben, nicht ganz zu, so ge= langt Dampf auch hinter das andere Ventil und vermag es (gegen Ende der Dehnung) etwas aufzudrücken. Durch den hochgespannten Einströmdampf wird es dann wieder zugeschlagen; dieses sog. Flattern oder Schlagen des Ventils hat schon in einigen Fällen zur Undichtigkeit oder gar Zerstörung geführt. Eine Abhilfe

Ausrüstung der Dampfzylinder. 87

ist einmal dadurch möglich, daß man die Verbindung Ventil und
Ventilstift dadurch fester macht, daß man sie aus einem Stück herstellt,
dann weiter, daß man den Federkolben, der freilich mit seiner Durch=
bohrung einen eigentlichen Kolben nicht darstellt, zu einem wirklichen
Kolben ausgestaltet und ihn von außen her gleichfalls mit Preßluft
steuert, also beide Bewegungsrichtungen durch Druckluft bewirkt.
Durch eingehende Versuche soll noch festgestellt werden, ob der Ein=
bau von Luftsaugeventilen neben den hier beschriebenen Druckaus=
gleichern bei einigen Lokomotivgattungen zweckmäßig ist.

Einen ganz anderen Weg streben die Versuche mit den Nicolai=
Schiebern an, die zur Zeit bei der Reichsbahn laufen, und die eine

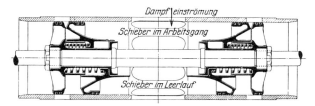

Abb. 88. Nicolai=Schieber.

gewisse Parallele an dem russischen Trofimoff=Schieber haben. Hier
wird nämlich auf einen besonderen Druckausgleicher verzichtet, und seine
Wirkung in selbsttätiger Form dem Kolbenschieber mit übertragen. Abb. 88
zeigt den Nicolai=Schieber; jeder Schieberkolben besteht jetzt nicht mehr
aus einem Stück mit den 4 Ringen, sondern ist in 2 Einzelkolben zerlegt,
die durch eine kräftige Schraubenfeder auseinandergehalten werden. Der
äußere Körper ist dabei der auf der Stange feste. Läuft die Maschine
unter Dampf, so wird der Federdruck durch den innenstehenden Kessel=
dampf überwunden und die beiden Halbkörper werden zu dem üblichen
Schieberkörper vereinigt. Bei Reglerschluß treiben die Federn die
auf der Schieberstange losen Halbkörper so weit auseinander, daß
durch die Bohrungen des feststehenden Schieberkörpers und Aus=
puffkästen immer Verbindung zwischen den beiden Dampfkanälen und
also Kolbenseiten besteht. Die Wirkung ist völlig selbsttätig. Die
Abbildung zeigt beide gegenseitige Halbkolbenstellungen deutlich. Die
bisherigen Versuche sind durchaus aussichtsreich verlaufen; auch einen
Federstahl, der in der hohen Temperatur nicht ermüdet, hofft man
zu besitzen.

Die Schwierigkeit der Federung hat Trofimoff zu der Lösung geführt, den inneren Halbkolben überhaupt beim Leerlauf in seiner inneren Stellung stehenzulassen, wobei die Schieberstange mit kleinem Spiel durch ihn hindurchläuft, und nur durch Bildung eines Dampfpolsters, das langsam durch den Spielraum der Wandungen entweichen kann, beim Öffnen des Reglers möglichst stoßfrei auf den, auf der Schieberstange befestigten anderen Halbkolben aufsetzen zu lassen. Ein deutscher Versuch hat indes noch nicht befriedigt.

17. Die Schmierpumpen.

Zur Schmierung der unter Dampf gehenden Teile ist es erforderlich, daß das ihnen zugeführte Öl sich unter dem Einfluß der Wandungswärme nicht entzündet, ferner daß das Öl in erhitztem Zustand seine Schmierfähigkeit nicht verliert. In hoher Temperatur wird nämlich das Öl auch dünnflüssiger, so daß es nicht so gut an den zu schmierenden Flächen haftet, und die beabsichtigte Schmierwirkung beeinträchtigt wird. Diese Anforderungen hatten keine Schwierigkeiten bereitet, solange der Arbeitsträger der Lokomotiven Naßdampf war. Die Schieberkörper (Flachschieber) nahmen im Betrieb die Temperatur des Dampfes beim Eintritt, bei den üblichen Dampfdrücken also 180—190°, an; demnach genügte ein Öl, das sich erst bei 220—230° entzündete, durchaus. Um eine gute Schmierwirkung bei sparsamem Verbrauch zu erzielen, wählte man ein Öl möglichster Zähflüssigkeit. Dieses wurde mittels geeigneter Apparate durch einen schwachen Hilfsdampfstrom mitgerissen, mit dem gemischt es dem Hauptdampfstrom im Schieberkasten beigemengt wurde. Es wurde hierdurch eine ausreichende und sparsame Schmierung der Kolben und Schieber erzielt.

Die deutschen Naßdampflokomotiven waren meist mit dem Sichtöler von De Limon Fluhme & Co. ausgerüstet (Abb. 89 a/b). Der Dampf tritt vom Kessel (Absperrventil) durch das Rohr R von oben ein, schlägt sich in dem Kondensgefäß B bis zur unteren Rohrmündung zu heißem Wasser nieder, und diese Wassersäule tritt durch das mittlere Rohr nach unten in das Ölgefäß B_1. Das leichtere Öl wird vom Wasser nach oben gedrängt und fließt — in seiner Strömung durch die Ventile H H regelbar — in die zwischen den Schaugläsern G G liegenden Wasserkammern. Die Ölströmung ist so schwach, daß aus den deutlich erkennbaren Düsen das Öl sich nur in Form dicker, nahezu kugelförmiger Tropfen loslöst, deren Zahl in der Minute ein guter Maßstab für die Stärke der

Die Schmierpumpen. 89

Schmierung ist. Sobald die Öltropfen oben das Tropfkammerwasser verlassen, werden sie von einer Dampfströmung ergriffen, die ihren Ausgangspunkt von der hochgelegenen Mündung des Rohres C nimmt und in die

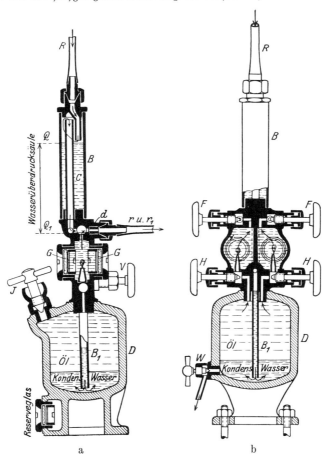

Abb. 89a und b. Sichtöler von De Limon Fluhme.

Rohre r r₁ einmündet. Diese Schmierrohre führen von den Anschlußmuttern d unter nochmaliger Verzweigung je rechts und links zum Schieberkasten und Zylinder. Die beiden Ventile F gestatten noch eine Regelung des Dampfstromes. Ist das Öl nahezu verbraucht, so kann nach

Abschluß aller Ventile und Öffnung der Füllschraube J das Kondenswasser aus W abgelassen und durch J neues Öl nachgefüllt werden.

Die Einführung von hochüberhitztem Dampf (über 300° C) verbot die Weiterverwendung des bisherigen Naßdampföls, da dieses bereits bei einer Schieberkastentemperatur von 250 bis 270° verdampfte. Ein Schmiermittel, das den neuen Anforderungen genügte, fand man in dem heute unter dem Namen „Heißdampföl" bekannten Produkt. Es wird aus Rückständen bei der Destillation pennsylvanischer Rohöle gewonnen. In kaltem Zustande ist es außerordentlich zähflüssig, bei der Schieberkastentemperatur freilich beinahe so dünnflüssig wie Wasser, jedoch haftet es gut an den Schieberkasten- und Zylinderwandungen, so daß eine gute Schmierwirkung erreicht wird. Es kann allerdings eine Verbrennung kleiner Teilmengen des Öles und damit eine Verkrustung der zu schmierenden Flächen erfolgen, weil sich in ihm stets kleine Mengen niedrigsiedender Bestandteile befinden. Dieser Vorgang erfolgt allerdings nur bei Zutritt von Luft; sie kann namentlich durch das Luftsaugeventil bei geschlossenem Regler zutreten, deswegen wird das Luftsaugeventil neuerdings fortgelassen.

Bei Heißdampf wird das Öl den Zylindern nicht mittels eines Hilfsdampfstrahls zugeführt, weil hierdurch übermäßiger Ölverbrauch verursacht wird und die Flächen verkrusten. Man verwandte deswegen zunächst Schmierpressen, durch die das Öl nunmehr getrennt den einzelnen Verbrauchsstellen zugeführt wurde. Das Öl wurde durch eine Anzahl von Tauchkolben gefördert, die durch eine gemeinsame Spindel angetrieben wurden. Die Pressen beanspruchten aber das Antriebsgestänge ungünstig und waren hinsichtlich der Zufuhr zu den verschiedenen Schmierstellen nicht einzeln, sondern nur alle gemeinsam regelbar.

Von den Schmierpumpen, die nunmehr die Pressen verdrängten, sollen nur die bei der Deutschen Reichsbahn verbreitetsten beschrieben werden. Allgemein erreichte man durch sie, daß die Ölzufuhr für alle Stellen getrennt, nur für je zwei gleichartige Stellen gemeinsam erfolgen kann. Die Ölförderung geschieht dabei nicht mehr durch den langsamen Niedergang eines Tauchkolbens, sondern durch hin- und hergehende Bewegungen eines kleinen Pumpenkolbens.

Abb. 90a—c zeigen die Einheitsschmierpumpe Bauart Michalk. Sie ist mit 3 Einzelpumpen für 6 Schmierstellen (nämlich die beiden Dampfkolben und die 4 Schieberkolben) eingerichtet. Die 3 Pumpenkolben werden von einer Kuppelachse aus über eine Hauptwelle einzeln durch Zahnräder (s. besonders Abb. 90c) angetrieben. Das Zahnrad trägt zunächst

Die Schmierpumpen. 91

den kegelförmigen Verteiler, der durch eine Feder in sein konisches Lager gepreßt wird. Der im Verteiler sitzende kleine Ölkolben mit dem aufgeschraubten Knaggenstück wird mittels zweier Führungsschrauben, die sich axial in zwei Schlitzen bewegen, durch den Verteiler mitgenommen, dreht sich also auch. Da das Knaggenstück auf einem entsprechend ausgebildeten Gegenstück im Zeigerdeckel arbeitet, bewegt sich der Kolben — außer der rotierenden Bewegung — auch in axialer Richtung hin und

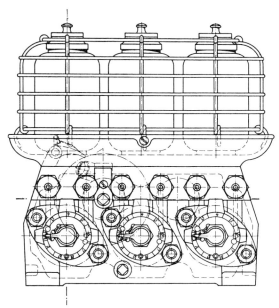

Abb. 90a.   Einheitsschmierpumpe von Michalk.

her. Die Ölkanäle im Verteiler und seinem Sitz sind dabei so angebracht, daß beim Herausziehen des Kolbens der Saugkanal von der Ölvase her, beim Eindrücken des Kolbens der Druckkanal zur Schmierstelle freigegeben wird. Die Ölmenge kann durch Drehen des Zeigers, der durch das Verstellen einer Schraube den Hub des Kolbens verändert, geregelt werden.

Als Nachteil dieser Pumpe ist einmal anzuführen: Die einzelnen Pumpen sind am Fußstück, aus dem die 6 Ölleitungen austreten, angeflanscht; da durch die Trennfuge sämtliche Druck- und Saugkanäle geführt sind, können leicht Ölverluste eintreten. Während man weiter früher annahm, daß die Pumpen im wesentlichen nur den Schieberkastendruck zu

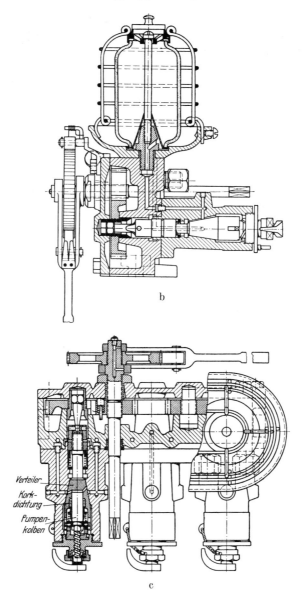

Abb. 90 b und c. Einheitsschmierpumpe von Michalk.

überwinden hätten, haben neuere Versuche bewiesen, daß die Drücke nach Verkrustung der Ölleitungen in der Nähe der Schmierstellen viel höher stiegen, gelegentlich bis über 100 at. Hohen Drücken ist aber die einfache Korkdichtung der kleinen Ölkolben nicht gewachsen. Man mußte deswegen eine Pumpe suchen, deren Grenzdruck bei 250—300 at liegt.

Die Kastenpumpe N von De Limon Fluhme & Co. (Abb. 91a u. b) erreicht bereits höhere Grenzdrücke als die sog. Einheitspumpe. Die wieder von einer Kuppelachse aus mit Ratsche angetriebene waagerechte Schaltwelle hat in der Stirnfläche eine exzentrische Bohrung, in die ein Zapfen der ebenfalls horizontalen Antriebwelle greift. Diese Welle erhält demnach eine drehende und eine verschiebende Bewegung. Mittels weiterer Zapfen, die in seitliche, senkrechte Schlitze im verdickten Kopf der Pumpenkolben eingreifen, werden diese durch die Welle angetrieben. Die Fördermenge wird für jede Verbrauchsstelle unabhängig von den anderen dadurch eingestellt, daß der mögliche Aufwärtshub des Pumpenkolbens durch einen schiefen, drehbaren Anschlag (Abb. 91b) verändert wird. In den Abb. 91a

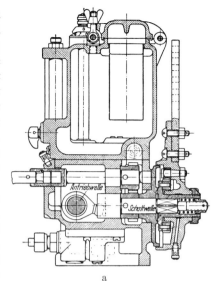

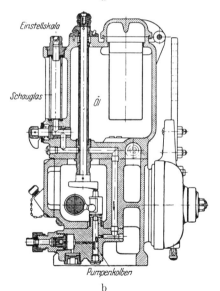

Abb. 91a und b.
Kastenpumpe von De Limon Fluhme.

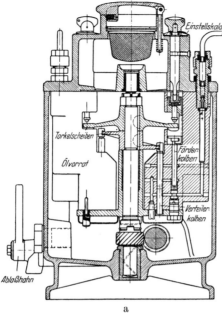

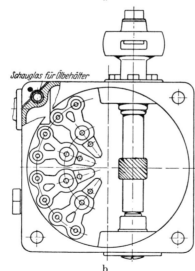

Abb. 92 a und b. Bosch-Hochdruckpumpe.

und b ist die Zeigereinstellung oben sichtbar. Den kleinen Pumpenkolben sucht eine Feder so hoch wie möglich (als Saughub) zu treiben; das Niederdrücken des Kolbens, der Druckhub, wird durch den erwähnten Zapfen bewirkt. Das Sinken des Ölstandes in den Kammern wird an Schaugläsern überwacht, jedoch kann man, wie bei der Einheits=pumpe, nicht erkennen, ob nicht das Öl an dem vielleicht undichten Pumpenkolben vorbei in das Gehäuse gedrückt wird. Ein weiterer Nachteil ist noch der das Gestänge stark beanspruchende Antrieb, da alle Kolben gleichzeitig drücken.

Bei den Einheitslokomo=tiven wird neuerdings die Bosch=Hochdruckpumpe ver=wandt (Abb. 92 u. 93). Von der waagerecht wie üblich an=getriebenen Schaltwelle aus wird mittels eines Schnecken=triebes die senkrechte Haupt=welle, um welche die gleich=artigen, auswechselbaren Pumpeneinheiten gruppiert sind, langsam in Drehung versetzt; im Grundriß sind 4 dieser Pumpeneinheiten oder =elemente angedeutet. Am oberen Ende sind 2 Bunde mit Torkel= oder Taumel=scheiben aufgezogen, von denen die untere einen klei=

neren Durchmesser als die obere hat. Beide Scheiben vollführen eine Taumelbewegung, die obere, weil sie am Umfang gewellt ist, während die untere überhaupt gegen die Wellenrichtung geneigt ist. Die kleine Scheibe treibt mit ihrem auf- und absteigenden Rand die Steuerkolben, die größere die Pumpenkolben an derart, daß je ein dicht am Rande der Scheiben senkrecht schleifender Stift bei einer Wellenumdrehung von der kleinen Scheibe einmal, von der großen zweimal auf- und abbewegt wird. Der Pumpenkolben macht also in dieser Zeit zwei Saug- und zwei Druckhübe, der Steuerkolben einen Doppelhub, wobei

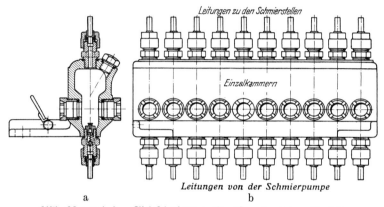

Abb. 93 a und b. Sichtschmierung (Tropfenzeiger) von Bosch.

er das geförderte Öl abwechselnd auf beide Druckleitungen einer Pumpeneinheit verteilt. Die Pumpenkolben führen also nur hin- und hergehende Bewegungen aus. Die Antriebsvorrichtung ist außerordentlich gering beansprucht, weil nie mehr als zwei Pumpenhübe von der Welle gleichzeitig ausgeführt werden. Die Regelung der Ölmenge erfolgt durch Drehen der Schraubenmutter (Einstellskala), wodurch die gabelartige Öffnung der Förderkolbenstange und damit deren Hub geändert wird.

Die Sichtschmiervorrichtung (Abb. 93a/b) ist örtlich von der Schmierpumpe getrennt und mit einer gesättigten Salzlösung gefüllt. Das Öl tritt von unten ein, steigt infolge seines kleineren spezifischen Gewichts in Tropfenform hoch und tritt oben in die Leitung zur Schmierstelle ein. Da die Sichtschmierung im Drucköl liegt, so sieht man hier das wirklich geförderte Öl; die Sichtbarkeit wird durch einen schräg hinter den rückwärtigen Schaugläsern aufgestellten Spiegel verbessert.

Ganz ähnlich ist die Woerner-Pumpe; ihr Unterschied besteht nur darin, daß die kleinen Pumpenkolben mit Saug- und Druckventilen arbeiten.

In Süddeutschland weit verbreitet sind die Friedmann-Schmierpumpen. Es gibt deren mehrere Spielarten; am meisten wurden bisher solche angewandt, die vorn auf dem Laufblech stehen. Das hat den Vorteil kurzer Ölleitungen, bedingt aber, da die Pumpen nunmehr der schützenden Wärme des Führerhauses entzogen sind, die Anbringung einer einfachen Beheizung. Außerdem ist die dauernde Beobachtung des Ölstandes bei dieser Anordnung nicht möglich, und diese Formen der Friedmann-Ölpumpe haben daher auch nur eine kleine einhängbare Meßlatte, die beim Herausnehmen nach Aufklappen des Deckels an ihrer Benetzung den Ölstand erkennen läßt. Andere Formen zeigen entweder ein Schauglas oder je eins für die einzelnen Pumpen, immer auf der weniger beweiskräftigen Saugseite.

Die Abb. 94a—d zeigen eine auf dem Laufblech aufzustellende Friedmann-Schmierpumpe in mehreren Schnitten und Ansicht. Die einzelnen Pumpenelemente zeigen wieder je einen Steuer- und Förderkolben q und p, die ihre Bewegung von zwei exzenterartigen Körpern E und E_1 und den Schleifen e und e_1, die in senkrechter Richtung wie Exzenterstangen wirken, erhalten. Die beiden Kolbenbewegungen sind so gegeneinander versetzt, daß nie eine unmittelbare Verbindung der Druckleitung mit dem Ölgefäß zustande kommt. Das Öl wird nach Aufklappen des Deckels durch das Sieb V in das große Ölgefäß eingefüllt und durchläuft vor Eintritt in die kleinen Pumpenelemente (bei o) erst noch die walzenförmigen Sieber. Der Weg des Öls, das dann bei K in die Druckleitung gelangt, ist durch Pfeile angedeutet. Z ist der herausziehbare Stift zur Ölstandsanzeige.

Der Antrieb der Exzenterwelle D geschieht durch ein Rollenschaltwerk vom Schwinghebel L aus, der mit verstellbarem unteren Angriffspunkt etwa von der Schwinge oder dem Voreilhebel seinen Antrieb erhält. Bei Kurzstellung beschreibt er einen größeren Winkel und fördert mehr Öl für jede Treibradumdrehung und umgekehrt. Jedes einzelne Pumpenelement kann dann in seiner Förderung noch durch die Stellschrauben R R_1 geregelt werden, die den wirksamen Hub des kleinen Pumpenkolbens verändern. An das quer durch den Ölbehälter verlaufende Rohr u wird eine kleine Dampfleitung angeschlossen, die also im Winter die Heizung besorgt. M ist die untere Ablaßschraube, G die Handkurbel für den Schaltwalzenantrieb.

Die Schmierpumpen.

Auf die Einrichtung der Handkurbel, die mehrere Schmierpumpenbauarten besitzen, sei hier noch besonders hingewiesen; die gleichartige Wirkung kann natürlich auch durch Aushängen der Ratsche und Bedienung von Hand herbeigeführt werden. Diese Einrichtung ermöglicht bei stillstehender Lokomotive das Auffüllen der Ölleitungen, und bei Schmierpumpen, die im Führerhaus sitzen, auch ein schnelleres Nachpumpen von Öl, wenn während der Fahrt etwa der Verdacht vorübergehend ungenügender Schmierung (Leerlaufen der Leitung, s. weiter unten) entstanden ist; sie ist endlich auch unentbehrlich für die Prüfung der Wirksamkeit der Gesamteinrichtung (im Stillstand) unter Benutzung der gleich noch zu behandelnden Prüfschrauben der Ölsperre, nahe den eigentlichen Schmierstellen, aus denen bei Öffnung Öl austreten muß, sobald eben unter Verwendung der Handkurbel das ganze System unter Öldruck gesetzt ist.

Die Schmierstellen, zu denen die einzelnen Ölleitungen führen, sind in der Regel auf den Muttern der aus der Schmierpumpe austretenden Leitungen angeschrieben. Sofern später eine Verzweigung stattfindet, dürfen naturgemäß nur solche Stellen von einem Pumpenelement geschmiert werden, die einen gleich großen Ölbedarf haben, also nicht etwa Schieber- und Dampfkolben, von denen der zweite mit dem großen Kolbenumfang und Kolbenhub trotz etwas geringerer Temperatur den größeren Ölbedarf hat. Übrigens beschränkt man sich heute nicht allein auf die Ölung von Schieber und Kolben von der Schmierpumpe aus, sondern versorgt auch die gußeisernen Stopfbuchsen, daneben durch eine zweite Schmierpumpe die Achslager mit gewöhnlichem Öl. Während die älteren Schmierpumpen nur die schon erwähnten 6 Schmierrohranschlüsse aufwiesen, ist bei der neueren Lokomotive, auch einfacher Zwillingsbauart, die Zahl der Anschlüsse wesentlich größer.

Neuerdings sind für die Schmierung der Schieber auch Versuche mit der sog. Zerstäuberschmierung im Gang. Diese besteht in der Einführung der Schmierleitung in das Einströmrohr, wo sie offen in ein löffelartiges Ende ausläuft, von dem der Dampfstrom das Öl in feinsten Tropfen mitreißt.

Es ist erforderlich, in die Leitungen vor dem Zutritt zur Schmierstelle je ein Rückschlagventil als sog. Ölsperre einzubauen, die verhindert, daß die Leitung leerläuft und Dampf in die Ölleitung eintritt. Beim Fehlen einer solchen Sperre, ja selbst bei nicht gut schließender, vorhandener Sperre hat man nämlich die Beobachtung gemacht, daß beim Schließen

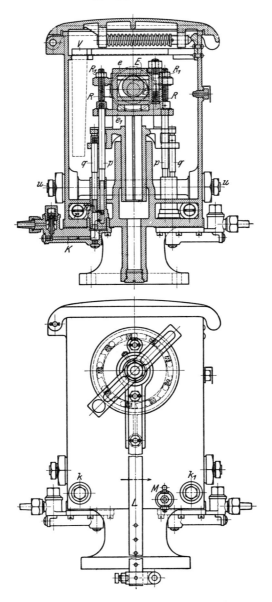

Abb. 94a und b. Schmierpumpe Bauart Friedmann.

Die Schmierpumpen.

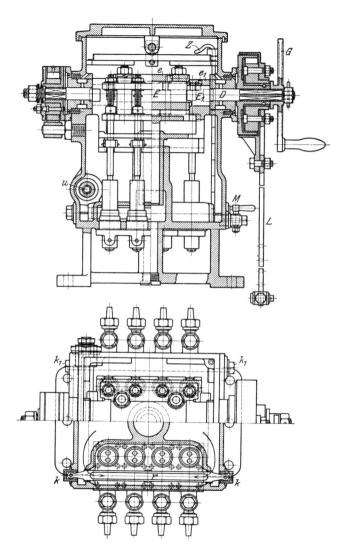

Abb. 94 c und d. Schmierpumpe Bauart Friedmann.

des Reglers ein starker Ölerguß erfolgt (bisweilen als „Leersaugen" be=
zeichnet) und die Ölleitungen dann lange leer bleiben. Die Ölsperren
werden so nahe an die Schmierstellen gerückt — wir sahen diese bei der
Besprechung der Zylinder und Schieberbuchsen —, wie es die bauliche
Anordnung irgend gestattet, damit nicht längere Teile der Ölleitung
unter Dampf stehen.

Alle Ölsperren zeigen daher federbelastete Ventile (früher selbst Kugeln)
oder Kolben mit seitlichem Abfluß des Öls nach Ausweichen des Ventils
oder Kolbens um den entsprechenden Weg. Bei den erhöhten Ansprüchen
an Dichtigkeit, deren Anlaß wir eben erwähnten, werden die Federn

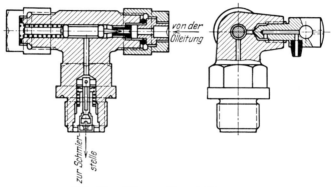

Abb. 95. Ölsperre Bauart Woerner.

heute kräftiger ausgeführt; bei manchen Ausführungsformen sind zwei
Ventile hintereinander zu passieren. Es gibt auch Formen, wo eine Mem=
bran den Schluß des einen Ventils unterstützt (Olva=Ventile).

Eine zusätzliche Einrichtung ist indes allen diesen Ölsperren gemeinsam,
nämlich eine Prüfschraube oder ein Prüfventil (früher auch ein Prüf=
hahn), um in der oben schon geschilderten Weise das ordnungsmäßige
Heranführen des Öls an die Schmierstelle zu überwachen.

Bei der Reichsbahn dauern die Versuche zur Auffindung der besten
Ölsperren=Bauart im Verein mit den Pumpenbauanstalten noch an; um
indes überhaupt ein Beispiel einer solchen Ölsperre zu geben, ist in Abb. 95
eine Ölsperre von Woerner gezeigt, die zwei hintereinandergeschaltete
Rückschlagventile, das erste hinter der Ölrohreinmündung in waagerechter
Lage, das zweite senkrecht nach unten durchschlagend aufweist. Zwischen
beiden sitzt die deutlich erkennbare Prüfschraube mit Abtropfröhrchen.

18. Kreuzköpfe, Gleitbahn und Gleitbahnträger.

Der Kreuzkopf bildet gleichzeitig das Gelenk zwischen Kolbenstange und Treibstange und das Mittel zur Gradführung der ersteren. Die Kreuzköpfe der älteren Lokomotiven waren in der Regel für 2 Gleitbahnen bestimmt und infolgedessen symmetrisch zur Kolbenstange. Heute wendet man überwiegend Kreuzköpfe mit nur einer Gleitbahn an, und zwar der oberen, an welcher der Kreuzkopf gleichsam hängt. Der einschienige Kreuzkopf hat den Vorteil, dadurch, daß er nur einer Gleitbahn bedarf, geringere Kosten zu erfordern, denn von den sonst vorhandenen

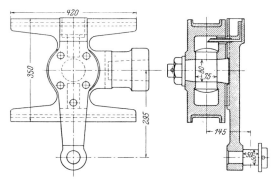

Abb. 96. Zweischieniger Kreuzkopf.

beiden Gleitbahnen muß jede so stark sein, wie die einzelne, da die obere Gleitbahn den Kreuzkopfdruck beim Vorwärtsgang, die untere den beim Rückwärtsgang aufzunehmen hat, während die eine Gleitbahn des einschienigen Kreuzkopfes beiden Beanspruchungen gerecht wird, der ersteren mit dem Bestreben einer Durchbiegung nach oben, der zweiten mit der Neigung zur Durchbiegung nach unten. Der Nachteil des einschienigen Kreuzkopfes, das Kippmoment durch die Beschleunigungskräfte der einseitigen Masse, tritt nach der umfassenden Erfahrung praktisch nicht in Erscheinung, wenn nur für gutes Anliegen der Gleitfläche und fehlendes Spiel gesorgt wird.

Einen einfachen zweischienigen Kreuzkopf, wie er bei den bayerischen Lokomotiven noch bis vor einigen Jahren ausgeführt wurde, zeigt Abb. 96. Die Gleitflächen für die obere und untere Gleitbahn sind mit besonderen Gleitplatten ausgelegt, die bei Abnutzung erneuert werden; der Kreuzkopfbolzen selbst wird durch die beiden kurzen Kegel und die hinten ge=

legene Befestigungsmutter fest zum Anliegen an den Kreuzkopfkörper angezogen, die vordere Platte, die zum Anhängen der Lenkerstange der Heusinger=Steuerung (vgl. Abb. 47) dient, ist vorn gegen den Kreuz=kopf geschraubt und nimmt oben gleichzeitig das Schmiergefäß zum Ölen des vorderen Treibstangenkopfes, der an dem Kreuzkopfbolzen angreift, auf. Der Hals des Kreuzkopfes nimmt die Kolbenstange mit ihrem kegelförmig zugespitzten Ende auf, das Keilloch ist nicht angedeutet.

Die in Deutschland verbreitetste Bauart des einschienigen Kreuzkopfes zeigen die nächsten Abb. 97 u. 98. Der eigentliche Kreuzkopf in Abb. 97

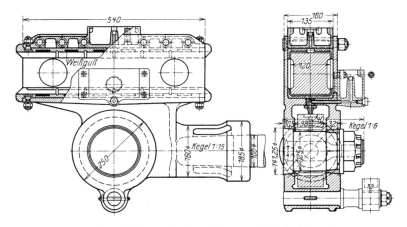

Abb. 97. Kreuzkopf (nach oben offen) der Einheitslokomotiven.

ist zunächst nach oben offen und wird beim Aufbringen von unten an die Gleitbahn gehoben, sodann wird der Deckel nebst der Gleitplatte von oben eingesetzt und durch kräftige Schrauben, die häufig noch durch ein=greifende Leisten entlastet sind, mit dem eigentlichen Kreuzkopfkörper verbunden. Auf dem Deckel befinden sich die beiden oberen Schmier=gefäße, die das Öl auf die Gleitbahn leiten; das seitliche Ölgefäß dient der Schmierung des Kreuzkopfbolzens. Die eigentlichen Gleitflächen werden wieder aus auswechselbaren Gleitplatten, die in der Regel aus Rotguß bestehen, bisweilen auch noch mit Weißmetall ausgegossen sind (vgl. auch Abb. 98), gebildet. Der Kreuzkopfbolzen ist in seinen beiden Einsatzstellen kegelförmig; für den Anzug sorgt das Schraubengewinde mit Mutter, gegen die Lockerung wirkt der Splint. Der Kreuzkopfkeil ist in den Abbildungen deutlich sichtbar.

Kreuzköpfe, Gleitbahn und Gleitbahnträger. 103

Die andere Spielart der Kreuzköpfe ist nach vorn offen und wird also durch eine vordere Deckplatte geschlossen (z. B. bei den P8-Lokomotiven); sie müssen hinter der Gleitbahn angehoben und dann nach vorn übergeschoben werden. Abb. 98 zeigt diesen Kreuzkopf, bei dem es sich, wie

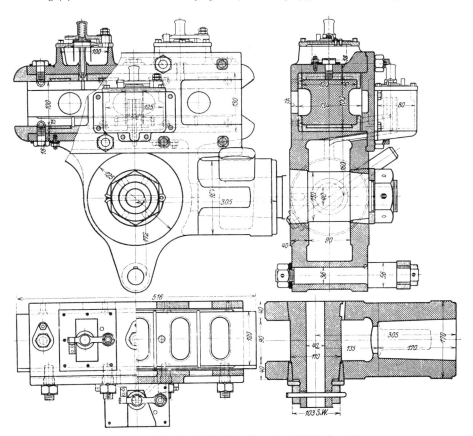

Abb. 98. Kreuzkopf (seitlich offen) der P 8-Lokomotive.

dem vorigen auch, um einen solchen für die übliche Heusinger-Steuerung handelt,' an dem unteren Ansatz für die Lenkerstange erkennbar.

Die Gleitbahnen bestehen stets aus Stahl von rechteckigem oder I-förmigem Querschnitt (Abb. 97, 98). Sie werden meist im Einsatz gehärtet, um sie vor einer nennenswerten Abnutzung zu bewahren, die Abnutzung wird vielmehr in die auswechselbaren Kreuzkopfgleitplatten verlegt. Um die Reibung möglichst gering zu halten, werden die Gleitflächen in der Bauanstalt stets geschliffen und nach Eintreten der unvermeidlichen geringfügigen Abnutzung im Ausbesserungswerk nachgeschliffen. Die Länge der Gleitbahnen richtet sich vor allen Dingen nach dem Kolbenhub und der Kreuzkopflänge und weiterhin nach der Möglichkeit der Befestigung am Zylinder und Rahmen; das vordere Ende wird an dem geeignet gestalteten hinteren Zylinderdeckel mit zwei Schrauben befestigt, das hintere Ende an dem besonderen Gleitbahnträger, der heute häufig gleichzeitig zur Aufnahme der Schwinge und dergleichen dient. Damit sich keinesfalls auch noch so schwache Ansätze an den Hubenden des Kreuzkopfes bilden können, ist der volle Querschnitt der Gleitfläche nur auf eine Länge vorhanden, die um ein geringes kleiner ist als der Kolbenhub, vermehrt um die Baulänge des Kreuzkopfes, so daß dieser stets mit seinem Ende etwas über die Einziehungsstelle der Gleitbahnen hinausläuft. Um für die Treibstange Platz zu schaffen, ist es bisweilen nötig, die Gleitbahn abzuschrägen, wie z. B. in der Abb. 51 erkennbar. Die Gleitbahnträger bestehen bei älteren Lokomotiven häufig aus geeignet gestalteten Blechen, die mit Winkeleisen am Hauptrahmen befestigt sind. Auch deshalb sei nochmals auf die Abb. 51 hingewiesen, weil sie zeigt, wie der Gleitbahnträger verbunden werden kann mit jenem Körper, der Steuerwelle und Schwinge aufnimmt und in ihrer gegenseitigen Lage und in der zum ganzen Lokomotivrahmen sichert. Hervorzuheben ist noch, daß für die Befestigung der Gleitbahn am Zylinderdeckel einerseits und dem Gleitbahnträger andererseits meist eine Nachstellbarkeit dadurch vorgesehen ist, daß eine Rotgußplatte zwischen die Gleitbahn und ihre Träger eingeschaltet ist, deren Dicke durch Abhobeln berichtigt werden kann und dadurch kleine anfängliche Ungenauigkeiten auszugleichen gestattet. Endlich ist noch des am hinteren Ende der Gleitbahn angeordneten Fangbügels für die Treibstange zu gedenken, der wiederum in der Abb. 51 zu erkennen ist und verhüten soll, daß bei einem Zapfenbruch die Treibstange mit einem Ende abstürzt und durch Einbohren in den Boden Unheil anrichtet.

19. Treib= und Kuppelstangen.

Die Treibstange überträgt den Kolbenstangendruck auf den Treibzapfen (Kurbelzapfen) der Treibachse, wie wir bereits in der einleitenden Betrachtung über das Triebwerk der Lokomotive sahen. Die Kuppelstangen stimmen in ihrer Ausführung mit den Treibstangen im großen und ganzen überein. Über ihren Zweck werden zunächst einige Worte einzuschalten sein. Wir sahen schon in dem geschichtlichen Abschnitt des I. Bandes, daß es selbst in der Jugendzeit der Lokomotiven vielfach nicht möglich war, die geforderte Zugkraft nur mit einem von der Maschine angetriebenen Räderpaar auszuüben, und daß Stephenson in der Kuppelstange das Mittel erfand, in einfachster Weise die Reibung weiterer Räder auf den Schienen für die Bildung der Zugkraft heranzuziehen. In der Kupplung parallel gelagerter Achsen geht man heute bis zu 6 herauf. Eine derartige Lokomotive wurde als Vollbahnlokomotive zum ersten Male in Österreich ausgeführt; die Anordnung findet sich jedoch auch bei der württembergischen 1F-Lokomotive der Gattung K (Reihe 59).

Die Treib- und Kuppelstangen hatten früher in der Regel einen rechteckigen Querschnitt; heute gibt man ihnen meist einen I-förmigen Querschnitt, der durch Ausfräsen gewonnen wird und den Zweck hat, die Stange bei gleicher Biegungs- und Knickfestigkeit etwas leichter zu halten. Die Enden der Stange, welche den Kreuzkopfbolzen oder die Treib- und Kuppelzapfen umgreifen, bezeichnet man als die Stangenköpfe. Die Stangenköpfe umgreifen niemals unmittelbar die Zapfen, sondern man schaltet stets für die Aufnahme der unvermeidlichen Abnutzung besondere, verhältnismäßig leicht zu erneuernde Körper ein. Diese Körper sind die sog. Lagerschalen, die man auch ihrerseits nochmals mit Weißmetall ausgießt, das einen niedrigen Schmelzpunkt hat und deshalb verhältnismäßig schnell und leicht zu ersetzen ist, wobei die aus Rotguß bestehenden Lagerschalen hauptsächlich nur als Träger dieses die Abnutzung aufnehmenden Futters zu gelten haben. Die aus den früheren Auflagen übernommene Abb. 99 zeigt einen älteren Stangenkopf, und zwar den des Kreuzkopfendes. Ihre Aufnahme auch in die neue Auflage ist erfolgt, weil die einzelnen Elemente gut aus ihr zu erkennen sind. Die Stange S erfährt also an ihrem Ende die Erweiterung zum Kopf K, dessen Ausschnitt aus der oberen Abbildung klar hervorgeht. Dieser Ausschnitt nimmt die beiden Lagerhälften L und L' auf, die mit dem Keil p vermöge der Keilschraube n sowohl gegeneinandergepreßt, als auch im Stangenkopf festgehalten werden. Der Zusammenbau des Lagers vollzieht sich in der Weise, daß zunächst die Lagerschale L in den Ausschnitt des Kopfes gebracht und nach vorn geschoben wird; die beiden Rippen oder Lappen r und r' schieben sich dann über den Kopf und verhindern eine weitere Verschiebung der Lagerschale. Die zweite Lagerschale L' wird alsdann von vorn eingeschoben, worauf der Keil von der Seite eingesetzt wird. Darauf wird die Keilschraube n durchgesteckt und so weit angezogen, daß die beiden

Lagerhälften sich aufeinanderlegen. Die hintere Lagerhälfte vermag sich nunmehr aus dem Kopf nicht mehr zu entfernen, weil der hintere Lappen sich gegen den Keil p legt, während ein Verschieben nach hinten durch die in der oberen Abbildung erkennbaren Rippen, ähnlich denen der vor-

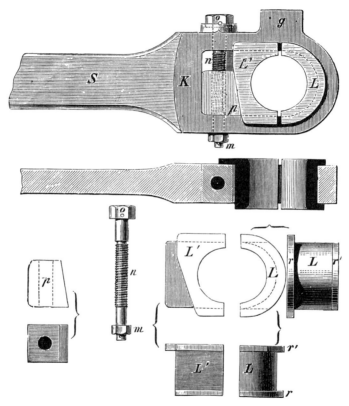

Abb. 99. Älterer Treibstangenkopf.

deren Lagerschale verhütet wird. Die Stellung des Stangenkeils wird durch die Mutter m gesichert. Bei den neueren Ausführungsformen fügt man stets noch eine Gegenmutter hinzu. Die Lagerschalen enthalten übrigens in dem eben gezeigten Bild kein Weißmetallfutter. Auch heute noch wird die Kreuzkopfseite der Treibstange in der Regel aus massiven Rotgußlagerschalen gebildet.

Treib- und Kuppelstangen. 107

Eine neuzeitliche Treibstange zeigt die Abb. 100. Der größere Stangenkopf umfaßt den Treibzapfen; er ist genau in der vorbeschriebenen Art aus-

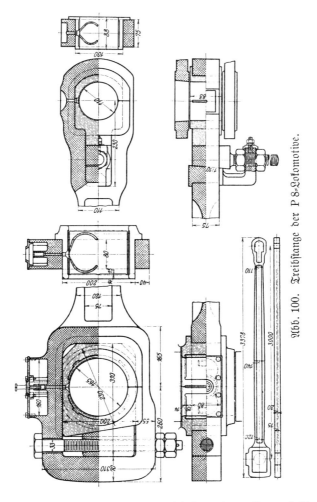

Abb. 100. Treibstange der P 8-Lokomotive.

geführt. Die Ausfütterung der Lagerschalen mit Weißmetall ist gut zu erkennen, ebenso die Sicherung der jeweiligen Keillage durch Mutter und Gegenmutter. Weiterhin ist die Ausbildung des Stangenkopfes in seinem oberen Teil als Ölbehälter gut sichtbar. Der vordere Stangenkopf für das Kreuzkopflager hat insofern eine etwas abweichende Ausbildung erfahren, als der Keil zum Anpressen der Lagerhälften in einer waagerechten Ebene verstellt wird. In den Stangenkopf ist dabei ein besonderer hakenförmig gestalteter Körper hinten eingelegt, der, wie aus dem Grundriß ersichtlich, das Auge für die Keilschraube, die hier mit dem Keil aus einem Stück besteht, enthält. Das Auge selbst ist etwas länglich, weil sich der Keil beim Anziehen etwas in der Längsrichtung der Stange bewegt. Dem Stangenkopf kann innerhalb des Kreuzkopfes nicht die nötige Bauhöhe zur Aufnahme eines Ölbehälters gegeben werden. Es findet sich daher nur eine flache Tülle, die das Öl von dem obenerwähnten, außen am Kreuzkopf befestigten Schmiergefäß erhält. Der Treibzapfen-Stangenkopf ist genügend groß, um bei auseinanderstehenden Lagerschalen vor Einschiebung des Keils noch über den Bund des Zapfens hinweggeschoben werden zu können.

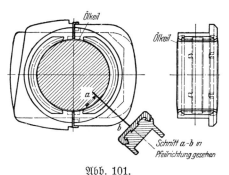

Abb. 101.
Lagerschalen mit Blechbeilagen.

Die Stangendrücke liegen naturgemäß in der Richtung der Stange selbst, und der Verschleiß, auf den sie hinarbeiten, ist deshalb ein Länglichschlagen des ursprünglichen Kreisausschnittes (Hohlzylinders) der Lagerschalen. Man führt diese einzeln deshalb nicht genau halbzylindrisch aus, sondern läßt eine Kleinigkeit daran fehlen; dieses Fehlen wird in der Mittelfuge durch Zwischenlagen von Blech ausgeglichen. Ist nun ein gewisses Maß von Abnutzung eingetreten, so wird eine etwas dünnere Zwischenlage eingelegt und so fort, wobei man das Entstehen von nennenswerter „Luft" dadurch verhütet, daß man die kalibrierten Blechbeilagen in Stufen von $1/2$ mm ändert. Tritt schließlich eine Abnutzung ein, nachdem die Schalen ohne die letzte Zwischenlage eingesetzt waren, so müssen sie erneuert werden. Abb. 101 läßt die Zwischenlage erkennen.

Wesentlich größer fallen die Köpfe für innere Treibstangen aus, weil der Kurbelzapfen in diesem Fall mit der Achse gleichbedeutend ist; außerdem liegt hier der Zwang vor, den geschlossenen Stangenkopf der äußeren Stange zu verlassen, weil die innere Stange nicht über die Achse, wie die äußere über den Zapfen, geschoben werden kann. Man spricht daher

Treib- und Kuppelstangen. 109

hier von offenen Stangenköpfen, für die es eine ganze Reihe von Bauformen gibt. Abb. 102 zeigt die innere Treibstange der bayerischen Vierzylinder-Verbund-Schnellzuglokomotive. Der große (linke) Stangenkopf ist zunächst ein offener Bügel, der sich über den inneren, die Achskröpfung bildenden Treibzapfen und die Lagerschalen hinwegschieben läßt. Der große Keil mit Beilage schließt nunmehr den Kopf und hält die Lagerschalen fest zusammen; der Keil wird hier nicht mit der vorerwähnten Stellschraube angezogen, sondern durch Schläge eingetrieben

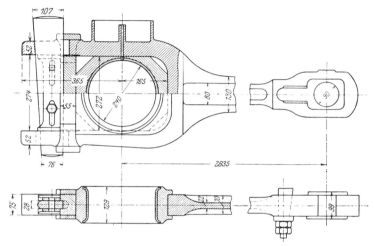

Abb. 102. Innere Treibstange der vierzylindrigen Schnellzuglokomotive (bayerische S 3/6).

und in seiner Stellung dann durch die Klemmschraube (neben der „55") gesichert. Diese Keilart ist natürlich auch bei geschlossenen Stangenköpfen anwendbar und findet sich beispielsweise bei den äußeren Treibstangen der P10-Lokomotive. Das Kreuzkopfende ist ähnlich dem der vorher behandelten Treibstange.

Bei Güterzuglokomotiven mit innenliegenden Zylindern wird beim Durchlaufen des unteren Halbkreises die Lage der inneren Kurbelzapfen so tief, daß der bisher beschriebene Treibstangenkopf mit der Keillage hinter dem Zapfen mit dem dann besonders tiefliegenden Stangenteil in die Umgrenzungslinie hineinragen würde. Der Keil zum Zusammenpressen der Lagerhälften muß deshalb nach dem Zylinder zu verlegt werden. Als Beispiel eines solchen inneren Stangenkopfes zeigt die Abb. 103 den der neuen dreizylindrigen Güterzuglokomotive (Reihe 44) der Deutschen Reichsbahn. Im Gegensatz zum vorigen Stangenkopf ist hier also der Bügel nicht aus einem Stück mit der Treibstange, sondern wird als besonderer Teil von rückwärts mit den entsprechend gestalteten Enden der Treibstange paßgerecht verbunden. Der Keilanzug ist sicher ohne besondere Beschreibung verständlich. Ähnlich sind die inneren Stangenköpfe der bayerischen vierzylindrigen Güterzuglokomotiven.

Die Kuppelstangen sind insofern von vornherein einer besonderen Bedingung unterworfen, als der Keilanzug bei allen Köpfen nach derselben Seite liegen muß, damit die Stangenlänge unverändert bleibt. Veränderte Stangenlänge würde nur in sehr kleinem Maße (Millimeter=

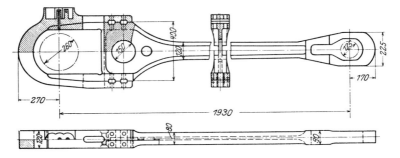

Abb. 103. Treibstange der Einheitsgüterzuglokomotive (Reihe 44).

bruchteile) überhaupt erträglich sein und schon dann reibungerhöhendes Klemmen der Stange im Gefolge haben. Bei den Treibstangen ist zwar die Erfüllung dieser Bedingung auch erwünscht; Abweichungen ziehen aber nur geringfügige Veränderungen der schädlichen Räume, keine Klemmungen nach sich.

Nachdem die einfache Kuppelstange mit der Kuppelachszahl 2 kaum noch vorkommt, ist auf eine weitere Notwendigkeit hinzuweisen, nämlich diejenige, die Kuppelstangen, die mehr als 2 Achsen kuppeln, gelenkig zu machen. Das Federspiel der Achsen wird sich nämlich in der Regel dahin äußern, daß die 3 oder mehr Kuppelachsen nicht immer in der gleichen waagerechten Ebene liegen. Will man nun nicht, was aus Gründen der Breitenausladung meist gar nicht möglich ist, die Kuppelstange in lauter einzelne, dann aber in verschiedenen senkrechten Ebenen liegende Einzelkuppelstangen zwischen nur je 2 Achsen auflösen, so muß man die Hauptkuppelstange, die also zwei normale Stangenköpfe an den beiden Enden

Treib= und Kuppelstangen. 111

trägt, in ein Gelenk, oder deren mehrere bei mehr als 3 Kuppelachsen, enden lassen, das meist in einer Verdünnung der Stangenbreite besteht und von den weiter anschließenden Kuppelstangenelementen mit einer schmalen Gabel umschlossen wird, wobei der Kuppelbolzen durch die 3 Stangen= lappen hindurchgeht. Ein keilartiges Anziehen, wie beim Kreuzkopfbolzen, ist auch hier vorzusehen, damit kein Ausleiern des Gelenkes stattfinden kann.

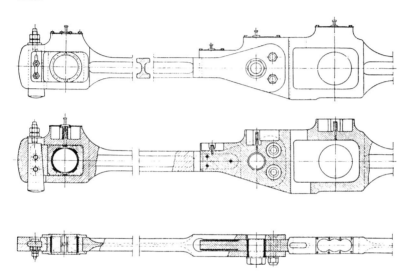

Abb. 104. Hintere Kuppelstange der P 10=Lokomotive.

Die schon mehrfach angeführte Abb. 51 läßt auch die Kuppelstangen= ausführung mit diesen Gelenken und der gleichartigen Keillage deutlich erkennen.

In der Abb. 104 ist die hintere Kuppelstange der P 10=Lokomotive wiedergegeben. Hier sollen noch drei weitere Umstände verdeutlicht werden. Einmal ist nämlich bei dieser Lokomotive der einen Kuppelachse (der dritten) ein gewisses Seitenspiel gestattet, damit sich die Lokomotive besser in Krümmungen einstellen kann. Damit nun der mit der Achse seitwärts gleitende Kuppelzapfen nicht die hintere Kuppelstange mitnimmt und in der Gabel unzulässig beansprucht, ist, wie namentlich aus dem Grundriß gut zu erkennen ist, die Gabel sehr lang ausgezogen und das in die Gabel eingreifende Kuppelstangenende noch mit den schwarz be=

zeichneten Gleitflächen aus Bronze versehen. Die hintere Kuppelstange wird dadurch in einer senkrechten Ebene mit der Hauptkuppelstange zwischen der Treibachse (2. Kuppelachse) und der letzten (4.) Kuppelachse gehalten, und der Kuppelzapfen der letzten Achse verschiebt sich um sein Seitenspiel im Zapfenlager. Der Keilanzug der Lagerschalen erfolgt wieder mit einem großen Keil mit anschließender Stellschraube.

Die vordere Kuppelstange (Abb. 105) ist dadurch bemerkenswert, daß sie zu der weitverbreiteten Stangenform für das weiter hinten beschriebene Krauß-Gestell gehört. Dabei verschiebt sich die erste, mit der vorderen Laufachse zu einem Drehgestell vereinigte Kuppelachse gleichfalls seitlich, und es könnte im ersten Augenblick so scheinen, als ob die eben beschriebene Lösung auch hier verwendbar sei. Da sich indes die Seitenverschiebung der Vorderachse in dem beengten Raum neben dem Kreuzkopf abspielt, ist ein so weites Hinaustreten des Kuppelzapfens nicht möglich, und man muß also der vorderen Kuppelstange das Mitgehen mit dem Zapfen gestatten. Jetzt ist also das Innehalten einer senkrechten Ebene nicht mehr möglich und ein förmliches Gelenk (mit senkrechten Bolzen) erforderlich, um diese Auslenkung der Stange ohne Bruchgefahr sich vollziehen zu lassen. Dieses Gelenk ist nun zu verquicken mit dem in waagerechter Richtung nachgiebigen, das dem Federspiel Rechnung zu tragen hat, wie wir grundsätzlich schon sahen. Bei älteren Kuppelstangen für Krauß-Gestelle wurden diese beiden Gelenke kurz hintereinander angeordnet (z. B. preußische T 9); hier sind sie zu einer Art Kugelgelenk vereint (am rechten Stangenkopf) in der Abb. 105. Der Gabelbolzen sitzt nicht unmittelbar am Ende der Hauptkuppelstange, sondern erst vermöge eines Drehkörpers, der — im Grundriß — ein Stück eines dicken senkrechten Bolzens darstellt. Die Schmierung dieses Doppelgelenks geht aus dem Bild hervor.

Weiterhin ist endlich der vorderste Stangenkopf bemerkenswert. Bei der schrägen Stellung der Vorderstange gegen die parallel verschobene Vorderachse ist ein einfaches zylindrisches Umgreifen des Kuppelzapfens nicht mehr möglich. Ältere Krauß-Gestell-Lokomotiven sahen denn auch hier einen regelrechten Kugelzapfen vor (T 9). Wegen der Austauschbarkeit der ersten und dritten Achse bei solchen Lokomotiven als Aushilfe gegen vorzeitige Ausbesserung wegen scharfgelaufener Radreifen, mußte dann aber auch die dritte Achse einen Kugelzapfen erhalten, ohne daß hierzu sonst eine Notwendigkeit vorlag. Bei der modernen Lokomotive hat man deshalb nicht zwei kugelförmige Kuppelzapfen mit zugehörigen kugeligen Lagerschalen gewählt, sondern durchweg nur einfache zylinrische Zapfen mit um eine senkrechte Achse einstellbarem Lagerschalenpaar an dem einen zum Mitgehen veranlaßten Stangenkopf, auch wieder im Grundriß am besten erkennbar. Entsprechende Beilagen in dem etwas mehr ausgeweiteten Stangenkopf sorgen dafür, daß der übliche Keilanzug auch hier weiter verwendbar bleibt.

Endlich ist noch einer besonders einfachen Ausführungsform der Kuppelstangenköpfe zu gedenken, nämlich derjenigen ohne Keilnachstellung, mit eingepreßten Lagerbuchsen. Diese Lösung ist natürlich geknüpft an

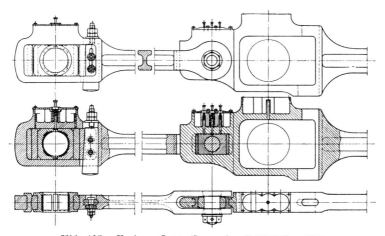

Abb. 105. Vordere Kuppelstange der P 10=Lokomotive.

genau vermessene Stangenlängen (genaues Stichmaß), dann aber auch mit gutem Erfolg, also geringer Zapfenreibung, durchführbar. Ganz abgesehen von amerikanischen Lokomotiven, wo diese Kopfform gelegentlich selbst bei Treibstangen vorkommt, findet sie sich häufig bei süddeutschen, namentlich bayerischen Lokomotiven; auch bei der alten preußischen S 1=Lokomotive (1885) war sie angewandt worden. Bei der neuen Einheits=Schnellzuglokomotive der Reichsbahn (Reihe 01) ist sie gleichfalls aufgenommen; Abb. 106 gibt einen Begriff von der großen Einfachheit, wobei lediglich die Buchse gegen Verdrehen gesichert ist. Ein Nachstellen des ausgeschlagenen Lagers durch Auswechselung der Beilagen ist bei der einfachen Buchse natürlich nicht möglich, hier muß dann ein Neuausgießen erfolgen.

Nun ist noch auf die Schmierung der Lager einzugehen, die übrigens im Einklang steht mit der Schmierung sonstiger hin= und her=

gehender oder schwingender Teile (Kreuzkopf, Schwinge usw.). Der zu stellenden Bedingung, daß nicht eine immer gleichmäßige Ölzufuhr zu den Lagern stattfindet, gleichgültig ob die Lokomotive schnell oder langsam fährt oder gar still steht, die Ölzufuhr vielmehr mit zunehmender Geschwindigkeit steigt, trägt die heute allgemein angewandte Schleuderschmierung Rechnung, die in ihrer Erstlingsanwendung wohl reichlich 4 Jahrzehnte alt ist und die Abb. 107, übrigens zugleich ein Beispiel der bisherigen Ausführungsform offener Stangenköpfe für Gegenkurbeln und Innenzylinder, zeigt. Wie auch aus den übrigen Stangenabbildungen deutlich zu erkennen ist, wird der Stangenkopf oben über der Zapfenmitte zu einem Schmiergefäß ausgebildet, das in den Stangenkopf eingefräst und oben durch einen aufgeschraubten Rotgußdeckel geschlossen ist. Das Öl wird nach Niederdrücken des Ventils vermöge des herausragenden Knopfes durch die dann frei werdende ringförmige Öffnung eingefüllt; das Ventil, häufig der „Pilz" genannt, wird unten durch den Ventilstift geführt, der in dem in gleicher Achse liegenden, in den Kopf eingefräßten Ölrohr gleitet, das zu den Lagerschalen und ihren Nuten hinabführt. Das Ventil wird für gewöhnlich durch eine kräftige Schraubenfeder zugedrückt; kräftig muß die Feder sein, weil auch bei schneller Fahrt die Fliehkraft des Ventils beim Durchlaufen des unteren Halbkreises nicht imstande sein darf, den Federdruck zu überwinden und damit letzten Endes Ölverluste herbeizuführen. Der Ventilstift gestattet deshalb ein Herabfließen des Öles — sobald es erst einmal an die obere Rohrmündung gelangt ist —, weil er eine Abflachung (flache Abfasung) besitzt und also einen sichelförmigen Querschnitt freiläßt. Die Ölung kommt nun dadurch zustande, daß schon bei kleinen Geschwindigkeiten das Öl im Gefäß hin- und herschwappt, bei größeren lebhaft herumgeschleudert wird und also

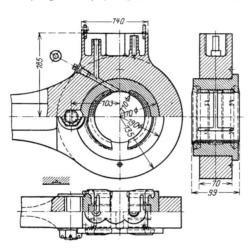

Abb. 106. Geschlossener Kuppelstangenkopf mit Buchsenlager.

Treib= und Kuppelstangen. 115

der Rohreinlauf um so stärker mit Öl bespült wird, je schneller die Lokomotive fährt. Dazu ist nicht einmal die rotierende Bewegung des Stangenkopfes notwendig, sondern es genügen auch die geradlinigen Beschleunigungen und Verzögerungen hin= und hergehender Teile mit ihren Schmiergefäßen. Im Stillstand hört, wie zu fordern, die Ölung auf. Ein anfängliches Ölen kann man durch Vollfüllen der Schmier=

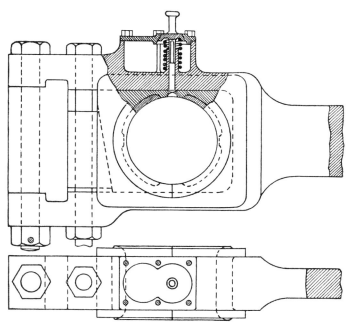

Abb. 107. Treibstangen=Schmiergefäß.

gefäße erzielen, so daß schon bei ruhendem Ölgefäß etwas Öl oben einläuft, im übrigen pflegen die Personale beim Abölen stets aus der Ölkanne etwas Öl unmittelbar an die Zapfenbunde zu geben.

Diese bei Zehntausenden von Lokomotiven bewährte Einrichtung hat nur den Nachteil, daß sie keine Regelung nach der Ölart gestattet oder doch nur eine wenig bequeme durch Breiterfeilen der Abfasung, rückwärts etwa durch Auflöten von Material. Wäre das Öl immer gleichartig, so könnte man auf Grund von Versuchen natürlich die zweckmäßigste Abflachung des Ventilstiftes für jede Lokomotivgattung ein für allemal

8*

festlegen; höchstens könnten zwei Spielarten dann in Frage kommen, wenn die gleiche Gattung einmal vorwiegend im Hügellande mit geringerer, das andere Mal vorwiegend im Flachlande mit größerer mittlerer Geschwindigkeit verkehrte. Da es nun aber noch Sommer- und Winteröle von verschiedener Zähigkeit gibt, so ist der Wunsch nach einer Regelbarkeit wohl verständlich. Die dafür gefundene, zuerst meines Wissens bei den badischen Staatsbahnen aufgekommene, heute auch bei den Einheitslokomotiven angewandte Lösung mit besonderer Schmiernadel ist in Abb. 108 wiedergegeben. Der Ventilstift läuft hier in einer Blindführung, das Schmierrohr zum Lager enthält oben einen verengten Einsatz, in dem ein Drahtstück mit oberer Öse spielt. Je nach der Drahtstärke wird ein

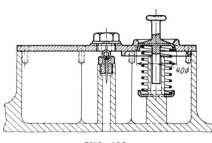

Abb. 108.
Schmiergefäß mit Nadelschmierung.

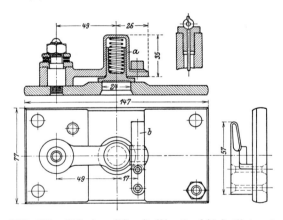

Abb. 109. Schmiergefäß mit Riegelverschluß (Bayern).

verschiedener Ringquerschnitt freigegeben; die obere Verschlußschraube gestattet bequemes Auswechseln. Einen abweichenden, namentlich in Bayern angewandten Schmiergefäßverschluß zeigt Abb. 109. Es ist eine Art Riegelverschluß mit einschnappender Feder (in der rechten Seitenfigur erkennbar); nach Beiseiteschieben des Riegels liegt das ganze Eingußloch frei. In der Regelstellung (Verschluß) ist der eigentliche Verschlußkörper wie ein kleiner Puffer durch die Feder auf das Ölloch fest niedergedrückt.

In neuester Zeit sind Versuche im Gange, die Stangenlager mit Starrfett zu schmieren. Die mit solchem Fett halb gefüllte, genau zylindrische Büchse wird durch einen genau passenden kleinen Kolben abgeschlossen, und dann luftdicht ein Deckel aufgeschraubt, der dabei ein Preßluftpolster erzeugt, das den Kolben langsam niederdrückt und das Starrfett zum Lager preßt. Erstrebt wird ein wesentlich geringerer Schmierstoffverbrauch; eine Feder ist indes sicherer als das jetzt verlassene Luftpolster.

20. Der Sandstreuer.

Wir sahen schon oben bei der Betrachtung über die Entstehung der Zugkraft, daß die Reibung am Radumfang eine sehr wichtige Rolle spielt, daß sich nämlich die Lokomotive gleichsam vermöge dieser Reibung gegen das Gleis abstützt. Demnach ist die Zugkraft, die eine Lokomotive auszuüben vermag, gegeben einmal durch das Reibungsgewicht, d. h. das auf allen von der Maschine angetriebenen, gekuppelten Achsen lastende Gewicht, andererseits durch die Reibungsziffer, also jenen echten Bruch, den man durch Teilung der Reibungszugkraft mit dem Reibungsgewicht erhält. Diese Reibungsziffer, gewissermaßen die Eigenart der Reibung, ist nun bekanntlich im Eisenbahnbetrieb nicht immer gleich. In der Regel die Reibung von Stahl auf Stahl, bei kleineren Geschwindigkeiten bis etwa 0,3, kann sie durch das Dazwischentreten von Glatteis, Laubfall und den zähen Schmutz auf viel befahrenen Überwegen einen sehr viel niedrigeren Wert annehmen. Auch Nebel wirkt oft in diesem ungünstigen Sinne, während reines Wasser — etwa bei reingewaschenen Schienen bei starkem Regen — die Reibung des guten Wetters nicht oder kaum vermindert. Hat die Reibung solchen kleinen Wert angenommen, so vermag bei größeren Füllungen die Lokomotive sich nicht mehr gegen das Gleis abzustützen; die Maschinenzugkraft kann die Reibung am Radumfang überwinden und die Lokomotive „schleudert", d. h. die Räder drehen sich auf der Stelle oder im Weiterfahren, aber mit wesentlich größerer Geschwindigkeit, als der Fortbewegungsgeschwindigkeit entspricht — sie gleiten schnell, statt zu rollen. Es ist dieselbe Erscheinung, wie wenn auf glatten Straßen die Pferde vor einem schweren Wagen mit den Hufen nach hinten ausrutschen oder wenn sich die Räder eines Autos oder eines Straßenbahnwagens schnell drehen, ohne zu greifen und das Fahrzeug weiterzubewegen.

Diesem Mißstand sieht man nun natürlich nicht tatenlos zu. Das Streuen von Asche oder Sand, um die Reibung und also die Zugkraft wieder auf die übliche Größe zu bringen, ist schon in den ältesten Zeiten der Lokomotive ausgeübt worden. Seit einer Reihe von Jahrzehnten hat man schon Einrichtungen vorgesehen, um dem Lokomotivführer von seinem Stande aus das Geben von Sand bei ungünstiger Witterung oder eigentlich Schienenreibung zu ermöglichen. Aus einem geeignet angeordneten Behälter oder deren zwei (auf jeder Maschinenseite) führte ein Rohr vor die Treibräder, aus dem durch Öffnen eines Schiebers oder Ventils der Sand aus dem Behälter herabrieselte. Die deutschen Lokomotiven hatten gewöhnlich auf dem Langkessel einen Sandkasten von

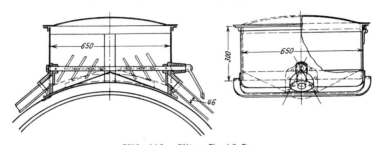

Abb. 110. Alter Sandkasten.

prismatischer oder zylindrischer Gestalt, und der Abschluß des Sandrohrs geschah durch einen Drehschieber mit entsprechendem Zug. Abb. 110 zeigt den Sandkasten der alten preußischen „Normallokomotiven", wie er bis vor etwa 20 Jahren ausgeführt wurde und bei älteren Lokomotiven noch zu finden ist; wir erkennen auch die schräg gestellten Arme auf der Schieberwelle, die beim Hin= und Herdrehen gleichzeitig den Sand auflockerten, wenn er etwa durch Feuchtigkeit zu backen drohte.

Das Sandrohr, das vor sehr langer Zeit senkrecht auf die Schienen mündete, wurde später konzentrisch zum Treibrade gekrümmt, um die Stelle, wo der Sand die Schienen erreichte, näher an die Berührungsstelle von Rad und Schiene heranzubringen und dadurch die Wirkung namentlich bei Seitenwind sicherer zu gestalten. Um dieses Heranbringen des Sandes noch weiterhin zu sichern, begnügt man sich bei den neueren Streueinrichtungen auch damit nicht mehr, sondern man hilft durch Blasen mit Preßluft oder Dampf nach. Es gibt eine ganze Reihe von Bauarten der Sandstreuer; nachdem die deutschen Lokomotiven jetzt ganz überwiegend mit Druckluftbremse ausgerüstet sind, und also Preßluft zur Ver=

fügung steht, sind sie — von den alten „Handsandstreuern" mit einfachem Schieberverschluß abgesehen — stets mit Preßluftsandstreuern ausgerüstet, und diese sollen denn auch allein in ihren beiden Hauptbauarten nach Knorr und Borsig hier beschrieben werden. Beide haben das gemein, daß zwei Preßluftstrahlen für jedes Sandrohr angewandt werden, nämlich einer zum Auflockern des Sandes an der Rohraustrittsstelle (Wirbel- oder Wühldüse) und der andere zum Hinabblasen des Sandes durch das Rohr zur Unterstützung der reinen Fallbewegung und Erhöhung seiner Geschwindigkeit.

Eins möge an dieser Stelle zunächst noch eingeschaltet werden. Ursprünglich führte man nur ein Sandrohr auf jeder Seite vor die Räder

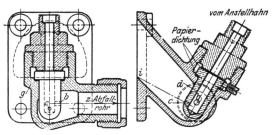

Abb. 111. Preßluftdüse des Knorr-Sandstreuers.

der Treibachse allein. Das genügte auch für eine nachfolgende Kuppelachse. Bei drei- und vierfach gekuppelten Lokomotiven blieb damit aber die Vorderachse ohne Sand, und man konnte also den vollen Reibungswert nicht wiederherstellen, da die Vorderachse die niedrige Reibungsziffer infolge Laubfall oder dergleichen beibehielt. Nachdem heute, insbesondere bei Lokomotiven für starke Steigungen, die Bestrebungen mit Erfolg dahingehen, die Reibungsziffer sehr hoch zu beanspruchen, um ohne übermäßig hohes Reibungsgewicht möglichst große Zugkräfte zu bekommen, kann man das nicht mehr zulassen, um so mehr als die voranlaufende Kuppelachse bei vereinzelten glitschigen Stellen ja gerade das Schleudern einleiten würde. Diese Lokomotiven erhalten deshalb stets auch Sandrohre vor den Vorderrädern, und zwar bei Tenderlokomotiven in jeder Fahrtrichtung, und außerdem sorgt man für eine unbedingt genügende Sandzufuhr zu allen Reibungsstellen durch Verlegen eines Rohres vor jedes Rad; bei Tenderlokomotiven wieder in beiden Fahrtrichtungen, so daß also z. B. die T 20-Lokomotive 10 Sandrohre auf jeder Seite hat. Bei der schon ziemlich schrägen Lage der äußersten Sandrohre ist das

Streuen mit Preßluft von besonderem Wert, da der Sand vermöge der Schwerkraft allein wohl nicht mehr lebhaft genug rutschen würde. Wie groß andererseits der Erfolg dieser vollkommenen Sandung ist, kann man vor allem an der Möglichkeit erkennen, die bisherigen Zahnradbahnen bis 60°/₀₀ (1 : 16²/₃) oder gar 70°/₀₀ ohne Zahnstange unter starker Erhöhung der

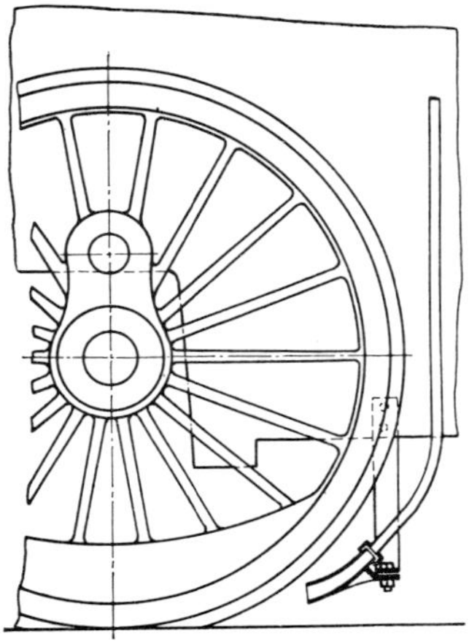

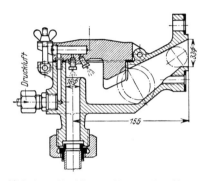

Abb. 112. Abfallrohr des Knorr-Sandstreuers.

Abb. 114. Sandstreuer Bauart Borsig (Reichsbahn).

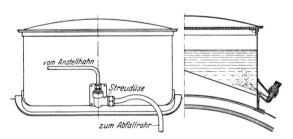

Abb. 113. Sandkasten des Knorr-Sandstreuers.

Streckenleistung zu betreiben. Die Harzbahn Blankenburg—Tanne war die erste, die davon Gebrauch machte, und der man jene folgerichtige Durchführung der Sandung verdankt. Die Zuglast der G 12 auf 1 : 100 ließ sich durch die völlige Sandung von 1100 t auf 1200 t erhöhen.

Die Abb. 111—113 zeigen den **Preßluftsandstreuer** von Knorr. Insbesondere stellt Abb. 111 die Düse dar, während Abb. 112

das Abfallrohr zum Rad und Abb. 113 den gesamten Sandkasten darstellen.

Die auswechselbare Düse d ist in das Gehäuse g eingeschraubt. Durch mehr oder weniger weites Öffnen des Anstellhahnes im Führerhaus (stark oder schwach streuen) wird der Düse Preßluft zugeleitet, die aus den beiden Löchern b und c entweicht. Die größere Öffnung b mündet in das Sandabfallrohr, die aus ihr entweichende Luft bläst den vor sie fallenden Sand unter Druck fort, während die aus der kleineren Öffnung c entweichende Luft den vor der Düse liegenden Sand aufwühlt und ihn zum Nachfallen in das Gehäuse g veranlaßt.

Abb. 114 zeigt den Hauptteil des Borsig-Sandstreuers, die sog. Sandtreppe. Die Luft, die aus der im Bild rechts gezeichneten Düse austritt, wirbelt den Sand in dem Gehäuse, das dem Sandkasten vorgelagert ist, auf, während die aus der linken Düse austretende Luft ihn mitreißt und den Streustellen zuführt. Der aufklappbare, in der Regel mit Flügelmutter verschlossene Deckel macht beide Düsen schnell zugänglich, falls man ihr Verstopfen bei etwas backigem Sand befürchtet oder feststellt; ein stets sehr angenehm empfundener Vorteil.

21. Die Gegendruckbremse.

Wenn man früher von den Maßnahmen sprach, um im Gefahrfall den Zug möglichst schnell und auf kurzem Wege anzuhalten, so wurde das „Gegendampfgeben" nicht vergessen. Es bestand darin, daß die Steuerung entgegengesetzt zur Fahrtrichtung verlegt wurde. Die Lokomotivmaschine saugte dann durch das Blasrohr Luft, eigentlich Rauchkammergase, an und drückte sie in das Einströmrohr, bis der Reglerschieber sich durch Abklappen öffnete. Dann, oder wenn er von Hand sogleich geöffnet wurde, stand der Kesseldruck auf dem Kolben, aber nicht bewegungsfördernd auf der Vorderseite, sondern bewegungshemmend auf der Rückseite. Da immer mehr Luft in den Kessel gepreßt wurde, war und ist ein solches Verfahren nur im Notfall oder auf beschränkte Zeit zur Regelung gangbar. Wollte man wirklich mit Gegendruck betriebsmäßig bremsen, so war es nötig, die verdichtete Luft nicht in den Kessel zu pressen, sondern durch ein Drosselventil wieder zu entlassen. Aber alte sächsische Versuche in dieser Richtung führten durch die Erscheinung der Verdichtungswärme zu Mißerfolgen. Die Temperatur im Zylinder wurde so hoch, daß die damals aus organischen Stoffen bestehenden Stopfbuchsen ausbrannten. Jedenfalls wäre auf die Dauer auch eine Verschmutzung der Zylinder zu bemängeln gewesen. Nachdem so steile

Bahnen, wie die Zahnradbahnen, damals noch nicht bestanden, und auf den Regelstrecken später die durchgehenden Bremsen erhöhten Ansprüchen genügten, verschwand die Gegendruckbremse zunächst aus der Praxis.

Es waren die Zahnradbahnen, die sie wieder zu Ehren brachten; der Name des Schweizer Ingenieurs Riggenbach muß hier genannt werden. Diese Bahnen sind bekanntlich so steil, daß man eine sehr kräftige Bremsung auch schon nötig hat, nur um den Zug mit gleichmäßiger Geschwindigkeit zu Tal zu fahren. Wollte man das allein mit Bremsklötzen tun, so müßten sich diese auf längeren steilen Gefällen stark abnutzen und würden häufiger Erneuerung bedürfen, wohl gar ins Glühen geraten und den festen Sitz der miterwärmten Radreifen gefährden. Die Gegendruckbremse kennt keine Klotzabnutzung; sie ist vermöge des erwähnten Drosselventils gut regelbar und kann zu stärkerer Wirkung angesetzt werden als die Klotzbremse, so daß die schwere Lokomotive sich nicht nur allein bremsen, sondern auch noch Bremskraft an den Zug abgeben kann, dessen Bremsen dann schonend gehandhabt werden dürfen. Sorgte man nun noch dafür, daß die Luft nicht aus der Rauchkammer, sondern nach Verstellung eines Wechselschiebers aus der freien Atmosphäre angesaugt wurde, so besaß man eine Maschinenbremse, die auch keine Verschmutzung der Zylinder und Schieber durch angesaugte Rußteilchen ergab. Endlich lernte man noch durch Einspritzen von Wasser jenen hohen Verdichtungstemperaturen zu begegnen. Die Zahnrad- und gegebenenfalls auch daneben die gewöhnlichen Lokomotivmaschinen wirkten dabei also als Luftverdichter (Kompressor), wie die Luftverdichter unserer Fabriken und Werkstätten, die das Preßluft-Rohrnetz immer wieder auffüllen; die antreibende Kraft dieses Verdichters ist die Schwerkraft des starken Gefälles. Das Geräusch der ausströmenden Preßluft verminderte man zugunsten der Fahrgäste und des Personals durch Schalldämpfer, und diese meist neben dem Schornstein liegenden Schalldämpfer bildeten ebensogut ein Merkmal der neueren Zahnradlokomotiven wie das Regelrad des Drosselventils auf dem Führerstand und das Betätigungsgestänge des Wechselschiebers.

In dieser vervollkommneten Form lag die Gegendruckbremse zu Anfang der zwanziger Jahre vor, ohne aber eine Anwendung außerhalb der Zahnradstrecken gefunden zu haben. Da erprobte sie unter Benutzung des Lokomotivmeßwagens, also auch unter wirklicher Messung der Bremskräfte und aller Begleitumstände, die deutsche Reichsbahn an einer gewöhnlichen Reibungslokomotive — T16 — auf einigen Steilstrecken im Thüringer Wald mit Zahnstange und vom damaligen Höchstgefälle der Reichsbahn ohne Zahnstange. Der Erfolg war so gut, daß eine Reihe T16-Lokomotiven und die damals gerade herauskommende schwere T20-Lokomotive mit Gegendruckbremse ausgerüstet wurden. Den entscheidenden Schritt brachte dann das Bestreben, auf verkehrsreichen steilen Hauptbahnen die Bremsballastwagen zu vermeiden, die als tote Last bergauf geschleppt werden mußten, um auf der Talfahrt genügend Bremsprozente zu haben. Die Bremskraft der schweren Lokomotiven, auch der mit über den Berg fahrenden Nachschublokomotiven sollte als Ausgleich der Bremskraft jener Ballastwagen nützliche Verwendung finden, und hier erwies sich bei den Probstzellaer Versuchen 1924 die Gegendruckbremse der Klotzbremsung dermaßen überlegen, daß auch die Streckenlokomotiven, zuerst jener Strecke (G10-, zwei vor schweren Zügen), dann aber überhaupt die Güterzuglokomotiven, die auf Steilstrecken verkehren (G12-, die Einheitslokomotiven Reihe 43 und 44 und sogar eine Vierzylinderverbundlokomotive der bayerischen Bauart (Gt $2 \times {}^4/_4$) damit ausgerüstet wurden.

Abb. 115 u. 116 zeigen die Anordnung der Gegendruckbremse an der G12-Lokomotive. Der Wechselschieber, der dazu dient, nach Anstellen der Gegendruckbremse der reinen Frischluft durch das Rohr 1 den Zutritt zum Schieberkasten zu gestatten, die Rauchgase dagegen hindert, durch das Blasrohr in den Schieberkasten zu treten, ist hier als Drehschieber ausgebildet. Er wird durch Druckluft betätigt, die dem Hauptluftbehälter entnommen und auf einen Kolben geleitet wird, der durch ein Gestänge den Drehschieber in die Bremsstellung bringt. In die Regelstellung, Auspuff durch das Blasrohr, wird der Wechselschieber nach Abstellen der Preßluft durch eine Feder zurückgeführt. Bei manchen Lokomotiven wird der Wechselschieber auch von Hand betätigt. Als Vorteil dieser Bauart wird hervorgehoben, daß der Lokomotivführer hier von der völligen Umstellung des Wechselschiebers überzeugt sein kann, während die Wirkung der Druckluft und der Rückziehfeder nicht unmittelbar zu beobachten ist. — Durch Anstellen des Einspritzventils, wird durch die Leitung 2 heißes Kesselwasser in die Ausströmkästen gespritzt, um die durch die Luftkompression bewirkten Temperaturen zu verkleinern. Die kühlende Wirkung des heißen Wassers beruht auf seiner sofortigen Aufnahmefähigkeit für die latente Wärme (s. Naturlehre I. Bd.) beim Übergehen in den Dampfzustand. Die Einspritzung des Wassers unmittelbar in den Zylinder hat sich als weniger vorteilhaft erwiesen. Zur Einstellung des gewünschten Verdichtungsdruckes dient das Drosselventil; dieser Druck kann am Schieberkastenmanometer abgelesen werden. Als zweckmäßig

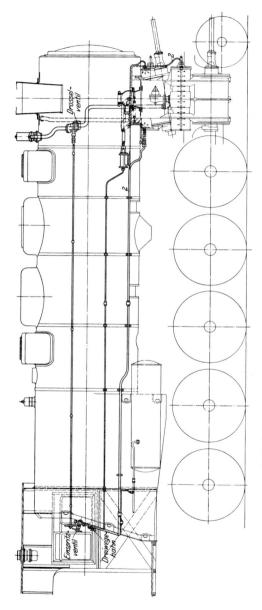

Abb. 115. Längsschnitt der G 12-Lokomotive mit Gegendruckbremse.

Die Gegendruckbremse. 125

ist es erkannt, den Druck nicht nennens=
wert über den halben Kesseldruck zu
steigern, um Radgleiten sicher zu ver=
meiden.

Den Drehschieber der Einheits=
güterzuglokomotiven zeigen die Abb.
117a, b. Besonders vorteilhaft ist
seine Lagerung unterhalb der Rauch=
kammer. Die Luft kann infolgedessen
ohne besonderes Zuführungsrohr an=
gesaugt werden (in Abb. 117a von links).

Abb. 118 stellt das im Führer=
haus angebrachte Bedienungsschild dar.
Die Beobachtung der darin wieder=
gegebenen Reihenfolge der Handgriffe

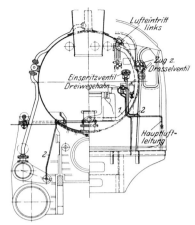

Abb. 116. Querschnitt und
Rückansicht zu Abb. 115.

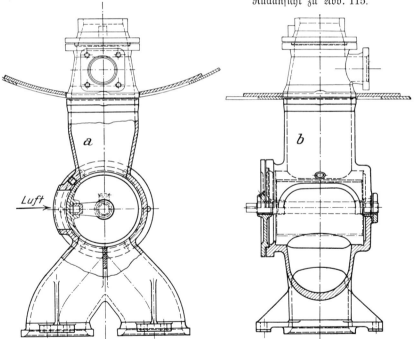

Abb. 117a, b. Drehschieber (Wechselschieber) zur Gegendruckbremse der Einheits=
Güterzuglokomotiven.

ist wichtig, um Mißstände, wie Ansaugen von Rauchgasen, mit Luft festgebremste Räder und also Unwirksamkeit der Gegendruckbremse, zu verhüten. Denn bei schweren Zügen und stärkeren Gefällen kann die Lokomotive nicht den ganzen Zug abbremsen, sondern nur einen Teil der

---

Bedienung der Gegendruckbremse
Anstellen:
1. Treibradbremse abstellen.
2. Drosselventil öffnen ($^1/_2$ Umdrehung).
3. Blasrohr schließen.
4. Druckausgleicher schließen.
5. Steuerung entgegen der Fahrtrichtung legen.
6. Zylindereinspritzung mäßig öffnen,
   Temperatur nicht über 300° steigen lassen.
7. Bremsdruck mit Drosselventil regeln (höchst. 6 at).

Abstellen:
1. Einspritzventil fest schließen.
2. Drosselventil ganz öffnen.
3. Steuerung sehr langsam in Fahrtrichtung legen.
4. Druckausgleicher öffnen.
5. Drosselventil fest schließen.
6. Blasrohr öffnen.
7. Treibradbremse anstellen.

Abb. 118. Bedienungsschild der Gegendruckbremse.

Bremswirkung auf sich nehmen; die übrige Bremsung verbleibt der Druckluftbremse (K.-K.-Bremse). Der Hauptzweck ist überhaupt, wie nochmals zum Schlusse betont sei, nicht das eigentliche Anhalten des Zuges, vielmehr das gleichmäßige Hinablassen im Gefälle.

Wechselschieber mit Ventilen s. unter „Zahnradlokomotiven", Abb. 264.

22. Geschwindigkeitsmesser.

Die durchgängige Ausrüstung der Lokomotiven mit Geschwindigkeitsmessern ist verhältnismäßig jungen Datums. Früher machte man die richtige Geschwindigkeitseinschätzung vom Gefühl des Lokomotivführers abhängig. Eine gewisse Übung in der Geschwindigkeitseinschätzung konnte und kann man vor allen Dingen durch die Zählung der Schienenstöße während eines bestimmten Zeitraumes gewinnen, wobei man allerdings die Länge der auf den Strecken liegenden Schienen kennen muß. Liegen z. B. 15 m-Schienen, so braucht man nur die Stöße während eines Zeitraumes von 54 sk zu zählen; diese Zahl stellt dann die Geschwindigkeit des Zuges in km/st dar[1]. Für die allerdings kaum noch vorkommenden 9 m-Schienen wären die Stöße während 36 sk zu zählen, für die 12 m-Schiene 43,2 sk. Andernfalls müßte man die Kilometersteine mit dem Sekundenzeiger verfolgen, und endlich lag noch eine weitere Möglichkeit zur Feststellung der Geschwindigkeit vor, wenn man die Entfernung der Telegraphenstangen kannte.

Eine hohe Wertschätzung des Geschwindigkeitsgefühls ist naturgemäß auch heute noch vorhanden. Trotzdem stellt man heute dem Lokomotivführer, wie ja übrigens auch jedem Kraftwagenführer, eine eigentliche Meßeinrichtung in Gestalt eines Geschwindigkeitsmessers zur Verfügung.

Auf die Kontrolle der Geschwindigkeit, insbesondere in dem Sinne, daß man die Überschreitung gewisser Geschwindigkeiten verbot, legte man früher besonders in stärkeren Gefällen Wert; auf solchen Strecken (bei zweigleisigen Bahnen im Talgleis) ordnete man elektrische Kontakte an, im Scherz als „Fußangeln" bezeichnet, deren Ergebnisse dann durch den Bahnhof festgestellt wurden. Wie sehr man auf die richtige Geschwindigkeitseinschätzung des Lokomotivführers rechnete, ergibt sich daraus, daß man ihn wegen Geschwindigkeitsüberschreitungen, die durch die Kontakteinrichtungen nachgewiesen wurden, zur Rechenschaft zog.

Preußen begann vor einer Reihe von Jahren zunächst bei den schnellfahrenden Lokomotiven mit der Ausrüstung mit Geschwindigkeitsmessern, während in Süddeutschland außerdem bei den Lokomotiven, die in starken Gefällen verkehrten, der Geschwindigkeitsmesser schon zu finden war. Angesichts der großen Bedeutung der Vermeidung zu großer Geschwindigkeiten in Gefällen und überhaupt im Interesse zuverlässiger Feststellung ging man dann auch im Norden bei den langsamer fahrenden Lokomotiven,

---

[1] Im wissenschaftlichen Schrifttum schreibt man statt dessen (international) km/h, wobei h die Abkürzung des lateinischen „hora" = die Stunde ist.

insbesondere den Güterzuglokomotiven, zur Ausrüstung mit Geschwindigkeitsmessern über.

Der zunächst in größerem Maße eingeführte, in Süddeutschland noch heute häufig zu findende Geschwindigkeitsmesser ist der nach dem System Haushälter. Der Apparat ist nicht ganz einfach. An Hand der Abb. 119 soll wenigstens sein Hauptgrundsatz dem Leser vorgeführt werden. Der Geschwindigkeitsmesser enthält zwei Wellen, von denen die eine (I), die sog. Wegwelle, von einer Kuppelachse aus angetrieben wird, während die zweite Welle (II) als Zeitwelle von einem Uhrwerk mit gleichbleibender Geschwindigkeit gedreht wird. Auf der Zeitwelle sitzt ein verhältnismäßig schwerer Metallzylinder e, der auf seinem Umfang mit kleinen, ringförmig umlaufenden Zähnen versehen ist. Allerdings umfassen diese Zahnrillen die Oberfläche des Zylinders nicht völlig, sondern lassen, wie in der Teilfigur erkennbar, einen kleinen Umfangsteil des Zylinders frei. In diese Zähne greift nun das Zahnrad d ein, das auf die Welle c aufgekeilt ist, die durch eine kleine Schraube ohne Ende a und das zugehörige Schraubenrad b ihre Bewegung von der Wegwelle erhält.

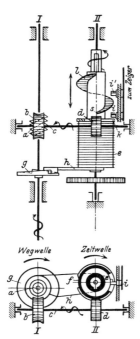

Abb. 119. Grundsatzskizze des Haushälter-Geschwindigkeitsmessers.

Wenn das Rad d gedreht wird, so wird das zylindrische Gewicht so lange angehoben, bis es infolge seiner Drehung durch das Uhrwerk mit der glatten Zylinderwand vor das Rad d gelangt. Ist das der Fall, so stürzt das Gewicht herunter, wobei es unten durch eine Art Luftpufferung abgebremst wird. Da die Umdrehung des Gewichtszylinders e stets mit gleichbleibender Geschwindigkeit geschieht, so findet eine um so größere Hebung statt, je schneller die Wegwelle umläuft, je schneller also die Lokomotive fährt; denn eine um so größere Anzahl von Umdrehungen macht das Rädchen d, bis es durch die glatte Zylinderstelle in seiner Wirkung ausgeschaltet wird. Der Hub dieses Gewichts e wird nun mit dem Anschlag i auf den Zeiger des Apparates übertragen, den man durch ein geeignetes Sperrwerk daran verhindert, sofort wieder nachzufallen.

Nach Ablauf einiger Sekunden wird freilich der Zeiger durch das Sperrwerk freigegeben, und wenn dann die Geschwindigkeit etwas nachgelassen hat, sinkt er nach, während er im anderen Falle durch das nun noch höhersteigende, wieder vom Zahnrad erfaßte Gewicht auf eine noch höhere Geschwindigkeitsanzeige gebracht wird.

Eine weitere Fortentwicklung des nur alle sechs Sekunden anzeigenden Geschwindigkeitsmessers stellt der Geschwindigkeitsmesser von Hasler dar, der in seiner äußeren Erscheinung mit dem Haushälterschen Geschwindigkeitsmesser fast völlig übereinstimmt und in Abb. 120 wiedergegeben ist. Auch hier geht man von einer Wegwelle mit einem Schraubengewinde aus, von dem sogar drei Gewichtsstücke unter Beeinflussung vom Uhrwerk angehoben werden; sie übertragen ihre Bewegung in sinnreicher, allerdings verwickelter Weise auf den Zeiger, der hier alle drei Sekunden anzeigt. Bei beiden Apparaten ist noch die Möglichkeit vorgesehen, auf einem Registrierstreifen durch einen Nadelstich gleichzeitig die Aufschreibung der Geschwindigkeit vorzunehmen. Endlich sind diese Apparate, die also auf rein mechanischem Grundsatz beruhen, von der Wegwelle, also letzten Endes von der Lokomotivmaschine her imstande, das Uhrwerk selbst aufzuziehen. Sobald die Uhrwerksfeder gespannt ist, findet eine selbsttätige Entkupplung statt. Vor Beginn der Fahrt kann man durch die in der Abbildung erkennbare untensitzende Handkurbel das Uhrwerk aufziehen. Beide Geschwindigkeitsmesser, sowohl der Haushältersche als auch der Haslersche Geschwindigkeitsmesser, besitzen noch eine Einrichtung für die Bewegungsumkehr dergestalt, daß die Wegwelle bei Vor- und Rückwärtsfahrt der Lokomotiven stets in gleichem Sinne umläuft.

Der heute bei der Reichsbahn verbreitetste Geschwindigkeitsmesser ist der der Deutschen Tachometerwerke — Deutawerke — Berlin. Er beruht auf elektrischer Grundlage, und zwar auf der Anwendung der Wirbelströme.

Der eigentliche Geschwindigkeitsmesser ist in Abb. 121 dargestellt. Er besteht aus einem Dauermagneten mit einer kreisförmigen Öffnung im oberen Bügel, in der also die magnetischen Kraftlinien verlaufen. In dieser Kreisöffnung ist ein sehr leichter, aus Aluminium bestehender Kurzschlußanker leicht drehbar angeordnet. Der Dauermagnet selbst sitzt, und zwar mit einer unten erkennbaren Kugellagerung, drehbar im Gehäuse und wird mittels einer biegsamen Welle von einer dem Führerhaus benachbarten Achse angetrieben (Abb. 122). Es kann dies entweder eine Laufachse sein, in welchem Falle man die biegsame Welle unmittelbar mit der Radnabe verbindet, oder eine Kuppelachse, wobei dann die bieg=

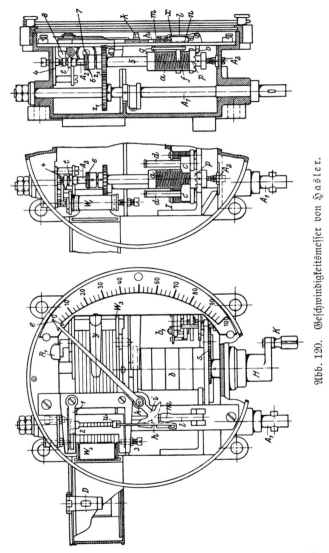

Abb. 120. Geschwindigkeitsmesser von Haßler.

same Welle ihren Ausgangspunkt von einer Art Gegenkurbel b, deren eines Ende sich mit dem Radmittelpunkt deckt, ihren Ausgang nimmt.

Geschwindigkeitsmesser. 131

Die biegsame Welle verläuft in dem metallenen Schutzrohr g über die Verbindungsstelle e zu dem eigentlichen Geschwindigkeitsmesser, der meist etwas schräg und so angeordnet ist, daß der Blick des Lokomotivführers möglichst gut auf das Zifferblatt fällt. Indem die Lokomotive mit der biegsamen Welle, verhältnisgleich mit ihrer Geschwindigkeit, den Magnetkörper zum Umlauf bringt, versucht der Aluminiumkörper, auf dessen Oberfläche die umlaufenden magnetischen Kraft=

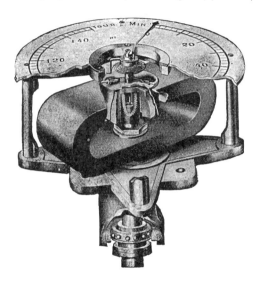

Abb. 121.
Geschwindigkeitsmesser der
Deutawerke.

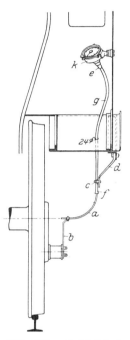

Abb. 122. Antrieb des
Geschwindigkeitsmesser
der Deutawerke.

linien Wirbelströme erzeugen, zu folgen, weil nach der Elektrizitätslehre immer solche Wirbelströme entstehen, daß der Anker dem Magnetfeld nachzulaufen strebt. An einem wirklichen Umlauf wird indessen der Aluminiumkörper dadurch verhindert, daß er je nach der Geschwindigkeit die in dem Zifferblattmittelpunkt erkennbare Uhrfeder anspannt und dabei gleichzeitig den Zeiger über das Zifferblatt hinwegstreichen läßt.

Den Deuta=Geschwindigkeitsmesser stattet man in der Regel nicht mit einer Umkehrvorrichtung des Drehsinnes aus, sondern führt das Zifferblatt mit zwei Skalen für Vor= und Rückwärtsfahrt der Lokomo=

9*

tiven aus, wobei man für Lokomotiven mit besonderem Tender, die rückwärts mit hohen Geschwindigkeiten nicht verkehren, die Rückwärts=skala etwas kürzer halten kann. Er ist mit einer Schreibvorrichtung nicht ausgerüstet.

Wenn der Geschwindigkeitsmesser seinen Zweck voll erfüllen soll, so muß man ihn auch bei Dunkelheit beleuchten, und zwar in einer Art, daß die Glasscheibe des Zifferblattes keine Blendung ergeben kann. Bisher hat man in der Kuppel der Führerhauslaterne einen entsprechenden Ausschnitt angebracht, der den Lichtstrahl auf den Geschwindigkeitsmesser lenkt, wobei man noch durch einen Spiegel der Lichtquelle nachhelfen kann.

In der letzten Zeit sind erfolgreiche Versuche ausgeführt worden, die Zeigerspitze und Skalenpunkte für eine 20 km=Staffelung (20, 40, 60 ... km/st) mit Leuchtmasse zu versehen, so daß sie, wie die bekannten Taschenuhren, im Dunkeln leuchten. Weiterhin sind Versuche im Gange, für Lokomotiven mit elektrischer Beleuchtung durch Anbringung kleiner Glühlampen den Geschwindigkeitsmesser gut zu beleuchten, ohne andererseits eine Blendwirkung hervorzurufen.

II. Das Fahrgestell.

1. Der Rahmen.

Zum Eisenbahnfahrzeug wird die Lokomotive erst durch das Fahrgestell. Dessen wichtigster Teil, der Rahmen, verbindet alle Einzelteile der Lokomotive zu einem einheitlichen Ganzen. Auf ihm ruht der Kessel, an ihm ist die Maschine befestigt, die durch ihn die Zugkraft auf den angehängten Zug ausübt, durch ihn wird das Hauptgewicht der Lokomotive auf die Räder übertragen.

Die schwankenden Belastungen, die Stöße der auf ihm ruhenden Masse des Kessels und der Maschine bei Unebenheiten des Gleises und bei Krümmungen, sowie beim Anfahren und Bremsen stellen an den Rahmen schon hohe Anforderungen. Noch mehr wird er durch die wechselnd starken Kolbenkräfte, die beide Seiten des Rahmens gegeneinander zu verschieben suchen, beansprucht. Er muß daher, wie alle seine Einzelteile, sehr sorgfältig hergestellt und unterhalten werden.

Auf Tafel I ist eine in Deutschland bisher sehr gebräuchliche Rahmenbauart dargestellt. Es ist der Rahmen einer 2 C-Lokomotive. Rechte und linke Rahmenseite werden durch die als Längsträger dienenden Rahmenwangen (1) gebildet. Diese werden durch die Pufferträger (2), bei Tenderlokomotiven hinten und vorn, bei Lokomotiven mit Schlepptender nur vorn, hinten dagegen durch den Kuppelkasten (3) verbunden. Da der Rahmen als Fundament ein möglichst starres Gebilde sein muß, wird er noch durch Rahmenverbindungen wagerecht und senkrecht überall da versteift, wo größere Kräfte an ihm angreifen. So sind besonders wichtig die Verbindungen zwischen den Zylindern, in der Regel mehrere zu einem Kasten verbundene Platten. In der Abbildung wird solch ein Kasten z. B. durch das lange waagerechte Verbindungsblech (11), zwei senkrechte Bleche (4) und eine Stahlgußplatte (5), die verstärkt durch Rippen gleichzeitig zur Aufnahme des Drehzapfens für das Drehgestell dient, gebildet. Bei Mehrzylindermaschinen wird die Verbindung zwischen den Außenzylindern in der Regel durch die Gußstücke der Innenzylinder hergestellt. Ferner sind meist senkrechte Verbindungen vor der Treibachse (6),

134 Das Fahrgestell.

vor dem Stehkessel (7), vor den Kuppelachsen (8 u. 9), am Brems=
zylinder (10), sowie waagerechte Verbindungsbleche (11 u. 12) und kleinere
Verbindungsstreben (13) aus Rund= oder Winkeleisen angebracht.

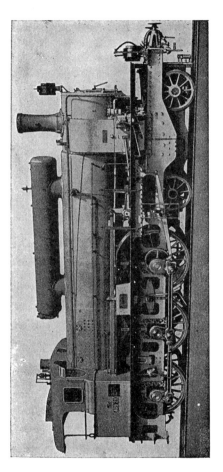

Abb. 123. Außenrahmen.

Nach der Lage der Rah=
menwangen zu den Rä=
dern unterscheidet man Jn=
nenrahmen und Außen=
rahmen. Bei den in
Deutschland üblichen Jn=
nenrahmen, wie auf Tafel
I, liegen die Rahmen=
wangen innerhalb der Rä=
der; beim Außenrahmen
sind dagegen, wie man bei
der in Abb. 123 wieder=
gegebenen 2 C=Lokomotive
der Österreichischen Bun=
desbahnen leicht erkennen
kann, die Räder von
den Rahmenflächen um=
schlossen.

Beim Außenrahmen
ergibt die größere Entfer=
nung der Lager eines Rad=
satzes voneinander einen
etwas ruhigeren Lauf des
Fahrzeuges als beim Jn=
nenrahmen. (Man steht ja
auf schwankender Unterlage
breitbeinig am sichersten.)
Die über oder unter den
Achslagern angebrachten
Federn der Treib= und
Kuppelachsen sind ferner

beim Außenrahmen besser zugänglich. Eine breitere Rostfläche läßt sich
unterbringen und die starken Eckversteifungen, wie sie bei außerhalb der
Rahmenwangen angeordneten Puffern zur Aufnahme der Stoßkräfte
erforderlich sind, fallen bei ihm fort. Von großem Nachteil sind aber
beim Außenrahmen die erforderlichen besonderen Kurbeln für die Treib=

Der Rahmen. 135

und Kuppelstangen — beim Innenrahmen werden die Kuppelzapfen einfach in die Räder hineingesteckt — und die Kropfachsen, die bei breiter Ausladung wie in Abb. 123 in der Mitte durch einen besonderen Hilfsrahmen noch gestützt werden müssen. Auch ist es sehr schwer, die außenliegenden Rahmenwangen durch Querverbindungen zu versteifen. Vor allem aber ist der Innenrahmen erheblich leichter und billiger in der Herstellung und Unterhaltung. Bei regelspurigen Lokomotiven ver=

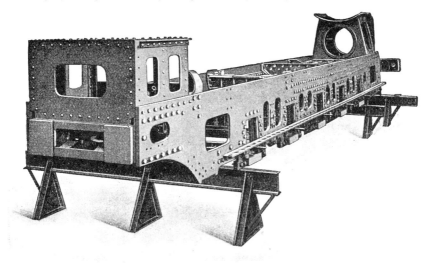

Abb. 124. Blechrahmen.

wendet man daher heute fast nur Innenrahmen. Nur bei Schmalspur= lokomotiven ist der Außenrahmen manchmal noch von Vorteil.

Die Hauptträger des Rahmens, die Rahmenwangen, werden ver= schieden hergestellt. Entweder ist die Wange ein etwa 25—35 mm dickes Flußstahlblech — **Blechrahmen** (Tafel I und Abb. 124) —, das zur Ge= wichtsersparnis, besseren Zugänglichkeit von Innenteilen, Auswaschluken usw. sowie zur Aufnahme der Achslager mit Ausschnitten versehen ist, oder sie ist ein aus meist 100 mm starken Stahlbarren bestehendes Gerippe — **Barrenrahmen** (Abb. 125); schließlich kann sie auch noch aus beiden Formen zusammengesetzt sein (Abb. 126). Die Platten des Blechrahmens sind, um Verdrehungsspannungen möglichst klein zu halten, meist voll= kommen eben. Sie werden in Paketen zu mehreren Stücken auf einmal aus gewalzten normalen Blechen zugeschnitten und sind daher sehr billig. Bis vor kurzem hatten daher in Europa fast alle Lokomotiven Blechrahmen. Neuerdings ist man aber auch bei uns dazu übergegangen, den in Amerika schon lange üblichen Barrenrahmen zu bauen. Nachdem schon die größeren bayerischen Lokomotiven und von den preußischen Gattungen die G 12=, G 8²=, G 8³=, P 10= und T 20=Lokomotiven Barrenrahmen erhalten hatten, bekommen ihn grundsätzlich die neuen Einheitslokomotiven der Reichsbahn. Der Barrenrahmen wird in Amerika entweder aus einzelnen Eisenstäben, Barren, zusammengeschweißt oder aus Stahlformguß, bei langen Rahmen gegebenenfalls aus mehreren Stücken, hergestellt. Die Schweißung ist selbst bei sorgfältigster Herstellung bei einem so wichtigen

Abb. 125. Barrenrahmen.

Lokomotivteil nicht unbedenklich; beim Guß können durch Hohlstellen (Lunker), die von außen nicht erkennbar sind, Gefahrstellen hervorgerufen werden, die zum Bruch des Rahmens führen. In Deutschland stellt man den Barrenrahmen daher durch autogenes Herausschneiden aus Walz= blechen von meist 100 mm Stärke her.

Gegenüber dem Blechrahmen hat der Barrenrahmen den Vorteil geringerer Bauhöhe. Die inneren Kessel= und Triebwerkteile sind leichter zugänglich; so braucht man z. B. meistens bei Undichtigkeiten am unteren Teil des Stehkessels oder am Bodenring nicht mehr den Kessel zu heben. Ferner hat er eine größere Seitensteifigkeit, es sind daher bei ihm weniger Querverbindungen nötig. Für den Austausch= bau ist auch wichtig, daß beim Barrenrahmen alle Auflagerflächen flachseitig sehr genau bearbeitet werden können; die dünnen Platten des Blechrahmens dagegen können im Walzwerk nie so genau hergestellt werden. Allerdings wird der Barrenrahmen dadurch erheblich teurer als der Blechrahmen. Beim Barrenrahmen kann man weiterhin die Feder=

Der Rahmen. 137

gehänge und Ausgleichhebel zentrisch, d. h. in der Mittelebene der Wange anordnen und vermeidet dadurch die Biegungsbeanspruchungen, denen der Blechrahmen durch außen an ihm hängende Teile unterworfen ist. Endlich läßt sich die Steifigkeit des ganzen Rahmenbaus beim Barrenrahmen durch Querbleche hinter den Zylindern bis zur Treibachse bequem ohne Winkel ausführen, indem man diese Querbleche, wie es vielfach bei Einheitslokomotiven ausgeführt ist, auf die breite obere Abschlußfläche des Rahmens schraubt.

Zuweilen findet man auch Verbindungen beider Rahmenformen. So ist in Abb. 126 der vereinigte Blech- und Barrenrahmen einer Vierzylinder-Schnellzuglokomotive, der preußischen S 10, dargestellt. An die plattenförmige Wange sind vorn Barrenstücke angesetzt, die durch die Zylindergußstücke hindurchragen. Man erreicht dadurch vorn eine niedrige Rahmenhöhe, kann auf jeder Maschinenseite Hoch- und Niederdruckzylinder bequem als ein ganzes, den Rahmen umschließendes Stück herstellen und macht die inneren Triebwerksteile besser von außen zugänglich. Die Bauart ist aber teurer und nicht gerade geschickt wegen der unglücklichen Verbindung zwischen Barrenstück und Blech durch Winkel und lange Schrauben. Umgekehrt gibt es schließlich auch Barrenrahmen, an die ein plattenförmiges Stück vorn, um dort größere Zylinder innerhalb des Profils unterbringen zu können, oder hinten, um entweder innen die Feuerbüchse breiter aus-

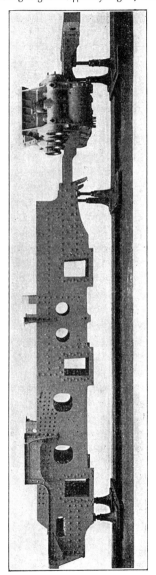

Abb. 126. Vereinigter Blech- und Barrenrahmen.

führen zu können, oder außen einen größeren Ausschlag verschiebbarer Laufachsen zu ermöglichen, angebracht ist. Das gleiche läßt sich aber meistens durch Dünnerfräsen der ganz durchgeführten Barrenwangen an den in Frage kommenden Stellen billiger und erheblich solider erreichen. (Ein Beispiel zeigt die Abb. 176 auf S. 188.)

Eine besondere Rahmenform sei hier noch erwähnt: der Kraußsche Kastenrahmen. Bei ihm sind die Blechrahmenwangen durch senkrechte und waagerechte Bleche zu einem kastenförmigen Gebilde mit mehreren nebeneinanderliegenden Fächern verbunden. Der Rahmen hat bei geringem Gewicht eine große Steifigkeit. Man findet ihn zuweilen bei kleineren Tenderlokomotiven. Die einzelnen Fächer werden dabei gleich als Wasserkästen benutzt.

2. Die Kesselträger.

Da der Kessel sich beim Anheizen infolge der Erwärmung ausdehnt und beim Erkalten wieder zusammenzieht, der Rahmen aber kalt bleibt und seine ursprüngliche Länge beibehält, darf man den Kessel mit den Rahmenwangen nur an einer Stelle fest verbinden. Die Auflager an den anderen Stellen müssen kleine Verschiebungen in der Längsrichtung zulassen.

Abb. 127. Rauchkammerträger.

Die feste Verbindung liegt immer vorn an der Rauchkammer. Meist verlängert man dazu die Querverbindungsbleche zwischen den Zylindern nach oben und verbindet sie durch Längsbleche und Winkel zu einem sattelförmigen Rauchkammerträger, wie er in Abb. 127 dargestellt ist. Zuweilen bringt man dann noch zur besseren Versteifung besondere Rauchkammerstreben aus Rundeisen an. Bei Mehrzylinderlokomotiven bildet man gewöhnlich das Gußstück der innenliegenden Zylinder oben als Rauchkammersattel (Abb. 128), mit dem die Rauchkammer dann durch Schrauben fest verbunden wird, aus.

Hinten ruht der Kessel auf Tragstücken, die, um eine Längsverschiebung zuzulassen, als Gleitlager ausgebildet sein müssen. Abb. 129 zeigt einen

Die Kesselträger. 139

Stehkesselträger, wie er bei Lokomotiven mit Blechrahmen und dazwischenliegendem Stehkessel gern verwandt wird. An der Stehkesselseitenwand (St) angebrachte eiserne Tragstücke (T) stützen sich mit Gleit-

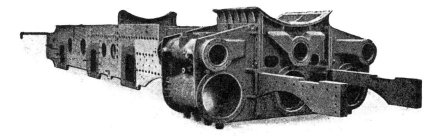

Abb. 128. Mittelzylinder als Rauchkammerträger.

stücken (G) aus Rotguß auf die obere Kante des Rahmens (R), die noch durch eine Zwischenleiste (Z) aus Stahl verstärkt wird. Zur Vermeidung

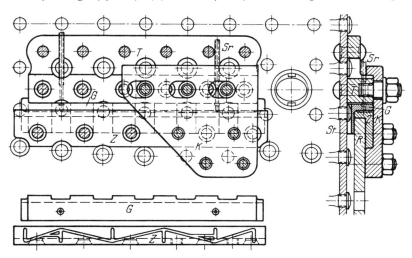

Abb. 129. Stehkesselträger.

des Festfressens müssen die Gleitflächen zwischen den Teilen G und Z gut geschmiert werden; auf der Leiste Z sind daher Schmiernuten vorgesehen, die ihr Öl durch die Rohre Sr erhalten. Um die Stehbolzen hinter dem Tragstück T auswechseln zu können, ohne dieses abnieten zu müssen,

wird es dort durchbohrt. Der Stehkesselträger hat noch eine andere Aufgabe zu erfüllen: er muß verhindern, daß sich der Stehkessel vom Rahmen abhebt. Zu diesem Zweck sind am Rahmen die Klammern K angebracht, die das Tragstück T oben umfassen. Damit die Klammern nicht eingeklemmt werden und die Verschiebung der Gleitstücke nicht behindert wird, müssen die Bunde der oberen, in diesen sitzenden Stift=
schrauben etwas länger sein, als die Klammern stark sind, und etwas Spiel in den länglichen Bohrungen der Klammer haben.

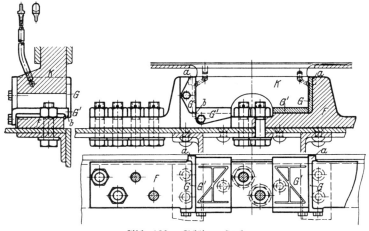

Abb. 130. Schlingerstück.

Wie man schon aus der Abbildung erkennt, sind die Stehkesselträger nicht besonders geeignet, seitliche Stöße durch Schlingerbewegungen des Kessels gegenüber dem Rahmen aufzunehmen. Sie werden deshalb durch die Schlingerstücke davon entlastet (Abb. 130). Durch das auf eine Querverbindung, gewöhnlich auf den Kuppelkasten, aufgesetzte Führungs=
stück F wird ein Ansatz am Bodenring des Stehkessels, der Schlinger=
kloben K, so umfaßt, daß der Kessel sich bei Erwärmung wohl in der Längs=
richtung dehnen kann, seitliche Bewegungen des Stehkessels gegen den Rahmenbau aber vermieden werden. Die Gleitbacken G aus Flußstahl müssen dicht schließend ohne Luft eingepaßt sein. Um die durch Abnutzung an den Reibflächen entstehenden Spielräume ausgleichen zu können, müssen sie durch Beilagen im Laufe der Zeit verstärkt werden und zu diesem Zwecke leicht herausnehmbar sein. Das geschieht durch Hochheben um etwa 20 mm — dadurch werden die Nasen a und b frei — und Heraus=

ziehen nach hinten. Die unteren Gleitbacken G' werden durch Herausziehen nach der Mitte, nachdem hier die großen Schrauben gelöst worden sind, frei.

Die hintere doppelseitige Unterstützung des Kessels und die Sicherung gegen ein Abheben ist am wirksamsten, wenn sie möglichst weit entfernt von der Schwerpunktslängsachse der Lokomotive erfolgt. Die Vorrichtung zur Verhütung des Schlingerns liegt dagegen am besten in der Kesselachse unten am Stehkessel (Abb. 131).

Damit die Abnutzung der Gleitflächen der Schlingerstücke möglichst gering bleibt, muß man diese so groß wie möglich machen. Man bringt daher bei schwereren Kesseln meist zwei Schlingerkloben an, einen am vorderen und einen am hinteren Teil des Bodenringes. Wären diese fest eingespannt, so würden infolge der bei ungleichmäßiger Erwärmung des Bodenringes auftretenden Verdrehungsspannungen die Führungsstücke oder die Kloben zu hoch beansprucht; es träten Spannungen ein und Brüche dieser Teile oder Undichtwerden des Stehkessels am Bodenring wären die Folge. Man verwendet deswegen in diesem Falle federnde oder nachstellbare Führungsstücke. Ein nachstellbares Schlingerstück,

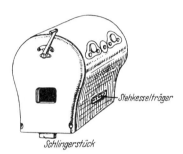

Abb. 131. Anordnung von Stehkesselträger und Schlingerstück.

wie es bei der preußischen P 10 und in ähnlicher Weise auch bei den neuen Einheitsmaschinen verwandt wird, zeigt die Abb. 132. Der Schlingerkloben sitzt hier mit zwei Futterstücken zwischen den Gleitbacken. Diese sind keilförmig ausgebildet und mit Hilfe der in dem Gegenteil sitzenden Schrauben leicht nachstellbar. Ihre Auswechselung ist nicht so schwierig wie die der Gleitbacken nach Abb. 130.

An Stelle eines Schlingerstückes versucht man zuweilen Schlingerbewegungen des Kessels durch federnde Stützbleche nach Abb. 133, die oben am Bodenring und unten am Rahmen angebracht sind, zu vermeiden.

Die seitlichen Stehkesselträger lassen sich bei Lokomotiven mit hoch über dem Rahmen liegenden Rost nicht anbringen. Man verwendet dann Pendelstützen nach österreichischer Bauform, Abb. 134, oder man versieht den Bodenring noch mit anderen Ansätzen nach Art des Schlingerklobens, die sich dann mit Gleitbacken auf den Rahmenbau stützen. In der

142   Das Fahrgestell.

Abb. 132 sieht man solche Tragstücke rechts und links vom Schlingerstück; man erkennt dort auch die Klammern gegen ein Abheben des Stehkessels.

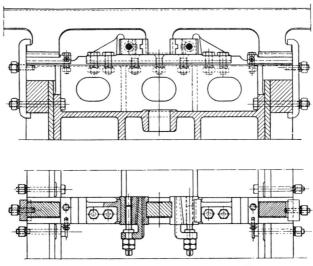

Abb. 132. Nachstellbares Schlingerstück.

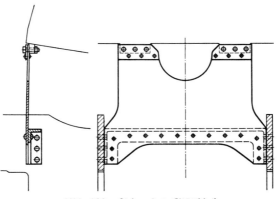

Abb. 133. Federndes Stützblech.

Eine andere Auflagerung des Lokomotivkessels als vorn an der Rauch=
kammer und hinten am Stehkessel ist nicht erforderlich. Der Langkessel
ist so fest und steif, daß ein Durchknicken ganz ausgeschlossen ist. Die unter

ihm angebrachten Kesselhalter sollen daher auch nicht sein Gewicht auf den Rahmen übertragen, sie sollen ihn nur in der richtigen Längslage

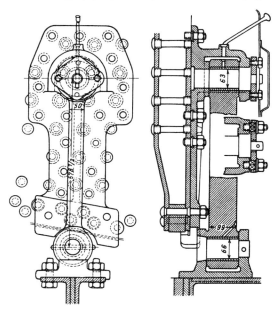

Abb. 134. Pendelstütze.

gegenüber dem Rahmen festhalten, haben also die gleiche Aufgabe wie die Schlingerstücke. Früher bei den tiefliegenden Kesseln wurden dazu meist zwei Querverbindungen des Rahmens nach oben verlängert oder — wie in Abb. 135 — zwischen den Rahmenwangen f besondere Bleche a, die unten gerade (d) oder zwecks besserer Zugäng= lichkeit innenliegender Triebwerkteile ausge= schnitten (c) waren, ein=

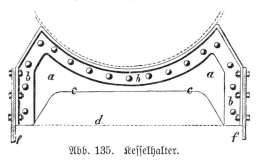

Abb. 135. Kesselhalter.

gesetzt. Diese Querbleche sind der Kesselrundung entsprechend aus= geschnitten und mit Winkeleisen eingefaßt. Der Kessel ist mit den Haltern nicht vernietet, sondern kann sich auf ihnen verschieben. Bei neueren Lokomotiven verbindet man meist den Langkessel mit dem Rahmen fest durch Pendelbleche, ähnlich den in Abb. 133 dargestellten, die oben durch Winkel am Kessel und unten am Rahmen befestigt sind, in der Mitte aber so schwach (meist 8 mm) gehalten sind, daß sie den Ausdehnungen des Kessels federnd nachgeben können.

3. Pufferträger und Kuppelkasten.
Zug- und Stoßvorrichtungen.

Von den Querverbindungen des Rahmens sind als besonders wichtig zwei zu erwähnen, der Pufferträger und der Kuppelkasten. Denn sie dienen nicht nur dazu, die beiden Rahmenwangen in ihrer Lage zueinander zu halten, sondern haben auch die Aufgabe, die von der Lokomotive ausgeübten oder auf sie wirkenden Zug- und Stoßkräfte aufzunehmen.

Einen Pufferträger, wie man ihn früher viel baute, zeigt in Quer- und Horizontalschnitt die Abb. 136. Zwei kräftige waagerecht gelegte U-Eisen a sind durch zwei starke Platten b verbunden. Der so entstandene Kasten ist unter Verwendung von Winkeleisen d an die Rahmenbleche f angenietet. An beiden Enden wird der Träger durch vorgelegte Bleche verschlossen.

Neuerdings wird der Pufferträger, wie in Abb. 137, durch ein U-förmig gebogenes nach hinten offenes Preßblech a gebildet. Dieses wird dann durch winklig gekümpelte Bleche d mit den Wangen f des Barrenrahmens verbunden.

In der Mitte des Pufferträgers ist die Zugvorrichtung angebracht. Bei der älteren Ausführung nach Abb. 136 besteht sie aus dem Zughaken mit Zugstange, einem Querhaupt und zwei Schneckenfedern. Ein Teil der Zugstange ist als Vierkantschaft ausgebildet und wird in einer geschmiedeten Hülse geführt. Vor dem Querhaupt ist auf ihr zur Hubbegrenzung eine Muffe mit Keil befestigt. Die beiden Schneckenfedern liegen nebeneinander und stützen sich auf einen gußeisernen Teller. Der Nachteil dieser Bauart ist, daß sie nicht seitlich ausschlagen kann; die Zugstange wird daher, wenn die Lokomotive und das mit ihr gekuppelte Fahrzeug in einer Gleiskrümmung stehen, auf Biegung beansprucht. Man schaltet deshalb jetzt, wie aus Abb. 137 ersichtlich, die beiden Schneckenfedern hintereinander. Die hintere Feder stützt sich auf ein die vordere Feder umgreifendes Gehäuse, die vordere Feder auf ein das

Pufferträger und Kuppelkasten. 145

Gehäuse abschließendes Sattelstück. Dieses legt sich mit Einkerbungen gegen ein schneidenartiges, an der Stirnseite des Pufferträgers befestigtes Widerlager. In ihm und in dem Führungsstück vor dem Pufferträger

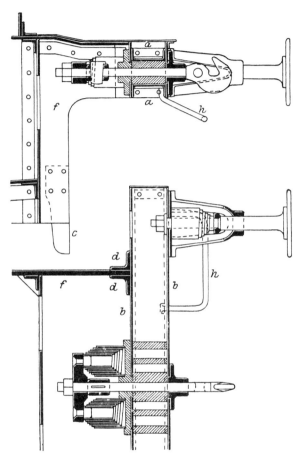

Abb. 136. Pufferträger.

hat die Zugstange seitlich Spiel. Sie kann also jetzt mit den Federn um die Schneide des Widerlagers ausschwenken. Ihr Hub in der Längsrichtung ist beendet, wenn die Glocke auf der hinteren Feder gegen das Gehäuse der vorderen Feder stößt.

146

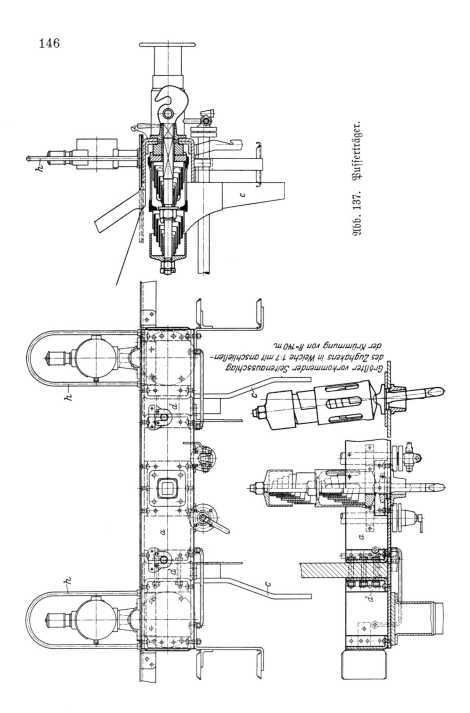

Abb. 137. Pufferträger.

Pufferträger und Kuppelkasten. 147

Am Zughaken hängt die Kuppelung, bestehend aus der Schrauben=
kuppelung und der Sicherheitskuppelung. Bei der in Abb. 138 dargestellten
Kuppelung denke man sich beispielsweise links die Lokomotive und rechts
einen mit ihr gekuppelten Wagen. Dann ist die Schraubenkuppelung der
Lokomotive in den Zughaken des Wagens eingehängt. Ihr Bügel hängt
in dem Maul des Zughakens, und durch Drehen des Schwengels an der
Schraubenspindel, die auf der Bügelseite linksgängiges, auf der anderen
Seite, wo sie durch Laschen mit dem Lokomotivzughaken verbunden ist,
rechtsgängiges Gewinde hat, sind Lokomotive und Wagen so zusammen=
gezogen, daß sich ihre Pufferflächen fest berühren. Der Bügel der

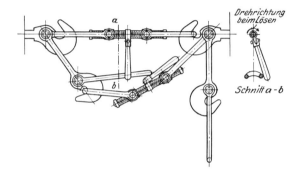

Abb. 138. Schraubenkuppelung.

Schraubenkuppelung des Wagens hängt in dem Zughaken der Sicherheits=
kuppelung an der Lokomotive, dessen Maul nach unten offen ist. Für den
Fall, daß die Hauptkuppelung reißt, kann eine Trennung der beiden
Fahrzeuge nicht eintreten, da sie noch durch die Sicherheitskuppelung ge=
kuppelt sind. Der Bügel der Sicherheitskuppelung ist nach innen gelegt
und verhindert so, daß sich der Kuppelungsschwengel während der Fahrt
in der Löserichtung dreht und dadurch eine unbeabsichtigte Lockerung
der Schraubenkuppelung herbeiführt. Die Sicherheitskuppelung des
Wagens hängt lose herab. Besonders zu beachten ist noch, daß dann,
wenn die Schraubenkuppelung nicht eingehakt ist, ihr Bügel in den Zug=
haken gelegt ist (vgl. Tafel I), damit sie nicht herunterhängt und auf dem
Oberbau schleift.

Zur Aufnahme horizontaler Stöße sind an dem Pufferträger rechts
und links Puffer angebracht. Wie bei allen Eisenbahnfahrzeugen muß
die Stoßfläche des linken Puffers — vom Fahrzeug aus gesehen — flach,

10*

die des rechten gewölbt sein. Auf diese Weise wird erreicht, daß bei zwei aneinander stehenden Fahrzeugen stets ein gewölbter Pufferteller mit einem ebenen in Berührung kommt. Die Stoßkräfte werden dadurch auch in Gleiskrümmungen annähernd in die Mitte des Pufferstößels geleitet.

Bei älteren Lokomotiven und Wagen sind die Puffer noch wie in Abb. 136 als Stangenpuffer ausgeführt. Der Pufferteller mit 370, 400 oder 450 mm Durchmesser ist auf die Pufferstange aufgenietet. Diese stützt sich mit dem auf ihr dünneres Ende aufgeschobenen Pufferstoßring auf eine Schneckenfeder, die so geformt ist, daß ihre Federkraft erst langsam und dann schnell bis zu einer Höchstkraft von 16 t ansteigt. Der Pufferträger ist da, wo die Feder gegen ihn drückt, durch eine angenietete Puffergrundplatte verstärkt.

Die vielen Verbiegungen der Stangen und Scheiben der Stangenpuffer durch nicht in der Stangenrichtung wirkende Stoßkräfte beim Verschiebedienst machten eine widerstandsfähigere Stoßvorrichtung notwendig. Man bildet daher neuerdings die Puffer als Hülsenpuffer aus. Bei der in Abb. 139 dargestellten Bauart wird noch die alte Pufferstange mit Stoßring und Schneckenfeder verwandt. Der Pufferteller ist aber nicht mehr an die Stange, sondern an einen hülsenförmigen Pufferstößel s angenietet. Der Stößel gleitet drehbar in der Pufferhülse h, deren Flansch an der Puffergrundplatte g, die dann am Pufferträger durch starke Paßschrauben befestigt ist. Zwei hakenförmige Anschlagstücke a begrenzen den Hub des Stößels in der Hülse. Die Stoßkraft wird von der Pufferscheibe über eine Verstärkungsscheibe v auf die Pufferstange und von dieser durch den Stoßring auf die Feder übertragen.

Der eben beschriebene Puffer ist nur eine Übergangsbauart. Ihm, wie überhaupt allen Puffern mit Schneckenfedern oder Schraubenfedern haftet ein Nachteil an, der sich besonders beim Bremsen unangenehm bemerkbar macht. Solche Federn nehmen wohl beim Aufeinanderstoßen der Fahrzeuge die Stoßarbeit auf, geben sie aber beim Entspannen in fast der gleichen Größe wieder frei. Die Wagen werden wieder voneinander abgestoßen, durch die Zugvorrichtung abermals zusammengerissen, und so treten Schwingungen im Zuge auf, die besonders bei Schnellbremsungen zum Zerreißen von Kupplungen geführt haben. Man baut daher jetzt in die Puffer besondere Federn ein, bei denen die Stoßarbeit größtenteils in Reibung und damit in Wärme umgesetzt wird. Die auf eine solche Reibungsfeder wirkende Stoßkraft wird so weit aufgezehrt, daß zum Strecken der Puffer nur noch ein Bruchteil übrigbleibt, der keine schädliche Rückwirkung mehr ausüben kann.

Pufferträger und Kuppelkasten. 149

Der in Abb. 140 dargestellte Reibungspuffer gleicht äußerlich dem in Abb. 139 gezeigten Hülsenpuffer. Statt der Pufferstange und der Schneckenfeder enthält er aber eine von dem Direktor Kreißig (Uerdingen) erfundene Ringfeder. Diese besteht aus einer Reihe von ungeschlitzten Ringen r_a und r_i. Die Außenringe r_a sind innen, die Innenringe r_i außen vom Rande aus kegelartig abgedreht und greifen mit

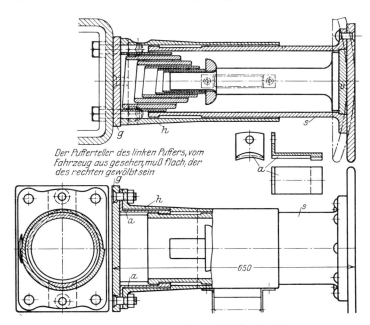

Abb. 139. Hülsenpuffer mit Schneckenfeder.

ihren Kegelflächen so ineinander, daß eine auf sie axial ausgeübte Kraft die Außenringe auf Zug, die Innenringe auf Druck beansprucht. Die Außenringe werden dadurch im Durchmesser größer, die Innenringe kleiner. Durch die beim Aufeinandergleiten der Kegelflächen entstehende Reibung wird die Druckkraft so stark aufgezehrt, daß die Rücklaufkraft nur noch schwach ist.

Für die Zug= und Stoßvorrichtungen an allen Eisenbahnfahrzeugen Deutschlands bestehen in den §§ 33 und 34 der Eisenbahnbau= und Betriebsordnung (BO) eine Reihe gesetzlicher Bestimmungen, von denen die wichtigsten für Lokomotiven geltenden aus § 33 hier wiedergegeben seien:

1. Die Fahrzeuge müssen an beiden Enden federnde Zug- und Stoßvorrichtungen haben. Ausnahmen sind nur bei Triebwagen zulässig. Zwei oder drei Fahrzeuge, die im Betriebe dauernd verbunden bleiben, gelten als ein Fahrzeug.
3. Die Fahrzeuge müssen mit Schraubenkuppelungen versehen sein; andere Kuppelungen sind nur an Fahrzeugen, die für besondere Zwecke gebaut sind, zulässig.

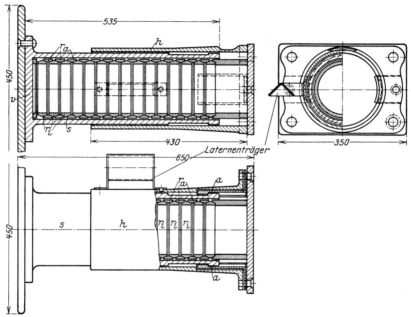

Abb. 140. Hülsenpuffer mit Kreißigscher Reibungsfeder.

4. Schraubenkuppelungen müssen sich in doppelter Weise so miteinander verbinden lassen, daß die zweite Kuppelung in Wirksamkeit tritt, wenn die Hauptkuppelung bricht.
5. An den Zug- und Stoßvorrichtungen sind die folgenden Maße einzuhalten:
   a) Höhe der Mittelebene über Schienenoberkante,
      mindestens 940 mm (bei voll belasteten Fahrzeugen),
      höchstens 1065 mm (bei unbelasteten Fahrzeugen);

b) Abstand von Mitte zu Mitte der Puffer
als Regel 1750 mm,
mindestens 1740 mm,
höchstens 1770 mm;
d) Abstand über Schienenoberkante, auf den herabhängende Kuppelungsteile beim tiefsten Pufferstande müssen eingeschraubt werden können,
mindestens 70 mm, wenn die Teile aufgehängt werden können,
mindestens 130 mm, wenn sie nicht aufgehängt werden können;
f) Abstand des Zughakens von den Puffern, gemessen von der Angriffsfläche des nicht angezogenen Hakens bis zur Ebene der nicht eingedrückten Puffer,
mindestens 345 mm,
höchstens 395 mm.
g) Abstand der vorderen Pufferfläche von der Kopfschwelle bei völlig eingedrückten Puffern mindestens 425 mm.
k) Pufferscheiben müssen so bemessen sein, daß die Puffer beim Durchfahren von Krümmungen von 180 m Halbmesser nicht hintereinander greifen können. Der Durchmesser darf nicht kleiner sein als 340 mm.

Nach dem § 36 der Bau- und Betriebsordnung müssen ferner an den Lokomotiven vorn, an den Tendern hinten, an den Tenderlokomotiven und Triebwagen vorn und hinten Bahnräumer angebracht sein. In den Abb. 136 u. 137 sind diese mit c bezeichnet. Sie bestehen aus 40 bis 50 mm starkem Eisen und sind mit Schrauben vorn an den Rahmenwangen oder am unteren Pufferträgerflansch befestigt. Sie müssen imstande sein, Hindernisse auf den Schienen, wie lose Schienen, Schwellen oder Steine wegzuräumen. Ihr Abstand von Schienenoberkante darf daher, wenn sie überhaupt zuverlässig wirken sollen, höchstens 70 mm sein, muß aber andererseits nach der Bau- und Betriebsordnung mindestens 50 mm betragen. Bei fortschreitender Abnutzung der Radreifen würde dieses Maß aber allmählich unterschritten werden und Beschädigungen der Bahnräumer oder gar der Pufferträger infolge Aufstoßens der Bahnräumer wären die Folge, wenn diese nicht rechtzeitig gekürzt würden. Man müßte sie daher abschlagen, und sobald die Lokomotive neue Radreifen erhalten hat, wieder ausstrecken. Dieses Verfahren ist aber nicht nur unwirtschaftlich, sondern läßt sich auch nur in Ausbesserungswerken oder großen Betriebswerken ausführen. Leichter und schneller läßt sich die Höhe der Bahnräumer innerhalb der Maßgrenzen von 50 und 70 mm über Schienenoberkante herstellen, wenn sie verstellbar am Rahmen oder Pufferträger befestigt sind. Man macht dazu bei an senkrechten Flächen angebrachten Bahnräumern die Löcher für die Befestigungsschrauben schlitzförmig und sichert die Schrauben, um ein Lockerwerden und unbeabsichtigtes Tiefstellen der Räumer zu vermeiden, durch Zwischenlegen federnder gekerbter Stahlringe; bei oben rechtwinklig umgebogenen und an waagerechten Flächen befestigten Bahnräumern ermöglicht man eine Änderung der Höhenlage durch Zwischenlegen verschieden starker Zwischenplatten.

Schließlich sind an den Pufferträgern noch Griffe für die Wagenkuppler — in den Abbildungen mit h bezeichnet — Tritte zum Besteigen des Laufbleches vor der Rauchkammer und Stützen für die Signallaternen über den Puffern der Lokomotive (Signal 15 des Signalbuchs) angebracht.

Bei Tenderlokomotiven sind die Rahmenwangen hinten in ähnlicher Weise wie vorn durch einen Pufferträger verbunden. Bei Lokomotiven mit Schlepptender wird indessen die hintere Verbindung durch den Kuppelkasten hergestellt. Dieser ist entweder (vgl. Tafel I) aus starken Blechen, die mit Winkeleisen verbunden und versteift sind, zusammengebaut oder besteht aus einem großen Stahlformgußstück, wie es die Abb. 141 zeigt. In beiden Fällen wird er hinten durch ein Stirnwandblech abgeschlossen, das zu-

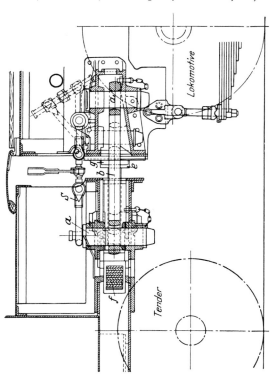

Pufferträger und Kuppelkasten.

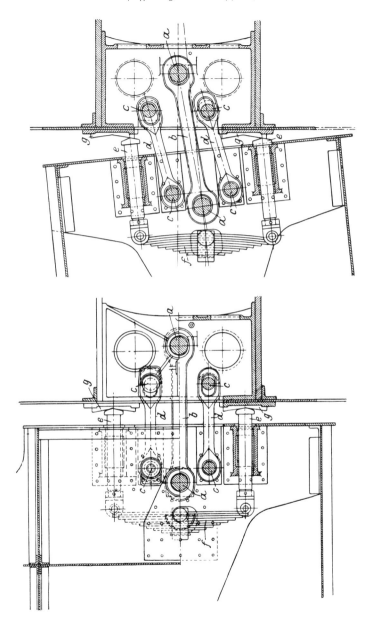

Abb. 141. Tenderkuppelung mit Kuppelungsvorrichtung.

gleich als hintere Stütze für das Führerhaus und das Laufblech dient. Der Kuppelkasten enthält die Tenderkuppelung. Nach § 100 der „Technischen Vereinbarungen über den Bau und die Betriebseinrichtungen der Haupt- und Nebenbahnen" (T V) ist zur Verbindung der Lokomotive mit dem Tender eine Haupt- und eine Nebenkuppelung anzuordnen, von denen diese erst dann in Wirksamkeit tritt, wenn sich die Hauptkuppelung gelöst hat. Die Hauptkuppelung besteht aus zwei Hauptkuppelbolzen a, die in am Kuppelkasten der Lokomotive und des Tenders angenieteten oder angegossenen Augenlagern sitzen, und dem sie verbindenden Hauptkuppeleisen b, die Notkuppelung aus 4 Notkuppelbolzen c und 2 Notkuppeleisen d. Die Augen aller Kuppeleisen sind nicht zylindrisch, sondern oben und unten etwas aufgeweitet, damit sie der senkrechten Bewegung der Lokomotive und des Tenders gegeneinander folgen können. Bei den Notkuppeleisen sind die Augen an der Lokomotivseite länglich, um ein Schrägstellen des Tenders gegen die Lokomotive in Gleiskrümmungen, wie es in der Abbildung dargestellt ist, zu ermöglichen. Um das Hauptkuppeleisen von Druckbeanspruchungen beim Zurückdrücken der Lokomotive oder beim Auflaufen des Zuges auf die Lokomotive zu entlasten, ferner um seitliche Bewegungen der einander zugekehrten Stirnflächen der Lokomotive und des Tenders gegeneinander möglichst zu verhindern, befinden sich am Tender zwei Stoßpuffer e, die mit ihren keilförmig ausgebildeten Köpfen durch eine kräftige im Tenderkuppelkasten drehbar gelagerte Blattfeder f gegen die an der Stirnwand der Lokomotive angebrachten Stoßpufferplatten g gedrückt werden. Die Stoßpuffer gestatten zwar senkrechte Bewegungen, ermöglichen auch dadurch, daß die Keilflächen der Stoßpufferplatten unter einem kleinen Winkel zur Stirnwandebene der Lokomotive geneigt sind, Drehbewegungen des Tenders gegen die Lokomotive, setzen aber stärkeren Schlingerbewegungen einen großen Widerstand entgegen.

Die Stoßpufferfeder erhält eine Vorspannung von 8000 kg. Gegen diesen Druck müssen beim Kuppeln Lokomotive und Tender erst zusammengedrückt werden, damit sich der Hauptkuppelbolzen in das Auge des Kuppeleisens einführen läßt, und umgekehrt muß beim Entkuppeln der Kuppelbolzen von diesem Druck erst befreit werden, ehe er sich herausschlagen läßt. Zum Spannen der Stoßpufferfedern ist deshalb am Kuppelkasten der Lokomotive eine Spannvorrichtung S angebracht, deren Hauptteile denen der Schraubenkuppelung entsprechen. Diese Vorrichtung wird, wenn der Tender abgekuppelt ist, nicht entfernt, sondern, wie in der Abbildung gestrichelt angedeutet, zusammengelegt über dem Kuppelkasten aufbewahrt und durch das zum Drehen des Spannwirbels dienende Rohr gegen Herausfallen gesichert.

4. Die Radsätze.

Die Räder der Lokomotive, wie überhaupt aller Schienenfahrzeuge, sitzen, abweichend von der Anordnung bei gewöhnlichen Fuhrwerken, auf einer Achse fest und drehen sich mit dieser gemeinsam mit gleicher Umlaufzahl. Zwei zusammengehörige Räder bilden mit ihrer Achswelle einen Radsatz.

Wie schon vorn auf den S. 3—5 dieses Bandes näher entwickelt, entsteht die Fortbewegung der Lokomotive dadurch, daß ihre Räder oder einige von ihnen von der Dampfmaschine in Drehung versetzt werden. Durch ihr eigenes und das auf ihnen ruhende Gewicht entsteht zwischen ihnen und den Schienen Reibung, die sie zum Weiterrollen zwingt. Die Achswellen nehmen dabei die Lokomotive und den meist an ihr hängenden Zug mit. Die zur Fortbewegung der Lokomotive dienenden Räder nennt man Kuppelräder, da sie durch Kuppelstangen miteinander gekuppelt sind. Von den Kuppelradsätzen wird einer, der Treibradsatz — bei 3= und 4=Zylindermaschinen zuweilen auch 2 — von den Treibstangen unmittelbar angetrieben. Neben den Kuppelrädern sind bei Lokomotiven oft noch Räder vorhanden, die nicht gekuppelt sind, also nicht angetrieben werden; sie heißen Laufräder.

Von der Anzahl der gekuppelten Räder und dem auf ihnen ruhenden Gewicht, dem Reibungsgewicht, ist die Zugkraft der Lokomotive abhängig. Die Fortentwicklung im Lokomotivbau zeigt sich rein äußerlich daher besonders in einer Vergrößerung der Anzahl der Kuppelachsen und des auf ihnen ruhenden Gewichts. In Deutschland geht man bei den neuen Einheitsmaschinen jetzt bis auf 20 t ruhende Last auf jedem Kuppelradsatz.

Neben der Zugkraft wird die Leistung einer Lokomotive durch die Geschwindigkeit, mit der sie sich und den an ihr hängenden Zug befördert, bestimmt. Um ein unruhiges Laufen der Lokomotive zu vermeiden, darf man mit der Zahl der Radumdrehungen nicht zu hoch gehen. Im § 102 der T. V. wird empfohlen, den Treibraddurchmesser so zu wählen, daß 360 Umdrehungen in der Minute bei der größten zulässigen Fahrgeschwindigkeit nicht überschritten werden. Schnellzuglokomotiven haben daher Treibraddurchmesser von rund 2000 mm, Personenzuglokomotiven von etwa 1750 mm, Güterzuglokomotiven aber nur von etwa 1400 mm. Erheblich kleiner sind die Laufräder. Bei ihnen geht man bis auf 1000 mm herunter. Die Laufräder des führenden Drehgestells der Einheitsschnellzuglokomotiven haben sogar nur 850 mm Durchmesser, damit sie in Krümmungen unter dem Hauptrahmen durchschlagen können.

Sind die Geschwindigkeiten bei den Güterzuglokomotiven geringer als die der Personenzug- und Schnellzuglokomotiven, so werden andererseits von ihnen erheblich größere Zugkräfte verlangt. Güterzuglokomotiven haben deshalb eine größere Anzahl von gekuppelten Rädern — meist jetzt 4—5 Radsätze, für den Betrieb auf Steilrampen selbst 6 und mehr — und höchstens einen Laufradsatz zur besseren Führung in Gleiskrümmungen. Bei Schnellzuglokomotiven findet man meist 3, allenfalls 4 Kuppelradsätze.

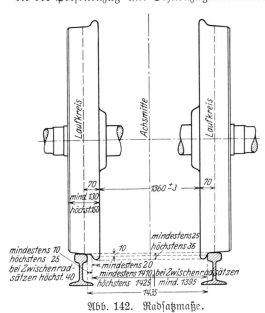

Abb. 142. Radsatzmaße.

Bevor auf die verschiedenen Arten von Radsätzen näher eingegangen wird, sei zunächst an Hand der Abb. 142 auf einige Maße, die durch die Bau- und Betriebsordnung § 31 vorgeschrieben sind, hingewiesen. So muß der lichte Abstand der Räder eines Radsatzes zwischen den Radreifen 1360 mm betragen. Abweichungen sind nur bis zu 3 mm über oder unter dieses Maß zulässig. Die Radreifen der Tender müssen in abgenutztem Zustande im Laufkreise einen Durchmesser von mindestens 850 mm haben. (Der Laufkreis ist der Kreis, in dem eine zur inneren Stirnfläche des Radreifens parallele Ebene im Abstande von 70 mm von dieser Stirnfläche die Lauffläche des Rades schneidet.) Ferner müssen die Räder Spurkränze haben; sind drei oder mehr Achsen in demselben Rahmen gelagert, so können die Spurkränze unverschiebbarer Zwischenräder weggelassen

Die Radsätze. 157

werden, wenn diese unter allen Umständen eine genügende Auflage auf den Schienen finden. Der Spurkranz muß über dem Laufkreis mindestens 25 und höchstens 36 mm hoch und 10 mm außerhalb des Laufkreises mindestens 20 mm stark sein. Die Entfernung zwischen den Anlaufstellen der Spurkränze an den Schienen 10 mm außerhalb des Laufkreises darf höchstens 1425 mm und muß mindestens 1410 mm betragen, so daß in Gleisen von 1435 mm Spurweite mindestens 10 mm und höchstens 25 mm Spiel entstehen. Bei drei oder mehr in demselben Rahmen gelagerten Achsen darf bei den Zwischenradsätzen der Spielraum der Spurkränze, wenn solche überhaupt vorhanden sind, im Gleise bis zu 40 mm betragen.

Als einfachste Bauart eines Radsatzes sei zunächst ein Laufradsatz beschrieben. In Abb. 143 ist der hintere Laufradsatz der 2 C 1=Schnellzuglokomotive der Bauartreihe 01 der Deutschen Reichsbahn dargestellt. Die gerade Achswelle aus Martin= oder

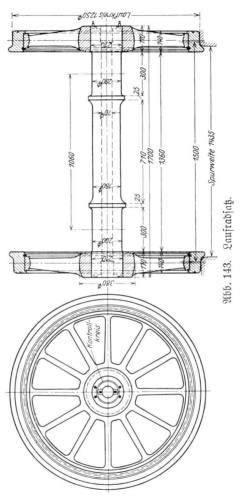

Abb. 143. Laufradsatz.

Tiegelflußstahl weist folgende Abschnitte auf: In der Mitte den Achsschaft, der — weil am wenigsten beansprucht — am schwächsten gehalten ist, die beiden gegen den Achsschaft durch Bunde abgegrenzten Achsschenkel, die in den Lagern laufen, und die Nabensitze.

Diese sind in die Naben der Räder mit etwa 100—150 t Druck hydraulisch eingepreßt. Im Nabensitz sind die Achswellen am stärksten — meist 10 mm stärker als im Schenkel —, da hier Achsbrüche infolge durch die Schienenstöße auftretender Schwingungen am meisten vorzukommen pflegen. Die Achswelle ist, wie neuerdings alle Achswellen, in ihrer ganzen Länge durchbohrt, um Lunker, Hohlräume im Kern, die sich selten ganz vermeiden lassen, aufzudecken und Ungleichheiten verhindern zu können. Nicht durchbohrte Achswellen erhalten an der Stirnfläche in der Mitte ein kegelförmiges Loch eingeschlagen oder eingedreht, den sogenannten Achskörner (Abb. 144). Bei den durchbohrten Wellen wird in eine Buchse am Ende der Bohrung zum Abdrehen des Radsatzes und zum Vermessen ein Körnerstopfen eingesetzt (s. Abb. 150). Zur Festlegung der Körnermitte wird an den Achsstirnflächen ein Prüfkreis mit dreieckigem Querschnitt eingedreht.

Abb. 144. Achskörner.

Die Laufräder bestehen aus 2 Teilen, dem Radkörper und dem Radreifen. Der Radkörper ist seltener als volle Scheibe, meist aus Stahlguß als Radstern mit Radnabe, Unterreifen und den beide Teile verbindenden Radspeichen gegossen.

Der Radreifen ist sehr starker Abnutzung ausgesetzt und muß daher leicht auswechselbar sein. Er ist aber auch im Betriebe von größter Wichtigkeit, denn Beschädigungen an ihm, Radreifenbrüche, können zu schwersten Unfällen führen. Auf sichere Verbindung mit dem Radkörper ist daher sehr zu achten. Die Radreifen werden heute aus einem in der Mitte durchlochten Tiegel- oder Martin-Flußstahl-Blocke herausgewalzt und innen um ein bestimmtes Maß — 1 mm für 1 m Raddurchmesser — kleiner als die Außendurchmesser der Unterreifen gedreht; in der Werkstatt werden sie erwärmt, dehnen sich aus und lassen sich so auf die Unterreifen des Rades aufpassen, auf denen sie dann beim Wiedererkalten fest aufschrumpfen.

Die äußeren Umrißformen des Radreifens sind durch die T V festgelegt (vgl. Abb. 145). Der Spurkranz ist oben schon erwähnt worden. Die Breite des Radreifens muß mindestens 130 mm und darf höchstens 150 mm betragen. In der Laufkreisebene ist der Radreifen meist in neuem Zustande 70—75 mm stark und darf sich bis auf 25 mm — außen erkennbar durch eine an der Stirnfläche ringsherum laufende Nut, die Abnutzungsmarke, abnutzen. Die Laufflächen sind so ausgebildet, daß sie sich nach außen hin von der Spurkranzhohlkehle aus kegelförmig verengen, und zwar ist die Neigung außen 1 : 10 und innen 1 : 20. In Gleiskrümmungen ist bekanntlich der äußere Schienenstrang länger als der innere. Hätte man zylindrische Laufflächen, so müßte beim Durchfahren einer Krümmung, weil äußeres und inneres Rad eines Radsatzes fest verbunden sind, ein Rad schleifen. Der erste Radsatz drängt in der Krümmung nach außen. Bei kegelförmiger Ausbildung der Lauffläche läuft dann das äußere Rad auf einem größeren Durchmesser als das innere, die Reibung und damit die Abnutzung wird geringer. (Diese Erscheinung tritt allerdings nur beim ersten, unter Umständen auch beim letzten Radsatz auf. Die anderen Radsätze laufen mehr oder weniger nach der inneren Schiene des Gleisbogens zu.) Die doppelte Neigung der Laufflächen hat gegenüber einer einfachen den Vorteil, daß sich bei ihr nicht so leicht Löcher bilden wie bei dieser, die Radreifen also nicht so häufig abgedreht oder ausgewechselt werden müssen.

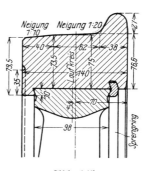

Abb. 145.
Radreifenquerschnitt.

Um zu verhindern, daß die gebrochenen Radreifen sich ablösen oder im Falle der Lockerung sich verschieben, werden die Reifen fast allgemein, bei uns heute nur noch mit Sprengringen befestigt. Der Unterreifen wird schwalbenschwanzförmig abgedreht und legt sich außen gegen einen entsprechenden Ansatz am Radreifen. Auf der Innenseite hat der Radreifen eine Nut; in diese wird ein Flußstahlring — der Sprengring — gelegt und durch Walzen, früher auch durch Hämmern, umgebördelt, so daß er fest den Vorsprung am Unterreifen umklammert.

Von den Laufrädern unterscheiden sich die Kuppelräder dadurch, daß in ihre Sterne die Kurbeln zur Aufnahme der Kuppelzapfen und Gegengewichte eingegossen sind (Abb. 146). An den Kuppelzapfen greifen die Kuppelstangen an, die die Kuppelradsätze miteinander verbinden. Die Treibräder haben besondere Zapfen, die Treibzapfen. Diese nehmen nicht nur die Kuppelstangen, sondern daneben außen auch noch die Treibstangen, die die Kolbenkräfte auf die Treibräder übertragen, auf; bei außenliegender Steuerung tragen sie ferner noch die Schwingenkurbeln. Sie sind deshalb länger und stärker ausgeführt als die Kuppelzapfen. Aus den vorn (S. 9) näher angegebenen Gründen sind die Kurbeln der einzelnen Dampfzylinder gegeneinander versetzt. So laufen z. B. bei einer Zweizylinderlokomotive beim Vorwärtslauf die Treib- und Kuppelzapfen der rechten Maschinenseite denen der linken um 90° voraus. Damit dieser Winkel

Das Fahrgestell.

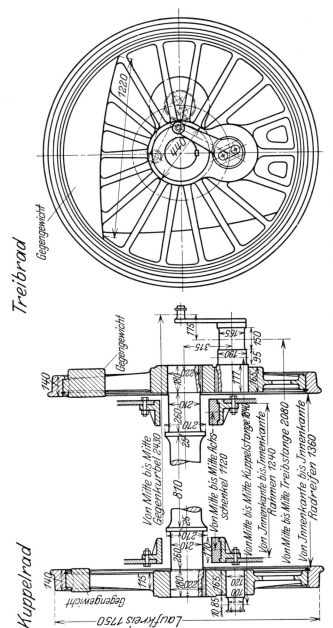

Abb. 146. Treib- und Kuppelradsatz einer Personenzuglokomotive.

Die Radsätze. 161

beim Aufpressen der Räder auf die Achsen genau eingehalten wird, sind in Nuten an Nabe und Nabensitz Führungskeile eingelegt (Abb. 147). Um Anrisse beim Aufpressen zu vermeiden, sind alle Kanten des Keiles und der Nuten gut abgerundet, sowie die Keilnut in der Achse nicht ganz durchgeführt. Die Zapfen werden in die Kurbelarme des Radsternes wie die Achswellen in die Räder hydraulisch eingepreßt, allerdings mit nicht ganz so hohen Drücken. Bei Treibzapfen, an denen Gegenkurbeln angebracht sind, ist wie bei den Achswellen ebenfalls ein Führungskeil eingelegt.

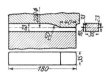

Abb. 147. Führungskeil.

Die Schwingenkurbel, deren Aufgabe vorn (S. 48) bereits näher beschrieben ist, wurde früher mit dem Treibzapfen aus einem Stück geschmiedet. Dadurch wurde die Bearbeitung der Treibzapfen erschwert, und offene oder doch sehr große geschlossene Stangenköpfe waren erforderlich. Heute wer-

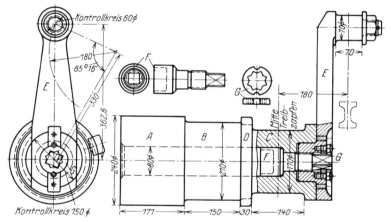

Abb. 148. Treibzapfen und Gegenkurbel (Schwingenkurbel).

den die Gegenkurbeln an den Treibzapfen meist angeschraubt. Als Beispiel zeigt Abb. 148 den Treibzapfen und die Schwingenkurbel der 2 C 1-Vierzylinder-Verbund-Schnellzuglokomotive Bauartreihe 02 der Deutschen Reichsbahn, deren Treibradsatz nachher in Abb. 150 dargestellt ist. A ist der Nabensitz im Kurbelarm, B der Zapfenteil, an dem die Kuppelstange, C der, an dem die Treibstange angreift, und D ein Zwischenring, der den Abstand zwischen Treib- und Kuppelstange aufrechterhalten soll. Die

Schwingenkurbel E wird an der Stirnfläche des Zapfens eingelassen und durch den Bolzen F festgehalten. Um zu vermeiden, daß sich der Bolzen unbeabsichtigt dreht, wird dessen Vierkantende durch einen Sicherungsring G, der durch Stiftschrauben mit der Gegenkurbel verbunden ist, festgehalten.

Treib- und Kuppelzapfen sowie die Gegenkurbelzapfen erhalten wie die Achswellen Körner und Prüfkreise. Bei neueren Lokomotiven sind die Zapfen durchbohrt, um die Gegengewichte leichter halten zu können.

Die Gegengewichte haben die Aufgabe, die außerhalb des Drehmittelpunktes am Rad einseitig angebrachten drehenden Teile wie Kurbelarme, Zapfen, Gegenkurbeln und Kuppelstangen sowie einen Teil der hin- und hergehenden Triebwerkteile auszugleichen. Wären sie nicht vorhanden, so würden diese Teile infolge der Fliehkräfte, die bei Drehbewegungen des Rades auftreten, die Achswellen zu verbiegen suchen und die Schienen stoßartig belasten. Die Gegengewichte liegen bei einfachen, nicht gekröpften Achswellen mit ihrem Schwerpunkt annähernd auf dem durch den Zapfenmittelpunkt gehenden Raddurchmesser, dem Zapfen entgegengesetzt. Bei Radsätzen, an denen innen angebrachte Kurbeln usw. noch in einer anderen Ebene Fliehkräfte hervorrufen, die ebenfalls durch die Gegengewichte außen auszugleichen sind, müssen diese dementsprechend am Radumfang verschoben sein. Die Gegengewichte können um so kleiner ausfallen, je größer ihr Schwerpunktabstand vom Drehmittelpunkt ist. Sie sind daher am Unterreifen angegossen und haben Kreisabschnitt- oder Sichelform. (Näheres findet der Leser weiter hinten unter den „Störenden Bewegungen".)

Abb. 149.
Treibradsatz einer Dreizylinderlokomotive.

Bei Lokomotiven mit Innenzylindern muß man die Treibachswellen kröpfen. Abgesehen von den heute nur noch selten (z. B. in England) vorkommenden Zweizylinderlokomotiven mit Innenzylindern müssen alle Drei- und Vierzylinderlokomotiven gekröpfte Achsen haben. Abb. 149

Die Radsätze.

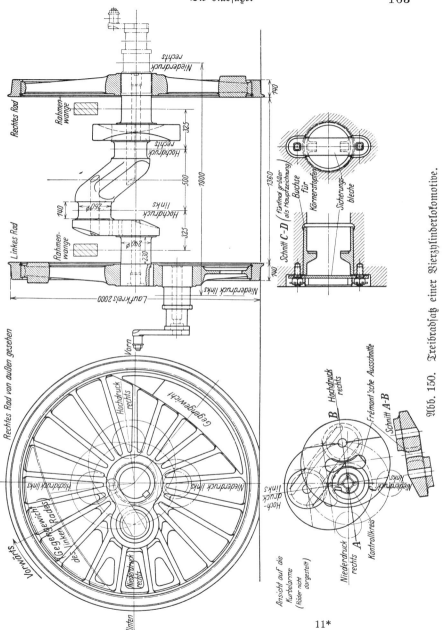

Abb. 150. Treibradsatz einer Vierzylinderlokomotive.

11*

zeigt als Beispiel den Treibradsatz einer Dreizylinder-Güterzuglokomotive, der G 12-Lokomotive, in Ansicht, Abb. 150 den Treibradsatz einer Vierzylinder-Verbund-Schnellzuglokomotive Bauartreihe 02 der Deutschen Reichsbahn als Zeichnung. Läßt sich die Kropfachse für eine Dreizylinderlokomotive mit schräggestellten Kurbelarmen noch verhältnismäßig einfach bauen, so ergeben sich bei der Kropfachse einer Vierzylinderlokomotive für die Entfernung der Lager und Kurbelmitten sehr engbegrenzte Werte. Die Kurbelblätter zwischen den Lagern und den Innenzapfen müssen daher verhältnismäßig dünn gehalten werden; sie werden jetzt meist kreisrund ausgeführt und erhalten zwischen Achsschaft und Kurbelzapfen Ausschnitte — Frémontsche Ausschnitte —, die das Auftreten von Rissen infolge zu großer Spannungen an diesen Stellen vermeiden sollen. Die beiden inneren Kurbelzapfen sind durch einen Schrägarm von rechteckigem Querschnitt verbunden.

Bei Außenrahmen und außenliegendem Triebwerk müssen die Kuppelradsätze Außenkurbeln erhalten, die außen auf die Achswellen aufgekeilt werden (vgl. Abb. 172 und 173).

5. Achslager und deren Führungen.

Die Last der Lokomotive wird auf die Radsätze durch die Achslager übertragen. In Abb. 151 ist ein älteres Achslager für einen Kuppelradsatz dargestellt.

Das eigentliche Achslager — in Abb. 152 perspektivisch gezeigt — besteht im wesentlichen aus der Lagerschale L, dem Lagergehäuse G und dem Unterkasten U. Die Lagerschale L ist aus Rotguß von 85% Kupfer, 9% Zinn und 6% Zink hergestellt und erhält einen Weißmetallspiegel W. Schmilzt das Weißmetall beim Heißlaufen einmal fort, so läuft der Achsschenkel noch in der Rotgußschale und nicht im Gehäuse aus hartem Eisen.

Früher bestand das Weißmetall bei Reichsbahnlokomotiven als sog. Regelmetall (Re-Metall) aus 83,3% Zinn, 5,6% Kupfer und 11,1% Antimon und enthielt als Verunreinigung höchstens 1% Blei. Heute ist man bei der schlechten wirtschaftlichen Lage unseres Vaterlandes gezwungen, das teure Zinn, das zudem aus dem Auslande eingeführt werden muß, möglichst nicht zu verwenden. Die Deutsche Reichsbahn hat daher größere Versuche mit Bleilegierungen ausgeführt und dabei als bestes Lagermetall eine Legierung erkannt, die unter dem Namen Bahnmetall (Bn-Metall) eingeführt ist und zu 98,4% aus Blei, daneben aus kleinen Mengen von Natrium, Kalzium, Lithium und Aluminium, die

Achslager und deren Führungen.

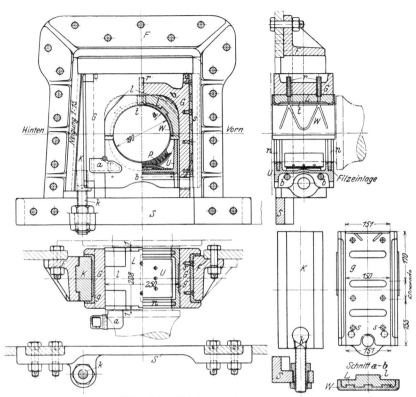

Abb. 151. Achslager mit Führung.

härtend wirken, besteht. Das Weißmetall wird auf dem sog. falschen Schenkel in Aussparungen der Rotgußschale, die zur Sicherung gegen Loslösen des Metalls von der Schale noch schwalbenschwanzförmige Vertiefungen erhalten, so eingegossen, daß eine spätere Nacharbeit wie das früher notwendige Ausdrehen und Aufpassen durch Schaben nicht mehr erforderlich ist.

Die Lagerschale umschließt die obere Hälfte des Achsschenkels. Damit sie sich im Gehäuse nicht drehen kann, ist sie außen eckig, meist in Form eines halben achtseitigen Prismas mit abgerundeten Ecken. Gegen

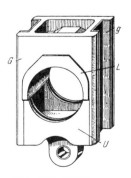

Abb. 152. Achslager.

seitliches Verschieben im Lagergehäuse wird sie durch breite Lappen l in der Mitte zweier Seitenflächen dieses Prismas, die in entsprechend ausgefräste Vertiefungen des Gehäuses greifen, verhindert.

Das torförmige Lagergehäuse G ist jetzt meist aus Stahlformguß. Es ist oben als Ölbehälter ausgebildet, der nach außen durch einen in der Zeichnung nicht dargestellten Blechdeckel mit zwei Klappen zum Einfüllen des Öls abgeschlossen wird. In den Ölraum ragen zwei Kupferröhrchen r so hinein, daß das Öl nicht von selbst in sie hineinfließen kann. Es wird vielmehr durch Dochte den Rohren zugeführt und fließt durch diese und entsprechend angebrachte Bohrungen in der Lagerschale den im Weißmetallfutter eingegrabenen Schmiernuten und damit dem Achsschenkel zu. Die Schmiernut t an der Scheitellinie des Lagers liegt in Rotguß. Die Weißmetallschicht ist hier unterbrochen. Verstopfungen der Ölzuführungen durch Breitdrücken von Weißmetall werden so vermieden.

Das Lagergehäuse umfaßt auch den Lagerunterkasten U. Der Unterkasten — meist aus Gußeisen — dient zur Aufnahme eines Schmierpolsters P, das das vom Achsschenkel abtropfende und sich im Unterkasten sammelnde Öl dem Schenkel wieder zuführt. Das Polster besteht aus einer dünnen Blechplatte, die oben bürstenartig mit Wollfäden besetzt ist, und wird durch Federn gegen den Achsschenkel gedrückt. Durch Saugdochte wird es mit Öl getränkt. Der Unterkasten hat ferner die Aufgabe, die untere, nicht von der Lagerschale umschlossene Fläche des Achsschenkels vor Staub zu schützen, und erhält deshalb am Rande des halbkreisförmigen Ausschnittes der Stirnflächen Nuten n zur Aufnahme von Filzeinlagen, die sich an den Schenkel anlegen und so den Kasten abdichten. An den Unterkasten ist dann noch ein kleines Schmiergefäß a angegossen, durch das altes Öl aus dem Unterkasten, ohne diesen erst besonders abnehmen zu müssen, entnommen und auch frisches Öl wieder zugegossen werden kann. Die Nuten n erhalten an der tiefsten Stelle in der Innenwand eine Bohrung, durch die abgestreiftes Öl in den Kasten zurücklaufen kann. Der Unterkasten wird durch 2 Bolzen b, die durch Lappen an ihm und durch die Seitenflügel des Lagergehäuses greifen, festgehalten. Liegt die Tragfeder unterhalb des Lagers, so müssen die Lappen, wie in der Abbildung erkennbar, ausgeschnitten sein, um dem Bolzen, der das Achslagergehänge mit dem Lagergehäuse verbindet, Platz zu machen. Bei über dem Lager angeordneter Feder erhält das Gehäuse oben einen Teller zur Aufnahme der Federstütze.

Die Achslager gehören wie die Radsätze zu den unabgefederten Teilen der Lokomotive. Der Rahmen dagegen ist abgefedert. Die Lager müssen also um das Maß des Federspiels in den Rahmenausschnitten in senkrechter Richtung gleiten können. Das Achslagergehäuse erhält zu diesem Zwecke seitliche Führungsplatten aus Rotguß, die Achslagergleitplatten g. Die Gleitplatten sind durch versenkte Schlitzschrauben s, deren Köpfe zur Erzielung einer lückenlosen Gleitfläche mit Zinn vergossen werden, mit dem Gehäuse fest verbunden und erhalten Schmiernuten, denen vom Ölbehälter im Lagergehäuse oder von außen Öl zugeführt wird. Nach den neueren Anschauungen mißt man den Nuten geringere Bedeutung bei, dagegen ist die Abfasung der oberen Kanten wertvoll, weil sie einen keilförmigen Auflauf auf die schmierende Ölschicht bildet. Um eine mäßige Querneigung jeder Fahrzeugachse zu ermöglichen, sind die seitlichen Führungsleisten der Gleitplatten oben und unten etwas abgeschrägt, so daß sie an diesen Stellen gegenüber den von ihnen umfaßten Flächen der Achslagerführungen etwas Spiel haben.

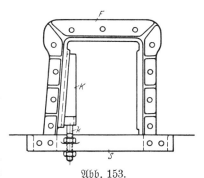

Abb. 153.
Achslagerführung für Blechrahmen.

Die Achslagerführungen bestehen bei einem Blechrahmen gemäß Abb. 151 aus winkelförmigen Stahl- oder Stahlgußstücken, die mit dem Rahmenblech durch starke Schrauben fest verbunden sind. Zum besseren Verständnis ist eine Achslagerführung, ähnlich der in Abb. 151 gezeigten, in Abb. 153 noch besonders wiedergegeben. Die Führung hat meist Torform — geschlossene Achslagerführung; zuweilen fehlt aber auch das die beiden Führungsstücke verbindende Joch — offene Achslagerführung. Die geschlossene Führung ist zwar teurer als die offene, hat aber den Vorteil, daß sie den an dieser Stelle durch die Achsausschnitte geschwächten Rahmen kräftig versteift.

Bei den großen Beanspruchungen, denen die Achslagergleitplatten und ihre Führungen ausgesetzt sind, nutzen sich diese Teile stark ab. Das Lagergehäuse würde bei fortgeschrittener Abnutzung in den Rahmenausschnitten erheblich schlagen und schließlich brechen oder Brüche der Führungen oder gar des Rahmens herbeiführen, wenn man die Führungen nicht nachstellbar einrichtete. Man erreicht dieses dadurch, daß man bei Treib- und Kuppelachslagern die hintere Lagerführung schräg ausbildet und zwischen ihr und der Achslagergleitplatte einen Keil, den Stellkeil K, einschaltet. Mit Hilfe der Stellkeilschraube k kann man die wirksame Höhe des Keiles leicht verändern und die Achslagerführungen so einstellen, daß das Achslagergehäuse nicht schlagen kann, andererseits aber

Abb. 154.
Achslagerführung für Barrenrahmen.

noch so beweglich ist, daß die Tragfedern nicht ausgeschaltet sind. Die Keilschraube hat einen Kopf in Form eines liegenden Zylinders, der sich beim Anziehen oder Lösen des Keiles in einem entsprechenden Ausschnitt seitlich verschieben kann. Die Stellkeile werden meist hinter dem Achslager angeordnet, da sie dann besonders bei Lokomotiven mit Schlepptender, die hauptsächlich vorwärts fahren,

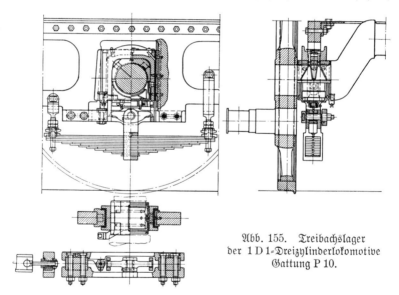

Abb. 155. Treibachslager der 1 D 1=Dreizylinderlokomotive Gattung P 10.

einem geringeren Druck ausgesetzt sind. Andernfalls würden sie durch die beim Federspiel auftretende Reibung leichter gelockert werden.

Unter dem Achslager wird der Rahmenausschnitt durch den Achsgabelsteg S, der nach unten gezogene Ansätze am Rahmen umfaßt und mit diesem durch Schrauben verbunden ist, wieder geschlossen.

Achslager und deren Führungen. 169

Einfacher als beim Blechrahmen gestaltet sich die Achslagerführung beim Barrenrahmen (Abb. 154); denn bei ihm läßt sich das Lager so einbauen, daß seine Mittelebene mit der Längsmittelebene der Rahmenwange zusammenfällt. Die Achslagerführungen werden mit dem Rahmenbarren in dieser Mittelebene durch Paßschrauben mit Muttern oder Stiftschrauben verbunden. Vielfach sichern auch noch Paßzapfen einen guten Sitz und entlasten die Schrauben.

Die Anordnung eines Treibachslagers einer neueren Personenzuglokomotive — der P 10 — zeigt die Abb. 155. Besonders bemerkenswert ist bei diesem Lager die Sicherung des Stellkeiles gegen unbeabsichtigtes Lösen während der Fahrt. Stellmutter und Sicherungsmutter haben am Rande Ausschnitte.

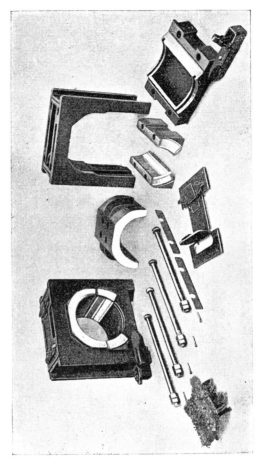

Abb. 155. Obergethmann-Lager und seine Einzelteile.

In einen Ausschnitt greift ein in den Achsgabelsteg eingelassener Stift, der sich vor einem Nachstellen der Mutter hochziehen läßt. Der Achsgabelsteg selbst ist zweiteilig und umfaßt außen und innen Ansätze am Barrenrahmen. Beide Stegteile werden mit diesen Ansätzen durch Paßschrauben verbunden. Die Köpfe der Schrauben sind in dem äußeren

Stegteil versenkt, um genügend Abstand von den sich drehenden Rad=
körpern zu wahren.

Achslager mit einer nur die obere Hälfte des Achsschenkels umfassenden
Lagerschale reichen für die neuen schwereren Lokomotiven nicht mehr aus.
Die Lagerschale genügt nicht, um die waagerecht wirkenden, recht erheb=
lichen Kolbenkräfte aufzunehmen, und ist nicht in der Lage, ein Abheben
des Lagers vom Achsschenkel, wie es durch Kräfte, die die Treibachswelle
nach unten drücken, hervorgerufen werden kann, zu verhüten. Man baut
daher jetzt bei den Treibradsätzen neuerer Lokomotiven **dreiteilige
Achslager nach Obergethmann** (Abb. 156) ein, die den Achsschenkel
auf etwa drei Viertel seines Umfanges umfassen.

Die beiden unteren Hilfslagerschalen stützen sich auf den dafür be=
sonders ausgebildeten Unterkasten und sind mit diesem, wie mit der
Hauptlagerschale und dem Gehäuse auf jeder Seite durch zwei starke
Schrauben fest verbunden. Zwischen Hilfsbacken und Hauptlagerschale sind
Blechbeilagen, die in Stärken von 4—2 mm leicht ausgewechselt werden
können und so eine Nachstellbarkeit des Lagers ermöglichen, eingelegt.

6. Federung und Ausgleich.

Der Schienenweg, auf dem das Eisenbahnfahrzeug rollt, kann nicht
ohne Unebenheiten und Lücken hergestellt werden. Besonders da, wo die
Schienen unterbrochen sind, an den Schienenstößen, wie auch an allen
Stellen, wo die Schienen nicht vollkommen eben gelegt sind, erhalten
die Räder Stöße, die um so heftiger werden, je schneller das Fahrzeug
läuft. Die Stöße würden — auf das Fahrzeug übertragen — dort zer=
störend wirken und den Menschen auf ihm durch die sich schnell wieder=
holenden Erschütterungen den Aufenthalt unerträglich machen. Sie
würden ferner ein hartes Schlagen des Fahrzeuges auf die Schienen und
auf den ganzen Oberbau hervorrufen, das diesen vorzeitig unbrauchbar
machen würde. Zur Vermeidung dieser schädlichen Einflüsse werden
zwischen den Rädern und ihren Achslagern einerseits und dem Rahmen
und den anderen Teilen des Fahrzeuges andererseits Federn eingeschaltet,
die in senkrechter Richtung nachgiebig sind und die Stöße stark dämpfen.

Als Tragfedern für Lokomotiven werden hauptsächlich Blattfedern
in der Form geschichteter Dreiecksfedern verwendet. Solche aus mehreren
übereinander gelagerten Stahlplatten bestehende Federn haben gegen=
über Schraubenfedern, die zuweilen auch als Tragfedern vorkommen
(vgl. z. B. Abb. 169), den Vorteil, daß sie infolge der Reibung, die beim
Durchbiegen der Federn zwischen den dann aufeinander gleitenden Blättern

Federung und Ausgleich. 171

entsteht, die Stoßkräfte zum Teil aufzehren. Sich verstärkende Schwingungen können deswegen nicht auftreten. Allerdings darf die Dämpfung nicht zu groß sein, da sonst die Federung bei schnell aufeinanderfolgenden Stößen zu hart wirken würde.

Bei der gebräuchlichen Blattfeder hat das oberste Blatt, das an seinem Ende die Last aufnimmt, das Hauptfederblatt — oder auch mehrere zu oberst liegende Blätter — eine bestimmte Länge; die darunter liegenden Blätter werden immer um ein bestimmtes Maß kürzer. Zur Erklärung dieser Form diene folgende Betrachtung. Eine Tragfeder wird gewöhnlich so beansprucht, daß eine Kraft, im vorliegenden Falle der auf die Feder entfallende Gewichtsanteil der Lokomotive, an den Enden der Feder angreift, und in deren Mitte auf den Stützpunkt, hier also auf das Achslager, übertragen wird. Daß bisweilen auch die Feder in der Mitte belastet und an ihren Enden gestützt wird, ändert an der Beanspruchung der Feder nichts. In beiden Fällen ist jede Federhälfte als ein Träger aufzufassen, der, wie im oberen Bilde der Abb. 157 dargestellt, an einem Ende fest eingespannt ist und am anderen Ende durch die Kraft P um ein bestimmtes Stück d durchgebogen wird. Hätte der Träger von der Angriffsstelle der Kraft P bis zur Einspannstelle über-

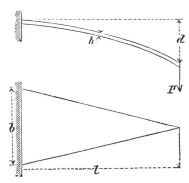

Abb. 157. Träger gleicher Festigkeit.

all den gleichen Querschnitt, also nicht nur die gleiche Stärke h, sondern auch die gleiche Breite b, so würde er sich nach der Festigkeitslehre nach einer bestimmten Kurve, einer kubischen Parabel, durchbiegen. Sein Widerstand gegen die Kraft wäre am geringsten in dem Querschnitt, der von der Kraft am weitesten entfernt ist, also an der Einspannstelle. Hier würde er brechen, wenn die Kraft P zu groß werden würde. Gestaltet man den Träger dagegen wie im unteren Bilde der Abb. 157 so, daß seine Breite und damit sein Querschnitt im gleichen Maße wie der Abstand von dem Angriffspunkte der Kraft P wachsen, so ist der Widerstand des Trägers gegen diese Kraft überall gleich groß und die Durchbiegung erfolgt nach einem Kreisbogen. Je größer die Kraft P ist und je kleiner das Maß der Durchbiegung d sein soll, um so breiter muß der Träger an der Einspannstelle sein. Die Lokomotivtragfeder ist ein doppelarmiger Träger, bei ihr würde man also dann, wie Abb. 158 zeigt, ein Federblatt haben, das mit seiner großen Breite m—m schlecht unterzubringen wäre. Man hilft sich, indem man das Blatt in mehrere gleich breite Streifen aa, bb, cc... schneidet und diese nicht nebeneinander, sondern übereinander legt (Abb. 159). Man erhält auf diese Weise nicht nur eine bedeutend schmalere Feder, sondern gewinnt auch eine Feder, die, wie schon oben kurz erwähnt, innere Reibung besitzt. Ein Abklaffen der einzelnen Blätter bei der Durchbiegung ist nicht zu befürchten, da ja die Durchbiegung eines jeden Blattes nach einem Kreisbogen erfolgt. Bei der praktischen Herstellung einer solchen Feder sind natürlich die zueinander gehörenden Streifen aa, bb, cc ... aus einem Stück von der Breite des Hauptstreifens i gefertigt. Die einzelnen Lagen werden durch eine Art Kasten, den Federbund B, umfaßt (Abb. 160). Alle Blätter mit Ausnahme des Hauptfederblattes sind an den Enden zugeschärft. Die Enden des Hauptblattes sind je nach der Art der Verbindung mit dem Federgehänge verschieden gestaltet.

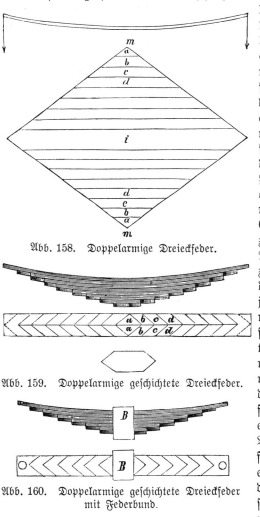

Abb. 158. Doppelarmige Dreieckfeder.

Abb. 159. Doppelarmige geschichtete Dreieckfeder.

Abb. 160. Doppelarmige geschichtete Dreieckfeder mit Federbund.

Federung und Ausgleich. 173

Die Federblätter der Lokomotivtragfedern sind aus gutem Flußstahl hergestellt, der beim Härten keine Risse bekommen darf und nach dem Anlassen so zäh und elastisch bleibt, daß er bei den höchsten zulässigen Beanspruchungen weder bricht noch sich bleibend durchbiegt. Sie sind bei den älteren Lokomotivgattungen der Deutschen Reichsbahn meist 90 mm breit und 13 mm stark, bei den neuen Einheitslokomotiven in der Regel 120 mm breit und 16 mm stark. Ihre Länge beträgt gewöhnlich 950—1200 mm. In der Mitte jedes Federblattes ist (vgl. Abb. 161) auf der einen Seite eine Längsrille a, auf der anderen

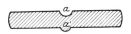

Abb. 161.
Querschnitt durch ein Federblatt.

Seite eine Längsrippe a' ausgebildet. Dadurch, daß die Rippe eines Federblattes in die Rille des nächsten greift, wird eine seitliche Verschiebung der einzelnen Federlagen gegeneinander verhindert. Im allgemeinen hat man 9—13 Federlagen. Sie werden durch den Federbund (Abb. 162), der in warmem Zustande aufgezogen wird und sie nach dem Erkalten fest umklammert, zusammengehalten. Verschiebungen in der Längsrichtung werden durch mittlere oder seitliche Stifte oder ohne jede Schwächung des Federblattes am besten dadurch verhindert, daß in der Mitte der Längsrippe eine Mittelwarze w und in der Mitte der Längsrille eine entsprechende Vertiefung w', in

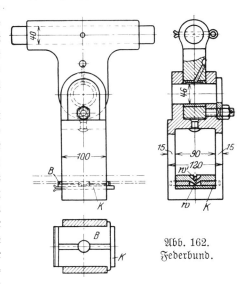

Abb. 162.
Federbund.

die die Warze des anderen Blattes eingreift, angeordnet wird. In die Vertiefung des Hauptfederblattes legt sich der Kopf eines im Federbund angebrachten Nietes. Eine keilförmige Beilage B preßt in Verbindung mit einem Splintkeil K die Federblätter eng aneinander.

Der Federbund hängt bei unter dem Achslager liegender Feder mit dem in der Abb. 162 dargestellten, kreuzgelenkartigen Achslagergehänge im Lagergehäuse (Abb. 152). Ist die Feder über dem Lager angeordnet, so stützt sie sich mit der Federstütze auf das Lagergehäuse (Abb. 167). Im unbelasteten Zustande sind die Federn mit ihren Enden etwas nach oben gekrümmt. Erst wenn sie mit dem für sie bestimmten Gewicht belastet sind, sind sie gerade gestreckt. Bisweilen läßt man die unbelasteten Blätter auch gerade; sie sind dann, wenn sie belastet werden, an den Enden nach unten durchgebogen.

Mit dem Rahmen werden die Federn durch die Federgehänge, die bei Lokomotiven meist nachstellbar als Federspannschrauben (Abb. 163) ausgebildet sind, verbunden. Die Federgehänge bzw. Federspannschrauben sind am Rahmen gelenkig befestigt und stützen sich mit Sattel=

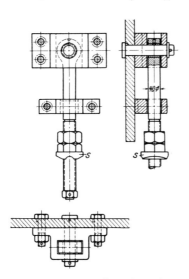
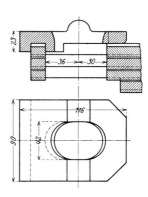

Abb. 163. Federspannschraube.   Abb. 164. Federdruckplatte.

scheiben s auf die Enden der Hauptfederblätter. Diese erhalten deshalb durch Anstauchen Nocken oder besondere mit Nocken versehene Federdruckplatten (Abb. 164). Die Druckplatten und die Blattenden der Hauptfederlagen haben zur Führung der Federspannschrauben Löcher, die länglich ausgebildet sind, damit die Spannschrauben Spiel haben und beim Durchbiegen der Federn nicht brechen. Gerollte oder geschmiedete Augen, wie man sie bei Wagenfedern noch heute findet, haben die Enden von Lokomotivfedern nicht mehr, da dadurch ihr Abbrechen begünstigt wurde.

Mit Hilfe der Federspannschrauben kann man die Achsen einer Lokomotive stärker oder schwächer belasten. Löst man z. B. bei der in Abb. 165

Federung und Ausgleich. 175

dargestellten Federanordnung einer fünf=
achsigen Güterzuglokomotive (der früheren
preußischen G10=Lokomotive) die Muttern
an den Federspannschrauben des mittleren
Radsatzes so weit, daß die Feder auf jeder
Seite ganz entspannt ist, so ruht das
Gewicht der Lokomotive nur auf den
beiden ersten und den beiden letzten Achsen.
Je mehr die Schrauben angezogen wer=
den, um so stärker wird der Radsatz be=
lastet. Man kann also die ruhende Last
so auf die einzelnen Achsen verteilen, daß
jede einen gleichen Anteil trägt. Durch
Unebenheiten der Gleise oder infolge
Nachlassens der Federkraft bei einzelnen
Achsen würde diese Gewichtsverteilung
aber wieder gestört werden und einzelne
Radsätze mehr oder weniger belastet als
andere. Deshalb werden die Federn durch
Ausgleichhebel, die um einen festen
Drehpunkt schwingen, zu einzelnen Grup=
pen zusammengefaßt. In Abb. 165 sind
so die Federn der beiden ersten und der
beiden letzten Radsätze auf jeder Seite
verbunden. Ein Stoß, der das erste Rad
treffen würde, würde dessen Feder und
damit die Federgehänge stärker an=
spannen, der Ausgleichhebel wird sich
schief stellen und einen Teil des Stoßes auf
die benachbarte Feder übertragen. Wird
bei einer Unebenheit der Gleisbahn oder
bei starkem Schwanken der Lokomotive
umgekehrt eine Feder plötzlich entlastet,
so bewirkt der Ausgleichhebel, daß das
nächste Rad an dieser (nun kleineren)
Entlastung teilnimmt.

Die Ausgleichhebel werden, um die
Bolzen, die sie mit dem Träger am
Rahmen und den Federgehängen ver=

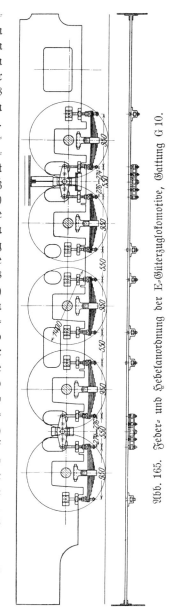

Abb. 165. Feder= und Hebelanordnung der E=Güterzuglokomotive, Gattung G 10.

binden, nicht einseitig zu belasten, meist aus Blechen, die durch Abstand=
ringe und Mutterschrauben zusammengehalten werden, hergestellt. Die
Abb. 166 zeigt einen derartigen Ausgleichhebel im Längsschnitt.

In der Regel werden die Ausgleichhebel gleicharmig hergestellt, so
daß die Last auf die durch die Hebel verbundenen Radsätze gleichmäßig
verteilt wird. Nur dann, wenn ein Radsatz gegenüber einem anderen, z. B.
ein Laufradsatz gegenüber dem benachbarten Kuppelradsatz, schwächer be=
lastet werden soll, wird nach dem Hebelgesetz der Arm, an dem die kleinere
Last hängen soll, entsprechend länger gemacht, so daß das Verhältnis der
beiden Hebelarmlängen gleich dem umgekehrten der zugehörigen Lasten ist.

Abb. 167 zeigt die Federanordnung einer 1C=Tenderlokomotive (der
früheren preußischen T12). Die Federn b des 2. und 3. Kuppelradsatzes
sind hier in ähnlicher
Weise durch Ausgleich=
hebel verbunden wie in
Abb. 165. Die Aus=
gleichhebel sind aber
nicht gleicharmig, denn
der 2. Kuppelradsatz ist

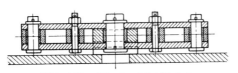

Abb. 166. Längsausgleichhebel.

als Treibradsatz schon an sich schwerer als die anderen Radsätze, ferner
trägt er aber noch mehr nicht abgefederte Gewichte, wie einen Teil der
Treib= und Schwingenstangen und die Gegenkurbel. Man gibt ihm daher
weniger gefedertes Gewicht als dem Kuppelradsatz und erreicht dies
dadurch, daß man den entsprechenden Arm des Ausgleichhebels d länger
als den anderen macht. Die Tragfedern g der beiden vorderen Radsätze,
des Laufradsatzes und des ersten Kuppelradsatzes, liegen oberhalb der
Achslager. Sie sind gleichfalls verbunden, aber nicht durch Ausgleich=
hebel, sondern durch die Winkelhebel k und m und die Verbindungs=
stange l. Eine derartige Anordnung wird dann gern gewählt, wenn die
Entfernung der Achsen so groß wird, daß ein Ausgleichhebel sehr schwer
ausfallen würde. Allerdings ist dann der Nachteil in Kauf zu nehmen,
daß mehr Bolzen und damit mehr Schmierstellen vorhanden sind. Die
Federspannschrauben n und p des Laufradsatzes sind von unten nach=
stellbar. Die Muttern sind so besser zugänglich als wenn sie oben hinter
den Rahmenblechen lägen. Da in diesem Fall die Spannschraube p mit
dem Rahmen und die Spannschraube n mit dem Hebelwinkel m nicht
mehr durch Bolzen verbunden werden können, sind sie an den Ver=
bindungsstellen mittels kleiner Druckplatten q (vgl. auch Abb. 168)
schneidenförmig gelagert.

Federung und Ausgleich. 177

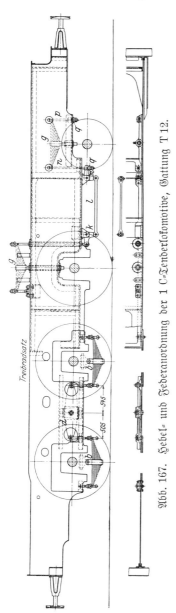

Abb. 167. Hebel- und Federanordnung der 1 C-Tenderlokomotive, Gattung T 12.

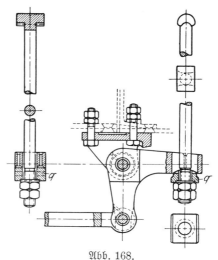

Abb. 168.
Federspannschraube und Winkelhebel.

Bei den bisher beschriebenen Tragfederanordnungen sind die Federn einzelner Radsätze nur auf jeder Lokomotivseite zu einzelnen Gruppen durch Ausgleichhebel vereinigt. Die Hebel liegen gleichlaufend zur Längsachse der Lokomotive, sie heißen daher **Längsausgleichhebel**. Zuweilen findet man indes auch quer angeordnete Hebel, **Querausgleichhebel**. Diese haben die Aufgabe, eine gleichmäßige Lastverteilung auf beide Achsschenkel eines Radsatzes oder auf zwei durch Längsausgleichhebel gebildete Federgruppen herbeizuführen.

Jede durch Längs- oder Querausgleichhebel verbundene Federgruppe bildet einen Unterstützungspunkt für die Lokomotive. So sind bei der Anordnung der Abb. 165 auf jeder

Seite 3, zusammen also 6, und bei der Anordnung der Abb. 167 im ganzen 4 Stützpunkte vorhanden. Für eine genaue Verteilung des Gewichtes der Lokomotiven auf die Achsen genügen 3 Stützpunkte, denn bei einem auf 3 Punkten gelagerten Fahrzeug kann sich das Verhältnis der einmal auf die Punkte verteilten Gewichtsteile nie wesentlich ändern, wenn einmal ein Punkt bei Gleisunebenheiten gesenkt oder gehoben wird. Sind dagegen mehr als 3 Punkte vorhanden, so wird der Punkt, der gesenkt wird, entlastet und die anderen Punkte dementsprechend stärker belastet.

Eine Dreipunktauflagerung hat z. B. die 1E-Güterzuglokomotive (die frühere preußische G 12), deren Federanordnung in Abb. 169 u. 170 dargestellt ist. Wie aus der schematischen Darstellung in Abb. 169 hervor-

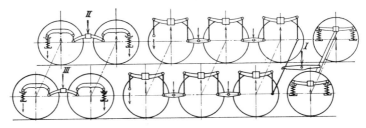

Abb. 169. Hebel- und Federanordnung der 1 E-Güterzuglokomotive, Gattung G 12.

geht, bilden einen Punkt der Laufradsatz und die vordersten drei Kuppelradsätze. Die Federn dieser Kuppelradsätze sind auf jeder Seite durch Längsausgleichhebel und vor dem ersten Kuppelradsatz durch einen Querausgleichhebel untereinander und dann durch einen größeren Längsausgleichhebel wieder mit dem in einem Lenkgestell — Bisselachse — gelagerten Laufradsatz verbunden. Die beiden hinteren Kuppelradsätze haben auf jeder Seite eine gemeinsame Tragfeder und je eine Schraubenfeder. Die drehbar gelagerten Federn auf jeder Seite wirken als Längshebel zwischen den Achslagerbügeln und ergeben den 2. und 3. Auflagerpunkt.

Die Abb. 170 zeigt die konstruktive Ausbildung der Tragfedern und Ausgleichhebel und ihre Anbringung am Rahmen der Lokomotive, einem Barrenrahmen. Beim Barrenrahmen kann das Federsystem jeder Seite so angeordnet werden, daß seine Längsmittelebene mit der des Rahmens zusammenfällt. Der Rahmen wird dadurch, wie schon auf S. 137 erwähnt, erheblich günstiger beansprucht als ein Blechrahmen, bei dem, wie die Abb. 165 bis 167 zeigen, die Federn und Hebel einseitig

Federung und Ausgleich. 179

aufgehängt werden müssen. Die Tragfedern liegen beim Barrenrahmen entweder oberhalb der Rahmenwangen und stützen sich dann mit Hilfe einer kastenartigen Stütze auf das Achslager (z. B. beim 1. bis 3. Kuppelradsatz in Abb. 170) oder sie liegen unterhalb der Rahmenwangen (wie in Abb. 155). Ist die Tragfeder zwischen zwei Radsätzen angeordnet (z. B. zwischen dem 4. und 5. Kuppelradsatz in Abb. 170), so liegt sie in einem Rahmenfenster. Die Ausgleichhebel sind zweiteilig — Abb. 171 — und liegen in zwei Rahmenfenstern so, daß der Drehbolzen im dazwischenliegenden Rahmensteg sitzt. Die Federspannschrauben umfassen gabelförmig die Rahmenbarren. Kleine Sattelstücke aus Rotguß verhindern, daß die Federspannschrauben am Rahmen scheuern. Bei großem Raddurch-

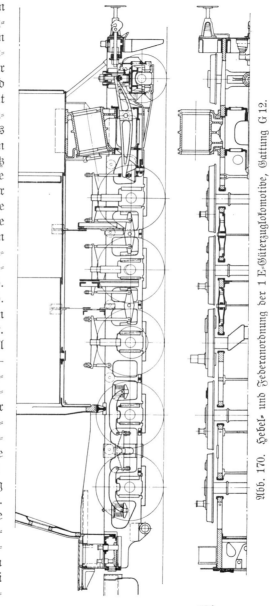

Abb. 170. Hebel- und Federanordnung der 1 E-Güterzuglokomotive, Gattung G 12.

12*

messer liegt der Barrenrahmen höher. Man kann dann die Ausgleich=
hebel auch unter die Rahmenwangen legen und vermeidet so eine
Schwächung der Rahmenstege durch die Löcher für die Drehbolzen.

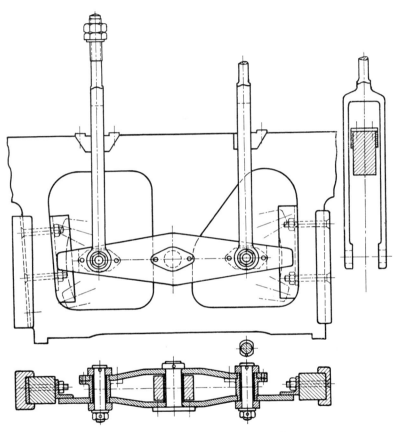

Abb. 171. Ausgleichhebel bei Barrenrahmen.

Besonders bemerkenswert ist die Federanordnung nach Abb. 170
auch wegen der Aufhängung der Federn des 4. und 5. Kuppelradsatzes.
Statt für jedes Achslager eine besondere Feder anzuordnen und diese
durch einen Ausgleichhebel zu verbinden, sind hier über die Achslager
aus je zwei Blechen bestehende Längshebel gelegt. Die Rolle des Aus=

gleichhebels hat eine Tragfeder übernommen, die nun selbstverständlich umgekehrt gelagert sein muß. Zwischen die freien Enden der Ausgleichhebel und dem Rahmen sind an Stelle von Federgehängen in Pfannen ruhende Schraubenfedern geschaltet.

7. Verschiebbarkeit von Radsätzen, Dreh- und Lenkgestelle.

Hat eine Lokomotive nur zwei oder allenfalls auch drei Kuppelradsätze, so kann man diese ohne Bedenken fest im Rahmen anordnen. Der abgefederte Teil kann dann zwar noch in senkrechter Richtung um das Maß des Federspieles über den Achsen schwingen; die Ebenen, die man sich durch die Spurkränze der Räder auf jeder Seite gelegt denken kann, bleiben aber immer in gleichem Abstand von den Rahmenflächen und der Längsmittelebene der Lokomotive. Um nun größere Zugkräfte zu erhalten, ist man, wie schon vorn erwähnt, gezwungen, einen möglichst großen Teil des Lokomotivgewichtes auf gekuppelte Achsen zu legen, muß also deren Zahl entsprechend vergrößern. Damit wird der Achsstand, d. h. die Entfernung der ersten von der letzten Achse größer. Das Spiel der Räder in den Schienen (s. S. 157) und die Spurerweiterung, die die BO § 9 (TV § 2) in Krümmungen mit einem Halbmesser von weniger als 500 m vorsieht, reicht dann nicht mehr aus, um ein Zwängen der Lokomotive beim Durchfahren von Gleisbögen zu vermeiden. Hoher Kurvenwiderstand, starke Abnutzung der Radreifen und Schienen wären die Folge. Ist der Krümmungshalbmesser besonders klein oder der Achsstand besonders groß, so würden die Spurkränze der ersten und letzten Außenräder die äußere Schiene, die der mittleren Innenräder die innere Schiene umwerfen.

Das einfachste Mittel, eine drei- oder mehrfach gekuppelte Lokomotive kurvenbeweglich zu machen, ist das **Schwächerdrehen des Spurkranzes** an den nicht führenden, mittleren Radsätzen oder das **Abdrehen des ganzen Spurkranzes** an diesen. Spurkranzlose Radsätze sind zwar in der Werkstatt nicht beliebt, weil sie nicht allein auf den Schienen gerollt werden können; für diesen Fall kann man sich aber durch Anbringen von Ringscheiben helfen.

Bis zu einem gewissen Grade wird auch ein Anschmiegen der Radsätze an die Krümmung des Gleises durch ein von dem bekannten Lokomotivfachmann der österreichischen Staatsbahnen Gölsdorf eingeführtes und nach ihm benanntes Verfahren erreicht. Einzelne Radsätze, z. B. der 1.,

3. u 5. einer fünffach gekuppelten Lokomotive werden seitlich verschiebbar gemacht, indem man ihre Achsschenkel verlängert, so daß sie in den Achslagern nach beiden Seiten Spiel haben. Das gleiche Spiel müssen natürlich auch die Kuppelstangen auf den Zapfen haben, wie es in dem Abschnitt „Kuppelstangen" beschrieben worden ist. Eine seitliche Verschiebbarkeit des Treibradsatzes ist allerdings nur schwer durchzuführen, da an ihm die Treibstangen und Steuerungsteile angebracht sind.

Namentlich bei Schmalspurlokomotiven, gelegentlich auch bei Vollbahnlokomotiven, die für Strecken mit sehr engen Kurven bestimmt sind,

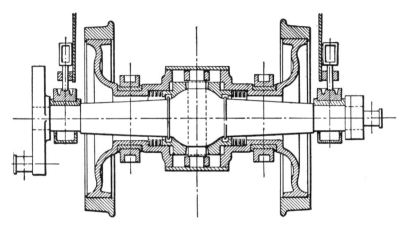

Abb. 172. Radsatz der Bauart Klien-Lindner.

gibt es noch mehrere Sonderbauarten von Kuppelradsätzen, die trotz großen Gesamtachsstandes der Lokomotive ein zwangloses Durchfahren der Gleisbögen ermöglichen.

Abb. 172 gibt einen Radsatz der Bauart Klien-Lindner wieder. Bei ihm sind die beiden Räder durch eine Hohlachse verbunden. Durch diese geht eine auf beiden Seiten im Rahmen festgelagerte Kurbelwelle, die durch Kuppelstangen angetrieben wird. In der Mitte ruht die Kurbelwelle mit einem kugelförmig ausgebildeten Bund in einem entsprechend ausgehöhlten Gleitstück der Hohlachse. Durch einen starken Bolzen wird der Radsatz von der Kurbelwelle zum Mitdrehen gezwungen. Er kann sich gegenüber der Welle quer zum Gleise verschieben; im geraden Gleise halten ihn starke Schraubenfedern in der Mittellage fest. Das Kugelgelenk in der Mitte gestattet eine Schrägstellung der Hohlachse gegenüber der

Verschiebbarkeit von Radsätzen, Dreh- und Lenkgestelle.

Kurbelwelle. Beim Klien-Lindner-Radsatz sind Außenrahmen und Außenkurbeln erforderlich.

Bei der Bauart Luttermöller (Abb. 173) sind ein oder beide Endradsätze mit dem benachbarten Radsatz, der fest im Rahmen gelagert ist und durch Kuppelstangen angetrieben wird, durch Zahnradgetriebe — und zwar, damit sich die Zahnräder auf den Achsen im gleichen Sinne drehen, unter Einschaltung eines Zwischenzahnrades — verbunden. Die drei Zahnräder ruhen in einem Gehäuse, das auf der Achse des Endradsatzes in zwei Gleitlagern fest, auf der des festen Radsatzes dagegen drehbar gelagert ist. Zu diesem Zwecke hat die feste Achse eine kugelförmige Wulst, auf der der Hohlzapfen des treibenden Zahnrades sitzt.

Die beiden eben beschriebenen Bauarten sind sehr vielteilig, daher teuer und für den Betrieb unbequem. Man versucht sie nach Möglichkeit zu vermeiden und mit einfacheren Mitteln eine gute Kurvenbeweglichkeit zu erreichen.

In Krümmungen übernimmt der erste Radsatz die Führung des Fahrzeuges. Auf den Spurkranz seines äußeren Rades übt die Schiene einen Druck aus, der dem Fahrzeuge die erforderliche Drehung erteilt.

Ist nun der erste Radsatz seitlich verschiebbar, so wird ein Teil des Führungsdruckes — bis zur Ausnutzung des Seitenspiels sogar fast der ganze Druck — auf das zweite äußere Rad übertragen und das erste Rad entsprechend entlastet. Man vermeidet so eine zu schnelle Abnutzung der Spurkränze am ersten Radsatz und ein vorzeitiges „Scharflaufen" der Radreifen.

Einen Nachteil hat diese Anordnung aber noch. Das führende Rad steht nämlich im Gleisbogen in einem Winkel zur Schiene und hat das Bestreben aufzuklettern, zu entgleisen. Im allgemeinen wird es daran durch die auf ihm ruhende Last gehindert. Bei höheren Geschwindigkeiten läßt sich diese Gefahr aber nur dadurch beseitigen, daß man den führenden Radsatz nicht nur seitlich verschiebbar, sondern auch drehbar macht. Allerdings ist das nur bei Laufradsätzen, deren Räder nicht durch Kuppelstangen an einen festen Abstand zu dem folgenden Radsatz gebunden sind, möglich. Alle neueren Lokomotiven mit Schlepptendern, die für den Hauptbahndienst auf freier Strecke bestimmt sind, also auch Güterzuglokomotiven, haben daher jetzt mindestens einen vorderen Laufradsatz und entsprechende Tenderlokomotiven mindestens je einen Laufradsatz vorn und hinten. Die T12-Lokomotive ist wohl die letzte Lokomotive, bei der dieser Grundsatz noch nicht für beide Fahrtrichtungen durchgeführt wurde.

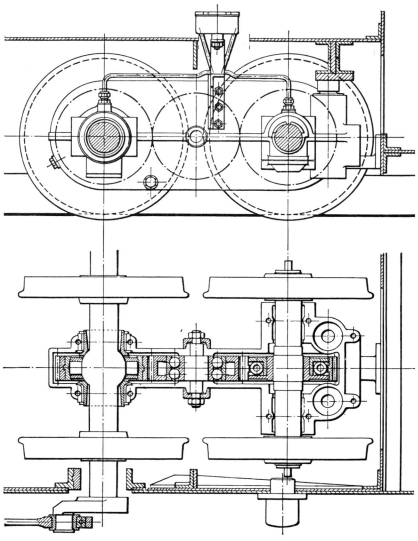

Abb. 173. Luttermöller=Radsatz.

Bei Personenzug= und Schnellzuglokomotiven ist man auch aus anderen Gründen gezwungen, Laufradsätze anzuordnen. Man verlangt

Verschiebbarkeit von Radsätzen, Dreh- und Lenkgestelle. 185

von solchen Lokomotiven zwar keine so großen Zugkräfte wie von Güterzuglokomotiven, sie brauchen also auch kein so großes Reibungsgewicht zu haben wie diese; sie müssen aber andererseits weit höhere Geschwindigkeiten entwickeln können, ihr Kessel und damit ihr Gewicht wird also nicht kleiner; der Teil des gesamten Gewichtes, der nicht als Reibungsgewicht auf den Kuppelradsätzen ausgenutzt wird, muß dann auf Laufradsätze gelegt werden.

Hohe Geschwindigkeiten bedingen, wie schon vorn gesagt, große Raddurchmesser. Hohe Räder soll man aber nicht vorn als führende Räder laufen lassen, denn je größer der Durchmesser des Rades ist, um so länger ist auch der Hebelarm, mit dem der Führungsdruck am Spurkranz die Achswelle zu verbiegen sucht. Dazu kommt, daß hohe Räder leichter aufklettern als niedrige. Der Durchmesser der führenden Laufräder wird daher so klein wie nur irgend angängig (meist 1 m) gewählt. Nur die der hinteren, sog. Schleppachsen der sechsachsigen Schnellzuglokomotiven macht man etwas größer (1,2 m).

Aus dem eben Gesagten könnte man nun leicht den Schluß ziehen, daß man bei einer Lokomotive möglichst wenige Radsätze fest im Rahmen, alle anderen, die noch notwendig sind, aber so leicht seitlich verschiebbar und drehbar, wie es irgend geht, anordnen müßte. Eine so gebaute Lokomotive würde zwar ohne Zwängen durch enge Gleisbögen laufen können, zu bedauern wären aber die Menschen, die auf ihr fahren müßten.

Durch kleine Unebenheiten in den Schienen und das Spiel der Radsätze zwischen ihnen wird nämlich das jedem Lokomotivführer bekannte Schlingern der Lokomotive hervorgerufen. Das Fahrzeug pendelt dabei unregelmäßig in waagerechter Ebene um seine senkrechte Schwerpunktachse hin und her. Je schneller es fährt, um so weniger kommt es nach jedem Stoß wieder zur Ruhe, um so stärker werden die Schwingungen. Sie werden besonders unangenehm, wenn die festen Radsätze so eng zusammengestellt sind, daß vor dem ersten und hinter dem letzten noch schwerere Massen überhängen. Dann werden auch die seitlichen Anlaufdrücke der Spurkränze besonders groß, womit wieder die Gefahr des Aufkletterns heraufbeschworen wird. Es empfiehlt sich also besonders bei Lokomotiven für höhere Geschwindigkeiten, das Gewicht möglichst weit vorn, etwa bei oder gar noch vor den Zylindern, und hinten möglichst noch hinter dem Hinterkessel durch fest im Rahmen angeordnete Radsätze abzustützen, es empfiehlt sich — mit anderen Worten — die Entfernung zwischen erster und letzter fester Achse oder, wie man mit einem Fachausdruck sagt, die „geführte Länge" sehr groß zu machen. Das Fahrzeug wäre dann aber wieder weniger kurvenbeweglich.

Um allen Forderungen soweit wie möglich gerecht zu werden, macht man die führenden Radsätze seitlich verschiebbar und drehbar, setzt aber dem Führungsdruck, der den Radsatz verschiebt, einen Widerstand in Form von Rückstellfedern oder anderen Vorrichtungen entgegen. Durch ihn wird der Radsatz beim Verlassen des Gleisbogens auch wieder in die Mittellage zurückgeholt und in der Geraden darin festgehalten, sowie das Schlingern gewissermaßen gebremst.

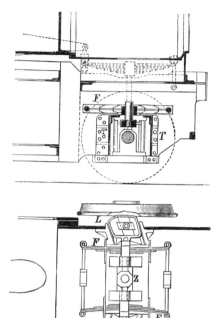

Abb. 174 Ältere Adams-Achse.

Eine sehr beliebte Ausführungsform eines seitenbeweglichen und drehbaren Laufradsatzes ist die Adams-Achse. Zur Erläuterung mögen die Abb. 174 und 175 dienen, die eine ältere Bauart der Adams-Achse wiedergeben. Abb. 174 zeigt die Achse im Schnitt der Lokomotivlängsebene und im Grundriß, Abb. 175 in doppelt so großem Maßstabe im Schnitt quer zur Lokomotivlängsachse.

Die Seitenflächen der Achslagergehäuse L und ihre Gleitplatten sind nach einem Kreisbogen, dessen Mittelpunkt in der Längsmittelebene nach der Mitte des Fahrzeuges zu liegt (s. Abb. 176), gekrümmt. Die Achslagerführungen sind durch Querträger T zu einem Kasten verbunden, in und mit dem sich der ganze Laufradsatz um den Mittelpunkt des Kreisbogens als Drehpunkt drehen kann. Als Rückstellvorrichtungen dienen Federn, in dem vorliegenden Beispiel die Blattfedern F, die sich auf den aus den Trägern T gebildeten festen Kasten stützen. Die Achslager sind durch ein Querhaupt Q verbunden. Das Querhaupt hat in der Mitte einen durch den Kasten hindurchragenden Zapfen Z. Eine um ihn drehbare und

Verschiebbarkeit von Radsätzen, Dreh- und Lenkgestelle. 187

in Führungen am Kasten gleitende Druckstange spannt mit ihren freien Enden bei seitlichem Anschlag der Achse die eine Blattfeder und durch die Spannschrauben, die die Enden der beiden Federn verbinden, auch die andere an. So wünschenswert auch eine starke Rückstellkraft der Blattfedern ist, um die geführte Länge mittelbar zu vergrößern, so darf man andererseits zwecks leichter Einstellbarkeit in Krümmungen nicht zu starke Federn verwenden. In Österreich läßt man sie zum Beispiel ganz fort.

Der auf den Laufradsatz entfallende Teil des Lokomotivgewichtes wird durch Federstützen, die unten einen Schuh s tragen, auf die Druckplatten S des Lagergehäuses übertragen.

Eine neue Form der Adams-Achse, wie sie bei den neuen Einheitslokomotiven der Deutschen Reichsbahn verwendet wird, zeigt die Abb. 176. Hier sind die beiden Achslagergehäuse durch ein kastenförmiges, unten offenes Mittelstück zu einem Gußstück vereinigt. An ihm ist ein Zylinder befestigt; in diesem drückt eine Schraubenfeder mit rechteckigem Querschnitt 2 Kolben, die Federteller, gegen die ringförmigen Deckel, die Druckringe. In die nach innen mörserartig durchgedrückten Böden der Federteller greifen 2 Druckstangen, deren andere Enden in Widerlagern am Rahmen ruhen. Schlägt die Achse in einer Gleiskrümmung seitlich aus, so wird die Schraubenfeder durch die innere Druckstange gespannt und dadurch eine Rückstellkraft hervorgerufen. Der Ausschlag der Achse wird durch Ansätze im Innern der Federteller begrenzt.

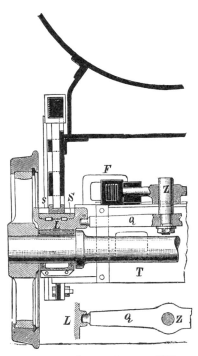

Abb. 175. Ältere Adams-Achse im Querschnitt.

Die unter den Achslagern liegenden Federn hängen mit den Achslagergehängen in Tragbügeln, die sich oben mit Druckzapfen und Sattelstücken auf die Achslagergehäuse stützen. Gleitplatten in den Sattelstücken

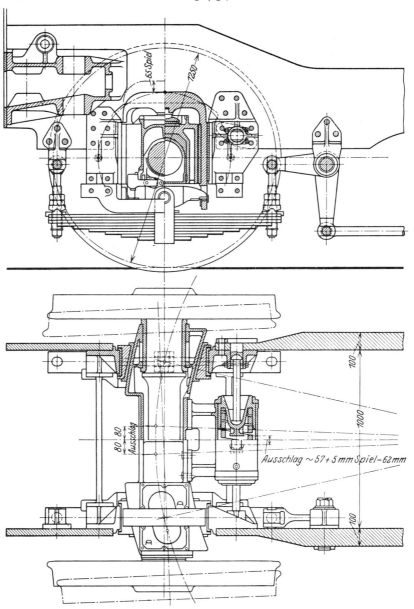

Abb. 176. Adams=Achse der 2 C 1=Einheits=Schnellzuglokomotive.

Verschiebbarkeit von Radsätzen, Dreh- und Lenkgestelle. 189

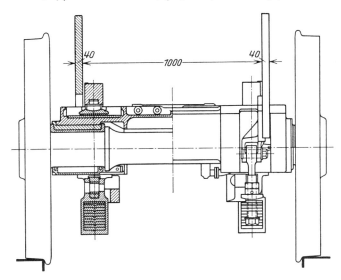

Zu Abb. 176. Adams-Achse der 2 C 1-Einheits-Schnellzuglokomotive.

und Druckplatten auf dem Lagergehäuse gestatten eine Verschiebung der Radsätze unter den Bügeln. Die Seitenstücke der Tragbügel können außen mit ihren Gleitplatten in den Achslagerführungen am Rahmen senkrecht gleiten. Innen sind sie, wie die auch dort angebrachten Gleitplatten nach einem Kreisbogen gewölbt und führen so die konzentrisch gebogenen Seitenflächen des Lagergehäuses und damit den ganzen Radsatz radial.

Bei der Adams-Achse ist der Punkt, um den sich die Achse bei seitlichem Ausschlagen in Gleiskrümmungen dreht, baulich nicht ausgebildet. Durch die kreisförmige Führung des Achslagergehäuses wird die Achse gezwungen, sich zu drehen. Eine Drehbewegung erzielt man bei einer Laufachse aber auch, wenn man deren Mittelpunkt als Drehzapfen wirklich ausbildet. Man hat dann gewissermaßen ein halbes, nur einachsiges Drehgestell, ein Lenkgestell. Das bei uns am meisten bekannte Lenkgestell ist die Bissel-Achse. Die Abb. 177 auf den Seiten 190, 191 und 192 zeigt ein Bissel-Gestell, das bei mehreren Gattungen von Güterzuglokomotiven der Reichsbahn zur Anwendung gelangt ist.

Der Laufradsatz ist in einem kastenartigen Rahmen 1, mit dem er sich unter dem Hauptrahmen der Lokomotive hinweg seitlich verschieben kann, gelagert. An diesem Rahmen ist eine Deichsel 2 befestigt, die an ihren

Enden durch einen Drehzapfen 3 mit einer Querverbindung des Hauptrahmens verbunden ist. Die Last wird vom Hauptrahmen durch die gleiche Querverbindung auf den Längsausgleichhebel 4 und von diesem einerseits auf den Querausgleichhebel 5, andererseits auf ein Pendel 6 mit schneidenartiger Auflagerfläche übertragen. Das Pendel 6 stützt sich auf die mit einem Querstück des Hauptrahmens geführte Hülse 7. Diese ruht auf der Wiege 8, die mit vier Pendeln 9 (s. Abb. auf S. 192) von dem Lenkgestellrahmen 1 getragen wird. Der Rahmen 1 gibt den auf ihn so übertragenen Anteil am Lokomotivgewicht durch die Schneckenfedern 10, die Federspannschrauben 11 und die Blattfedern 12 auf die Achslager ab.

Die oberen herzförmigen Augen der Pendel 9 haben

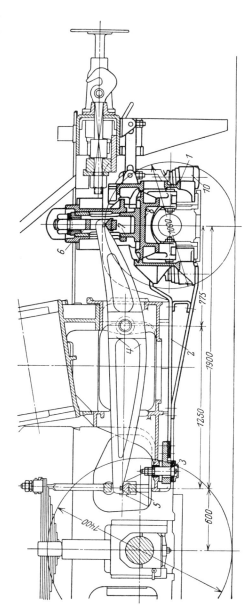

Verschiebbarkeit von Radsätzen, Dreh- und Lenkgestelle 191

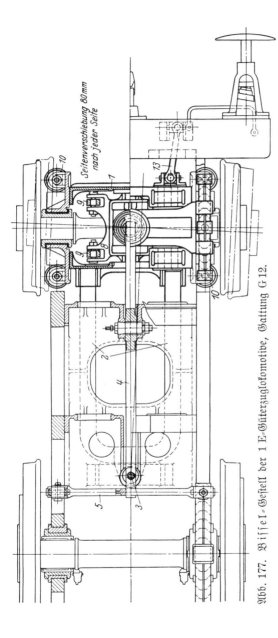

Abb. 177. Bissel-Gestell der 1 E-Güterzuglokomotive, Gattung G 12.

2 Tragbolzen. Schlägt die Laufachse seitlich aus, so wird der eine Bolzen entlastet und der andere um so stärker belastet. Hierdurch wird eine Rückstellkraft, die die Achse wieder in ihre Mittellage zurückzuziehen sucht, ausgeübt.

Um Druck- und Knickbeanspruchungen von der Deichsel fernzuhalten, soll diese nie den Laufradsatz vor sich herschieben. Bei Fahrt mit dem Bissel-Gestell voran wird dieses mittels zweier Pendelstangen 13 von dem Pufferträger gezogen. Die Pendelstangen begrenzen auch den seitlichen Ausschlag; die Deichsel führt das Gestell radial. Bei umgekehrter Fahrtrichtung zieht die Deichsel; der Drehzapfen und die gelenkig am Lenkgestellrahmen angebrachten Bolzen haben dann auf der anderen Seite Spiel.

Zur besseren Veranschaulichung der

192   Das Fahrgestell.

Zeichnung diene noch die Abb. 178, die den Bissel-Gestellrahmen, seine Abfederung und die Deichsel zeigt.

Ein einfacheres neues Deichselgestell zeigt die Abb. 179. Bei ihm erfolgt die Rückstellung wie bei der neueren Bauart der Adams-Achse

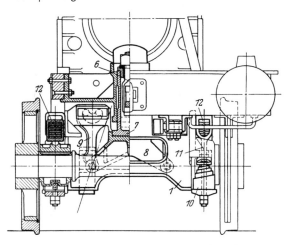

Zu Abb. 177. Bissel-Gestell der 1 E-Güterzuglokomotive, Gattung G 12.

(Abb. 176) durch eine Schraubenfeder zwischen Federtellern und Druckstangen.

Bei den soeben beschriebenen einstellbaren Laufradsätzen wird die geführte Länge über das Maß des festen Achsstandes hinaus künstlich da-

Abb. 178. Bissel-Gestellrahmen.

durch etwas vergrößert, daß die Rückstellvorrichtungen leichteren Stößen gegen die vorderen Spurkränze Widerstand bieten. Bei höheren Geschwindigkeiten lassen sich aber Schlingerbewegungen dadurch nicht vermeiden. Adams-Achse, Bissel-Gestell und ähnliche Bauarten gelangen

Verschiebbarkeit von Radsätzen, Dreh= und Lenkgestelle.

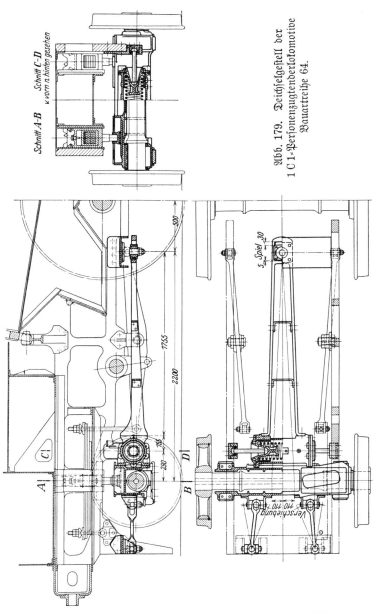

Abb. 179. Deichselgestell der 1 C 1=Personenzugtenderlokomotive Bauart reihe 64.

daher — wie im § 88 der T V empfohlen — nur bei Lokomotiven zur Anwendung, die mit höchstens 80 km/St laufen. Für höhere Fahrgeschwindigkeiten bestimmte Lokomotiven haben Drehgestelle.

Die beiden ersten Radsätze — manchmal auch die beiden letzten — werden durch einen gemeinschaftlichen Rahmen zu einem Laufgestell, dessen Drehpunkt zwischen den beiden Radsätzen liegt, verbunden. Wird bei der Einfahrt in eine Gleiskrümmung der erste Radsatz durch den Führungsdruck abgelenkt, so wird zugleich der andere mit ihm verbundene

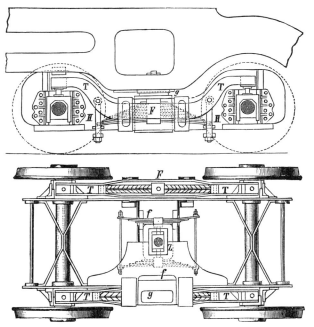

Abb. 180. Zweiachsiges Drehgestell.

Radsatz so weit nach der anderen Seite gedrückt, bis der Spurkranz des äußeren Rades anläuft. Dann verschieben beide Radsätze zusammen am Drehzapfen den Hauptrahmen und damit das ganze Fahrzeug in die neue Richtung. Die geführte Länge beginnt also schon am Drehzapfen und reicht bei Lokomotiven mit hinterem Drehgestell bis zu dessen Zapfen, sonst bis zur letzten festen Achse.

Deutsche Schnellzuglokomotiven haben meist Drehgestelle nach Abb. 180 bis 183. Der Mittelzapfen Z ist oben in einer Querverbindung

Verschiebbarkeit von Radsätzen, Dreh- und Lenkgestelle. 195

des Hauptrahmens fest gelagert. Damit er bei einer Schrägstellung des Drehgestelles gegenüber dem Hauptrahmen nicht bricht, hat er im Lager am Drehgestellrahmen oben und unten etwas Spiel. Das Lager selbst ist aus dem gleichen Grunde nach beiden Seiten konisch erweitert. Der Zapfen kann sich ferner, um das Durchfahren enger Gleisbögen zu er-

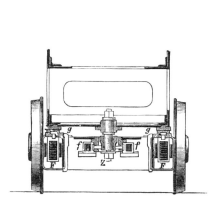

Zu Abb. 180.   Abb. 181.
Zweiachsiges Drehgestell.   Laufachslager des Drehgestells.

möglichen und den Stoß beim Einlaufen zu mildern, mit seiner Lagerbuchse im Drehgestellrahmen seitlich verschieben. Die Rückstellung erfolgt durch 2 Blattfedern f wie bei der auf S. 186 beschriebenen älteren Bauart der Adams-Achse.

Die Last wird mittels Gleitplatten g auf Bügel an den Rahmenwangen des Drehgestelles und starke Blattfedern F übertragen. Die Federn hängen mit ihren Spannschrauben H in kräftigen Federträgern („Schwanenhalsträgern") T, und diese stützen sich mit Druckzapfen auf die Achslagergehäuse. Der Drehgestellrahmen ist so von Biegung frei, weil die Last unmittelbar auf dem Schwanenhalsträger ruht.

Eine neue Bauart dieses Drehgestells, und zwar das der 2C1-Schnellzuglokomotive der Reichsbahn, ist in Abb. 182 dargestellt. Aus der Zeichnung ist auch die Anordnung der Drehgestellbremse erkennbar; die ganze Bremsausrüstung mit den beiden Bremszylindern C sitzt seitlich an den beiden Federträgern.

Das eben beschriebene Drehgestell hat den Nachteil, daß bei ihm die ungefederten Massen verhältnismäßig groß sind, denn die Federträger mit den Federspannschrauben und der Bremsausrüstung des Drehgestells

13*

ruhen unmittelbar auf den Achslagern. Andererseits ist der Drehgestell=
rahmen von dem auf das Drehgestell entfallenden Gewichtsanteil ent=
lastet. Er kann infolgedessen sehr einfach und leicht gebaut werden, wird
dadurch billig und ist für die Wartung bequem zugänglich.

Umgekehrt verhält es sich bei dem in Abb. 183 wiedergegebenen Dreh=
gestell, das sich bei vielen Lokomotiven des bayerischen Netzes der Reichs=

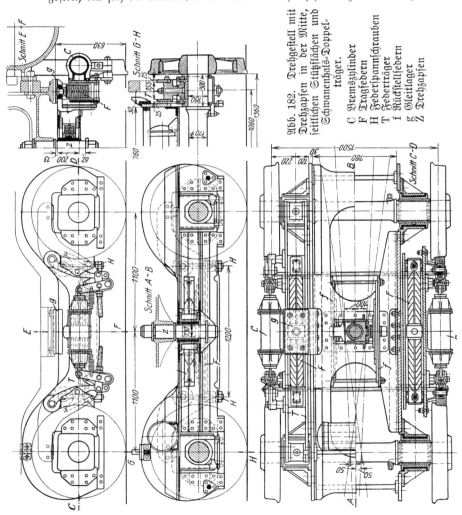

Abb. 182. Drehgestell mit Drehzapfen in der Mitte, seitlichen Stützflächen und Schwanenhals=Doppel=träger.
C Bremszylinder
F Tragfedern
H Federspannschrauben
T Federträger
f Rückstellfedern
g Gleitlager
Z Drehzapfen

Verschiebbarkeit von Radsätzen, Dreh- und Lenkgestelle. 197

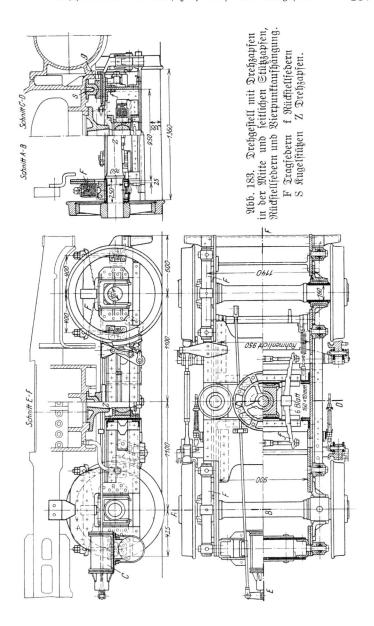

Abb. 183. Drehgestell mit Drehzapfen in der Mitte und seitlichen Stützzapfen, Rückstellfedern und Vierpunktaufhängung.
F Tragfedern f Rückstellfedern
S Kugelstützen Z Drehzapfen.

198

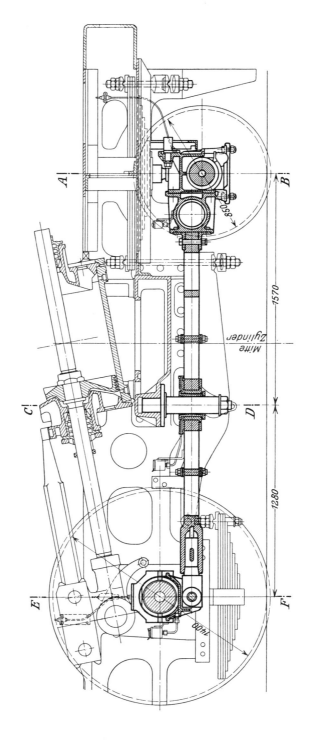

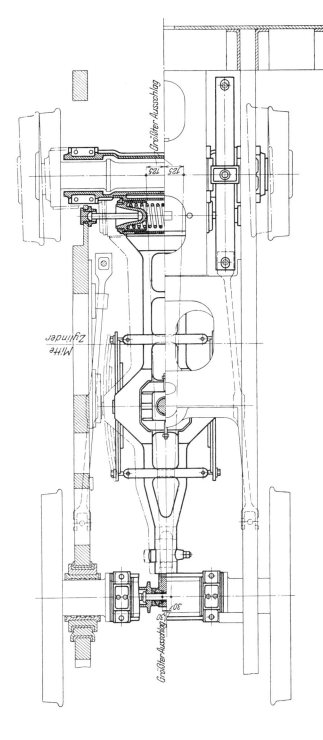

Abb. 184. Krauß-Helmholtz-Drehgestell der 1 E-Einheits-Güterzuglokomotive.

bahn findet. Bei ihm wird die Last durch 2 seitliche Stützzapfen s auf Spurpfannen g übertragen, die in Gleitlagern auf den seitlichen Hauptträgern des Rahmens ruhen. Der ganze Drehgestellrahmen mit der Drehgestellbremse hängt an 4 Tragfedern F, die sich auf die Achslager stützen. Die ungefederte Masse, Radsätze, Achslager und Federn, ist auf das kleinstmögliche Maß gebracht, der Drehgestellrahmen muß aber als Träger der ganzen Last erheblich stärker als bei den Drehgestellen nach Abb. 180 gebaut werden.

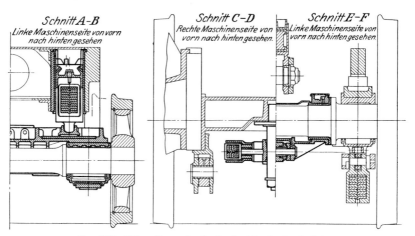

Zu Abb. 184. Krauß-Helmholtz-Drehgestell der 1 E-Einheits-Güterzuglokomotive.

Der Drehzapfen z ist bei dem Drehgestell nach Abb. 183 kugelig, um Schrägstellung des Laufgestelles gegenüber dem Hauptrahmen zu ermöglichen. Aus dem gleichen Grunde sind die seitlichen Stützzapfen s in den Spurpfannen nach einer Halbkugel gewölbt. Wie bei der vorher beschriebenen Bauart ist der Drehzapfen gegen den Drehgestellrahmen verschieblich. Die Mittellage wird durch zwei waagerecht liegende Federn f wiederhergestellt.

Zweiachsige Drehgestelle findet man im allgemeinen bei deutschen Lokomotiven mit Schlepptender nur vorn; hintere Drehgestelle haben einige Tenderlokomotivbauarten, im Auslande, vor allem in Österreich und in Amerika, auch Lokomotiven mit Schlepptender. Bei diesen sind dann im allgemeinen wegen der Wärmeausstrahlung des Stehkessels die Lager, ähnlich wie bei Wagendrehgestellen, außen angebracht.

Lassen sich vorn nicht zwei, sondern nur ein Laufradsatz unterbringen, weil entweder vom Lokomotivgewicht zur Erreichung der geforderten Zugkraft so viel auf Kuppelradsätze gelegt werden muß, daß nur ein Laufradsatz ausreichend belastet werden kann, oder aber von zwei Laufradsätzen einer hinten unter dem Hinterkessel angeordnet werden muß, um dort keine überhängenden Massen zu haben, so kann man auch einen Laufradsatz mit dem folgenden Kuppelradsatz zu einem Drehgestell vereinigen. Bei deutschen Lokomotiven wird in solchen Fällen ein Krauß-Helmholtz-Drehgestell eingebaut. Sein erster Konstrukteur, der Oberingenieur von Helmholtz der Lokomotivfabrik Krauß, nach dem es benannt ist, brachte an einem die beiden Laufachslager verbindenden Gußstück eine Deichsel an, die über den Drehzapfen hinaus nach hinten verlängert wurde. Das hintere Ende der Deichsel war durch einen Kugelzapfen mit einem die beiden Kuppelachslager umfassenden Stahlgußgehäuse in der Mitte gelenkig verbunden und drückte bei einem Ausschlag des Laufradsatzes den seitenverschieblichen Kuppelradsatz nach der anderen Seite und letzthin mit ihm zusammen das Vorderende in die Krümmung. Diese Anordnung ist bei der neuen Bauart der Deutschen Reichsbahn, deren Einzelheiten Abb. 182 erkennen läßt, grundsätzlich beibehalten worden, nur ist jetzt der Mittelzapfen abgefedert, so daß das Drehgestell sanfter in einen Gleisbogen einlaufen kann. Der Laufradsatz ist, um einseitiges Anlaufen der Räder in der geraden Strecke zu verhindern, mit einer Rückstellvorrichtung versehen. Die Ausbildung des Laufradsatzes ist bereits von der Abb. 179 her, die Abfederung des Mittelzapfens von der Abb. 180 her bekannt. Zu erläutern wäre also nur noch die Befestigung der Drehgestelldeichsel am Kuppelradsatz. Hier sind nicht mehr wie früher die beiden Achslager durch ein Gußstück verbunden; um die Achswelle greifen jetzt innen neben den Achslagern zwei ringförmige Stützlager. Deren gemeinsames Lagergehäuse aus Stahlguß ist zwischen den Lagern wannenartig geformt und hat unten Ansätze zur Aufnahme des waagerecht liegenden Tragbolzens für das Kugelgelenk. Damit der Kuppelradsatz unabhängig von der Deichsel abgesenkt werden kann, ist zwischen Gelenk und Deichsel ein besonderes Schmiedestück eingeschaltet, dessen Keilverbindung mit dem Deichselende leicht gelöst werden kann.

8. Führerhaus und Laufblech.

Zum Fahrgestell einer Lokomotive gehören schließlich noch Führerhaus und Laufblech. Sie sind am Rahmen oder an Rahmenkonsolen befestigt, rechnen also zu dem abgefederten Teil.

Im Führerhaus halten sich Führer und Heizer während der Fahrt auf. Es ist fast stets hinten am Hinterkessel vor dem Tender auf dem Rahmen aufgebaut, denn dort lassen sich ohne große Schwierigkeiten alle Handgriffe, die während der Fahrt vom Lokomotivpersonal bedient und alle Anzeigevorrichtungen, die von ihm beobachtet werden müssen, zusammen anordnen. Das Führerhaus soll geräumig sein und Schutz vor Wind, Regen, Schnee und Sonnenbrand bieten, andererseits aber auch, um die vom Hinterkessel ausstrahlende Wärme abführen zu können, gut lüftbar sein.

Die Führerhauswände (vgl. Tafel II) sind aus durchschnittlich 4 mm starkem Eisenblech hergestellt und durch liegende Holzkreuze kräftig versteift. Durch die Holzkreuze wird auch das lästige Dröhnen der Bleche während der Fahrt verhütet.

Die Vorderwand ist eben; spitz nach vorn zulaufende, windschneidenartige Wände ergeben, wie Versuche gezeigt haben, keinen merklich geringeren Luftwiderstand, erschweren aber die Versteifung und die Reinigung. Durch die Vorderwand tritt der Hinterkessel in das Führerhaus. Die zur Abdichtung um den Kessel herumgreifenden Winkeleisen an der Vorderwand und am Führerhausboden dürfen nur so mit der Kesselbekleidung verbunden sein, daß eine Verschiebung des Kessels durch Wärmedehnung gegenüber dem mit dem Rahmen fest verbundenen Führerhaus möglich ist.

Die Seitenwände werden so weit nach außen gerückt, daß innen neben dem Stehkessel noch möglichst viel Raum vorhanden ist, außen aber noch innerhalb der Umgrenzungslinie ein kleiner Laufsteg, der zum Laufblech führt, angebracht werden kann.

Hinten wird der Raum für das Personal bei Lokomotiven mit Tender durch dessen Vorderwand begrenzt. Zum Schutz gegen Wind und Regen, besonders bei Rückwärtsfahrt, werden zuweilen auch an den Seitenwänden hinter dem Standorte des Führers und dem des Heizers noch feste Blechwände angebracht. Das Lokomotivpersonal wird dadurch allerdings in seiner Bewegungsfreiheit behindert. Verschiebbare Vorhänge aus wasserdichtem Segeltuch bieten fast stets genügend Schutz. Bei Tenderlokomotiven ist das Führerhaus durch eine Rückwand, die sich auf den Kohlenkasten stützt, ganz geschlossen.

An den Seitenwänden sind vor dem Tender halbhohe Türen angebracht, die sich durch Vorreiber oder Klinke und Drücker schließen lassen. Sie öffnen sich nach innen, um Unglücksfälle durch Anlehnen bei nicht fest verschlossener Tür zu verhüten. Die Türen gehen über den Tenderfußboden hinweg; weil sich der Tender gegenüber dem Führerhaus sowohl in wagerechter als auch in senkrechter Richtung bewegt, dürfen die Türbleche nicht bis zum Fußboden reichen. Zwecks dichten Abschlusses erhalten sie unten Leder- oder Segeltuchlappen. Bei neuen größeren Lokomotiven sind die Türen zweiteilig. Das breitere an der Führerhauswand befestigte Stück legt sich nach außen federnd an das schmalere am Tender. Bei Tenderlokomotiven läßt sich die Seitentür fest anliegend und einklinkbar gestalten. Einzelne Tenderlokomotiven haben auch bis oben geschlossene Türen mit Fallfenstern, in der Regel genügt ein Segeltuchvorhang.

Damit Führer und Heizer die Strecke gut übersehen und von seitwärts gegebene Signale wahrnehmen können, haben alle Wände Fenster, die so groß sind, wie es der zur Verfügung stehende Raum nur irgend gestattet. Durch Gummieinlagen werden sie an dem Wandausschnitt ringsherum abgedichtet. Die meist oben und unten kreisförmig abgerundeten Fenster in der Vorderwand (42 in Tafel II) sind um ihre senkrechte Achse drehbar. Zum Schutz gegen Regen und Schnee sind außen Fensterschirme aus Blech (41) vorgesehen. Um die Fenster leicht reinigen zu können, legt man sie möglichst so, daß sie vom Standorte des Führers oder Heizers erreicht werden können. Bei manchen neueren Lokomotiven hat man sie deswegen nachträglich in Nischen nach hinten eingezogen. Reicht der Platz über dem Hinterkessel aus, so werden dort in der Vorderwand zwecks besserer Lüftungsmöglichkeit auch noch Klappfenster (16) angeordnet.

In den Seitenwänden haben ältere kleine Lokomotiven nur einen fensterartigen Ausschnitt, größere vor diesem noch ein festes Glasfenster. Bei neueren Bauarten sind auf jeder Seite zwei Glasfenster eingebaut; das vordere, schwer zugängliche ist fest, das hintere (45) nach vorn verschiebbar. Durch Klemmschrauben läßt es sich in beliebiger Stellung festklemmen. Zwischen vorderem und hinterem Seitenfenster, bei Tenderlokomotiven auch zwischen diesem und der Tür, sind bei allen Streckenlokomotiven außen noch umklappbare Schutzfenster (44) angebracht. Die starken Spiegelglasscheiben sind so groß, wie es der lichte Raum innerhalb der Umgrenzungslinie gestattet. Außen haben sie im allgemeinen keine Umrahmung; bei süddeutschen Lokomotiven sind sie auf allen Seiten durch Metallrahmen eingefaßt. Wenn bei schlechtem Wetter die Fensterschirme und etwa eingebaute Fensterwischer die Vorderwandfenster schwer sauber halten können, so sind Führer und Heizer beim Ausblick aus den Seitenfenstern durch die Schutzscheiben, die sie leicht erreichen und reinigen können, gegen scharfen Luftzug und Regen oder Schnee geschützt.

Vor den Fenstern in den Rückwänden der Tenderlokomotiven sind Gitter angebracht, die ein Einschlagen der Scheiben beim Kohlennehmen durch größere Kohlenstücke oder die Kohlenkästen verhüten sollen.

Um dem Lokomotivpersonal den Dienst zu erleichtern, sind an den Führerhausseitenwänden Klapp- oder Drehsitze angebracht. Die Sitze sind jetzt meist gefedert (92). Wird ein Sitz nicht benutzt, so wird der Ausleger an die Wand geschwenkt und der Sitz hinuntergeklappt.

Die Brüstungen der hinteren Seitenfenster und die Türoberkanten erhalten Hartholzleisten. Die Seitenwandflächen, die beim Sitzen als Rückenlehne benutzt werden können, werden mit Holz verschalt.

Das Führerhausdach wurde früher gern als Doppeldach ausgebildet. Bei diesem streicht zwischen einem äußeren Blechdach und einem inneren mit Öffnungen versehenen Holzdach Zugluft hinweg und nimmt die warme Luft aus dem Führerhaus mit. In dem Raum zwischen den beiden Dächern wird aber auch hineinströmender Dampf zu Wasser niedergeschlagen. Das Wasser tropft wieder herunter und belästigt Führer und Heizer. Man baut deshalb jetzt in der Regel ein einfaches gewölbtes Dach aus Holzbrettern (10), die mit Nut und Feder verbunden und oben mit Zinkblech überzogen werden. Durch Lüftungsaufsätze (8), die mit Hilfe von Handgriffen geöffnet oder geschlossen werden, wird ebenfalls eine kräftige Saugwirkung erzielt. Nach hinten ist das Dach über die Seitenwände hinaus zum Schutz gegen Regen und Sonne verlängert. An den auf dem Dach angeordneten Haken (9) läßt sich das ganze Führerhaus leicht abheben.

Der Führerhausboden (94) besteht aus Kiefernholzbohlen, die vor der Feuertür und bei Tenderlokomotiven auch vor dem Kohlenkasten durch Blech geschützt werden. Eingelassene Eisenringe gestatten ein Herausheben des Bodenbelages zum Reinigen. Kleinere Blechklappen ermöglichen ein Nachsehen und Schmieren der Tenderkuppelung. Bei Lokomotiven, die unter dem Führerhaus einen Kuppelradsatz haben, ist zuweilen auch noch der Standort des Führers und der des Heizers besonders gefedert. Holzlatten über zwei Stahlfedern (95) oder Holzdeckel über Kokosmatten bilden in diesem Falle eine federnde Unterlage.

Der Spalt zwischen dem Kuppelkasten der Lokomotive und dem des Tenders wird durch die Tenderbrücke zugedeckt. Sie besteht aus Waffelblech, einem Blech mit gewissermaßen stark angerauhter Oberfläche. Glattes Blech ist ungeeignet, weil es ein Ausgleiten, Holz, weil es bei

Führerhaus und Laufblech.

seiner Stärke ein Stolpern des Führers oder Heizers verursachen könnte. Die Tenderbrücke ist entweder am Lokomotiv- oder am Tenderrahmen befestigt. Beim Feuern steht der Heizer gewöhnlich auf ihr mit dem rechten Fuß. Es ist deshalb zweckmäßig, sie an der Lokomotive anzuordnen; der Heizer steht dann sicherer, als wenn sich die Brücke mit dem Tender zusammen seitlich verschiebt.

Im Führerhaus sind alle Handgriffe und Meßvorrichtungen so angebracht, daß von den beiden Beamten auf der Lokomotive jeder die in nächster Nähe hat, die ihm besonders anvertraut sind. So befinden sich auf der rechten Seite, der Seite des Führers, vor allem der Reglerhandhebel (47), das Steuerrad (87) mit der Steuerschraube (86), das Führerbremsventil (74), die Handräder für die Ventile der Gegendruckbremse (67 und 70), der Sandstreuerhahn (79), der Pfeifenzug (14), die Griffe zur Bedienung der Luftpumpe (38) und einer Speisepumpe (39), der Geschwindigkeitsmesser (77), das Fernthermometer (30), der Schieberkastendruckmesser (31) und die Bremsluftdruckmesser (32, 33 und 34). Zwischen Führer und Heizer, für beide gut sichtbar, ist oben auf dem Hinterkessel der Kesseldruckmesser (3) angeordnet. Der Heizer hat auf der linken Seite vor sich den Wasserstandsanzeiger (48), den Handgriff oder das Handrad für die andere Speisepumpe (24), die Schmierpumpen (81), die Ventile für die Spritzvorrichtungen (52 und 60), den Hilfsbläserzug (25), das Handrad für das Dampfheizventil (20) und den Heizdruckmesser (27), hinter sich an der Tendervorderwand den Wurfhebel der Tenderbremse.

Die Handräder der Dampfventile sind mit Hartgummi, die Griffe der Speisepumpenventile, Wasserstandshähne usw. mit Hartholz überzogen. Alle Handräder und Absperrvorrichtungen, mit Ausnahme der Gashähne, öffnen bei Linksdrehung und schließen bei Rechtsdrehung.

Neben dem Langkessel und vor der Rauchkammer ist zwecks guter Zugänglichkeit aller auf oder am Kessel angeordneten Teile am Rahmen ein Steg, das Laufblech angebaut. Läßt sich bei Lokomotiven mit hohen Rädern das Laufblech nicht oberhalb der Räder anordnen, so durchdringen diese das Laufblech. Der durchragende Teil der Räder wird durch Radkästen umschlossen. Bei größeren Kesseln findet man ferner noch Tritte an der hinteren Kesselrückwand (91 in Tafel II), am Langkessel beim Sandkasten, am Pufferträger vor der Rauchkammer und an anderen Stellen. Das Laufblech und die Tritte sind wie die Tritte der Tenderleiter aus Riffel- oder Waffelblech hergestellt.

Zum sicheren Begehen des Laufbleches und zum Besteigen der Tritte sind Handstangen vorgesehen. Die am Langkessel entlangführenden Ventilzüge, zum Beispiel die der Pumpen, werden häufig auch als Handstangen verwandt.

Neben der Rauchkammer sind schließlich noch bei neueren deutschen Lokomotiven mit niedrig liegendem weiten Blasrohr große Bleche, die Windleitbleche, aufgestellt. Ihr Zweck ist, durch richtige Führung der entgegenströmenden Luft während der Fahrt das Niederschlagen von Dampf und Rauch vor dem Führerhausfenster zu verhüten. Sie sind auf den Bildern einiger Einheitslokomotiven (Abb. 230 u. 237) im Abschnitt V 2, S. 278 u. 284, gut zu erkennen.

III. Mehrzylinder= und Verbundlokomotiven.
1. Die störenden Bewegungen der Lokomotive.

Die Lokomotive bewegt sich absichtsgemäß auf der geraden Strecke so, daß alle Punkte — mit Ausnahme der hin= und hergehenden und drehenden Massen — lauter gleiche parallele Linien in der Streckenrichtung beschreiben. In der Krümmung tritt an deren Stelle die Drehung um einen fern liegenden Mittelpunkt — es handelt sich bei Hauptbahnen um Halbmesser von mindestens 250 m auf der freien Strecke. Zu dieser planmäßigen Bewegung der Hauptmasse der Lokomotive treten nun noch kleine Zusatzbewegungen von an sich überflüssiger, ja unerwünschter Art, die man deshalb als „störende Bewegungen" zu bezeichnen pflegt. Man muß dabei noch unterscheiden zwischen solchen Bewegungen, die jedes Eisenbahnfahrzeug ausführt, und denjenigen, die eine Rückwirkung auf das Spiel der hin= und hergehenden Massen darstellen, den störenden Bewegungen im engeren Sinne.

Selbst wenn man von der Federung noch absieht, folgt eine der bekanntesten störenden Bewegungen, das Schlingern, daraus, daß das Fahrzeug etwas Querspiel im Gleis hat, weil zur Vermeidung des Klemmens der Abstand der Spurkranzhohlkehlen etwas kleiner ist als der Abstand der Schienenköpfe. Einmal durch einen Zufall eingeleitet, unterstützt durch die Kegelform der Radreifen, kommt dann eine Querbewegung zustande, die mit einem Stoß des Spurkranzes gegen den Schienenkopf endet. Nun ist aber das Schienengleis sowohl wie das ganze Fahrgestell der Lokomotive oder des Wagens auch seitlich elastisch, und die mit dem Stoß entstehende Gegenkraft treibt das vordere Fahrzeugende in entgegengesetzter Richtung wieder von der Schiene ab. Im allgemeinen schießt dann das Vorderende über die Mittellage, die es im Idealzustande gar nicht verlassen würde, hinaus und stößt an der gegenüberliegenden Schiene an. Es findet also ein Hin= und Herschleudern des Vorderendes im Gleise statt, was ein Hin= und Herdrehen um eine senkrechte, mit dem Fahrzeug verbunden zu denkende Achse bedeutet. Es ist, wie die genauere Theorie lehrt, keine gesetzmäßige Schwingung, kann aber doch durch den Anlaufdruck des Spurkranzes an die Schiene bedenklich werden; denn in der Berührungsstelle mit schiefer Berührungsebene entsteht die Neigung zum Aufklettern.

Will man diese Schlingerbewegungen, die übrigens durch die Reibungswiderstände und die nicht völlige Elastizität wieder erlöschen, um gelegentlich von neuem aufzutreten, klein und ungefährlich halten, so sind zwei Bedingungen zu erfüllen, die schon dem Gefühl einleuchten und von der Theorie bestätigt werden. Einmal muß der Achsstand so groß wie möglich gemacht werden, damit der Seitenstoß möglichst wenig schräg erfolgt oder, wie man mathematisch genauer sagt, der Anlaufwinkel klein bleibt. Weiter muß das Fahrzeug möglichst kleine überhängende Massen haben, d. h. die über die äußersten, unverschieblichen Achsen noch hinausragenden Teile müssen möglichst leicht sein. Wir verweisen hier auf das mehrfach schon bei der Beschreibung der verschiebbaren Achsen und Drehgestelle Erörterte, insbesondere darauf, daß man durch Anbringen von Rückstellkräften dem Drehzapfen fast den Charakter einer weit vorgeschobenen Achse verleihen kann; wir sprachen dort von der geführten Länge, deren Größe die gleiche vorteilhafte Bedeutung hat, wie der feste Achsstand im eigentlichen Sinne. Den meisten Führern ist ja auch aus Erfahrung der ruhige Lauf der langen fünf- und sechsachsigen Schnellzuglokomotiven, selbst bei höchsten Geschwindigkeiten, bekannt. Für den Einfluß der überhängenden Massen sei an das praktische Beispiel der preußischen T 16-Lokomotive erinnert, die neben manchen schätzenswerten Eigenschaften die hat, schon bei 45 km Geschwindigkeit mit unruhigem Lauf zu beginnen. Hier sind die beiden äußersten Achsen seitenverschieblich; der sich gegen das Schlingern gewissermaßen wehrende Achsstand ist — solange nicht die ganze Seitenverschiebung ausgenutzt ist — nur der der drei mittleren Achsen. Es können also ziemlich erhebliche Schrägstellungen eintreten, die allmählich in ihrem Schwung beflügelt werden durch die weit ausschwingenden großen Gewichte der überhängenden Zylinder und der Rauchkammer vorn, durch das Führerhaus mit dem Kohlenkasten hinten. Den älteren Führern wird auch noch gut in Erinnerung sein, daß die alten dreiachsigen Güterzuglokomotiven mit Tender, über deren kurzen Achsstand hinten der Stehkessel mit der Feuerbüchse überhing, mit Recht auf 45 km/st Geschwindigkeit beschränkt waren. In diesem Zusammenhang ist also die vordere Laufachse der modernen Güterzuglokomotive, die das Überhängen der Zylinder vermeidet, eine willkommene Maßnahme für den ruhigen Lauf und gerade in unseren heutigen Tagen höherer Güterzuggeschwindigkeiten einfach unentbehrlich.

Die störenden Bewegungen der Lokomotive.

Zusammenfassend können wir also sagen, daß die heutige Lokomotive Bauformen angenommen hat, die das Schlingern in durchaus erträglichen und ungefährlichen Grenzen halten.

Ist das Schlingern eine auch ohne eigentliche Abfederung mögliche störende Bewegung, so treten nun noch an sich unbeabsichtigte Schwingungen infolge der Abfederung auf. Überfährt z. B. ein Fahrzeug mit beiden Vorderrädern in gleicher Weise einen nachgiebigen Schienenstoß, so sinkt das Vorderende des Fahrzeuges federnd nach, und die Hauptmasse dreht sich um eine waagerechte Querachse durch den Schwerpunkt. Beim Verlassen der Gleisvertiefung steigt nun die Federspannung um so mehr schnell wieder an, als die eingeleitete Bewegung des Vorderendes ohnehin die gesunkene Federspannung wieder auszugleichen strebt. Die Federspannung übersteigt alsbald ihren normalen Wert und treibt nun das Vorderende weiter nach oben. Der Schwung geht so weit, bis die Feder unter ihren Regelwert entlastet ist; das Vorderende sinkt wieder usf.; die abgefederte Hauptmasse führt also pendelnde Drehschwingungen um die waagerechte Querachse aus. Diese Drehschwingungen nennt man wegen der auf- und niedergehenden Bewegung des Fahrzeugendes das Nicken. Es verschwindet durch die Reibung der Federblätter und der Achslager allmählich wieder (die Schwingung wird „gedämpft"), insbesondere bald, wenn ein neuer Stoß auftritt, der die bestehende Schwingung stört, der also z. B. eine Abwärtsschwingung einleiten würde, während das Fahrzeug gerade aufwärtsschwingt. Dagegen sind Geschwindigkeiten denkbar, derart, daß ein neuer Schienenstoß die bereits vorhandene Bewegung verstärkt und sich dieser Vorgang immer wiederholt; dann würden die Schwingungen ein gefährliches Maß bis zur vollen Entlastung der Endachsen annehmen können, wenn nicht Feder- und Achslagerreibung immer bremsend wirkten. Die Praxis zeigt indes, daß unter den üblichen Verhältnissen diese gefährliche „Resonanz", also Übereinstimmung zwischen Schwingungszeit und Stoßzeit, der Befahrungszeit einer Schienenlänge, kaum je auftritt. Je besser die Gleislage, je geringer sind die Anstöße. Ein langer Achsstand wirkt auch hier angenehm, denn um so kleiner wird der Schwingungswinkel, desto geringer die „Hammerwirkung" der geringen überhängenden Massen. Das Nicken ist übrigens eine altbekannte störende Bewegung; die heftigen nickenden Schwingungen der alten zweiachsigen Lokomotiven mit ihrem kurzen Achsstand und ihrem großen Überhang haben geradezu zur dreiachsigen Lokomotive geführt, noch ehe die größeren Leistungen aus Gewichtsgründen sie verlangten.

Ist die Gleisunebenheit einseitig, kippt also nur ein Vorderrad in eine Gleisvertiefung, so tritt neben dem dann schwächeren Nicken noch eine weitere störende Bewegung auf, das „Wanken". Indem jetzt nämlich nur auf der einen Fahrzeugseite eine Federentlastung stattfindet, dreht sich das Fahrzeug auch um eine Längsachse durch den Schwerpunkt. Diese Anfangsdrehung geht, wenn sie nur kräftig genug war, in eine Schwingung über, die indes aus den gleichen Gründen mehr oder weniger schnell wieder verschwindet. Der Name „Wanken" erklärt sich daraus, daß von vorn gesehen das Fahrzeug hin= und herwankt.

Wie schon im Abschnitt über die Federung erörtert, mildert die übliche Verbindung der Federn durch Ausgleichhebel den Stoß auf die einzelne Achse und damit auch, wie wir hier weiter erkennen, die störenden Bewegungen.

Erhalten, was allerdings nur als seltener Zufall vorkommen wird, alle Achsen einen gleichartig wirkenden Stoß, so schwingt das ganze Fahrzeug gleichmäßig mit all seinen Punkten auf den Federn auf und nieder; auch für diese Bewegung hat man eine besondere Bezeichnung: das „Wogen".

Zu den Federschwingungen sei noch grundsätzlich bemerkt, daß die beobachteten Ausschläge keineswegs allein schon ein Maßstab für die ent= und belastenden Kräfte, also äußerstenfalls deren bedenkliches Maß, sind. Bei langen und „weichen" Federn, also von größerer Nachgiebigkeit je Tonne Laständerung, sind auch größere Ausschläge ganz unbedenklich.

Alle bisher geschilderten eigenartigen Bewegungen kommen bei allen Fahrzeugen, gleichgültig ob Lokomotiven oder Wagen, vor. Nun gibt es aber noch störende Bewegungen im engeren Sinne, die eine Eigenart der Kolbenlokomotiven sind[1], und die wir gleichfalls zu betrachten haben, zumal sie für eine Einsicht in das Verhalten der Mehrzylinderlokomotiven unerläßlich sind und bei jeder Lokomotive die in den Treibrädern angeordneten Gegengewichte begründen. Das Gebiet ist allerdings kein einfaches und hier nur überschläglich zu behandelndes. Sein Urgrund ist der Kurbeltrieb, die erst beschleunigte, dann wieder verzögerte Bewegung der hin= und hergehenden Triebwerksmassen (Kolben mit Kolbenstange und Kreuzkopf, ein Teil der Treibstange), die wir schon zu Anfang dieses Bandes erörterten. Es sei hier gleich betont, daß die Kuppelstangen keine hin= und hergehenden Teile sind, denn jeder

[1] Auch bei den elektrischen Lokomotiven mit Stangenantrieb sind eigenartige störende Bewegungen, die sogenannten Schüttelschwingungen, möglich.

Die störenden Bewegungen der Lokomotive.

ihrer Punkte beschreibt einen Kreis von der Größe des Kurbelkreises, und die Massenwirkung ist infolgedessen auch genau so, als ob es ein drehender Teil gleichen Gewichts wäre. Die Treibstangen, deren eines Ende mit dem Kreuzkopf geradlinig hin= und hergeht, deren anderes mit dem Treibzapfen den Kurbelkreis beschreibt, rechnet man etwa zu $1/3$ als hin= und hergehend, zu $2/3$ als drehend.

Man stellt sich nun bei Behandlung der störenden Bewegungen die Sache in Gedanken oft so vor, als sei die Lokomotive an Ketten oder Drahtseilen aufgehängt; dann treten die Kräfte, ungestört durch den Lauf auf den Schienen, gewissermaßen rein hervor. Bewegt sich nun bei dieser in der Luft laufenden Lokomotive der eine Kolben vom Totpunkt aus etwa nach hinten, so sind die zugehörigen hin= und hergehenden Massen zunächst nach hinten zu beschleunigen. Diese Beschleunigung wird bewirkt durch den Dampfdruck auf den Kolben, dem der in entgegen= gesetzter Richtung wirkende Dampfdruck auf den vorderen Zylinderdeckel, also die Lokomotive, entspricht; dieser Dampfdruck muß als be= schleunigende Kraft nach den Lehren der Mechanik gleich der Masse der Triebwerksteile mal der Beschleunigung sein. Diese Beschleunigungskraft hat nun bei einem Kurbeltrieb einen sehr interessanten Wert; sie ist nämlich bei langen Treibstangen annähernd gleich der waagerechten Komponente der Flieh= (Zentrifugal=) Kraft der im Treibzapfen zusammen= geballt gedachten Triebwerksmasse (wohlverstanden nur der hin= und hergehenden Triebwerksteile). Bei der „Komponente" sei an das Kräfte= parallelogramm erinnert: eine Zentrifugalkraft ist natürlich an sich immer in der Richtung der Kurbel gerichtet, man kann sie aber zerlegen in eine waagerechte Komponente, also in Richtung des Kolbenhubes, und eine dazu senkrechte; nur die erstere Komponente ist das Abbild der Be= schleunigungskraft der hin= und hergehenden Teile. Wird nach etwa dem halben Hub das Triebwerk wieder verzögert, so kehrt die Massenkraft ihre Richtung um und wird durch einen Druck auf den hinteren Zy= linderdeckel ausgeglichen. Der zunächst nach vorn in Bewegung gesetzte Rahmen wird dadurch wieder abgebremst, während die verlangsamte Kolbenbewegung nach hinten bis zum anderen Totpunkt weiter verläuft. Solange also der Kolben sich nach hinten bewegt, schiebt sich die Hauptmasse der Lokomotive nach vorn. Bewegt sich dann der Kolben nach vorn, so kehren sich alle Vorgänge um; die Hauptmasse der Loko= motive bewegt sich nach hinten.

Diese Beschleunigungskraft, wie wir sie kurz nennen wollen — denn eine Verzögerung ist mathematisch einfach eine negative Beschleunigung —, treibt also die Hauptmasse der Lokomotive hin und her, rüttelt sie in einem Tempo, das der Umdrehungsgeschwindigkeit der Treibräder entspricht. Aber sie geht nicht durch die Mitte der Maschine, sondern erheblich seitlich daran vorbei, also mit einem großen Hebelarm zur Mittelebene durch den Schwerpunkt. Sie ergibt also auch noch ein Drehmoment, das mit der Kraftrichtung seinen Drehsinn jeweils ändert. Die Hauptmasse der Lokomotive wird also auch dauernd hin- und hergedreht um ein Achse, die man sich senkrecht durch den Schwerpunkt gelegt denkt. Das Hin- und Herschwingen der Lokomotive in ihrer eigenen Längsrichtung nennt man das „Zucken", die drehende Schwingung das „Drehen". Früher nannte man die letztere Bewegung auch Schlingern, selbst heute begegnet man dieser Bezeichnung noch öfter bei ungenauer Ausdrucksweise. Eine Verwechselung ist ja allerdings insofern leicht möglich, als auch das eigentliche Schlingern, das wir eingangs erörterten, Bewegungen um eine senkrechte Achse durch den Schwerpunkt darstellt. Aber sowohl sein Anlaß ist ein anderer, als auch handelt es sich bei ihm um eine unregelmäßige Bewegung, während die störende Bewegung des „Drehens" sich ganz gesetzmäßig im Tempo der Radumdrehungen abspielt. Diese Gesetzmäßigkeit wird dadurch nicht geändert, daß es sich bei der Lokomotive nicht nur um ein Triebwerk handelt, sondern um mindestens zwei; nicht das Tempo wird durch das Zusammenwirken mehrerer Triebwerke anders, sondern nur der Ausschlag der zuckenden und drehenden Schwingung. Bei der fahrenden Lokomotive ist das Zucken nur mit dem Gefühl wahrnehmbar, während das Drehen mit dem Auge wahrgenommen werden kann. Vom Führerhaus gesehen sieht man das Vorderende, z. B. die Rauchkammer, in waagerechter Richtung hin- und herpendeln. Der Beobachter sieht sogar die Ausschläge in doppelter Größe, weil er selbst sich z. B. bei einem Ausschlag des Vorderendes nach rechts mit dem Hinterende der Lokomotive um gleich weit nach links verschiebt und umgekehrt.

Übrigens kann sich das Zucken, da es sich in der Gleisrichtung vollzieht, bei der wirklich fahrenden Lokomotive ungestört auswirken; das Drehen findet dagegen, sobald das geringfügige Seitenspiel des Achsschenkels im Lager ausgenutzt ist, einen Widerstand in Gestalt der Endachsen, die sich nur unter beträchtlicher Reibung quer zum Gleis verschieben lassen würden. Mit den Endachsen sind hier festgelagerte oder wenigstens mit kräftiger Rückstellung versehene verschiebbare Achsen gemeint, auch hier wird also das „bremsende" Moment, das sich dem Drehen entgegenstellt, vorteilhaft vom langen Achsstand beeinflußt. Lokomotiven mit kurzem festen

Die störenden Bewegungen der Lokomotive. 213

Achsstand sind es daher hauptsächlich, bei denen man das „Drehen" mit dem Auge wahrnehmen kann.

Nun ist der Anreiz, diese vom Kurbeltrieb herrührenden, zwar nicht gefährlichen, aber doch eben störenden Bewegungen zu beseitigen oder zu vermindern, natürlich vorhanden. Vor allem ist das der Fall, seitdem die Wissenschaft die Größe dieser störenden Kräfte dahin festgestellt hat, daß sie gleich der waagerechten Komponente der Fliehkraft der im Treibzapfen vereinigt gedachten hin- und hergehenden Massen sind. Damit ergibt sich nämlich ganz streng das schon vorher gefühlsmäßig und probeweise gefundene Aushilfsmittel der Gegengewichte. Man braucht nur der Kurbel gerade gegenüber ein Gewicht anzuordnen, das die gleiche Fliehkraft, aber nun in entgegengesetzter Richtung ausübt, wie die hin- und hergehenden, auf den Treibzapfen bezogenen Triebwerksmassen. Dann heben sich natürlich auch die waagerechten Komponenten auf. Die Sache hat nur einen Haken. Die störende Beschleunigungskraft ist nämlich eben nur gleich der waagerechten Fliehkraftkomponente; senkrechte Kräfte können durch die waagerecht hin- und hergehenden Triebwerksmassen nicht entstehen. Die Fliehkraft des wirklichen Gegengewichtes aber hat, mit Ausnahme der beiden Totpunkte, auch stets eine senkrechte Komponente, die mit der Kurbelstellung wechselt und bei der Kurbelstellung gerade nach unten oder oben sogar allein vorhanden ist und dann ihren größten Wert gleich der vollen Fliehkraft hat. Diese senkrechte Kraft entlastet, wenn das Gegengewicht den oberen Halbkreis durchläuft, den Raddruck; sie steigert ihn, wenn der untere Halbkreis durchlaufen wird. Diese Zusatzkraft bedingt nun zwar keinerlei störende Bewegung, aber sie ist unerwünscht, sobald sie ein gewisses Maß überschreitet. Die Mehrbelastung des Oberbaus ist vom Standpunkt der Zugförderung aus dabei das weniger Wichtige; die Entlastung dagegen könnte im Zusammenhang mit den übrigen störenden Bewegungen bedenklich werden und die Zugkraft aus dem dann verkleinerten Reibungsgewicht herabmindern. Die „Technischen Vereinbarungen" schreiben deshalb vor, daß die Fliehkraft der Gegengewichte bei der größten zulässigen Geschwindigkeit 15% des „ruhenden" Raddruckes nicht überschreiten soll. Damit ist also der Abschwächung der störenden Bewegungen eine Grenze gezogen; man kann, je nach der für eine Lokomotive beabsichtigten Geschwindigkeit, ihrem Raddruck und dem Gewicht der hin- und hergehenden Triebwerksteile, die störenden Bewegungen nur zum Teil ausgleichen. Man muß sie z. B. zu 70% bestehen lassen, wenn sich nur 30% der hin- und hergehenden Massen bei 15% Raddruckveränderung ausgleichen lassen.

Die ganze, oben entwickelte Theorie der störenden Bewegungen aus dem Kurbeltrieb bezieht sich also bei der wirklichen Lokomotive mit Gegengewichten nicht mehr auf die gesamten, sondern nur noch auf die sog. unausgeglichenen Triebwerksmassen.

Mit vollem Bewußtsein ist immer von den hin- und hergehenden Massen gesprochen worden. Denn auch die im Kreis bewegten einseitigen Massen, wie die Kurbelarme, die Treib- und Kuppelzapfen, die Kuppelstangen und die als drehend zu betrachtenden Teile der Treibstangen verlangen Gegengewichte. Hier fehlt dann aber jede unerwünschte Beigabe; denn da es sich wirklich um drehende Teile, mit sozusagen voll entwickelter Fliehkraft handelt, kann man sie auch stets durch der Kurbel gegenüberstehende, drehende Teile restlos in ihrer Wirkung ausgleichen. Die wirklichen Gegengewichte in den Rädern setzen sich natürlich aus den beiden Anteilen für Ausgleich der drehenden und ausgleichbaren hin- und hergehenden Massen zusammen, d. h. die Gegengewichte müssen je die Summe der beiden Fliehkräfte erzeugen.

Noch eine Verfeinerung der Gegengewichtstheorie soll hier wenigstens kurz erwähnt werden. Man muß nämlich der Tatsache Rechnung tragen, daß die wirklichen Gegengewichte natürlich nur im Rade, also dessen Ebene angebracht werden können; im Gegensatz dazu schwingen die hin- und hergehenden Triebwerksmassen in einer (senkrechten) Ebene, die weiter von der Mittelebene der Lokomotive abliegt. Ihre „gedachte" Fliehkraft wirkt also an einem größeren Hebelarm, und es bleibt ein Drehmoment übrig. Um dieses zu unterdrücken, ordnet man im Rade der anderen Lokomotivseite noch ein kleines Gegengewicht an, das in Richtung der Kurbel des ursprünglich betrachteten Rades liegt. Ebenso erhält das erstbetrachtete Rad dieses Zusatzgegengewicht für die gegenüberliegende Seite. Da nun die beiden Kurbeln (der zunächst ins Auge gefaßten Zweizylinderlokomotive) einen rechten Winkel bilden, so sind die beiden Gegengewichte nach dem Kräfteparallelogramm zu einem einzigen, sozusagen endgültigen Gegengewicht zu vereinigen. Hierbei überwiegt natürlich das große ursprüngliche Gegengewicht, das auch noch den Ausgleich für die drehenden Massen bildet, sehr stark; aber das Ergebnis, das dem aufmerksamen Lokomotivpersonal gewiß schon aufgefallen ist, bleibt immerhin:

Das „endgültige" Gegengewicht sitzt der Kurbel nicht genau gegenüber.

Die Größe der störenden Ausschläge läßt sich nach den beiden folgenden Abbildungen auf Grund von Sätzen der Mechanik verstehen. Nach dem Schwerpunktsatz muß in einem System von Massen, wenn — wie an der aufgehängt gedachten Lokomotive — keine äußeren Kräfte angreifen, eine Teilmasse sich entgegengesetzt wie die andere Teilmasse so verschieben, daß der Gesamtschwerpunkt an seiner Stelle verbleibt. Nun machen die hin= und hergehenden Massen beider Maschinenseiten ihre größte Verschiebung von vorn nach hinten oder umgekehrt, wenn die beiden Kurbeln sich aus der 45°=Stellung (I) nach vorn in die 45°=Stellung (II) nach hinten bewegen oder umgekehrt, Abb. 185. Der Zuckweg der Hauptmasse der

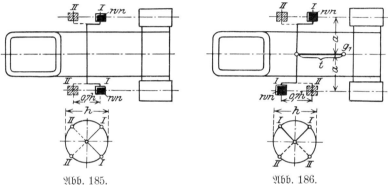

Abb. 185.   Abb. 186.
Zuckausschlag einer Lokomotive.   Drehausschlag einer Lokomotive.

Lokomotive ist nun in dem Maße kleiner, als der zu jenen Kurbelstellungen gehörende Kolbenweg (der etwa 70% des ganzen Kolbenhubes ausmacht), wie die hin= und hergehenden Massen kleiner sind als die Hauptmasse der Lokomotive. Daraus folgt, daß die Zuckbewegung um so kleiner ist, je größer das Überwiegen dieser Hauptmasse gegen die hin= und hergehenden Massen ist. Übrigens deutet darauf auch die Tatsache, daß dann die Beschleunigungskraft, die wir oben betrachteten, einer schwereren Masse auch eine kleinere Beschleunigung erteilt. Das führt dann auf das stets angewandte Mittel, durch straffe Kuppelung der Lokomotive mit dem Tender den Tender zur Aufnahme der Zuckkräfte mit heranzuziehen und die Zuckbewegungen durch diese Massenvergrößerung kleiner zu halten.

Schwieriger ist die Größe der Drehbewegung zu verstehen, weil der grundlegende Satz mehr als der Schwerpunktsatz der höheren Mechanik angehört. In Abb. 186 ist die größte Verdrehung der hin= und her=

gehenden Massen angedeutet; wenn nämlich die Kurbeln einmal um 45° unter der Zylinderachse liegen, das andere Mal 45° darüber. Dann kommt die größte, drehende Lagenänderung der Triebwerksmassen (im Treibzapfen zusammengeballt gedacht) um die senkrechte durch den Schwerpunkt gelegte Achse zustande. Der Flächensatz besagt nun, daß, wenn eine Teilmasse seitlich vom Schwerpunkt mit ihrem zum Schwerpunkt gezogenen Strahl einen gewissen Winkel rechts herum beschreibt, die übrige Masse einen Winkel im entgegengesetzten Sinne, also links herum beschreibt, der in bestimmter Beziehung dazu (umgekehrt verhältnisgleich den sog. Trägheitsmomenten der Massen) steht. Die Hauptmasse der Lokomotive beschreibt also einen weit kleineren Drehungswinkel, als die hin- und hergehenden Massen (in der Zylinderebene); bezieht man diesen Winkel auf eine bestimmte Entfernung vom Schwerpunkt, etwa den vorderen Pufferträger oder die Vorderkante der Tenderbrücke, so ergibt sich hier ein gewisser Ausschlag der Schwingungen, denn um gesetzmäßige Schwingungen im Takt der eigentlichen Maschine handelt es sich hier[1].

Daran, daß der früher betrachtete, mit der Schrägstellung der Treibstange entstehende und wieder verschwindende Kreuzkopfdruck die Schwingungen der gefederten Hauptmasse der Lokomotive beeinflussen kann, sei hier nur nebenbei erinnert; bremsend wirkt hier Feder- und Achslagerreibung, letztere gerade bei stark angestrengter Lokomotive, bei der die Achslager dann stärker an ihre Führungen gepreßt werden.

Die wirklich fahrende Lokomotive verhält sich gegenüber der aufgehängt gedachten, deren an sich unbeabsichtigte Schwingungen und störende Bewegungen im engeren Sinne wir eben betrachteten, naturgemäß etwas anders, da sie in der Fahrtrichtung zwar zucken, aber wenigstens dann nicht widerstandslos drehen kann, wenn das kleine Spiel im Achslager überschritten ist. Hier sind gewisse Punkte, nämlich die Berührungspunkte von Rädern und Schienen, die eigentlichen Stützpunkte der Lokomotive, und so vollzieht sich deren zusätzliche Bewegung z. T. noch verwickelter als bei der idealen Betrachtungsweise mit frei pendelnder Maschine. Aber der Anreiz zu den störenden Schwingungen bleibt derselbe, und deshalb bleiben auch die Mittel in Gültigkeit, die wir für eine möglichste Kleinhaltung kennenlernten.

---

[1] In Abb. 186 ist der Ausschlag auf den sog. Trägheitshalbmesser t bezogen gedacht.

2. Die Gleichmäßigkeit der Zugkraft.

Wenn man von der Zugkraft spricht, welche die Lokomotive ausübt und die z. B. zur Beförderung eines bestimmten Zuges mit bestimmter Geschwindigkeit auf einer gewissen Steigung nötig ist, so meint man damit an sich einen ganz bestimmten Wert, der während der ganzen Fahrt auf dem betreffenden Streckenstück gleichmäßig vorhanden sein soll. In Wirklichkeit ist nun diese Gleichmäßigkeit nicht völlig vorhanden. Schon bei der Betrachtung des Kurbeltriebwerks stellten wir fest, daß ein einzelner Dampfzylinder im Totpunkt überhaupt kein Drehmoment und also keine Zugkraft ausübt, wobei man sich den Sitz der Zugkraft etwa am Umfang der Treibräder denkt; bei kleinen Geschwindigkeiten, also ohne nennenswerten Luftwiderstand, stimmt die Zugkraft im Kuppeleisen zwischen Lokomotive und Tender praktisch damit überein. Der andere Zylinder einer zunächst immer zweizylindrig gedachten Lokomotive hat dann zwar seine günstigste Kurbelstellung; arbeitet nun aber die Maschine mit stärkerer Dampfdehnung, wobei also der Kolbendruck infolge des schon gesunkenen Dampfdrucks (siehe Indikatordiagramm) nicht mehr seine Anfangsgröße hat, so kann die Stellung des größten Drehmoments hier schon überschritten sein. Überhaupt ist also der Kolbendruck nicht gleichbleibend, sonst müßte das Indikatordiagramm überall gleich hoch sein. Auch die Geschwindigkeit spielt eine Rolle für den Kolbendruck, wie er am Treibzapfen gewissermaßen eintrifft. Wir betrachteten ja im vorigen Abschnitt die Beschleunigungskraft der hin- und hergehenden Massen, und diese Beschleunigungskraft bleibt während der ersten Hubhälfte sozusagen in den Triebwerksmassen stecken, verkleinert also den Druck auf den Treibzapfen gegenüber dem reinen Kolbendruck. Während der zweiten Hubhälfte wird diese Kraft gleichsam wieder ausgezahlt, sie vermehrt also den Kolbendruck, wie er am Treibzapfen zur Wirkung kommt. Dieser Einfluß der Geschwindigkeit auf die Gleichmäßigkeit des Kolbendruckes ist übrigens meist sogar ein guter. Bei starker Dehnung, kleiner Füllung, ist nämlich der Kolbendruck anfangs bei weitem am größten, gegen Schluß des Hubes besonders klein. Nun wird mit kleinen Füllungen meist bei größeren Geschwindigkeiten gefahren, zu diesen gehören dann auch große Beschleunigungskräfte der Triebwerksmassen. Der verhältnismäßig große anfängliche Kolbendruck wird also stark vermindert, der geringe Enddruck wesentlich erhöht. Umgekehrt wird bei großen Füllungen, also kleinen Geschwindigkeiten, der Anfangskolbendruck nur wenig durch die kleine Beschleunigungskraft vermindert, der noch immer große Enddruck dafür aber auch nicht stark vergrößert.

Aber mit dem möglichst gleichmäßigen Kolbendruck — oder genauer Zapfendruck — ist es allein nicht getan. Der Kurbelwinkel und damit der wirksame Hebelarm des waagerechten Zapfendruckes spielt weiter eine sehr ausschlaggebende Rolle. Den Totpunkt mit dem wirksamen Hebelarm Null erwähnten wir schon; die einzylindrige ortsfeste Maschine bedarf ja deshalb des schweren Schwungrades zu seiner Überwindung. Das Zusammenwirken von waagerechtem Zapfendruck und Kurbelwinkel bedingt nun für den einzelnen Zylinder eine veränderliche Zugkraft am Radumfang, die für den Totpunkt jedesmal Null beträgt und zwischen den beiden Totpunkten einen Höchstwert hat. Die Zugkraft des anderen Zylinders (oder der anderen Zylinder) ist entsprechend dagegen verschoben, bei der einfachen Zwillingslokomotive also um einen rechten

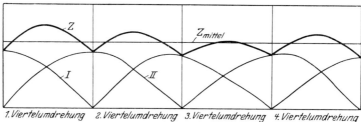

Abb. 187. Zugkraftverlauf einer Zwillingslokomotive.

Winkel, und die Gesamtzugkraft ist die Summe der Einzelzugkräfte; die Gesamtzugkraft wird niemals Null (weil stets nur eine Seite auf dem Totpunkt steht), aber sie verläuft nicht gleichmäßig, sondern wellig (Abb. 187), und der Durchschnitt oder Mittelwert dieser pendelnden Zugkraft, die nach jeder vollen Umdrehung wieder gleiche Werte annimmt, ist eben der Ausgangspunkt unserer Betrachtung. Bei manchen Kurbelstellungen überschreitet die wirkliche Zugkraft mit den Wellenbergen die geforderte — mittlere — Zugkraft, bei anderen Kurbelstellungen bleibt sie mit ihren Wellentälern darunter. Die Pendelung ist nach genaueren, neueren Untersuchungen auf Grund wirklicher Indikatordiagramme vielfach nicht so stark, wie man früher überschläglich berechnet hatte; sie beträgt bei Zwillingslokomotiven etwa 15—20% nach oben und unten. (Für eine elektrische Gleichstromlokomotive verschwindet sie völlig.) Sie ist auch etwas anderes als die Zuckbewegung, bei der ja die Kraftwirkung bald vorwärts, bald rückwärts gerichtet ist, während es sich hier um eine stets in der Fahrtrichtung wirkende, nur nicht gleichmäßige Kraft handelt, deren Wirkung schon bei mäßiger Fahrt von der großen lebendigen Kraft der Lokomotive sozusagen erdrückt wird.

Auf zwei Umstände sei hier noch hingewiesen. Wir sahen oben (beim Sandstreuer) schon, daß die Radreibung ein Maximum findet, bei dessen Überschreitung Schleudern eintritt. Nachdem wir jetzt festgestellt haben, daß die Zugkraft nicht gleichmäßig, sondern wellig verläuft, müssen wir genauer sagen, daß — um Schleudern zu verhindern — auch die Zugkraft an den Wellenbergen die mögliche Reibung nicht überschreiten darf, da sonst hier ein — mindestens teilweises — Rutschen eintritt. Daraus folgt, daß der Zugkraftverlauf der günstigste ist, bei dem die Pendelungen um den Mittelwert möglichst klein sind, denn um so höher rückt dieser letztere für die gleichen Höchstwerte der Zugkraft (siehe Dreizylinderlokomotive).

Andererseits galt das oben Gesagte von der fahrenden Lokomotive, bei der infolge der Dampfdehnung bis zum Hubende Dampf auf den Kolben drückt. Für die Lokomotive, die gerade anfahren soll, kommt aber in Betracht, daß die Steuerung Füllungen über rund 80% nicht zuläßt. Steht ein Kolben dann um weniger als 20% von seinem Hubende, so bekommt er im ersten Augenblick gar keinen Dampf, und da auf eine Radumdrehung vier Einzelhübe entfallen, so tritt viermal im Zugkraftverlauf eine Stelle ein, wo die Zugkraft eines Zylinders nicht nur punktweise, sondern eine ganze Strecke (auf den Radumfang bezogen) ausfällt. Dadurch werden dann die Wellentäler besonders tief, und so kann es bei diesen ungünstigen Kurbelstellungen vorkommen, daß beim Anziehen eines schweren Zuges die Zugkraft im allerersten Augenblick nicht recht ausreicht. Es ist das der bekannte Fall, in dem sich der Führer durch Rückwärtslegen der Steuerung einen günstigeren Zugkraftverlauf (des Spiegelbildes des ursprünglichen) verschafft, und nach kleinem Rückwärtsdruck unter Dampf nun in eine günstigere Kurbelstellung für die Vorwärtsfahrt gelangt. Ist der Zug erst in Bewegung gekommen, so fällt mit der eintretenden Dampfdehnung auch dieser ungünstige Zugkraftverlauf von selbst weg.

Die Erscheinungen der störenden Bewegungen und der ungleichmäßigen Zugkraft sind es nun, ohne deren Kenntnis ein volles Verständnis der Vorteile der mehrzylindrigen Lokomotiven nicht möglich ist.

3. Drei- und Vierzylinderlokomotiven.

Drei- und Vierzylinderlokomotiven sind vereinzelt schon vor vielen Jahrzehnten gebaut worden. Bei den alten Stephensonschen Dreizylinderlokomotiven (1846) wollte der Erbauer einen guten Massenausgleich erzielen. Allerdings erkaufte er mit zwei gleichgerichteten Außenkurbeln und einer rechtwinklig dazu gestellten Innenkurbel den Fortfall der drehenden Schwingungen durch verstärktes Zucken. Richtig war der Massenausgleich bei der vierzylindrigen „Duplexlokomotive" von Haswell, Wien (1861), bei der zwei gegenläufige Zylinder auf jeder Seite saßen, deren äußere Treibstangen an besonders starken Gegenkurbeln angriffen. Beide Lokomotiven scheiterten als Schnellzuglokomotiven an dem kurzen Achsstand, dessen schädliche Eigenheiten den Vorteil des Massenausgleichs völlig überwucherten. Die ersten Vierzylinder-Verbundlokomotiven der französischen Nordbahn (1886) übersahen wiederum, indem bei ihnen, ebenso wie bei der Webbschen Dreizylinder-Verbundlokomotive der englischen Nordwestbahn, die beiden Treibachsen ungekuppelt waren, die Möglichkeit des Massenausgleichs; ihr Ausgangspunkt war die Befürchtung, den damaligen Aufwärtssprung in der Leistung mit zwei Zylindern nicht mehr bewältigen zu können. Erst später erkannte man die Möglichkeit, durch Hinzufügen der Kuppelstangen die störenden Bewegungen stark zu vermindern.

Heute sind bei allen Lokomotiven, die mit mehr als zwei Zylindern, aber einem Satz gekuppelten Achsen — im Gegensatz zu der später (S. 297) behandelten Mallet-Rimrott-Lokomotive mit 2 Triebgestellen — stets die Rücksichten auf die Arbeitsverteilung und den Massenausgleich bestimmend.

Dort, wo man glaubt, die geforderte Leistung mit Rücksicht auf hohe Zapfendrücke u. dgl. in zwei Zylindern nicht mehr unterbringen zu können, greift man zum drei- oder vierzylindrigen Triebwerk, und unterläßt es dann niemals, durch geeignete Kurbelversetzung für Kleinhaltung der störenden Bewegungen, also besonders ruhigen Gang zu sorgen. Bei Schnellzuglokomotiven, also Maschinen für hohe Drehzahlen, hat vielfach der Wunsch nach möglichster Ausschaltung der störenden Bewegungen im Vordergrund gestanden.

Alle Lokomotiven mit mehr als zwei Zylindern haben mindestens ein inneres, zwischen den Rahmen liegendes Triebwerk. Eine lange Gegenkurbel nach Art der „Duplex", die also nicht etwa die Steuerung antrieb, sondern einen Teil des eigentlichen Drehmoments übertrug, ist bei den heutigen Lokomotivleistungen längst nicht mehr möglich. Die Mehrzylinderlokomotiven haben daher, worauf schon bei der Beschreibung der Radsätze hingewiesen wurde, stets einfach oder doppelt gekröpfte Achsen (einfache oder doppelte Kurbelachsen). Auch Zweizylinderlokomotiven mit Innenzylindern sind natürlich nicht nur möglich, sondern sie waren sogar bis vor einigen Jahrzehnten die Regelform der englischen Lokomotiven.

Wir betrachten die Mehrzylinderlokomotiven unter den Gesichtspunkten des Massenausgleichs und der Steuerung, sowie auch der Gleichmäßigkeit der Zugkraft.

Zunächst einige Worte über die einfache **Zweizylinder-Innenzylinderlokomotive**, die allerdings mit den heutigen Zylindermaßen wegen der fehlenden Breite zwischen den Rahmen gar nicht mehr ausführbar ist. Wir hatten oben festgestellt, daß die drehenden Schwingungen der Lokomotive daher rühren, daß die in der Zylinderebene auftretenden Beschleunigungskräfte seitlich an der Mittelebene der Maschine vorbeigehen und also Drehmomente hervorrufen. Über die Größe dieser Drehmomente hatten wir uns zunächst keine Gedanken gemacht. Wenn wir nun hier beim Auftreten der Innenzylinder überlegen, daß diese viel näher an der Mittelebene liegen, so erkennen wir, daß die Drehschwingungen hier besonders gering sind. Erkauft ist oder war dieser Vorteil durch die schwierige, doppelt gekröpfte Achse, die übrigens mit den Innenzylindern in England schon Überlieferung war, ehe man den Vorteil des ruhigen Laufs bewußt erkannte, und die schlechtere Zugänglichkeit des Triebwerks. Das Zucken, als eine sich in der Längsrichtung der Lokomotive abspielende Störung, ist in gleicher Stärke vorhanden, wie bei der Lokomotive mit Außenzylindern. Ebenso ist es mit dem Verlauf der Zugkraft, die ja nur vom Drehmoment in der Achse, nicht von der Lage der Zylinder abhängt.

Dreizylinderlokomotiven führt man heute immer mit um 120° (also einem Drittelkreis) gegeneinander versetzten Kurbeln aus, wobei dann an den äußeren Kurbeln auch die Kuppelstangen angreifen. Der Innenzylinder treibt die einfach gekröpfte, also besser als die zweifach gekröpfte durchzuschmiedende Achse. Diese Kurbelachse kann die gleiche sein, an der die Treibstangen der Außenzylinder angreifen; es kann indes auch eine andere Achse sein, und ist es häufig auch in Gestalt einer weiter vorn liegenden Achse, namentlich bei vielfach gekuppelten Lokomotiven, um das Innentriebwerk nicht über zuviel Achsen hinwegführen zu müssen. Überwiegend handelt es sich um Lokomotiven mit einfacher Dampfdehnung, also drei gleichen Zylindern, die sehr große Leistungen auf mehr als zwei Einzeltriebwerke verteilen.

Die Eigenart der Beschleunigungskräfte der hin- und hergehenden Massen war es ja nun, sich als Komponenten ihrer Fliehkräfte darstellen zu lassen. Nun haben aber drei — auch vier — gleichmäßig im Kreise (dem Kurbelkreise) verteilte Massen zusammen die Fliehkraft Null. (Selbst zwei genau gegenüberliegende Massen haben keine Gesamtfliehkraft, aber das würde eine Lokomotive bedeuten, deren beide Kurbeln immer zugleich im Totpunkt ständen und die also vielfach nicht anfahren könnte.) Wenn keine Fliehkraft da ist, fehlt natürlich auch ihre waagerechte Komponente, d. h. **eine Dreizylinderlokomotive zuckt überhaupt nicht.** In Wirklichkeit bleibt ein geringfügiger Rest, sobald mit der Schräglage des Innentriebwerks — wegen Hinwegführung über die Kuppelachsen — die 120°-Winkel nicht genau innegehalten sind, sowie wegen der endlichen Treibstangenlänge. Dieser Rest ist aber praktisch nicht spürbar, und so erklärt sich der außerordentlich ruhige Lauf der P 10-Lokomotive. Das Drehen der Dreizylinderlokomotive verbleibt freilich, denn bei ihm muß man ja auf die Ebene der Triebwerke im Verhältnis zur Mittelebene Rücksicht nehmen. Der Innenzylinder, in der Mittelebene selbst gelegen, dreht nicht, die beiden Außenzylinder aber ähnlich, wie bei der gewöhnlichen Lokomotive, nur mit dem Unterschied, daß der Drehausschlag ein etwas anderer wird. Einmal sind die Kurbelwinkel andere, dann sind die Triebwerksmassen des einzelnen Zylinders etwas leichter, als wenn man nur zwei Zylinder bei gleicher Leistung hätte.

Das Drehmoment in der Treibachse, das die Zugkraft ergibt, ist bei einer Dreizylindermaschine sehr gleichmäßig. Bei langsamer Fahrt, also ohne nennenswerte Beschleunigungskräfte der Triebwerksmassen, voller Füllung und **sehr** langen Treibstangen würde es absolut gleichmäßig sein, also jede Zugkraftschwankung fehlen. Aber auch die wirkliche Maschine hat noch ein recht gleichmäßiges Drehmoment. Eine genaue Untersuchung an Hand wirklicher Dampfdiagramme für langsame Fahrt ergab, daß eine schwere Dreizylinder-Güterzuglokomotive um etwa 7% in der Zugkraftausnutzung besser ist, als eine gleichstarke Zweizylinderlokomotive. Freilich stehen diesen Vorteilen die Nachteile etwas vergrößerter Maschinenreibung, einer größeren Zahl von Dichtungsstellen — Kolben, Schieber, Stopfbuchsen — und des höheren Preises, sowie etwas höheren Gewichts gegenüber, so daß man nach den guten Erfahrungen mit einfachen Zwillinglokomotiven selbst sehr großer Abmessungen sich zur Drillinglokomotive meist nur entschließen wird, wenn man zu schwere Einzeltriebwerke befürchtet oder Wert auf die denkbar größte Gleichförmigkeit der Zugkraft legt. In Amerika und England sind in den letzten Jahren öfters Drillinglokomotiven gebaut worden.

Vierzylinderlokomotiven sind zunächst als solche mit einfacher Dampfdehnung denkbar — Vierlinglokomotiven. Die preußischen Staatsbahnen beschafften sie in größerer Zahl als Gattung S 10. Dabei stehen sich je eine Außen- und Innenkurbel gerade gegenüber, so daß alle vier Kurbeln zusammen sich gleichmäßig über den Kurbelkreis verteilen, ein rechtwinkliges Armkreuz bilden. So ist denn auch hier festzustellen, daß mit der fehlenden Gesamtfliehkraft der vier je in den Treibzapfen vereinigt gedachten hin- und hergehenden Massen auch deren waagerechte Komponente und damit eben der Anlaß zum Zucken fehlt. Das Drehen könnte aber nur nahezu zum Verschwinden gebracht werden, wenn — wie bei der alten „Duplex" — je zwei Zylinder mit entgegengesetzten Kurbeln sehr nahe nebeneinander liegen könnten. In Wirklichkeit liegen aber die Außenzylinder fast in vierfacher Entfernung von der Mittelebene, wie die Innenzylinder, und damit wird ihr Drehmoment im Sinne der störenden Bewegungen nur um etwa ein Viertel durch die Innenzylinder verkleinert. Allerdings sind die Massen eines einzelnen Triebwerks kleiner als bei einer gleichstarken Zwillingslokomotive.

Die Gleichmäßigkeit der Zugkraft ist nicht anders als bei der Zweizylindermaschine, denn bei genügend langen Treibstangen stimmt das Drehmoment des z. B. nach vorn gehenden Innenkolbens mit dem des nach hinten gehenden Außenkolbens überein; die Drehmomente der Zylinder verdoppeln sich also nur, ohne daß ihr Verlauf und also die Gleichmäßigkeit der Zugkraft eine andere wird. Während also hier ein Vorteil der Dreizylindermaschine ausfällt, treten die Nachteile in noch stärkerem Maße hervor; noch mehr Dichtungsstellen und Nebenverluste durch Maschinenreibung, Verteuerung und Erschwerung des Gesamttriebwerks und die immerhin etwas schwierige zweifachgekröpfte Achse. Da nun im Gegensatz zur Vierzylinder-Verbundlokomotive hier die Möglichkeit fehlt, als Vorteil die Kohlenersparnis der Verbundwirkung bei größeren Leistungen hinzuzufügen, so kann die Vierlinglokomotive im Neubau als nahezu ausgestorben gelten.

Die Vierzylinder-Verbundlokomotive, die wir in den einleitenden geschichtlichen Bemerkungen schon erwähnten, gibt bei den heutigen großen Leistungen schon an sich die einzige Möglichkeit, bei schweren Lokomotiven die bei Heißdampf allerdings verkleinerten wärmewirtschaftlichen Vorteile der Verbundwirkung zur Geltung zu bringen. Der große Niederdruckzylinder einer Zweizylinder-Verbundlokomotive wäre innerhalb der Umgrenzungslinie nicht mehr unterzubringen; die hin- und hergehenden Massen unerwünscht schwer. Die Bauform ist in der neueren Lokomotivgeschichte eine der wichtigsten; sie findet auch in

Deutschland durchaus neuzeitliche Vertreterinnen, wie die bayerische S 3/6 und die Reihe O 2 der Einheits-Schnellzuglokomotiven.

Das Zucken ist hier nicht ganz zu beseitigen, weil die Niederdrucktriebwerke mit den großen Kolben schwerer sind, als die Hochdrucktriebwerke. Wenn also auch, wie beim Vierling, Innen- und Außenkurbel sich gerade gegenüberstehen, so bleibt doch der Massenunterschied der Triebwerke als Anlaß zum Zucken bestehen. Da es sich aber nur um den Gewichtsunterschied der Kolben handelt, so ist diese Zuckmasse recht klein gegenüber einer Zwillingslokomotive, und also das Zucken praktisch nahezu beseitigt. Solange die Maschinenabmessungen bescheiden waren und man die Niederdruckzylinder noch zwischen die Rahmen legen konnte, war außerdem eine günstigere Sachlage als beim Vierling insofern geschaffen, als hier am wesentlich kleineren Hebelarm größere Massen wirkten und also eine stärkere Abschwächung des Drehens eintrat. Die heutigen großen Niederdruckzylinder sind nun aber nur noch als Außenzylinder ausführbar, und da sie nun mit ihren schweren Kolben auch noch weit von der Mittelebene liegen, bleibt die Verminderung der störenden Drehmomente weit unter einem Viertel, dem Wert des Vierlings, d. h. das Drehen ist etwa das gleiche wie bei einer Zwillingslokomotive. Das Drehmoment in der Treibachse ist bei höheren Geschwindigkeiten etwas gleichmäßiger, weil es sich im Gegensatz zum Vierling nicht um gleiche Dampfdiagramme beim Außen- und Innenzylinder handelt, sondern um die etwas verschiedenen der Verbundzylinder.

Die Nachteile der Vierlinglokomotive sind in etwas schwächerem Maße vorhanden; wie im nächsten Abschnitt über die eigentliche Verbundwirkung noch geschildert, spielen etwaige Undichtheiten eine geringere Rolle, und bei großen Leistungen tritt eine Kohlenersparnis auf; die von der Naßdampfzeit her überschätzte Kohlenersparnis, der ruhige, praktisch zuckfreie Lauf und die leichteren Einzeltriebwerke mit ihren kleineren Einzelkräften sichern dieser Maschinengattung noch heute ihr großes Ansehen. Freilich steht sie stellenweis schon im Existenzkampf gegen die einfache Zweizylinderlokomotive.

Drei- und Vierzylinderlokomotiven kann man entweder so ausführen, daß sämtliche Zylinder auf eine Treibachse arbeiten, oder aber daß Außen- und Innenzylinder je auf eine — immer benachbarte — Treibachse wirken. Die erstere Anordnung hat den Vorteil, daß sich der Kräfte- und Massenausgleich an ein und derselben Achse abspielt, ohne der Vermittlung des Rahmens zu bedürfen, und daß alle Zylinder in einer Quer-

Drei= und Vierzylinderlokomotiven.

ebene liegen, wenn auch die Innenzylinder oft schräg, mit Rücksicht auf die vorderen Kuppelachsen.

Die zweite Lösung gestattet diese bauliche Annehmlichkeit — z. B. alle vier Zylinder als Block unter der Rauchkammer anzuordnen — nicht oder nur bei sehr verschieden langen Treibstangen, schont aber die gekröpfte Achse mehr, deren Biegungsmomente kleiner bleiben. Bei den Vierzylinder=Verbundlokomotiven bezeichnete man, nach ihren Haupt= vertretern die erstere als die von Borriessche und die zweite als de Glehnsche Anordnung. Die schematischen Abb. 188/189 geben einen Eindruck dieser Bauformen.

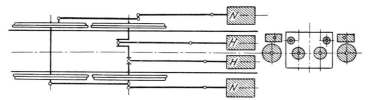

Abb. 188. Vierzylinder=Verbundanordnung nach v. Borries.

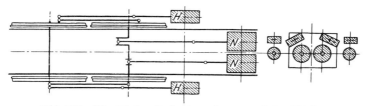

Abb. 189. Vierzylinder=Verbundanordnung nach de Glehn.

Zu der Steuerung der Mehrzylinderlokomotiven wäre noch einiges zu sagen. An sich scheint es das Naturgemäße zu sein, daß jeder Zylinder seine eigene Steuerung hat. Der eigene Schieber ist denn auch fast immer vorhanden. Die Vierzylinder=Verbundlokomotiven de Glehnscher Bauform (deutsche und ausländische) haben auch die selbständigen Steuerungen eigentlich durchweg gehabt. Die beiden Treib= achsen und die in verschiedenen Ebenen liegenden Zylinder führten von selbst dazu. Sogar besondere Steuerschrauben, wenn auch in baulich vereinigter Form, waren den französischen Lokomotiven eigen; sie sollten beliebige Füllungsgruppierung der Hoch= und Niederdruckzylinder er= möglichen, sie erlauben aber andererseits nach deutscher Anschauung auch Fehler in der Handhabung.

Die Möglichkeit und damit der Anreiz lag indes in vielen Fällen vor, die Zahl der äußeren Steuerungen kleiner zu halten, als die der Zylinder, und nur außenliegende Steuerungen mit einfachen Gegenkurbeln statt der inneren Hubscheiben zu verwenden. Am einfachsten ist die Sache natürlich bei den Vierzylinderlokomotiven mit einer einzigen Treibachse. Bei den Vierlinglokomotiven stehen sich ja immer Außen- und Innenkurbel gerade gegenüber; damit müssen auch die Schieber jeweils entgegengesetzt ausschlagen, und der einzige Unterschied in der Dampfverteilung ist bei genau entgegengesetztem Ausschlag der durch die endliche Treibstangenlänge gegebene, wie sich aus unserer anfänglichen Betrachtung (s. S. 7) leicht ableiten läßt. Der entgegengesetzte Ausschlag läßt sich nun leicht dadurch bewirken, daß man die beiden Schieberstangen durch einen gleicharmigen Hebel verbindet, der in waagerechter Ebene schwingt und dessen Drehpunkt am Rahmen befestigt ist. Eine äußere Steuerung mit Schwinge haben dann nur die beiden Außenzylinder. So war in der Tat die Steuerung der preußischen S 10-Lokomotive beschaffen; jene Umkehrhebel lagen vor den Zylindern. Das hatte allerdings einen Fehler in der Dampfverteilung zur Folge. Die Schieberstangen selbständiger Steuerungen würden sich durch die Dampfwärme beide etwas nach vorn dehnen; in Wirklichkeit wurde die innere Schieberstange indes durch den Umkehrhebel von der sich nach vorn dehnenden Außenschieberstange nach hinten verschoben, so daß die Schiebermitten etwas gegeneinander verstellt wurden. Man half sich, indem man, allerdings unter baulicher Verwicklung, die Umkehrhebel nach hinten, auf die Kreuzkopfseite, legte und damit den Einfluß der Wärmedehnung ausschaltete.

An die Lösung mit dem Umkehrhebel könnte man bei Vierzylinder-Verbundlokomotiven ebenfalls denken. Indessen sind in waagerechter Ebene schwingende Hebel baulich nicht immer angenehme Maschinenteile, und man hat deshalb vielfach die Möglichkeit herangezogen, die Niederdruckkolbenschieber wegen des geringeren Dampfdrucks und der geringeren Temperaturen mit äußerer Einströmung auszuführen, ohne den Stopfbuchsen Übermäßiges zuzumuten. Dann können beide Schieberstangen in der gleichen Richtung ausschlagen, um für die sich gerade gegenüberstehenden Kurbeln des Niederdruckzylinders (heute immer außen) und des Hochdruckzylinders entgegengesetzte Dampfverteilung hervorzubringen (also z. B. Außenzylinder Dampfeinströmung vor den Kolben, Innenzylinder hinter den Kolben). Man geht dann baulich so vor, daß man mit einer kurzen Gelenkstange von der äußeren Schieberstange aus einen einarmigen Hebel angreift, der aus einem Stück mit

Drei= und Vierzylinderlokomotiven. 227

einer waagerechten, am Lokomotivrahmen gelagerten Welle besteht. Diese Welle trägt dann zwischen den Rahmen (in der senkrechten Ebene des Innenschiebers) einen zweiten, gleichgerichteten Arm, der nur bei anderem Schieberhub eine andere Länge zu haben braucht, und wieder mit Einschaltung einer kurzen Gelenkstange die innere Schieberstange antreibt. So ist z. B. die Steuerung der Einheits-Schnellzuglokomotive Bauartreihe 0 2 ausgeführt (Abb. 190). Ähnlich ist die Steuerung der bayerischen S 3/6=Lokomotive, wo einfach der Gegenlenker an jenem Hebelarm aufgehängt ist.

War die Aufgabe, mit zwei äußeren Steuerungen bei den Vierzylindermaschinen auszukommen, deshalb so verhältnismäßig einfach, weil sich immer eine Außen= und Innenkurbel gerade gegenüberstanden, so verlangt die Dreizylinderlokomotive eine auch für das Verständnis verwickeltere Lösung, wenn man mit zwei Steuerungen auskommen will; denn die Kurbeln

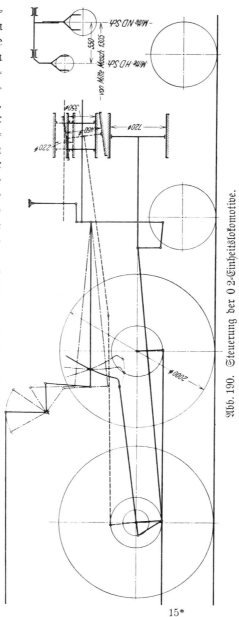

Abb. 190. Steuerung der O 2=Einheitslokomotive.

15*

bilden hier je einen Winkel von 120°, d. h. sie sind, wie oben schon gesagt, gleichmäßig über den Kurbelkreis verteilt. Die Lösung der Steuerungsaufgabe erinnert an das Verhalten der Fliehkräfte. Wie dort immer die Fliehkraft der im Kurbelzapfen zusammengeballt gedachten Triebwerksmasse einer Kurbel die der beiden anderen zusammen gerade aufhob, so ist hier auch der Schieberausschlag des einen Schiebers gerade das Entgegengesetzte der Resultierenden der beiden anderen Schieberausschläge. Abb. 191 zeigt zunächst schematisch die Nutzanwendung in Gestalt der Steuerung der preußischen S 10²-Dreizylinderlokomotiven. Der wieder in waagerechter Ebene schwingende zweiarmige

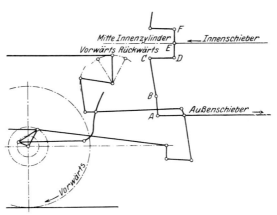

Abb. 191. Steuerung der S 10²-Lokomotive (schematisch).

Hebel ABC wird in A von der (rechten) äußeren Schieberstange ergriffen. Deren Ausschlag wird — eben durch die Zweiarmigkeit — umgekehrt, wie zu fordern war, zugleich allerdings zunächst auf das Doppelte vergrößert, weil AB = 320, BC = 640 mm. Diese Verdoppelung wird nun dadurch wieder aufgehoben, daß die Verbindungsstange CD nicht die Schieberstange des Innenzylinders unmittelbar ergreift, sondern unter Einschaltung des auf ihr in E befestigten Hebels DEF. Denken wir uns den Punkt F zunächst festgehalten, so wäre der Hebel ein einarmiger und verkleinerte den Ausschlag wieder auf die Hälfte, weil EF = 1/2 DF, aber wir hätten dann nur den entgegengesetzten Ausschlag des rechten äußeren Schiebers auf den inneren übertragen. Tatsächlich ist indes F kein fester Punkt, sondern er wird in gleicher Weise von der linken äußeren Steuerung angetrieben, wie D von der rechten. Geben wir also

Drei= und Vierzylinderlokomotiven. 229

das in Gedanken zuerst festgehaltene F frei, so wird dem vom rechten Außenschieber mitgeteilten umgekehrten Ausschlag jetzt in gleicher Weise

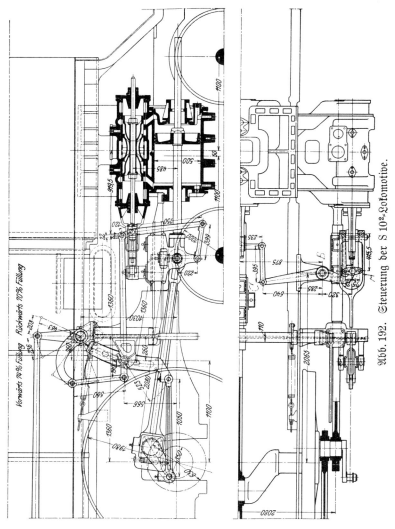

Abb. 192. Steuerung der S 10²=Lokomotive.

der umgekehrte, erst verdoppelte, dann wieder halbierte Ausschlag des linken Außenschiebers hinzugefügt. Die Aufgabe ist also gelöst. Zum besseren Verständnis der Abb. 191 sei noch darauf hingewiesen, daß die rechte Außensteuerung in der Seitenansicht dargestellt ist, dann ist das Bild in die waagerechte Ebene, den Grundriß, umgeklappt, um das in dieser Ebene sich vollziehende Hebelspiel erkennen zu lassen. Abb. 192 zeigt die tatsächliche bauliche Durchbildung dieser Steuerung in Aufriß und Grundriß, wenn auch noch mit den alten Kanalschiebern.

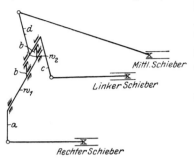

Abb. 193. Steuerung der G 12=Lokomotive.

Abb. 193 zeigt die grundsätzliche Bewegungsableitung des mittleren Schiebers von den beiden Außensteuerungen bei einer sehr verbreiteten Lokomotivgattung, der G 12=Lokomotive (jetzt Reihe 58), die auch bei der G 8³=Lokomotive wiederholt worden ist. Hier versetzt der äußere rechte Schieber die festgelagerte Welle w_1 mittels des Hebelarms a in Hin=

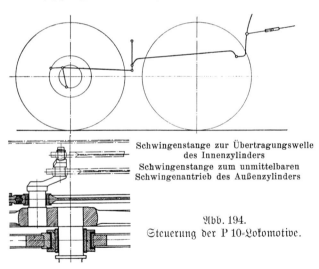

Abb. 194. Steuerung der P 10=Lokomotive.

und Herdrehung. Der Hebelarm b kehrt als gerade gegenüberliegend die Bewegung um, wie zu verlangen, und halbiert sie, da b = 1/2a. Der Ausschlag muß nun aber wieder verdoppelt werden, und das geschieht so, daß in den beiden Armen b die Welle w_2 schwingend gelagert ist, deren äußerer, linker Hebelarm c an der linken, äußeren Schieberstange angreift, während ihr anderer, entgegengesetzter und gleich langer Hebelarm d die Stange des Mittelschiebers ergreift. Denkt man sich den unteren Endpunkt von c zunächst festgehalten, so wird die innere Schieberstange von b derart bewegt, daß dessen Endausschlag im Verhältnis (c + d) : c vergrößert wird. Dieses Verhältnis ist aber gleich 2 und stellt somit die zu fordernde Verdoppelung her. Denkt man sich umgekehrt die rechte Außensteuerung, also den unteren Endpunkt von a festgehalten, so schwingt die Welle w_2 um die dann festliegenden Zapfen (in den Endpunkten von b); sie kehrt mit gleichem Ausschlag, weil c = d, die Bewegung des linken Außenschiebers um. In Wirklichkeit summieren sich beide Bewegungen, und das Endziel, zum Umgekehrten einer resultierenden, zusammengesetzten Bewegung der beiden Außenschieber zu gelangen, ist erreicht.

Die große Zahl der Gelenke, die im Laufe der Abnutzung zu einem erheblichen Totgang mit ungleichmäßiger Dampfverteilung für den Innenzylinder führt, veranlaßte bei der P 10-Lokomotive (Reihe 39) die Wahl einer selbständigen Steuerung für den Innenzylinder. Allerdings wollte man sich zu einer innenliegenden Hubscheibe, wie sie z. B. die französischen Vierzylinderlokomotiven haben, nicht entschließen, und wählte deshalb eine linke, doppelte Gegenkurbel, deren einer Zapfen die übliche Außensteuerung bedient, deren anderer der Innensteuerung zugehört (Abb. 194). Durch eine an ihn angreifende kurze Schwingenstange wird mittels des Hebelarmes die festgelagerte Welle, die dicht neben der Maschinenmitte einen entsprechenden Hebelarm trägt, in drehende Schwingungen versetzt. Von hier geht die etwas hochgekröpfte Kuppelstange zum unteren Auge der Schwinge. Es ist bis auf die Verschiedenheit der Hebel so, als ob der äußere Zapfen der Gegenkurbel über die Schwingenstange unmittelbar die Schwinge ergriffe. Schieberschubstange und Gegenlenker des Innenzylinders sind, gleich der Schwinge, die sonst üblichen.

Freilich bleibt dann noch immer eine beträchtliche Gelenkzahl bis an die Schwinge; zwischen dem Zapfen der Gegenkurbel und dem unteren Schwingenzapfen befinden sich 4 Gelenke einschließlich der beiden Lager der Welle, bei der Regelsteuerung keins. Bei der letztgebauten Dreizylinderlokomotive der Reichsbahn, der schweren 1 E-Güterzuglokomotive der Reihe 44, ist man deshalb zur inneren Hubscheibe übergegangen, deren etwas größere Reibung man zugunsten des verringerten möglichen toten Ganges und der sonstigen baulichen Einfachheit der nun wieder ganz in einer Ebene liegenden Steuerung in Kauf genommen hat.

4. Verbundlokomotiven.

Unter einer Verbundmaschine versteht man eine Dampfmaschine, bei welcher der Dampf nicht in einem Zylinder bis auf den Enddruck entspannt wird, sondern nur herab bis auf einen Druck, der noch in einem zweiten Zylinder, dem Niederdruckzylinder, Arbeit zu leisten vermag, und in dem die Dehnung bis zum Enddruck fortgesetzt wird. Der im ersten Zylinder, dem Hochdruckzylinder, teilweise entspannte Dampf wird also bei der Verbundlokomotive nicht in den Schornstein, sondern in den Niederdruckzylinder geleitet; die beiden Zylinder sind somit in ihrer Dampfwirkung miteinander verbunden, daher die Bezeichnung Verbundmaschine. Das Bindeglied stellt der Verbinder dar, eine weit gehaltene Rohrverbindung von der Ausströmung des Hochdruckzylinders zur Einströmung des Niederdruckzylinders. Weil der Dampf zweimal expandiert, spricht man auch von Maschinen mit zweifacher Dehnung (früher sagte man auch Zweifachexpansionsmaschine), wie man bei Ausführung des ganzen Arbeitsprozesses in einem Zylinder von Maschinen mit einfacher Dampfdehnung spricht. Das Vorhandensein zweier Zylinder bei der Zwillinglokomotive ändert das Bild nicht, da in jedem der Zylinder der Dampf von der Kesselspannung sich bis auf die Auspuffspannung herabdehnt. Bei der „zweifachen" Dehnung muß man sich auch vor dem Mißverständnis hüten, daß der Dampf sich nur soweit dehnt, daß er beim Verlassen der Maschine den doppelten Raum wie zu Anfang einnehme; es bedeutet eigentlich „zweimalig". Von Dreifach- oder gar Vierfachexpansionsmaschinen, bei denen der Kesseldampf in drei oder vier hintereinander geschalteten Zylindern allmählich bis auf den Enddruck expandiert und dabei die ihm innewohnende Energie in mechanische Arbeit umsetzt, braucht hier nicht gesprochen zu werden; sie gehören nur in das Gebiet des ortsfesten und des Schiffsmaschinenbaus, eignen sich auch nicht für die Lokomotive, die immer unter Last (mit dem Zuge) anfahren muß.

Die der Verbundwirkung nachgerühmten Vorteile treten heute im Zeitalter des Heißdampfes, wenigstens bei der Lokomotive, nicht mehr so in den Vordergrund wie früher beim Naßdampf. Trotzdem ist es bei dem Vorhandensein noch immer zahlreicher Verbundlokomotiven, namentlich der großen Zahl von Vierzylinder-Heißdampfverbundlokomotiven in Süddeutschland, auch in Preußen in Gestalt der S10$_1$, und der einen Lieferung der schweren 2 C 1-Einheitslokomotiven dieser Bauart unerläßlich, daß die Eigenart der Verbundwirkung näher erläutert wird.

In einer idealen Maschine, bei der es keine Wärmeverluste durch die Mitwirkung der Zylinderwandungen und durch Undichtigkeiten gäbe, ließen sich auch keine Vorteile durch die Anwendung der zweimaligen Dehnung statt der einmaligen erzielen. In Wirklichkeit wirken nun aber die Zylinderwandungen bei dem Arbeitsprozeß in folgender Weise mit: Einmal ist es klar, daß ihre durchschnittliche (mittlere) Temperatur niedriger ist, als die höchste des Dampfes bei seinem Eintritt. Der heiße Dampf trifft also während der eigentlichen Einströmung auf kältere Wandungen und schlägt sich bei Naßdampf sogar etwas nieder (sog. Eintrittskondensation); zum Ersatz muß neuer Dampf nachströmen, so daß die Maschine gewissermaßen mehr Dampf verschluckt, als dem Füllungsraum entspricht. Während des Auspuffs geben die nunmehr wärmeren Zylinderwände dem abziehenden Dampf noch etwas Wärme mit, die gleichfalls verloren geht. Beide Erscheinungen sind um so beträchtlicher, je weiter die Temperaturspanne ist, der der Dampf in einem Zylinder unterworfen ist. Teilt man nun durch die Verbundanordnung das Temperaturgefälle, d. h. die Temperaturspanne des Dampfes zwischen Einströmung und Auspuff, so wird die Eintrittskondensation im Hochdruckzylinder wesentlich geringer, da die mittlere Temperatur des Zylinders höher ist; dasselbe gilt für die Kondensationsverluste im Niederdruckzylinder. Außerdem hat man dabei noch den Vorteil, daß die Wärme, die dem Auspuffdampf des Hochdruckzylinders mitgegeben wird, dem Niederdruckzylinder zugute kommt.

Weiter ist bei der Verbundmaschine auch der Einfluß von Undichtigkeiten bei Kolben und Schiebern geringer als beim Zwilling. Der Undichtigkeitsdampf geht bei der Zwillingmaschine aus beiden Zylindern verloren; dagegen wird bei der Verbundmaschine der im Hochdruckzylinder entwichene Dampf im Niederdruckzylinder noch zur Arbeitsleistung ausgenutzt. Da ferner der Undichtigkeitsverlust um so kleiner wird, je kleiner der Druckunterschied zu beiden Seiten des Kolbens ist, so sind die verlorengehenden Dampfmengen ohnehin bei dem geteilten Druckgefälle in jedem Zylinder kleiner. Also die Verkleinerung der Verluste gegenüber der Zwillingmaschine, oder anders ausgedrückt, die Annäherung an die verlustlose (ideale) Maschine machen den Vorteil der Verbundlokomotive aus.

Nun erkennen wir auch, weshalb beim Heißdampf die Verbundwirkung nicht ebenso große Vorteile bietet. Abgekühlter Heißdampf schlägt sich nicht gleich nieder und verliert nicht so schnell seinen großen Rauminhalt, sondern schrumpft nur wenig zusammen, so daß jenes Nachströmen von frischem Dampf gering bleibt. Ferner ist der Heißdampf ein schlechterer Wärmeleiter als der Naßdampf; sein Wärmeaustausch mit den Wandungen ist geringer, auch während der Auspuffzeit, solange der Dampf noch nicht durch starke Dehnung und also auch Abkühlung in den Sattdampfzustand getreten ist. Der Sattdampfzustand wird aber bei den üblichen Füllungen nicht ganz erreicht; der Ausströmdampf der Heißdampfmaschine hat immer noch eine Temperatur, die etwas über der Sättigungstemperatur liegt. Die Frage, ob die kleineren Vorteile bei Verwendung von Heißdampf die bauliche Verteuerung und Verwicklung der Verbundmaschine noch rechtfertigen, wird deshalb schon seit langem aufgeworfen; die neuesten eingehenden Versuche der Deutschen Reichsbahn mit den sonst völlig übereinstimmenden 2 C 1 = Schnellzuglokomotiven in einfacher Zwilling= und Vierzylinderverbundanordnung neigen sich auf die Seite der ersteren.

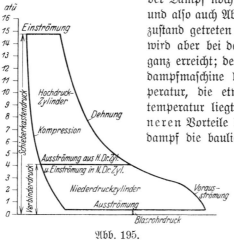

Abb. 195.

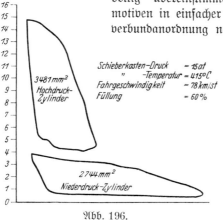

Abb. 196.

Abb. 195 und 196. Indikatordiagramm von Verbundlokomotiven.

Die Darstellung der Verbundwirkung im Indikatordiagramm zeigen die Abb. 195 und 196. Theoretisch müßte die Dampfschaulinie die Form der Abb. 195 besitzen; die gesamte Arbeitsfläche, die außer durch die Zylinderabmessungen durch den Schieberkasten= und Blasrohrdruck und die Füllung bestimmt ist, entspricht ganz der von der idealen Dampfdruckschaulinie in Abb. 12 gebildeten. Die das Diagramm in zwei Teile zerlegende waagerechte

Dampfdrucklinie bei etwa 4 at stellt den Verbinderdruck dar, der theoretisch gleich dem Ausströmdruck des Hochdruckzylinders und dem Einströmdruck des Niederdruckzylinders sein müßte. Die Größe der oberen Diagrammhälfte bestimmt die Arbeit des Hochdruckzylinders, die der unteren Hälfte die Arbeit des Niederdruckzylinders.

In Wirklichkeit zeigen die Indikatordiagramme etwa die in Abb. 196 dargestellte Form. Es ist steuerungstechnisch nicht möglich, den Druck im Verbinder über den ganzen Hub gleich groß zu halten; ebenso lassen sich Abkühlungs- und Drosselverluste auf dem Wege vom Hochdruck- zum Niederdruckzylinder nicht vermeiden, so daß der Einströmdruck in den Niederdruckzylinder stets mehr oder weniger gegenüber dem Ausströmdruck des Hochdruckzylinders abfällt. Daher klaffen die beiden Diagrammhälften immer etwas auseinander.

Die Durchmesser der Zylinder werden so gewählt, daß trotz der verschiedenen mittleren wirksamen Dampfdrücke in jedem Zylinder die gleiche Arbeit geleistet wird; we-

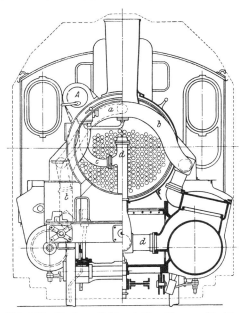

Abb. 197. Vorderansicht und Rauchkammerschnitt einer Zweizylinder-Verbundlokomotive.

gen der kleineren Drücke haben dann die Niederdruckzylinder stets größeren Durchmesser als die Hochdruckzylinder. Das Raumverhältnis — und also bei dem genau oder annähernd gleichen Hub Kolbenflächenverhältnis — liegt in den äußersten Grenzen von etwa 1,8 : 1 bis 3 : 1; dabei gelten die kleineren Werte für langsamfahrende Lokomotiven mit großen Füllungen, die größeren für schnellfahrende Maschinen mit kleinen Füllungen.

Bei Zweizylinder-Verbundlokomotiven sind beide Zylinder wie beim Zwilling außerhalb des Rahmens angeordnet; Innenlage wäre auch bei den großen Niederdruckzylindern nicht mehr möglich. Der Hochdruckzylinder liegt immer auf der rechten Lokomotivseite. Wir bringen in Abb. 197 einen Schnitt durch Rauchkammer und Niederdruckzylinder einer Zweizylinder-Verbundlokomotive. Der Dampf wird dem Schieberkasten des Hochdruckzylinders durch das sich an das Reglerrohr anschließende

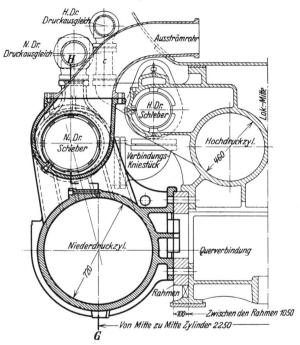

Abb. 198. Einheits-Vierzylinder-Verbundlokomotive, Zylinderanordnung (Querschnitt A—B [Abb. 201] durch den Niederdruckzylinder).

Einströmrohr a zugeführt und durch den Verbinder — in der Abbildung aus zwei mit b bezeichneten Rohrstücken bestehend — zum Niederdruckzylinder weiter geleitet. Er verläßt den Niederdruckzylinder durch das Ausströmrohr d, an dessen oberem Ende der Blasrohrkopf sitzt. Die zwischen die beiden Verbinderrohre eingeschaltete, in der Abbildung mit A bezeichnete Vorrichtung dient ebenso wie das Verbindungsrohr c als sog. Wechselvorrichtung zum Anfahren, wovon später noch näher die Rede sein wird.

Bei Vierzylinder-Verbundlokomotiven werden, wie wir auf S. 224 schon sahen, heute die Hochdruckzylinder wegen ihrer kleineren Abmessungen innerhalb des Rahmens untergebracht, während die Niederdruckzylinder wie beim Zwilling außen am Rahmen gelagert werden müssen. Abb. 198 zeigt als Beispiel die Zylinderanordnung einer Lokomotivseite der Vierzylinderverbund-Einheits-Schnellzuglokomotive der Reihe O 2 der Deutschen Reichsbahn. Die vier Zylinder liegen in einer Ebene über dem vorderen Drehgestell.

Die beiden Hochdruck-Innenzylinder sind zusammen mit den Schieberkästen in einem Stück gegossen und zwischen dem Rahmen erhöht und mit geneigter Zylinderachse angeordnet, um das Triebwerk, das wie das Niederdrucktriebwerk an der zweiten Kuppelachse angreift, über die erste Kuppelachse hinwegzuführen. Das Zylindergußstück dient gleichzeitig als Rauchkammerstütze oder -sattel; wegen der hohen Lage des Zylinderblocks mußte der Rauchkammerboden in seinem vorderen Teil abgeplattet werden. Das Gußstück sitzt auf der Rahmenquerverbindung zwischen den Außenzylindern und legt sich mit Winkelfußleisten in Ausschnitte an der inneren Rahmenoberkante. Die Längskräfte werden durch Paßstücke zwischen Rahmenausschnitt und Fußleisten übertragen.

Die äußeren Niederdruckzylinder mit ihren Schieberkästen stellen Einzelgußstücke dar und sind außen gegen den Rahmen geschraubt. Die Zylinderschrauben sind durch den Rahmen hindurchgeführt und dienen auf der Rahmeninnenseite gleichzeitig zur Befestigung der Innenzylinder und der Querverbindung mit dem Rahmen. Zur Entlastung der Befestigungsschrauben in senkrechter Richtung dient die über die Rahmenoberkante ragende Aufhängenase; zur Aufnahme der Längskräfte dienen Ansätze an den Gußstücken, die unter Zwischenlage von Paßstücken in den Rahmenausschnitt greifen.

Abb. 199 stellt einen Schnitt durch einen der geneigten Hochdruckzylinder dar. Wir erkennen deutlich den links oben beginnenden Einströmkanal, der nach der Mitte zu dem seitlich vom Zylinder gelagerten Hochdruckschieberkasten (s. Abb. 198) führt; der Hochdruckschieberkasten mit Schieberbuchse ist in Abb. 200 im Schnitt wiedergegeben. In der Mitte sind die Öffnungen für den Eintritt des Dampfes vom Einströmrohr erkennbar. Der Hochdruckzylinder hat also innere Einströmung und demnach äußere Ausströmung. Durch die beiden auf die Enden des Schieberkastens gesetzten Ausströmkästen wird der Abdampf jedes Hochdruckzylinders zum Niederdruckzylinder weitergeleitet. Die Ausströmkästen jedes Hochdruckzylinders sind durch den über dem Schieberkastenrücken verlaufenden Verbindungskanal einmal in sich selbst und dann durch den quer über dem Hochdruckzylinder vorgesehenen Kanal a (f. Abb. 199 und 200) mit denen des anderen Hochdruckzylinders verbunden, so daß sich der Ausströmdampf der beiden Hochdruckzylinder in seinem Druck gut ausgleichen kann. Von den Ausströmkästen der Hochdruckzylinder wird der Hochdruckabdampf über je ein knieförmiges Verbindungsstück (f. Abb. 198) dem Niederdruckzylinder durch die an seinen Enden angeschraubten Einströmkästen (f. Abb. 201) zugeführt. Der in dieser Abbildung dargestellte Niederdruckzylinder erhält also aus dem seitlich

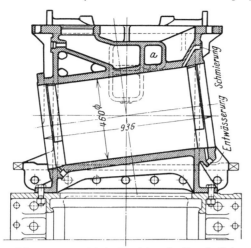

Abb. 199. Längsschnitt durch den Hochdruckzylinder.

(f. Abb. 198) darübersitzenden, ebenfalls dargestellten Niederdruck-Schieberkasten äußere Einströmung; dadurch ist ein möglichst kurzer Dampfweg vom

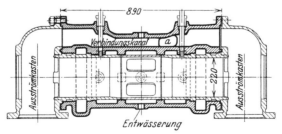

Abb. 200. Schnitt durch den Hochdruckschieberkasten.

Hoch- zum Niederdruckzylinder geschaffen. Dieser Verbindungsraum, der Verbinder, wird also hier gebildet von dem Verbindungskanal a der Hochdruckschieber unter sich (f. Abb. 199 und 200), dem Verbindungskanal der Ausströmkästen jedes Hochdruckschiebers (Abb. 200) und den kurzen, den Höhenunterschied zwischen Hoch- und Niederdruckschiebern überbrückenden

Überströmkanälen (Ein= und Ausströmkästen mit knieförmigen Ver=
bindungsstücken). Der äußeren Einströmung entsprechend hat der Nieder=
druckzylinder innere Ausströmung. In der Mitte des Niederdruckschiebers
(Abb. 201) sind deutlich die großen Ausströmschlitze zu erkennen, die den
Abdampf durch das in Abb. 198 dargestellte, sehr weite und schlank ge=
führte Ausströmrohr dem Auspuff zuleiten.

Alle vier Zylinder sind
mit den in Abb. 87 darge=
stellten Druckausgleichern
versehen. Bei den Nieder=
druckzylindern sind die
Druckausgleicher unmittel=
bar über den Einström=
kanälen angeordnet (f.
Abb. 201), während sie
beim Hochdruckteil seitlich
herausgezogen und durch
Einschaltung von Zwischen=
stücken c (f. Abb. 198) über
dem Ausströmrohr verlegt
sind, so daß eine leichte
Zugänglichkeit zu ihnen
erreicht wird.

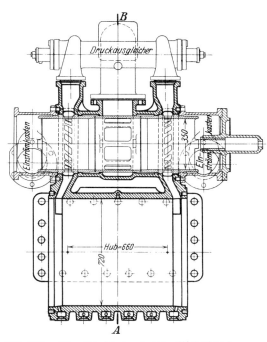

Abb. 201. Längsschnitt durch den Niederdruck=
zylinder (Schnitt G—H in Abb. 198).

Wenn oben von einer
Verwicklung durch die Ver=
bundanordnung gesprochen
wurde, so braucht man nur
an den Anfahrvorgang zu
denken. Die Zwillingloko=
motive fährt mit ihren um
90° versetzten Kurbeln stets
ohne weiteres an, weil niemals beide Kolben zugleich in Totlage stehen
können. Wohl kann gelegentlich bei ungünstiger Kurbelstellung und ge=
streckt zum Halten gekommenem Zuge der Führer zu dem bekannten
Manöver gezwungen sein, die Steuerung noch einmal rückwärts zu legen,
um durch eine kurze Rückwärtsbewegung eine günstigere Kurbelstellung
für das Anfahren zu erreichen; aber außer Regler und Steuerung hat
er dabei keine anderen Griffe zu bedienen. Wenn dagegen bei der Ver=
bundlokomotive die Hochdruckkurbel in der Nähe des Totpunktes steht,

wäre die Lokomotive außer Gefecht gesetzt, wenn sie nicht eine Einrichtung besäße, durch die dem Niederdruckzylinder mit seiner dann günstig stehenden Kurbel Hilfsdampf zugeführt werden kann; damit ist eine dritte Einrichtung neben Regler und Steuerung für die Verbundlokomotive in ihrer Notwendigkeit erwiesen: die sog. Anfahrvorrichtung.

Bei der im Zeitalter des Heißdampfes, wie schon oben erwähnt, sinkenden Bedeutung der Verbundlokomotive wollen wir uns nicht mit den vielen sinnreichen, aber schon geschichtlich gewordenen Anfahrvorrichtungen

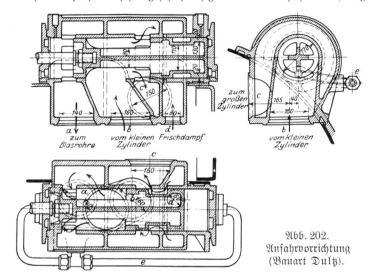

Abb. 202.
Anfahrvorrichtung
(Bauart Dultz).

beschäftigen, sondern nur hervorheben, daß bei den Zweizylinder-Verbundlokomotiven schon seit vielen Jahren nur mehr der eine Grundsatz bei uns Gültigkeit erlangt hat: die vorübergehende Verwandlung in eine Zwillinglokomotive, wenn auch mit ungleichen Zylindern und gedrosseltem Dampf für den großen Niederdruckzylinder, also mit Auspuff sowohl des Hoch- wie des Niederdruckteils. Die in Deutschland am weitesten verbreitete Vorrichtung dazu, wegen des Wechsels von Verbund- in Zwillingwirkung und nach vollzogenem Anfahren wieder in Verbundwirkung auch Wechselventil oder Wechselschieber genannt, ist diejenige von Dultz (Königsberg). Vorrichtungen, die nicht auf diesem Grundsatz beruhen, gestatten keine genügende Anfahrbeschleunigung und sind deshalb verlassen.

Die Anfahrvorrichtung Bauart Dultz ist in der Abb. 202 dargestellt; das Wechselventil sitzt meist über dem Hochdruckzylinder und wird von Hand vom Führerstande aus betätigt. Es besteht aus einem doppelwandigen Gehäuse mit drei voneinander getrennten Kammern. Der Raum a ist mit dem Blasrohr, b mit dem Ausströmrohr des Hochdruckzylinders und c mit dem Einströmrohr des Niederdruckzylinders verbunden, während der Raum d an das Einströmrohr angeschlossen ist und der Zuleitung von Frischdampf zum Gehäuse dient. Ein in das innere Gehäuse eingesetzter Kolbenschieber steuert die Verbindung zwischen den einzelnen Kammern. Bei der in der oberen Abbildung gewählten Kolbenstellung ist die Verbundwirkung eingeschaltet; der Dampf strömt nach seiner Teilexpansion aus dem (kleinen) Hochdruckzylinder durch die Kammer b nach c und von dort zur weiteren Arbeitsleistung nach dem (großen) Niederdruckzylinder, von wo er zum Auspuff geleitet wird.

Zum Anfahren wird der Kolben vom Führer nach rückwärts gezogen und nimmt dann die in der unteren Abbildung gezeigte Stellung ein; damit wird die Zwillingwirkung eingestellt. Der Dampf des Hochdruckzylinders strömt dann durch Kammer b nach a und von hier durch ein dünneres (Hilfs-)Auspuffrohr zum Blasrohr. Gleichzeitig wird über d und c dem Niederdruckzylinder Frischdampf zugeführt. Die Vorrichtung ist leicht beweglich, da der Schieber wegen der gleichen Kolbendurchmesser vollkommen entlastet ist. Um bei dem großen Durchmesser des Niederdruckzylinders nicht zu große Kolbenkräfte im Triebwerk zu erhalten, ist die Verbindung der Kammern d und c über den Anfahrkolben in ihrem freien Querschnitt so gehalten, daß der Frischdampf nur stark gedrosselt in den Niederdruckzylinder strömen kann.

Bei der Einheits-Schnellzuglokomotive Reihe 02, der Vierzylinderverbund-Bauform, gestaltet sich der Anfahrvorgang unter Benutzung der auf S. 86 beschriebenen und in Abb. 87 dargestellten Druckausgleicher sehr einfach. Zur Bedienung der Druckausgleicher der Hoch- und der der Niederdruckzylinder dient je ein besonderes Betätigungsorgan (Preßlufthahn) auf der Führerseite. Bei Leerlauf der Lokomotive werden beide Hähne umgelegt, so daß alle vier Druckausgleicher geöffnet werden. Beim Anfahren werden nur die Druckausgleicher der Hochdruckzylinder durch den einen Hahn geöffnet, während der andere Hahn und damit die Druckausgleicher der Niederdruckzylinder geschlossen bleiben. Beim mäßigen Öffnen des Reglers strömt der Dampf durch den Schieberkasten in die Hochdruckzylinder; da die zugehörigen Druckausgleicher jedoch geöffnet sind, kann der Dampf auch auf die andere Kolbenseite und damit, da diese gerade Ausströmung hat, weiter in den Verbinder strömen, wodurch die Niederdruckzylinder gedrosselten Kesseldampf erhalten. Das

Anfahren geschieht also nur mit Hilfe der Niederdruckzylinder. Die Kolben der Hochdruckzylinder laufen leer in ihren unter Verbinderdruck stehenden Zylindern mit. Um einen unzulässig hohen Kolben- und Triebwerksdruck zu vermeiden, ist der Verbinder mit einem federbelasteten Sicherheitsventil versehen, das bei Überschreitung eines Druckes von 9 at anspricht. Die Druckausgleicher der Hochdruckzylinder werden so lange offen gehalten, bis etwa der Druck von 9 at im Verbinder erreicht ist. Dann werden auch sie geschlossen und der Druck im Hochdruckschieberkasten bei nunmehr einsetzender Verbundwirkung bis auf Kesseldruck gesteigert.

Die Anfahrvorrichtung der bayerischen Vierzylinder-Verbund-Heißdampflokomotive, Gattung S 3/6, gebaut von Maffei, München, verdient insofern besondere Erwähnung, als zu ihrer Bedienung, wie weiter unten näher ausgeführt wird, kein besonderes Betätigungsorgan im Führerhaus erforderlich ist. Auch hier werden zum Anfahren die großen Niederdruckzylinder benutzt. Die notwendige Überleitung des Dampfes von der Einströmseite der Hochdruckschieber nach dem Verbinder erfolgt durch einen besonderen, an der Rückseite des Hochdruckzylinderblocks etwa in Lokomotivmitte vorgesehenen Anfahrhahn und eine sich an ihn anschließende kurze Rohrleitung seitlich zum Verbinder. Der Anfahrhahn ist in Abb. 203a und b im Schnitt dargestellt. Wie Abb 203a erkennen läßt, ist das Hahngehäuse a seitlich erweitert und dient gleichzeitig zur Aufnahme des Luftsaugeventils für die Hochdruckzylinder.

Da dieses Luftsaugeventil sich in Bauart und Wirkungsweise wesentlich von dem in Abb. 83 dargestellten unterscheidet, erscheint eine kurze Erläuterung an dieser Stelle zum Verständnis der Abbildung notwendig, wenn es auch mit dem Anfahrvorgang nichts zu tun hat. Das Luftsaugeventil wirkt selbsttätig, d. h. es wird nicht durch Preßluft oder Gestänge betätigt. Bei geöffnetem Regler wird der Ventilkörper unter Überwindung des Federdrucks durch den Dampf im Schieberkasten auf seinen Sitz gepreßt. Beim Leerlauf der Lokomotive wird das Ventil durch den Unterdruck auf der Saugseite der Kolben hochgehoben und gibt der Luft den Zutritt zu den Zylindern frei. Bemerkenswert ist das über dem Ventil angeordnete kleine Dampfventil. Wenn der Ventilkörper des Luftsaugeventils durch den Unterdruck der Kolben hochgesaugt wird, hebt er nach einem Teil seines Hubes den tief heruntergeführten Stößel des kleinen Dampfventils an; der dann in das Gehäuse einströmende Dampf wird mit der Ansaugeluft in die Zylinder mitgeführt. Er soll als sog. Schmierdampf ein Trockenlaufen des Kolbens verhindern und gleichzeitig auch die angesaugte Luft anwärmen.

Verbundlokomotiven.

Der Ausgangsgegenstand unserer Betrachtung, der eigentliche Anfahr=
hahn, besteht aus der in das Gehäuse a eingesetzten Buchse b, die zwei
sich gegenüberliegende Durchgangs=
schlitze hat, und dem Hahnkörper e, der
durch die in dem Deckel c gelagerte
Hahnwelle h mit Hebel f gedreht werden

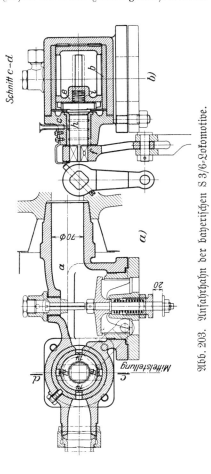

Abb. 203. Anfahrhahn der bayerischen S 3/6=Lokomotive.

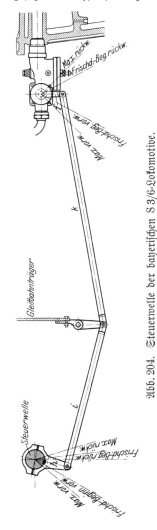

Abb. 204. Steuerwelle der bayerischen S 3/6=Lokomotive.

kann; durch die Schraubenfeder i wird ein strammer und dichter Sitz des
Hahnkörpers erreicht. Der Hahnkörper hat vier um 90° versetzte Längs=

16*

schlitze von 14 mm Breite. Der Anschluß der zum Verbinder führenden Rohrleitung ist in Abb. 203a links zu erkennen.

Die Betätigung des Anfahrhahns geschieht zwangläufig mit der Steuerung. Zu diesem Zwecke ist, wie in Abb. 204 ersichtlich, auf die links dargestellte Steuerwelle ein Hebel h aufgesetzt, dessen Bewegung durch die gelenkig unter dem Gleitbahnträger verlegten Stangen i und k auf den Hebel f am Anfahrhahn übertragen wird. In der in Abb. 204 dargestellten Mittellage der Steuerung nimmt auch der Steuerhahn in der Abb. 203a die Mittelstellung ein, d. h. er müßte um 45° nach rechts gedreht sein, so daß der Dampf keinen Durchgang hat. Wird zum Anfahren, wie üblich, die Steuerung nach vorn oder hinten ausgelegt, so wird der Anfahrhahn mit Hilfe der Steuerwelle und des Gestänges in die in Abb. 204 mit „max. vorwärts" bzw. „max. rückwärts" bezeichnete Stellung gedreht; in diesen Stellungen gibt dann der Hahnkörper infolge Deckung zweier gegenüberliegender Durchgangsschlitze mit denen der Buchse b dem Frischdampf den Durchgang frei. Die in Abb. 203a dargestellte Hahnstellung wird erreicht, wenn die Steuerung voll nach hinten ausgelegt ist.

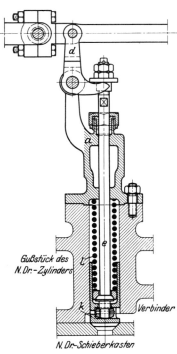

Abb. 205. Zylinderfüllventil.

Um die Anzugkraft der Niederdruckzylinder mittels des in den Verbinder geleiteten Frischdampfs noch weiter zu verbessern, ist Sorge dafür getragen, daß eine Füllung der Niederdruckzylinder über die übliche Höchstfüllung der Steuerung hinaus beim Anfahren möglich ist. Das Mittel dazu bilden die sog. Füllventile, von denen eins in Abb. 205 dargestellt ist. Dem Gußstück jedes Niederdruckzylinders sind seitlich über dem Schieberkasten zwei Ansätze angegossen, die zur Aufnahme des Ventilkörpers k mit Druckfeder l durchbohrt sind; die Bohrung durch die Schieberbuchse ist so ausgebildet, daß sie dem Ventilkörper als Ventil-

Verbundlokomotiven.

sitz dient. Mit Hilfe der Ventilspindel e kann der Ventilkörper von seinem Sitz gehoben werden. Er gibt dann dem Verbinderdampf den Weg durch die Öffnung in der Schieberbuchse über einen besonderen Kanal in dem passend stehenden Schieberkörper nach dem Einströmkanal des Niederdruckschieberkastens frei. Jeder Niederdruckzylinder hat zwei Füllventile.

Die Betätigung der Füllventile geschieht ebenfalls zwangläufig mit der Steuerung durch Gestänge. Wie in Abb. 206 ersichtlich, wird ähnlich dem Betätigungsorgan des Anfahrhahns in Abb. 204 mit der Steuerwelle ein Hebel h gedreht, dessen Bewegung durch eine Stange s über ein Bolzengelenk nach der Verbindungsstange v übertragen wird. Zwei ihr angelenkte Winkelhebel d (s. auch Abb. 205), die an entsprechenden Armen der Ventilaufsätze a drehbar gelagert sind, leiten diese wagerechte Bewegung als senkrechte weiter; dadurch werden die Ventilspindeln samt Füllventilen angehoben und der Zugang für den Verbinderdampf über den obenerwähnten besonderen Schieberkanal zum Niederdruckzylinder frei. Das Betätigungsgestänge wird entsprechend dem des Anfahrhahns so eingestellt, daß die vier Füllventile der Niederdruckzylinder so lange zwangläufig offen gehalten werden, bis die Füllung bei Vorwärts- oder Rückwärtsfahrt etwa 60% unterschreitet. Bei diesem Füllungsgrad werden sowohl der Anfahrhahn wie die Füllventile durch die Steuerung geschlossen, und es tritt Verbundwirkung ein.

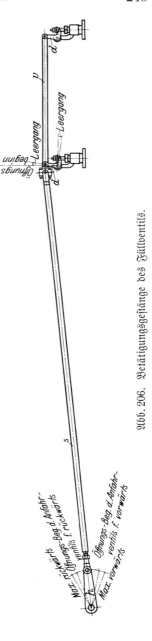

Abb. 206. Betätigungsgestänge des Füllventils.

IV. Tender und Vorratsbehälter, Beleuchtung.

1. Der Tender.

Lokomotiven, die Verschiebedienst oder Zugdienst auf kürzeren Strecken leisten sollen, werden als sog. Tenderlokomotiven gebaut. Der verhältnismäßig kleine Vorrat an Betriebsstoffen, Kohle und Wasser, wird in Behältern mitgeführt, die unmittelbar auf der Lokomotive untergebracht sind. Das Durchfahren längerer Strecken ohne Aufenthalt erfordert dagegen naturgemäß die Vorhaltung größerer Mengen an Betriebsstoffen, die sich auf der Lokomotive wegen Raummangel und Beschränkung des Achsdrucks oder der Achsenzahl nicht mehr unterbringen lassen. Sie werden auf einem besonderen Fahrzeug, dem Tender, mitgeführt, der seinem Zweck entsprechend mit der Lokomotive eng gekuppelt und dem Lokomotivpersonal von ihr aus leicht zugänglich ist. Der Tender dient auch zur Unterbringung der Werkzeuge, der großen Ölkannen, der auf der Strecke benötigten Signalmittel und schließlich zur Aufbewahrung persönlicher Sachen des Personals, wie Kleidungsstücke und Mundvorrat.

Die Größe des Tenders wird bestimmt durch den Vorrat an Kohle und Wasser, der für die längsten ohne Ergänzung der Vorräte zu durchfahrenden Strecken erforderlich ist. Besonders der Kohlenvorrat, dessen Ergänzung stets nur in besonderen Anlagen vorgenommen werden kann, ist genügend groß zu bemessen. Die häufig an Personenbahnsteigen oder auf Güterbahnhöfen aufgestellten Wasserkrane ermöglichen dagegen leicht eine Auffüllung des Wasservorrats während eines Aufenthalts, oft sogar, ohne daß die Lokomotive vom Zuge abgekuppelt zu werden braucht. Wenn man bedenkt, daß eine Lokomotive gewichtsmäßig etwa siebenmal soviel Wasser verbraucht wie Kohle, während im Tender etwa nur dreimal soviel Wasser wie Kohle mitgeführt werden kann, wird die häufige Anordnung von Wasserkranen verständlich. In Amerika und England sind in einigen Fällen auf langen Strecken sogar Einrichtungen geschaffen, die ein Wassernehmen ohne Aufenthalt gestatten; in langen, mitten im Gleis angebrachten Trögen wird Wasser vorrätig gehalten, das während der Fahrt durch ein heruntergelassenes Schöpfrohr durch die lebendige Kraft der Bewegung in den Tender gedrückt wird. Diese Einrichtung setzt freilich ein mildes, ganz oder nahezu frostfreies Klima voraus.

Die Größe der mitzuführenden Vorräte ist für die Bauart des Tenders auch insofern maßgebend, als sie mit Rücksicht auf den zulässigen Achsdruck die Anzahl der Achsen bestimmt. Während bis in die neunziger Jahre in Europa der dreiachsige Tender allein herrschte, sind seitdem unsere größeren Lokomotiven fast durchweg mit vierachsigen Tendern ausgerüstet. In Amerika ist für große Streckenlängen und Zuglasten seit einigen Jahren sogar der sechsachsige Tender in Aufnahme gekommen.

Der typische dreiachsige Tender der achtziger und neunziger Jahre des vorigen Jahrhunderts faßte bei fast allen deutschen Länderbahnen etwa 12 cbm Wasser und 4—5 t Kohle, mit einigen Ausnahmen für 15 cbm Wasser. Die dann für die Schnellzuglokomotiven aufkommenden vierachsigen Tender aber weisen eine große Buntheit an Wasserinhalt zwischen 16 und 31 cbm auf, während sich die obere Grenze des Wasserraums des dreiachsigen Tenders allmählich auf 20 cbm heraufschob. Von diesen Tendern werden die Gattungen von 21,5 cbm aufwärts noch in großer Zahl verwandt.

Im Neubau beschränkt man sich heute im Zeitalter der Typisierung bei der Reichsbahn auf nur 2 Einheitstypen. Es werden außerdem bei neu zu bauenden Tendern sämtliche Kupplungsteile und Rohrverbindungen zwischen Lokomotive und Tender so durchgebildet, daß die Tender ausgewechselt und für alle S-, P- und G-Lokomotiven ohne jede Änderung benutzt werden können. Die beiden Einheitstypen sind der dreiachsige für 16 cbm als Tender für alle Nebenbahn- und leichten Hauptbahnlokomotiven und der vierachsige mit 2 Drehgestellen und 32 cbm als Tender für die größeren Hauptbahnlokomotiven. Er besaß schon einige vierachsige Vorläufer von etwa gleichem Fassungsvermögen, nämlich den preußischen 31 cbm-Drehgestelltender und den bayerischen Tender mit 26—30 cbm Inhalt mit einem Drehgestell und zwei festen Achsen, der auch für eine kleine Anzahl Einheitslokomotiven in ähnlicher, gedrungener Bauform der 20 m-Drehscheiben wegen als Übergangsbauart ausgeführt wurde. Erwähnung aus der Zahl der älteren vierachsigen Bauarten verdient noch der Drehgestelltender mit 21,5 cbm Wasser der P8-Lokomotive.

Wir beschreiben im folgenden den grundsätzlichen Aufbau und die Einrichtungen eines Tenders und wählen hierzu als Beispiel den 4 T 32, den Einheitstender für Hauptbahnen, dessen Ansicht Abb. 207 wiedergibt.

Der Tender setzt sich zusammen aus dem Laufwerk mit Rahmen und den Vorratsbehältern.

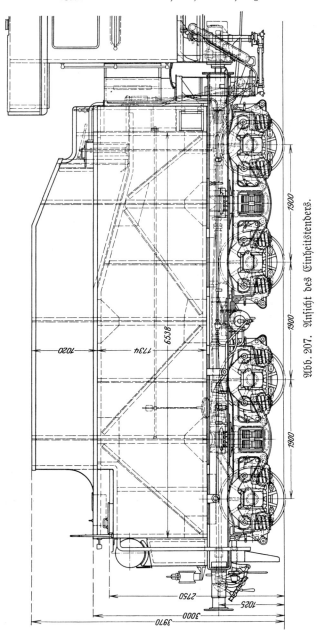

Abb. 207. Ansicht des Einheitstenders.

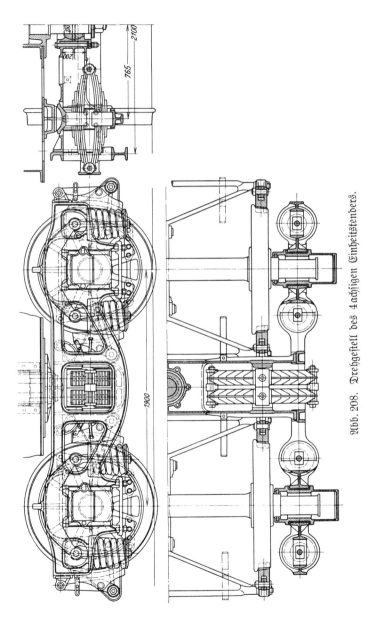

Abb. 208. Drehgestell des 4achsigen Einheitstenders.

Das Laufwerk besteht zur Erzielung eines kurvenbeweglichen und doch ruhigen Laufs bei schneller Fahrt aus 2 zweiachsigen Drehgestellen mit doppelter Abfederung. Ein Drehgestell ist in Abb. 208 dargestellt. Der Rahmen setzt sich aus wenigen, zum erstenmal bei Tenderdrehgestellen aus Stahlguß hergestellten Trägern zusammen, nämlich den beiden Längsträgern, 3 Querverbindungen und 2 leichteren Längsverbindungen nahe der Mitte zum Tragen des Bremsgestänges. Das Drehgestell wird von

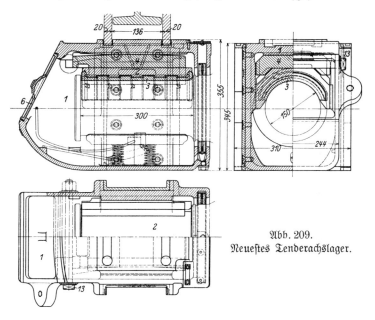

Abb. 209.
Neuestes Tenderachslager.

dem darüber liegenden Hauptrahmen durch einen Zapfen mitgenommen, der in der Mitte des kräftigen mittleren Querträgers von einem außen kugelförmigen Lagerring umfaßt wird; der Zapfen dient nicht zum Tragen. Die Last des Rahmens und der Behälter ruht vielmehr auf insgesamt 4 Auflagern; an jedem Drehgestell sind 2 in der Querebene des Drehgestellzapfens angeordnet. Jedes Auflager besteht aus 2 Gleitplatten, welche die (waagerechte) drehende Verschiebung des Drehgestells in Kurven ermöglichen, und einem darunterliegenden Kugelzapfen mit Druckpfanne, der dem Drehgestell eine gewisse Querneigung erlaubt. Das Auflager überträgt die Last über 2 Querfedern auf den darunterliegenden Untergurt des äußeren Längsrahmens. Zwei flache Bügel über jedem

Achslager zu beiden Seiten der Rahmenwange übernehmen die Last von der Rahmenwange über eine nochmalige Abfederung durch je zwei Schraubenfedern unmittelbar auf die Achslager. Durch diese Schraubenfedern wird erreicht, daß das Gewicht der unabgefederten Teile, das wegen der Beanspruchung der Schienen möglichst klein gehalten werden soll, gering bleibt; unabgefedert sind nur die Achsen mit Achslagern, die Tragbügel und Federgehänge.

Die neueste Bauart des Tenderachslagers stellt Abb. 209 dar. Das Achslagergehäuse 1 aus Stahlguß ist einteilig und an seiner abgeschrägten Vorderwand durch den Deckel 6 geschlossen; um ein Aufklappen während der Fahrt zu verhindern, wird der Deckel durch eine an seinem Drehbolzen angeordnete Feder mit Buchse an das Gehäuse gepreßt. Der Achsschenkel kann von hinten durch eine kreisrunde Öffnung in das Gehäuse hineingeführt werden; ein um den Achsschenkel herumgelegter doppelter Staubring aus Filz dichtet das Innere des Gehäuses nach außen ab. Der Falz, durch den der Staubring eingeschoben wird, ist oben durch einen ebenfalls mit Filz abgedichteten Deckel geschlossen.

Die zu beiden Seiten der Rahmenwange liegenden Tragbügel, die die Last auf das Achslager übertragen, sind durch Kerben in dem Achslager gegen Verschieben gesichert. Das Achslager hängt mit der Druckplatte 4 und der Lagerschale 2 mit Weißmetallausguß 3 auf dem Achsschenkel. An der Berührungsstelle sind Achslager und Druckplatte ballig ausgebildet, um die Last mittig zu übertragen. Durch den Quersteg 13, der in Form einer Schraube durch das Achslager durchgeführt ist, wird die Druckplatte in ihrer Lage festgehalten. Im Drehgestellrahmen wird das Achslager durch Gleitplatten geführt.

Die Schmierung des Achsschenkels erfolgt von unten mit Hilfe eines federnden Schmiergestells, das leicht unter den Schenkel geschoben und bei Bedarf auch wieder herausgezogen werden kann. Das Öl wird einfach in das Gehäuse gegossen; hierbei ist darauf zu achten, daß es nicht höher als bis zu der innen angebrachten Ölmarke steht, da es sonst am Staubring wieder ausfließen würde.

Der Hauptrahmen ist aus Formeisen zusammengesetzt. Vier auf die ganze Länge durchlaufende U-Eisen bilden die Hauptträger. Zwei davon liegen außen, etwa senkrecht über den Achsschenkeln; an diesen Außenträgern sind bei den erwähnten Tendern nach bayerischem Muster auch die Blech-Hilfsrahmen für die beiden festen Achsen mit den Achslagerführungen befestigt. Die beiden anderen Längsträger liegen nahe der Tendermitte in kurzem Abstande voneinander und dienen hauptsächlich zur

Aufnahme der Zug- und Stoßkräfte, die man dem Behälter fernhält, um ihn möglichst leicht bauen zu können. Zur besseren Aufnahme der Stoßkräfte sind die mittleren Träger am Hinterende des Tenders nach den Puffern zu gespreizt. Die Zugkraft wird von den mittleren Hauptlängsträgern bis zur Mitte des hinteren Drehgestells weitergeführt; dort übernimmt sie ein die beiden Träger verbindendes Gußstück, in dem gleichzeitig der Drehgestellzapfen gelagert ist. An diesem Gußstück greift die hintere Zugstange an. Zur möglichst stoßfreien und gleichmäßigen Übertragung der Zugkraft ist auch hier zwischen Gußstück und Zugstange dieselbe Zugvorrichtung mit den zwei hintereinander angeordneten Wickelfedern eingeschaltet, wie sie an der vorderen Zugstange der Lokomotive verwendet ist. Diese Zugvorrichtung ist in Abb. 137 dargestellt und auf S. 144/46 beschrieben.

Die vier Längsträger des Tenderrahmens sind vorn durch den Kuppelkasten und hinten durch den als Preßstück hergestellten Pufferträger verbunden, der stumpf an die Längsträger stößt. Drei weitere Querträger verbinden Innen- und Außenlängsträger jeweils in den Ebenen, in denen Kräfte zu übertragen sind, d. h. über den Drehgestellmitten zur Aufnahme der Drehgestellzapfen und seitlichen Kugelstützplatten sowie in der Tenderlängsmitte zur Aufnahme des Bremszylinders.

Die Vorratsbehälter müssen auf dem Rahmen so befestigt sein, daß eine Verschiebung bei Stößen oder Zusammenstößen nicht eintreten kann. Maßgebend für die Gestalt des Tenders, wenigstens oberhalb des Rahmens, ist namentlich der Wasserkasten. Während früher allgemein die Hufeisenform mit dazwischenliegendem Kohlenraum üblich war, die sich in England und Amerika noch länger gehalten hatte, erschien in Deutschland schon in den siebziger Jahren der kastenförmige Tender mit schräger Decke, auf der die Kohlen nach der vorderen Entnahmestelle für den Heizer rutschen können. Diese Bauform wurde im deutschen Lokomotivbau die allein herrschende; sie erleichtert dem Heizer die Feuerbedienung wesentlich, da er die Kohle mit der Schaufel etwa in Höhe der Feuertür aufnehmen kann und sich nicht mehr so zu bücken braucht wie beim Hufeisentender.

Auch der hier beschriebene Tender 4T 32 hat diese Bauform erhalten (Abb. 207). Der in Abb. 210 auch im Querschnitt dargestellte Wasserbehälter hat einen Fassungsraum von 32 cbm. Er ist aus Wandblechen und Winkeleisen aufgebaut und wird durch die fachwerkartige Ausgestaltung der seitlichen Längswände im Verein mit 3 senkrechten Querwänden versteift und befähigt, die Deckenlast der Kohlen zu tragen. Die große Wassermasse im Tender, die bei Beschleunigungen und Verzögerungen

(Bremsen) starken Schwallbewegungen unterliegen würde, wird dadurch gewissermaßen beruhigt, daß man die Ausschnitte in den Querwänden noch mit gelochten Schwallbechen abdeckt. Die Ausschnitte machen die einzelnen Innenräume des Tenders zu kommunizierenden Gefäßen und ermöglichen das Befahren des Inneren.

An der Rückwand des Wasserkastens befindet sich ein großer Werkzeugkasten, in dem neben Werkzeugen auch die großen Kannen und Signalmittel untergebracht sind; auf ihm ist häufig bei den Lokomotiven mit Gasbeleuchtung der Gasbehälter gelagert.

Drei Einläufe dienen der Wasserentnahme am Wasserkran. Die Hauptöffnung liegt am hinteren Ende des Wasserbehälters in der Längsmitte 3000 mm über S.O. und hat eine längliche Form, um der Füllstellung des Kranauslaufs einen weiten Spielraum zu geben. Zu beiden Seiten der Hauptöffnung ist noch in den beiden hinteren Ecken des Kastens je ein kleinerer runder, dicht verschließbarer Noteinlauf auf der früheren Normalhöhe von 2750 mm über S.O. als Übergangsmaßnahme vorgesehen.

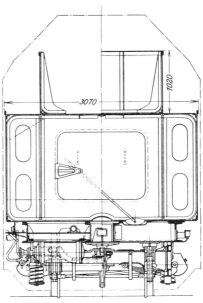

Abb. 210. Wasserbehälter Tender 4 T 32.

Der Raum, der für die Lagerung der Kohlen vorgesehen ist, faßt 10 t Kohle. Seine Seitenwände treten um etwa je einen halben Meter von der Außenkante des Wasserbehälters zurück und sind etwa einen Meter hoch über diese hinausgeführt. Dadurch wird die rückwärtige Sicht seitlich am Kohlenbehälter vorbei frei gehalten; gleichzeitig dient der damit geschaffene Platz bis jetzt zur Lagerung der langen Schürgeräte.

Beim Herunternehmen oder Ablegen des Schürgeräts, was mit einer Schwenkung des Geräts verknüpft ist, kann bei nicht genügender Vorsicht das eine Ende in die Umgrenzung des lichten Raumes der Bahnanlagen, wie Brücken, Signale usw., oder in die Umgrenzung von Fahr-

254 Tender und Vorratsbehälter, Beleuchtung

zeugen des Nachbargleises hineingeraten. Zur Ausschaltung dieser Unfallmöglichkeit werden neuerdings bei der Deutschen Reichsbahn Versuche angestellt, die Schürgeräte wie bei den österreichischen Bahnen in einem Rohr im Wasserkasten in ihrer Gebrauchsrichtung (ohne Schwenken) zu lagern. Abb. 211 zeigt eine solche Versuchsausführung. Im Wasserkasten ist ein nach hinten zu abfallendes Rohr wasserdicht eingebaut, das

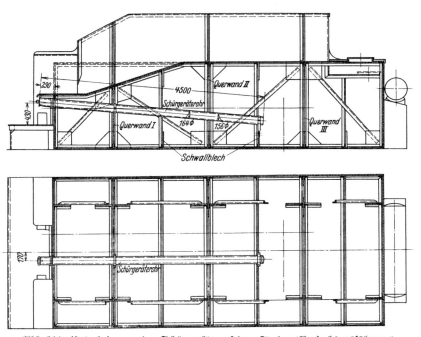

Abb. 211. Unterbringung der Schürgeräte auf dem Tender (Versuchsausführung).

an den Querwänden befestigt ist und mit seiner vorderen Öffnung unmittelbar unter der Wasserkastendecke gegenüber dem Feuerloch einmündet. Nach Gebrauch wird das Schüreisen, dessen Feuerende natürlich sehr heiß geworden ist, unter Zuhilfenahme einer kleinen Zange mit Schwung in das Rohr gestoßen oder mit einem kleinen Hilfshaken dabei gehandhabt.

Der vordere, an den Führerstand grenzende Teil des Kohlenraums ist durch 2 seitlich angeordnete, hohe und breite Werkzeug- und Kleiderschränke etwas verengt und bildet gewissermaßen eine Schleuse zur Entnahme der Kohlen.

Im folgenden sei noch kurz die sonstige Ausrüstung des Tenders beschrieben. Das Speisewasser wird aus zwei etwa über der ersten Achse angeordneten, möglichst tief heruntergezogenen Ausläufen entnommen. Jede Kesselspeisepumpe hat ihre eigene Zuleitung. Die Kupplungen dieser Saugleitungen zwischen Lokomotive und Tender bestehen aus reichlich langen Schläuchen, die in S=Form symmetrisch und nahe der Fahrzeugmitte verlegt sind, damit sie möglichst geringe Verbiegungen erleiden. An den Tenderanschlüssen sind sie mit Schellen befestigt. Durch die versenkte und tiefe Lage der Ausläufe soll erreicht werden, daß auch bei niedrigem Wasserstand im Tender noch eine genügend hohe Wasserschicht über den Ausläufen steht, um ein Mitreißen von

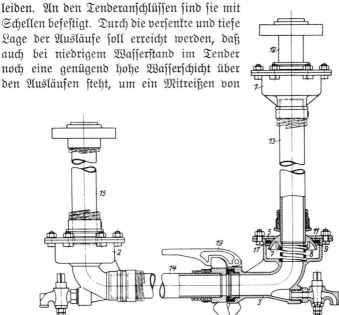

Abb. 212. Kugelgelenkröhrenkupplung.

Luft und auch Wirbelungen in den Abflußrohren zu vermeiden. An jedem Auslauf (Saugrohrursprung) ist ein Absperrventil für die Saugleitung angebracht, das von der Tenderplattform aus bedient werden kann.

Ein Ablaßhahn an tiefster Stelle des Wasserbehälters gestattet ein völliges Entleeren. Ein Schwimmer mit einem vom Führerstand aus sichtbaren Zeiger zeigt den jeweiligen Wasservorrat des Behälters in Kubikmetern an.

Bei einigen neueren Lokomotivgattungen wird das heiße Niederschlagwasser aus dem Vorwärmer (ehemaliger Auspuffdampf) noch nutz=

bar gemacht. Die vom Vorwärmer ausgehende, auf der rechten Seite unterhalb des Umlaufblechs verlegte Kondensatleitung ist in diesem Falle mit dem Tender durch eine tiefliegende, leicht lösbare Metallkugelgelenk-Röhrenkupplung verbunden. Die Bauart dieser Kupplung zeigt Abb. 212. Sie besteht im wesentlichen aus dem Gelenkgehäuse 1 mit Anschlußrohr 12, das an die Kondensleitung auf der Lokomotive anschließt, dem Gelenkgehäuse 3 mit Knie und Kupplungskopf auf der Lokomotive und dem Gelenkgehäuse 2 auf dem Tender; durch die durch Umwicklung wärmegeschützten Verbindungsrohre 13, 14 und 15 sind die Gehäuse miteinander verbunden. Das Verbindungsrohr 13 ist in die Kugelschale 7 eingesetzt, die von der Schraubenfeder 8 gegen eine zwischen Tragring 11 und Deckring 9 gelagerte Gummidichtung 17 gepreßt wird. Der Tragring stützt sich gegen den mit dem Gehäuse verschraubten Deckel 5 ab. Die Schalendichtung gestattet ein allseitiges Pendeln der Kupplung, entsprechend den gegenseitigen Bewegungen von Lokomotive und Tender, ohne dem Kondenswasser den Austritt aus der Leitung zu gestatten. Durch den am Gelenkgehäuse 3 vorgesehenen Kupplungskopf mit Kupplungshebel 19 läßt sich bei einer Trennung von Lokomotive und Tender die Verbindung leicht und schnell lösen.

Die Kondensleitung wird unmittelbar hinter der Kupplung im Tender auf der Führerstandseite als Steigleitung bis zu dem in Höhe des Tenderumlaufs angeordneten Ölabscheider hochgeführt. Ein Ölabscheider ist erforderlich, da ja das Kondensat infolge seiner Herkunft als Maschinendampf Reste des Schmieröls enthält, die zur Vermeidung des „Spuckens" dem Speisewasser ferngehalten werden müssen. Der Ölabscheider ist unmittelbar in die Decke des Wasserbehälters eingelassen.

In dem topfartigen Ölabscheider hat man zunächst versucht, das Öl in Filtertüchern festzuhalten. Die Aufsaugefähigkeit dieser Tücher hat sich aber vielfach als unzureichend erwiesen; sie mußten häufig gereinigt werden und erforderten daher zusätzliche Arbeitsstunden. Dagegen hat sich Holzkohle als sehr aufnahmefähig für das Öl erwiesen; Abb. 213 zeigt einen solchen Abscheider mit Holzkohlenfilter, das nur in größeren Zeitabständen erneuert zu werden braucht.

Angesichts der immerhin verwickelten Einrichtung ist diese Speisewasserrückgewinnung auf solche Lokomotiven beschränkt worden, bei denen das dadurch gewissermaßen vergrößerte Fassungsvermögen des Tenders von Bedeutung sein kann.

Jeder Tender ist mit einer Heizleitung zur Fortführung des Dampfes für die Zugheizung versehen. Bei dem beschriebenen Tender 4 T 32 wird

die Heizleitung unter dem linken Stoßpuffer durch eine neuartige Metall=
röhrenkupplung zum Tender übergeleitet; sie wird dann vor dem vorderen
Drehgestellzapfen auf die rechte Tenderseite und weiter nach dem hinteren
Pufferträger geführt. Kurz vor dieser teilt sie sich über ein T=Stück zu den
beiden vorgesehenen Anschlüssen, der Pintsch=Kupplung mit einem festen
Halbschlauch wie bei den Wagen und dem 28 mm weiten internationalen
Heizhahn.

Die Bremse des Tenders ist in dem zusammenhängenden Abschnitt
über die Bremsen weiter
unten mitbehandelt.

Im folgenden seien ei=
nige weitere Tender kurz
beschrieben. Abb. 214 zeigt
einen vierachsigen Tender
bayerischer Bauart, bei dem
die beiden hinteren Radsätze
in einem fest mit dem Be=
hälter verbundenen Rahmen
gelagert und nur die beiden
vorderen zu einem Drehge=
stell vereinigt sind. Diese
Achsanordnung galt als ge=
nügend kurvenläufig und
war billiger; sie wurde auch
in Sachsen teilweise nach=
gebaut und für die Tender
der ersten Einheits=Schnell=
zugslokomotiven übernom=
men, bei denen man, um

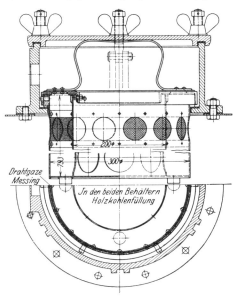

Abb. 213. Holzkohlenfilter.

noch 20=m=Drehscheiben benutzen zu können, einen besonders gedrängten
Tender haben wollte. Indessen sind die Laufeigenschaften eigentlicher
Drehgestelltender doch bessere, so daß jene Bauart im Neubau ver=
lassen wird.

Einen bekannten vierachsigen Tender bisheriger Bauart, den 4 T 21,5,
stellt Abb. 215 dar; er ist in großer Zahl mit den P8=Lokomotiven ge=
kuppelt. Der Tender besitzt 2 Drehgestelle, deren Hauptträger als Fach=
werke ausgebildet sind; damit wird bei kleinem Gewicht eine gute Zu=
gänglichkeit zu allen unter dem Tender liegenden Teilen erreicht. Abb. 216
zeigt eine Schnittzeichnung dieses Drehgestells. Die Last wird durch vier

258   Tender und Vorratsbehälter, Beleuchtung.

Stützpunkte übertragen. Die Führung des Drehgestells übernimmt der ballig ausgebildete, nicht tragende Drehzapfen, der am Tenderrahmen

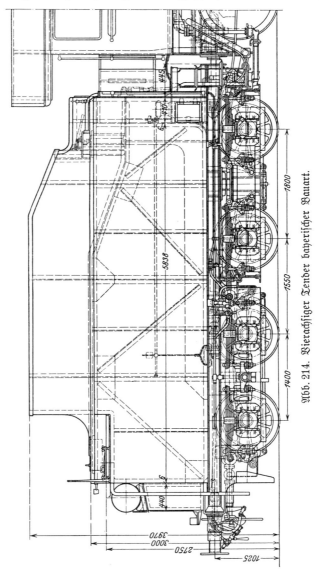

Abb. 214. Vierachsiger Tender bayerischer Bauart.

Der Tender. 259

befestigt ist. Er ist in einem Stahlgußquerbalken gelagert, der in der Drehgestellquerverbindung geführt wird und die Last von den beiden Stütz-

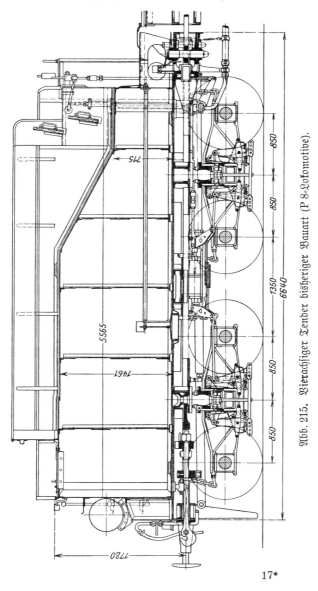

Abb. 215. Vierachsiger Tender bisheriger Bauart (P 8-Lokomotive).

17*

260 Tender und Vorratsbehälter, Beleuchtung.

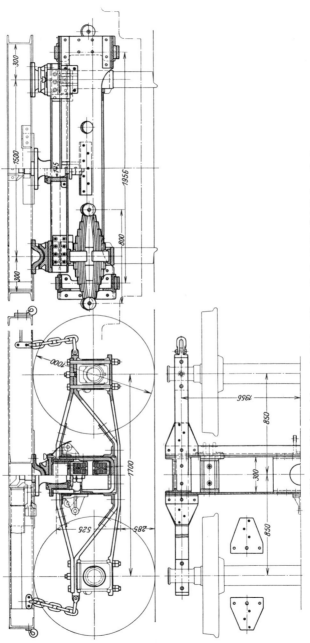

Abb. 216. Schnittzeichnung des vierachsigen Drehgestells (P 8-Lokomotive).

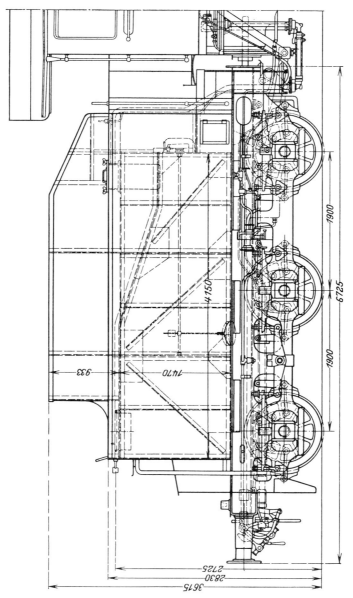

Abb. 217. Dreiachsiger 16-cbm-Tender.

lagern über je einen Satz Doppelfedern auf den Rahmen überträgt. Die Stützlager bestehen, wie üblich, aus einer ebenen Gleitplatte mit Kugelpfanne und einem am Tenderrahmen befestigten Kugelstützzapfen.

Die Fachwerke bestehen aus starken Flacheisen, die in senkrechter Richtung als Ober- und Untergurt weit auseinander gezogen sind, um das Fachwerk widerstandsfähiger zu machen. Die einteilig gegossenen Achslager sind mittels lang durchgehender Schrauben mit Ober- und Untergurt verschraubt.

Der Wasserbehälter des Tenders faßt 21,5 cbm Wasser, der Kohlenraum 7 t Kohle. Ähnlich in der Bauart, aber größer im Fassungsvermögen (31,5 cbm Wasser) sind die Tender der S 10- und P 10-Lokomotiven.

Abb. 217 zeigt den Tender der Gattung 3T 16. Er ist zur Verwendung bei allen leichten Personen- und Güterzuglokomotiven unter Zugrundelegung des auf Nebenbahnstrecken zulässigen Achsdrucks von 15 t durchgebildet und hat drei festgelagerte Achsen. Der Rahmen setzt sich aus 3 Teilen zusammen, einer durchlaufenden Formeisenkonstruktion und den beiden die festen Radsätze umfassenden außen liegenden Blechrahmen. Eine senkrechte Blech- und Winkelkonstruktion zwischen den Radsätzen und zwei Winkelverbindungen vorn und hinten übernehmen die seitliche Aussteifung dieses Rahmenteils; Achsgabelstege überbrücken die Ausschnitte für die Achslager. Die Federn der beiden letzten Achsen sind durch Ausgleichhebel verbunden.

Der Tender faßt 16 cbm Wasser und 6 t Kohle. Ähnlich sind die sonstigen dreiachsigen Tender der Reichsbahnlokomotiven, die bei der G 12-Lokomotive ein Fassungsvermögen von 20 cbm erreichen.

Im Ausland finden sich auch gelegentlich vierachsige Tender mit vier fest im Rahmen gelagerten Achsen.

2. Die Vorratsbehälter der Tenderlokomotiven.

Bei Lokomotiven ohne Schlepptender, den sog. Tenderlokomotiven, werden, wie eingangs schon erwähnt, die Betriebsstoffe auf dem Lokomotivfahrzeug selbst untergebracht. Das geringere Fassungsvermögen reicht für kürzere Strecken aus; von den Vor- und Nachteilen der Tenderlokomotiven ist sonst in dem Abschnitt über die Lokomotivgattungen weiter unten die Rede.

Die Anordnung der Vorratsbehälter bei den Tenderlokomotiven ist verschieden. Bei kleinen Tenderlokomotiven kann man sich mit einem tiefliegenden, organisch mit dem Hauptrahmen verbundenen Wasserbehälter begnügen. Man nennt diese zuerst von Krauß, München, an-

Die Vorratsbehälter der Tenderlokomotiven. 263

gegebene Bauart des Rahmens geradezu Kastenrahmen. Er findet sich z. B. bei der noch an vielen Stellen vorhandenen beliebten kleinen Verschiebe= lokomotive, der preußischen T 3=Lokomotive, mit einem Inhalt von 4 cbm (Abb. 218). Mit Rücksicht auf gute Lastverteilung ist der Behälter zwischen dem Rahmen im vorderen Teil der Lokomotive unterhalb des Langkessels und der Rauchkammer angeordnet. Der Boden des Wasser= kastens mußte bei der tiefen Lage des Behälters wegen der beiden vorderen Kuppelachsen die in der Abbildung erkennbare Form erhalten und machte die zwei dargestellten Verbindungsrohre unterhalb der Achsen zum Aus= gleich des Wasserstandes erforderlich. Ein seitlich am Langkessel bis zum Auslauf des Wasserkrans hochgezogenes Einlaufrohr dient zum Füllen des Wasserbehälters.

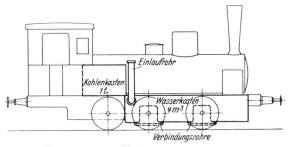

Abb. 218. Anordnung des Wasserbehälters der T 3=Lokomotive.

Der Kohlenkasten ist seitlich am Stehkessel etwa über der hinteren Achse auf der Führer= und Heizerseite angeordnet und faßt insgesamt rund 1 t Kohle.

Größere Vorräte an Wasser werden in der Regel in Gestalt von hohen, schmalen Behältern, die zu beiden Seiten des Kessels auf Kragträgern oder dem Laufblech stehen, untergebracht. Zur besseren Aussicht für das Personal ist die Decke dieser Behälter vorn öfters abgeschrägt.

Bei sehr großen Vorräten, sehr groß wenigstens in Ansehung der Tenderlokomotive, werden öfters beide Behälterlagen zugleich angewandt. So ist in Abb. 219 die Anordnung der Behälter bei der T 14¹=Lokomotive angegeben, die deutlich ein Bild weitgehender Raumausnutzung gibt. Zu= nächst sind zwei Wasserkästen von je 3,08 cbm zu beiden Seiten des Lang= kessels über den vier Kuppelachsen angeordnet. Die Kästen sind auf am Rahmen befestigte Kragträger aufgesetzt und nur so hoch ausgebildet, daß die seitliche Sicht nicht beeinträchtigt wird. Zwischen dem Rahmen liegt ein dritter Wasserbehälter mit 3,93 cbm Fassungsraum, der möglichst tief zwischen die beiden ersten Kuppelachsen heruntergezogen ist. Ein kleinerer Wasserkasten von 1,16 cbm Fassungsraum ist zwischen den beiden Zylindern unterhalb der Rauchkammer angeordnet. Schließlich ist auch noch der mittlere Teil des Raumes hinter dem Führerstand als Wasserbehälter mit 2,75 cbm Inhalt ausgebildet. Sämtliche Wasserkästen sind durch Ausgleichrohre miteinander verbunden.

Der Kohlenkasten faßt 4,5 t Kohle und ist über dem Wasserbehälter hinter dem Führerstand angeordnet, während der Raum unter dem Wasserbehälter als Werkzeugkasten dient.

Bei sämtlichen Einheitstenderlokomotiven werden zwei Wasserkästen über dem Umlaufblech seitlich am Langkessel und ein Wasserbehälter unter dem Kohlenkasten hinter dem Führerstand angeordnet. Die Kästen werden

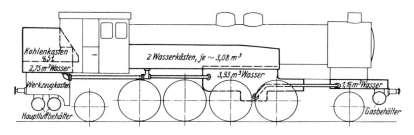

Abb. 219. Anordnung der Wasserbehälter der T 14¹-Lokomotive.

so ausgebildet, daß sie als Ganzes vom Rahmen abgenommen werden können. Beide Saugleitungen entnehmen das Wasser aus einem gemeinsamen Saugkasten, der tiefer als der Behälterboden liegt und gegen Verunreinigungen durch ein Sieb geschützt ist. Der hintere Wasserkasten, der nur durch ein tiefliegendes Rohr mit den vorderen Behältern verbunden ist, hat ein kleines Entlüftungsrohr, das zum Schutz gegen Verschmutzung beim Bekohlen möglichst hochgeführt ist.

Der Kohlenkasten liegt wie bei der T 14¹-Lokomotive über dem hinteren Wasserkasten und ist oben in Fensterhöhe seitlich eingezogen, um die rückwärtige Sicht frei zu halten. Der Boden des Behälters, der gleichzeitig die Decke des Wasserkastens bildet, fällt von beiden Seiten nach der Mitte zu ab. Der obere Teil der Rückwand wird meist als zweiflügelige starke Tür ausgebildet, die nach dem Kohlenkasten zu sich öffnet und bei gefülltem Behälter durch den Druck der Kohle geschlossen gehalten wird. Im unteren Teil der Rückwand liegt die Entnahmeöffnung, die durch zwei nach vorn aufgehende Schleusentüren abgeschlossen wird.

3. Die Beleuchtung der Lokomotiven.

Die überwiegende Mehrzahl unserer deutschen Lokomotiven ist mit Gas beleuchtet. Für die Personen= und Schnellzuglokomotiven war das namentlich in Preußen schon seit Jahrzehnten der Fall. Der Vorrat an Gas wird in einem zylindrischen Behälter mitgeführt, der bei Lokomotiven mit Tender auf dem Werkzeugkasten hinter dem Wasserbehälter, bei einigen Tendergattungen hinter dem Kohlenaufbau auf dem Wasserbehälter angeordnet und bei Tenderlokomotiven hinten am Kohlenbehälter, der das Führerhaus abschließt, oder unter dem Hauptrahmen

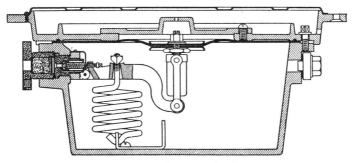

Abb. 220. Leitungsdruckregler.

aufgehängt ist. Damit dieses Gasvolumen von rund 300 l eine gehörige Anzahl von Brennstunden darstellt, wird das Gas in zusammengepreßtem Zustand mit mindestens 6 atü aufgefüllt, und zwar von ortsfesten Füllstutzen aus der Preßgasleitung der Füllbahnhöfe vermöge eines Gummischlauchs, der andererseits an das Füllventil am Untergestell angeschraubt wird. Dieses Ventil hat die Regelbauart der Wagenfüllventile. Das Gas war ursprünglich aus Öl gewonnenes Fettgas aus bahneigenen Anstalten, dann längere Zeit zusammengepreßtes Leuchtgas aus den städtischen Netzen, neuerdings wieder Fettgas, das doch von wesentlich günstigerem Einfluß auf die Lebensdauer der Gasbeleuchtungseinrichtungen, insbesondere der Rohre, ist.

Das Gas, dessen Druck auf dem kleinen Gasdruckmesser neben dem Füllventil abgelesen werden kann, wird in einem Membran=Druckregler der Bauart Pintsch auf einen ganz geringen Überdruck abgespannt und durch Leitungen den einzelnen Lichtstellen zugeführt. In diesem Regler (Abb. 220) wirkt der geringe Leitungsdruck auf die große Membran, die sich bei genügend hohem Leitungsdruck gegen die Feder so weit durchbiegt, daß das Nachströmventil für das hochgespannte Gas geschlossen wird. Sinkt der Leitungsdruck, so zieht die Feder die Membran zurück und das Nachströmventil öffnet sich. In Wirklichkeit wird sich nicht ein stetiges Öffnen und Schließen einstellen, sondern eine Drosselstellung derart, daß der Druck des stark gedrosselten Gases auf die Membran sich mit der Feder im Gleichgewicht hält. Die Feder bestimmt also den Leitungsdruck.

Die Leitungen von Lokomotive und Tender sind durch einen Gummischlauch verbunden. Die Gasrohre neben den Lichtstellen endigen in kleinen

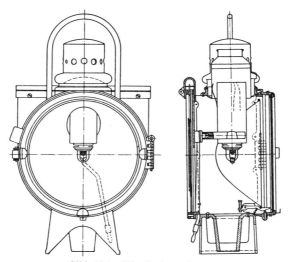

Abb. 221. Abnehmbare Laterne.

Hähnen, an die kurze Gummischläuche zu den Laternen angeschlossen werden. An Lichtstellen, die wesentlich Signalzwecken dienen, sind in jeder Fahrrichtung die beiden Kopflaternen (die rückwärtigen bei Lokomotiven mit Tender auf diesem) vorhanden und vor dem Schornstein, oder der Rauchkammertür bei sehr hoher Kessellage, die Signallaterne für bestimmte Signale, genauer die Stütze für das Aufstecken dieser Laterne, da bei Tage eine Scheibe bestimmter Farbe statt ihrer aufgesteckt werden muß. Gleiches gilt für die Rückwärtsfahrt für die obere Tendermitte oder die hintere Führerhauswand der Tenderlokomotive (vgl. Signalordnung).

Eine abnehmbare Laterne für hängendes Gasglühlicht ist in der Abb. 221 wiedergegeben, wobei der Glühstrumpf sich im Brennpunkt

Die Beleuchtung der Lokomotiven.   267

eines Parabolspiegels aus Neusilber- oder meist weiß emailliertem Blech befindet und also einen Lichtkegel von geringem Winkel nach vorn wirft. Das Hinterteil der Laterne (im Bild links) ist als eine Art Blechkassette mit oberer schmaler Klappe ausgebildet, in dem farbige Vorsteckscheiben aufbewahrt werden können. Sehr große Helligkeit nach Art der Automobilscheinwerfer wird nicht verlangt, ja nicht einmal gewünscht, da es auf die Signalisierung des Zuges, nicht die Beleuchtung der Strecke ankommt, und entgegenkommende Züge oder das Personal der Bahnhöfe nicht geblendet werden dürfen. Eine mäßige Steigerung der Helligkeit kann wohl in Frage kommen, um bei Nebel die Vorsignalbaken besser anzuleuchten. Von den Laternen gab es bisher eine größere und eine kleinere Bauart; letztere für die öfter zu handhabenden Laternen stets gewählt.

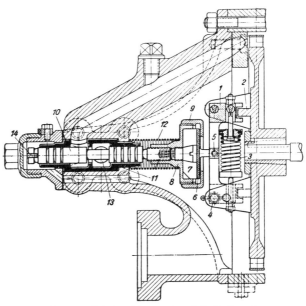

Abb. 222. Schnittzeichnung des Fliehkraftreglers.

Die Deckenlaterne zur Beleuchtung des Führerstandes bedarf einiger besonderer Worte. Eine gleichmäßige Allgemeinbeleuchtung darf hier nicht durchgeführt werden, da der Führer dann nachts zu

Abb. 223. Vorderansicht der Turbine.

sehr bei der Streckenbeobachtung geblendet würde. Das hängende und

Abb. 224. Generator (auseinandergenommen).

Abb. 225. Generatoranker mit aufgesetztem Turbinenrad.

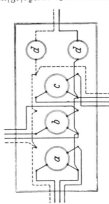

Abb. 226. Schaltplan für Lokomotivlicht=Schaltkasten. a = Hintere Signallaterne, b = Führerhauslaterne und Triebwerklaterne, c = Vordere Signallaterne und d Hauptstrom=Sicherungen 25 Amp.

mit oben liegendem, mehr ebenem Reflektor ausgerüstete Gasglühlicht wird deshalb nicht einfach mit der nach unten aufklappenden Glaskuppel abgeschlossen, sondern diese noch mit einer ihr angepaßten Blechkuppel bedeckt, die durch ent=

Die Beleuchtung der Lokomotiven. 269

sprechende Ausschnitte nur Licht nach den gewünschten Stellen fallen läßt. Diese mehr oder weniger breiten Lichtkegel werden gelenkt namentlich auf die Gruppe der Druckmesser, die Kesselrückwand, die Steuerschraube und den Geschwindigkeitsmesser, endlich auf den Führerhausfußboden und nach hinten auf die Kohlenentnahmestelle auf dem Tender. Unter Umständen wird noch durch besondere kleine Spiegel als Reflektoren nachgeholfen, so für den Geschwindigkeitsmesser. Der Kopf des Führers befindet sich dabei im Schatten.

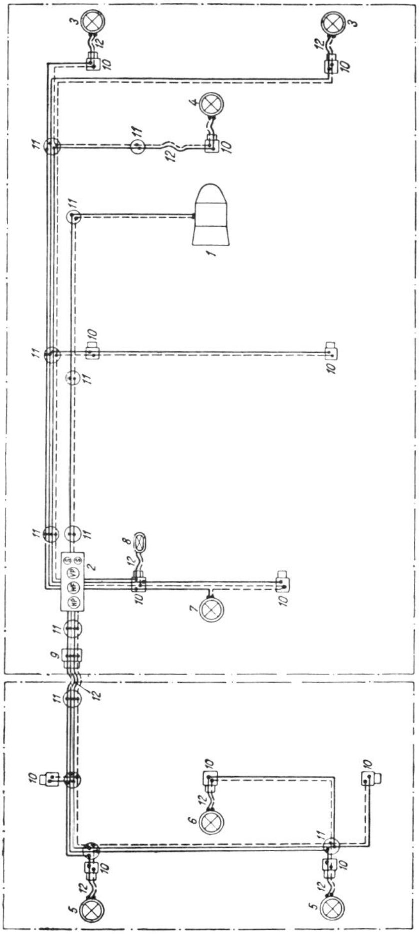

Die Wasserstandsgläser werden angesichts der hohen Bedeutung des Wasserstandes für die Einschätzung der Kesselleistung und die Sicherheit durch besondere kleine Handlaternen für Öl beleuchtet.

Die Anordnung der Beleuchtung ohne Gas ist grundsätzlich die gleiche, nur sind dann statt des Gasglühlichts Petroleumbrenner mit Zylinder in den Laternen angeordnet.

Neuerdings ist eine Anzahl von Lokomotiven, auch im Zusammenhang mit Zugbeeinflussung und Signal-

Abb. 227. Schaltungsschema der Lokomotivbeleuchtungseinrichtung.

übertragung auf den Führerstand, mit elektrischer Beleuchtung ausgerüstet. Der elektrische Strom wird einer kleinen Turbodynamo entnommen, deren Betriebsdampf ja so bequem zur Verfügung steht; diese kleine Lichtmaschine, deren Drehzahl und also Spannung von einem

Fliehkraftregler (Abb. 222) konstant gehalten wird, steht zweckmäßig auf dem Kessel oder der vorderen Hälfte des Umlaufblechs. Abb. 223—225 zeigen die Außenansicht der kleinen Lichtmaschine, den auseinandergenommenen Generator mit den Magnetpolen und den herausgenommenen Anker mit dem auf seiner Welle (links) fliegend aufgesetzten Turbinenrad. Der Dampf wird mittels eines gewöhnlichen Niederschraubventils zugeführt; man verlangt, daß die Lichtmaschine schon bei etwa 4 at Kesseldruck mit annähernd voller elektrischer Lichtspannung — 25 Volt — läuft, damit die Beleuchtung schon bei der Fahrt aus dem Schuppen in Tätigkeit sein kann. Der Turbinenabdampf geht in den Vorwärmer. Ein einfacher Schaltplan im Führerhaus (Abb. 226) gestattet die Lampenschaltung, wobei die Leitungen in ihrer Lage etwa den Gasleitungen entsprechen. Der Leitungsplan ist in Abb. 227 wiedergegeben. In ihm bedeutet 1 den Turbogenerator, 2 den Lokomotivlicht-Schaltkasten, 3 und 5 die vorderen und hinteren unteren Signallaternen, 4 und 6 die oberen Signallaternen, 7 die Führerhausdeckenlaterne, 8 die Wasserstandslaterne, 9 den Klemmenkasten für Verbindung nach dem Tender, 10 Steckdosen für Handkabellampen, 11 Abzweigdosen und 12 Bandpanzerkabel. Im Brennpunkt der Laternenreflektoren sitzt statt des Gasglühstrumpfs jetzt die elektrische Glühlampe; der Abzugschornstein der Gaslampe fehlt. Im Führerhaus könnte man an eine Unterteilung statt der einen Deckenlaterne denken; kleine Lampen für Wasserstand und Geschwindigkeitsmesser sind gut ausführbar.

Eine Annehmlichkeit der elektrischen Beleuchtung, neben derjenigen, bei wenig haltenden Schnellzügen das Licht wirklich erst bei einbrechender Dunkelheit entzünden zu müssen (statt beim letzten Halt vorher), ist die Möglichkeit, an jeder Seite eine Steckdose über dem Triebwerk anordnen zu können, das mit einer Steckerlampe dann besser beleuchtet werden kann, als mit der üblichen kleinen offenen Öllampe, die allerdings wieder handlicher ist, als die Handlampe mit dem langen Kabel. Bei den neueren Schnellzuglokomotiven sind neben den Steckdosen für die Handlampen zum Beleuchten des Triebwerks feste Laternen angebracht, die mit einer abklappbaren Schutzklappe abgedeckt sind, um sie gegen Ölspritzer zu schützen. Bei ausländischen Lokomotiven sind zum Teil eigentliche Scheinwerfer im Gebrauch, wofür die elektrische Beleuchtung dann das Gegebene ist.

V. Die Lokomotiven der Regelbauart.
1. Die Bezeichnung der Lokomotiven.

Es ist selbstverständlich, daß man die einzelnen Lokomotivgattungen näher bezeichnen können muß. Die Bezeichnung allein nach dem Betriebszweck, etwa als Schnellzug- oder Güterzuglokomotive genügt nicht. Es gibt bei einem großen Eisenbahnnetz stets eine ganze Reihe von Bauarten, herrührend aus der geschichtlichen Entwicklung, aber auch wesentlich bedingt durch die geforderten Leistungen; etwa leichte Güterzuglokomotiven für das Flachland, schwere für Steigungsstrecken. Beide Kennzeichnungen kann man an sich bewirken, wenn man den Buchstaben S für Schnellzug-, P für Personenzug-, G für Güterzug- und T für Tenderlokomotiven Kennziffern anhängt. Es entstehen dann sehr geläufige Bezeichnungen, wie z. B. P 8, bei der dem Eingeweihten sofort diese ganz bestimmte Bauart und Leistung vor dem geistigen Auge erscheint. Noch heute sind diese Bezeichnungen neben den amtlichen Reihenbezeichnungen durchaus üblich, ja werden bisweilen auch im amtlichen Verkehr, eben als so lange Zeit gebräuchlich und daher geläufig, noch in Klammern hinter die Reihenbezeichnung gesetzt.

Aber eine systematische Bezeichnung sind sie nicht. Denn eine solche muß etwas aussagen über die Zahl der Achsen der Lokomotive, sämtlicher Achsen sowohl wie die der gekuppelten. Die Zahl der Kuppelachsen kennzeichnet die mögliche Zugkraft, die Zahl der Gesamtachsen die Größe und Länge der Lokomotive. Man drückte daher schon vor Jahrzehnten die Bauart durch einen Bruch aus, bei dem die Zahl aller Achsen im Nenner, die der Kuppelachsen im Zähler stand: Die P 8-Lok. ist also eine 3/5 gekuppelte Lokomotive. Die bayerische Staatsbahn hängte diesen Bruch an das Zweckzeichen der Lokomotive, sprach also von einer S 3/6 (Schnellzug)-Lokomotive.

Eins indes vermochte diese Bezeichnung nicht zu leisten, sie gab wohl Aufschluß über die Achsenzahl, aber noch nicht über die Achsanordnung. Eine 3/5 gekuppelte Lokomotive kann ebensogut eine Lokomotive mit 3 gekuppelten Achsen und einem vorderen Drehgestell, wie eine solche mit vorderer und hinterer Laufachse sein. Wollte man die Laufeigenschaften auch noch zum Ausdruck bringen, so mußte eine schärfere Bezeichnung gefunden werden. Man tat hier in Deutschland einen ähnlichen Schritt wie in Nordamerika, wo man die geläufigen Bezeichnungen American Type (2/4), Ten Wheeler (Zehnräderlokomotive = 3/5), Pacific (3/6) usw. durch die systematischen Bezeichnungen 4—4, 4—6, 4—6—2 ergänzte oder ersetzte, wobei dort nicht die Zahl der Achsen, sondern der Räder geschrieben, aber auch deren Folge hervorgehoben wurde. Die deutsche Bezeichnung wählte statt dessen die Achsen und unterschied die Lauf- und Kuppelachsen dadurch, daß die Zahl der letzteren durch große lateinische Buchstaben derart bezeichnet wurde, daß A eine Treibachse, B zwei, C drei gekuppelte Achsen usw. bedeutete. Die 3/5 gekuppelte Lokomotive wurde jetzt also unter genauer Bezeichnung der Achsfolge entweder zur 2 C= wie z. B. die P 8=Lokomotive oder zur 1 C 1, wie die Personenzug=Tenderlokomotive vieler Bahnverwaltungen. Dabei ist noch zu ergänzen, daß mit den lateinischen Buchstaben immer nur die wirklich mit Kuppelstangen verbundenen Achsen bezeichnet wurden. Eine Mallet=Rimrott=Lokomotive mit 2 besonderen Triebwerken ist z. B., wenn je 4 Kuppelachsen zu einem Triebwerk vereinigt werden, eine D + D=Lokomotive, eine genaue Wiedergabe, die indes auch durch 2 × 4/4 möglich wäre und sich tatsächlich für die schwere bayerische Schiebelokomotive Gt 2 × 4/4 findet (Gt = Güterzug=Tenderlokomotive).

Über die sonstigen Eigentümlichkeiten der Lokomotive sagte freilich diese Achsformel nichts aus, so erfuhr man weder, ob es sich um eine Heißdampf= oder Naßdampf=, Zwilling= oder Verbund=, zwei= oder mehrzylindrige Lokomotive handele. Auch dafür sind manche Vorschläge gemacht worden, u. a. mit Zeichen, die sich nicht aussprechen lassen. Der Verein Deutscher Eisenbahnverwaltungen stellte daher den Grundsatz auf, daß die umfassende Bezeichnung nur aus Zahlen und Buchstaben zusammengesetzt sein dürfe. So wird der Heißdampf durch ein kleines h, die Zylinderzahl eben durch die Zahl, die Verbundwirkung durch ein kleines v gekennzeichnet. Die einfache Dampfdehnung, ebenso wie der in der Anwendung ältere Naßdampf werden nicht besonders vermerkt. Die bayerische S 3/6 ist also in systematischer Beziehung eine 2 C 1 — h 4 v=, die dreizylindrige preußische P 10= eine 1 D 1 — h 3=Lokomotive.

Freilich leistete auch diese Bezeichnung noch nicht alles. Denn die Leistungsfähigkeit der Lokomotive ist noch nicht ohne weiteres damit zum Ausdruck gekommen, weil es sich in jedem solcher Fälle um große oder kleine Achsdrücke handelt, der die Leistung wesentlich bestimmende Kessel also verschieden groß sein kann. Die Deutsche Reichsbahn hat daher auch

Die Bezeichnung der Lokomotiven.

erweiterte Bezeichnungen erwogen, die den Achsdruck oder die Kessel=
heizfläche unmittelbar oder mittelbar mit einbezogen. Der Achsdruck hat
ja außer dem Hinweis auf die Leistungsfähigkeit noch eine wesentliche
andere Bedeutung: er begrenzt unter Umständen die Verwendbarkeit der
Lokomotive auf Strecken mit leichtem Oberbau oder älteren, nicht ver=
stärkten Brücken. Bei diesen Erwägungen hat man nun die Erfahrung
gemacht, daß, wenn man zu viel in eine Bezeichnungsformel für die Loko=
motive hineinlegen will, diese doch schließlich zu umständlich wird, ohne
andererseits eine ganz bestimmte Lokomotive vor dem geistigen Auge
hervorzuzaubern. Die Reichsbahn hat deshalb in gewissem Sinne auf den
alten Brauch zurückgegriffen, eine bestimmte Lokomotivgattung als eine
bestimmte Bauartreihe zu kennzeichnen, die nur aus Ziffern besteht, aber
eben diese ganz bestimmte Gattung mit ihren Leistungs= und Laufeigen=
schaften nennt. Das Nummernschild ist viermal vorhanden, nämlich zu
jeder Seite des Führerstandes und je an der Rauchkammertür und
Tenderrückwand. Auf ihm steht die Reihenbezeichnung vorn, auf
eine Lücke folgt dann die Nummer der einzelnen Lokomotive inner=
halb der Reihe, wobei die Nummern über die ganze Reichsbahn durch=
geführt sind. Die Lokomotive 38 2500 ist also (in alter Bezeichnung)
die P 8, Nummer 2500. Daneben ist indes — an jeder Seite des Füh=
rerhauses Verwendungszweck (S, P, G), Kupplungsverhältnis — nicht
in Bruchform, sondern in einfach nebeneinander gestellten Zahlen,
z. B. 36 — und Achsdruck — der im allgemeinen am schwersten belasteten
Kuppelachsen — (in t) angeschrieben, z. B. S 36.20. S ist die Schnellzug=,
P Personenzug=, G Güterzuglokomotive; der Verwendungszweck ist auch
bei Tenderlokomotiven, wie früher schon in Bayern, in den Vordergrund
geschoben: Pt ist also eine Personenzug=Tenderlokomotive, Gt eine Güter=
zug=Tenderlokomotive, die Verschiebelokomotiven werden den Güterzug=
lokomotiven zugezählt. K ist die Schmalspurlokomotive, wobei das K auf
die kleine Spurweite hinweist, L ist die Lokalbahnlokomotive auf Regel=
spur. Z bezeichnet die Zahnradlokomotive.

Die Vorsatzbuchstaben H und T sind neuen Lokomotivbauarten,
nämlich den Hochdruck= und Turbinenlokomotiven vorbehalten, wie
übrigens E die elektrischen Lokomotiven kennzeichnet.

Die Tender bezeichnet man — allerdings ohne besondere Anschrift —
durch Angabe ihrer Achsenzahl und des Fassungsraums für das Wasser
(in Kubikmetern). Damit das T (für Tender) nicht zum Irrtum einer ge=
meinten Tenderlokomotive führt, setzt man es hinter die Achsenzahl. So
ist z. B. der 3 T 20 der dreiachsige Tender zahlreicher Güterzuglokomotiven,

Gegenüberstellung der neuen Bauartreihen und der früheren Länder-Gattungsbezeichnungen.

Betriebs-gattung	Neue Bauart-reihe	Frühere Gattungs-bezeichnung	Betriebs-gattung	Neue Bauart-reihe	Frühere Gattungs-bezeichnung
S 24. 16	13^{6-9}	pr. S 5^2	G 44. 14	55^{16-22}	pr. G 8
S 24. 17	13^{10-14}	pr. S 6	G 44. 15	55^{23-24}	pr. G 9
S 24. 16	13^{15}	ja. VIII V 1	G 44. 16	55^{2-24}	pr. G 9 H
S 24. 15	13^{17}	wü. ADh	G 44. 17	55^{25-56}	pr. G 8^1
S 24. 15	13^{71}	ja. VIII V 1	G 44. 17	55^{58}	meck. G 8^1
S 25. 15	14^3	ja. X H 1	G 44. 14	55^{59}	bay. G 5
S 35. 17	17^0	pr. S 10	G 44. 15	55^{62}	olb. G 7^1
S 35. 17	17^2	pr. S 10^2	G 45. 13	56^0	pr. G 7^3
S 35. 15	17^3	bay. C V	G 45. 17	56^1	pr. G 8^3
S 35. 15	17^4	bay. S 3/5	G 45. 16	56^8	bay. G 4/5 H
S 35. 16	17^5	bay. S 3/5	G 45. 16	56^{9-10}	bay. G 4/5 H
S 35. 15 (16)	17^7	ja. XII H V	G 45. 16	56^{11}	bay. G 4/5 H
S 35. 16	17^8	ja. XII H 1	G 45. 17	56^{20-30}	pr. olb. G 8^2
S 35. 17	17^{10-12}	pr. S 10^1	G 55. 14	57^0	ja. XI V
S 36. 17	18^0	ja. XVIII H	G 55. 14	57^1	ja. XI H
S 36. 16	18^1	wü. C	G 55. 15	57^2	ja. XI H V
S 36. 17	18^3	bad. IV h $^{1-3}$	G 55. 15	57^3	wü. H
S 36. 17	18^4	bay. S 3/6	G 55. 15	57^4	wü. Hh
S 36. 18	18^5	bay. S 3/6	G 55. 15	57^5	bay. G 5/5
S 46. 17	19^0	ja. XX H V	G 55. 15	57^{10-40}	pr. G 10
			G 56. 17	58^0	pr. G 12^1
P 24. 15	36^{0-5}	pr. P 4^2	G 56. 17	58^1	ja. XIII H
P 24. 14	36^6	meck. P 4^2	G 56. 16	58^{2-3}	bad. G 12
P 24. 15	36^{7-8}	bay. B XI Verb.	G 56. 16	58^4	ja. XIII H
P 24. 15	36^8	bay. P 2/4	G 56. 16	58^5	wü. G 12
P 24. 14 (15)	36^9	ja. VIII V 2	G 56. 16	58^{10-22}	pr. G 12
P 24. 14	36^{12}	olb. P 4^1	G 67. 16	59^0	wü. K
P 34. 15	37^{0-1}	pr. P 6			
P 35. 14	38^0	bay. P 3/5 (N) H	Pt 23. 14	70^0	bay. Pt 2/3
P 35. 15	38^{2-3}	ja. XII H 2	Pt 23. 14	70^1	bad. Ig
P 35. 15	38^4	bay. P 3/5 H	Pt 23. 12	70^{71}	bay. D IX
P 35. 17	38^{10-40}	pr. P 8	Pt 24. 16	71^2	bay. Pt 2/4 H
P 35. 14	38^{70}	bad. IV e	Pt 24. 15	71^3	ja. IV T
P 46. 19	39^0	pr. P 10	Pt 24. 15	71^4	olb. T 5^1
			Pt 25. 15	73^0	bay. P 2 II
G 33. 14	53^6	ja. V V	Pt 25. 15	73^0	bay. D XII
G 33. 15	53^7	ja. V V	Pt 25. 15	73^1	bay. D XII u. Pt 2/5 N
G 33. 14	53^{80-81}	bay. C IV Verb.			
G 34. 14	54^{8-11}	pr. G 5^4	Pt 25. 16	73^2	bay. Pt 2/5 H
G 34. 14	54^{8-11}	pr. G 5^4 H	Pt 34. 16	74^{0-3}	pr. T 11
G 34. 14	54^{13}	bay. C VI	Pt 34. 16	74^{0-3}	pr. T 11 H
G 34. 14	54^{14}	bay. G 3/4 N	Pt 34. 17	74^{4-13}	pr. T 12
G 34. 14	54^{15-17}	bay. G 3/4 H	Pt 35. 15	75^0	wü. T 5
G 44. 13	55^{0-6}	pr. G 7^1	Pt 35. 14	75^{1-3}	bad. VI b $^{1-11}$
G 44. 13	55^{7-15}	pr. G 7^2	Pt 35. 16	75^4	bad. VI c $^{1-3}$
G 44. 13	55^{7-15}	pr. G 7^2 H	Pt 35. 16	$75^{4,10,11}$	bad. VI c $^{4-9}$
			Pt 35. 16	75^5	ja. XIV HT

Die Bezeichnung der Lokomotiven.

Fortsetzung der Tabelle von S. 274.

Betriebs-gattung	Neue Bauart-reihe	Frühere Gattungs-bezeichnung	Betriebs-gattung	Neue Bauart-reihe	Frühere Gattungs-bezeichnung
Pt 35. 16	76 ^{0}	pr. T 10	Gt 46. 17	93 $^{5-20}$	pr. T 14 ^{1}
Pt 36. 16	77 ^{0}	bay. P 5	Gt 55. 13	94 ^{1}	wü. Tn
Pt 36. 16	77 ^{1}	bay. Pt 3/6	Gt 55. 15	94 $^{2-4}$	pr. T 16
Pt 37. 17	78 $^{0-10}$	pr. T 18	Gt 55. 17	94 $^{5-18}$	pr. T 16 ^{1}
			Gt 55. 15 (16)	94 $^{19-21}$	sa. XI HT
Gt 22. 14	88 ^{71}	bay. D IV St	Gt 57. 19	95 $^{0-1}$	pr. T 20
Gt 22. 14	88 ^{73}	bay. T 1	Gt 88. 15	96 ^{0}	bay. Gt 2 × 4/4
Gt 33. 14	89 ^{1}	bay. T 3			
Gt 33. 14	89 ^{2}	sa. V T	Z 34 14	97 ^{0}	pr. T 26
Gt 33. 12	89 $^{3-4}$	wü. T 3	Z 34. 15	97 ^{1}	bay. Ptz L 3/4
Gt 33. 15	89 ^{6}	bay. D II	Z 34. 14	97 ^{2}	bad. IX b $^{1-2}$
Gt 33. 15(16)	89 $^{7-8}$	bay. R 3/3	Z 55. 15	97 ^{5}	wü. E + 1 Z
Gt 33. 12	89 $^{70-77}$	pr. T 3			
Gt 33. 10	89 ^{80}	meckl. T 3 a u. b	L 44. 15	98 ^{0}	sa. I T V
Gt 34. 14	90 $^{0-3}$	pr. T 9 ^{1}	L 22. 14	98 ^{1}	old. T 3
Gt 34. 14	91 $^{0-2}$	pr. T 9 ^{2}	L 22. 11	98 ^{3}	bay. Pt L 2/2
Gt 34. 15	91 $^{3-18}$	pr. T 9 ^{3}	L 34. 10	98 ^{4}	bay. T 4 ^{II}
Gt 34. 12	91 ^{19}	meckl. T 4	L 34. 11	98 $^{4-5}$	bay. D XI
Gt 34. 15	91 ^{20}	wü. T 9	L 34. 11	98 ^{5}	bay. Pt L 3/4
Gt 44. 15	92 ^{0}	wü. T 6	L 34. 12	98 ^{6}	bay. T 4 ^{I}
Gt 44. 16	92 ^{1}	wü. T 4	L 34. 12	98 ^{6}	bay. D VIII
Gt 44. 14	92 ^{2}	bad. X b $^{1-6}$	L 44. 11	98 ^{7}	bay. BB II
Gt 44. 15	92 $^{2-3}$	bad. X b ^{7}	L 44. 11	98 ^{8}	bay. Gt L 4/4
Gt 44. 16	92 ^{4}	old. T 13	L 22. 9	98 ^{75}	bay. D VI
Gt 44. 15	92 $^{5-10}$	pr. T 13 (H)	L 33. 9	98 ^{76}	bay. D VII
Gt 44. 16	92 ^{20}	bay. R 4/4	L 34. 11	98 ^{77}	bay. D X
Gt 46. 16	93 $^{0-4}$	pr. T 14			

Bezeichnung der Einheitslokomotiven[1]).

Betriebs-gattung		Reihe
S 36. 20	2 C 1 — h 2-Schnellzuglokomotive	01
S 36. 20	2 C 1 — h 4 v-Schnellzuglokomotive	02
S 36. 17	2 C 1 — h 2-Schnellzuglokomotive	03
P 34. 15	1 C — h 2-Personenzuglokomotive (15 t)	24
G 56. 20	1 E — h 2-Güterzuglokomotive	43
G 56. 20	1 E — h 3-Güterzuglokomotive	44
Pt 37. 20	2 C 2 — h 2-Personenzugtenderlokomotive	62
Pt 35. 15	1 C 1 — h 2-Personenzugtenderlokomotive (15 t)	64
Gt 33. 17	C — h 2-Verschiebelokomotive (17 t)	80
Gt 44. 17	D — h 2-Verschiebelokomotive (17 t)	81
Gt 46. 15	1 D 1 — h 2-Güterzugtenderlokomotive (15 t)	86
Gt 55. 17	E — h 2-Hafenbahnlokomotive mit zahnradgekuppelten Endradsätzen (17 t)	87

[1]) Aufgenommen sind nur die bis 1930 gebauten Lokomotiven.

der 4 T 32 der vierachsige Tender der neuen Schnellzuglokomotiven. Die Angabe des Wassers allein und nicht auch der Kohle hat insofern ihren Grund, als der Kohlenvorrat stets für eine wesentlich größere Laufstrecke ausreicht als der Wasservorrat; der letztere ist es also, der die Laufstrecke begrenzt oder den Aufenthalt zum Wassernehmen bedingt. Einzelheiten, wie den Achsdruck, und die Anordnung der Achsen im festen Rahmen oder Drehgestellen bringt man nicht besonders zum Ausdruck. Als Ordnungsnummer trägt der Tender die gleiche wie seine Lokomotive.

Die vorstehende Tabelle bringt die Gegenüberstellung der neuen Bezeichnungen für die Bauartreihen und der gewohnheitsmäßig noch viel im Gebrauch befindlichen Ländergattungsbezeichnungen; die weitere Tabelle enthält die Übersicht über die bis 1930 gebauten Einheitslokomotiven.

2. Übersicht über die Lokomotivgattungen, insbesondere der Deutschen Reichsbahn.

Die Schnellzuglokomotiven sind die für die höchsten Geschwindigkeiten und im allgemeinen auch Leistungen befähigten Lokomotiven. Aus dem ersten Grunde weisen sie die größten Raddurchmesser (über 1,85 m) auf, damit die minutliche Drehzahl trotz der großen Fahrgeschwindigkeit nicht allzu hoch zu liegen braucht. Sie befördern aber auch häufig Personenzüge, wenn sich nämlich ein reiner Schnellzugdienstplan nicht lohnt oder wenn ein Personenzug passender (ohne überlange Wartezeit) für die Rückfahrt zur Heimatstation liegt. Umgekehrt sind neuere Lokomotiven, die man nach ihrem Raddurchmesser dem Übereinkommen nach zu den Personenzuglokomotiven zählt, unter Umständen gut brauchbare Maschinen für schwere Schnellzüge in hügeligem Gelände, so die bekannte P 10-Lokomotive.

Wie schon in der geschichtlichen Einleitung ausgeführt, gehört die ungekuppelte Schnellzuglokomotive der Vergangenheit an. Auch die zweifach gekuppelte wird seit nahezu zwei Jahrzehnten nicht mehr gebaut. Seit etwa 1890 war sie als 2 B-Lokomotive mit vorderem Drehgestell die Schnellzug-, dann auch mit kleineren Rädern die Personenzuglokomotive vieler europäischer, so auch der deutschen Bahnen. Ihre Laufeigenschaften waren recht gute, aber die größte Zugkraft schließlich wegen des Reibungsgewichtes nur zweier Kuppelachsen zu klein. Diese Eigenschaft teilte sie mit der 2 B 1-Schnellzuglokomotive — mit Unterstützung des verlängerten, größeren Kessels durch eine hintere Laufachse —, die etwa 1902 zugleich in Preußen (S 7) und in schwererer Ausführung

Übersicht über die Lokomotivgattungen. 277

in Baden aufkam; auch die bayerischen Staatsbahnen bauten eine Anzahl S 2/5, und Preußen ging 1907 zu den größeren badischen Abmessungen über (S 9). Aber schon im nächsten Jahr kam die erste preußische dreifach gekuppelte Flachland=schnellzuglokomotive, die älteste S 10 mit vorderem Drehgestell. Baden hatte schon 1895, in Deutschland zuerst, eine 2 C=Vierzylinderlokomotive für die Personen= und Schnellzüge der Schwarzwaldbahn eingeführt. Auch Preußen und Bayern hatten bald darauf 2 C=Vierzylinderlokomotiven für schwere Schnell= und Personenzüge in hügeligem Gelände beschafft.

Neuzeitliche Heißdampf=Schnellzuglokomotiven mit drei Kuppelachsen und vorderem Drehgestell, aber ohne hintere Laufachse, bauten, bis auf eine kleinere bayerische Lieferung, nur die preußischen Staatsbahnen. Als S 10=Lokomotiven traten sie in vier Spielarten auf, der älteren Vierlinglokomotive (1910), der Vierzylinder=Verbundlokomotive in den beiden Spielarten 1911 und 1914 (S 10$_1$) und der Drillinglokomotive S 10$_2$ (1914), der ersten der deutschen Dreizylinder=Heißdampflokomotive mit einfacher Dehnung; die im Dampfverbrauch sparsamste ist die Verbundlokomotive, die in Abb. 228 dargestellt ist.

In Süddeutschland ging man schon 1907/8 (Baden, Bayern) gleich zur 2 C 1=Lokomotive über, entsprechend dem durchschnittlich steigungsreicheren Gelände, allerdings zum Teil mit geringeren Einzelachsdrücken, so daß Gewicht und Leistung gegenüber den preußischen 2 C=Lokomotiven nicht immer im Verhältnis der Achsvermehrung stiegen. Als Beispiel einer solchen Länderlokomotive führen wir dem

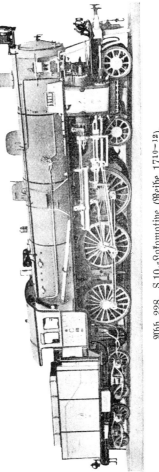

Abb. 228. S 10$_1$=Lokomotive (Reihe 17$^{10-12}$).

278   Die Lokomotiven der Regelbauart.

Leser in Abb. 229 die formenschöne S 3/6 der ehemaligen bayerischen Staatsbahnen vor.

Bei der Vereinheitlichung der Lokomotiven für die Reichsbahn auf Grund des Achsdruckes von 20 t. wurde für den Schnellzugdienst der

Abb. 229. Bayerische S 3/6-Lokomotive (Reihe 18⁵).

flachen Strecken die 2 C 1-Bauart gewählt bzw. beibehalten. Auch wenn dieser erhöhte Achsdruck eine leistungsfähige 2 C-Lokomotive erlaubt hätte, mußte ein Entwurf, der auf viele Jahre maßgebend bleiben sollte,

Abb. 230. 2 C 1-Einheitslokomotive (Reihe 01).

eine erhebliche Leistungserhöhung bringen, die unter Umständen schon jetzt öfters erwünscht ist. Auf der Steigung 1:100 streifen z. B. einige der bisherigen 2 C 1-Lokomotiven vor einem Schnellzug von 52 Achsen schon die Grenze ihrer Leistungsfähigkeit, oder diese reicht nicht einmal mehr aus. Da der Ausbau sämtlicher Hauptbahnen für 20 t in kür-

Übersicht über die Lokomotivgattungen. 279

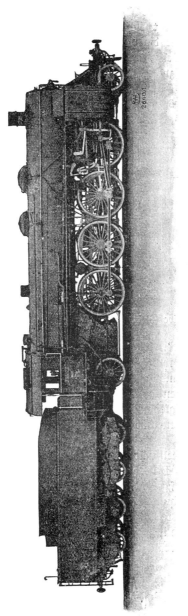

Abb. 231. Sächsische 1 D 1-Lokomotive (Reihe 19).

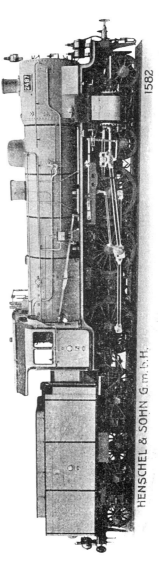

Abb. 232. P 8-Lokomotive (Reihe 38^{10-40}).

zester Zeit zu kostspielig wäre, ist daneben noch eine leichtere Schnell=
zuglokomotive der 2 C 1=Bauart mit 17,5 t Achsdruck im Jahre 1930
gebaut worden. Diese Lokomotive erhielt die Gattungsbezeichnung 03.

Abb. 230 zeigt die neue Einheitsschnellzuglokomotive der Deutschen
Reichsbahn, und zwar die einfache Zweizylinderlokomotive. Die andere
Hälfte der ersten Lieferung wurde als Vierzylinderverbundlokomotive
gebaut. Neben den eingehenden Versuchsfahrten müssen Beobachtungen
in Betrieb und Werkstatt erweisen, ob die Ersparnisse der Verbund=
maschine im Kohlenverbrauch groß genug sind, um die teurere und ver=
wickeltere Bauart neben der durch die hohe Überhitzung an sich sparsamen
Zwillingslokomotive dauernd zu rechtfertigen. Das bisherige Bild ist
jedenfalls für die Zwillingslokomotive günstiger, die denn auch schon in

Abb. 233. P 10=Lokomotive (Reihe 39).

einer großen Lieferung nachgebaut wurde. Die 03=Lok., ebenfalls eine
einfache Zwillingslokomotive, ähnelt in ihrer äußeren Erscheinung der
01=Lokomotive bis auf den etwas schlankeren Kessel so sehr, daß auf
eine besondere Abbildung verzichtet werden kann. In Amerika ist für sehr
große Leistungen bei hohen Geschwindigkeiten, für die das Reibungs=
gewicht dreier Kuppelachsen ausreicht, neuerdings die 2 C 2=Schnellzug=
lokomotive aufgekommen.

Auch die **vierfach gekuppelte Schnellzuglokomotive** hat 1917 ihren
Einzug bei uns gehalten: die sächsische 1 D 1=Lokomotive (Vierzylinder=
verbund, 1905 mm Raddurchmesser, Kraußgestell). Sie sollte die schweren
Berlin=Münchener Schnellzüge über Leipzig auf der lange Steigungen
(1:100) enthaltenden, dazu krümmungsreichen Strecke nach Hof auf
jeden Fall ohne Vorspann befördern. Sie ist in Abb. 231 wiedergegeben,
und war in gewissem Sinn das Vorbild der in großer Zahl (über 200) ge=
lieferten P 10=Lokomotiven (39).

Die **Personenzuglokomotiven** sind heute gleichfalls mindestens
dreifach gekuppelt. Die zuerst 1907 gebaute preußische P 8=Lokomotive

der Achsanordnung 2 C mit einfacher Zwillingmaschine hat als einfache, mannigfach verwendbare Lokomotive viel Anklang gefunden und ist in etwa 3000 Stück gebaut worden. Sie wurde bis vor nicht langer Zeit auch vielfach zur Beförderung von nicht zu schweren Schnellzügen mittlerer Höchstgeschwindigkeit und in wechselndem Gelände verwandt und hat sich auch in Süddeutschland, wohin im Wege des Lokomotivaustausches viele ihrer Gattung kamen, Freunde erworben. Abb. 232 stellt sie dar.

In Sachsen ist eine ähnliche Lokomotive in etwas gedrängterer Bauart vorhanden, während die bayerische P 3/5-Lokomotive wieder eine Vier-

Abb. 234. Österreichische 2 D-Lokomotive.

zylinderverbundmaschine ist. In der Typenreihe der Einheitslokomotiven ist gleichfalls eine einfache 2 C-Zwillinglokomotive mit 60 t Reibungsgewicht vorgesehen.

Als vierfach gekuppelte Personenzuglokomotive, die aber vorwiegend schwere Schnellzüge in hügeligem Gelände fährt, ist die in Abb. 233 dargestellte P 10, die letzte Länderbahnlokomotive (mit Tender) preußischer Herkunft, am bekanntesten geworden. Dreizylindrig, mit vorderem Krauß gestell und nach hinten verbreiterter Feuerbüchse, ist sie eine leistungsfähige Maschine, namentlich nach ihrer Höchstzugkraft aus den 75 t Reibungsgewicht.

In Österreich ist die vierfach gekuppelte Personen-, eigentlich Schnellzuglokomotive, in der Achsanordnung 2 D seit einigen Jahren in Gebrauch; Abb. 234 zeigt diese mit Lentz-Ventilsteuerung ausgerüstete Lokomotive.

Abb. 235. Spanische 2 D 1-Lokomotive.

Die Laufeigenschaften mit dem vorderen Drehgestell sind eigentlich noch günstiger, Krümmungseinstellung und Unterbringung des großen Rostes aber schwieriger. Bei weiterer Steigerung der Leistungen muß dann für die Schnell= und Personenzuglokomotiven schon der Übergang zur 2 D 1=Lokomotive erfolgen, der in Amerika schon vielfach vollzogen ist — sog. „Mountain Type"(=Bergschnellzuglokomotive) — und auch Spanien und Frankreich weisen schon je eine Type auf, allerdings von geringeren Achsdrücken. Die in Deutschland gebaute Lokomotive dieser Achsanordnung der spanischen Nordbahn zeigt Abb. 235. Ihre Umkehrung in die Achsanordnung ist die neue österreichische 1 D 2=Lokomotive, deren Eindruck Abb. 236 wiedergibt.

Abb. 236. Österreichische 1 D 2=Schnellzuglokomotive.

Während die bisherigen Ausführungen auf den Grundton der Leistungssteigerung abgestimmt waren, ist neuerdings auch der Wunsch nach einer leichten 1 C=Personenzuglokomotive für verkehrsschwache Hauptbahnen und wichtige Nebenbahnen bei uns laut geworden. Bisher konnten diese Verkehrsbelange von älteren Lokomotiven wahrgenommen werden, aber diese gelangen schließlich zur Ausmusterung, und die Vorsorge nach einer sparsamen, leichten Heißdampflokomotive für größere Geschwindigkeiten ist geboten. Die schweren, oben geschilderten Gattungen würden im Verhältnis zu den leichten Zügen zu viel Eigenverbrauch aufweisen und erheblich zu teuer sein. Abb. 237 zeigt diese leichte Einheitspersonenzuglokomotive für 15 t Achsdruck.

Güterzuglokomotiven. Für leichten Güterzugdienst kommt auch heute noch die dreifach gekuppelte Lokomotive vor. Aber es ist nicht mehr die alte Bauart mit kurzem Radstand und überhängendem Stehkessel, sondern die für Geschwindigkeiten bis 60 km/st und etwas darüber

Abb. 237. 1 C-Einheits-Personenzuglokomotive (Reihe 24).

geeignete 1 C-Lokomotive, wie sie übrigens in der preußischen G 5 schon in den neunziger Jahren in mehreren Spielarten und ähnlich auch in Bayern vielfach ausgeführt wurde. Von der G 5-Bauart ist die Verbundlokomotive mit Kraußschem Drehgestell (G 5_4) einem wirtschaftlich gelungenen Umbau in eine Heißdampflokomotive in einigen Fällen unterzogen worden. Eine moderne Heißdampflokomotive dieser Gattung für das bayerische Netz der Reichsbahn zeigt Abb. 238.

Die vierfache Kupplung, früher das Kennzeichen der „Gebirgslokomotive", ist die übliche für die heutigen schweren Flachlandgüterzüge. Die preußische G 7-Lokomotive sei als Beispiel einer noch in größerer Anzahl vorhandenen, einfachen und in Krieg und Frieden bewährten Naßdampflokomotive der D-Lokomotivgattung hier genannt. Sie wird jetzt zum Teil als Verschiebelokomotive benutzt. Die ehemalige preußische G 8_1-Lok. (Abb. 239) zeigt die D-Bauart in ihrer einfachen und dabei schon recht leistungsfähigen Form, auf Grund eines Achsdruckes

Übersicht über die Lokomotivgattungen. 285

von 17 t und eines Dampfdruckes von 14 at, der damit bei den einfachen Zwillinglokomotiven seinen Einzug in Deutschland hielt. Eine schwächere, leichtere G 8-Lok. mit 12 at war schon vorangegangen.

Für den Lauf günstiger ist aber die 1 D-Bauart, die mit ihrer führenden Laufachse das Scharflaufen der ersten Kuppelachse herabmindert und mit der fünften Achse einen noch leistungsfähigeren Kessel

Abb. 238. Leichte bayerische G 3/4-Lokomotive (Reihe 54).

zuläßt. In Preußen als G 8_2-Lokomotive (Abb. 240) mit einfacher Dampfdehnung in zwei Zylindern und in kleiner Anzahl als G 8_3-Lok. mit drei Zylindern mit sonst gleichen Abmessungen ausgeführt, ist sie eingehenden Vergleichsversuchen des Reichsbahn-Zentralamts über den Dampfverbrauch der Zwei- und Dreizylinderbauart unterworfen, die

Abb. 239. G 8_1-Lokomotive (Reihe 55^{25-56}).

einen kleinen Vorsprung der zudem wesentlich einfacheren Zwillinglokomotive ergeben haben. In Süddeutschland ist die Güterzuglokomotive dieser Achsanordnung vielfach als Vierzylinderverbundlokomotive ausgeführt (Baden, Bayern).

Größeres Reibungsgewicht ermöglicht die fünffache Kupplung, an die man sich auch in Deutschland nach dem Vorgang des Österreichers Gölsdorf bald herantraute. Als Lokomotive mit besonderem Tender entstand hier die preußische G 10-Lok., eine sehr einfache und beliebte Zweizylinderlokomotive von weiter Verbreitung (Abb. 241). Bayern besitzt die E-Lokomotive in Vierzylinderverbundanordnung in dem bekannten gefälligen Maffeischen Stil mit Barrenrahmen (Abb. 242).

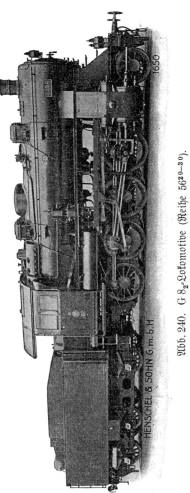

Abb. 240. G 8₂-Lokomotive (Reihe 56³⁰⁻³⁰).

Die günstige Wirkung einer vorderen Laufachse ließ es in Preußen 1915 zur 1 E-Bauart kommen, die, gleich mit 17 t Achsdruck ausgeführt, ihre große Leistung in drei Zylindern entwickelte. Aus ihr ging bald (1917) die für 16 t bestimmte, ein wenig leichtere G 12-Lok. hervor (Abb. 243), die bereits als die schwere deutsche Einheitsgüterzuglokomotive gedacht war; sie erhielt Barrenrahmen und behielt die drei Zylinder der vorgenannten Maschine bei. Sie diente den zeitlich etwas späteren G 8₂- und G 8₃-Lokomotiven als Muster, indem unter Kürzung des Kessels die letzte Kuppelachse weggelassen wurde. Der guten Leistungen dieser zur Zeit verbreitetsten schweren deutschen Güterzuglokomotive wurde schon gedacht.

Das Streben, die Zuglasten noch zu erhöhen und z. B. den 1400-t-Zug auf 1:100, auch bei Vorhandensein schärferer Krümmungen, sicher ohne Vorspann befördern zu können oder auf sehr steilen Strecken nur eine Hilfslokomotive zu gebrauchen, ließ auch in der Reihe der Einheitslokomotiven für 20 t Achsdruck (welche die Gattungen 1 C und 1 D ebenfalls vorsah) die dreizylindrige 1 E-Lokomotive erscheinen. Das Bedürfnis nach einer die G 12-Lokomotive noch übertreffenden Rampenmaschine ist schon heute für manche Verkehrsbeziehungen vorhanden, so daß von dieser Lokomotive schon zwei Lieferungen gebaut sind (zuerst Reihe 44, Drilling, dann Reihe 43, Zwilling) (Abb. 244). Die Zylinder der Zwillinglokomotive dürften mit ihrem Durchmesser von 720 mm — entsprechend dem großen Reibungsgewicht von rund 100 t — die Grenze des Möglichen darstellen.

Abb. 241. G 10=Lokomotive (Reihe 57^{10-40}).

Ehe man dem Achsdruck von 20 t nähertrat, hatte der Wunsch nach hohem Reibungsgewicht Württemberg mit seinen schwierigen Strecken zur 1 F=Lokomotive (Abb. 245) geführt, einer sehr gelungenen Vier= zylinderverbundlokomotive. Die Zulassung der 20 t dürfte die Notwendig= keit sechsfacher Kupplung zunächst erübrigen.

Abb. 242. Bayerische E=Lokomotive (Reihe 57^5).

Tenderlokomotiven. Die Tenderlokomotiven, die also Wasser und Kohle in geeigneten Behältern auf der Lokomotive selbst mit sich führen, bezeichnet man, soweit Haupt= und Nebenbahnen in Betracht kommen, als Pt= und Gt=Lokomotiven, je nachdem sie vorwiegend im Personenzug= oder Güterzugdienst Verwendung finden. Übrigens ist die wesentlich nach dem Treibraddurchmesser getroffene Scheidung (Trennung bei

288   Die Lokomotiven der Regelbauart.

1500 mm) nicht besonders scharf. So findet sich z. B. die zu den Gt ge=
rechnete 1 D 1=Lokomotive preußischer Herkunft (T 14) auch häufig im

Abb. 243. G 12=Lokomotive (Reihe 58$^{10-22}$).

Personenzugverkehr schwieriger und verkehrsreicher Nebenbahnen oder
kurzer Hauptbahnen. Die im Zugdienst überhaupt in der Regel nicht

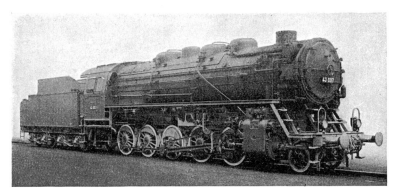

Abb. 244. 1 E=Einheits=Güterzuglokomotive (Reihe 43).

verwendeten Lokomotiven für den Verschiebedienst werden trotzdem als
Gt bezeichnet. Die schwersten Tenderlokomotiven (bayerische Gt 2 × 4/4,
preußische T 20) werden zum Schieben von Zügen aller Art, auch der

Übersicht über die Lokomotivgattungen. 289

Schnellzüge, auf den Steilstrecken benutzt; die erstgenannte, ältere ist sogar ausdrücklich als Schiebemaschine geschaffen.

Den Tenderlokomotiven werden als Vorteile nachgerühmt einmal die gleich gute Benutzbarkeit für Vorwärts= und Rückwärtsfahrt, also die Vermeidbarkeit des Drehens im Pendelverkehr, andererseits die teilweise oder völlige Ausnutzung der Vorräte als Reibungsgewicht, während der Tender mit gezogen werden muß. Der erste Vorteil trifft allerdings völlig nur für symmetrische Tenderlokomotiven zu, und der zweite verliert an Wert durch den Umstand, daß mit abnehmenden Vorräten dann auch das Reibungsgewicht der Lokomotive abnimmt, während es bei Lokomotiven mit Tender in voller Höhe bestehen bleibt.

Abb. 245. Württembergische 1 F=Lokomotive (Reihe 59).

Die Beschränkung der Vorräte durch das zulässige Gewicht verweist die Tenderlokomotive auf kürzere Strecken, auch Hauptbahnen. Auf Lokal= und Schmalspurbahnen herrscht sie in Deutschland ausschließlich.

Personenzugtenderlokomotiven. Die dreifache Kupplung ist — von der weiter unten erwähnten leichten badischen und bayerischen Lokalbahnlokomotive abgesehen — das Mindestmaß bei der Reichsbahn. Eine 1 C=Lokomotive ist unter der Bezeichnung T 12 die namentlich aus dem Berliner Stadtbahnverkehr vor seiner Umstellung auf elektrischen Betrieb bekannte Gattung (Abb. 246). Mit vorderem Kraußgestell aus= gerüstet ist sie unsymmetrisch, doch ist ihr Rückwärtslauf bis zu etwa 80 km/st Geschwindigkeit ein ganz leidlicher; als Heißdampflokomotive mit Vorwärmer leistet sie wohl alles, was sich aus dem Gewicht bei etwa 17 t Achslast herausholen läßt.

Symmetrisch ist dagegen die Achsfolge 1 C 1, und ihrer bedienten sich für den Nahverkehr schon die badischen, sächsischen und württembergischen Bahnen. Die hinteren Adamsachsen lassen übrigens, auch wenn ein vorderes Kraußgestell vorhanden wäre, einen Rückwärtslauf für sehr hohe Geschwindigkeiten unratsam erscheinen, und 80 km/st bilden nicht selten die obere, freilich bisweilen überschrittene Geschwindigkeitsgrenze. In der Reihe der Einheitslokomotiven ist eine leichte 1 C 1-Maschine gleichfalls vorgesehen und bereits in beträchtlicher Stückzahl geliefert (Abb. 247). Diese Lokomotive ist wärmewirtschaftlich vorzüglich gelungen, insofern ihr Dampf- und Kohlenverbrauch außerordentlich günstig ist.

Abb. 246. T 12-Lokomotive (Reihe 74⁴⁻¹³).

Will man wirklich eine Tenderschnellzuglokomotive für kürzere Strecken haben und wünscht dann auch einen leistungsfähigeren Kessel und eine geringere Beschränkung der Vorräte, so ergeben sich die beiden Lösungen 1 C 2 und 2 C 2, die in Bayern und Preußen gewählt wurden. Die bayerische Lokomotive Pt 3/6 hat die vordere Laufachse und die zweite Kuppelachse zu einem Kraußgestell vereinigt, die Führung bei der Rückwärtsfahrt liegt einem zwei-

Übersicht über die Lokomotivgattungen. 291

achsigen Drehgestell ob. Treibachse muß nun die dritte der Kuppel=
achsen sein; die Zylinder liegen, um eine gedrängte Achsfolge zu
ermöglichen, schräg über der Laufachse. Leistungsfähiger noch ist die

Abb. 247. Pt 35 · 15=Einheits=Personenzug=Tenderlokomotive (Reihe 64).

preußische T 18=Lokomotive (Abb. 248); mit vorderem und hinterem
Drehgestell wirklich völlig symmetrisch und auf kurzen Hauptbahnen
im Personen= und Schnellzugdienst vielfach benutzt. Sie wird von der

19*

neuen Einheitslokomotive gleicher Achsfolge (Reihe 62) an Leistung noch ganz erheblich übertroffen (Abb. 249).

Güterzugtenderlokomotiven. Der einfachen C-Lokomotive ist als leichter Verschiebelokomotive niemals bisher die Daseinsberechtigung abgesprochen. Beliebt in Gestalt der preußischen T 3 als, wenn auch sehr leichte, wendige Maschine

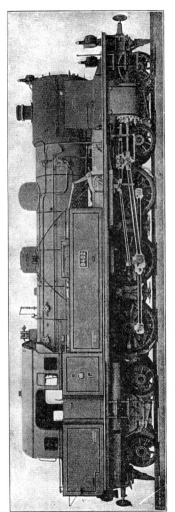

Abb. 248. T 18-Lokomotive (Reihe 78⁰⁻¹⁰).

Abb. 249. 2 C 2-Einheits-Personenzug-Tenderlokomotive (Reihe 62).

(im Scherz „Teckel" genannt) für den Dienst auf Personenbahnhöfen und als die schwerere bayerische Gt 3/3 (Abb. 250), hielten die Loko-

Übersicht über die Lokomotivgattungen. 293

motivfachleute diese Gattung für wichtig genug, um sie auch in die Reihe der Einheitslokomotiven, und zwar für 17,5 t Achsdruck aufzunehmen, womit sie dann auch die bayerische Form (15 t) um so mehr übertreffen muß, als sie als Heißdampflokomotive ausgeführt ist.

Die Berechtigung des Heißdampfs auch im Verschiebedienst, wo man wegen der schwachen Überhitzung infolge der vielfachen Dampfpausen

Abb. 250. Bayerische 3/3-Tender-Verschiebelokomotive (Reihe 89⁶).

anfänglich einen Nutzen nicht glaubte erwarten zu können, ergab sich einwandfrei aus Versuchen mit einigen Lokomotiven der D-Gattung, T 13 in früherer preußischer Bezeichnung, die seinerzeit als schwere Ver-

Abb. 251. D-Einheits-Verschiebelokomotive (Reihe 81).

schiebelokomotive in der Regelausführung mit einfachem Naßdampfkessel gebaut wurde. Einige Versuchsmaschinen mit Heißdampf ergaben nun 10 vH Kohlenersparnis, gewiß weit weniger als die Streckenlokomotiven (20—25 vH), aber doch beachtlich genug. Die vielfach vorhandene T 13-Lokomotive wird jetzt nicht mehr gebaut, aber die Frucht der genannten Erkenntnis ist bei der Einheits-D-Verschiebelokomotive (Reihe 81) mit wiederum 17,5 t zunutze gemacht, insofern auch sie als Heißdampflokomotive ausgeführt wird (Abb. 251).

Abb. 252. T 14-Lokomotive (Reihe 93$^{0-4}$).

Die 1 D 1-Lokomotive ist als T 14- und T 14_1-Lokomotive (Abb. 252) nach preußischem Entwurf auch in Süddeutschland öfter anzutreffen.

Abb. 253. Gt 46 · 15-Einheits-Güterzug-Tenderlokomotive (Reihe 86).

Ursprünglich für den Ringbahngüterzugdienst um Berlin beschafft, ist sie, wie oben erwähnt, eine beliebte Maschine für die verschiedensten Zwecke geworden. Die schwächeren Spurkränze der zweiten und vierten

Übersicht über die Lokomotivgattungen. 295

Kuppelachse und die seitenverschieblichen Endlaufachsen sichern ihr eine gute Beweglichkeit in Krümmungen. Die 1 D 1-Lokomotive ist als etwas leichtere Bauform (Reihe 86) für 15 t Achsdruck auch in der Reihe der Einheitslokomotiven bereits ausgeführt (Abb. 253).

Die E-Güterzugtenderlokomotive, T 16 in alter preußischer Bezeichnung, war die erste deutsche Heißdampftenderlokomotive und die erste deutsche Lokomotive mit fünffacher Kupplung nach österreichischem Vorbild mit Gölsdorfschen seitenverschieblichen Kuppelachsen. Auf die älteste Anordnung und die zahlreichere zweite mit etwa 15 t Achsdruck folgte die sog. verstärkte Anordnung mit allerdings nicht verstärkter Leistung, wohl aber mit vergrößerten Vorräten und — notwendigerweise — verstärktem Rahmen (Abb. 254). Ursprünglich für den Steilrampendienst bestimmt, wo sie zum Teil auch noch zu finden ist, hat sie sich als recht unruhig laufend bei Geschwindigkeiten von 40 km/st und darüber erwiesen und damit an Beliebtheit für Streckendienst sehr eingebüßt; dagegen ist sie eine sehr brauchbare Lokomotive für schweren Verschiebedienst. Aus diesem Grunde erscheint eine E-Lokomotive für erhöhten Achsdruck auch in der Reihe der Einheitslokomotiven.

Abb. 254. T 16-Lokomotive (Reihe 94²⁻⁴).

Die für den Streckendienst unbedingt brauchbare Rampenlokomotive in fünffacher Kupplung ist die 1 E 1-Lokomotive. Sie verdankt ihre Erstausführung dem Bestreben der Halberstadt-Blankenburger Bahn (Dr. Steinhoff), durch eine schwere Reibungslokomotive den Zahnradbetrieb im Harz zu erübrigen (vgl. Zahnradlokomotiven). Nach dem wohlgelungenen Versuch baute die deutsche Reichsbahn als letzte Lokomotive vor der Vereinheitlichung die noch wesentlich schwerere T 20-Lokomotive (Abb. 255), die sich bei den eingehenden Versuchsfahrten als leistungsfähige Maschine erwiesen hat. Im Gegensatz zu der Harzbahnlokomotive hat sie statt der Bissel-Laufachsen Krauß sche Drehgestelle und an

Abb. 255. T 20-Lokomotive (Reihe 95$^{0-1}$).

allen Treibachsen, wenn auch zum Teil verschwächte Spurkränze, während die Harzbahnmaschine zuerst in Deutschland auch eine spurkranzlose Achse aufweist. Beide Maschinen besaßen bis vor kurzem mit 700 mm Durchmesser die größten Zylinder in Deutschland, mit einem höchsten Kolbenstangendruck von 54 t. Das größere Reibungsgewicht der T 20-Lokomotive gestattet, trotz höheren Eigengewichtes, eine etwas größere Zugkraft am Zughaken; das höhere Gewicht ist teils in dem größeren Kessel, teils in dem verstärkten Rahmen — namentlich infolge besserer Versteifung zwischen den Zylindern — und endlich in den größeren Vorräten begründet. An beiden Maschinen ist die vollkommene Sandung sämtlicher Kuppelachsen in beiden Fahrtrichtungen hervorzuheben; beide sind auch mit der Gegendruckbremse ausgerüstet.

Das größte Reibungsgewicht unter den deutschen Lokomotiven (gleichzeitig in diesem Falle Gesamtgewicht) besitzt die ehemals bayerische

Übersicht über die Lokomotivgattungen. 297

Gt 2 × 4/4 Tenderlokomotive (D + D) der Bauart Mallet-Rimrott mit 127 bis 132 t. Sie wurde 1913 von Maffei für den Schiebedienst auf Steilrampen entworfen, namentlich für die Strecke Probstzella-Rothenkirchen über den Rennsteig (Thüringer- und Frankenwald) mit langer Steigung 1:40 auf jeder Seite, wo sie heute noch Dienst tut, untermischt mit T 20 auf der Probstzellaer Seite. Die Lokomotive ist in Abb. 256 dargestellt, und zwar in ihrer neuesten, verbesserten Form mit Riggenbachbremse. Einige Worte über die Mallet-Rimrott-Bauart (beide Maschineningenieure erfanden unabhängig voneinander diese Anordnung)

Abb. 256. Bayerische Güterzug-Tenderlokomotive Gt 2×4/4 (Reihe 96).

sind am Platze. Die Bauart, die sich auch in Amerika bis zu riesigen Abmessungen mit Schlepptender für den Rampendienst vorfindet und auch auf Neben- und Schmalspur- (Klein-)bahnen sich teilweise eingebürgert hat, verdankt ihren Ursprung der Absicht, eine kurvenbewegliche Lokomotive von möglichst hohem Reibungsgewicht zu erhalten, als man über die Gölsdorfsche einfache Lösung der seitenverschieblichen Kuppelachsen noch nicht verfügte; sie ist also älter als z. B. die fünffach gekuppelten Maschinen. Die schon in Wien 1873 gezeigte Bauart nach Meyer in der C + C-Anordnung (Bd. I, Abb. 26) wies zwei Drehgestelle, mit also beweglichen Dampfleitungen auch für den Kesseldruck auf. Mallet und Rimrott lagerten den Kessel fest auf dem Rahmen der hinteren Kuppelachsgruppe und stützten den überhängenden Kessel auf das vordere Drehgestell, dessen Achsen aber Kuppelachsen sind und dessen Drehpunkt hinten liegt. Die vierzylindrige Maschine ist eine Verbundmaschine, wobei die hintere Achsgruppe von den beiden Hochdruckzylindern angetrieben wird. Ihre feste Lage zum Kessel vermeidet also jegliches Gelenk in der Hochdruckdampfleitung und erfordert lediglich gelenkige Leitungen für den mäßig gespannten Verbinderdampf und den niedrig gespannten Auspuffdampf. Die Mallet-Rimrott-Lokomotiven, oft nach dem zeitlich früheren Erfinder auch nur Malletlokomotiven genannt, erschienen in den Achsgruppierungen B + B, C + C (zuerst in einer vereinzelt gebliebenen Maschine der Gotthardbahn), D + D, in Amerika auch E + E und bisweilen mit Laufachszusatz, z. B. 1 D + D 1. Ein gewisser

Abb. 257. Pt 23 · 15-Personenzug-Tenderlokomotive (Reihe 70).

Nachteil gegenüber Lokomotiven mit durchgängig gekuppelten Achsen ist die nicht ganz so gute Ausnutzung des Reibungsgewichtes. Bei großen Zugkräften in Steigungen findet eine Entlastung des Vordergestells (bisweilen, weil mit Dampfzylindern versehen, auch Dampfdrehgestell genannt) durch die Zugkraft und das nach hinten fließende Vorrats- und Kesselwasser statt. Auch ist die Verteilung der Zugkraft auf die vordere und hintere Achsgruppe bei einer Verbundmaschine nicht immer gleichmäßig. Eine brasilianische Bahn ist daher bei einer von Henschel für sie entworfenen und in Seddin 1924 ausgestellten Malletlokomotive mit Tender trotz der gelenkigen Hochdruckleitungen zur Vierzylinderlokomotive mit einfacher Dehnung zurückgekehrt, und bei der genannten bayerischen Gt 2 × 4/4 ist eine Veränderung der Zylinderdurchmesser vorgenommen, um gerade bei den großen Zugkräften möglichst gleiche Arbeitsanteile der Hoch- und Niederdruckmaschine zu bekommen. Im übrigen beschränkt man die Bauart zweckmäßig auf Rampenmaschinen.

Übersicht über die Lokomotivgattungen. 299

Die Abb. 257 zeigt eine leichte Personenzugtenderlokomotive, wie sie nach süddeutschem Muster neuerdings für die Reichsbahn nachgebaut wird, zur Beförderung leichter Züge im Zwischenverkehr bestimmt. Sie ist bei ihrer Sparsamkeit und verhältnismäßig großen Leistung eine überlegene Wettbewerberin mit dem heute sonst sehr geschätzten Triebwagen, sobald diesem zur Bewältigung stärkeren Verkehrs mehr als zwei Anhängewagen beigegeben werden müssen.

Endlich gibt Abb. 258 das Beispiel einer modernen Heißdampf=Schmalspurlokomotive.

Abb. 258. 1 E 1=Schmalspurlokomotive.

Die nachfolgende Zusammenstellung gibt die Hauptabmessungen der abgebildeten Lokomotiven wieder. Die Hauptabmessungen der Regel=spurlokomotiven sind auf Tafel III angegeben.

1. Größte Geschwindigkeit .... 30 km/st
2. Zylinderdurchmesser .... 450 mm
3. Dampfüberdruck .... 14 at
4. Rostfläche... 1,74 qm
5. Gesamtheizfläche ohne Überhitzer .... 80,30 „
6. Überhitzerheizfläche .... 29,0 „
7.⎱ ⎧Treib= und Kuppelradsätze .... 800 mm
8. ⎱Laufkreisdurchmesser⎨Laufradsätze ⎧vorn .... 550 „
9.⎰ ⎩ ⎩hinten .... 550 „
10. Gesamtgewicht, betriebsfähig................ 56 200 kg
11. Reibungsgewicht,   „   .... 46 000 „
12. Länge zwischen den Puffern.................. 10 540 mm
13. Gesamt=Radstand .... 7 600 „
14. Spurweite .... 750 „

VI. Sonderbauarten von Lokomotiven.

Die bisher beschriebenen Lokomotiven waren gewiß auch nicht ganz allgemein verwendbare Lokomotiven insofern, als die Schnellzuglokomotiven zur Beförderung von Schnellzügen, die Güterzuglokomotiven zur Beförderung von Güterzügen benutzt werden. Sie haben aber einmal jeweils ein sehr weites Verwendungsgebiet, ohne an bestimmte Strecken gebunden zu sein, und sie entsprechen andererseits in der Durchbildung ihres Kessels und ihrer Maschine den üblichen Bauformen. Eine beschränktere Verwendung finden an sich schon so ausgesprochene Steilrampenlokomotiven, wie die der Bauart Mallet-Rimrott, aber auch sie vermögen an sich noch überall zu verkehren.

Unter Sonderbauarten von Lokomotiven verstehen wir dahingegen solche Lokomotiven, die im allgemeinen nur an ganz bestimmten Stellen Verwendung finden (z. B. Zahnradlokomotiven) oder aber bei denen Kessel und Maschine weit von der Regelform abweichen. Das tun neuartige Lokomotiven, wie die Hochdrucklokomotiven, Turbinenlokomotiven usw. Vielleicht vermögen auch solche Lokomotiven, deren Endzweck in der Regel eine wesentliche Verbesserung der Wärmewirtschaft ist, später Regelform zu werden, jedoch bedürfen sie bis dahin einer längeren Bewährung im Betriebe, so daß man sie zunächst noch bei ihrem vereinzelten Vorkommen als Sonderbauarten bezeichnen muß. Trotzdem dürfen sie in einem neuzeitlichen Buch über die Lokomotiven nicht fehlen, weil sich dessen Leser naturgemäß auch mit den angestrebten Zielen im Lokomotivbau wenigstens überschläglich vertraut machen muß.

Diese Sonderbauarten sind es also, die den Inhalt dieses Abschnittes bilden.

1. Zahnradlokomotiven.

Je steiler eine Eisenbahnstrecke ansteigt, eine um so größere Zugkraft erfordert ein bestimmter Zug. Ein Zug von 150 t benötigt z. B. in einer Steigung von 1:100 nach dem Gesetz der schiefen Ebene eine Zugkraft von 1500 kg zur Überwindung des Schwerkraftanteils (außer einer Zugkraft von etwa 400 kg zur Überwindung der Achsreibung), auf einer Steigung von $1:16^2/_3 = 60$ vH dagegen bereits eine solche von 9000 kg, wiederum ohne jene 400 kg. Solange man früher weder die hohe, nötigenfalls durch den Sandstreuer erzwungene Reibungsziffer, noch die höheren Achsdrücke und vielfache Kupplung unserer heutigen Lokomotiven kannte oder anwandte, waren solche Zugkräfte durch reine Reibung nicht mehr zu erzielen. Man mußte also zu diesen Zugkräften bei Bahnen von diesen oder ähnlich starken Steigungen in einer vom Reibungsgewicht unabhängigen Form gelangen, und dieses Aushilfsmittel war die Zahn= stange zwischen den beiden Fahrschienen, die in urwüchsiger Form als Angstprodukt (vgl. Geschichte der Lokomotive) schon einmal erfunden war. Im Gegensatz zu noch steileren Bahnen, die dann aber meist nur dem Ausflüglerverkehr auf Berge dienen und nur einen oder wenige leichte Personenwagen führen, und die Zugkraft mit der Zahnradmaschine allein erzeugen, läßt man bei Bahnen für stärkeren Verkehr, auch angesichts der schwächer steigenden Abschnitte, auch das Lokomotivgewicht nicht un=

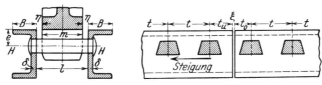

Abb. 259a und 259b. Zahnstange von Riggenbach.

genutzt, sondern baut eine vereinigte Reibungs= und Zahnradlokomotive. Dieser Gedanke stammt von dem Schweizer Ingenieur Abt und wurde auf der Harzbahn 1886 zuerst verwirklicht. Jede der beiden Maschinen liefert etwa die halbe Zugkraft, und die gewöhnliche Reibungsmaschine befähigt die Lokomotive, auf den Strecken ohne Zahnstange wie jede andere Lokomotive zu verkehren. Für die Talfahrt, die steile Strecke herab, konnte man die erhöhte, wesentlich stärkere Bremswirkung gleichfalls durch Ab= bremsung der Zahnradmaschine erzielen.

Die Zahnstange, die mit dem Oberbau fest verbunden ist und an der sich die Lokomotive vermöge des Zahnrades oder deren zweier sozu= sagen emporarbeitet, findet sich bei den deutschen Zahnradbahnen ent= weder in der Form der sog. Leiterzahnstange, Abb. 259a, b (badisches Höllental, württembergische Zahnstrecken, deren neuere, hochliegende Form nach Klose Abb. 260 zeigt) oder in Gestalt der Abtschen Zahnstange mit zwei Lamellen, Abb. 261 (die Harzbahn hatte vor ihrer Umstellung auf reinen Reibungsbetrieb sogar eine dreiteilige Zahnstange), wie sie die preußischen Zahnbahnen aufweisen. Die erste Form stammt von

Riggenbach und fand zuerst bei der Rigibahn, also einer reinen Zahn=
bahn, Verwendung. Die für gemischte Bahnen bestimmte Klosesche
Form gibt den Zähnen durch die angewalzten inneren Rippen eine

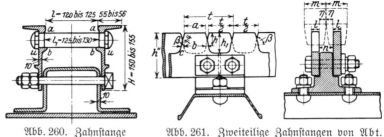

Abb. 260. Zahnstange von Klose.   Abb. 261. Zweiteilige Zahnstangen von Abt.

bessere, verdrehungssichere Unterlage. Bei der Abtschen Form sind die
einzelnen Zahnlamellen, denen also auch ein Zahnrad mit mehreren

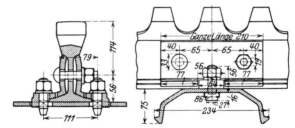

Abb. 262a und 262b. Zahnstangen von Strub.

Kränzen entspricht, mit den Zähnen gegeneinander versetzt; es soll dadurch
ein gleichmäßigerer Eingriff der Zahnräder bewirkt werden. Abb. 262a, b

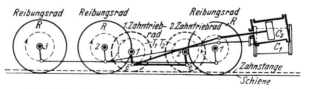

Abb. 263. Schema der Zahnradlokomotive von Abt.

zeigt die bei Schweizer Zahnbahnen viel angewandte, sehr solide Strub=
sche Form aus einem gewalzten Schienenprofil mit eingefrästen Zähnen.

Das Schema der Zahnradlokomotiven zeigt Abb. 263. Wir erkennen
die selbständige Reibungs= und Zahnradmaschine, deren jede in der

Ursprungsform auch in der Dampfwirkung völlig unabhängig voneinander waren, also einen besonderen Regler und eine besondere Steuerschraube hatten. Nur die Auspuffrohre waren naturgemäß unter dem Schornstein zu einem gemeinsamen Blasrohr vereinigt. Hinsichtlich ihrer Geschwindigkeit sind sie nun allerdings, solange kein Gleiten der Treibräder stattfindet, insofern voneinander abhängig, als die Treibräder und die Zahnräder gleiche Umfangsgeschwindigkeit, nämlich gleich der Fahrgeschwindigkeit haben müssen. Auch die Höhenlage der Treibachsen und Zahnachsen muß eine gegenseitig unveränderliche sein, die der ebenfalls gegenseitig unveränderlichen Lage von Fahrschienen und Zahnstange entspricht. Da nun die Treibachsen der Reibungsmaschine gegen Rahmen und Kessel gefedert sind, so dürfen die Zahnradachsen nicht im Hauptrahmen gelagert sein, da sie sich sonst gegen die Treibachsen beim Federspiel mit verschieben würden. Die beiden Achsen — die neue württembergische Zahnradlokomotive hat nur eine angetriebene — müssen also in einem Hilfsrahmen gelagert werden, der unmittelbar an zwei benachbarten Reibungsachsen aufgehängt ist (Abb. 263). Die Zahnradachsen tragen im übrigen an ihren Enden unter 90° versetzte Kurbeln, die von den Dampfzylindern her mit Treibstangen in Umdrehung versetzt werden und durch Kuppelstangen verbunden sind. Die bisherige Verwendung zweier Zahnachsen soll eine erhöhte Sicherheit bzw. einen vollkommeneren Eingriff bewirken; doch hat auch die württembergische Lokomotive sehr befriedigt; sie besitzt übrigens ein zweites Zahnrad als Bremszahnrad für die Sicherung der Talfahrt.

Die neueren Zahnradlokomotiven sind fast sämtlich Verbundmaschinen, wenigstens während ihrer Fahrt auf der Zahnstrecke; auf den Reibungsstrecken läuft lediglich die gewöhnliche Lokomotivmaschine als Zwillingmaschine. Die Verbundwirkung kommt so zustande, daß die eigentliche Zahnradachse oder die beiden Zahnradachsen nicht unmittelbar von der Zahnradmaschine angetrieben werden, sondern durch ein Vorgelege derart, daß die Zahnradachsen noch ein großes Zahnrad tragen, in das ein etwa halb so großes von oben eingreift. Die eine dieser Achsen mit kleinem Zahnrad ist nun die eigentliche Maschinenachse der Zahnradmaschine (die etwaige zweite eine Art obere Kuppelachse). Baulich ist wegen des Zahnradeingriffs noch nötig, daß die beiden Achsen in unveränderlicher Entfernung liegen; auch die Vorgelege- und gleichzeitig Maschinenachse darf also nicht im Hauptrahmen liegen, sondern in einem gegen ihn senkrecht federnden Hilfsrahmen. Die letztgenannte Maschinenwelle dreht sich nun rund doppelt so schnell wie das Hauptzahnrad und etwa also auch die gewöhnlichen Treibräder, und die Zahnradzylinder machen deshalb doppelt so viel Kolbenspiele wie die üblichen Reibungszylinder. Leitet man nun den Auspuffdampf der letzteren (bei großen Füllungen) den Zahnradzylindern zu, so findet hier eine weitere Dehnung auf den doppelten Raum statt, und das ist ja das Wesen der Verbundmaschine.

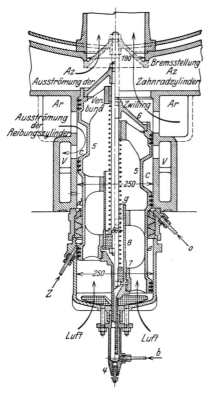

Abb. 264. Wechselschieber der württembergischen Zahnradlokomotive.

Nur handelt es sich hier nicht um doppelt so große Niederdruckzylinder wie bei der üblichen Verbundmaschine, sondern um gleich große Zylinder, aber für doppelte Drehzahl.

Die Steuerungen beider Maschinengruppen sind selbständige, übereinanderliegende Heusinger-Steuerungen, die indes von einer gemeinsamen Steuerschraube aus bedient werden. Notwendig ist für diese Betriebsweise endlich noch ein Maschinenorgan, das den Dampf entsprechend leitet; ein Wechselschieber, der folgende Wege eröffnet: Entweder Frischdampf zur gewöhnlichen Lokomotivmaschine, Abdampf aus dieser zum Blasrohr, Zahnradmaschine abgesperrt; oder Abdampf zur Einströmseite der Zahnradmaschine und deren Auspuff zum Schornstein. Der zugehörige Wechselschieber bzw. das Wechselventil hat noch eine dritte Stellung für die Gegendruckbremse (s. Gegendruckbremse).

Abb. 264 zeigt das Wechselventil der neuen württembergischen Zahnradlokomotive.

Es hat außer der Mittelstellung drei Stellungen.

1. „Zwillingstellung" für Fahrten in schwachen Steigungen. Durch Z wird Frischdampf in den Raum e gegeben, der Kolben 5 mit dem Tellerventil bleibt infolgedessen in der Tiefstellung und der Abdampf des Reibungs=(Hochdruck=)zylinders gelangt zum Blasrohr; das Zahnradgetriebe arbeitet nicht mit (rechte Hälfte der Abbildung).

2. „Verbundstellung"; es wird durch v Frischdampf in den Raum d geleitet. Kolbenschieber und Ventil heben sich infolgedessen (Abb. 264 links), der Auspuffdampf der Reibungszylinder gelangt in die Niederdruckzylinder, die Zahnradmaschine arbeitet also mit.

3. „Auspuff zu" (vor Anstellen der Gegendruckbremse). Durch b wird dem Kolben Dampf zugeführt, er hebt infolgedessen das Ventil bis zum Blasrohrkopf und verschließt diesen während des Arbeitens der Gegendruckbremse, während gleichzeitig Frischluft zugeführt wird.

Die Durchbildung der Bremsen muß bei den Zahnradlokomotiven überhaupt eine sehr sorgfältige sein. Angesichts der sehr steilen Gefälle muß man selbst für den Fall gewappnet sein, daß eine der vorhandenen Bremsarten versagt. Zunächst ist selbstverständlich die gewöhnliche Klotzbremse vorhanden, die sowohl mit Hand als auch mit Druckluft betätigt werden kann. Dann kommt die schon erwähnte Gegendruckbremse; sie hat den Vorteil, wenigstens bei der Zahnradmaschine, nicht auf die Reibung zwischen Rad und Schiene angewiesen zu sein, sondern durch den zwangläufigen Eingriff des Zahnrades unabhängig davon zu wirken. Und endlich erfreut sich des gleichen Vorteils die Bandbremse auf den Zahnradachsen oder deren einer; auf sie ist eine Rillenbremsscheibe aufgesetzt, die durch die Keilwirkung der einzelnen Klötze sehr kräftig wirkt und hinsichtlich der Reibungsziffer infolge der geschützten Lage unter der Maschine nicht die Beeinträchtigung erfährt, wie die Räder auf den Schienen. Ein Bremszahnrad wird z. B. bei den württembergischen Lokomotiven nur abgebremst.

Zu den Ausrüstungen, die die Zahnradlokomotive über die gewöhnliche hinaus besitzt, gehört also außer der Riggenbachbremse, die ja auch sonst bei Rampenlokomotiven vorkommt, bei den älteren Lokomotiven mit völlig selbständiger Zahnradmaschine ein zweiter Regler im Dom und eine zweite Steuerschraube, bei den Verbundmaschinen jener Wechselschieber mit Betätigungsgestänge und endlich die Bandbremse, die meist wohl nur für Handbetätigung als dritte Bremse eingerichtet ist und im normalen Betriebe nur die Reserve bildet.

Bei der stark wechselnden Kesselneigung gegen die Waagerechte findet man bei den großen Zahnradlokomotiven mehrere Wasserstandsgläser oder zwei besonders lange mit Marken des niedrigsten Wasserstandes für waagerechten Kessel oder geneigten Kessel, bei kleineren Lokomotiven öfter ein Wasserstandsglas seitlich an der Kesselmitte, das also durch die Kesselneigung in seiner Anzeige nicht beeinträchtigt wird. Die Feuerbüchsdecke ist übrigens stets nach hinten geneigt, um auch bei der Fahrt mit dem Schornstein nach der Talseite völlige Wasserbedeckung zu haben.

Die Zahnradlokomotiven sind, von verschwindenden Ausnahmen abgesehen, Tenderlokomotiven. Die Bahnen, auf denen sie verkehren, sind bei uns in Europa immer kürzere Strecken; die Fahrzeiten sind bei der geringen Fahrgeschwindigkeit von etwa nur 10 km in der Stunde auf den eigentlichen Zahnstrecken so große, daß ein kurzer Aufenthalt zum Wassernehmen keine Rolle spielt. In der üblichen Bezeichnung erscheint die Zahnradmaschine mit der Zahl ihrer angetriebenen Zahnachsen zu der gewöhnlichen Maschine addiert; so war die alte preußische Zahnradlokomotive T 26 eine C 1 + 2 Z-Lokomotive, die neue württembergische

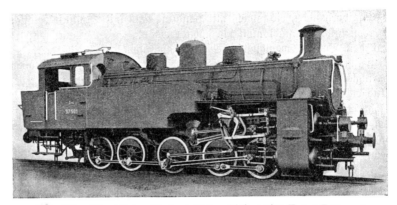

Abb. 265. Vierzylinder-Verbund-Zahnradlokomotive E + 1 Z-Bauart Württemberg (Eßlingen).

ist eine E + 1 Z-Lokomotive. Sie ist in Abb. 265 wiedergegeben, in der die beiden Maschinen gut zu erkennen sind; Abb. 266 a, b zeigt sie in Aufriß und Grundriß unter Wiedergabe des Trieb- und Bremszahnrades.

Die Einfahrt in eine Zahnstrecke muß vorsichtig geschehen; es wäre ein reiner Zufall, wenn Zahn und Zahnlücke gleich genau richtig ständen, wobei noch der Zahnradmaschine schon vorher „in der Luft" eine Geschwindigkeit zu erteilen ist, die der Fahrgeschwindigkeit entspricht, damit sie möglichst stoßfrei ansetzt. Die Zahnstange besitzt deshalb besondere Ein- und Ausfahrenden mit anfangs absichtlich nur teilweise ausgebildeten Zähnen, also allmählich beginnender Zahnhöhe, und diese Enden ruhen gelenkig auf Federn und können also heruntergedrückt werden, so daß ein hartes Aufsetzen verhütet oder herabgemildert wird. Trotzdem kommen

Zahnradlokomotiven.

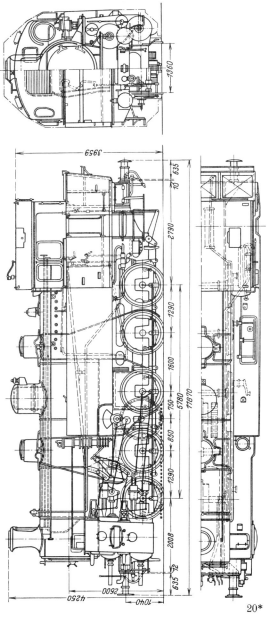

Abb. 266a und 266b. Vierzylinder-Verbund-Zahnradlokomotive E + 1 Z-Bauart Württemberg (Eßlingen).

gelegentlich bei Unvorsichtigkeit oder Vereisung Beschädigungen dieser Enden vor.

Die bisher ausführlich beschriebene Form der Zahnradbahnen ist die der verkehrsreicheren Nebenbahnen im Mittelgebirge (Harzbahn bis 1920, Schwarzwald, Thüringer Wald, Schwäbische Alb, Rheinisches Gebirge). Die übliche Steigung der Zahnstrecken ist 1:20 bis 1:10; meist kommt

Abb. 267. Reine Zahnradlokomotive der Rigibahn (Winterthur).

man für den größeren Teil der Strecke ohne Zahnstange aus. Die längste ununterbrochene Zahnstrecke ist Boppard-Buchholz mit 5 km.

Die reinen Bergbahnen mit ununterbrochener Zahnstange erfordern an sich wesentlich einfachere Lokomotiven, soweit ein Wagenübergang, wie vielfach auf solchen reinen Ausflüglerbahnen, nicht in Frage kommt. Abb. 267 zeigt die entsprechende Dampflokomotive der Rigibahn, Abb. 268 die zweimotorige elektrische Zahnradlokomotive der Jungfraubahn.

2. Kohlenstaublokomotiven.

Die Kohlenstaublokomotive gestattet, minderwertige Kohle — nicht genügend stückige Steinkohle, Braunkohle — nach Überführung in möglichst trockenen, fein gemahlenen Staub ohne Leistungsverminderung zu verfeuern. Auch die Verfeuerung von Halbkoks im Zusammenhang mit den Bestrebungen zur „Veredlung" der Kohle dürfte möglich sein. Weil die Staubfeuerung eine mechanische ist, wird es auch bei eintretendem Bedarf angängig werden, so leistungsfähige Lokomotiven zu bauen, wie sie bei Handfeuerung bei einem Heizer nicht mehr möglich wären; zur

Kohlenstaublokomotiven. 309

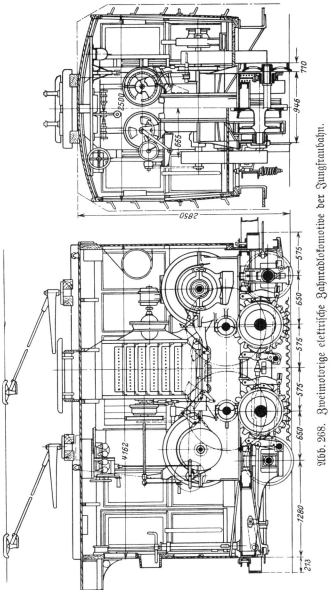

Abb. 268. Zweimotorige elektrische Zahnradlokomotive der Jungfraubahn.

Zeit ist das Bedürfnis nach so hohen Leistungen allerdings noch nicht aufgetreten. Bei den Freunden der Staubfeuerung ist auch die Überzeugung ein Ansporn gewesen, die Wärmeausnutzung im Kessel durch die Staubfeuerung noch verbessern zu können.

Die Schwierigkeit, die sich der Lösung der Frage der Staubfeuerung hauptsächlich entgegenstellte, war der Zwang, die große stündliche Wärme-

Abb. 269. Kessel der AEG-Kohlenstaublokomotive.

menge in dem kleinen Raum der Feuerbüchse mit einer Staubflamme zu erzeugen. Denn die vorhandenen und bewährten ortfesten Staubkessel weisen ja als besonderes Merkmal große Verbrennungskammern auf. Die Aufgabe ist nur zu lösen, wenn man sehr fein vermahlenen Staub in guter Vermischung mit einem Teil oder der ganzen Verbrennungsluft in feiner Verteilung, also Auflösung in viele Einzelstrahlen aus geeigneten Brennern ausbrennen läßt. Die restliche Verbrennungsluft wird dann, wie sonst üblich, durch den Aschkasten angesogen.

In Deutschland ist die Kohlenstaublokomotive von der Allgemeinen Elektricitäts-Gesellschaft (AEG.) einerseits, von einer zur „Studiengesellschaft für Kohlenstaubfeuerung auf Lokomotiven" zusammengeschlossenen Gruppe von Lokomotivfabriken andererseits entwickelt worden.

Der Brenner der AEG., je einer unten in der Feuerbüchse auf der rechten und linken Seite in Höhe des Bodenringes (Abb. 269 und 270), bläst das Kohlenstaub=Luftgemisch aus schmalen senkrechten Schlitzen, wobei kleine Strömungswiderstände durch Vorschaltung von Leit= schaufeln gesichert sind, in den Feuerraum. Die bei= den Flammenbüschel schla= gen gegeneinander, um= wandern dann als Ge= samtflamme — unter= stützt von der Saugwir= kung des Blasrohrs — in großem Bogen die Feuer= brücke und treten in die Rohrmündungen ein. Es ist möglich, daß die letzten Staubteilchen erst im hin= teren Teil der Rohre ver= brennen.

Im Gegensatz dazu sitzt der Brenner der Studien= gesellschaft, der nach der Ähnlichkeit seiner Brenner= platte (Abb. 271b) mit einer Gießkannenbrause auch als Brausenbrenner bezeichnet wird, in einfacher oder dop=

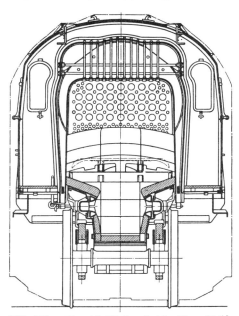

Abb. 270. Querschnitt durch die Feuerbüchse der AEG=Kohlenstaublokomotive.

pelter Anzahl an der Rückwand der Feuerbüchse und bläst seine Flamme unter den Feuerschirm, wo sie umkehrt, um dann um ihn herum der Rohrwand zuzustreben (Abb. 272). Der Flammenweg hat hier also die Gestalt eines großen S (Abb. 272). Die einzelnen Öffnungen in der Platte des Brausenbrenners haben Düsengestalt. Der Brenner liegt, von der Brennerplatte abgesehen, außerhalb der Feuerbüchse und ist so keinen hohen Temperaturen ausgesetzt; eine besondere Kühlung kann deshalb entfallen. Die AEG. kühlt dagegen den Brennerkörper; sie benutzt aber einen Teil des Speisewassers zur Kühlung, so daß die Kühl= wasserwärme nicht verlorengeht.

312 Sonderbauarten von Lokomotiven.

Beiden Kohlenstaublokomotiven ist die Anordnung zweier Schnecken eigen, die den Kohlenstaub aus den unteren Öffnungen des auf dem Tender liegenden Staubbehälters nach dem Vorderende des Tenders

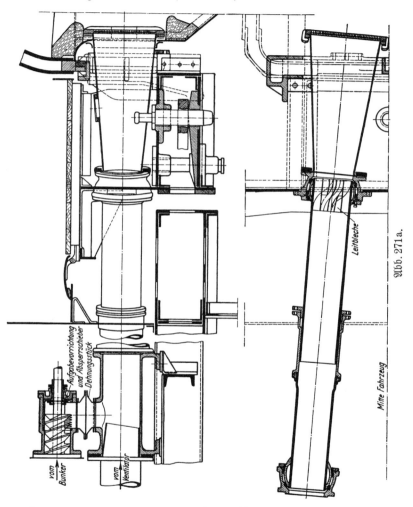

fördern, wo er von der Gebläseluft ergriffen und durch bewegliche Rohrleitungen den Brennern zugeführt wird (Abb. 271a). Die Kohlenstaublokomotive erfordert daher eine Hilfsmaschine zum Antrieb der Schnecken und ein Gebläse für die Erstluft. Die AEG. benutzt zum Schneckenantrieb eine kleine, einzylindrige Dampfmaschine (Abb. 274), die Studiengesellschaft eine kleine schnellaufende dreizylindrige Dampfmaschine. Das Gebläse wird in beiden Fällen von einer kleinen Dampfturbine angetrieben. Die Verbrennung läßt sich in sehr weitem Maße dadurch regeln, daß die Schnecken je für sich mit der Antriebsmaschine gekuppelt werden können und außerdem die Umlaufzahl der Antriebsmaschine in einem beträchtlichen Geschwindigkeitsbereich regelbar ist. Es ist also eine Regelung der Verbrennung und also Dampferzeugung möglich von der schwächsten Flammenwirkung bei langsamstem Lauf einer Schnecke bis zur höchsten Wirkung beim Betrieb beider Schnecken mit höchster Drehzahl.

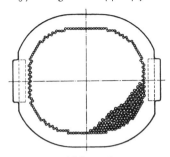

Abb. 271 b.
Abb. 271 a und b. Brenner und Brennerplatte der Studiengesellschaft für Kohlenstaublokomotiven.

Für die Leerfahrt der Lokomotive und längere Aufenthalte, wo es lediglich gilt, die geringen Ausstrahlverluste des Kessels zu decken und den

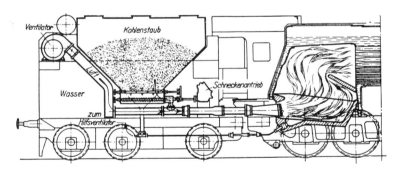

Abb. 272. Schema der Gesamtanordnung der Kohlenstaublokomotive der Studiengesellschaft.

Dampf für die Bremsluftpumpe zu liefern, ist freilich selbst die kleinste Fördermenge einer Schnecke noch zu groß; für diese Fälle ist nach dem Vorgang der AEG. ein kleiner Hilfsbrenner mit einer kleinen Förderschnecke vorgesehen, dessen Flamme für den letztgenannten Zweck genügend Wärme entwickelt und außerdem als Zündflamme für die großen Brenner

verwendet wird (f. Abb. 273, links unten). Das kleine Gebläse und die Hilfs-
schnecke werden von der Antriebsmaschine der Hauptschnecke betätigt, so daß
das Hauptgebläse in den Betriebspausen stillgesetzt werden kann. An den
Bau der ganzen Lokomotive wurde in beiden Fällen erst herangetreten,
nachdem man bei den Versuchen am stehenden Lokomotivkessel die von der
Reichsbahn geforderte Heizflächenbelastung erreicht, ja diese Werte noch
beträchtlich überschritten hatte. Die Versuche fanden überwiegend mit
Braunkohlenstaub statt, doch wurde auch Steinkohlenstaub verfeuert und
auch mit diesem die gewünschte Kesselbeanspruchung erreicht.

Die eingehenden messenden Versuche haben bisher ergeben, daß die
Wärmeausnutzung teils infolge der etwas höheren Überhitzung, teils

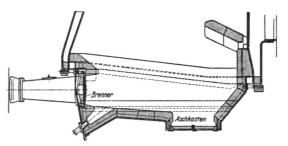

Abb. 273. Brenner und Aschkasten der Studiengesellschaft.

durch die Verbesserung des Kesselwirkungsgrades bei größeren Leistungen
um etwa 6% besser ist. Die Regelung der Verbrennung ist gut. Der
Heizer ist vom Schaufeln der Kohle entlastet. Durch den Abschluß des
Kohlenstaubes in Behältern und Leitungen ist es recht sauber auf der
Maschine. Zur Zeit laufen bereits Kohlenstaublokomotiven im praktischen
Betrieb in Halle a.d.S. als einem Hauptbrennpunkt der deutschen Braun-
kohlenindustrie.

Der genannten Wärmeersparnis steht der höhere Preis der ver-
wickelteren Lokomotive gegenüber, der sich in erhöhtem Kapitaldienst und
den größeren Ausbesserungskosten auswirkt. Der Preis des Staubes
muß deshalb wesentlich niedriger als der der Stückkohle sein, und die
Maschinen müssen kilometrisch gut ausgenutzt werden. Bei ungeeignetem
oder nicht genügend fein gemahlenem Staub treten Schlackenansätze
(„Schwalbennester") an der Rohrwand in den Rohrmündungen auf,
welche schließlich die Kesselleistung beeinträchtigen; Einrichtungen, um
mit Preßluft und Sand die Rohrwand sauber zu blasen, sind vorgesehen.

Es gibt aber nach den eingehenden Versuchen mit allen möglichen Staubsorten eine Anzahl Kohlenvorkommen, die keine Mißstände bereiten.

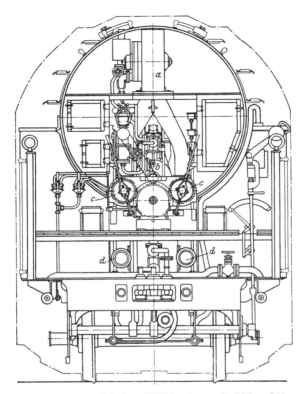

Abb. 274. Vorderansicht des AEG-Tenders mit Hilfsmaschine.

So erscheint zur Zeit die Frage der Kohlenstaublokomotive, in der jetzt ohne Zweifel Deutschland führend ist, recht aussichtsreich.

3. Hochdrucklokomotiven.

Während die Turbinenlokomotive das Wärmegefälle gegenüber der Regellokomotive durch eine Verschiebung der unteren Druck- und Temperaturgrenze nach unten vergrößert, tut die Hochdrucklokomotive mit Auspuff das Umgekehrte. Der Kesseldruck verläßt das bisher übliche Gebiet völlig; er liegt bei der bisher zuerst in Deutschland ausgeführten

Hochdrucklokomotive nach Schmidt-Henschel bei 60 at, bei der kürzlich vollendeten Lokomotive nach Löffler-Schwartzkopff bei 120 at. Die in der Schweiz bereits ausgeführte Hochdrucklokomotive, Bauart Winterthur, hat wie die Schmidt-Henschel-Lokomotive 60 at Kesseldruck. Wir beschränken uns hier vorwiegend auf die Erörterung der ersteren Bauart; im übrigen sind alle, wie gesagt, Auspufflokomotiven mit dem großen Vorzug der selbsttätigen Anpassung der Dampferzeugung durch das Blasrohr und den einfachen Schlepptender. Nimmt man noch den Niederschlagtender in Kauf, so gewinnt man das denkbar größte Wärmegefälle in Gestalt der Hochdruck-Turbinenlokomotive mit Dampfniederschlag, freilich um den Preis einer sehr verwickelten und teuren Maschine.

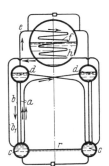

Abb. 275. Schema der Feuerungs- und Kesselanlage.

Eine etwas verwickeltere Gestalt zeigt natürlich schon die Hochdrucklokomotive mit Auspuff, denn der verhältnismäßig einfache Regelkessel findet seine obere Druckgrenze etwa bei 22 at, mit der die Maffei-Turbinenlokomotive ausgeführt ist. Namentlich ist es die Feuerbüchse mit Stehbolzenversteifung, die dem vielfach höheren Druck nicht mehr angepaßt werden kann. Auch der eigentliche Hochdruckkessel ist nicht mehr als genieteter Kessel ausgeführt, sondern besteht aus einer ausgeschmiedeten und dann bearbeiteten Stahltrommel. Der um den Heißdampf hochverdiente (im 1. Band mehrfach erwähnte) Dr. Schmidt hat noch, auf Grund vorheriger Versuche an einem ortsfesten Kessel, den Grundsatz des Zweidruckkessels mit mittelbarer Beheizung entwickelt. Hiernach werden dem eigentlichen Hochdruckkessel alle Spannungen im Baustoff ferngehalten, die nicht durch den in ihm herrschenden Dampfdruck unvermeidlich gegeben sind, welch letztere sich aber bei dem zylindrischen Kessel wenigstens gleichmäßig verteilen. Er wird also jeder Berührung mit den heißen Heizgasen entzogen, die zusätzliche und ungleichförmige Wärmespannungen hervorrufen würden. Die Verdampfungswärme wird in Gestalt von noch höher gespanntem Dampf — 90 at — in Schlangenröhren in das Innere des Hochdruckkessels eingeführt; dieses „Heizröhrensystem" ist außerhalb des Hochdruckkessels zu einer Wasserrohr-Feuerbüchse ausgestaltet, die also innen sowohl vom Feuer bestrahlt, als auch der Berührungswärme der heißen Verbrennungsgase ausgesetzt wird. Dabei sind diese Wasserrohre über dem Rost so ver-

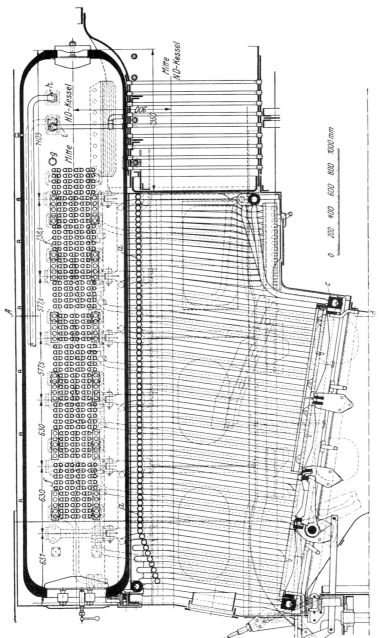

Abb. 276. Hochdruckkessel. (Querschnitte A—B siehe nächste Seite.)

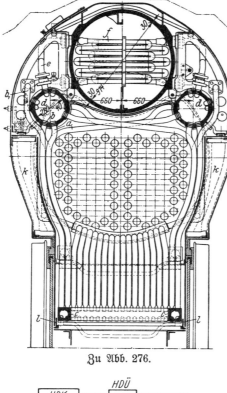

Zu Abb. 276.

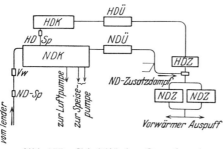

Abb. 277. Schaltbild der Dampf- und Speiseleitungen.

schränkt, daß sie die Hoch=
drucktrommel von unten
gegen die Feuergase ab=
schirmen.

Abb. 275 zeigt das
Schema der Feuerungs=
und Kesselanlage. h ist
der eigentliche Hochdruck=
behälter, f die eine der
liegenden Heizschlangen,
deren eine große Anzahl
hintereinander folgt, wie
Abb. 276 noch näher zeigt.
In diese Schlange tritt
durch das Anschlußrohr e
von oben der Dampf von
90 at ein, gibt seine Ver=
dampfungswärme ab und
fließt, zu Wasser nieder=
geschlagen, durch das Fall=
rohr b_1 nach unten zum
unteren Sammelbehälter c
wieder ab. Dieser untere
Sammelbehälter ist bau=
lich gewissermaßen der
hohle Feuerbüchsgrund=
ring (aus Stahlblöcken
ausgebohrt). In den
innenliegenden Steigroh=
ren a wird das hochge=
spannte Wasser von neuem
vom Rost r aus beheizt und
steigt je links und rechts
in einen der oberen Sam=
melbehälter d, wobei also
die Rohrkreuzungen (in
der Mitte neben dem
Pfeil) jene abschirmende Decke bilden. Aus diesem oberen Sammel=
behälter aus geschmiedetem und ausgebohrtem Stahl strömt nun der

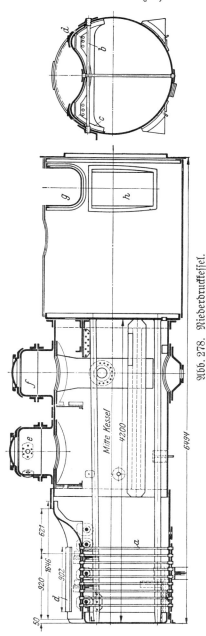

Abb. 278. Niederdruckkessel.

Heizdampf wieder durch e in die Heizschlange: Der Kreislauf ist vollendet. b ist ebenso, wie die sonst eingezeichneten Rohre ohne besondere Buchstaben, ein Verbindungsrohr; diese Verbindungsrohre erstreben einen vollständigen Druckausgleich in dem ganzen System. Der Druck und damit die Temperatur in diesem System muß natürlich über den 60 at des Hochdruckarbeitsdampfes liegen, da sonst eine Wärmeübertragung nicht stattfände. Das Heizsystem ist mit kesselsteinfreiem Wasser gefüllt; da dieses im Dampfwasserkreislauf lediglich umläuft, und also neues Wasser nicht nachzupumpen ist, kann sich Kesselstein nicht ansetzen. Die Abb. 276 (S. 317/8) zeigen die bauliche Durchbildung des Hochdruckkessels.

Dieser Hochdruckkessel, in dem nun eine Verdampfung im üblichen Sinne, also unter Dampfentnahme und Nachspeisung vor sich geht, soll

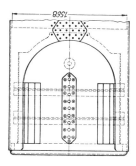

natürlich gleichfalls von Kesselstein freigehalten werden. Diese wichtige Aufgabe ist einer der Zwecke des „Niederdruckkessels", worunter hier ein solcher von 14 at verstanden ist. Der Wasserfluß ist nämlich so, daß nach Abb. 277 das gesamte Speisewasser, also der spätere Hochdruck- und Niederdruckdampf einschließlich des Betriebsdampfes für die Pumpen, durch die Niederdruckspeisepumpe ND-Sp dem Niederdruckkessel zugeführt wird. Von hier aus erst fördert die Hochdruckspeisepumpe HD-Sp den für die Überführung in Hochdruckdampf bestimmten Anteil (bei der ersten Lokomotive 60%, künftig mehr) in die Hochdrucktrommel hinein, wo er also die Heizschlangen f umspült und dabei verdampft. Nun liegt die Temperatur des Niederdruckkessels bereits wesentlich über der Ausfällungstemperatur des Kesselsteins, der sich ganz überwiegend an den Wandungen des (normalen) Niederdruckkessels absetzt und mit dem heißen angesaugten „Niederdruckwasser" nur in so kleinen Mengen noch in den Hochdruckkessel gelangt, daß er als feiner Überzug von den Heizschlangen abgespritzt werden kann.

Baulich ist der Niederdruckkessel (Abb. 278) ein gewöhnlicher Langkessel mit Regler- und Speisedom, der nur am hinteren Ende eine — verankerte — Einbeulung erhalten hat, in die sich das vordere Ende der Hochdrucktrommel hineinlegt. Es handelt sich zunächst um eine umgebaute S 10^2-Lokomotive; bei Betrachtung der Maschine wird sich zeigen, weshalb gerade diese Gattung für den versuchsweisen Umbau sich empfahl. Die Niederdruckspeisepumpe ist übrigens eine Knorr-Nielebock-Vorwärmerpumpe üblicher Bauart, wie sie denn auch zufolge Abb. 277 durch einen Abdampfvorwärmer einspeist; die Hochdruckspeisepumpe ist gleichfalls eine schwungradlose Verbundpumpe in Anlehnung an die übliche Form, wobei der Wasserzylinder etwas kleiner, die Dampfzylinder trotzdem wegen des sehr hohen Förderdruckes größer sind als bei der Regelbauart.

Die Kesselausrüstung besteht für den Hochdruckkessel aus den beiden verhältnismäßig kleinen, aber kräftig gebauten Hochdruck-Kesselspeiseventilen (Kegel und Ventilsitz aus nichtrostendem Stahl), den Sicherheitsventilen (gleicher Baustoff), einem Überströmventil, das bei beliebiger Betätigung von Hand überschüssigen Hochdruckdampf in den Niederdruckkessel überzuführen gestattet und also das Abblasen des hochwertigen 60 at-Dampfes auf ein Mindestmaß beschränkt. Dazu kommen die beiden Hochdruck-Wasserstandsanzeiger (Abb. 279); je ein gebohrtes Stahlgußgehäuse mit gestaffelten runden Schaugläsern aus Jenaer Glas von 20 mm Dicke. Diese beiden Wasserstandsanzeiger sitzen,

wie die Hochdrucktrommel, sehr hoch; das Personal muß auf einen Fuß=
tritt treten. Zur Erleichterung der Ablesung ist dann noch ein sog. herab=
gezogener, mittelbarer Wasserstand mit einem Glasrohr üblicher
Bauart angeordnet, das für gewöhnlich beobachtet und nur ab und zu
an Hand der eigentlichen Wasserstandsanzeiger kontrolliert wird. Für
die größere Mühe mit der Beobachtung der Wasserstände (auch der
Niederdruckkessel hat natürlich die seinen) wird der Heizer aber ent=
schädigt durch die geringere Arbeit mit der Kohlenschaufel infolge der

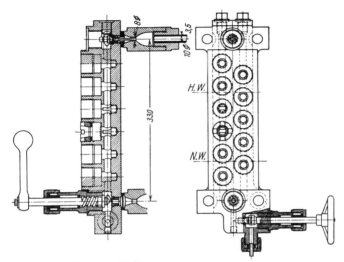

Abb. 279. Wasserstandsanzeiger für Hochdruck.

Kohlenersparnis. Ein Hochdruckregler der Bauart Wagner (früher
Schmidt und Wagner) beschließt die Ausrüstung; es ist ein Ventil=
regler der neuen Bauart dieser Firma und im wesentlichen nur durch
die kleineren Abmessungen von dem üblichen Regler abweichend. Ein
solcher findet sich für den Niederdruckdampf gleichfalls — hier im
Dom — angeordnet; er ist mit dem Hochdruckregler gekuppelt, so daß der
Führer nur einen einzigen Reglerhebel wie bei der gewöhnlichen Loko=
motive zu bedienen hat.

Vor der Schilderung der Überhitzeranordnung ist zu bemerken, daß
bei dem hohen Druck von 60 at eine zweistufige Dehnung, also die Ver=
bundanordnung, als das Gegebene erschien. Die S 10^2=Lokomotive schien
deshalb für den Umbau sehr geeignet, weil man dann nur den mittleren

322 Sonderbauarten von Lokomotiven.

Zylinder gegen einen Hochdruckzylinder auszutauschen brauchte, die beiden Außenzylinder aber nunmehr als Niederdruckzylinder (freilich im Sinne von 9—14 at) beibehalten konnte und dabei eine symmetrische Maschine behielt (Abb. 280). Der im Hochdruckzylinder, der für die 60 at den

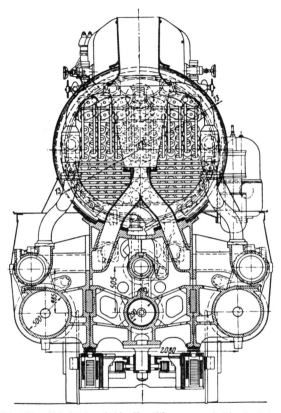

Abb. 280. Schnitt durch die Rauchkammer und die Zylinder.

kleinen Durchmesser von 290 mm erhielt, je nach Belastung der Maschine auf 9—14 at abgespannte Dampf ist nun aber nicht mehr stark überhitzt und würde in den Außenzylindern das Naßdampfgebiet erreichen. Man könnte ihn in einem Zwischenüberhitzer nochmals überhitzen; doch erhielte man dann unerwünschte Nebenerscheinungen durch die Ölreste aus dem Hochdruckzylinder. Man ist deshalb, wie auch aus der Abb. 277 zu ersehen ist, so verfahren, daß man Niederdruckdampf von hoher Temperatur dem Hochdruckauspuff beimischt; diese hohe Temperatur wird in einem Niederdrucküberhitzer gewonnen. Die Maschine ist nun allerdings keine reine Verbundmaschine mehr, sondern eine solche mit Dampfzusatz im Verbinder. Die Mischung beider Dämpfe vollzieht sich in einer Mischdüse; der Druck im Niederdruckkessel stellt sich schließlich auf diesen Verbinderdruck ein.

Die Überhitzer, von denen der Niederdrucküberhitzer oben, der Hochdrucküberhitzer unten im Niederdruckkessel liegt, sind Kleinrohrüberhitzer

Abb. 281. Ansicht der Hochdrucklokomotive.

(Band 1, S. 180); der Kessel enthält also nur Rauchrohre, die voll mit den Überhitzerschlangen besetzt sind. In Abb. 280 ist dies gut zu erkennen.

Der Hochdruckzylinder hat ein besonderes Futter; er wird durch einen kleinen Kolbenschieber gesteuert und erhält gleiche Füllung wie die Außenzylinder. Es konnte also auch die äußere Steuerung beibehalten werden, so daß auch in dieser Beziehung keinerlei Verwicklung hinzutritt. Im Gegenteil ist für das Anfahren nicht einmal eine besondere Vorrichtung erforderlich, da ja die Niederdruck-Außenzylinder sowieso Zusatzdampf

21*

erhalten. Der Führerstand bietet denn auch bis auf die erhöhte Zahl der Wasserstände und Druckmesser nahezu den üblichen Anblick.

Abb. 281 gibt den Gesamteindruck der Hochdrucklokomotive wieder. Bei den Versuchen ergab sich bei erheblicher Heraufsetzung der Höchstleistung gegenüber der ursprünglichen S 10²-Lokomotive eine Kohlenersparnis von reichlich 25%. Selbst die letzte sehr sparsame Ausführung der bayerischen S 3/6-Lokomotive wurden von dieser Erstlings-Hochdrucklokomotive im Kohlenverbrauch um 8% unterschritten. Man darf deshalb von der einfachen Hochdruck-Auspufflokomotive eine gedeihliche Fortentwicklung er-

Abb. 282. Hochdrucklokomotive Löffler-Schwartzkopff.

1. Unter dieser Bekleidung liegen: Hochdrucküberhitzer 120 at bis 500°, Hochdruckspeisewasservorwärmer 120 at und Niederdrucküberhitzer.
2. Dampfumwälzpumpe (dreizylindrige Schwungradpumpe).
3. Niederdruckkessel, gleichzeitig Wärmeaustauscher für den Hochdruckauspuffdampf.
4. Schornstein.
5. Äußerer Hochdruckzylinder gesteuert durch querliegende Kolbenschieber. Der normale Niederdruckzylinder liegt innen, die Kolbenstangenführung ist über dem rechten Puffer erkennbar.
6. Zuführung der vorgewärmten Verbrennungsluft zum Rost.
7. Ölabscheider für Hochdruckauspuffdampf und daneben Niederdruckspeisewasservorwärmer.
8. Sandkasten.

Der Hochdruck-Dampfbehälter für 120 at liegt unter 1 zwischen den Rahmen.

In dem Mittelteil des Kessels im Bild links neben der Umlaufpumpe (unter 8) liegt der Verbrennungsluft-Vorwärmer.]

warten. Diese muß sich, wie die Versuche einwandfrei zeigten, in der Richtung bewegen, daß von dem gesamten Dampfverbrauch der Hochdruckdampf künftig den ganz überwiegenden oder selbst einzigen Teil des Arbeitsdampfes darstellt. Bei der bisherigen Ausführung wurden nämlich bei hohen Leistungen nur etwa 50% des Gesamtdampfes dem Hochdruckkessel entnommen.

Es liegen bereits zwei Entwürfe einer 2 C 1=Schnellzuglokomotive nach Art der Einheitslokomotiven vor, bei denen der Hochdruckdampf in der Regel 100 % und im Mindestfalle 80 % des Gesamtdampfes ausmacht.

Eine weitere Hochdrucklokomotive der Reichsbahn eines ganz anderen Systems hat im Jahre 1930 ihre Versuchsfahrten begonnen, nämlich die Hochdrucklokomotive nach Löffler=Schwartzkopff (Abb. 282). Die Arbeitsweise ist verhältnismäßig verwickelt; es sei hier zunächst nur angedeutet, daß der Dampf in einer Hochdruck=Kesseltrommel dadurch erzeugt wird, daß hochüberhitzter Dampf von 120 at von einer Umwälzpumpe durch brausenartige Rohre in das Wasser gedrückt wird. Der entstandene Dampf wird überhitzt und strömt nun zum kleineren Teil zu den Hochdruckzylindern, zum größeren Teil zur Umwälzpumpe zurück. Der Auspuffdampf der Hochdruckzylinder wird im Niederdruckkessel, der als Oberflächenkondensator für den Hochdruckdampf ausgebildet ist, niedergeschlagen und von der Speisepumpe dem Hochdruckbehälter wieder zugeführt. Der im Kondensatorkessel entstehende Niederdruckdampf betreibt den Niederdruckzylinder und pufft dann in den Schornstein aus. Die Lokomotive an sich ist eine 2 C 1=Schnellzuglokomotive, deren Triebwerk, soweit angängig, mit dem der Einheitslokomotiven übereinstimmt.

Die Feuerbüchse wird aus den dampfführenden Rohren des Hochdrucküberhitzers gebildet. Die Dampfumwälzpumpe ist das Hauptmerkmal des Systems; da der ganze Arbeitsprozeß von ihr abhängt, ist sie zweimal, auf jeder Seite, vorhanden. Die Leistungsfähigkeit jeder mit Niederdruckdampf betriebenen Pumpe entspricht $3/4$ der Lokomotivhöchstleistung, so daß selbst bei Ausfall einer Pumpe eine beträchtliche Leistung verfügbar bleibt. Da die Wasserstandsanzeige durch Gläser nicht mehr möglich ist, geschieht sie durch Schwimmer mit elektromagnetischer Anzeige.

4. Turbinenlokomotiven.

Die Turbinenlokomotive (auch Turbolokomotive genannt) verdankt ihre Entstehung dem Bestreben, den Dampfniederschlag in den Lokomotivbau einzuführen. Nach den Lehren der mechanischen Wärmetheorie ist der Wirkungsgrad einer Dampfmaschine um so größer, je größer das „Temperaturgefälle", also der Unterschied zwischen der Anfangs= und Endtemperatur des arbeitenden Dampfes ist. Nun liegt die letztere bei der Auspuffdampfmaschine mit mindestens 100° fest, als derjenigen Temperatur, bei welcher der Dampf die Spannung der äußeren Atmo=

sphäre besitzt. Will man die Endtemperatur weiter erniedrigen, so muß man den Dampf in einem Kondensator niederschlagen, womit, je nach der Temperatur, ein größerer oder kleinerer **Unterdruck** (**Vakuum**) (bis nahezu 1 at, also fast völliger Luftleere bei großen Kraftwerks=Dampf= turbinen) erreicht wird. Ein solcher Unterdruck verstärkt z. B. bei der Auspuffmaschine die Druckwirkung des Dampfes auf der anderen Seite des Kolbens; der Nutzdruck wächst ohne Mehraufwand an Dampf um etwa $^3/_4$ at und etwas mehr. Allerdings ist das kein restloser Gewinn: Damit der Dampf wirklich niedergeschlagen wird und die dem Vakuum entsprechende niedrige Temperatur im Kondensator dauernd bestehen kann, müssen große Mengen von **Kühlwasser** fortlaufend dem Konden= sator zugeführt werden und nach Aufnahme der Dampfwärme also ab= fließen, wozu eine **Kühlwasserpumpe** gehört. Und weiter muß das Niederschlagwasser, also der ehemalige Arbeitsdampf, und mit ihm die durch die kleinen Undichtigkeiten erfahrungsmäßig eindringenden Luft= mengen in demselben Maße, wie sie aufkommen, aus dem Kondensator wieder abgeführt werden, wozu mindestens eine weitere Pumpe, die man als **Luftpumpe**[1]) bezeichnet, notwendig ist. Oft weist man heute diese verschiedenen Aufgaben auch zwei besonderen Pumpen (Kon= densat= und [reine] Luftpumpe) zu. Die Arbeit zum Betrieb der erörterten Pumpen, die bei der Auspuffmaschine fehlen, stellt nun den Abzug von der durch die Steigerung des nutzbaren Druckes gewonnenen Mehrarbeit dar, lassen sie allerdings zum größten Teil bestehen. Das heiße Wasser aus dem Kondensator, wenigstens bei dem überwiegend gebräuchlichen **Oberflächenkondensator**, bei dem Dampf und Kühl= wasser stets durch Metallwandungen getrennt sind, benutzt man zur Kesselspeisung wieder, und da es seinem Gewicht nach mit dem benötigten Dampf, aus dem es ja durch Niederschlag entstanden ist, übereinstimmt, so braucht man (bis auf den Ersatz des etwa durch kleine Undichtigkeiten verlorengehenden Dampfes und heißen Wassers) überhaupt kein weiteres Speisewasser: wir haben einen völlig geschlossenen Prozeß vor uns. Da stets nur wieder dasselbe Wasser in den Kessel gelangt, nicht wie bei der Auspuffmaschine immer neues, so findet auch bis auf die gering= fügige erstmalige Kesselsteinbildung und die durch das wenige Ersatz= wasser keine Kesselsteinbildung statt.

Die Verlockung zu einer Übertragung des Dampfniederschlages auf die Lokomotive ist demnach zweifellos groß, doch war sie vor der Turbine nahezu hoffnungslos. Bekanntlich hat Dampf von niedriger absoluter

---

[1]) Die niedrig gespannte Luft macht **räumlich** die größere Menge aus.

Spannung, also „Unterdruck", ein sehr großes spezifisches Volumen (s. Naturlehre). Die Dampfzylinder der Niederschlaglokomotive, mindestens der Niederdruckzylinder, müßten daher einen Durchmesser erhalten, der im Profil wohl nicht mehr unterzubringen wäre. Das bedeutete aber außerdem einen schweren Kolben und überhaupt ein schweres Gestänge. Beim Anfahren mit größeren Füllungen würden diese großen Zylinder bei nicht sehr vorsichtiger Handhabung die Maschine zum Schleudern bringen, sie also betrieblich sehr ungeschickt machen. Und nun kommen noch diejenigen Umstände hinzu, die ohnehin die Nutzwirkung des Dampfniederschlages bei der Lokomotive niedriger halten, als bei der ortsfesten oder Schiffsmaschine. Während diesen meist große, ja unbegrenzte Kühlwassermengen zur Verfügung stehen, kann die Lokomotive nur einen sehr beschränkten Vorrat mitnehmen, der nach seiner Tätigkeit zur Kühlung des Kondensators von der Wärme, die er dabei aufgenommen hat, durch Rückkühlung wieder befreit werden muß. Es ist also außer der Kühlwasserpumpe, die hier zur Umlauf- oder Umwälzpumpe wird, noch ein Kühler notwendig, und trotz allem ist für die kleinen Raumverhältnisse der Lokomotive, aber ihre verhältnismäßig großen Leistungen andererseits, ein so gutes Vakuum wie im Kraftwerk oder auf dem Schiff nicht zu erzielen. Das Kühlwasser bleibt eben auf einer etwas höheren Temperatur, die es bald erreicht. (Bei geringem Kühlwasservorkommen behilft man sich zwar auch bei Kraftwerken mit den Kaminkühlern, aber man kann hier doch große Abmessungen wählen und hat ja doch stets einen Teil frisches Kühlwasser, so daß ein gutes Vakuum möglich bleibt.) Ist damit also schon an sich die Nutzwirkung der Kondensation geringer, so kommt noch hinzu, daß man zur Kühlung, die wesentlich mit Luft, unter Zuziehung der Verdunstungskühlung erfolgt — die dann die Kühlwassermenge verringert und die Lokomotive schließlich auch dem Wasserkran zuleitet — eines kräftigen Ventilators bedarf. Wiederum ein Abzug von der Nutzwirkung, und dazu noch ein weiterer wesentlicher: Mit dem Auspuff geht auch das Blasrohr verloren, das ja in so einfacher Weise den Lokomotivkessel auf so kleinem Raum zu so großen Leistungen befähigt. Kann der Kessel der Kondensationslokomotive angesichts des immer noch bleibenden Gewinns auch kleiner sein, so muß die Blasrohrwirkung doch durch einen weiteren, kräftigen Saugzugventilator ersetzt werden. Dem nicht ganz so guten Vakuum stehen also auch noch vermehrte Abzüge von der Nutzarbeit zur Seite. Die Lokomotive wird wesentlich verwickelter und ist, mit Rücksicht auf die großen Zylinder aber als Kolbenlokomotive kaum mehr zu verwirklichen.

Nun bleiben zwar diese Betrachtungen bis auf den letzten Punkt auch für die Turbinenlokomotive bestehen, aber wenn man sich die größere Wärmeausnutzung oder also eine beträchtliche Kohlenersparnis nicht entgehen lassen will und also die Verwicklungen dem zuliebe ruhig in den Kauf nimmt, war gerade der letzte Gegengrund gegen den Dampfniederschlag bei der Kolbenlokomotive der entscheidende. Die Dampfturbine als sehr schnell laufende Maschine (bis zu 9000 minutlichen Umdrehungen bei der Lokomotivturbine) ist dagegen imstande, den viel Raum erfüllenden, niedrig gespannten Dampf zu bewältigen, weil es sich bei ihr nicht um das verhältnismäßig langsame Schieben eines Kolbens, sondern um das schnelle Durchströmen ihrer Schaufelkränze handelt. Die Turbine behält trotzdem kleine Abmessungen, muß das allerdings auch bei

Abb. 283. Turbinenlokomotive Zoelly=Krupp (Gesamtansicht).

dem beengten Raum auf der Lokomotive. Freilich erwachsen nun zwei weitere Notwendigkeiten: Einmal muß ein mehrfaches Vorgelege vorgesehen werden, um die sehr hohen Turbinendrehzahlen auf die der Lokomotivtreibräder herabzusetzen. Die letzte Vorgelegewelle ist dann als sog. Blindwelle mit aufgesetzten Kurbeln in Höhe der Treibachswellen gelagert und mit diesen durch Kuppelstangen verbunden; die Verluste lassen sich bei hochwertigen Zahnrädern recht gering halten. Zweitens muß eine Rückwärtsturbine auf der Welle der Vorwärtsturbine angeordnet werden, da man eine Turbine nicht umsteuern kann. Diese läßt sich aus Platzgründen nicht so vollkommen ausbilden wie die Vorwärtsturbine, weshalb die Turbinenlokomotive eine solche mit ausgesprochener Fahrrichtung ist, wie die Lokomotive mit Tender ja ohnehin schon immer. Damit diese Rückwärtsturbine nicht als kraftverzehrender Ventilator bei der Vorwärtsfahrt wirkt, muß sie nicht nur im Vakuum laufen, also an den Kondensator angeschlossen, sondern besser noch ganz abgeschlossen werden.

Als Beispiel wird im folgenden die Turbinenlokomotive System Zoelly-Krupp beschrieben, deren Gesamteindruck zunächst Abb. 283 wiedergibt.

Der Kessel der Turbinenlokomotive (Abb. 284)

zeigt im allgemeinen die Regelbauart der Lokomotivkessel, er besitzt die übliche Rostfeuerung mit einem Kipprostfeld. Die wesentlichsten Änderungen zeigt die Rauchkammer, zunächst infolge der Notwendigkeit, sie statt mit dem Blasrohr mit einem Saugzugventilator auszurüsten. Dieser Ventilator ist ähnlich wie bei der Schweizer Turbinenlokomotive in einem parabolisch verkleideten Ausbau der Rauchkammertür derart untergebracht, daß die Drehgelenke der Rauchkammertür gleichzeitig die Gelenke der Dampfzuführung und -abführung zur Antriebsturbine des Ventilators bilden. Ein weiterer Unterschied besteht in dem Einbau eines Rauchgasvorwärmers in die Rauchkammer, und endlich in einem kleinen Hilfsschornstein, der in einer gemeinsamen Verkleidung mit dem Hauptschornstein untergebracht ist, und vermittels eines Hilfsblasrohres eine gelegentliche Feueranfachung gestattet, auch ohne die Ventilatorturbine in Tätigkeit setzen zu müssen.

Auch der Langkessel weist einen Unterschied gegen die Regelbauart auf durch das Vorhandensein eines kleinen Verdampfers, der in Gestalt eines zweiten Dampfdomes in den Dampfraum des Kessels hineinragt. Dieser kleine Verdampfer dient zum Ersatz des etwa durch Undichtigkeiten verlorengehenden Speisewassers im Kessel und vor allem zur Beheizung des Zuges mit Dampf. Der Heizdampf geht ja infolge seiner Ausströmung in die äußere Atmosphäre dem Arbeitsprozeß verloren und soll daher nicht aus dem hochwertigen Wasser des Reinwasserkreislaufs, sondern aus dem Tenderwasser gewonnen werden. Der kleine Verdampfer wird durch eine selbsttätige kleine Dampfpumpe so lange aufgespeist, bis der Druck in ihm etwa 4,5 at beträgt. Die Pumpe bleibt dann stehen und läuft erst bei Unterschreitung des Druckes wieder an. Man kann entweder den Dampf des Hilfskessels in die Heizung gelangen oder aber, wenn es sich darum handelt, sicher erkannte Leckverluste zu ergänzen, in den Kondensator abströmen lassen, von wo er, zu Wasser niedergeschlagen, in den Kessel gelangt.

Der Überhitzer üblicher Schmidtscher Bauart versorgt auch die Hilfsturbinen mit Heißdampf.

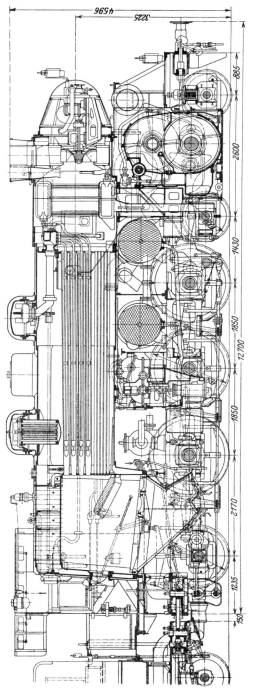

Abb. 284. Längsschnitt der Turbinenlokomotive.

Triebwerk, Hauptturbine und Kondensator.

Die Turbinenlokomotive hat den bei der Reichsbahn üblichen Barrenrahmen, der vorn von einem zweiachsigen Drehgestell unterstützt wird, während sich hinter den drei gekuppelten Achsen eine in Kurven einstellbare Adamsachse befindet (Abb. 284). Der Raddurchmesser wurde bei den hohen Drehzahlen der Turbine mit 1,65 m verhältnismäßig klein gehalten. Die Hauptturbine, eine Doppelturbine, bei der die Vorwärtsturbine erklärlicherweise bevorzugt ausgebildet ist, liegt mit dem doppelten Vorgelege und der Blindwelle etwa über der Mitte des Drehgestells und treibt durch Kuppelstangen die Treibachsgruppe an. Der Turbinenabdampf geht in zwei quergelagerte Oberflächenkondensatoren, die vor der 1. und 2. Kuppelachse zwischen Kesselunterkante und Rahmenoberkante liegen. Die Leistungsregelung der Vorwärtsturbine geschieht durch Zu- und Abschalten einer größeren und einer kleineren Düse, die ursprünglich für 4000 und 8000 kg Dampf stündlich bemessen waren, aber gelegentlich eines größeren Umbaues auf 3000 und 6000 kg Dampf abgeändert wurden, nachdem sich bei der ersten Versuchsreihe herausgestellt hatte, daß die gesamte Dampfmenge von 12000 kg aus beiden Düsen für die Heizfläche des Kessels zu reichlich bemessen war. Die Rückwärtsturbine besitzt nur eine Düse. Die Bedienung der Düsenabschlußventile erfolgte zunächst durch Servomotore vom Führerstand aus, wurden aber später durch eine einfache, stoßfrei wirkende Handsteuerung ersetzt. Die Turbine kann also bei vollem Düsendruck mit drei verschiedenen Leistungen, entsprechend 3000, 6000 und 9000 kg/st (aus beiden Düsen gemeinsam) arbeiten; die übrigen Leistungen werden durch Drosselung mit dem Regler bewirkt. Die Vorwärts- und Rückwärtsturbine laufen in gesonderten Gehäusen. Die Zahnräder des Vorgeleges sind mit schrägen Zähnen aus naturhartem Kruppschen Spezialstahl ausgeführt. Die Schmierung der Turbinenlager und Vorgelegewelle, sowie der Zähne, erfolgt durch eine Zahnradölpumpe; diese sitzt auf der linken Maschinenseite und wird von der ersten Vorgelegewelle unmittelbar angetrieben. Das durch den Reibungsvorgang erwärmte Öl wird durch einen Ölkühler geleitet, der von der Wasserumlaufpumpe des Kondensators mit Kühlwasser versorgt wird. Der vordere Oberflächenkondensator ist mit den beiden Turbinen durch je einen Stutzen verbunden, dabei geht der Abdampf der jeweils arbeitenden Turbine teils unmittelbar, teils durch die leer mitlaufende in den ersten Kondensator. Während des Arbeitens der Vorwärtsturbine wurde die Rückwärtsturbine indes später durch drehbare Klappen ganz abgedeckt. Der im vorderen Kondensator etwa noch nicht niedergeschlagene Dampf geht mit der Luft durch die Verbindungsstutzen zum zweiten, hinteren Kondensator. Der größeren Kühlleistung des ersten Kondensators entsprechend, durchströmt das Kühlwasser zunächst ihn und bietet daher dem Dampf die kälteren Oberflächen dar. Die Rohrsysteme der Kondensatoren sind nach Abnahme der Deckel zugänglich, die Kondensatorrohre sind durch Stopfbuchsen, also leicht auswechselbar, in den Deckeln abgedichtet. Die Trennung des Kondensators in zwei Teile ist lediglich aus baulichen Gründen erfolgt.

Die Hilfsmaschinen auf der Lokomotive.

Sämtliche Pumpen der Lokomotive sind zu einer Pumpengruppe vereinigt, die dicht hinter der zweiten Kuppelachse liegt. Eine Dampfturbine treibt über ein dreifaches Vorgelege die Umlaufpumpe für das Kühlwasser, die Speisepumpe des Kessels und den Kompressor für die Druckluftbremse. Die Speisepumpe ist eine Differentialkolbenpumpe, die Umlaufpumpe eine Zentrifugalpumpe. Das durch sie geförderte Wasser bedient nicht nur den Kühlwasserkreislauf, sondern auch noch eine Strahlluftpumpe, deren Druckwasser, um besonders wirksam zu sein, unmittelbar am Druckstutzen entnommen wird und aus dem Luftabscheider des Kondensators wieder in die Saugleitung der Umwälzpumpe zurückfließt. Die Strahlluftpumpe fördert also die Luft aus dem Kondensator. Auch bei diesem Maschinenaggregat werden sämtliche Lager von einer Ölpumpe aus geschmiert. Der Abdampf geht in den Kondensator.

Der Kühltender.

Der Kühltender ist ein verhältnißmäßig langer vierachsiger Tender auf zwei Drehgestellen üblicher Bauart (Abb. 285). Den unteren Teil bildet der eigentliche Wasserbehälter, und zwar handelt es sich hier nicht um das Kesselspeisewasser im üblichen Sinne, das ja im Reinwasserkreislauf lediglich umläuft, sondern um das Kühlwasser für den Kondensator, das im Tender rückgekühlt wird. Für die Dampfbildung werden dem Tender nur die verhältnismäßig kleinen Wassermengen entnommen, die während der kälteren Jahreszeit als Heizdampf dem Zuge zugeführt werden und die geringfügigen Mengen zum Ersatz des etwaigen Leckwassers; trotzdem findet auch ein beträchtlicher Wasserverbrauch deshalb statt, weil es sich hier um einen Berieselungskühler mit Verdunstung des

Turbinenlokomotiven.

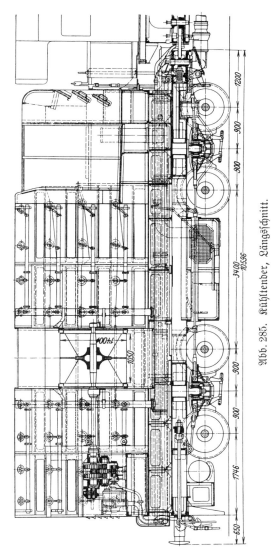

Abb. 285. Kühltender, Längsschnitt.

Wassers handelt. Damit dieser Berieselungskühler genügend wirksam ist, muß dem warm in den Tender gedrückten Kühlwasser eine möglichst große benetzte Oberfläche geboten und außerdem die Belüftung dieser

Kühlflächen durch einen großen Ventilator besonders energisch betrieben werden. Das Kühlwasser wird mittels der bereits erwähnten Umlaufpumpe durch eine Verbindungsleitung zwischen Tender und Lokomotive entnommen, die mit Gelenken und einer Stopfbuchse für Längsverschiebungen versehen ist, und durch eine ebensolche Leitung nach Erwärmung im Kondensator dem Tender wieder zugeführt. Dieses Wasser, das in größeren Steigrohren aufsteigt, wird nun in die einzelnen Berieselungskammern des Tenders durch waagerecht liegende Zuleitungsrohre eingeführt, wie es im Längsschnitt (Abb. 285) gut ersichtlich ist. Die einzelnen

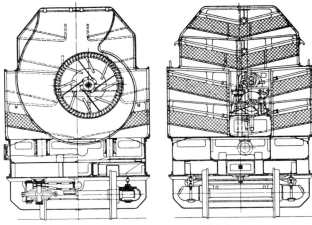

Abb. 286. Kühltender, Querschnitte.

Berieselungskammern sind derart eingerichtet, daß die etwas schrägen Siebe, deren Reinhaltung gegen Verstopfungen durch Staub und Ruß eine genügende Sorgfalt zuzuwenden ist, große Mengen von sog. Raschigringen liegen (einfache kleine Zylinder aus Aluminiumblech, die eine große Oberfläche bei verhältnismäßig geringem Durchlaufwiderstand bieten). Die Belüftung erfolgt durch einen großen Ventilator (vgl. Abb. 286), der in der Mitte der Berieselungskammern angeordnet ist und seinen Antrieb von einer hinten im Tender aufgestellten Dampfturbine über ein doppeltes Vorgelege empfängt. Der Ventilator saugt dabei die Luft durch die Berieselungskammern, die mit der Außenluft durch eine größere Anzahl von länglichen Schlitzen in den beiden Längswänden des Tenders verbunden sind. Diese Schlitze haben jeweils noch kleine Lenkbleche, die für die bevorzugte Vorwärtsfahrt so gestellt sind, daß das Hineingelangen

Turbinenlokomotiven. 335

von Staub usw. in die Berieselungsräume des Tenders erschwert wird. Der Ventilator wirft die mit Dampfschwaden angereicherte Luft nach oben aus, ohne es im Winter, wie die Versuche zeigten, bei der feinen Zerteilung zu einem Vereisen der Dächer der dem Tender nachfolgenden Wagen kommen zu lassen. Der im Längsschnitt gut erkennbare Kohlenraum des Tenders ist verhältnismäßig hoch gebaut, und ergibt dadurch eine so kleine Ausdehnung in der Längsrichtung, daß auf die sonst übliche schräge Lage seines Bodens (zum Nachrutschen der Kohle) hier verzichtet wurde.

Spurweite	1 435 mm
Höchstgeschwindigkeit	100 km/st
Umdrehungszahl der Hauptturbinen bei Höchstgeschwindigkeit	8 000/min
Übersetzungsverhältnis von Turbinenwelle zur Blindwelle	24,3 : 1
Kurbelkreisdurchmesser	630 mm
Treibraddurchmesser	1 650 mm
Laufraddurchmesser der Laufachsen des vorderen zweiachsigen Drehgestelles	1 000 mm
Laufraddurchmesser der hinteren Adamsachse	1 250 mm
Dampfüberdruck im Kessel	15 at
Rostfläche	3,1 qm
Heizfläche, verdampfende (feuerberührt)	155,0 qm
Heizfläche des Überhitzers	66,0 qm
Heizfläche des Abdampfvorwärmers	8,5 qm
Heizfläche des Rauchgasvorwärmers	32,0 qm
Kühlfläche der Kondensatoren (Messingrohre 15/17 mm ⌀)	220,0 qm
Leergewicht der Lokomotive	104,2 t
Dienstgewicht der Lokomotive	113,7 t
Radstand der Lokomotive	9 900 mm
Gesamtlänge der Lokomotive	12 700 mm
Gesamtlänge der Lokomotive mit Tender zwischen den Puffern	23 446 mm
Gesamtradstand von Lokomotive und Tender	18 440 mm
K ü h l t e n d e r Raddurchmesser	1 000 mm
Radstand	7 000 mm
Wasservorrat	19,5 cbm
Kohlenvorrat	6,5 t
Leergewicht	40,0 t
Dienstgewicht	66,0 t

Die Krupp-Turbinenlokomotive war vertragsgemäß mit der P 10-Lokomotive zu vergleichen; sie ersparte in der Beharrungsfahrt ihr gegenüber 40% Kohlen. (Gegenüber den sehr sparsamen Einheits-Schnellzuglokomotiven und der neuen bayerischen S 3/6-Lokomotive 25%.) Bei normalen Schnellzugfahrten verminderte sich die Kohlenersparnis durch Anfahrdampf und Hilfsmaschinen, die zum Teil nicht stillgesetzt werden dürfen, damit die Luftleere im Kondensator erhalten bleibt, auf 17%. Die im Entwurf befindlichen weiteren Turbinenlokomotiven, dabei auch Lokomotiven höheren Drucks, sehen deshalb Maßnahmen vor, diese Hilfsmaschinen in ihrem Verbrauch noch sparsamer zu gestalten und zum Teil selbsttätig statt mit willkürlicher Bedienung in den gesamten Arbeitsgang einzufügen.

Die bei der Lokomotivfabrik Maffei in München gleichfalls für die Reichsbahn gebaute Turbinenlokomotive ist der Kruppschen in ihrer gesamten Einrichtung recht ähnlich, so daß sich eine eingehende Beschreibung erübrigt. Es sei hier nur kurz erwähnt, daß die Kesselspannung zu 22 at bemessen ist — wohl dem höchsten, für die übliche Kesselbauart noch zulässigen Druck —, daß die beiden Kondensatoren hier zu beiden Seiten der Lokomotive in der Längsrichtung liegen, und daß im Kühltender als eigentliche Kühlelemente nicht die berieselten Raschig-Ringe liegen, sondern das zu kühlende Wasser in feiner Verteilung an zahlreichen Kupferblechen herabrieselt, die wieder durch den Luftzug des Ventilators angeblasen werden.

5. Diesellokomotiven.

In den letzten Jahren macht die Diesellokomotive viel von sich reden. Die Maschine, welche die Treibräder der Lokomotive in Umdrehung versetzt, ist hier also ein Dieselmotor, eine Maschine, bei der statt des Dampfes als Treibmittel der Druck hochgespannter Verbrennungsgase dient. Der Dieselmotor ist diejenige Wärmekraftmaschine, bei welcher der Gesamtwirkungsgrad, d. h. das Verhältnis der an der Maschinenwelle verfügbaren Leistung zu der in Arbeit umgerechneten Verbrennungswärme des verbrannten Öles höher liegt, als bei allen übrigen Maschinen, insbesondere also auch der Dampfmaschine. Während sich bei einer Auspufflokomotive der Gesamtwirkungsgrad (für den Zughaken) kaum über 10% erhebt, liegt er bei dem Dieselmotor — allerdings erst an der eigentlichen Maschinenwelle — bei etwa 32—35%. Der Leser, der zunächst über die geringe Ausbeute an Arbeit aus der Verbrennungswärme der Kohlen bei der Dampfmaschine erschrickt, muß nun dahin unterrichtet werden, daß es auch in einer vollkommenen Wärmekraftmaschine nicht möglich ist, den Wirkungsgrad von 100% zu erreichen, weil das nach den Lehren der mechanischen Wärmetheorie als Endtemperatur die außerordentlich tiefe Temperatur von — 273° (Kälte) bedingen würde, während die Auspuffmaschine auf eine Endtemperatur von + 100° angewiesen ist, wie sie dem äußeren Atmosphärendruck entspricht. Der wesentlich günstigere Wirkungsgrad des Dieselmotors rührt aus der hohen Verbrennungstemperatur im Zylinder her, der trotz der an sich höheren Auspufftemperatur des Dieselmotors ein verhältnismäßig viel größeres Temperaturgefälle darstellt, als es die Dampfmaschine besitzt. Für die finanzielle Auswirkung der beiden verschiedenen Wärmevorgänge ist allerdings zu bedenken, daß die Wärmeeinheit aus dem Öl des Dieselmotors bei uns viel teurer ist als die aus der Kohle, wozu noch ein wesentlich höherer Preis der Dieselmaschine selbst bei gleicher Leistung tritt. Trotzdem reizt die größere Wärmeausbeute des Dieselmotors zu dem Versuch, ihn auf die Lokomotive zu übertragen, und diesem Streben verdanken die vorhandenen und die zur Zeit gebauten Diesellokomotiven ihre Entstehung. Eine ausführliche Beschreibung dieser Lokomotiven würde über den hier gesteckten Rahmen wesentlich hinausgehen. Wir wollen uns deshalb darauf beschränken, die Arbeitsweise des Dieselmotors kurz darzulegen und einige Hauptformen der Diesellokomotive zu behandeln und bildlich darzustellen.

Der bisher für die Lokomotiven verwendete Dieselmotor ist in der Regel ein sechszylindriger Viertaktmotor mit einfach wirkenden Zylindern. Während des ersten Kolbenhubes wird die Verbrennungsluft aus der Atmosphäre angesaugt; beim zweiten Hub, beim Rückgang des Kolbens, wird diese Luft bis auf etwa 35 at verdichtet, und zwar angesichts des Charakters der Dieselmaschine als schnellaufende Maschine mit großer Geschwindigkeit, so daß eine hohe Kompressionstemperatur entsteht, ähnlich dem Feuerzeug von Döbereiner, bei dem durch schnelles Niederdrücken eines Kolbens der Feuerschwamm in der zusammengepreßten Luft zum Glühen kommt. In diese hocherhitzte Druckluft wird nunmehr das Öl (Gasöl, Braunkohlenteeröl, russische Naphtha) eingespritzt. Diese Einspritzung geschah bis vor kurzem stets mit Preßluft von etwa 80 at, die in einem von der Maschinenwelle angetriebenen Kompressor (Luftpresser) erzeugt wird. Neuerdings kommt der sog. kompressorlose, also einfachere Dieselmotor vielfach in Aufnahme, bei dem das Öl einfach durch den Druck einer kleinen Ölpumpe mit etwa 250 at durch die feine Düse eingespritzt wird. Es entzündet sich dabei, und die Verbrennungswärme setzt sich nunmehr in einen zunächst etwa gleichbleibenden hohen Druck um, mit dem der Kolben während seines dritten Taktes vorwärtsgeschoben wird. Ist das eingespritzte Öl verbrannt, was lange vor Beendigung des Kolbenhubes der Fall ist, so drängt nunmehr der Druck der sich ausdehnenden Verbrennungsgase unter weiterer Arbeitsleistung den Kolben vorwärts, bis er seinen Totpunkt erreicht hat. Beim vierten Hube werden endlich die Verbrennungsgase aus dem geöffneten Auslaßventil hinausgeschoben, und das insgesamt vier Takte umfassende und daher als Viertaktverfahren bezeichnete Spiel kann von neuem beginnen.

Aus dem Dargelegten ergibt sich, daß die Wirkungsweise der Dieselmaschine an eine nicht zu geringe minutliche Drehzahl geknüpft ist. Würde der Motor langsam laufen, so würde die Zusammendrückung der Luft nicht auch gleichzeitig mit einer starken Temperatursteigerung (bis auf 600—700°) verknüpft sein. Ein Dieselmotor kann daher nicht im eigentlichen Dieselprozeß anlaufen, sondern er muß durch Preßluft besonders angelassen werden, bis er so schnell läuft, daß die Kompressionstemperatur bereits zur Ölzündung ausreicht. Bei einem ortfesten Dieselmotor, der ohne Last anläuft, ist die schnelle Erreichung ausreichender Drehzahlen nicht schwierig. Bei einer Diesellokomotive aber, die nicht nur ihre eigene Masse, sondern noch den Zug in Bewegung zu setzen hat, dauert der Anlaßvorgang wesentlich länger. Wollte man das mit Preßluft erreichen, so würde ein sehr großer Vorrat davon erforderlich sein; es würde ein besonderer Luftverdichter dazu notwendig werden. Diese Andeutungen werden genügen, um zu erklären, daß die Diesellokomotive, wie sie zuerst 1913 in einer großen Ausführung von der Preußischen Staatsbahn versuchsweise in Betrieb gestellt wurde, ein Mißerfolg blieb, weil man die Dieselmaschine unmittelbar mit den Treibachsen gekuppelt hatte. Aus dem Gesagten geht hervor, daß man bei der Lokomotive den Dieselmotor zunächst allein anlaufen lassen muß und ihn erst dann durch eine Kupplung mit den Treibrädern verbindet. Daraus ergibt sich die weitere Forderung, daß diese Kupplung eine gewisse Elastizität zur Vermeidung von Stößen besitzen muß, um sie vorsichtig ein- und auszuschalten, aber auch noch mehrere Stufen, um mit verschiedenen Geschwindigkeiten bei gleichbleibender Drehzahl der Dieselmaschine fahren zu können.

Solcher Übertragungsmöglichkeiten gibt es in großen Zügen vier. Die eine besteht in Anlehnung an das Automobilgetriebe aus einem Zahnradgetriebe mit verschiedenen Übersetzungsverhältnissen (und einem Umkehrgetriebe, falls der Motor nicht umsteuerbar ist), damit der Dieselmotor auch bei verschiedener Geschwindigkeit trotzdem stets mit der gleichen, hohen Drehzahl laufen kann. Die Ein- und Auskupplung der einzelnen Stufen erfolgt z. B. bei der kürzlich erbauten russischen 2 E 1-Diesellokomotive durch Magnetkupplungen, die — allerdings unter großem Reibungswiderstand — etwas rutschen können und

Dieselokomotiven. 339

dadurch übermäßige Stöße aus dem Getriebe bei der Geschwindigkeits=
änderung fernhalten. Die Reibungsverluste an den mit großer Sorg=
falt hergestellten Zahnrädern sind recht gering. Die längere Beobachtung
wird zeigen müssen, ob die Magnetkupplungen bei ihrer starken Inan=
spruchnahme eine große Verwendungsdauer erreichen.

Die Lokomotive ist in der Abb. 287 dargestellt. Wir erkennen, stehend
über den Treibrädern angeordnet, den umsteuerbaren Dieselmotor mit
rechts angebautem Luftpresser. Seine Welle trägt links das Schwungrad;
der Kraftweg geht weiter über das Wechselgetriebe mit den Kupplungen
für drei Geschwindigkeitsstufen, unten vor der ersten Kuppelachse in die
Blindwelle aus, die dann durch aufgesetzte Kurbeln und Hauptkuppel=
stangen schließlich die Treibachse (zweite von links) antreibt, die mit den

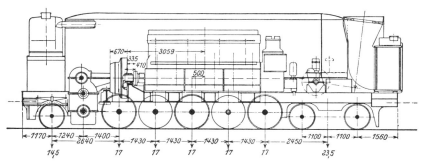

Abb. 287. Diesellokomotive.

übrigen Kuppelachsen in üblicher Weise gekuppelt ist. Am rechten Ende
der Lokomotive steht vorn der Kühler für das Kühlwasser der Zylinder=
mäntel. Wie bei allen Verbrennungsmotoren sind die Zylinderwandungen
durch umlaufendes Wasser zu kühlen, dem seine Wärme — als Verlust
des Maschinenprozesses — in den Kühlerelementen immer wieder ent=
zogen werden muß. Damit die Wärmeabfuhr möglichst kräftig ist, wird
der Kühler mit einem besonderen Ventilator belüftet, dessen nahezu senk=
recht liegende Welle mit Antrieb im Bilde angedeutet ist, und der die mit der
abzuführenden Wärme beladene Luft aus der oberen trichterförmigen Öff=
nung auswirft. Das Einsaugen der Kühlluft geschieht durch die Stirnwand,
so daß in der einen Fahrtrichtung der natürliche Luftzug noch unterstützend
wirkt. Am linken Ende sitzt der Hilfsdampfkessel für die Zugheizung.

Abb. 288 soll dem Leser einen Begriff von der Anordnung und Größe
des Wechselgetriebes für 1200 PS geben. R sind dabei die Haupt(blech)=

22*

rahmen der Lokomotive im Schnitt; da der Rahmenabstand rund 1,2 m beträgt, kann man sich die Größe eines solchen Zahnradgetriebes für große Leistungen gut vorstellen; größere Abmessungen und also Leistungen sind danach kaum mehr möglich. A ist die Blindwelle mit den rechtwinklig aufgesteckten Kurbeln F und ihren Treibzapfen E. Die großen Rahmenausschnitte für die Blindwelle sind durch geeignete Wandungen des Stahlgußgehäuses K versteift. Der Dieselmotor, der, um ihm möglichst viel Platz gewähren zu können, mit seiner Welle in der Längsrichtung

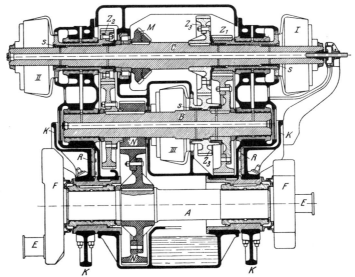

Abb. 288. Wechselgetriebe der Diesellokomotive (1200 PS).

der Lokomotive liegt, muß hinsichtlich seines Drehmomentes durch ein Kegelräderpaar M auf die den Achsen entsprechende Querlage umgelenkt werden; er arbeitet auf die Welle C. Die Zwischenwelle B ist mit der Blindwelle durch das Zahnradpaar N dauernd gekuppelt. Von den anderen Zahnradpaaren Z_1, Z_2, Z_3 sitzt immer nur ein Rad auf einer Welle fest (z. B. das obere Z_3 auf der Welle C), das andere Rad, jeweils lose vermöge seiner Hohlwelle drehbar. Eine der drei Magnetkupplungen I, II, III bewirkt dann die Kupplung mit der Welle. Beim Einrücken von Kupplung I wird Z_1 mit C verbunden; da auf der Zwischenwelle B das größere Rad des Paares Z_1 sitzt, erfolgt eine Übersetzung ins Langsame, aber unter Vermehrung von Drehmoment und Zugkraft, die sich bei N nochmals wiederholt. Da auch das obere Z_3 mit C umläuft, so dreht sich das untere Z_3 leer (wesentlich schneller als B) auf seinem Hohlwellenhals. Beim Einschalten von II, also Z_2 ist die Übersetzung ins Langsamere geringer; beim Einschalten von III läuft B sogar etwas schneller als C. Im ganzen sind die Übersetzungen von der Welle C auf die Blindwelle A ins Langsamere rund 1 : 7, 1 : 4 und 1 : 2. Der ständige Eingriff aller Zahnräder unter Leerlauf aller nicht an der Arbeitsübertragung beteiligten ist deshalb gewählt, um die zur Vermeidung starker Zahnreibung sehr sorgfältig gefrästen Zahnräder nicht durch Zwängungen beim Ein- und Ausrücken zu beschädigen.

Wie man sieht, ist bereits für nur drei verschiedene Geschwindigkeiten (für jeweils volle Drehzahl des Dieselmotors) das Getriebe reichlich ver-

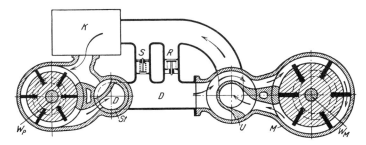

Abb. 289. Flüssigkeitsgetriebe. (Wp Pumpe, Wm Motor.)

wickelt und sperrig. Die Diesellokomotive mit Zahnradwechselgetriebe ist also verhältnismäßig unelastisch.

Die zweite, an sich ältere Übertragung ist die durch ein Flüssigkeitsgetriebe, und zwar Ölgetriebe. Der Dieselmotor, der wie bei der erstgenannten Lokomotive mit seiner Welle in der Längsrichtung der Lokomotive liegt und liegen kann, weil er nicht mehr unmittelbar zum Achsenantrieb benutzt wird, treibt eine auf seinem Wellenende sitzende Kapselpumpe für Öl an. Dieses Drucköl wird in einen Kapselmotor geleitet, der mit seiner Achse im Rahmen parallel zu den Treibachsen der Lokomotive liegt und gleichzeitig die sog. Blindwelle bildet. Das Öl, das seinen Druck beim Verlassen des Kapselmotors verloren hat, fließt zum Saugraum der Kapselpumpe zurück. Das Schema des Flüssigkeitsgetriebes ist in Abb. 289 wiedergegeben. Die Umsteuerung geschieht einfach durch Vertauschen der Ein- und Austrittsstelle des Kapselmotors (Drehschieber U der Abbildung). Es handelt sich nun noch darum, diese

Druckübertragung zu verschiedenen Geschwindigkeiten zu befähigen. Das geschieht bei dem Lenß-Getriebe dadurch, daß man entweder die Kapselpumpe oder den Kapselmotor in eine Anzahl paralleler Kammern zerlegt und damit die sekundlich umlaufende Ölmenge verändert. Läßt man beispielsweise, wie in der Urform des Lenß-Lokomotivgetriebes, immer dieselbe sekundliche Ölmenge aus der Pumpe austreten, so würde bei Parallelschaltung der einzelnen Räume eine verhältnismäßig große Fläche der rechteckigen Kolben, die in die verdickte Welle ein- und austauchen, zur Verfügung stehen, was einer kleinen Umlaufzahl der Blindwelle entsprechen würde. Beaufschlagt man nur einzelne Räume des Kapselmotors, so muß der kleine Querschnitt, der trotzdem dieselbe Ölmenge aufnehmen muß, wesentlich schneller ausweichen, woraus sich die hohe Drehzahl ergibt. Durch Bestimmung der Kolbengrößen und durch verschiedene Schaltungsmöglichkeiten kann man dann eine Reihe von Geschwindigkeitsstufen hervorbringen. Das Öl, das sich durch Reibung erwärmt, muß besonders gekühlt werden.

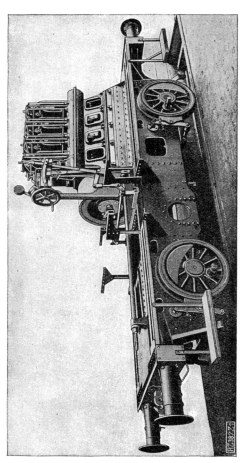

Abb. 290. 160 PS-Verschiebe-Diesellokomotive der Deutschen Reichsbahn.

Diesellokomotiven. 343

Es gibt auch ein ähnliches Getriebe (Schwartzkopff-Huwiler-Getriebe), das nicht nur eine stufenweise, sondern eine gleichmäßig veränderliche Drehzahlregelung gestattet. Es gibt weiterhin das ziemlich verwickelte Schneider-Getriebe (Winterthur), wobei der Hauptteil der Motorleistung unmittelbar in die Blindwelle bei der normalen Drehzahl geleitet wird und nur bei höheren Geschwindigkeiten das aus umlaufenden Zylindern mit Kolben bestehende Getriebe kraftübertragend in Tätigkeit tritt; doch würde es zu weit führen, diese Flüssigkeitsgetriebe im einzelnen zu schildern. In Abb. 290 ist die kleine 160 PS-Verschiebelokomotive der Deutschen Reichsbahn im Aufbau dargestellt. Die längsliegende Kapselpumpe und der querliegende Ölmotor sind noch nicht eingebaut; im Rahmen ist die Durchtrittsöffnung der Blindwelle gut erkennbar.

Die Versuche der Reichsbahn mit Diesellokomotiven bis zu 400 PS mit Flüssigkeitsgetrieben haben hinsichtlich des Wirkungsgrades nicht befriedigt. Sind die Kapselpumpen dicht, ist ihr Reibungsverlust groß, sind sie nicht besonders dicht, geht zu viel Öl durch, ohne Druck zu übertragen. Für große Leistungen, bei denen man in der Regel auch eine bessere Abstufbarkeit verlangt, wird man das Flüssigkeitsgetriebe deshalb kaum anwenden.

Die dritte Übertragungsart ist die elektrische, wie sie früher bei den benzolelektrischen Triebwagen der Reichsbahn in Gebrauch war. Die Arbeitsübertragung geschieht so, daß auf der Welle des Dieselmotors, die wiederum in der Längsrichtung der Lokomotive liegt, eine Dynamomaschine sitzt, deren Strom den Elektromotoren zugeführt wird, die auf den einzelnen Treibachsen in gleicher Art wie bei den Straßenbahnwagen angeordnet sind. Die Regelung der dieselelektrischen Lokomotiven kann naturgemäß in sehr feinen Stufen erfolgen. Die elektrische Übertragung wurde zuerst bei der 1000 PS 1 E 1-Güterzuglokomotive nach Professor Lomonossoff ausgeführt, die sich bereits seit 1925 im Betriebe befindet. Die amerikanischen Diesellokomotiven etwa der gleichen Leistung bevorzugen durchaus die elektrische Übertragung. Die größte dort ausgeführte Diesellokomotive ist eine kanadische Doppellokomotive (zwei kurz gekuppelte Einzellokomotiven) von 2600 PS.

Abb. 291 zeigt das Schema der dieselelektrischen Lokomotive. D ist der Dieselmotor mit angebautem Kompressor K für die Anlaß- und Einblaseluft; die Auspufftöpfe A vermindern das Auspuffgeräusch. Das Schwungrad N, das übrigens auch den anderen Lokomotiven nicht fehlt, da das Dieselmotordrehmoment an sich weit ungleichförmiger ist als das einer Dampfmaschine, ist beim elektrischen Antrieb zur Gleich-

haltung der Spannung besonders unentbehrlich. G ist eine Dynamo=
maschine, die über die Schaltwalze ihren Strom an die Elektromotoren
abgibt, die hier im Einzelantrieb als sog. Tatzenlagermotoren die Treib=
achsen in Umdrehung setzen. B ist die Hilfsdynamo für Beleuchtung,
T bezeichnet die Treibölbehälter; X endlich ist der Ventilator zum Be=
lüften der Kühler für das Kühlwasser.

Der Wirkungsgrad und die Regelbarkeit der Lokomotive sind recht
gut, Gewicht und Preis durch die elektrische Ausrüstung jedoch hoch.

Als letzte Übertragungsart kommt endlich diejenige mit Preßluft
in Frage. Man ordnet auf der Welle des Dieselmotors einen großen
Luftverdichter an, dessen Druckluft einfach in eine normale Lokomotiv=
maschine mit Heusinger-Kolbenschiebersteuerung geschickt wird, wobei
kein Unterschied gegen das Triebwerk der Dampflokomotiven, sondern

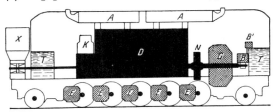

Abb. 291. Schema der dieselelektrischen Lokomotive.

nur ein solcher im Treibmittel besteht. Der Vorteil dieser Anordnung
beruht einmal in dem Bestehenbleiben der normalen Lokomotivmaschine,
dann in der Hoffnung, die Wärmeausnutzung dieser Lokomotive trotz der
Getriebeverluste im Luftverdichter dadurch sehr hoch zu halten, daß man
die in den heißen Auspuffgasen noch steckende Wärme zum Erwärmen
der Preßluft benutzt. Aus diesem Grunde hat sich auch die Deutsche
Reichsbahn-Gesellschaft für einen Versuch größeren Stils mit dieser
Übertragungsart entschieden, indem eine 2 C 2-Personenzuglokomotive
von 1000 PS-Dauerleistung und 1200 PS-Höchstleistung des Motors von
der Maschinenfabrik Eßlingen in Verbindung mit der Maschinenbau=
gesellschaft Augsburg-Nürnberg für die Dieseleinrichtung kürzlich voll=
endet wurde.

Die Abb. 292 zeigt diese Diesellokomotive; ihre Hauptteile sind mit
Buchstaben bezeichnet und aus der beigegebenen Erläuterung ables=
bar. Über den drei gekuppelten, im Barrenrahmen gelagerten Kuppel=
achsen, steht der sechszylindrige Dieselmotor mit (links) angebautem
Luftverdichter. Dieser ist hier wesentlich größer als bei den früher ge=

Diesellokomotiven. 345

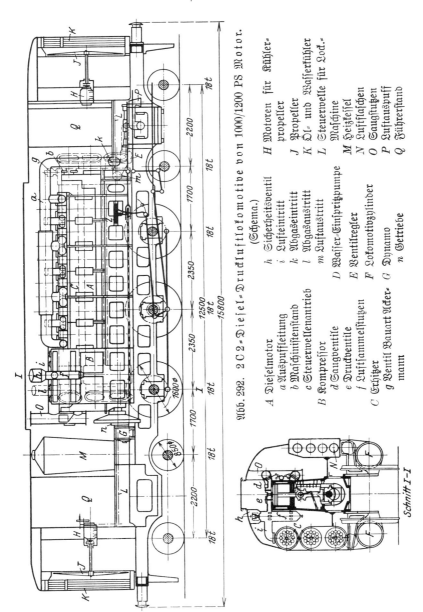

Abb. 292. 2 C 2 = Diesel=Druckluftlokomotive von 1000/1200 PS Motor. (Schema.)

A Dieselmotor
  a Auspuffleitung
  b Maschinistenstand
  c Steuerwellenantrieb
B Kompressor
  d Saugventile
  e Druckventile
  f Luftsammelstutzen
C Erhitzer
  g Ventil Bauart Ackermann
  h Sicherheitsventil
  i Lufteintritt
  k Wgaseintritt
  l Wgasaustritt
  m Luftaustritt
D Wasser-Einspritzpumpe
E Ventilregler
F Lokomotivzylinder
G Dynamo
  n Getriebe

H Motoren für Kühler-
    propeller
J Propeller
K Öl- und Wasserkühler
L Steuerwelle für Lok.-
    Maschine
M Heizkessel
N Luftflaschen
O Saugfugen
P Luftauspuff
Q Führerstand

schilderten Bauarten, da er hier nicht nur Hilfsluft zu erzeugen hat, sondern die ganze Dieselmotorleistung in Preßluft umsetzt. Der Luftverdichter ist sehr sorgfältig mit kleinen schädlichen Räumen ausgebildet, damit sein volumetrischer Wirkungsgrad und also seine Abmessungen nicht zu groß ausfallen. Die Saugventile sind gesteuert. Kleine Vorläufer dieser Lokomotive hatten die sauerstoffarmen Auspuffgase des Dieselmotors angesaugt und komprimiert aus Furcht vor Zündungen des Schmieröls in der hohen Kompressionstemperatur; diese Befürchtungen erwiesen sich als grundlos, so daß hier einfach Außenluft angesaugt wird und also den Träger des Arbeitsprozesses bildet.

Da der Luftverdichter in seinem Wirkungsgrad hinter dem der Zahnrad- oder elektrischen Übertragung an sich zurückbleibt, so ist von dem angedeuteten Mittel zur Verbesserung des Gesamtwirkungsgrades Gebrauch gemacht, die Wärme der heißen Auspuffgase mit zu verwerten. Diese werden in einem (Röhren-)Wärmeaustauscher von 82 qm Heizfläche dazu benutzt, die aus dem Luftverdichter kommende Preßluft von 7 at und 180° auf 300° zu erwärmen. Das hat auch den Vorteil, daß diese Arbeitsluft bei der Ausdehnung in den eigentlichen Lokomotivzylindern nicht zu kalt wird. Dieser dreifach unterteilte Erhitzer ist im Querschnitt links vom Dieselmotor zu erkennen; er ist an die Außenwand des Kastenaufbaues gelegt. Nahe dem linken Ende befindet sich der Heizkessel, der endgültig eine stehende Form erhalten hat. An den beiden Enden sind die Kühler mit den elektrisch angetriebenen Ventilatoren zu erkennen.

Die Regelung von Zugkraft und Geschwindigkeit geschieht mit der üblichen Steuerschraube der Heusinger-Steuerung. Dabei regelt sich die Leistung des Dieselmotors auf dem Wege über die Ölfüllung, also der „Diagrammgröße", durch einen Fliehkraftregler. Bei Schluß des Reglerhebels werden die Saugventile ausgehoben, so daß der Verdichter nicht mehr liefert. Der Führerstand ist doppelt vorhanden (an beiden Enden); die verschiedenen Steuerungs- und Regelungseinrichtungen haben in jedem der beiden Führerstände ihre Hebel oder Handräder, die durch Wellen gekuppelt sind. Umgekehrt geschieht das Anfahren derart, daß zunächst der Dieselmotor mit abgehobenen Saugventilen allein mit Preßluft angeworfen wird, so daß eine Lieferung von Druckluft in die Lokomotivmaschine wegen der noch geöffneten Saugventile nicht stattfindet. Durch den Reglerhebel, der in seinem Aussehen dem der Dampflokomotiven nahezu entspricht, werden dann nacheinander die Saugventile in ihre normale Wirkungsweise überführt, womit die Druckluftlieferung für die Lokomotivmaschine beginnt.

Abb. 293 zeigt die Lokomotive in ihrer äußeren Erscheinung.

Ein Urteil über die Diesellokomotive abzugeben, wäre noch verfrüht. Die Kosten der Diesellokomotive sind wesentlich höhere als die gleich starker Dampflokomotiven. Auch über die Ausbesserungsbedürftigkeit kann erst nach längerem Zeitraum geurteilt werden. Ein Vorteil ist die

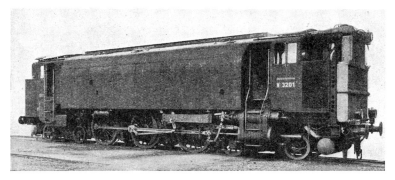

Abb. 293. Diesel-Druckluftlokomotive der Deutschen Reichsbahn.

Unabhängigkeit vom Wasser insofern, als die Diesellokomotive nur die sehr geringe Menge verbraucht, die bei dem Umlaufprozeß des Kühlwassers etwa verlorengeht; diese Kühleinrichtungen erhöhen allerdings wieder die Kosten der Lokomotive. Ein letzter Vorteil der Diesellokomotive gegenüber der Dampflokomotive ist endlich noch der fehlende Verbrauch an Brennstoff während eines längeren Stillstandes der Lokomotiven und die fehlende Notwendigkeit des Ausschlackens nach dem Durchlaufen längerer Strecken.

6. Feuerlose Lokomotiven.

Zum Schluß des Abschnittes über die Sonderbauarten von Lokomotiven muß noch einer besonders einfachen Bauform gedacht werden, der feuerlosen Lokomotive. Sie kommt zwar als Streckenlokomotive überhaupt nicht vor, sondern nur als Verschiebelokomotive, hat dann aber den für manche Zwecke unschätzbaren Vorteil der völligen Unmöglichkeit irgendwelcher Zündung. Sie ist daher beliebt als Verschiebelokomotive in Wagenbauanstalten (Holzlager) und größeren chemischen Fabriken für feuergefährliche Stoffe.

Die feuerlose Lokomotive ist zu ihrem Betriebe an das Vorhandensein einer ortsfesten Kesselanlage gebunden, da dem Wasserinhalt ihres Kessels die Wärme ursprünglich in irgendeiner Form zugeführt, in ihm aufgespeichert werden muß; hier also durch Einleiten von Dampf in ein brausenartiges Rohr, das im Kessel der feuerlosen Lokomotive liegt und mit einem Füllventil an die ortfeste Kesselanlage mindestens gleichen Druckes angeschlossen wird. Der Kessel ist ein einfacher Behälter.

Die Arbeitsmöglichkeit der feuerlosen Lokomotive beruht darauf, daß der in der Maschine verarbeitete Dampf sich auf Kosten des Wärmeinhalts des Kesselwassers selbst erzeugt. Der Kessel wird beispielsweise durch Einleiten von Dampf auf 12 at aufgeheizt, und hat etwa am Ende

Abb. 294. Feuerlose Lokomotive.

der Arbeitsperiode noch Dampf von 3—4 at bei geringerer Wassermasse im Kessel. Dann stellt der Unterschied der großen Flüssigkeitswärme bei größerer Wassermasse und 12 at gegenüber geringerer Flüssigkeitswärme bei kleinerer Wassermasse und 3 at die für die Arbeit in der Maschine verfügbare Energiemenge, wie gleichzeitig gewichtsmäßig den verfügbaren Dampf dar. Daraus ist ohne weiteres zu erkennen, daß die feuerlose Lokomotive stets nur unter abnehmendem Kesseldruck und Wasserstand arbeiten kann; die bauliche Folge davon ist, daß die Dampfzylinder nicht mehr dem höchsten Kesseldruck, sondern dem kleinsten noch brauchbaren Betriebsdruck angepaßt sein müssen, damit die Lokomotive auch bei stark gesunkener Dampfspannung noch nutzbare Zugkraft ausüben und sich zum Schluß zur Füllstelle begeben kann, sie sind größer gehalten als bei einer Regellokomotive. Im übrigen ist der Betrieb auf Kosten des eigenen Wärmeinhalts sehr verwandt mit der Anwendung der sog. Kesselreserve auf Steigungen oder noch mehr der Fahrt der ausgeschlackten und entfeuerten Lokomotive zum Schuppen.

Die Kesselarmatur ist denkbar einfach; sie braucht außer der erwähnten Fülleinrichtung nur aus Kesseldruckmesser, Wasserstand und Regler zu bestehen. Sicherheitsventile sind an sich wegen der fehlenden Wärmequelle ebenso überflüssig wie Speisevorrichtungen, doch ist ein Sicherheitsventil für den Fall des Füllens aus einer Kesselanlage höherer Spannung in der Regel vorgesehen. Die Maschine selbst bietet bis auf die erwähnten größeren Zylinder nichts Bemerkenswertes und so genügt es, wenn am Schluß noch das Bild einer feuerlosen Lokomotive wiedergegeben wird (Abb. 294).

VII. Nachtrag zu Band I, Abschnitt III.
Der Lokomotivkessel und seine Ausrüstung.

Wie schon im Vorwort erörtert, soll die Aufgabe der beiden ersten Bände, den Leser über die derzeitige bauliche Durchbildung der Lokomotiven erschöpfend zu unterrichten, dadurch auch hinsichtlich des Kessels gesichert werden, daß die wichtigen Neuerscheinungen seit dem Erscheinen des ersten Bandes in einem Nachtrag im zweiten Bande ihre Stätte finden.

Solche Neuerscheinungen seit der ersten Hälfte des vorigen Jahrzehnts haben ihren Grund teils in dem technischen Fortschritt überhaupt, teils in dem Umstand, daß die Typisierung und Normung auch im deutschen Lokomotivbau in stärkstem Maße ihren Einzug gehalten hat. Eine solche Typisierung braucht zwar die Grundgedanken des Aufbaus nicht zu verändern und tut es auch vielfach nicht; aber den Aufbau selbst, das Bild der Lokomotive oder ihrer wirklichen Einzelteile, kann sie auch dann sehr wohl beeinflussen. Die neuen Elemente des Kessels und die alten, soweit sie neue Formen angenommen haben, bilden also den Gegenstand dieses Nachtrages, seine Benutzung soll noch dadurch erleichtert werden, daß die Reihenfolge des ersten Bandes hier innegehalten ist.

1. Feuerbüchswasserkammern.
(1. Band III. 3. Der Hinterkessel und seine Verankerung.)

Ein neuartiges Kesselglied, das vielfach bei amerikanischen Lokomotiven verwandt wird und seit einigen Jahren auch versuchsweise bei einigen Lokomotiven der Deutschen Reichsbahn eingebaut ist, ist die sog. Feuerbüchswasserkammer. Abb. 295 zeigt die Anordnung zweier solcher Wasserkammern, in Amerika „Syphons" genannt, in der Feuerbüchse einer G 12-Lokomotive. Die kupferne Wasserkammer stellt in der Hauptsache eine sich nach unten zu verjüngende flache Tasche mit parallelen Wänden dar; unten (Wassereintritt) geht sie in ein Rohr mit rundem Querschnitt, den sog. Wasserkammerhals, über. Die Kammer ist aus einem Stück gebogen und an der dem Feuer abgekehrten Seite überlappt verschweißt. Gegen Ausbeulen sind die breiten Längswände der Tasche durch hohle kupferne Stehbolzen gegenseitig versteift. Die Kammer ist oben mit der Feuerbüchsdecke vernietet, die eine dem Kammerquerschnitt entsprechende längliche Aussparung für den Austritt des Wassers erhält. Da dadurch an dieser Stelle die Deckenstehbolzen fortfallen müssen, ist die Stehkesseldecke, wie in der Abbildung ersichtlich, zum Ersatz durch eine aufgenietete Platte verstärkt worden. Das untere, rohrartige Ende der Wasserkammer wird mit der Rohrwand mit der entsprechenden Auskümpelung vernietet oder künftig verschweißt. Um die Verbindung

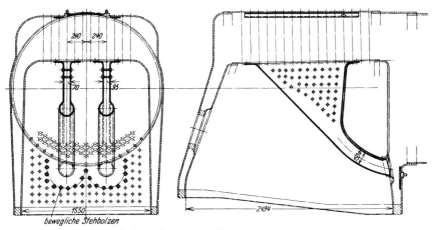

Abb. 295. Feuerbüchswasserkammer (Anordnung bei der G 12=Lokomotive).

des Halses mit der Rohrwand möglichst nachgiebig zu gestalten, ist die Auskümpelung wenigstens im unteren Teil in Form einer größeren Auswellung durchgebildet. Zu demselben Zwecke werden auch in unmittelbarer Nähe der Auskümpelung bewegliche Stehbolzen verwandt; sie sind in Abb. 295 mit doppelten Kreisen angedeutet.

In Abb. 296 ist ein solcher Stehbolzen dargestellt. Er besteht aus dem eigentlichen Stehbolzen 1, dessen eines Ende, wie beim gewöhnlichen Stehbolzen, mit Gewinde versehen ist, während das andere Ende kugelförmig verdickt ist, der verhältnismäßig langen Gewindebuchse 2 und der Verschlußkappe 3. Beim Einbau des beweglichen Stehbolzens wird zunächst die Gewindebuchse in die Stehkesselvorderwand eingeschraubt, darauf der eigentliche Stehbolzen mit Hilfe der Einkerbung im Kugelkopf in die gegenüberliegende Rohrwand geschraubt; dabei preßt sich der Kugelkopf an die entsprechend kugelschalenartig ausgebildete Auflagefläche in der Gewindebuchse an. Das überstehende Ende in der Feuerbuchse wird vernietet, die Gewindebuchse mit der Verschlußkappe abgedeckt.

Auch die Stehkesselvorderwand ist ähnlich wie die Feuerbuchsdecke durch eine aufgeschweißte Platte verstärkt, da sich wegen der Auskümpelung für den Halsansatz an dieser Stelle keine Stehbolzen zur Versteifung anbringen lassen.

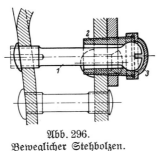

Abb. 296.
Beweglicher Stehbolzen.

Durch den Einbau von Wasserkammern wird die unmittelbar vom Feuer bestrahlte und hier noch von besonders heißen Gasen berührte Heizfläche der Feuerbuchse vergrößert, bei dem G 12=Kessel im vorliegenden Falle von etwa 14 qm auf rund 17 qm. Diese Heizflächenvergrößerung ist also trotz ihrer Kleinheit im Verhältnis zur Gesamtheizfläche außerordentlich wirksam. Gleichzeitig bewirkt die Wasserkammer einen lebhaften Wasserumlauf und erschwert so, wie tatsächlich auch festgestellt wurde, den Kesselsteinansatz an der Feuerbuchse. Das Wärmeaufnahmevermögen der Wasserkammern ist so groß, daß die Überhitzerenden zur Erzielung gleich hoher Dampftemperaturen näher an die Feuerbuchs=Rohrwand herangelegt, also in die heißeste Zone der Rauchrohre hinein verlängert werden müssen. Die Versuche zur Feststellung der wärmewirtschaftlichen Vorteile sind zur Zeit noch nicht abgeschlossen.

2. Neue Form der Aschkästen.

(1. Band, III, 4. Feuertür, Rost und Aschkasten.)

Die neuen Reichsbahnlokomotiven haben seither sämtlich den Spindelkipprost (1. Band, S. 116) und die nach innen aufschlagende Markotty=Feuertür (1. Band, S. 152) erhalten. Die Vorteile des Spindelkipprostes haben sich für eine schnelle und möglichst mühelose Entschlackung als so erheblich erwiesen, daß derartige Roste auch bei allen älteren leistungsfähigen Lokomotivgattungen noch eingebaut worden sind. Die mit dem Schürhaken hochzuklappenden Kipproste hat man bei der Reichsbahn wieder aufgegeben.

Der Rost selbst hat insofern einen Fortschritt erfahren, als es gelungen ist, insgesamt sechs Roststablängen so zu wählen, daß mit ihrer Hilfe jede Rostlänge praktisch zu bedecken ist. In diesen sechs Längen ist die

Neue Form der Aſchkäſten. 353

kürzeſte (450 mm) des Kipproſtſtabes ſchon mit einbegriffen. Die Lager=
haltung iſt dadurch weſentlich vereinfacht. Hinſichtlich des Bauſtoffs der
Roſte laufen noch Verſuche mit flußſtählernen Roſtſtäben und ſolche mit
Überzügen aus Aluminium uſw., mit dem Ziel, die Lebensdauer zu er=
höhen oder auch die Bruchgefahr herabzuſetzen. Freilich ſind dieſe Stäbe

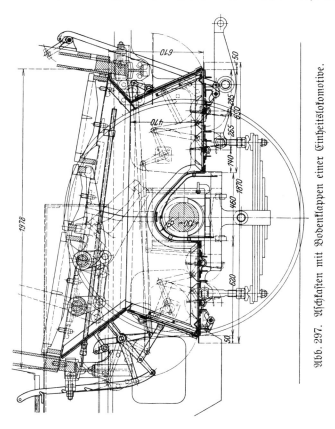

Abb. 297. Aſchkaſten mit Bodenklappen einer Einheitslokomotive.

auch wieder teurer, ſo daß ſich ein einwandfreies Urteil über ihre Wirt=
ſchaftlichkeit noch nicht abgeben läßt, und ganz überwiegend die an ſich
billigſten gußeiſernen Stäbe im Gebrauch ſind.

Die oben erwähnte außerordentlich befriedigende Wirkſamkeit der
Kipproſte beruht übrigens nicht auf dem eigentlichen Kipproſt allein,
ſondern auf ſeiner Verbindung mit der neuen Form des Aſchkaſtens. Dieſem

Brojius=Koch, Lokomotivführer II. 14. Aufl. 23

354   Nachtrag zu Band I, Abschnitt III.

sind nämlich jetzt Bodenklappen gegeben, die durch einen Gestängezug vom Führerstand aus geöffnet werden können und so ein Durchfallen der durch die Kipprostöffnung abstürzenden Schlacke gleich in die Reini=

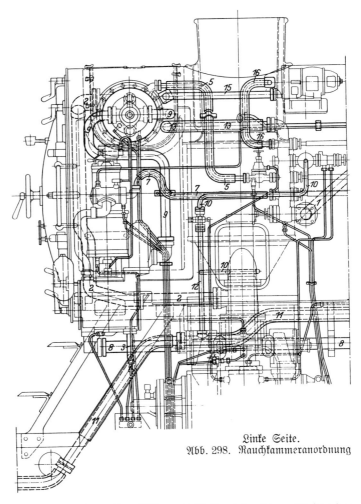

Linke Seite.
Abb. 298. Rauchkammeranordnung

gungsgrube ermöglichen. Das lästige „Schlackenziehen" vom Boden der Grube aus ist damit überflüssig gemacht. Abb. 297 zeigt einen solchen Aschkasten einer Einheitslokomotive (Reihe 24). Dabei können noch die

Bodenklappen durch Daumenwellen (mit besonderem Betätigungs=
gestänge) an einem unbeabsichtigten Öffnen verhindert werden. Die
eigentlichen Luftklappen in der schrägen Vorder= und Hinterwand mit

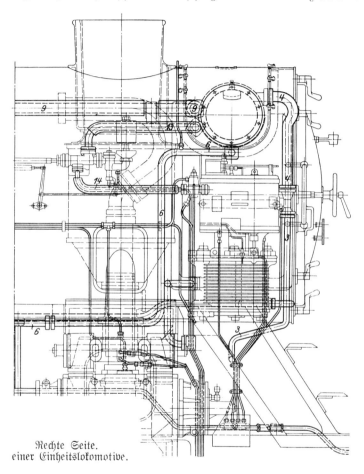

Rechte Seite.
einer Einheitslokomotive.

ihrem Betätigungsgestänge sowie das unterhalb des Bodenrings ver=
laufende Spritzrohr sind unschwer zu erkennen.

3. Rauchkammer, Schornstein und Blasrohr, Funkenfänger.
(1. Band, III, 7 unter gleicher Überschrift.)

Die Rauchkammern der neuen Lokomotiven, wovon Abb. 298 ein Beispiel gibt, sind weiterhin geräumig ausgeführt. Die gegen früher noch höhere Kessellage führte zu einer neuartigen Anordnung des Vorwärmers, der jetzt bei allen Einheitsgattungen vor dem Schornstein in die Rauchkammer eingebettet ist. Der leitende Gedanke für diese Anordnung, die übrigens auch einen guten Wärmeschutz gegenüber einem ganz freiliegenden Vorwärmer darstellt, war, die Wiederverwendung des niedergeschlagenen Abdampfes, also des heißen Wassers, zu ermöglichen. Hiervon wird weiter unten noch besonders die Rede sein; hier kam es auf den Hinweis an, daß bei dieser hohen Lage des Vorwärmers das Niederschlagwasser mit natürlichem Gefälle dem Tender zugeleitet werden kann.

Das einfache und nur im Ausnahmefall mit Steg versehene Blasrohr liegt heute sehr tief, nicht allzu hoch über dem Rauchkammerboden. Eine hohe Lage ist ja schon deshalb nicht möglich, weil bei der hohen Kessellage der Schornstein zum Teil nach innen in die Rauchkammer hinein verlegt werden muß, wie schon in Abb. 30 des ersten Bandes ersichtlich. Es trat als weiterer Grund das Bestreben hinzu, mit möglichst weiten Blasrohren die Dampferzeugung zu ermöglichen, damit ein möglichst geringer Gegendruck im Zylinder herrscht und das die Kolbenarbeit versinnbildlichende Dampfdiagramm möglichst groß ausfällt. Da sich nun der Dampfstrahl aus dem Blasrohr kegelförmig ausbreitet, gehört zu der tiefen Blasrohrlage auch ein gegen früher erweiterter Schornstein, der anderseits deshalb nötig wird, um der verkleinerten Dampfgeschwindigkeit aus der weiten Blasrohrmündung auch eine verkleinerte Rauchgasgeschwindigkeit im Schornstein zuzuordnen.

Eine Form der Rauchkammer, die schon früher gelegentlich auftrat (bei der S 10), hat heute erhöhte Verbreitung gewonnen: nämlich eine solche mit seitlichen Nischen zur Aufnahme der Pumpen (Abb. 298). Aus Gründen der Gewichtsverteilung ist es bei manchen Lokomotiven notwendig, die Pumpen nach vorn zu verlegen; namentlich bei dicken Kesseln darf aber die Aussicht dadurch nicht beeinträchtigt werden. Die Lösung ist dann die Unterbringung in den Nischen, die uns sowohl bei der Behandlung der Dampfentnahmestutzen wie des ganzen Einheitskessels weiter hinten auch noch begegnen.

Abb. 299 zeigt den **Funkenfänger** von **Stollerz**, der in eine ganze Anzahl von Reichsbahnlokomotiven (namentlich P 8, G 8[1]) eingebaut ist. Im Gegensatz zu dem kegelförmig die Mittellinie Blasrohr-Schornstein umgebenden Korbgeflecht-Funkenfänger von **Holzapfel** handelt es sich hier um eine Art Rauchkammereinsatz. Der Schornsteineintritt ist gegen den Hauptraum der Rauchkammer durch Wände abgeschlossen, die größten-

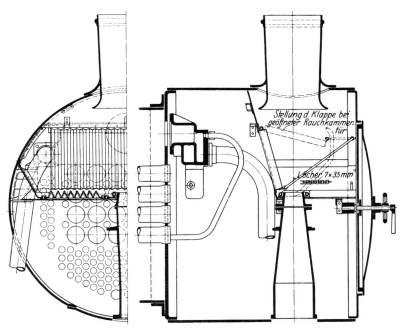

Abb. 299. Funkenfänger (Bauart Stollerz).

teils aus gefaltetem Blech mit länglichen, immer um eine halbe Teilung versetzten Löchern 7 × 35 mm bestehen. Der freie Querschnitt ist daher ein recht großer, die Rauchgasgeschwindigkeit im Funkenfänger daher verhältnismäßig gering. Das hintere Blech ist als Klappe ausgebildet, die sich beim Öffnen der Rauchkammertür mit anhebt und die oberen Rohre zum Nachsehen und Reinigen freigibt. Die Haltbarkeit ist angesichts des Sitzes der Löcher im 4 mm starken Blech eine größere, als die des Korb- funkenfängers, freilich sind auch Gewicht und Preis höher. Bei den tief- liegenden Blasrohren erhält jetzt auch der Korbfunkenfänger gleichsam von selbst große Oberflächen. Die Versuche, ob der Stollerz-Funkenfänger in seiner Wirkung gewisse Vorteile bietet, sind zur Zeit noch nicht abgeschlossen.

4. Neuer Ventilregler.
(1. Band, III, 10, Regler und Dampfzuleitung.)

Abb. 300 stellt die neueste Ausführung des Ventilreglers von Fritz Wagner (vorm. Schmidt & Wagner), wie er bei sämtlichen Einheitslokomotiven verwandt wird, im Schnitt dar. Die Ventile sind auch hier wie bei der im ersten Band beschriebenen Ausführung hängend angeordnet, um die einzelnen Teile nach Abheben des Domdeckels leicht untersuchen zu können.

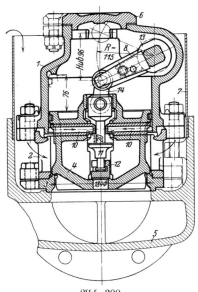

Abb. 300.
Ventilregler von Fritz Wagner, neueste Ausführung.

Das Ventilgehäuse besteht aus dem Unterteil 2 und dem auf diesen aufgeschraubten Oberteil 1, das durch den Deckel 6 abgeschlossen ist. Das Gehäuseunterteil ist mit dem Ventilsitz 3 verschraubt, an den sich unmittelbar das Reglerrohr 5 anschließt. Der Hauptventilkörper 4 sitzt bei geschlossenem Regler auf dem Ventilsitz 3 auf; er hat in der Mitte seines unteren Teiles eine Bohrung, in die als Ventilsitz für den Hilfsventilkörper 12 neuerdings noch eine, in der Zeichnung nicht dargestellte, Buchse eingesetzt ist. Das Hilfsventil hat dieselbe Aufgabe zu erfüllen wie das Drosselventil der früheren Ausführung. Bei geschlossenem Regler preßt der Kesseldampf, der durch die seitlichen Öffnungen im Gehäuseunterteil und durch zwei oben in den Hauptventilkörper eingesetzte, verkupferte Rohrstücke 10 in den Innenraum des Hauptventilkörpers eindringen kann, sowohl Haupt- wie Hilfsventil auf ihren Sitz; der Raum im Gehäuseoberteil steht mit dem Innenraum des Hauptventilkörpers in Verbindung und somit auch bei geschlossenem Regler unter Kesseldruck.

Beginnt der Führer den Regler zu öffnen, so wird mit Hilfe zweier außerhalb des Ventilgehäuses angebrachter Laschen L (Abb. 301), ähnlich der aus zwei Laschen bestehenden Zugstange der früheren Ausführung, die im Gehäuseoberteil gelagerte Welle 13 gedreht und dadurch über Hebel 8, Laschen 14 und Ventilstange 11 zunächst der Hilfsventilkörper von seinem Sitz gehoben, so daß durch die beiden oben erwähnten Rohrstücke Kesseldampf nach unten in das Reglerrohr strömen kann. Die Kesseldampfzufuhr hält so lange an, bis die tellerartige Erweiterung der Ventilstange 11 die beiden Öffnungen der Rohrstücke unter allmählicher Drosselung schließt (nach 20 mm Ventilhub); es tritt dann ein vollständiger Druckausgleich zwischen dem Innenraum des Ventilreglers und dem Reglerrohr ein. Das Haupt-

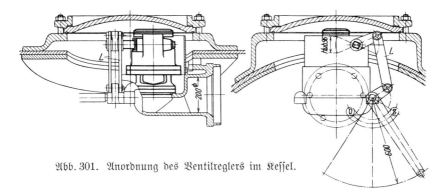

Abb. 301. Anordnung des Ventilreglers im Kessel.

ventil kann daher ohne Mühe durch den tellerartigen Ansatz der Ventilstange angehoben werden (Hubhöhe bis 76 mm). Um auch den Kesseldruck hierbei noch als Auftriebskraft zu benutzen, ist der mit einem Kolbenring versehene obere Teil des Hauptventilkörpers im Durchmesser etwas größer gehalten als der untere Teil an der Sitzfläche. Zum Schließen des Reglers wird das Eigengewicht des Ventilkörpers benutzt.

Durch einen den Ventilregler umschließenden Blechzylinder 7 wird erreicht, daß der Dampf von oben her an möglichst hoher Stelle des hinteren Dampfdomes, in dem der Regler im allgemeinen untergebracht ist, entnommen wird.

Der neue Ventilregler zeichnet sich durch geringe Bauhöhe aus; die großen Auftriebsflächen und die feine Drosselung durch den Bund an der Ventilstange gewährleisten einwandfreies Arbeiten und leichte Bedienbarkeit.

5. Neuerungen an den Kesselspeisevorrichtungen.
(1. Band, III, 13. Die Speisung des Kessels.)
Vorwärmer, Kondensatverwertung, Verbundspeisepumpe,
Abdampfstrahlpumpe.

Der Vorwärmer, Bauart Knorr, ist in einer waagerechten Quernische vor dem Schornstein im Scheitel der Rauchkammer untergebracht. Hiermit ist eine zum Zwecke der später behandelten Kondensatverwertung erwünschte, das Aussehen der Lokomotive nicht störende Hochlegung erreicht. Der Vorwärmer erhält etwa $1/7$ des Zylinderabdampfes durch das Zuführungsrohr 2 (Abb. 298), den Abdampf der Lichtmaschine durch Leitung 15 und den der Speise- und Luftpumpe durch die Leitungen 3 und 4. Man bezeichnet übrigens den Vorwärmer Knorrscher Art heute häufig als Oberflächenvorwärmer, weil die Wärmeübertragung durch die Wandungsoberflächen der Vorwärmerrohre, nicht wie beim Einspritzvorwärmer von Worthington (Amerika) oder der Abdampfstrahlpumpe durch unmittelbare Mischung des heißen Dampfes mit dem kalten Speisewasser erfolgt.

Um auch bei stillstehender oder leerlaufender Lokomotive ein Speisen des Kessels durch die Speisepumpe über den Vorwärmer ohne Gefahr der Kaltspeisung vornehmen zu können, ist nach bayerischem Vorbild versuchsweise eine Anordnung getroffen, durch die für diesen Fall dem Vorwärmer Frischdampf selbsttätig zugeführt wird. Der Frischdampf wird dem Verteilerstutzen auf der linken Rauchkammerseite entnommen und durch Leitung 5 dem Vorwärmer zugeführt. Die Dampfzuführung geschieht selbsttätig durch das in Abb. 302 dargestellte

Frischdampfventil zum Vorwärmer.

Der Ventilstößel 5 wird, solange der Schieberkasten unter Dampfdruck steht, durch den Kolben 3 geschlossen gehalten, da der Raum über dem Kolben durch ein Rohr mit dem Schieberkasten in Verbindung steht. Bei Reglerschluß hebt der vom Verteilerstutzen herströmende Kesseldampf mit dem dann entlasteten Kolben den Stößel an und verschafft sich dadurch selbst den Durchgang zum Vorwärmer; die in die Zuführungsleitung eingeschaltete Drosselscheibe 16 verhindert, daß der Druck im Vorwärmer unzulässig hoch ansteigt.

Während bisher im deutschen Lokomotivbau auf eine Wiederverwendung des sich durch das Niederschlagen des Abdampfes im Vorwärmer bildenden Wassers verzichtet wurde — bekanntlich wurde es bisher durchweg auf die Strecke geleitet —, ist man bei einigen neueren, für den Streckendienst vorgesehenen Lokomotiven zur

Speisewasserrückgewinnung

übergegangen. Die damit gegebene Wasserersparnis wurde bisher für nicht so wichtig gehalten, daß man die Erschwernisse der Ölabscheidung und der Wasserzuführung aus dem niedrigliegenden Vorwärmer zum Tender dafür in Kauf genommen hätte. Und um eine Wasserersparnis handelt es sich eigentlich allein, weil zwar das Speisewasser der Pumpe wärmer zufließt, aber im Vorwärmer eine höhere Temperatur als die des Auspuffdampfes doch nicht gewinnen kann, die es schon jetzt nahezu erreicht. Kohle wird also kaum gespart. Erst die heute gewählte hohe Vorwärmerlage (Abb. 298) und sozusagen der größere Mut zum Ölabscheider, der auch in Gestalt des weiter vorn (Abb. 213) beschriebenen Holzkohlenfilters von Erfolg gekrönt war, haben der Frage heute eine erhöhte Bedeutung verliehen.

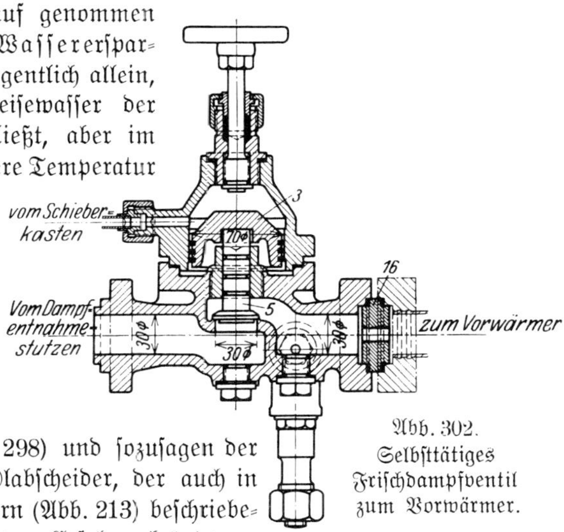

Abb. 302. Selbsttätiges Frischdampfventil zum Vorwärmer.

Freilich verbleibt die Komplikation durch die Rohrleitung zum Tender mit ihrer beweglichen Kupplung und durch den Ölabscheider, so daß die Reichsbahn heute auf dem Standpunkt steht, daß sich die Einrichtung nur bei großen Streckenlokomotiven verlohnt, bei denen die Vergrößerung des Fahrbereichs ohne Wassernehmen erwünscht erscheint. Denn indem etwa $1/7$ des im Kessel verdampften Wassers als Speisewasser wieder verwandt wird, erreicht man in der Tat gewissermaßen eine Vergrößerung des Tenderwasservorrats und also auch des Fahrbereichs der Lokomotive um etwa $1/7$. Nur bei der leichten Lokalbahnlokomotive, Reihe 70, ist der erhöhte Fahrbereich noch in Anspruch genommen. Da das Niederschlagswasser vollständig frei von Kesselsteinbildnern ist, muß auch die Kesselsteinbildung im Kessel abnehmen.

362 Nachtrag zu Band I, Abschnitt III.

Durch das zugeführte Niederschlagwasser wird die Temperatur des Speisewassers im Tender allmählich entsprechend der Länge der Fahrt und der Anstrengung der Lokomotive erhöht. Da aber

die saugende Dampfstrahlpumpe

in der bisher verwandten Form bei zu warmem Wasser nicht mehr anspricht, mußte sie etwas geändert werden. Abb. 303 zeigt die neueste Ausführungsform der Dampfstrahlpumpe. Durch Anordnung einer zweiten Stoßkammer neben der üblichen Schlabberkammer wird erreicht, daß die Strahlpumpe noch Wasser von 50° C sicher ansaugt. Die Pumpe liegt bei den Einheitslokomotiven auf der Heizerseite.

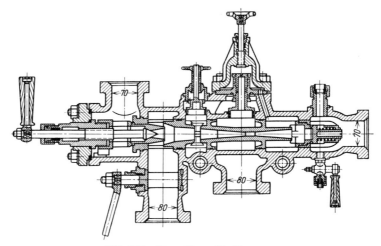

Abb. 303. Neue Dampfstrahlpumpe.

Als Regelspeisepumpe wird neuerdings statt der einstufigen Knorr= Speisepumpe, die in Bd. 1 S. 203 näher beschrieben ist, die

Verbundspeisepumpe, Bauart Nielebock=Knorr,

verwandt, die wegen ihrer zweistufigen Dampfdehnung wirtschaftlicher als die einstufige Pumpe arbeitet; sie ist in Abb. 304 dargestellt. Hoch= und Niederdruckdampfkolben sitzen mit dem unteren Wasserkolben auf einer gemeinsamen Kolbenstange (sog. Tandemanordnung), die zwischen den beiden Dampfzylindern in einer Buchse mit Labyrinthdichtung und zwischen Niederdruckdampfzylinder und Wasserzylinder in zwei frei= liegenden Stopfbuchsen geführt wird.

Die Steuerorgane, ein hohler Stufenkolben mit dahinterliegendem Hilfsschieber, sind vorn am Hochdruckzylinder angeordnet. Hinsichtlich

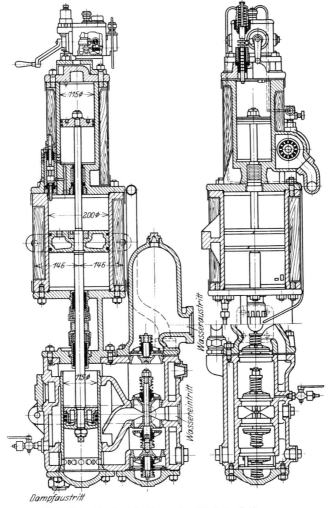

Abb. 304. Verbundspeisepumpe Nieleboc=Knorr.

ihrer Wirkungsweise sei auf die Beschreibung der Verbundluftpumpe, Bauart Nieleboc=Knorr, im Abschnitt „Die Bremsen" verwiesen.

Seitlich am Wasserzylinder ist das Ventilgehäuse mit den senkrecht liegenden Ventilen erkennbar. An dem darüberliegenden Druckwindkessel befindet sich auch der Anschluß für die Druckleitung. Die dargestellte Pumpe liefert 250 l Wasser in der Minute.

Die Speisepumpe ist auf der linken Seite der Lokomotive in einer senkrechten Nische des Rauchkammermantels unmittelbar hinter der Rauchkammertür angeordnet. Der Betriebsdampf wird der Pumpe (Abb. 298) durch die Rohrleitung 7 vom Verteilerstutzen aus zugeführt. Der Abdampf des Niederdruckdampfzylinders umspült zunächst den Wasserzylinder, um das Speisewasser schon vor Eintritt in den Vorwärmer etwas anzuwärmen, und wird dann durch Leitung 3 unterhalb der Rauchkammer auf die rechte Lokomotivseite in die Abdampfleitung 4 der Luftpumpe weitergeleitet.

Das Speisewasser wird von der Pumpe durch die unterhalb des Laufblechs ebenfalls auf der linken Seite der Lokomotive verlegte Leitung 8 aus dem Tender angesaugt und in der Druckleitung 9 auf kürzestem Wege durch den Umschalthahn in den Vorwärmer gedrückt. Von dem auf derselben Lokomotivseite liegenden Austrittsstutzen des Vorwärmers wird die Druckleitung zunächst durch die Vorwärmernische hindurchgeleitet und dann auf der rechten Lokomotivseite gut isoliert nach dem Kesselspeiseventil am vorderen Dom geführt.

Bei einigen Lokomotiven der Deutschen Reichsbahn ist an Stelle der Kolbenspeisepumpe mit Vorwärmer versuchsweise eine

Abdampfstrahlpumpe

eingebaut, wie sie im Ausland schon in größerer Zahl verwandt wird. Sie wird mit dem gleichen Abdampf betrieben, der sonst dem Vorwärmer zugeleitet wird. Der Abdampf wird also gleichfalls dem Ausströmrohr der Zylinder entnommen. Da die im Abdampf noch enthaltene Energie naturgemäß kleiner ist als die des Frischdampfes, ist auch die Saugleistung der Abdampfstrahlpumpe geringer als die der bekannten Frischdampfstrahlpumpe (Abb. 303). Sie kann daher nur als nichtsaugende Strahlpumpe gebaut werden, und erfordert bei Kesseldrücken über 10 at ohnedies dauernd Frischdampfzusatz; sie kann auch bei geschlossenem Regler mit Frischdampf allein betrieben werden. Da hier wie bei der Speisewasserrückgewinnung aus dem Oberflächenvorwärmer der ursprünglich ölhaltige Abdampf dem Kessel als Wasser wieder zuströmt, so gehört auch zur Abdampfstrahlpumpe stets ein Ölabscheider.

Abb. 305 stellt die Bauart einer Abdampfstrahlpumpe dar; sie wird durch ein auf dem Führerstand befindliches, in der Abbildung nicht dar-

Neuerungen an den Kesselspeisevorrichtungen. 365

gestelltes Anlaßventil bedient. Bei geöffnetem Regler wird durch Dampf aus der Leitung Q, die über das Anlaßventil mit dem Schieberkasten in Verbindung steht, das Ventil Q_1 heruntergedrückt und damit die Klappe L geöffnet, so daß der Zylinderabdampf durch die Leitung E — nach Entölung in einem in diese eingeschalteten Ölabscheider — in das zweiteilige Pumpengehäuse J_1 und J einströmen kann; die Klappe L_1 dient nur als Rückschlagventil, um wasserführende Rückschläge in die Abdampfleitung und weiter zu den Zylindern zu vermeiden. Der Abdampf durchströmt dann eine Reihe von hintereinandergeschalteten Düsen und reißt dabei, unterstützt von

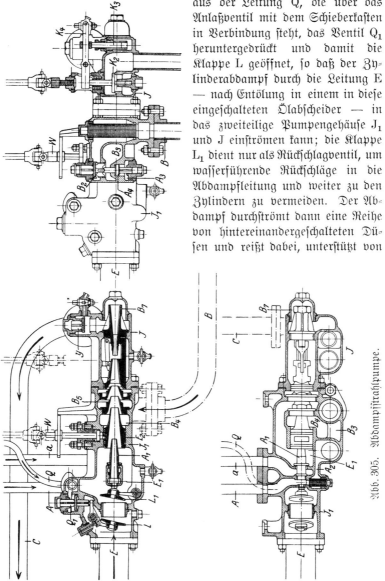

Abb. 305. Abdampfstrahlpumpe.

dem durch die Düse A_1 zuströmenden Frischdampf, das durch die Leitung B zugeführte Speisewasser aus dem Wasserraum B_4 mit, um es schließlich über die letzte Druckdüse B_7 und das Druckventil y in die Druckleitung C weiter nach dem Kessel zu drücken. Die erste Abdampfdüse E_2 kann durch ein Gestänge W in ihrer Längsrichtung verschoben werden; dadurch wird der Wasserzufluß nach dem Wasserraum B_4 geregelt.

Fährt die Lokomotive mit geschlossenem Regler, so schließt sich die Klappe L, da kein Schieberkastendampf mehr durch die Leitung Q auf das Ventil Q_1 drückt. Durch das Anlaßventil wird dann gedrosselter Frischdampf (Niederdruckdampf) selbsttätig durch die Leitung a und die neben der Hochdruckdüse in der Abbildung erkennbaren kleinen Löcher dem Abdampfraum E_1 zugeführt; von da ab übt er dieselbe Saugwirkung aus wie der Abdampf.

Um beim Anstellen der Pumpe Wasser über den Raum B_3 nach B_4 und damit zur Wasserdüse B_5 gelangen zu lassen, wird ein Teil des durch die Leitung A zuströmenden Dampfes über die Räume A_2 und A_3 dem Ventil A_4 zugeführt; dieses wird angehoben und öffnet damit gleichzeitig das auf derselben Spindel sitzende Wasserventil B_2, wodurch dem Wasser der Weg nach den Wasserräumen freigegeben wird. Der Kolben K_3, dessen Zylinder mit dem Druckraum der Pumpe verbunden ist, dient in Verbindung mit dem Hebel K_4 zum selbsttätigen Schließen des Schlabberventils K_2.

6. Das Ackermann-Kessel-Sicherheitsventil.
(1. Band, III, 15. Die Sicherheitsventile.)

Das Sicherheitsventil, Bauart Ackermann, das sich in einer älteren Ausführung in Württemberg sehr gut bewährt hatte, wird in seiner neuesten Bauart, die Abb. 306 darstellt, jetzt an sämtlichen Einheitslokomotiven verwandt. Die beiden Sicherheitsventile sind meist auf dem Scheitel des Stehkessels nebeneinander angeordnet; bei Lokomotiven mit kurzem Kessel sind sie wegen Platzmangels häufig an der Rückseite des hinteren Doms angebracht.

Mit der Ventilhaube 1 wird der Ventilsitz 5 dampfdicht auf die im Kessel hierfür vorgesehene Öffnung gepreßt. Der Ventilkörper 3 wird unten in einer Führungshülse des Ventilsitzes, oben in der Ventilführung 2 geführt und durch die Belastungsfeder 10 unmittelbar über den unteren Federteller 7 mit Druckstück 15 und Kugel 20 gleichmäßig auf den Ventilsitz gepreßt; der Angriffspunkt der Kugel am Ventilkörper sitzt, bezogen auf die Ebene des Ventilsitzes, möglichst tief, um ein gutes, gleichmäßiges

Neuerungen an den Kesselspeisevorrichtungen. 367

Aufsetzen des Ventilkörpers zu erreichen. Die Zusatzringfläche, das Kenn=
zeichen des Hochhubventils, ist hier nicht flach, sondern kegelförmig ge=
staltet, um den Dampf gut abströmen zu lassen. Mit der Federspann=
schraube 13 läßt sich die auf den Ventilkörper wirkende Federkraft über
Mutter 9 und oberen Federteller 8 verändern.

Zum Lüften des Ventils dient die in der Federspannschraube geführte
Lüftspindel 12, die bei Anzug des Lüfthebels 6 angehoben wird und mit

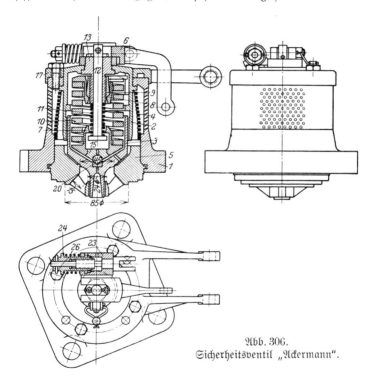

Abb. 306.
Sicherheitsventil „Ackermann".

ihrem Bund am unteren Ende den Ventilkörper anhebt; die kleine Druck=
feder 11 bringt sie nach Beendigung des Lüftungshubes wieder in die
ursprüngliche Lage zurück. Der schräg angeordnete Dampfverteiler 4
dient in Verbindung mit den in der Ventilhaube vorgesehenen, in der
Abbildung erkennbaren Löchern zur Geräuschverminderung.

Um zu verhindern, daß das Ventil durch die Kraft des durchströmenden
Dampfes länger als notwendig, d. h. nicht unterhalb des zulässigen

Kesseldrucks offengehalten wird, ist über dem Sicherheitsventil ein kleines Stauventil vorgesehen. Der Innenraum des über dem Sicherheitsventil angebrachten kleinen Ventilgehäuses 23 steht in Verbindung mit der Kammer, die vom Ventilkörper und der oberen Ventilführung gebildet wird, und ist im Ruhezustande, da der Ventilkegel 24 infolge der Wirkung der Druckfeder 26 die Ventilöffnung freihält, mit der Außenluft verbunden, so daß der in der Federkammer sich stauende Dampf abströmen kann. Sinkt der Kesseldruck unter den zugelassenen Höchstdruck, so läßt sich durch einen Betätigungszug vom Führerstande (unter Überwindung des Federdrucks) das Stauventil schließen; damit steigt der Staudruck in der Federkammer, und es wird erreicht, daß die Belastungsfeder 10 das Sicherheitsventil schließt, sobald der Kesseldruck wieder auf die zugelassene Höhe gesunken ist.

Die Spannung der Belastungsfeder wird bei der Eichung des Ventils durch die entsprechende Stellung der Federspannschraube festgelegt; um eine eigenmächtige Veränderung der Schließkraft der Belastungsfeder zu verhindern, wird diese Stellung durch eine Plombe gesichert.

Zur Lagerung einer Hebelwelle für den Lüfthebel und die Ventilstange des Stauventils ist neuerdings auf das Gehäuse des Sicherheitsventils noch ein Hebelträgerring 17 aufgeschraubt.

Das Sicherheitsventil, Bauart Ackermann, gestattet bei geringer Durchgangsweite und niedriger Bauhöhe eine feine Druckeinstellung und verhindert dadurch Druckverluste im Kessel.

7. Das neue Dampfheizventil.

(1. Band, III, 18. Das Dampfheizventil.)

Die frühere Bauform der Dampfheizung bestand, wie im ersten Band bereits geschildert wurde, aus dem Anstellventil, dem Sicherheitsventil und dem Dreiwegehahn, um den Dampf der vorderen oder hinteren Heizleitung zuführen zu können. Das Sicherheitsventil, das auch der neuen Bauform der Heizung angehört, kann naturgemäß nur die Überschreitung eines gewissen Höchstdruckes in der Heizung verhüten, während der wirkliche Druck in der Heizleitung durch Drosseln mit dem Anstellventil an Hand des Druckmessers geregelt werden muß. Bei schwankendem Kesseldruck war also öfters ein Nachregeln notwendig.

Der Wunsch, den Druck in der Heizleitung von der steten Aufmerksamkeit des Heizers unabhängig zu machen, führte zur Einschaltung eines besonderen Druckminderventils. Anstell- und Sicherheitsventil sind wie

Neue Form der Dampfentnahmestutzen. 369

bisher vorhanden, der Dreiwegehahn, um den Dampf dem vorderen oder hinteren Ende der Heizleitung zuzuführen, ist dagegen durch ein Doppelsitzventil nach bayerischem Muster ersetzt. Das Ventil ist in der Abb. 307 dargestellt (Kesseldampf von oben) und so einfach, daß es einer besonderen Beschreibung nicht weiter bedarf.

Bei dem Druckminderventil wurde das Einströmventil in die Heizleitung von einem Kolben nur dann angehoben, wenn ein von einer regelbaren Membran gesteuertes Hilfsventil gedrosselten Kesseldampf unter den Kolben ließ. Auf dieser Membran lastete der Heizleitungsdruck, der also gleichsam selbst das Nachströmen des erforderlichen Heizdampfes für den eingestellten Druck bewirkte. Das sinnreiche, aber etwas verwickelte Ventil wirkte indes nicht sicher genug und wurde kürzlich

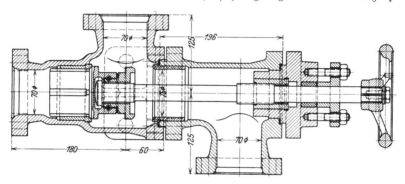

Abb. 307. Umschaltventil (Doppelsitzventil) zur Dampfheizung.

wieder aufgegeben. Heute hat man also wieder die alte einfache Zusammenstellung nach Abb. 308, wobei Dampfheizung und Dampfstrahlpumpe von dem gleichen, vor dem Führerhaus auf dem Hinterkessel sitzenden Entnahmestutzen, ihren Dampf erhalten.

8. Neue Form der Dampfentnahmestutzen.
(1. Band, III, 19. Dampfentnahmestutzen.)

Bei den Einheitslokomotiven ist eine große Zahl der mit Dampf gespeisten Hilfseinrichtungen nicht mehr wie bei den älteren Lokomotivgattungen seitlich am Langkessel, sondern vorn an der Rauchkammer angeordnet, wie Abb. 298 erkennen läßt. Diese Anordnung trägt auch zu einer guten Gewichtsverteilung bei, namentlich bei den 2 C 1-Schnellzuglokomotiven, deren weit hinten liegende „Schleppachse" sonst leicht zu viel Last erhalten würde.

Während das jetzt an Stelle des früheren Dreiwegehahnes verwendete Umschaltventil für die Zugheizung und die saugende Strahl-

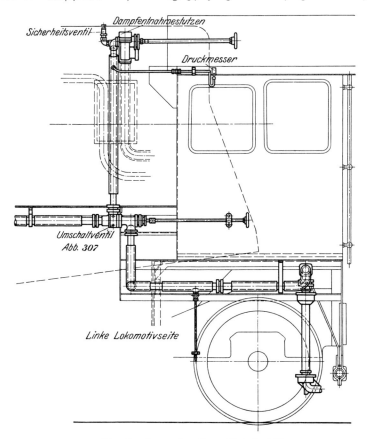

Abb. 308. Anordnung der Dampfheizeinrichtung.

pumpe zur Kesselspeisung nahe dem oder im Führerhaus angeordnet sind, letztere jetzt im Gegensatz zu früher auf der Heizerseite leicht bedienbar, ohne den Blick auf die Strecke zu stören, liegend, ist die Kolbenspeisepumpe, die Luftpumpe, der Vorwärmer, die Dampfpfeife und die neu hinzugekommene Turbodynamo für die elektrische Beleuchtung, die in einem

Neue Form der Dampfentnahmestutzen.   371

vorhergehenden Abschnitt besonders behandelt worden ist, nach vorn an die Rauchkammer verlegt.

Diese zwei Gruppen mit Dampf betriebener Hilfseinrichtungen liegen nunmehr weit auseinander, und es sind daher zwei Dampfentnahme=stutzen am Kessel vorgesehen. Beide Stutzen entnehmen den Dampf durch je eine innerhalb des Kessels verlegte Rohrleitung aus dem Dampfdom.

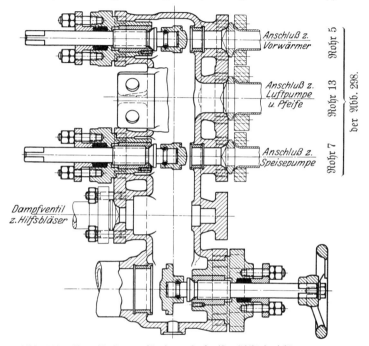

Abb. 309. Verteilerstutzen für dampfgespeiste Hilfseinrichtungen.

Der unmittelbar vor dem Führerhaus liegende hintere Stutzen ist eben behandelt. Der vordere größere Stutzen ist an der linken Seite der Rauchkammer zugleich mit dem Zuführungsrohr vom Dom her an die Rohrwand angeflanscht, das Verbindungsrohr vom Dampfdom ist in Abb. 298 mit 1 bezeichnet.

Der eigentliche Verteilerstutzen für die einzelnen Hilfseinrichtun=gen liegt naturgemäß außen. In Abb. 309 ist er dargestellt, allerdings noch in der Form für Lokomotiven ohne elektrische Beleuchtung; die Übertragung auf Abb. 298 ist jedoch leicht.

24*

Die Turbodynamo für die elektrische Beleuchtung, die ihren Dampf vom Verteilerstutzen durch die kurze Rohrleitung 16 (Abb. 298) erhält, ist unmittelbar hinter dem Schornstein seitlich angeordnet, da auf dem Rauchkammerscheitel nicht genügend Platz vorhanden ist; sie wird auf einem gußeisernen, mit dem Rauchkammermantel verschraubten Träger befestigt. Der Abdampf der Turbine wird in Leitung 15 dem Vorwärmer zugeführt.

Auf der linken Rauchkammerseite ist schließlich noch die Dampfzuführungsleitung 10 zum Hilfsbläser am Blasrohrkopf verlegt, die ihren Dampf durch das am Verteilerstutzen (Abb. 309) angeordnete Ventil erhält. Um den kalten Kessel möglichst schnell anheizen zu können, ist zwischen Bläserleitung und Dampfheizleitung 11 eine abschließbare Verbindung, das Leitungsrohr 12, vorgesehen, durch das von einer unter Druck stehenden Lokomotive Dampf entnommen werden kann.

Die Luftpumpe, Verbundbauart Nielebock-Knorr, die später im Abschnitt „Die Bremsen" näher beschrieben wird, ist auf der rechten Seite der Rauchkammer gleichfalls in einer senkrechten Nische, ähnlich der der Wasserpumpe, unmittelbar hinter der Rauchkammertür angebracht. Der Dampf für sie und die ebenfalls auf der rechten Rauchkammerseite neben dem Schornstein angeordneten Dampfpfeife wird dem Verteilerstutzen der linken Lokomotivseite entnommen und in der isolierten Leitung 13 (Abb. 298) durch die Vorwärmernische hindurch nach der rechten Seite der Lokomotive hinübergeführt. Über einen weiteren Verteilerstutzen mit Ventil gelangt der Dampf durch Leitung 14 in die Luftpumpe; der Abdampf der Pumpe wird durch Leitung 4 dem Vorwärmer zugeführt.

Die in ihren Abmessungen gegen früher wesentlich größere Dampfpfeife sitzt unmittelbar an dem eben erwähnten Verteilerstutzen. Sie wird also im Gegensatz zu der bisherigen Anordnung möglichst weit nach vorn verlegt; dadurch wird die Schalldämpfung nach hinten durch das Führerhaus sehr eingeschränkt. Sie besitzt große Tonstärke und hat außerdem für Bahnhofssignale ein Hilfsventil vorgeschaltet, durch das dem vollen Ton ein Halbton vorgeschaltet wird. Der Ventilzug liegt jetzt waagerecht, da er von der vorn sitzenden Pfeife zum Führerhaus geführt werden muß, und tritt also nicht mehr wie früher von oben in die Pfeife hinein.

9. Speisedom, Schlammabscheider, Abschlammventile.
(1. Band, III, 20. Die Reinhaltung des Kessels.)

In der Erkenntnis der Bedeutung, die der Reinhaltung des Kessels von Kesselstein beizumessen ist, und auf Grund der Erfahrungen mit den bisher verwandten Einrichtungen ist die Deutsche Reichsbahn dazu übergegangen, an sämtlichen neuen Lokomotiven eine Abschlammvorrichtung einheitlicher Bauart zu verwenden.

Die Abschlammvorrichtung wird in Verbindung mit der vorher besprochenen Zuführung des Kesselspeisewassers in einem besonderen Dom, dem meist vorn sitzenden sog. Speisedom, untergebracht. Der Dom ist oben mit einem so großen Mannlochdeckel abgeschlossen, daß die Teile der Abschlammvorrichtung, an denen sich der Kesselstein an erster Stelle absetzt, zur Reinigung leicht herausgenommen werden können. Die Anordnung der Vorrichtung zeigt Abb. 310; zu beiden Seiten des Speisedoms sind die Kesselspeiseventile angeordnet, und zwar links das Speiseventil für die Leitung von der Dampfstrahlpumpe, rechts das für die Leitung von der Vorwärmerpumpe.

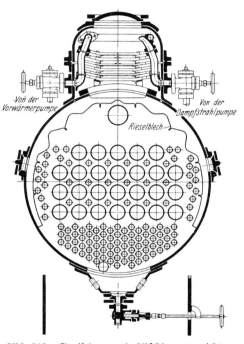

Abb. 310. Speisedom und Abschlammvorrichtung.

Hinter jedem Kesselventil wird das Speisewasser in je einer besonderen Zuleitung in das Innere des Doms eingeführt. Die meistbenutzte Vorwärmerdruckleitung endet in einer Ringleitung; diese liegt unmittelbar unter dem Domdeckel, ist nach der Mitte zu durchlöchert und läßt so das Speisewasser in dünnen Strahlen austreten. Um den Leitungswiderstand in der weniger benutzten Druckleitung von der Strahlpumpe möglichst gering zu halten, ist hier als Abschluß eine schwach nach unten gerichtete breite Öffnung, ein sog. Froschmaul, vorgesehen.

Unter diesen Austrittsöffnungen ist der eigentliche Schlammabscheider eingebaut, der aus einer je nach der Höhe des Domes größeren oder kleineren Anzahl rechtwinklig gegeneinander versetzter Hürden von nach oben geöffneten Winkeleisen besteht. Durch das Aufprallen auf die Winkelrosthürden werden die einzelnen Wasserstrahlen weiter kräftig zerstäubt. Der verhältnismäßig langsame Abfluß über die große Zahl von Träufelkanten der einzelnen Hürden läßt einem großen Teil der Kesselsteinbildner Zeit, sich in der hohen Temperatur des Dampfraumes auszuscheiden und an den Hürden abzusetzen. Um das über die Hürden träufelnde, noch immer Kesselstein enthaltende Wasser daran zu verhindern, daß es senkrecht auf das Rauch- und Heizrohrbündel niederfließt und dort, also gerade auf der Heizfläche, Kesselstein absondert, ist ihm sein Weg durch einen um das Rohrbündel herumgelegten, aus Kesselwand und Ablenkblechen (sog. Rieselblech) gebildeten Blechkanal vorgeschrieben, der im unteren Teil des Kessels endet.

Am Boden des Kessels ist ein geräumiger sog. Schlammsack zur Aufnahme der aus dem Speisewasser ausgefällten Schlammengen angeordnet. Ein von außerhalb des Rahmens mit Gestänge zu betätigendes Abschlammorgan ermöglicht (bei kleinem Kesseldruck) ein Entschlammen nach jeder Fahrt. Ein zweites Abschlammorgan derselben Bauart, das über dem Bodenring der Feuerbüchse eingebaut ist, dient demselben Zweck. Bei den neuen Lokomotiven werden am Schlammsammler, wie der Schlammsack auch bezeichnet wird, noch besondere Waschluken vorgesehen, um ihn und den unteren Teil des Rohrbündels besser von den Schlammablagerungen reinigen zu können. Ebenso ist zur Säuberung der Ablenkbleche auf beiden Seiten des Langkessels etwas oberhalb der Kesselmitte je eine Waschluke angeordnet.

Als Abschlammorgane werden neuerdings nur Schieber verwandt. Abb. 311 zeigt den Abschlammschieber, Bauart Strube, der auch zum Einbau an den neu zu bauenden Lokomotiven vorgesehen ist.

Der Schieberkörper hat nicht die im allgemeinen Maschinenbau üblichen keilförmigen, sondern zwei parallele Verschlußplatten 1, die lose in dem ringförmigen, mit der Schieberspindel 3 zwangläufig verbundenen Führungskörper 2 geführt werden. Beide Verschlußplatten werden von einem Messingdraht zusammengehalten, der beim Ausbau des Schieberkörpers ein Herausfallen der in ihm gelagerten Kugelfüllung 4 verhindern

Speisedom, Schlammabscheider, Abschlammventile. 375

soll. Die zwischen den Verschlußplatten in einer zylindrischen Bohrung des Schieberkörpers gelagerten Präzisionskugeln sind aus bestem, nicht rostendem Metall hergestellt. In den kugelgefüllten Hohlraum ragt von hinten durch den Führungskörper hindurch ein Druckstempel 5 hinein. Sobald beim Schließen des Schiebers der Schieberkörper soweit verschoben ist, daß die Verschlußplatten die Durchflußöffnungen im Gehäuse ganz überdecken, setzt der Druckstempel mit seinem linken Ende auf einen entsprechenden Ansatz des Schiebergehäuses auf und wird unter dem weiteren Druck der Schieberspindel in den mit den Kugeln angefüllten Raum hinein-

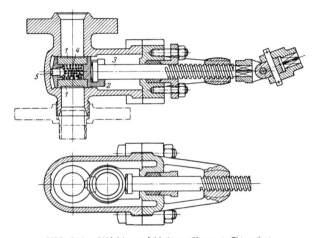

Abb. 311. Abschlammschieber (Bauart Strube).

gepreßt. Der Druck, den der Stempel dabei auf die Kugeln ausübt, pflanzt sich in der Kugelfüllung gleichmäßig nach allen Seiten hin fort und preßt wie bei der Druckübertragung durch eine Flüssigkeit ("hydraulisch wirkende Füllung") die beiden Verschlußplatten gleichmäßig gegen die Dichtflächen im Gehäuse. Hierdurch wird eine vollkommene, von Kesseldruck und Temperatur unabhängige Abdichtung erreicht. Beim Öffnen des Schiebers läßt der Stempeldruck und damit der Druck der Kugelfüllung nach. Ebenso verringert sich der Verschlußplattendruck auf die Gehäusedichtflächen, so daß sich der Schieber leicht öffnen läßt. Ein am Ende der Schieberspindel vorgesehenes Kreuzgelenk ermöglicht in jedem Falle, das Handrad des Betätigungsgestänges an der Lokomotive so anzuordnen, daß es dem Personal leicht zugänglich ist.

Einen dem Strube-Schieber in seiner Bauart fast gleichen Abschlammschieber von Ludwig, der versuchsweise an verschiedenen Lokomotiven eingebaut ist, stellt Abb. 312 dar; er wird von der Firma Henschel & Sohn in Kassel geliefert. Bei ihm werden die beiden parallelen

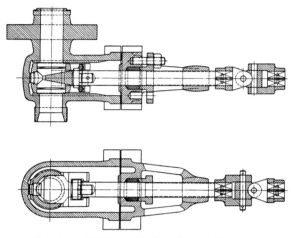

Abb. 312. Abschlammschieber (Bauart Ludwig).

Verschlußplatten nicht durch eine Kugelfüllung, sondern durch Keilbacken an die Dichtflächen gepreßt.

Versuchsweise ist bei einigen Schiebern dieser Bauart zwischen Ventilspindel und Führungskörper oder zwischen den beiden Keilbacken eine Feder angeordnet, die infolge dauernder Vorspannung ein Abklaffen der Verschlußplatten von der Gehäusewand und damit ein Eindringen von Kesselstein an diesen Stellen verhindern soll.

10. Neueste Form des Einheitskessels und Überhitzers.

Wir bringen als Abschluß der Betrachtungen über die einzelnen Kesseleinrichtungen in Abb. 313 noch die Schnittzeichnung eines großen Einheitskessels, wie er bei den Schnellzuglokomotiven mit der Achsfolge 2 C 1= und bei den 1 E=Güterzuglokomotiven in Zukunft verwandt werden soll. Es fällt sofort die Länge des Kessels ins Auge. Die Entfernung zwischen den beiden Rohrwänden, die beispielsweise beim G 12=Kessel 4800 mm und beim P 8=Kessel 4700 mm betrug, ist von zuerst 5800 mm letzthin auf 6800 mm festgelegt worden. Die für den Lauf

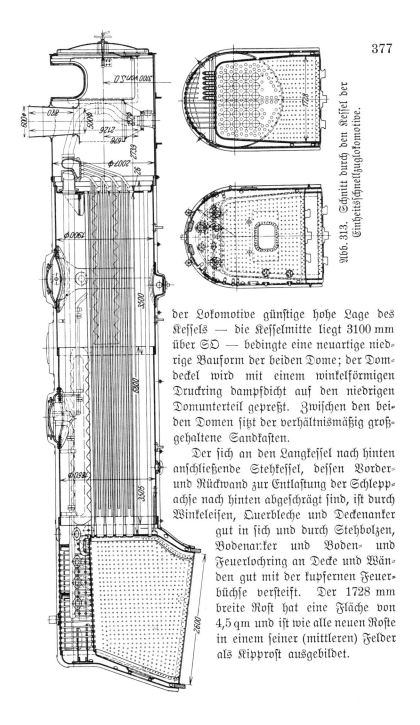

Abb. 313. Schnitt durch den Kessel der Einheitsschnellzuglokomotive.

der Lokomotive günstige hohe Lage des Kessels — die Kesselmitte liegt 3100 mm über SO — bedingte eine neuartige niedrige Bauform der beiden Dome; der Domdeckel wird mit einem winkelförmigen Druckring dampfdicht auf den niedrigen Domunterteil gepreßt. Zwischen den beiden Domen sitzt der verhältnismäßig großgehaltene Sandkasten.

Der sich an den Langkessel nach hinten anschließende Stehkessel, dessen Vorder- und Rückwand zur Entlastung der Schleppachse nach hinten abgeschrägt sind, ist durch Winkeleisen, Querbleche und Deckenanker gut in sich und durch Stehbolzen, Bodenanker und Boden- und Feuerlochring an Decke und Wänden gut mit der kupfernen Feuerbüchse versteift. Der 1728 mm breite Rost hat eine Fläche von 4,5 qm und ist wie alle neuen Roste in einem seiner (mittleren) Felder als Kipprost ausgebildet.

Nach vorn schließt sich an den Langkessel die rd. 2700 mm lange Rauch=
kammer an; sie ist durch einen Zwischenring in konstruktiv einfacher Form
mit dem Langkessel verbunden; ihre Länge genügt, um ein Zusetzen der
unteren Heizrohre mit Lösche zu verhindern. Man erkennt in der Ab=
bildung deutlich die Nischen für den Vorwärmer und die Pumpen. Der
Funkenfänger ist in seinem oberen Teil
zylindrisch, unten in dem das Blasrohr
umschließenden Teil konisch durchgebildet;
er ist zweiteilig, nach den Seiten aufklapp=
bar und leicht pendelnd aufgehängt. Durch

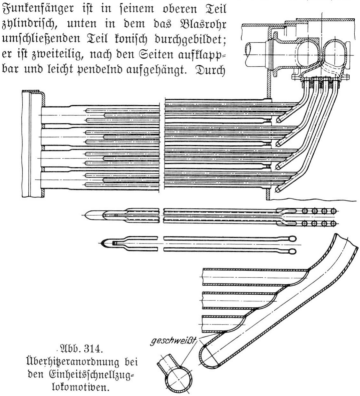

Abb. 314.
Überhitzeranordnung bei
den Einheitsschnellzug=
lokomotiven.

das Pendeln während der Fahrt soll ein Ansetzen von Flugasche ver=
hindert werden.

Der an das Reglerrohr angeschlossene Dampfsammelkasten ist, wie
Abb. 314 erkennen läßt, zweiteilig ausgeführt; Naßdampf= und Heiß=
dampfkammer sind voneinander getrennt angeordnet, so daß eine Rück=
kühlung des überhitzten Dampfes von der Naßdampfkammer her nicht
möglich ist.

Die große Länge der Rauchrohre zwischen den Rohrwänden gestattete die Ausbildung einer einfacheren, aber doch wirksamen Überhitzerform, deren Bauart Abb. 314 zeigt. In jedem Rauchrohr sind 3 U-förmig nach Art der Vorwärmerrohre gebogene Überhitzerrohre übereinander verlegt, deren sechs Enden zu je drei in einem Zuleitungsrohr von der Naßdampf- und zu der Heißdampfkammer eingeschweißt sind. Diese von der bisher üblichen Schlangenform abweichende Bauart gestattet eine wesentlich leichtere Reinigung und führt bei der Länge der Rohre im Verein mit der großen, also trockenen Dampf liefernden Verdampfungsoberfläche zu den erwünschten hohen Überhitzungstemperaturen. Die Umkehrenden der oberen und unteren Überhitzerrohre jedes Rauchrohres sind bis auf 350 mm, die des mittleren bis auf 500 mm an die hintere Rohrwand herangeführt. Die große Zahl der Überhitzerrohre — es sind insgesamt 72 eingebaut — gewährleistet einen ausreichenden Dampfdurchgang auch bei großen Leistungen.

VIII. Die Bremsen.
1. Allgemeines.

Die vorangegangenen Abschnitte sollten den Leser mit den verschiedenen Mitteln vertraut machen, die es ermöglichen, große Menschen- und Gütermengen mit hohen Geschwindigkeiten in Fahrzeugen auf Schienen zu befördern. Zu diesem Zwecke wird das Arbeitsvermögen eines Energieträgers — sei es nun Kohle oder ein anderer Brennstoff oder, wie bei verschiedenen elektrisch betriebenen Bahnen, ein Wassergefälle — in Zugförderungsarbeit umgewandelt. Die von dem antreibenden Fahrzeug ausgeübte Zugkraft dient dazu, den Zug in Bewegung zu setzen, ihn zu beschleunigen und weiterhin die beim Lauf auftretenden Widerstände zu überwinden. Als Widerstände machen sich auf gerader ebener Strecke vor allem die gleitende Reibung im Triebwerk der Lokomotive und in allen Lagern des Zuges, die rollende Reibung zwischen Rad und Schiene, Stöße durch Unebenheiten in den Schienen und die Luft geltend. In Gleiskrümmungen tritt noch eine Erhöhung der gleitenden Reibung ein. In Steigungen muß die Zugkraft das ganze Zuggewicht um das Maß des Höhenunterschiedes heben. In Gefällen vermindert sich andererseits die Zugförderungsarbeit der Lokomotive durch die von der Schwerkraft bei der Senkung des Zuges geleistete Arbeit, bei starken Gefällen in einem Maße, daß nicht nur die Lokomotive überhaupt keine Arbeit mehr zu leisten braucht, sondern daß sogar noch durch Bremsung die überschüssige Arbeit der Schwere aufgezehrt werden muß.

Die Zugarbeit der Antriebsmaschine wird also wieder umgewandelt in Nutzarbeit und Verlustarbeit. Verloren geht die durch Reibungs-, Stoß- und Luftwiderstand hervorgerufene Reibungswärme. Dagegen ist die Arbeit zur Überwindung der Steigung in großem Umfange nutzbar. Auf Ablaufbergen wird z. B. die Steigungsarbeit eines Wagens beim Hinaufdrücken hinterher beim Abrollen zur Beschleunigung und Überwindung der Reibungswiderstände ausgenutzt. Nutzbar ist auch zum Teil die Beschleunigungsarbeit. Sie hat dem Zuge eine große Wucht, eine **„lebendige Kraft"**, verliehen, die es ihm möglich macht, ohne Zu-

führung neuer Zugarbeit durch die Antriebsmaschine (z. B. nach Ab=
sperren des Dampfes) noch längere Strecken zu durchlaufen, auszulaufen,
bis die Reibungswiderstände und etwa auftretende Steigungen die ganze
lebendige Kraft aufgezehrt haben. Bei in den Weg gestellten Hinder=
nissen tritt die lebendige Kraft als Zerstörungsarbeit auf.

Das Auslaufen des Zuges bis zum Stillstand würde allerdings, be=
sonders bei höheren Geschwindigkeiten, viel Zeit erfordern und das Halten
an bestimmter Stelle erschweren. Um die Zeit abzukürzen, den Ort des
Haltens in der Hand zu haben und vor Hindernissen den Zug rechtzeitig
zum Stehen zu bringen, ist es von größter Wichtigkeit, die lebendige
Kraft zu beherrschen. Sie zu zügeln, ist der Zweck der Bremsen.

Die lebendige Kraft eines sich bewegenden Körpers wächst mit seiner
Masse, also mit seinem Gewicht. Ein 40 t schwerer Wagen hat z. B. bei
einer bestimmten Geschwindigkeit doppelt so viel lebendige Kraft wie
ein 20-t-Wagen. Sie steigt ferner mit dem Quadrate der Geschwindigkeit
an. Läßt man den 20-t-Wagen einmal mit 20, dann mit 40 und schließlich
mit 100 km/Std. laufen, so ist seine lebendige Kraft bei 40 km/Std. gegen=
über der bei 20 km/Std. auf das $2 \times 2 = 4$fache und bei 100 km/Std.
auf das $5 \times 5 = 25$fache gewachsen. Daraus geht hervor, daß in einem
Zuge um so mehr wirksame Bremsen vorhanden sein müssen, je schwerer
er ist und besonders je schneller er fährt. In Gefällen, in denen der Zug
noch durch sein eignes Gewicht beschleunigt wird, muß die Zahl der
Bremsen noch entsprechend vergrößert werden. In den Bremstafeln
des § 55 der BO. ist ausdrücklich festgelegt, wieviel vom Zuggewicht bei
bestimmten Geschwindigkeiten und Neigungen abgebremst werden muß.

Die Bremsen sollen die lebendige Kraft ganz oder teilweise in eine
andere Arbeitsform umwandeln. Bei den üblichen Bremsarten wird
sie entweder durch Erzeugung von Wärme und Zerstörung besonderen
Bremsmaterials infolge erheblich vermehrter Reibung — Reibungs=
bremsen — oder durch Widerstandsarbeit infolge Umschaltung der
Antriebsmaschine — Gegenkraftbremsen — aufgezehrt.

Zu den **Reibungsbremsen** gehören besonders die Klotzbremsen
— auch Radreifenbremsen genannt. Bei ihnen werden gegen die
Radreifen einzelner oder aller Räder Bremsklötze gedrückt. Sie sind bei
fast allen Eisenbahnfahrzeugen in Anwendung und sollen daher später
genauer beschrieben werden. Reibungsbremsen sind ferner die bei Zahn=
radlokomotiven verwendeten Bandbremsen, die bei Bergbahnen als
Gefahrbremse dienenden Zangenbremsen — bei ihnen greift eine
Zange um den Schienenkopf —, sowie die veralteten Schlitten= und

Keilbremsen. Bei diesen beiden Bremsarten wurden (unter Reibung rutschende) Gleitstücke auf die Schienen gedrückt; dadurch wurden die Räder entlastet, deshalb aber auch die Sicherheit der Führung im Gleis vermindert.

Der Verschleiß des Bremsmaterials, der besonders in langen Gefällstrecken sehr groß werden kann, ließ schon vor langer Zeit den Wunsch aufkommen, die lebendige Kraft, die aus der Beschleunigungsarbeit der Antriebsmaschine entstanden war oder in langen Gefällen aus der Schwerkraft immer wieder neu erwuchs, wieder in eine gleichfalls an den Rädern angreifende, nur entgegengesetzt wirkende Verzögerungsarbeit umzuwandeln. Bei der Dampflokomotive lag es nahe, dies einfach durch Rückwärtslegen der Steuerung und Gegendampfgeben zu erreichen. Die schädlichen Einflüsse auf Schieber und Zylinder rechtfertigen diese Bremsart aber nur für Fälle äußerster Gefahr. Die schädlichen Nebenerscheinungen machten, wie vorn im Abschnitt „Gegendruckbremsen" beschrieben wurde, die Einrichtung zur Betriebsbremsung ungeeignet. Le Chatelier verbesserte zwar schon im Jahre 1865 die Gegendampfbremse dadurch, daß er ein Dampf-Wasser-Gemisch in die Ausströmrohre einspritzte, aber erst Riggenbach gelang später die Durchbildung einer wirklich brauchbaren Gegenkraftbremse, der nach ihm benannten Gegendruckbremse. Sie dient in der Hauptsache als „Senkbremse" in langen Gefällen (vgl. S. 121—126).

Zu den Gegenkraftbremsen ist ferner noch die elektrische Bremsung von elektrischen Lokomotiven oder elektrischen Triebwagen zu zählen. Bei Talfahrten werden die Motoren des Fahrzeuges so umgeschaltet, daß sie nicht mehr Strom verbrauchen und Arbeit abgeben, sondern umgekehrt Arbeit verzehren und Strom erzeugen. Dieser Strom wird entweder in das Fahrleitungsnetz als Nutzstrom zurückgeschickt oder, wo dies auf Schwierigkeiten stößt, in elektrischen Widerständen in Wärme umgesetzt.

2. Die Klotzbremsen.

Bei den Klotzbremsen wird die lebendige Kraft des Zuges an den rollenden Rädern durch gegen die Radreifen gepreßte Bremsklötze in Reibungswärme und Stoffverschleiß umgewandelt. Zu näherer Betrachtung des Bremsvorgangs mögen die Abb. 315 und 316 dienen. An einem sich zunächst nicht bewegenden Rade (Abb. 315) greife in der Mitte, also im Achslager, die Kraft Z an. Das Rad würde auf seiner Unterlage, der Schiene, fortgleiten, ohne zu rollen, wenn nicht im Punkte A

Die Klotzbremsen. 383

dieser Gleitbewegung ein Widerstand entgegenträte. In A ruht das Rad mit dem Gewichte Q, seinem eigenen und dem auf ihm lastenden Gewicht, auf dem Punkt A' der Schienen. Durch das Gewicht Q wird eine Widerstandskraft der ruhenden Reibung R hervorgerufen, die den Punkt A auf A' festhalten will. Das Rad muß sich also, von Z vorwärts gezogen, von R rückwärts festgehalten, in Richtung des gezeichneten Pfeils drehen.

Die Kraft R ist um so größer, je größer das Gewicht Q ist; sie ist ferner abhängig von der Beschaffenheit der aufeinander ruhenden Teile:

$$R = \mu_0 \cdot Q \ ^1).$$

Der Wert μ_0 bezeichnet die Reibungszahl der Ruhe. Er ist bei trockenen, glatten Schienen etwa $^1/_5$ und etwas darüber; bei schlüpfrigen Schienen ist er geringer, bei gesandeten höher. Zur Vorsicht rechnet man im allgemeinen nur mit $\mu_0 = 0{,}135$.

Die Kraft Z sei durch die lebendige Kraft des zu dem Rade gehörenden Fahrzeugs oder durch die Schwerkraft im Gefälle hervorgerufen. Wird

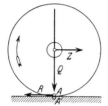
Abb. 315. Kräfte am rollenden Rade.

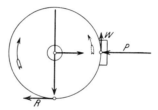
Abb. 316. Kräfte am gebremsten rollenden Rade.

nun durch eine Kraft P ein Bremsklotz gegen das Rad gedrückt (Abb. 316), so entsteht infolge der gleitenden Reibung zwischen Klotz und Radreifen eine Widerstandskraft $W = \mu \cdot P$. Hier ist μ [2]) die Reibungszahl der gleitenden Reibung zwischen Bremsklotz und Radreifen; sie ist ebenfalls von der Beschaffenheit der aufeinanderreibenden Stoffe, sowie ferner sehr von der Geschwindigkeit abhängig. μ ist bei gußeisernen Bremsklötzen und bei höheren Geschwindigkeiten $^1/_6$ und weniger, bei geringeren Geschwindigkeiten erheblich höher, z. B. etwa $^1/_3$ bei 10 km/Std. Um alle ungünstigen Einflüsse, wie Staub und Schmutz zwischen Klotz und Radreifen, ungenügendes Anliegen der Bremsklötze beim Bremsen usw., zu berücksichtigen, setzt man bei Bremsberechnungen $\mu = ^1/_{10}$.

---

[1]) μ_0 sprich: mü Null; μ ist ein griechischer Buchstabe.
[2]) μ sprich: mü.

Die Kraft W hemmt die Drehbewegung des Rades und damit die Bewegung des Fahrzeuges. Sie läßt sich durch Veränderung der Druckkraft P beliebig regeln. Zu vermeiden ist aber, daß die Kraft W größer als die Kraft R wird. Denn in diesem Falle hört die Drehbewegung auf, das Rad rollt nicht mehr, sondern gleitet durch die Kraft Z vorwärtsgetrieben auf der Schiene. An Stelle der Reibungszahl der ruhenden Reibung tritt dann die erheblich geringere Reibungszahl der gleitenden Reibung zwischen Rad und Schiene μ' [1]). Da μ' kleiner als μ_0 ist, ist auch die Widerstandskraft $R' = \mu' \cdot Q$ kleiner als $R = \mu_0 \cdot Q$. Ein Zug wird daher bei festgebremsten, gleitenden Rädern bedeutend später zum Halten kommen als bei noch eben rollenden Rädern. Außerdem werden durch das Gleiten der Räder auf den Schienen die Radreifen an einer einzelnen Stelle stark abgenutzt; es bilden sich flache Stellen, „Schleifstellen", die nach Lösen der Bremse heftige Schläge auf die Schienen ausüben.

An sich sind die Vorgänge bei der Klotzbremsung verwickelter als sie eben geschildert wurden. Es sollte hier aber nur gezeigt werden, daß der Bremsklotzdruck P nicht beliebig gesteigert werden kann; nach Überschreiten einer bestimmten von verschiedenen Umständen abhängigen Grenze, der Rollgrenze, drehen sich die Räder nicht mehr und die Bremswirkung wird erheblich kleiner. Es ist jetzt weiter zu verstehen,

daß der Bremsklotzdruck bei schneller Fahrt weit größer sein kann als bei geringerer Geschwindigkeit (bei der μ größer ist),

daß bei leeren Fahrzeugen der Bremsklotzdruck niedriger sein muß als bei beladenen (je kleiner Q ist, um so kleiner wird R; wird R kleiner als W, so rollt das Rad nicht mehr)

und schließlich, daß er bei gesandeten Schienen (dann wird μ_0 und damit R größer) stärker sein kann als bei schlüpfrigen Schienen.

Die **Bremsklötze** waren früher auch bei Eisenbahnfahrzeugen aus Holz, vorwiegend Pappel- oder Rotbuchenholz. Heute werden sie fast nur noch aus Gußeisen besonderer Zusammensetzung hergestellt. Gußeisen ist zwar teurer, hat aber eine erheblich höhere Lebensdauer als Holz. Bei Gußeisen ist ferner der Reibungswert μ vom Wetter ziemlich unabhängig, bei Holz wird er durch Nässe stark heruntergesetzt. Hölzerne Bremsklötze haben weiterhin den Nachteil, daß sie sich bei langer Bremsung zu stark erwärmen und infolgedessen verkohlen oder überhaupt verbrennen.

---

[1]) μ' sprich: mü Strich.

Die Klotzbremsen. 385

In den Abb. 317—320 sind einige Formen gußeiserner Bremsklötze der Deutschen Reichsbahn dargestellt. Die Abb. 317 zeigt einen Bremsklotz für neuere Güterwagen und für zweiachsige Personen= und Gepäckwagen neuer Bauart, Abb. 318 einen Bremsklotz für Personenwagen mit Drehgestellen und Abb. 319 einen Bremsklotz für Lokomotiven. Neuerdings werden bei Personen= und Gepäckwagen auch **zweiteilige Bremsklötze** verwandt (Abb. 320). Bei ihnen wird eine gußeiserne Sohle durch einen gebogenen Keil in einem flußeisernen Schuh (in Abbildung noch „Halter" genannt) festgehalten. Die Sohle läßt sich, wenn

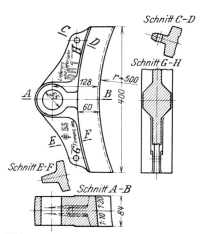
Abb. 317. Bremsklotz für Güterwagen und für zweiachsige Personen= und Gepäckwagen.

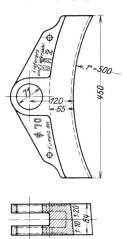
Abb. 318. Bremsklotz für Personenwagen mit Drehgestellen und KKS=Bremse.

sie abgenutzt ist, viel leichter auswechseln als ein abgenutzter Bremsklotz. Außerdem wird beim zweiteiligen Bremsklotz nach Abnutzung nur der schmale Sohlenrest, beim einteiligen Klotz dagegen etwa die Hälfte seines ursprünglichen Gewichtes zum Schrott geworfen.

Die Bremsklötze werden nach Möglichkeit in Höhe der Radmitte angeordnet. Nur da, wo ein enger Achsstand diese Lage nicht zuläßt, werden sie tiefer gelegt. Greifen an einem Rade, wie im allgemeinen bei Tendern und Wagen, zwei Bremsklötze an, so verteilt sich der gesamte Bremsklotzdruck für das eine Rad auf zwei Klötze; das Achslager wird, weil diese einander gegenüberstehen, von Seitendrücken durch die Bremskraft nicht beansprucht. Bei Lokomotiven ist meist kein Platz vorhanden, um

Brosius=Koch, Lokomotivführer II, 14. Aufl. 25

386   Die Bremsen.

an jedem Rade zwei Bremsklötze anzubringen; sie müssen daher in der Regel einseitig abgebremst werden. Man muß dann allerdings den Nachteil in Kauf nehmen, daß an den Bremsklötzen große Flächendrücke und in den Achslagern Seitendrücke auftreten, hat aber andererseits viel Platz gewonnen und kann ein einfacheres Bremsgestänge anwenden.

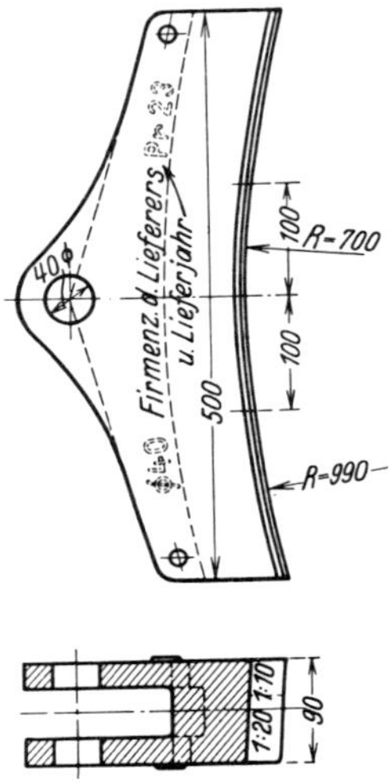

Abb. 319. Bremsklotz für Lokomotiven. 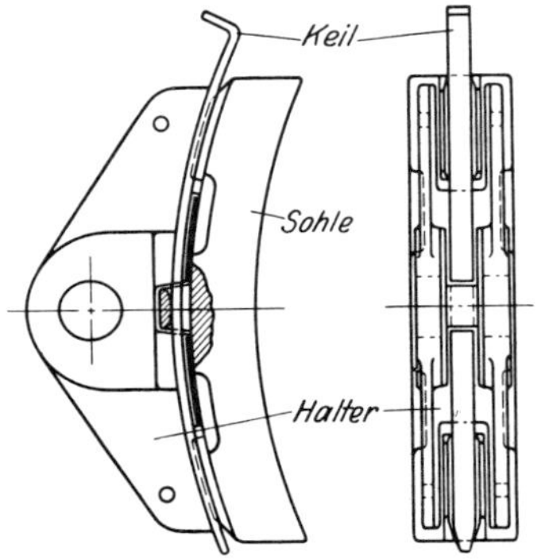   Abb. 320. Zweiteiliger Bremsklotz.

Zwischen Bremsklotz und Radreifen soll bei nicht angezogener Bremse ein Spielraum von etwa 5—6 mm vorhanden sein. Damit der Spielraum an der ganzen Reibfläche des Bremsklotzes gleich groß ist, sind am Klotz Abdrückfedern angebracht.

Das **Bremsgestänge** hat die Aufgabe, die Kraft, die zuletzt die Bremsklötze gegen die Radreifen drückt, von der Stelle, wo sie zunächst ausgeübt wird, von der Handbremse, vom Bremszylinder der Luftbremse oder von einer anderen Kraftquelle aus, auf die Klötze zu übertragen und dabei — wegen des notwendigen hohen Klotzdrucks — zu verstärken. Es wird deshalb als Hebelübersetzung gebaut: eine kleine Kraft an dem langen Arm eines Hebels übt an dem kurzen eine entsprechende stärkere Kraft aus. Ist der lange Arm z. B. doppelt so lang wie der kurze, so ist die Kraft an diesem doppelt so groß wie an dem langen Arm. Ausgleichhebel im Bremsgestänge sorgen ferner dafür, daß die Bremskraft auf alle Bremsklötze gleichmäßig (gelegentlich auch auf einzelne bestimmte stärker als auf andere) verteilt wird.

Die Klotzbremsen. 387

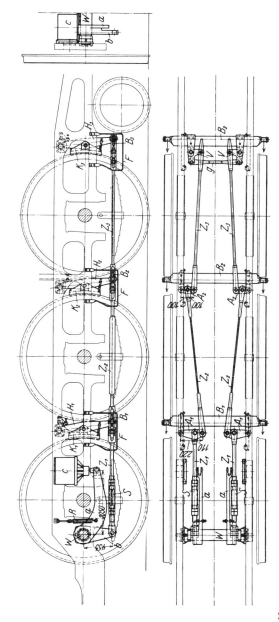

Abb. 321. Bremsgestänge einer Schnellzuglokomotive.

25*

Ein einfaches übersichtliches Bremsgestänge, das der 2C1-Lokomotive der Bauartreihe 01, ist in Abb. 321 dargestellt. Die Bremskraft wird in zwei Bremszylindern C auf jeder Lokomotivseite durch Druckluft erzeugt. Die Luft drückt bei eingeleiteter Bremsung die Hebelarme a der Winkelhebel a b hinunter, die Arme b ziehen die Zugstangen Z_1, Z_2 und Z_3, damit die Bremsbalken B_1, B_2 und B_3 und die Hängeeisen H_1, H_2 und H_3 mit den Bremsklötzen K_1, K_2 und K_3 gegen die Radreifen.

Die Bremskraft der Bremszylinder C wird durch die Winkelhebel a b und die Hängeeisen H_1, H_2 und H_3 vervielfältigt. Am Hebel a b greift die Kraft am langen Arm a = 1050 mm an und wird am kurzen Arm b = 455 mm, im Verhältnis a/b = 1050/455 verstärkt, an die Zugstangen und Bremsbalken weitergegeben. Die Hängeeisen H_1, H_2 und H_3 sind einarmige Hebel. Ihr Drehpunkt ist das oben liegende Hängeeisenlager. Die beiden Arme des Hebels sind gewissermaßen aufeinandergelegt. Der Bremsklotzdruck ist $\dfrac{400+450}{400}$ mal so stark wie die Zugkraft am Bremsbalken.

Zum Ausgleich der Bremsklotzdrücke auf jeder Lokomotivseite dienen die Ausgleichhebel A. Die Hebel A_1 am Bremsbalken B_1 sind 330 mm lang. Auf jeder Seite wird von der Zugkraft der Zugstange Z_1 ein Teil auf die Stange Z_2, der andere auf dem Bremsbalken B_1 weitergegeben. Da die Entfernung des Angriffspunktes der Stange Z_1 von den der Stangen Z_2 110 mm und von dem des Balkens B_1 220 mm beträgt, verteilt sich die Zugkraft von Z_1 auf Z_2 und B_1 so, daß Z_2 doppelt soviel wie B_1, d. h. also Z_2 zwei Drittel und B_1 ein Drittel der Zugkraft von Z_1 erhält. Die Ausgleichhebel A_2 sind im Verhältnis 100 zu 100 geteilt, d. h. die Zugkraft der Stange Z_2 wird zur Hälfte auf den Balken B_2, zur anderen Hälfte auf die Stange Z_3 und damit auf den Balken B_3 übertragen. Da die Stange Z_2 zwei Drittel von der Zugkraft der Stange Z_1 erhalten hat, werden also von dieser auf die Balken B_1, B_2 und B_3 je ein Drittel gleichmäßig verteilt.

Die Bremshebel a b beider Bremszylinder C sitzen fest auf einer gemeinsamen Welle, der Bremswelle W. Die Hebel a b auf jeder Seite werden jeweils um den gleichen Winkel gedreht, die Stangen Z_1 um das gleiche Maß angezogen. Das hat zunächst einen Nachteil. Nimmt man an, daß z. B. auf der rechten Seite einige Bremsklötze stärker abgenutzt sind als auf der linken, so würden die Bremsklötze der rechten Seite gar nicht zum Anliegen kommen, weil die anliegenden Klötze der linken Seite ein stärkeres Anziehen des Bremsgestänges der rechten Seite verhindern.

Die Klotzbremsen. 389

Wenn daher die Bremsklotzdrücke auf alle Räder gleich groß sein sollen, müssen die Bremsgestänge beider Seiten miteinander ausgeglichen sein.

Bei der in Abb. 321 dargestellten Bremsanordnung wird dies durch Winkelhebel V und die Ausgleichstange g erreicht. Liegen, wie vorhin angenommen, die Bremsklötze der linken Seite schon an, die der rechten aber noch nicht, so kann die Druckluft der Bremszylinder die Welle noch weiter drehen, bis durch den rechten Hebelarm a und vom linken Gestänge aus durch die Ausgleichhebel V und die dazwischenliegende Stange g alle Klötze auch im rechten Gestänge gegen die Radreifen gedrückt werden. Die Bremskraft verteilt sich dann auf alle Klötze gleichmäßig.

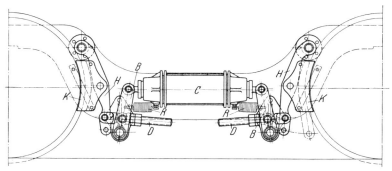

Abb. 322. Bremsanordnung bei einem Drehgestell.

Um den Hub der Kolben in den Bremszylindern bei allmählicher Abnutzung der Bremsklötze nicht zu groß werden zu lassen, können die Gestänge auf beiden Seiten durch die Spannschrauben S nachgestellt werden. Fangbügel F verhindern ein Herabfallen gebrochener Bremsbalken. Durch Rückstellfedern R wird das Bremsgestänge beim Lösen der Bremse wieder in die Ruhelage gebracht.

Abb. 322 zeigt die Anordnung der Bremse an dem vorn auf S. 196 beschriebenen Drehgestell einer Schnellzuglokomotive. Auf jeder Seite befindet sich ein Bremszylinder C, in dem zum Bremsen durch Druckluft zwei Kolben nach außen gedrückt werden. Durch die Bremshebel B, die Druckstangen D und die Hängeeisen H werden die Bremsklötze K an die Radreifen gepreßt. Die Nachstellung erfolgt an den Druckstangen D, die Rückstellung nach Lösen der Bremse durch die Rückstellfedern R.

Das Bremsgestänge eines zweiachsigen Güterwagens mit Kunze=Knorr=Bremse, das hier gleich mitbehandelt sei, gibt die

Die Bremsen.

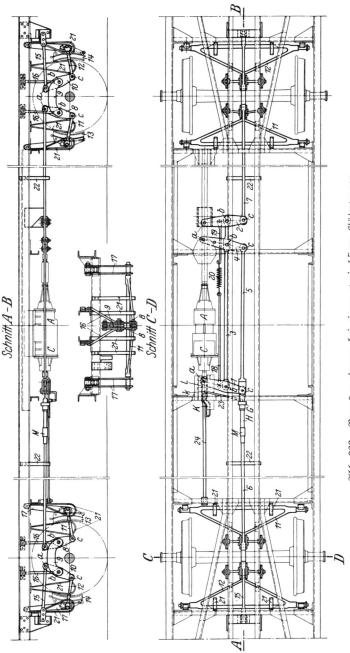

Abb. 323. Bremsanordnung bei einem zweiachsigen Güterwagen.

Abb. 323 wieder. Der Bremszylinder der Kunze-Knorr-Güterzugbremse wirkt beim beladenen Wagen doppelt; beim Bremsen wird die Kolbenstange des Bremszylinderteils C herausgestoßen und die des Teils A in den Zylinder hineingezogen. Zur einfacheren Erklärung sei zunächst die Wirkung des Bremszylinderteils C betrachtet. Der Leser möge sich den zum Teil A gehörenden Ausgleichhebel 4 und die Zugstange 5 wegdenken.

Die C-Kolbenstange greift an dem Punkte a des Ausgleichhebels 1 an und dreht diesen beim Bremsen einmal um den Punkt b, wodurch die bei c angeschlossene Hauptbremszugstange 6 angezogen wird, ferner aber auch um den Punkt c, so daß die bei b befestigte Verbindungsstange 3 den Ausgleichhebel 2 um dessen festen Drehpunkt a dreht und dadurch auch die Hauptbremszugstange 7 anzieht. Die Hauptbremszugstangen 6 und 7 fassen die Bremshebel 8 an den Punkten a, drehen sie einmal um die Punkte b, so daß die bei c befestigten Bremsdreiecke 11 mit den Bremsklötzen 13 gegen die Radreifen gezogen werden, ferner um die Punkte c, wodurch mittels der Bremshebelverbindungen 9 zwischen den Punkten 8b und 10b auch die Bremshebel 10 um die Punkte a gedreht werden und die Bremsdreiecke 12 mit den Bremsklötzen 14 angezogen werden. Die Bremshebel 10 sind durch die Endbremsstangen 15 mit dem Wagenrahmen verbunden. An den Punkten b hängen die Bremshebel 8 und 10 pendelnd an den Bremshängeeisen 16. Die Bremsdreiecke 11 und 12 sind an den schräg gestellten Bremsklotzhängeeisen 17 so aufgehängt, daß bei gelöster Bremse die Dreiecke und die Bremsklötze durch ihr eigenes Gewicht von den Radreifen weggezogen werden. Das Zurückgehen des Bremsgestänges in die Lösestellung wird auch durch die zwischen den Ausgleichhebeln 1 und 2 angeordnete Rückziehfeder 20 mit den Rückziehstangen 18 und 19 erleichtert. Die Fangschlingen 21 und die Fangbügel 22 bewahren etwa gebrochene Teile vor dem Hinunterfallen.

Der Teil A des Bremszylinders verstärkt beim beladenen Wagen die Bremswirkung des Teiles C. Beim Bremsen wird, wie schon oben erwähnt, die A-Kolbenstange in den Zylinder hineingezogen. Sie dreht dann den Ausgleichhebel 4 herum und zieht damit auf der einen Seite die Hauptbremszugstange 6 und auf der anderen Seite über die an dem Hebel 4 ebenfalls angeschlossene Verbindungsstange 3 und den Ausgleichhebel 2 auch die Hauptbremszugstange 7 der anderen Seite an.

Bei Wagen kann die Bremse nur in größeren Zeitabständen nachgestellt werden. Dies hat zur Folge, daß der Hub der Kolben infolge der

Bremsklotzabnutzung immer größer und daher die volle Bremskraft immer weniger erreicht wird. Das Nachstellen geschieht bei den einzelnen Wagen eines Zuges auch zu verschiedenen Zeiten, so daß die Bremskolbenhübe verschieden groß sind und infolgedessen die Wagen ungleichmäßig gebremst werden. Die Nachstellarbeit erfordert außerdem stets Unterhaltungskosten, die bei dem großen Wagenpark der Reichsbahn nicht unerheblich sind.

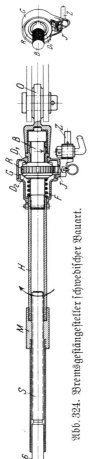

Abb. 324. Bremsgestängesteller schwedischer Bauart.

Diese Nachteile ließen schon lange — besonders nach Einführung der durchgehenden Bremse bei Güterwagen — den Wunsch nach einer selbsttätig wirkenden Nachstellvorrichtung für das Bremsgestänge aufkommen. Bei der Deutschen Reichsbahn wird jetzt an allen neuen Wagen der Bremsgestängesteller schwedischer Bauart eingebaut.

Der Bremsgestängesteller wird im allgemeinen, wie aus der Abb. 323 erkennbar, zwischen den Ausgleichhebel 1 und die Zugstange 6 des Bremsgestänges eingeschaltet. Seine wichtigsten Teile sind in Abb. 324 wiedergegeben.

Die Zugstange 6 ist nicht unmittelbar an dem Ausgleichhebel 1 angeschlossen. In dessen Drehpunkt c hängt vielmehr die Öse O. In dem Gehäuse der Öse ist drehbar ein Bolzen B gelagert. Der Bolzen ist durch ein Rohr H fest mit einer Mutter, der Arbeitsmutter M, verbunden. In diese ragt eine Schraubenspindel S, die an die Zugstange 6 angeschweißt ist. Wird der Bolzen B in der Pfeilrichtung gedreht, so dreht sich auch die Mutter, die Schraubenspindel wird in die Mutter und in das Rohr H hineingezogen und damit die Verbindung zwischen dem Ausgleichhebel 1 und dem Bremshebel 8 (Abb. 323) verkürzt.

Auf dem Bolzen B sitzt fest eine Druckscheibe D_1 und in der Längsachse des Bolzens verschiebbar eine Druckscheibe D_2. Zwischen beiden Scheiben ist frei drehbar ein ringförmiges Sperrad R angeordnet. Durch eine Feder F wird das Sperrad zwischen die beiden Scheiben D_1 und D_2 festgeklemmt. Sperrad, Druckscheiben und Feder werden durch ein drehbares Gehäuse G umschlossen. Im Gehäuse ist eine Sperrklinke J gelagert, die in die Zähne des Sperrades R eingreift und dieses beim Drehen des Gehäuses in Pfeilrichtung mitnimmt, beim Drehen in entgegengesetzter Richtung aber auf den Zähnen schleift.

Das Drehen des Gehäuses erfolgt durch die Antriebstange 23 (Abb. 323), die durch ein Kreuzgelenk mit dem Mitnehmerzapfen Z außen am Gehäuse G verbunden ist. Das andere Ende der Stange wird mit einer Führungsrolle k in der Kulisse K, die durch die Kulissenstange 24 am Wagenuntergestell angeschlossen ist, geführt. Zwei Flacheisenlenker L verbinden die Rolle k mit dem nach unten verlängerten Bolzen a des Hebels 1, der mit einer Rolle ebenfalls in der Kulissenbahn gleiten kann.

Beim Bremsen schiebt die aus dem Bremszylinder C heraustretende Kolbenstange mit den Lenkern L auch die Rolle k vorwärts. Sobald diese in den schrägen Teil der Kulissenbahn gelangt, wird die Antriebstange 23 nach der Seite des Antriebsgehäuses G zu verschoben und dreht dieses in der Pfeilrichtung. Wie bereits beschrieben, wird dann durch die Sperrklinke J auch das Sperrad R, über die aus den Scheiben D_1 und D_2 bestehende Reibungskupplung auch der Bolzen B und durch das Rohr H die Arbeitsmutter M gedreht. Die Spindel S wird in die Mutter hineingezogen, die Hauptbremszugstange 6 verkürzt und dadurch der Spielraum zwischen den Bremsklötzen und den Radreifen verkleinert.

Geht beim Lösen der Bremse die Führungsrolle k wieder in den geraden Teil der Kulissenbahn zurück, so wird auch das Gehäuse G wieder zurückgedreht. Das Sperrad R, der Bolzen B und die Mutter M bleiben aber in ihrer Stellung, da ja die Sperrklinke die Drehbewegung des Gehäuses auf diese Teile nur in der durch den Pfeil gekennzeichneten Drehrichtung überträgt.

Beim nächsten Bremsen wiederholt sich die selbsttätige Nachstellung, aber nur so lange, bis die Bremsklötze an den Radreifen anliegen, wenn die Rolle k in den schrägen Teil der Kulisse K eintritt. Ist dies der Fall, so ist zwar der Bremskolbenhub noch nicht sogleich beendet, da das ganze Bremsgestänge etwas federt. Die Rolle k setzt also ihren Weg in der schrägen Kulissenbahn fort, und das Sperrad R wird noch gedreht. Das Bremsgestänge steht jetzt aber unter Spannung, und der Widerstand gegen ein Drehen wird in der Arbeitsmutter so groß, daß die Feder F ihn nicht überwinden kann. Das Sperrad R schleift dann zwischen den beiden Reibscheiben D_1 und D_2.

Die Kulisse K wird so angeordnet, daß die Führungsrolle k sich beim Bremsen während eines bestimmten Bremskolbenhubs, der dem gewünschten Spielraum zwischen Bremsklötzen und Radreifen entspricht, um das Maß x auf der geraden Bahn bewegt. Ist der Bremsklotzabstand durch Abnutzung der Klötze und im Gestänge größer geworden, so wird durch die Seitwärtsbewegung der Rolle k in der schrägen Kulissenbahn das Gestänge nachgestellt, bis der gewünschte Spielraum wieder erreicht ist.

Als **Kraftquelle** für den Bremsdruck kommen das Arbeitsvermögen menschlicher Kraft, das von Gewichten oder Federn, von Dampf, Druckluft oder verdünnter Luft, elektrische Energie oder die lebendige Kraft des Zuges in Frage. Im folgenden sollen nur die Handbremsen, betätigt durch menschliche Kraft, und vor allem die Druckluftbremsen eingehender behandelt werden.

Die Handbremsen sind Einzelbremsen; sie können nur an oder auf dem abzubremsenden Fahrzeug in Tätigkeit gesetzt werden. Die Druckluftbremsen dagegen sind ebenso wie die bei verschiedenen ausländischen Bahnverwaltungen benutzten Saugluftbremsen durchgehende Bremsen; sie können am ganzen Zuge von einer Stelle aus bedient werden. Bremsen, bei denen neben dem Fahrzeug, von dem aus sie betätigt werden, noch wenige Wagen davor oder dahinter abgebremst werden können, heißen Gruppenbremsen. Hierzu gehört die früher auf deutschen Nebenbahnen weitverbreitete Reibungsrollenbremse von Heberlein.

3. Die Handbremsen.

Als Handbremsen sind im Eisenbahnbetriebe besonders zwei Arten, die Spindelbremsen und die Hebelbremsen, bekannt. Bei den Spindelbremsen wirkt als Bremskraft nur die Muskelkraft des Bremsers, bei den Hebelbremsen daneben auch noch ein Gewicht, das Gewicht des Bremsers oder ein besonderes Gewicht.

Die **Spindelbremsen** werden als Ketten- oder als Schraubenbremsen ausgeführt. Kettenbremsen findet man im allgemeinen noch bei Straßenbahnwagen, Schraubenbremsen bei Eisenbahnwagen. Bei den Spindelbremsen der Eisenbahnwagen ist gewöhnlich an einer Stirnseite des Wagens senkrecht eine Spindel angebracht, die oben durch eine Kurbel oder ein Handrad gedreht werden kann. In Abbildung 325 ist die Handbremse einer elektrischen Lokomotive dargestellt. Bei ihr liegt, um Platz zu sparen, die Spindel S waagerecht. Eine ähnliche Anordnung findet man auch bei Triebwagen. Die Drehung des Handrades R wird durch zwei Kegelräderpaare aa und bb und die dazwischen senkrecht angebrachte Welle c auf die Spindel S übertragen. In die Spindel selbst

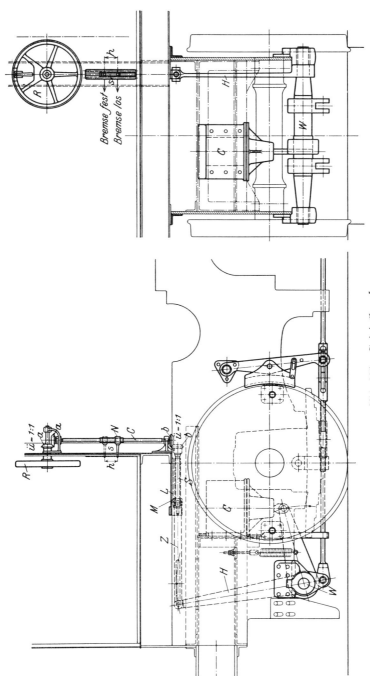

Abb. 325. Spindelbremse.

ist ein trapezförmiges Gewinde eingeschnitten. Auf dem Gewinde sitzt eine Mutter M, die durch Zuglaschen Z und den Hebel H mit der Bremswelle W und so mit dem Bremsgestänge verbunden ist. Durch eine Führungsleiste L wird die Mutter gehindert, sich bei einem Verdrehen der Spindel mit dieser zu drehen. Sie muß also auf dem Gewinde wandern, sich nach rechts oder links bewegen. Die Zuglaschen übertragen diese Bewegung auf das Bremsgestänge, die Bremsklötze werden angezogen oder gelöst.

Auf die Bremswelle W wirkt bei Druckluftbremsung auch die Druckluft des Bremzylinders C. Da der Hebel H auf der Welle W fest aufgekeilt ist, muß er sich mit dieser bewegen können. Die Zuglaschen Z sind deswegen schlitzförmig ausgespart.

Zum Bremsen wird das Handrad oder die Kurbel nach rechts, d. h. im Sinne des Uhrzeigers, gedreht. Die Mutter zieht dann mittels der Zuglaschen und des Bremsgestänges die Bremsklötze an. Die senkrechte Welle c, die die beiden Kegelräderpaare verbindet, trägt in der Mitte auf einem Gewindestück die Mutter N. Ein an dieser Mutter angebrachter Arm wird in einem Schlitz s geführt. Beim Lösen wandert die Mutter N aus der oberen, gestrichelt gezeichneten Stellung nach unten, bis nach einem bestimmten Hube h der Arm gegen die untere Schlitzbegrenzung stößt. Ein Weiterdrehen der Handkurbel ist dann nicht mehr möglich; es wäre zwecklos, denn die Bremse ist gelöst.

Bei der Schrauben-Spindelbremse sind sehr große Übersetzungen möglich. Man kann also mit ihr sehr starke Bremskräfte ausüben. Infolge der großen Übersetzung sind aber viele Umdrehungen notwendig, bis die Klötze fest anliegen; das Bremsen nimmt also viel Zeit in Anspruch.

Dieser Nachteil ist vermieden bei der in Abb. 326 dargestellten **Exterschen-Wurfhebelbremse.** Auf dem längeren Arm eines Winkelhebels ist hier ein Gewicht mit einem Griffbügel angebracht, der kürzere Arm ist durch eine Zugstange mit dem Bremsgestänge verbunden. Wird das Gewicht in der durch den Pfeil angedeuteten Richtung umgelegt, so wird, wie ohne weiteres verständlich, die Bremse angezogen. Der Bremsdruck läßt sich von Hand durch Niederdrücken oder Anheben des Gewichts beliebig regeln. Die volle Bremswirkung ist bei der Wurfhebelbremse wegen der als Kniehebel ausgeführten Zugstange in sehr kurzer Zeit erzielbar. Allerdings muß die Bremse sehr oft nachgestellt werden. Sie ist also nur da zu gebrauchen, wo sie ständig gut überwacht wird.

Die Handbremsen. 397

Mit der Wurfhebelbremse sind in Deutschland die Tenderlokomotiven und die Tender ausgerüstet. Sie wird so angebracht, daß der sie bedienende

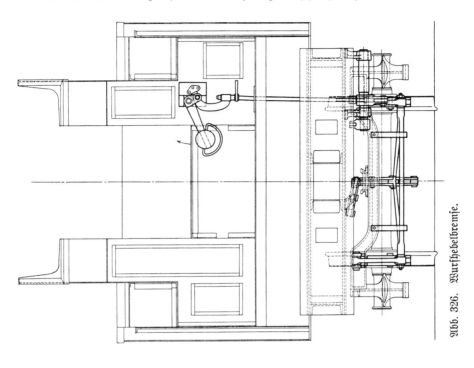

Abb. 326. Wurfhebelbremse.

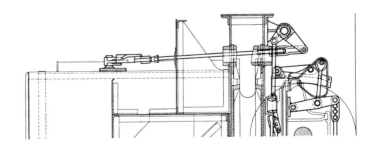

Heizer beim Bremsen nach außen schauen und auf die ihm gegebenen Signale achten kann.

4. Die Luftbremsen — Allgemeines.

Mit der Weiterentwicklung des Eisenbahnwesens stellte sich bald heraus, daß der Forderung nach möglichst großer Sicherheit im Zugbetriebe die Handbremsen und auch die schon besser geeigneten Gruppenbremsen nicht mehr genügten. Die Züge wurden schwerer und mit größeren Geschwindigkeiten befördert. Es erwies sich deshalb als notwendig, die Bremsung des ganzen Zuges in eine Hand, und zwar die des Lokomotivführers, zu legen, die Bremse also als durchgehende Bremse auszubilden. Die Bremskraft konnte dann natürlich nicht mehr von Hand hervorgerufen werden. Wünschenswert erschien daneben, daß die Bremse nicht nur vom Lokomotivführer allein, sondern im Notfalle auch von jeder Stelle im Zuge aus betätigt werden kann und daß sie bei einer Zugtrennung die auseinandergerissenen Zugteile von selbst zum Halten bringt. Die durchgehende Bremse sollte also auch selbsttätig sein.

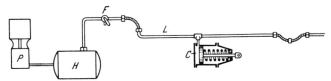

Abb. 327. Unmittelbar wirkende, nicht selbsttätige Bremse.

Diese Bedingungen werden durch die Luftbremsen, die Druckluft- und die Saugluftbremsen, erfüllt. Die Ausbildung und Einführung der **Druckluftbremse** ist vor allem Georg Westinghouse, einem Amerikaner, zu verdanken. Westinghouse hatte bereits im Jahre 1869 eine unmittelbar wirkende, durchgehende Druckluftbremse gebaut. Bei ihr wird auf der Lokomotive durch eine Dampfkolbenpumpe P Druckluft erzeugt und in einem Hauptbehälter H gesammelt (vgl. Abb. 327). Unter dem Zuge hindurch geht eine Luftleitung L, an die bei jedem abzubremsenden Fahrzeuge ein Bremszylinder C angeschlossen ist. Mit Hilfe eines Dreiwegehahnes F kann der Lokomotivführer Druckluft aus dem Hauptbehälter H durch die Leitungen L hinter die Kolben der Bremszylinder C strömen lassen. Durch den Druck der Luft wird jeder Kolben vorgeschoben und damit das mit ihm verbundene Bremsgestänge angezogen. Zum Lösen der Bremse läßt der Lokomotivführer die Druckluft aus den Bremszylindern über die Leitungen durch den Hahn F ins Freie entweichen. Die Kolben werden durch Gewichte oder Federn wieder in ihre alte Stellung zurückgebracht.

Die Luftbremsen. — Allgemeines. 399

Die Druckluft wirkt nur auf die eine Seite des Kolbens; die andere Seite, auf der die Kolbenstange sitzt, steht mit der Außenluft in Verbindung. Alle so gebauten Bremsen nennt man **Einkammerbremsen.**

Die unmittelbar wirkende Westinghouse=Bremse ist einfach; sie ist unerschöpfbar, d. h. man kann, wenn nicht gerade die Luftpumpe versagt, beliebig oft hintereinander bremsen und wieder lösen. Man kann bei ihr ferner die Bremswirkung durch Ein= oder Auslassen von Druck= luft stufenweise verstärken oder abschwächen.

Von großem Nachteil ist aber die ungleichmäßige Bremsung der einzelnen Wagen im Zuge. Alle Bremszylinder erhalten erst bei Beginn einer Bremsung Druckluft aus dem Hauptbehälter, d. h. von der Loko= motive her. Beim Lösen kann umgekehrt die Luft nur durch den Führer= hahn entweichen. Die Bremsen an den ersten Wagen eines Zuges werden

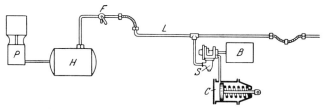

Abb. 328. Mittelbar wirkende, selbsttätige Bremse.

also erheblich früher angezogen oder gelöst als die der letzten Wagen. Infolgedessen treten Zerrungen im Zuge auf, die zu einer Zugtrennung führen können. Die Bremse ist außerdem nicht selbsttätig. Wird die Luftleitung undicht, oder tritt gar eine Zugtrennung ein, so wird die Bremse unbrauchbar.

Bei einzeln laufenden Fahrzeugen fallen diese Mängel nicht ins Ge= wicht. Wegen ihrer großen Vorzüge wird die unmittelbar wirkende Druckluftbremse daher bei Triebwagen und als Zusatzbremse bei Loko= motiven und Tendern benutzt.

Im Jahre 1872 gelang Westinghouse die Erfindung einer Druck= luftbremse, die sich auch für die Bremsung eines längeren Zuges eignete. Um die Bremsen der hinteren Wagen schneller anspringen zu lassen, um die „Durchschlagsgeschwindigkeit" zu erhöhen, speicherte er die Druckluft für jeden Bremszylinder neben diesem in einem besonderen Behälter, dem Hilfsluftbehälter B, auf (vgl. Abb. 328). Zwischen Brems= zylinder und Hilfsluftbehälter ordnete er ein Ventil an, das Steuer= ventil S, das mit der Hauptleitung L in Verbindung steht.

Auch die neue Bremse ist eine Einkammerbremse. Der Bremsvorgang weicht aber jetzt grundsätzlich von dem in Abb. 327 dargestellten ab. Füllt der Lokomotivführer die Leitung mit Druckluft auf, so strömt diese durch das Steuerventil nicht zum Bremszylinder, sondern zum Hilfsluft=
behälter; der Raum hinter dem Kolben des Bremszylinders wird durch das Steuerventil mit der Außenluft verbunden, die Bremse ist also gelöst. Zum Bremsen muß der Druck in der Leitung verringert werden. Das Steuerventil wird dadurch umgesteuert, es schließt den Brems=
zylinder C von der Außenluft ab und läßt zu ihm vom Hilfsluftbehälter B Druckluft überströmen. Die Bremsung erfolgt also nicht mehr unmittel=
bar durch Druckluft vom Hauptbehälter H, sondern mittelbar nach Umsteuern des Ventils S durch die am Wagen aufgespeicherte Hilfs=
behälterluft. Um das Steuerventil in seine neue Lage zu bringen,

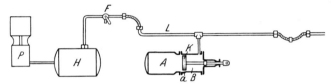

Abb. 329. Zweikammerbremse.

genügt eine verhältnismäßig kleine Druckverminderung in der Leitung. Über den Führerbremshahn F braucht nur wenig Luft ins Freie ge=
lassen zu werden, um auch beim letzten Wagen eine kräftige Brems=
wirkung zu erreichen.

Die neue Bremsbauart hat auch noch andere Vorzüge. Eine Druck=
verminderung in der Leitung läßt sich auch durch Öffnen eines Leitungs=
hahnes im Zuge (Notbremshahn) erreichen; sie wird ferner durch Be=
schädigungen der Leitung, so besonders durch eine Zugtrennung, herbei=
geführt. Die Bremse ist also selbsttätig.

Die mittelbar wirkenden Einkammerbremsen haben den Nachteil, daß sie sich wohl stufenweise bremsen, nicht aber auch ohne weiteres stufenweise lösen lassen. Wie aus der Beschreibung der einzelnen Steuer=
ventile (s. S. 455 ff.) hervorgeht, wird das Steuerventil schon bei einer kleinen Erhöhung des Leitungsdruckes in die Lösestellung gebracht und damit die Arbeitskammer der Bremszylinder mit der Außenluft ver=
bunden, die Bremse also völlig gelöst. Bei den Einkammerbremsen be=
steht auch die Gefahr, daß sie bei ungeschickter Handhabung, durch häufiges Bremsen und Lösen innerhalb kurzer Zeit, erschöpft werden können.

Die Luftbremsen. — Allgemeines.

Die eben genannten, allerdings erst später bei den erhöhten Ansprüchen voll empfundenen Mängel waren bei den **Zweikammerbremsen** vermieden, von denen auf deutschen Bahnen die von Carpenter durchgebildete Bauform die größte Verbreitung gefunden hat (Preußische Staatsbahn). Die Zweikammerbremsen arbeiten gleichfalls nicht unmittelbar. Zur Erläuterung ihrer Wirkungsweise diene die Abb. 329. Der Bremszylinder ist in zwei Kammern A und B geteilt. Die Kammer B, der „Totraum", ist ständig mit der Hauptleitung L verbunden. Von der Arbeitskammer A wird sie durch den Kolben K getrennt. Bei der in Abb. 329 wiedergegebenen Stellung, bei gelöster Bremse, ist allerdings durch eine kleine Nut a in der Zylinderwandung eine Verbindung zwischen den beiden Kammern hergestellt. Dadurch kann sich der Druck vor und hinter dem Kolben allmählich ausgleichen. Bei gelöster Bremse befindet sich also in beiden Kammern jedes Bremszylinders und in der Leitung Luft vom gleichen Druck. Wird auf irgendeine Weise der Leitungsdruck vermindert, so sinkt er auch in der Kammer B, aber zunächst noch nicht in der Kammer A; denn die A-Luft kann über die kleine Nut nicht schnell genug nachströmen. Es entsteht ein Überdruck der A-Luft gegenüber der B-Luft, die A-Luft drückt den Kolben vorwärts und hebt dabei die Verbindung zwischen den beiden Kammern auf. Der Raum, den die A-Luft ausfüllt, wird größer, ihr Druck wird also um ein entsprechendes Maß geringer. Die Bewegung des Kolbens ist beendet, wenn auf beiden Seiten wieder gleicher Druck herrscht, d. h. wenn der Druck der A-Luft so weit wie der der B-Luft und der Leitungsluft gesunken ist. Wird umgekehrt der Leitungsdruck wieder erhöht, so steigt nur der Luftdruck in der B-Kammer, der Kolben wird also so weit zurückgeschoben, bis die Luft in der A-Kammer wieder auf den Leitungsdruck zusammengepreßt ist. Man kann also bei der Zweikammerbremse wie bei der unmittelbar wirkenden Einkammerbremse den Bremsdruck beliebig steigern und abschwächen. Die Bremse ist auch unerschöpfbar. Solange die Luftpumpe die erforderliche Druckluft zu liefern imstande ist, kann man Bremsen und Lösen immer wiederholen.

Andererseits verbrauchen die Zweikammerbremsen sehr viel Luft, weil zum Bremsen nicht nur aus der Hauptleitung, sondern auch im ganzen Zuge aus den großen Totraumkammern Luft herausgelassen werden muß. Da weiterhin diese große Luftmenge nur durch das Führerbremsventil ins Freie strömen kann, erfordert jede Bremsung viel Zeit. Aus diesen Gründen ist die Zweikammerbremse bald durch die Einkammerbremse fast ganz verdrängt worden. In verbesserter Form ist sie noch auf elektrischen Bahnen wie auf der Berliner Hoch- und Untergrundbahn in Anwendung. Bei den elektrisch gefahrenen und in ihrer Zusammensetzung selten geänderten Untergrundbahnzügen war es leicht, eine durchgehende elektrische Steuerleitung anzubringen, durch die am Bremszylinder jedes Wagens ein besonderes Auslaßventil betätigt wird, und so die Bremszeit erheblich zu verkürzen.

Zu dem Siege der Einkammerbremse über die Zweikammerbremse trug die Erfindung des schnellwirkenden Steuerventils durch Westinghouse im Jahre 1887 viel bei. Die Einkammerbremse wurde jetzt auf fast allen Bahnen, die nicht eine Luftsaugebremse vorzogen, eingeführt. Neben der Westinghouse-Bremse entstanden verschiedene Abarten, so in Deutschland die Schleifer-Einkammerbremse und die Knorr-Schnellbremse. Beide Bremsbauarten sind so durchgebildet, daß ihre Einzelteile mit denen der Westinghouse-Bremse zusammenarbeiten können. Die Schleifer-Bremse mußte allerdings später wegen ihrer zu großen Empfindlichkeit wieder aufgegeben werden.

Fast alle Einkammerbremsen haben, wie schon oben erwähnt, den Nachteil, daß sie sich nicht stufenweise lösen lassen und unter Umständen erschöpft werden können. Für lange Güterzüge, besonders solche, die häufig lange Gefällstrecken befahren, waren sie daher nicht geeignet. Durch eine glückliche Vereinigung der Einkammer- mit der Zweikammerbauform in einem Bremszylinder ist es in den letzten Jahren gelungen, die Vorteile beider auszunutzen, ihre Nachteile dabei aber zu vermeiden. Nach dem Geheimen Oberbaurat Kunze, der die ersten Anregungen zum Bau dieser Bremse gegeben hat, und nach der Knorr-Bremse-A.-G., die sie praktisch durchgebildet hat, wurde sie Kunze-Knorr-Bremse genannt.

Während man bei den Druckluftbremsen den Überdruck verdichteter Luft gegenüber der Außenluft (bei den Einkammerbremsen) oder gegenüber Luft geringerer Spannung (bei den Zweikammerbremsen) in den Bremszylindern als Bremskraft zum Anziehen des Bremsgestänges benutzt, erzielt man die Bremswirkung bei den Vakuum- oder **Saugluftbremsen** dadurch, daß man auf der einen Seite des Kolbens in den Bremszylindern eine Luftverdünnung hervorruft, auf die andere dagegen die Außenluft wirken läßt. An Stelle der Luftpumpe befindet sich auf der Lokomotive ein Luftsauger, Ejektor. Dieser besteht aus einem Düsensystem, in dem durch Kesseldampf die Luft aus der Leitung gewissermaßen herausgerissen und dadurch verdünnt wird, wie es ähnlich durch das Blasrohr in der Rauchkammer geschieht. Der Ejektor wird durch einen

Bremshandgriff betätigt. Der Handgriff dient gleichzeitig dazu, durch Öffnen einer Luftklappe den Unterdruck in der Leitung ganz oder teilweise wieder aufzuheben.

Wie bei den Druckluftbremsen unterscheidet man auch bei den Saugluftbremsen nichtselbsttätige und selbsttätige Einkammerbremsen sowie selbsttätige Zweikammerbremsen. Die nichtselbsttätige Einkammer-Saugluftbremse wurde zuerst von Smith eingeführt und dann durch Hardy und Körting verbessert. Eames machte sie durch Anordnung von Steuerventilen und Hilfsbehältern selbsttätig. Eine größere Verbreitung haben aber nur die Zweikammer-Saugluftbremsen gefunden. Sie wurden zuerst durch Clayton in England eingeführt; die Hardy-Clayton-Bremse ist besonders in Österreich sehr verbessert worden. Auf deutschen Kleinbahnen findet man die Körting-Zweikammerbremse.

Bei den Druckluftbremsen treten in der Regel in den Bremszylindern Drücke von 3,5 bis zu 4,5 at auf. Durch die Ejektoren läßt sich die Luft aber nur bis auf 0,55 bis 0,65 at entspannen. Um die gleiche Bremskraft zu erzielen, muß man daher sehr große Kolben verwenden, die ebenso wie die weiten Bremsleitungen und die großen Luftbehälter und Bremszylinder ein Nachteil der Saugluftbremse sind. Ihr Vorzug ist die große Durchschlagsgeschwindigkeit; weil sich eine Luftverdünnung in einer Leitung sehr rasch fortpflanzt, wirken die Saugluftbremsen sehr schnell, erfordern also nur kurze Bremswege.

Im folgenden sollen nur die bei der Reichsbahn heute noch verwendeten Bremsbauarten, also die Westinghouse-, die Knorr- und die Kunze-Knorr-Bremse näher beschrieben werden.

5. Die selbsttätigen Einkammer-Druckluftbremsen von Westinghouse und Knorr.

Da die Westinghouse- und die Knorr-Schnellbremse sich nur unwesentlich voneinander unterscheiden, seien sie in diesem und in den folgenden Kapiteln gemeinsam behandelt.

Die **allgemeine Anordnung** der Druckluftbremse auf Lokomotiven und Tender ist auf Tafel IV dargestellt. Die Tafel zeigt in einfachen Strichen die Knorr-Schnellbremse auf einer Lokomotive der Bauartreihe 38 (preuß. P 8) und zusammengedrängt in größerem Maßstabe die einzelnen Teile mit ihren Rohrverbindungen. Aus Abb. 330 erkennt man die Bremsteile, die zur Ausrüstung eines Personenwagens gehören.

Die Druckluft wird bei Dampflokomotiven von einer **Dampfluftpumpe** P, bei elektrischen Lokomotiven von einer Motorluftpumpe oder einer Fahrpumpe erzeugt. Die Dampfzufuhr aus dem Lokomotivkessel zur Luftpumpe (d) wird durch das **Dampfventil** D, das sich vom Führerstande aus mittels eines Handrades öffnen oder schließen läßt, geregelt. In der Dampfzuleitung befindet sich außerdem ein besonderer **Pumpenregler** R, der die Luftpumpe dem jeweiligen Luftdruck im Hauptbehälter entsprechend selbsttätig an- und abstellt. Bei elektrischem Betriebe regelt ein besonderer Druckschalter selbsttätig den Gang der Luftpumpe. Zum Abscheiden der im Dampf enthaltenen Feuchtigkeit dienen selbsttätige **Entwässerungsventile** E am Wasserabscheider des Pumpenreglers und am Dampfzylinder der Luftpumpe. Der entspannte Dampf entweicht in den Vorwärmer oder, wo ein Vorwärmer nicht vorhanden ist, durch die Rohrleitung f in die Rauchkammer. Die von der Pumpe angesaugte Luft wird auf 8 at verdichtet und in dem **Hauptbehälter** H aufgespeichert, der durch das Druckrohr g mit dem Luftteil der Pumpe verbunden ist.

Über das Hauptbehälterrohr b und das **Führerventil** F gelangt die Luft in die Hauptleitung L und von da in die Bremseinrichtungen der einzelnen Fahrzeuge. Mit dem Führerventil ist ein selbsttätig arbeitender **Leitungsdruckregler** G verbunden, der den vorgeschriebenen Betriebsdruck (bei den meisten Bahnen 5 at) in der Hauptleitung aufrechterhält und alle etwaigen Verluste an Druckluft ersetzt. An das Führerventil ist ferner ein **Ausgleichbehälter** A (bei der Westinghouse-Bremse Bremsventilluftbehälter genannt) angeschlossen, der den Zweck hat, zusammen mit der Ausgleichvorrichtung am Führerventil alle zum Bremsen im Ausgleichbehälter hervorgerufenen Druckminderungen auf die Hauptleitung zu übertragen, so daß trotz der ständig wechselnden Zuglängen mit derselben Druckminderung stets die gleiche Bremswirkung im Zuge erreicht und so beim Lokomotivführer das Gefühl sicherer Beherrschung des Bremsweges hervorgerufen wird. Drei einfache **Luftdruckmesser** M zeigen den Druck im Hauptbehälter, in der Hauptleitung und im Bremszylinder an; zuweilen werden die Luftdruckmesser für den Hauptbehälter und die Hauptleitung zu einem **Doppelluftdruckmesser** vereinigt.

Die Hauptleitung L erhält an den Stirnenden der Fahrzeuge **Luftabsperrhähne** Q[1]), um an jedem Fahrzeuge die Leitung für sich

---

[1]) Auf Tafel IV und in Abb. 330 sind diese Hähne noch als „**Kupplungshähne**" bezeichnet.

abſperren zu können. An die Hähne ſchließen ſich die biegſamen **Bremskupplungen K**[1] zur Verbindung der einzelnen Fahrzeuge an. Zwiſchen Lokomotive und Tender dient in der Regel eine einteilige Schlauchverbindung V dazu, die Hauptleitung zu kuppeln; mit ähnlichen Schläuchen iſt auch die Drehgeſtellbremſe angeſchloſſen. Zum Schutz gegen Feuchtigkeit oder Verſchmutzen ſind alle unbenutzten Bremskupplungen ſtets mit einer Leerkupplung l verſchloſſen zu halten. Damit etwaige Verunreinigungen der Druckluft, mitgeriſſenes Öl aus der Pumpe, Niederſchlagwaſſer uſw. nicht in die Hauptleitung gelangen, iſt in dieſe an der Lokomotive unterhalb des Führerventils ein **Tropfbecher T** eingeſchaltet. Einem ähnlichen Zwecke dient ein **Staubfänger W**, der in der Hauptleitung jedes Fahrzeuges an der Abzweigſtelle zum Steuerventil S und der Bremseinrichtung eingeſchaltet iſt.

Die weſentlichen Teile der eigentlichen Bremseinrichtung jedes Fahrzeuges ſind der **Bremszylinder C**, der **Hilfsbehälter B** und das **Steuerventil S**. Das Steuerventil vermittelt je nach den Druckänderungen in der Hauptleitung das Auffüllen des Hilfsbehälters oder das Anziehen und Löſen der Bremſen.

Um nötigenfalls jede angeſchloſſene Bremſe für ſich allein auslöſen zu können, ohne dazu den Druck in der Hauptleitung erhöhen zu müſſen, ſind ferner noch Auslöſeventile U vorhanden. Auf der Lokomotive werden die Auslöſeventile für die Lokomotiv- und Tenderbremſe auf dem Führerſtand angebracht, um dieſe Bremſen während der Fahrt nach Bedarf für ſich allein löſen zu können. An den Wagen ſind die Auslöſeventile ſo angeordnet, daß ſie ſich von jeder Wagenſeite aus mittels eines Drahtzuges betätigen laſſen.

Bei den Perſonenwagen (Abb. 330) führt ein kurzes Zweigrohr von der Hauptleitung zu einem Notbremsventil h, das von jedem Abteil aus durch Ziehen am Handgriff eines Zugkaſtens i geöffnet werden kann. Im Packwagen ermöglicht ein Druckmeſſer M und ein **Bremshahn k** den Zugbeamten, die Betriebsfähigkeit der Bremſe jederzeit zu beobachten und im Notfalle den Zug anzuhalten. Wagen ohne Bremſe, die als Leitungswagen laufen ſollen, erhalten nur die Hauptleitung mit Bremskupplungen, Abſperrhähnen und Leerkupplungen.

Beim Auffüllen der Bremseinrichtung ſtrömt die aus dem Hauptbehälter in die Hauptleitung durch das Führerventil eingelaſſene Druckluft an jedem Fahrzeuge durch die Zweigleitung zum Steuerventil und

---

[1] Früher „Kupplungsſchläuche" genannt.

406 Die Bremsen.

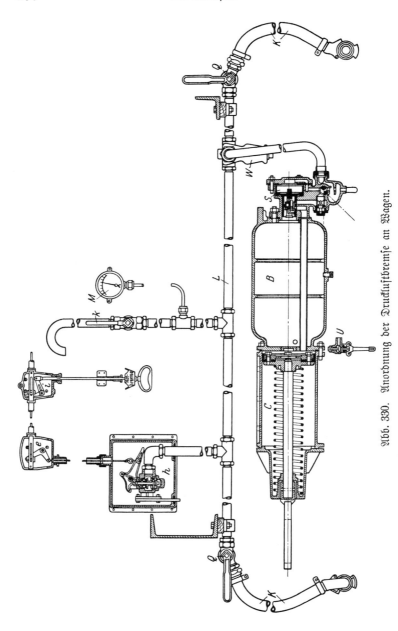

Abb. 330. Anordnung der Druckluftbremse am Wagen.

Die selbsttätigen Einkammer-Druckluftbremsen von Westinghouse und Knorr. 407

hier am Steuerkolben vorbei durch eine enge Füllnut nach dem zugehörigen Hilfsbehälter, wo sie bis zum Bremsen aufgespeichert bleibt. In dieser sog. Lösestellung des Steuerventils verbindet der vom Steuerkolben betätigte Schieber den Bremszylinder mit der Außenluft, hält also die Bremse vollständig gelöst; auf beiden Seiten des Steuerkolbens, auf der Leitungsseite wie auf der Hilfsbehälterseite herrscht dann der gleiche Luftdruck. In den Bremszylindern befindet sich bei gelöster Bremse keine Druckluft.

Während der Fahrt hält der Leitungsdruckregler die Hauptleitung und sämtliche Hilfsbehälter im Zuge mit Druckluft von 5 at gefüllt.

Wird dieser Leitungsdruck mittels des Führerventils stufenweise vermindert, wie dies bei allen Betriebsbremsungen der Fall ist, so leiten die Steuerventile je nach der Größe des Druckabfalles in der Hauptleitung aus dem Hilfsbehälter mehr oder weniger Druckluft in den zugehörigen Bremszylinder über. Der an jedem Steuerkolben entstehende Druckunterschied verschiebt diesen mit seinem Schieber in die Bremsstellung. Die Druckluft aus dem Hilfsbehälter B strömt dann zum Bremszylinder C, treibt hier den Bremskolben vorwärts und drückt so mit dem Gestänge die Bremsklötze gegen die Radreifen mit größerer oder geringerer Kraft, je nachdem man mehr oder weniger Leitungsluft ausläßt. Jede schwache Bremsung läßt sich durch weiteres Auslassen von Leitungsluft bis zur vollen Bremswirkung verstärken.

Sinkt der Leitungsdruck plötzlich, wie bei Notbremsungen oder Zugtrennungen, so schnellen bei den Schnellsteuerventilen die Steuerkolben sofort in ihre Endstellung — die Schnellbremsstellung — und lassen dabei nicht nur aus dem Hilfsbehälter, sondern gleichzeitig auch aus der Hauptleitung Druckluft in den Bremszylinder überströmen. Der hierdurch entstehende weitere Druckabfall in der Leitung beschleunigt die Fortpflanzung der Bremsung von Wagen zu Wagen so sehr, daß die Bremswirkung selbst bei den längsten Zügen fast augenblicklich — jedenfalls innerhalb weniger Sekunden — und daher nahezu gleichzeitig an allen Fahrzeugen eintritt, die Züge also stoßfrei und auf kürzestem Wege zum Halten kommen.

Mit den Schnellbremsventilen sind die Wagen ausgerüstet. Bei der Westinghouse-Schnellbremse hat der Tender ebenfalls das schnell wirkende, die Lokomotive dagegen nur ein einfaches Steuerventil ohne Schnellbremswirkung. Dadurch soll, besonders bei Schnellbremsungen, eine schwächere und langsamere Bremsung der schweren Lokomotive gegenüber dem Wagenzuge erreicht werden, um den

Zug in gestreckter Lage und möglichst ohne Zerrungen zum Halten zu bringen.

Bei der älteren Knorr-Schnellbremse mit Flachschieber-Führerventil werden die Bremszylinder der Lokomotive und des Tenders unmittelbar über das Führerventil mit Druckluft beaufschlagt, und zwar bei Betriebsbremsungen mit Druckluft aus dem Ausgleichbehälter, bei Schnellbremsungen mit Luft aus diesem und aus dem Hauptbehälter. Es fehlen also die Steuerventile und die Hilfsbehälter. Bei Betriebsbremsungen werden, da die Luft im Führerventil etwas gedrosselt wird, Lokomotive und Tender langsamer als der Zug gebremst. Wird jedoch das Führerventil in die Schnellbremsstellung gelegt, so strömt auch die auf 8 at verdichtete Hauptbehälterluft in die Bremszylinder der Lokomotive und des Tenders. Der Bremsdruck steigt dort jetzt schneller an und erreicht mit 7 bis 8 at einen höheren Enddruck als im Wagenzuge, wo er bei neuen Bremsapparaten mit schnellwirkendem Steuerventil höchstens 4 at erreicht. Bei Schnellbremsungen werden also Lokomotive und Tender schneller und stärker gebremst als die Wagen und bringen so den ganzen Zug auf kürzestem Wege zum Halten.

Die Bremsausrüstung von Lokomotive und Tender bei der neuen Bauart Knorr mit Drehschieber-Führerventil, wie sie auf der Tafel IV dargestellt ist, entspricht der bei der Westinghouse-Bremse. Die Bremszylinder der Lokomotive erhalten einfache Steuerventile, der des Tenders ein schnellwirkendes. Nur kann man bei der Lokomotivbremse durch einen Drosselhahn, bei der Tenderbremse durch den zwischen Hilfsbehälter und Steuerventil geschalteten „G-P-Wechsel" (s. S. 500) die Bremswirkung für Personenzüge schneller, für Güterzüge langsamer eintreten lassen.

Zum Lösen der Bremsen muß man die Hauptleitung auffüllen und dadurch den Leitungsdruck wieder erhöhen. Dann bewegen sich alle Steuerkolben infolge des Überdrucks auf der Leitungsseite in die Lösestellung zurück, die Hilfsbehälter erhalten ebenso wie beim ersten Füllen neue Druckluft, während gleichzeitig die Druckluft aus jedem Bremszylinder über die Steuerschieber der zugehörigen Steuerventile ins Freie abströmt.

6. Die Lokomotiv-Zusatzbremse.

Neben der selbsttätigen Einkammerbremse haben die meisten Lokomotiven noch eine zweite Bremse, die Lokomotiv-Zusatzbremse.

Die Zusatzbremse ist eine unmittelbar wirkende Bremse (s. S. 398), sie ist daher nicht selbsttätig, gestattet aber die Bremskraft beim Bremsen

Die Lokomotiv-Zusatzbremse. 409

und auch beim Lösen beliebig und sehr genau zu regeln. Sie entnimmt ihre Luft aus dem Hauptbehälter der selbsttätigen Bremse und benutzt auch deren Bremszylinder an Lokomotive und Tender, an diesem allerdings nur, wenn er nicht, wie bei einigen Güterzuglokomotiven, mit der Kunze-Knorr-Güterzugbremse ausgerüstet ist. Die besonderen Einrichtungen der Zusatzbremse bei Lokomotiven mit Knorr-Drehschieberventil — ähnlich sind sie bei den Lokomotiven mit Westinghouse-Ventil — sind auf der Tafel IV erkennbar. Von der Leitung aus dem Hauptbehälter zum Führerventil zweigt eine Leitung von 1/2" innerem Durchmesser über einen Bremshahn und ein Doppelrückschlagventil zum Bremszylinder der Treibradbremse. Ist auch der Tender an die Zusatzbremse angeschlossen, so gabelt sich die Leitung vor dem Doppelrückschlagventil und führt über ein anderes Doppelrückschlagventil zum Tenderbremszylinder. Die Drehgestellbremse ist nicht mit der Zusatzbremse verbunden.

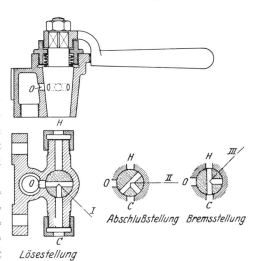

Abb. 331. Führerbremshahn der Zusatzbremse bei Lokomotiven mit Drehschieber-Führerventil.

Der Führerbremshahn ist im Führerstande vor dem Führerventil, etwas höher als dieses liegend, angeordnet. Er ist, wie die Abb. 331 zeigt, ein einfacher Dreiwegehahn mit senkrechter Drehachse. Das Hahnküken hat eine durchgehende Bohrung und eine nur bis zu dieser reichende, auf sie senkrecht stoßende zweite Bohrung. An das Gehäuse sind bei H die Leitung vom Hauptluftbehälter, bei C die zu den Bremszylindern über die Doppelrückschlagventile führenden Rohre und bei O ein ins Freie führender Kanal angeschlossen.

Der Hahn hat drei Stellungen. Bei der Stellung III, der Bremsstellung, strömt die Hauptbehälterluft zu den Bremszylindern. In der Lösestellung I ist die Leitung zu den Bremszylindern mit der freien Luft verbunden. Nach einer mit der Zusatzbremse ausgeführten Bremsung werden bei dieser Stellung die Bremszylinder entlüftet, die Bremse wird wieder gelöst. In der Zwischenstellung II, der Abschlußstellung, sind alle Kanäle gegeneinander abgeschlossen.

Die Zusatzbremse arbeitet völlig unabhängig von der Zugbremse. Der Führer kann bei Lokomotive und Zug nur die selbsttätige Bremse betätigen, er kann auch Lokomotive und Tender allein nur mit der Zusatzbremse abbremsen, er kann weiterhin eine mit der Zugbremse eingeleitete Bremsung durch die Zusatzbremse verstärken und schließlich auch einer schwachen Bremsung mit der Zusatzbremse eine stärkere mit der selbsttätigen Bremse folgen lassen.

Zu diesem Zweck ist das Doppelrückschlagventil zwischen Führerbremshahn und Bremszylinder geschaltet. Über dieses Ventil, das in

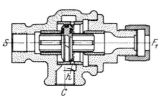

Abb. 332. Doppelrückschlagventil der Zusatzbremse.

Abb. 332 wiedergegeben ist, führt bei den an die Zusatzbremse angeschlossenen Bremseinrichtungen nämlich auch die Leitung vom Steuerventil zum Bremszylinder. Beim Bremsen mit der Zusatzbremse schiebt die Hauptbehälterluft den auf beiden Seiten als Flügelventil ausgebildeten Kolben vor (in Abb. 332 nach links). Der Kolben gibt dadurch die Öffnungen h in der Führungsbuchse frei und die Luft kann über den Stutzen C zum Bremszylinder strömen. Der Weg vom Steuerventil (S) zum Bremszylinder ist durch den Kolben verschlossen. Beim Bremsen mit dem Führerbremsventil der Zugbremse drückt umgekehrt die vom Steuerventil zuströmende Hilfsbehälterluft den Kolben nach der anderen Seite (nach rechts) und gelangt dann ebenfalls durch die Bohrungen h zum Bremszylinder. Der gleiche Umsteuervorgang spielt sich ab, wenn schon vorher die Zusatzbremse nur so leicht in Tätigkeit gesetzt war, daß die Bremsluft vom Steuerventil einen höheren Druck hat als der, der schon im Bremszylinder herrscht, und infolgedessen den Kolben umsteuern kann. Soll die Bremsung mit der Zugbremse durch die Zusatzbremse noch verstärkt werden, so legt der Führer den Führerbremshahn in die Stellung III, die Hauptbehälterluft verschiebt den Kolben im Rückschlagventil (nach links) und erhöht den Druck im Bremszylinder.

Zwischen dem Führerbremshahn und den Doppelrückschlagventilen ist ein Sicherheitsventil eingeschaltet, das bei Überschreitung eines bestimmten Höchstdrucks — bei Güterzuglokomotiven 4, bei Personen-

Die Lokomotiv-Zusatzbremse. 411

und Schnellzuglokomotiven 5 at — den Überdruck ins Freie entweichen läßt.

Bei Lokomotiven, die mit dem Knorr-Flachschieber-Führerventil ausgerüstet sind, muß ein anderer Führerbremshahn als der oben beschriebene und in Abb. 331 dargestellte Hahn verwendet werden. Bei Lokomotiven mit Flachschieberventilen werden ja, wie im vorigen Abschnitt erwähnt, auch bei der selbsttätigen Zugbremse die Lokomotiv- und Tender-Bremszylinder durch das Führerventil unmittelbar mit Druckluft aus dem Ausgleichbehälter, bzw. bei Schnellbremsung auch aus dem Hauptluftbehälter, beaufschlagt. Die dadurch hervorgerufene Druckverminderung im Ausgleichbehälter hat einen Druckabfall in der Hauptleitung zur Folge, die an die Hauptleitung angeschlossenen Bremsen werden angezogen. Hätte man nun für die Zusatzbremse, die man hier mit einem Doppelrückschlagventil in die Leitung vom Führerventil zu den Bremszylindern einschalten muß, den einfachen Dreiwegehahn, so würde man beim Bremsen mit der Zusatzbremse durch das Doppelrückschlagventil die Leitung vom Führerventil zum Bremszylinder absperren und damit, weil die Ausgleichbehälterluft nicht mehr entweichen kann, ein Anspringen der Zugbremse unmöglich machen. Man muß also für diesen Fall der Ausgleichbehälterluft einen anderen Weg zum Ausströmen freimachen und erreicht dies dadurch, daß man den Führerbremshahn in die Leitung vom Flachschieber-Führerventil zum Doppelrückschlagventil legt. Der Führerbremshahn hat dafür neben einer Winkelbohrung, die in ähnlicher Weise wie beim einfachen Dreiwegehahn den Bremszylinder mit der Hauptbehälterluft oder mit einem Kanal ins Freie verbindet, noch darüber eine andere Winkelbohrung, die bei Lösestellung des Führerbremshahns das Flachschieberventil mit den Bremszylindern über das Doppelrückschlagventil, bei Abschluß- und Bremsstellung des Hahns dagegen die Leitung vom Führerventil zum Bremszylinder mit der freien Luft verbindet. Wird bei diesen Stellungen der Zusatzbremse also noch die Zugbremse in Tätigkeit gesetzt, so kann die Ausgleichbehälterluft zwar nicht mehr in die Bremszylinder, wohl aber ins Freie entweichen. Es ist also bei der Zusatzbremse in Verbindung mit dem Flachschieberventil nicht möglich, eine eingeleitete oder abgeschlossene Bremsung mit dem Führerbremshahn durch die Zugbremse noch zu verstärken.

Bei Lokomotiven mit dem Flachschieberventil ist das Sicherheitsventil für die Zusatzbremse nicht notwendig, da die Bremszylinder ja auch bei Schnellbremsung mit der Zugbremse mit dem hohen Hauptbehälterdruck beaufschlagt werden und dementsprechend bemessen sein müssen. Man spart hier ferner durch Verwendung nur eines Doppelrückschlagventils auf der Lokomotive eine zweite Rohr- und Schlauchverbindung zum Tender.

Die Lokomotiv-Zusatzbremse erleichtert wegen ihrer Einfachheit das Anhalten an bestimmten Stellen, z. B. in Kopfbahnhöfen oder am Wasserkran, und gestattet ein schnelleres Bremsen bei Leerfahrten der Lokomotive oder beim Verschiebedienst.

7. Die Luftpumpe.

Die Bremsluftpumpe ist in der Regel auf der rechten Seite neben dem Langkessel oder der Rauchkammer der Lokomotive so weit vorn angebracht, daß sie möglichst staubfreie Luft ansaugen kann. Bei den neuen Lokomotiven mit großem Kesseldurchmesser sitzt sie, wie links die Speisewasserpumpe, rechts in einer seitlichen Nische der Rauchkammer, damit das Lokomotivpersonal bessere Sicht nach vorn hat.

Früher wurden als **Luftpumpen** einstufige Kolbenpumpen verwendet; bei älteren Lokomotiven findet man diese stellenweise noch heute. Ein Dampfzylinder und darunter ein Luftzylinder, beide senkrecht hängend, sind durch ein Mittelstück so verbunden, daß ihre Mittellinien eine gerade Linie bilden. Die Kolben beider Zylinder sind an einer gemeinsamen Stange befestigt. Wird also der Dampfkolben nach oben getrieben, so nimmt er den Kolben im Luftzylinder mit. Der Luftkolben verdichtet dabei die Luft auf der oberen Seite und drückt sie dann durch ein Druckventil in den Hauptbehälter, während er auf der unteren Seite durch ein Saugventil neue Luft ansaugt. Kurz bevor beide Kolben in ihrer oberen Endlage sind, wird durch einen Umsteuerschieber die Dampfzufuhr so geändert, daß jetzt die obere Seite des Dampfkolbens mit Dampf beaufschlagt wird und der Dampf auf der unteren Seite ins Freie entweichen kann. Die beim Aufwärtsgange angesaugte Luft unterhalb des Luftkolbens wird jetzt verdichtet. Beide Zylinder arbeiten also auf beiden Seiten ihrer Kolben; sie sind doppeltwirkend.

Die Verdichtung der Luft in einem Zylinder erfordert unwirtschaftlich große Dampfmengen. Vorteilhafter ist es, die Luft in zwei Stufen auf den erforderlichen Enddruck zu bringen, die angesaugte Außenluft also zunächst in einem Niederdruckzylinder vorzupressen und dann in einem zweiten Zylinder, dem Hochdruckzylinder, bis zum Enddruck zu verdichten.

Die Luftpumpe. 413

Da sich die einstufige Pumpe von der zweistufigen in wichtigeren Einzelheiten nicht unterscheidet, sei hier nur eine zweistufige Pumpe näher

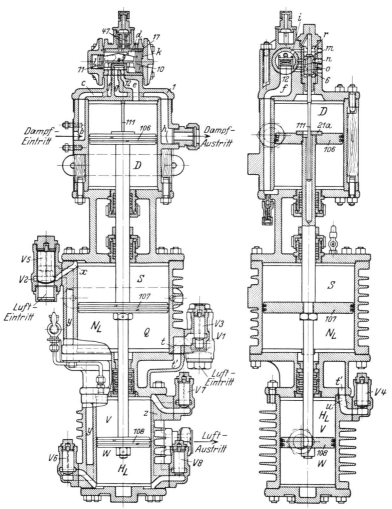

Abb. 333. Zweistufige Luftpumpe.

beschrieben, und zwar die in Abb. 333 dargestellte Luftpumpe der Knorr-Bremse-A.-G.

Die zweistufige Pumpe besteht aus drei gleichachsig und senkrecht übereinander angeordneten Zylindern: dem Dampfzylinder D, dem Niederdruckluftzylinder N_L und dem Hochdruckluftzylinder H_L. Der Dampfzylinder ist zur Verringerung der Wärmestrahlung mit Holz verkleidet. Die Luftzylinder erhalten Rippen, die die bei der Luftverdichtung auftretende Wärme nach außen ableiten können. Alle drei Zylinder sind doppeltwirkend; ihre Kolben sitzen auf einer gemeinsamen, im oberen Teil hohlen Kolbenstange. Der Dampf wird durch den Verteilungsschieber 12 am Umsteuerkolben 9 abwechselnd unter und über den Kolben 106 im Dampfzylinder D geleitet. Er treibt diesen, und damit die beiden Luftkolben 107 und 108 auf und ab.

Der dem Lokomotivkessel entnommene Dampf gelangt durch die Kanäle b und c in die Hauptsteuerkammer d (vgl. auch Abb. 334). Diese steht durch die Bohrung i mit der Umsteuerkammer r in Verbindung; die Kammern d und r enthalten somit Dampf von gleicher Spannung. Der Umsteuerkolben 9, der das Einströmen des Frischdampfes in den Dampfzylinder wie das Ausströmen des Abdampfes ins Freie regelt, besteht aus zwei Kolben 10 und 11 verschiedener Größe, deren gemeinsame Verbindungsstange den Schieber 12 mitnimmt. Im Raum d zwischen beiden Kolben befindet sich stets Frischdampf. Auf die äußere (in der Zeichnung nach rechts gerichtete) Fläche des größeren Kolbens 10 wirkt der Dampf nur, wenn ihn der Umsteuerschieber 6 in die Kammer k einläßt. Den Raum l hinter dem kleinen Kolben 11 verbindet eine Bohrung mit dem Ausströmkanal g, so daß dort stets der Druck der Außenluft herrscht.

Bei der in Abb. 333 gezeichneten Stellung der Steuerung strömt Frischdampf aus der Steuerkammer d durch den Kanal f in den unteren Teil des Dampfzylinders und treibt den Dampfkolben 106 aufwärts. Gegen Ende des Kolbenhubes greift die Platte 21a unter den oberen Bund der Umsteuerstange 111 und hebt diese mit dem damit verbundenen Umsteuerschieber 6 empor. Der Umsteuerschieber unterbricht die Verbindung des in die Kammer k mündenden Kanals n mit dem Auspuffkanal m und öffnet eine Bohrung o, durch die nun Frischdampf aus r zur Kammer k überströmen kann. Dieser treibt den Schieber 12 nach links und öffnet damit den Kanal e, während die Schiebermuschel die Kanäle g und f miteinander verbindet. Der Dampf aus der Kammer d strömt jetzt durch e oben in den Zylinder ein und treibt den Dampfkolben abwärts, während der Abdampf aus dem Zylinderraum unter diesem Kolben durch die Kanäle f, g und h ins Freie strömt.

Die Luftpumpe. 415

Wenn sich der Dampfkolben dem Ende des Abwärtshubes nähert, greift die Platte 21a den Knopf am unteren Ende der Umsteuerstange 111 und zieht diese mit dem Umsteuerschieber 6 wieder in die gezeichnete Stellung herab. Der Schieber 6 verbindet dann die Kanäle m und n und läßt dadurch den Dampf aus dem Raume k ins Freie entweichen. Auf die äußeren Flächen des Stufenkolbens 9 wirkt also jetzt kein Überdruck, während die inneren Flächen dem Drucke des frischen Dampfes in der Kammer d ausgesetzt sind. Da der rechte Kolben 10 des Stufen-

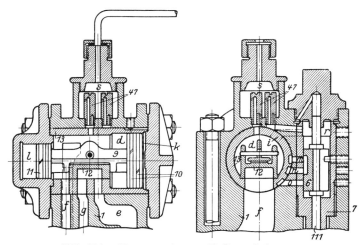

Abb. 334. Steuerung der zweistufigen Luftpumpe.

kolbens 9 im Durchmesser größer ist als der linke 11, wird die Steuerung nach rechts in die gezeichnete Stellung getrieben. Der Schieber 12 öffnet nun den Kanal f und verbindet die Durchgänge g und e, so daß der Dampf aus dem oberen Teile des Dampfzylinders durch e, g und h ins Freie entweicht; gleichzeitig strömt aus der Kammer d Frischdampf durch f in den unteren Teil des Dampfzylinders ein und treibt den Dampfkolben wieder aufwärts.

Bewegen sich der Dampfkolben und damit auch die beiden Luftkolben aufwärts, so saugt der große Luftkolben 107 durch das Ventil V_1 freie Luft in den unteren Raum Q des Niederdruckzylinders ein und drückt sie beim Abwärtsgange durch Kanal t, Ventil V_3, Kanal t', Ventil V_4 und Kanal u mit einem Überdruck von etwa 1,9 at in den oberen Raum V des Hochdruckzylinders. Beim nächsten Aufwärtsgange verdichtet der

Hochdruckkolben 108 diese Luft bis zum Enddruck und drückt sie aus dem Raume V über das Ventil V_7 und den Kanal z in den Hauptbehälter. Beim Abwärtsgange saugt gleichzeitig der Niederdruckkolben freie Luft durch das Ventil V_2 und den Kanal x in den oberen Raum S des Niederdruckzylinders. Beim Aufwärtsgange drückt er diese Luft wieder mit 1,9 at durch Kanal x, Ventil V_5, Kanal y und Ventil V_6 in den unteren Raum W des Hochdruckzylinders. Beim folgenden Abwärtsgange setzt der Hochdruckkolben die Verdichtung wiederum bis zum Enddruck fort und drückt die Luft aus dem Raume W über Ventil V_8 und Kanal z in den Hauptbehälter.

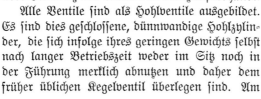

Alle Ventile sind als Hohlventile ausgebildet. Es sind dies geschlossene, dünnwandige Hohlzylinder, die sich infolge ihres geringen Gewichts selbst nach langer Betriebszeit weder im Sitz noch in der Führung merklich abnutzen und daher dem früher üblichen Kegelventil überlegen sind. Am

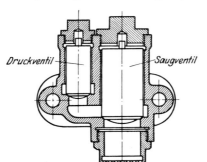

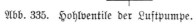

Abb. 335. Hohlventile der Luftpumpe.   Abb. 336. Ölpumpe.

Niederdruckzylinder sind Saug- und Druckventil, wie Abb. 335 zeigt, in einem Gehäuse vereint.

Zum Schmieren der Dampfzylinder dient die in Abb. 336 dargestellte Ölpumpe, die gewöhnlich auf dem Führerstande rechts am Hinterkessel angebracht ist (s. Tafel II Nr. 64).

Vor dem Anlassen der Luftpumpe wird der Handhebel G eingedrückt und der Behälter mit reinem Öl gefüllt. Wird dann das Dampfventil geöffnet und der Hebel G der Ölpumpe nochmals niedergedrückt, so gelangt

Die Luftpumpe. 417

das Öl durch das Verbindungsrohr nach dem Sammelbehälter s im Pumpendeckel 1 (f. Abb. 334), wo es durch zwei Verteiler 47 unmittelbar den beiden Schieberkammern d und r und durch den Dampf dem Dampfzylinder 2 zugeführt wird. Durch mehrmaliges Niederdrücken des Hebels wird der Sammelbehälter s mit Öl gefüllt, dieses läuft anfangs durch die großen Bohrungen oben in den Verteilern 47 den Schiebern und dem Dampfzylinder zu und schmiert sie ausgiebig, während später durch die unteren kleineren Bohrungen nur ein tropfenweises Schmieren erfolgt. Bei Verwendung geeigneter Schmiermittel genügt eine Füllung der Ölpumpe für 8 bis 10 Arbeitsstunden der Luftpumpe.

Zur Schmierung der beiden Luftzylinder sind getrennte Schmierhähne vorgesehen. Der Niederdruckzylinder wird durch einen in den oberen Zylinderflansch eingeschraubten einfachen, kleinen Hahn geschmiert. Durch den Hahn (in dem rechten Schnittbilde der Abb. 333 auf dem oberen Deckel des Niederdruckluftzylinders sichtbar) wird in der Öffnungsstellung beim Saughub des Niederdruckkolbens das in die vasenförmige Erweiterung des Hahngehäuses eingefüllte Öl in den Zylinder eingesaugt. Der Hochdruckkolben besitzt einen besonderen Schmierhahn mit hohlem Küken (Abb. 337). In der einen Hahnstellung wird die Kükenhöhlung mit dem Schmiermittel gefüllt, in der anderen Stellung ist der Kükenhohlraum nach außen abgeschlossen und entleert seinen Inhalt durch das Verbindungsrohr nach dem Hochdruckzylinder.

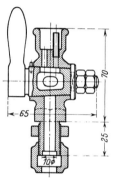
Abb. 337. Hochdruck-Schmierhahn.

Die Kolbenstange wird zwischen den beiden Stopfbuchsen durch einen zweiteiligen, mit Öl getränkten Schmierring geschmiert. Besondere metallische Doppelringpackungen sorgen für einen dichten Abschluß zwischen den Zylindern.

Bei einem Druck von 12 at im Lokomotivkessel kann in einem Hauptluftbehälter von 800 l Inhalt die alte einstufige Pumpe in 60 Sekunden, die zweistufige Luftpumpe dagegen bereits in 38 Sekunden, den Druck von 6 auf 7 at steigern.

Seit einigen Jahren erhalten alle neuen Lokomotiven der Reichsbahn die Doppel-Verbund-Luftpumpe, die erheblich wirtschaftlicher als die eben beschriebene Pumpenbauart ist. Bei ihr, die man nach ihrem

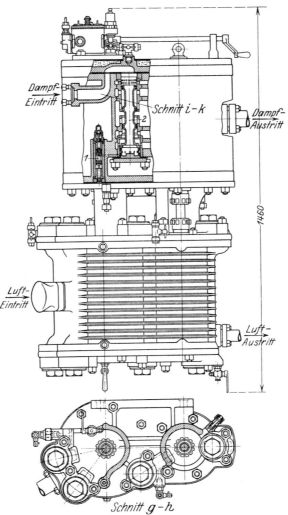

Abb. 338. Doppel=

Erfinder, dem Ingenieur Nielebock, auch Nielebock=Luftpumpe nennt, wird nämlich nicht nur die Luft in zwei Stufen verdichtet, sondern auch der Arbeitsdampf in zwei Stufen ausgenutzt.

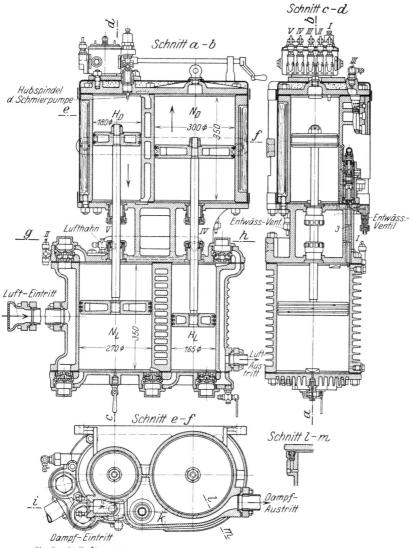

Verbund-Luftpumpe.

Die Doppel-Verbund-Luftpumpe ist in Abb. 338 in mehreren Schnitten und in Ansicht dargestellt. Die Abb. 339 zeigt ein Lichtbild der Pumpe.

Der Hochdruckdampfzylinder H_D und der Niederdruckdampfzylinder N_D liegen nebeneinander in einem gemeinsamen Gußstück. Auch die beiden Luftzylinder H_L und N_L bilden ein Stück; sie sind unter den Dampfzylindern so angebracht, daß die Mittellinie des Hochdruckdampfzylinders H_D mit der des Niederdruckluftzylinders N_L und die des Niederdruckdampfzylinders N_D mit der des Hochdruckluftzylinders H_L zusammenfällt. Eine Kolbenstange verbindet den Hochdruckdampfkolben mit dem Niederdruckluftkolben, eine andere den Niederdruckdampfkolben mit dem Hochdruckluftkolben. Die Steuerung bewirkt, daß sich beim Abwärtsgange des einen Kolbensatzes jeweils der andere aufwärts bewegt.

Abb. 339.
Doppel-Verbund-Luftpumpe.

Das Dampfzylinder- und das Luftzylindergußstück werden durch ein Mittelstück verbunden, das die Dampfzylinder unten und die Luftzylinder oben abschließt; in dem Mittelstück sind die Stopfbuchsen für die Kolbenstangen und die oberen Luftventile angeordnet. Den oberen Abschluß der Dampfzylinder bildet ein gemeinsamer Deckel; ebenso haben die beiden Luftzylinder einen gemeinsamen Deckel, in dem die unteren Luftventile sitzen.

Die Dampfzylinder sind gegen Wärmeverluste durch einen Holzmantel, der durch ein Blech verkleidet ist, geschützt. Niederschlagwasser, das sich in den Zylindern bildet, wird durch selbsttätige Entwässerungsventile unter jedem Dampfzylinder abgeführt. Um die Luft bei der Verdichtung nicht zu warm werden zu lassen, sind die Luftzylinder und ihr Deckel mit Kühlrippen versehen.

Die Steuerung besteht aus einem zwischen den beiden Dampfzylindern angeordneten Hauptschieber 2 und einem am Hochdruckdampfzylinder liegenden Hilfsschieber 1. Der Hauptschieber 2 regelt den Eintritt des Frischdampfes über oder unter den Hochdruckdampfkolben, den Übergang des Zwischendampfes vom Hochdruck- zum Niederdruckdampfzylinder und den Austritt des Abdampfes aus dem Niederdruckzylinder. Er wird vermöge des Hilfsschiebers 1 in die obere oder untere Lage gebracht.

Der Hilfsschieber 1 befindet sich beim Aufwärtsgange des H_D-N_L-Kolbensatzes in seiner unteren Lage und wird in ihr durch Dampf aus dem Hochdruckdampfzylinder festgehalten. Erreicht der Kolbensatz seine obere Endlage, so wird der Schieber vom Niederdruckluftkolben durch den Stößel 3 in die obere Lage verschoben. Beim Abwärtsgange des Niederdruckluftkolbens folgt der Stößel unter dem Druck einer Spiralfeder so lange, bis er mit dem durch die Feder belasteten Bunde auf einen Vorsprung seines Gehäuses aufstößt und so den Raum oberhalb des Bundes gegen den Luftzylinder abdichtet. Der Hilfsschieber bleibt in seiner oberen Lage, bis er durch Dampf aus dem Hochdruckzylinder wieder abwärts gedrückt wird.

In der Abb. 340 sind die beiden Schieber in etwas größerem Maßstabe als in Abb. 338 wiedergegeben. Verschiedene Kanäle sind dabei zum besseren Verständnis etwas vereinfacht dargestellt. Die Dampf- und Luftzylinder, sowie die Dampf- und Luftleitungen sind mit wenigen Strichen schematisch eingezeichnet.

Der Hauptschieber 2 besteht aus einem Rohr, bei dem durch wulstartige Ausbauchungen mehrere innen hohle Kolben gebildet sind. Das Rohr ist oben offen, unten dagegen wird es durch den untersten Kolben verschlossen. Die oberen beiden Kolben gleiten in der Schieberbuchse B_1, die unteren drei in der Schieberbuchse B_2. Durch die oberen vier Kolben werden um das Schieberrohr herum drei ringförmige Räume R_1, R_2 und R_3 gebildet. Der Raum R_2 steht durch den Zwischenraum zwischen den beiden Schieberbuchsen ständig mit der Dampfaustrittsleitung in Verbindung. Der obere Ringraum R_1 verbindet den oberen Teil N_{Do} des Niederdruckdampfzylinders bei der unteren Lage des Schiebers (Stellung 1 in Abb. 340) mit dem Dampfaustritt, bei der oberen Lage (Stellung 2) mit dem oberen Teil H_{Do} des Hochdruckdampfzylinders. In ähnlicher Weise wird durch den Ringraum R_3 bei der Stellung 1 dem Dampf unterhalb des Hochdruckkolbens (H_{Du}) der Übergang in den Niederdruckzylinder unterhalb des Kolbens (N_{Du}), bei der Stellung 2 der Austritt aus N_{Du} ins Freie ermöglicht. Der Raum R_4 unter dem Hauptschieber wird durch den Hilfsschieber abwechselnd mit Dampf gefüllt oder wieder entleert. Der Schieber wird dadurch auf und ab bewegt. Der Kappenraum oberhalb des Rohrschiebers ist mit Frischdampf gefüllt.

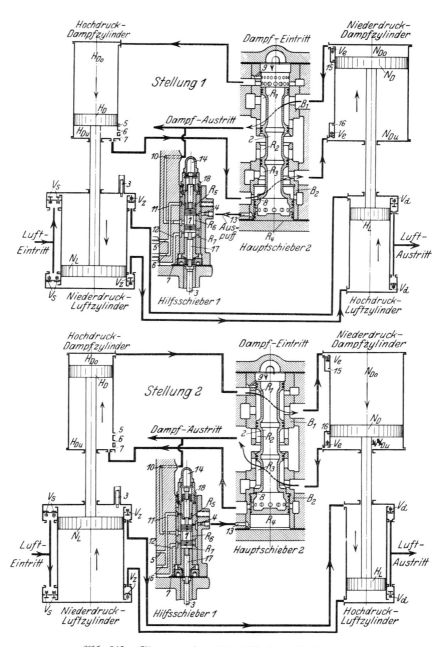

Abb. 340. Steuerung der Doppel-Verbund-Luftpumpe.

Der Hilfsschieber 1 hat zwei Kolben, die zusammen mit der Schieberbuchse den Ringraum R_6 begrenzen. Der Raum steht ständig durch den Kanal 10 mit dem Dampfaustritt in Verbindung. Oberhalb des oberen und unterhalb des unteren Kolbens werden außerdem noch zwei ringförmige Räume R_5 und R_7 gebildet. Von R_5 führt der Kanal 11 zu den Bohrungen 5 und 6 im Hochdruckzylinder. R_7 ist in der unteren Lage des Hilfsschiebers (Stellung 2) abgeschlossen, in der Stellung 1 durch den Kanal 12 und die Bohrung 7 mit H_{Du} verbunden.

Die Steuerkammer R_4 im Hauptschieber 2 steht durch den Kanal 13 und die Bohrungen 4 in der Hilfsschieberbuchse jeweils nach der Lage des Hilfsschiebers entweder (Stellung 1) über R_6 und 10 mit der Auspuffleitung oder (Stellung 2) über R_5, 11, 5 und 6 mit dem Hochdruckzylinder in Verbindung. Vom Kappenraum 14 des Hilfsschiebers führt ein in der Zeichnung nur schwer erkennbarer Kanal zum Dampfaustritt.

Bei der oberen Lage des Hilfsschiebers 1 (Stellung 1, Abb. 340) steht die Steuerkammer R_4 des Hauptschiebers mit der Ausströmleitung in Verbindung. Der oben in das Hilfsschiebergehäuse strömende Frischdampf drückt den Schieber nach unten. Dadurch ist eine Reihe von Bohrungen in der Schieberbuchse B_1 geöffnet; der Frischdampf gelangt in den Raum H_{Do} oberhalb des Hochdruckdampfkolbens und treibt diesen und damit auch den Niederdruckluftkolben abwärts. Der Dampf in H_{Du}, der vorher den Kolbensatz in die obere Lage gebracht hatte, entspannt sich über dem Ringraum R_3 im Hauptschieber in den Raum N_{Du} und hebt dort jetzt als Zwischendampf den Kolbensatz $N_D - H_L$. Oberhalb des Niederdruckkolbens entweicht der Dampf über den Ringraum R_1 als Abdampf ins Freie. Die beiden Ringräume R_5 und R_7 im Hilfsschieber 1 erhalten durch die Bohrungen 5 und 6 und den Kanal 11 bzw. durch die Bohrung 7 und den Kanal 12 Zwischendampf aus dem Raum H_{Du}. Die durch R_7 führende Kolbenstange ist etwas schwächer als die in R_5, die Kolbenfläche in R_7 daher größer und die nach oben wirkende Dampfkraft in R_7 stärker als die nach unten gerichtete in R_5; der Hilfsschieber wird infolgedessen in seiner oberen Lage festgehalten. Der Hochdruckkolben überschleift bei seinem Abwärtsgange zunächst die Bohrung 5 und darauf auch, kurz bevor er seinen Hub beendet hat, die Bohrung 6. Dann ist aber die Bohrung 5 wieder frei, in sie strömt indes nicht mehr Zwischendampf, sondern Frischdampf aus H_{Do}. Der Frischdampf gewinnt im Raume R_5 das Übergewicht über den Zwischendampf in R_7 und verschiebt den Hilfsschieber nach unten. In dieser neuen Lage des

Hilfsschiebers (Stellung 2, Abb. 340) sind die Bohrungen 4 nicht mehr über R_6 mit dem Dampfaustritt verbunden, sondern erhalten über 5, 11 und R_5 Frischdampf, der in der Steuerkammer R_4 unter den Kolben am Kopfe des Hauptschiebers tritt. Der Druck des Frischdampfes auf die innere, kleinere Kolbenseite und der Zwischendampfdruck im Ringraum R_3 reichen nicht aus, um den Hauptschieber in der unteren Lage festzuhalten. Er wird daher durch den Frischdampfdruck in R_4 in die obere Lage gehoben.

Der Dampf aus H_{Do} strömt jetzt über R_1 nach N_{Do} über und treibt Niederdruckdampf- und Hochdruckluftkolben abwärts, der Dampf aus N_{Du} entweicht ins Freie und H_{Du} erhält durch eine Reihe von Bohrungen zwischen den beiden unteren Kolben am Kopfe des Hauptschiebers und entsprechende Bohrungen in der Schieberbuchse B_2 Frischdampf, der den H_D-N_L-Kolbensatz nach oben bewegt. Der Hochdruckkolben verschließt dabei zunächst die Bohrung 5, gibt dabei gleichzeitig die Bohrung 6 und später auch die Bohrung 5 wieder frei. In der unteren Lage des Hilfsschiebers ist der Kanal 12 durch den unteren Kolben verschlossen. Der Frischdampf aus H_{Du} in R_5 hält den Schieber in dieser Lage fest.

Kurz vor Beendigung des Aufwärtshubes stößt der Niederdruckkolben gegen den Stößel 3 und bringt dadurch den Hilfsschieber wieder in die obere Lage (Stellung 1). Das eben geschilderte Kolbenspiel wiederholt sich; der Hochdruckdampfkolben wird wieder mit dem Niederdruckluftkolben nach unten bewegt, die beiden anderen Kolben gehen aufwärts. Infolge entsprechender Kolbenabmessungen erreicht der aus Niederdruckdampf- und Hochdruckluftkolben bestehende Kolbensatz immer seine obere oder untere Endlage, ehe der andere Kolbensatz seinen Hub beendet hat.

Beim Anfahren der Pumpe kann nur der Hochdruckdampfzylinder, nicht dagegen auch der Niederdruckzylinder Arbeitsdampf erhalten. Um das Anfahren zu erleichtern, sind im Hauptschieber 2 noch die Bohrungen 8 und 9 vorgesehen. Befindet sich der Hauptschieber gerade in der Stellung 1, so strömt durch die Bohrung 8 über den Ringraum R_3 Dampf nach N_{Du} und schiebt den Kolben N_D nach oben. Beim Anfahren aus der Stellung 2 erhält der Niederdruckzylinder durch die Bohrung 9 über den Raum R_1 Frischdampf.

Für ein sicheres Arbeiten der Pumpe ist es wichtig, daß sich der Hochdruckdampf- und Niederdruckluftkolbensatz auch stets bis in seine Endlage bewegt, sonst würde der Hilfsschieber 1 nicht durch Frischdampf über die Bohrung 5 oder durch den Stößel 3 umgesteuert werden können. Um den Gegendruck auf den Hochdruckdampfkolben beim Hubende zu ver-

Die Luftpumpe.

ringern, sind im Niederdruckdampfzylinder die Bohrungen 15 und 16 und die Ventile V_e angebracht (im Schnitt l—m der Abb. 338 ist ein Ventil V_e sichtbar). Hat z. B. bei der Stellung 1 der Niederdruckkolben die Bohrung 15 überschritten, so entspannt sich der Zwischendampf in N_{Du} über die Bohrung 15 und das obere Ventil V_e. Infolge des Druckabfalls in N_{Du} sinkt auch der Druck in H_{Du} und der Frischdampf in H_{Do} kann den Hochdruckkolben leicht ganz nach unten drücken. Bei der Stellung 2 entströmt am Hubende der Zwischendampf über die Bohrung 16 und das untere Ventil V_e.

Die Luft wird durch einen mit einem Sieb versehenen Saugkopf angesaugt, der entweder unmittelbar am Niederdruckluftzylinder oder an einer geschützten Stelle der Lokomotive angebracht und dann durch ein Rohr mit dem Lufteintrittsstutzen verbunden ist. Wenn der Niederdruckluftkolben gerade abwärts geht (Stellung 1, Abb. 340), strömt über die beiden oberen Saugventile V_s in den Raum oberhalb des Kolbens N_L neue Luft. Beim nächsten Hube (Stellung 2) wird sodann diese Luft durch den Kolben auf den Zwischendruck verdichtet. Sie stößt das obere Ventil V_z auf und gelangt im Hochdruckluftzylinder über den Kolben H_L. Geht dieser darauf wieder nach oben (Stellung 1), so wird durch ihn die Luft auf den Enddruck gepreßt und über das Druckventil V_d durch den Austrittsstutzen in den Hauptbehälter gedrückt. Auch die Luftkolben sind doppeltwirkend; während auf der einen Seite Luft angesaugt wird, findet auf der anderen eine Verdichtung der vorher angesaugten Luft statt. Durch entsprechende Führung der Luftkanäle ist erreicht, daß sich der Hochdruckkolben jedesmal, wenn der Niederdruckkolben abwärts geht, nach oben und umgekehrt beim Aufwärtsgange des Niederdruckkolbens nach unten bewegen muß. Als Ventile werden dünne, ringförmige Stahlplatten verwendet, die durch Schraubenfedern auf ihren Rotgußsitz gedrückt werden.

Die Doppelverbundluftpumpe ist in der Lage, bei 12 at Frischdampfdruck die Luft in einem Hauptbehälter von 800 l Inhalt bereits in 16 Sekunden von 6 auf 7 at zu verdichten. Sie verbraucht im Mittel etwa 3,8 kg Dampf für 1 cbm geförderter Luft.

Die Schmierstellen der Luftpumpe (I—V in Abb. 338) werden durch eine DK-Schmierpumpe von De Limon Fluhme & Co. selbsttätig mit genau einstellbaren Mengen von Luftzylinder- oder Naßdampfzylinderöl versorgt. Die Ölzufuhr wird also der Hubzahl der Pumpe angepaßt, während beim Ölen mit der Handpumpe nach dem Gefühl aus Vorsicht meist unnötig viel Öl verbraucht wird.

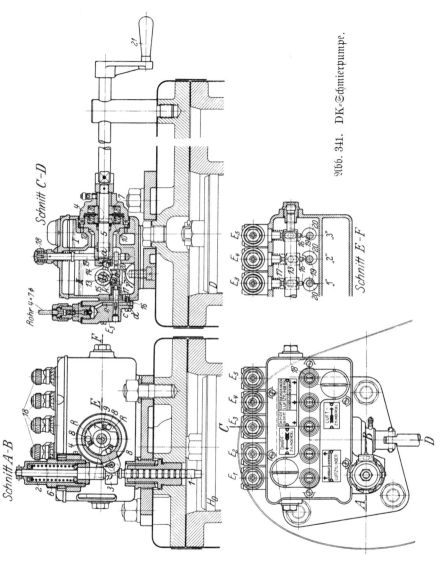

Abb. 341. DK-Schmierpumpe.

Die Schmierpumpe, die in Abb. 341 wiedergegeben ist, sitzt oben über dem Hochdruckdampfzylinder der Luftpumpe. Im Innern der Pumpe sind zwei Ölbehälter I und II, von denen der kleinere (I) mit

Die Luftpumpe.

0,5 l Inhalt mit Luftzylinderöl, der größere (II) mit 1,0 l Inhalt mit Naßdampfzylinderöl gefüllt wird.

Außen am Pumpengehäuse sind fünf Pumpenelemente E_1 bis E_5 angeschraubt. Die Elemente sind durch Rohrleitungen mit den fünf Schmierstellen I bis V der Luftpumpe verbunden. Das Element E_1 schmiert den Hochdruckluftzylinder, E_2 den Niederdruckluftzylinder, E_3 den Frischdampf, E_4 die Stopfbuchsen am Hochdruckluftzylinder und E_5 die am Niederdruckluftzylinder. Die Elemente E_1 und E_2 sind also an dem Ölbehälter I, E_3, E_4 und E_5 an dem Ölbehälter II angeschlossen.

Die Schmierpumpe wird durch den Hochdruckdampfkolben angetrieben, und zwar stößt der Kolben jedesmal vor Beendigung seines Aufwärtsganges die in den Dampfzylinder hineinragende Hubspindel 1 nach oben (vgl. auch Abb. 338). Nach Umkehr des Kolbens drückt die Feder 2 die Spindel wieder nach unten. Die auf der Hubspindel sitzende Muffe 3 nimmt den Antriebshebel 4 eines Rollenschaltwerks mit, durch das jedesmal beim Aufwärtsgange die Antriebswelle 5 der Schmierpumpe gedreht wird.

Auf der Welle 5 sind zwei Hemmscheiben 7 und 10 aufgekeilt. Wird das Schaltwerksgehäuse 4 von der aufwärtsgehenden Hubmuffe 3 in der Pfeilrichtung gedreht, so zwängen sich drei gehärtete Rollen 8 durch Reibung in dem sich keilartig verengenden Raum R zwischen Gehäusewand und Hemmscheibe. Beide Teile sind dann kraftschlüssig miteinander gekuppelt, so daß sich bei jedem Doppelhube der Luftpumpe mit dem Antriebshebel auch die Hemmscheibe und die Antriebswelle um den Schaltwinkel α [1]) vorwärts dreht. Da die Rollen 8 durch die Federteller 9 stets an die beiden Klemmflächen gedrückt werden, wird auch der kleinste Schaltwerksanschlag ohne toten Gang auf die Antriebswelle übertragen.

Während das Schaltwerksgehäuse durch die abwärtsgehende Hubmuffe zurückgedreht wird, stehen die Hemmscheibe 7 und die Antriebswelle 5 still, da dann die Rollen 8 von den Keilflächen der Hemmscheibe abwärts gegen die Federteller 9 bewegt werden und so ihre Klemmwirkung aufgehoben wird. Ein Zurückdrehen des Pumpengetriebes während dieses Leerhubes durch den Rückdruck der Förderstempel wird von der zweiten Hemmscheibe 10 verhindert. Diese hat die gleiche Form wie die Scheibe 7, sitzt aber gerade umgekehrt auf der Welle 5. Sie gestattet daher eine Vorwärtsdrehung der Antriebswelle; beim Abwärtshub der Hubspindel kuppelt sie dagegen durch die Reibrollen 11 die Welle 5 mit dem fest-

---

[1]) α = griechischer Buchstabe; sprich Alpha.

stehenden Antriebslager 12, so daß sich die Welle immer nur in der durch den Pfeil angedeuteten Vorwärtsrichtung drehen kann.

Das freie Ende der Antriebswelle 5 im Innern der Pumpe ist scheibenförmig ausgebildet und hat eine Aushöhlung, deren Mittelpunkt um das Maß a außerhalb der Längsachse der Welle liegt. In die Aushöhlung greift der große Kugelzapfen 14 der Kulissenwelle 13. Die Welle 13 ist in ihrer Längsrichtung verschiebbar. Neben dem Zapfen 14 hat sie noch fünf kleinere Kugelzapfen 15, die in die Kulissen b der Druckstempel 16 hineinragen. Dreht sich die Antriebswelle 5, so wird der Kugelzapfen 14 im Kreise herum mitgenommen. Dadurch wird die Kulissenwelle 13 um das Maß a aus der Mittellage nach der einen und nach der anderen Seite verschoben und um den Winkel γ [1]) hin und her gedreht.

Wenn die Welle 13 verschoben wird, drehen die Kugelzapfen 15 die Kulissen b und damit die Druckstempel 16. Bei jedem Element wird durch ausgefräste Schlitze in der Mantelfläche des Stempels, die der einfacheren Darstellung wegen in der Abbildung nur durch einen Schlitz c angedeutet sind, und durch eine kleine Längsbohrung der Raum hinter dem Druckstempel abwechselnd mit dem Saugkanal d oder mit dem Druckkanal e verbunden.

Schwingt die Welle 13 aus der gezeichneten Stellung nach der anderen Seite, so drückt die Feder 17 den Stempel 16 so weit heraus, wie es der Kugelzapfen 15 und die Schnecke 20 an der Einstellwelle 19 zulassen. Da dann gleichzeitig der Saugkanal d offen ist, wird durch den Druckstempel hindurch Öl angesaugt. Wenn darauf die Welle 13 wieder zurückschwingt, wird der Stempel 16 durch den Kugelzapfen 15 wieder zurückgedrückt und das angesaugte Öl in den jetzt offenen Druckkanal e gepumpt. Während einer Umdrehung der Antriebswelle 5 wird also bei allen fünf Pumpenelementen gleichzeitig durch die hin- und hergehende Bewegung der Stempel 16 Öl angesaugt und in die Leitungen gedrückt; durch die Drehbewegung werden die einzelnen Elemente ohne Anwendung von Ventilen gesteuert.

Die Ölförderung der Schmierpumpe läßt sich durch zwei Einrichtungen verstellen. Einmal kann der Hub der Muffe 3 und damit die Umdrehungszahl der Antriebswelle 5 durch Höherschrauben der Federhülse 6 verkleinert werden, wenn aus besonderen Gründen alle Elemente gemeinsam weniger Öl fördern sollen.

Im allgemeinen soll aber die für jede Schmierstelle notwendige Ölmenge durch die Einstellköpfe 18 eingestellt werden. Mit den Einstell-

---

[1]) γ = griechischer Buchstabe; sprich gamma.

Die Luftpumpe. 429

köpfen werden die Einstellwellen 19 und die Schnecken 20 gedreht. Die Schnecken begrenzen den Hub der Druckstempel 16 und damit die Öl= menge, die bei jedem Hube gefördert wird. Machen nicht besondere Gründe eine stärkere Schmierung der einen oder anderen Schmierstelle notwendig, so genügt es, wenn bei tiefster Stellung der Federhülse 6 der Zeiger am Einstellkopf für die Dampfschmierung auf den Teilstrich „6" der festen Zahlenscheibe weist, die Einstellköpfe für die Stopfbuchsen= schmierung auf „3" und die für die Luftzylinderschmierung auf „2" oder „3" eingestellt sind. Um Beschädigungen der Pumpe, besonders ein Verbiegen der Druckstempel durch die Einstellschnecken zu vermeiden, sollen die Einstellköpfe nur bei laufender Pumpe gedreht werden.

Beim ersten Anlassen und nach längerem Stillstand der Pumpe müssen jedesmal die Ölleitungen mit Öl vollgepumpt und die Schmier= stellen vorgeölt werden. Die Antriebswelle 5 muß dazu von Hand durch die Handkurbel 21 gedreht werden.

Vor die Schmierstellen, die unter Dampf= oder Luftdruck stehen, sind Ölsperren geschaltet, die den vorn auf S. 100 beschriebenen Ölsperren für die Lokomotivzylinder ähnlich sind.

Mit DK=Schmierpumpen werden jetzt auch die älteren zweistufigen Luftpumpen und die Speisewasserverbundpumpen ausgerüstet. Die Schmierpumpen hierfür gleichen der eben beschriebenen Bauart, doch hat die Schmierpumpe für die Speisewasserpumpe nur eine Ölkammer und zwei Elemente — das eine zum Schmieren der Dampfsteuerung und der Kolbenstange, das andere für die Stopfbuchsen — und die Schmierpumpe für die zweistufige Luftpumpe zwei Ölkammern und drei Elemente zur Schmierung der Dampfsteuerung, der Kolbenstange und des Niederdruck= luftzylinders.

Der **Luftpumpendruckregler** R (vgl. Tafel IV), dessen neueste Bau= art Abb. 342 zeigt, regelt selbsttätig den Gang der Luftpumpe nach dem jeweiligen Verbrauch an Druckluft. Er unterbricht die Dampfzufuhr zur Luftpumpe, sobald der gewünschte Luftdruck im Hauptbehälter erreicht ist, und läßt die Pumpe wieder angehen, wenn dieser Druck unter eine bestimmte Grenze sinkt. Der Pumpenregler hält also stets den Haupt= behälter mit Druckluft von genügender Spannung gefüllt und entlastet somit den Lokomotivführer, der sonst ständig den Druckmesser beobachten und darauf bedacht sein müßte, einen genügenden Vorrat von Druckluft für den Bremsbetrieb im Hauptbehälter zu halten und die Arbeit der Pumpe durch rechtzeitiges An= und Abstellen von Hand zu regeln. Da der Regler ferner so eingerichtet ist, daß er die Pumpe niemals, auch nicht bei aufgefülltem Hauptbehälter, auf lange Zeit abstellt, verhindert er das Einfrieren der Pumpe selbst bei strenger Kälte.

Öffnet man das Dampfventil D (Tafel IV) in der Frischdampfleitung, so strömt der Dampf in das Reglergehäuse 1 und unter das Ventil 3, hebt dieses und damit auch den mit ihm durch die Ventilstange 4 verbundenen Kolben 6 in die gezeichnete Stellung. Der Dampf strömt

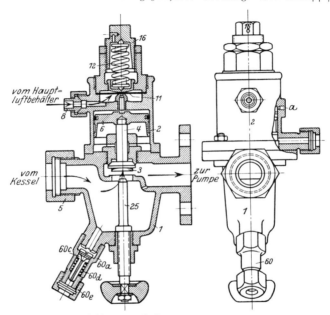

Abb. 342. Luftpumpendruckregler.

dann zur Luftpumpe und setzt sie in Tätigkeit. Das Luftventilgehäuse 2 des Pumpenreglers steht über das Anschlußstück 8 mit einem vom Hauptbehälter kommenden Rohr in Verbindung. Mit dem Druck im Hauptbehälter wächst beim Arbeiten der Luftpumpe also auch der Luftdruck unter der Federplatte 11 an. Übersteigt dieser Druck die Spannkraft der auf der Federplatte ruhenden Stellfeder 12, so hebt sich die Federplatte von ihrem Sitz ab. Infolgedessen strömt Druckluft über den Kolben 6, drückt diesen nieder und schließt so das damit verbundene Dampfventil 3; die Luftpumpe wird außer Tätigkeit gesetzt. Erst wenn der Hauptbehälterdruck unter die festgesetzte Grenze fällt, schließt die Federplatte die Zufuhr

Die Luftpumpe.

von Druckluft zum Kolben 6 ab; der Überdruck über dem Kolben entweicht durch eine kleine Ausströmöffnung a ins Freie, so daß der Frischdampf das Dampfventil 3 wieder öffnet und die Pumpe von neuem arbeiten läßt.

Im Dampfventilgehäuse befindet sich zwischen dem Teil, der mit dem Kessel in Verbindung steht, und dem, der zur Pumpe führt, eine kleine, das Ventil umgehende Bohrung, die dauernd etwas Dampf zur Pumpe strömen läßt und diese daher auch bei geschlossenem Dampfventil ganz langsam arbeiten läßt. Eine Überfüllung des Hauptbehälters tritt aber dadurch nicht ein; die kleine Ausströmöffnung a im Luftventilgehäuse über dem Kolben 6 läßt ständig, sobald der Hauptbehälter aufgefüllt ist, eine geringe Luftmenge langsam entweichen. Dadurch, daß die Pumpe niemals ganz still steht, kann sie selbst bei strenger Kälte nicht einfrieren.

Aus einem ähnlichen Grunde ist das Dampfventilgehäuse als Wassersack ausgebildet; der Dampf kann vor dem Eintritt in die Pumpe etwa mitgerissenes Wasser abscheiden. Das Niederschlagwasser wird von dem Entwässerungsventil 60 am Boden des Wassersackes selbsttätig abgeleitet. Wenn nämlich das Frischdampfventil geschlossen wird, hebt die Ventilfeder 60_d das Ventil 60_e an und läßt das Niederschlagwasser abfließen.

Sollte sich das Dampfventil infolge von Kesselsteinbildung an der Ventilstange festsetzen, so würde unter Umständen die Leistung der Pumpe beeinträchtigt werden oder sogar der Fall eintreten können, daß sich das Dampfventil nicht richtig öffnet. Um trotzdem ein Arbeiten der Pumpe erzwingen zu können, ist unter dem Dampfventil eine Spindel 25 angeordnet, die mit Handrad und Gewinde versehen ist. Man kann dann die Spindel hineinschrauben und damit das Dampfventil aufdrücken.

Die Spannkraft der Stellfeder 12 läßt sich mit der Stellschraube 16 in gewissen Grenzen regeln, so daß man mit ihr den Höchstdruck im Hauptbehälter genau begrenzen kann.

Der **Hauptluftbehälter** H (Tafel IV) soll die für den Betrieb der Bremse erforderliche Druckluft aufspeichern und gleichzeitig alle Beimengungen, die den Bremseinrichtungen schädlich werden könnten, wie Niederschlagwasser, Öl und Staub, zur Abscheidung bringen. Um die Luftfeuchtigkeit zurückzuhalten, muß sich die beim Verdichten erwärmte Luft im Hauptbehälter abkühlen; der Behälter liegt daher möglichst tief und kühl, und alle Rohrleitungen sind oben angeschlossen. Das Rohr, in dem die Druckluft von der Pumpe her einströmt, und das Rohr, durch daß sie aus dem Behälter entnommen wird, münden möglichst weit voneinander entfernt. An der tiefsten Stelle des Hauptbehälters sitzt ein Ablaßhahn, durch den Niederschlagwasser und andere Unreinigkeiten abgelassen werden können.

Der Hauptbehälter faßt im allgemeinen bei den kleineren Lokomotiven 400 l; bei schwereren Lokomotiven sind zwei Behälter mit je 400 l Inhalt vorgesehen. Die Abmessungen der Behälter richten sich nach dem zur Verfügung stehenden Raum. Die Behälter werden entweder quer unter dem Langkessel oder längs unter dem Führerhaus oder Laufblech befestigt.

8. Das Führerventil.

Mit dem Führerventil wird die Druckluftbremse beherrscht. Durch Betätigung des Ventils mit dem Handhebel verbindet der Lokomtivführer bestimmte Wege für die Druckluft miteinander und sperrt andere von ihm ab. Bei der einen Stellung des Hebels wird der Hauptbehälter mit der Hauptleitung und den Bremseinrichtungen an den Fahrzeugen verbunden, die Leitung wird mit Druckluft aufgefüllt und die selbsttätige Bremse damit gelöst; der Hebel und die von ihm bewegten Teile des Ventils befinden sich in der Füllstellung (Lösestellung). In der Bremsstellung wird der Leitungsluft ein Weg zum Entweichen geöffnet und ein Nachströmen der Hauptbehälterluft in die Hauptleitung unterbunden. Eine dritte Stellung, die Abschlußstellung, sperrt alle Leitungen am Ventil gegeneinander ab, hält also eine einmal eingeleitete Bremsung (bei der KK-Bremse auch eine bestimmte Lösestufe) in bestimmter Stärke fest.

Für einfachere Verhältnisse genügen diese drei Stellungen. Sie waren daher auch nur bei dem Führerbremshahn, den Westinghouse bei Einführung seiner Druckluftbremse verwandte, vorhanden.

Als im Laufe der Zeit die Züge länger wurden, stellte sich aber bald ein Nachteil heraus. Wenn bei gewöhnlichen Bremsungen, Betriebsbremsungen, der Führer einen bestimmten, von ihm gewollten Bremsdruck erreicht zu haben glaubte und den Hahn in die Abschlußstellung brachte, so war wohl vorn in der Leitung die erforderliche Druckverminderung eingetreten, bei den hinteren Wagen dagegen noch nicht. Die Luft strömte von dort nach vorn, erhöhte also hier wieder den Leitungsdruck und löste dabei häufig unter den ersten Wagen die schon angezogenen Bremsen wieder aus. Man verband daher mit dem Führerventil einen Ausgleichbehälter und läßt bei Betriebsbremsungen — das Führerventil

steht dann in der Betriebsbremsstellung — nur aus ihm Druckluft
entweichen. Die Menge, die man hinausläßt, richtet sich nur nach dem
Bremsdruck, den man erreichen will, aber nicht mehr nach der Länge
des Zuges. Denn ein Ausgleichkolben dieses Führerventils hält, wenn
auch bereits der Ventilhandgriff wieder in Abschlußstellung gebracht ist,
der Leitungsluft einen Weg ins Freie so lange offen, bis der Druck in der
ganzen Leitung gleichmäßig entsprechend der Druckverminderung im
Ausgleichbehälter gesunken ist.

In Notfällen muß die Bremse auch plötzlich in voller Stärke angezogen
werden können. Die schnellwirkenden Steuerventile rufen dann in den
Bremszylindern eine Schnellbremsung hervor, wenn der Leitungsdruck
plötzlich stark verringert wird. Eine besondere Stellung des Führerventils — die Schnellbremsstellung — ermöglicht dazu ein schnelles
Entweichen der Leitungsluft auf weiten Wegen, ein Vorgang, der noch
durch das Abströmen eines Teils der Leitungsluft in die Zylinder unterstützt wird. Statt der einfachen Bremsstellung des Führerbremshahnes
haben die neueren Führerventile also eine Betriebsbremsstellung und eine
Schnellbremsstellung.

Sie haben ferner noch eine Stellung, in der das Ventil während der
Fahrt bei gelöster Bremse liegt, die Fahrtstellung. Bei dieser Stellung
wird die Leitung vom Hauptluftbehälter über den Leitungsdruckrohr durch
eine kleine Öffnung immer wieder nachgefüllt, wenn der Druck in ihr infolge von Undichtigkeiten sinkt. Es wird dadurch vermieden, daß während der
Fahrt durch Undichtigkeitsverluste eine unbeabsichtigte Bremsung eintritt.

Die Führerventile der Knorr-Bremse-A.-G. haben ferner noch eine
Mittelstellung, in die der Lokomotivführer seinen Handhebel zu legen
hat, wenn er mit Vorspann fährt, wenn also der Zug und mit ihm seine
Lokomotive nicht von ihm selbst, sondern von dem Führer der Vorspannlokomotive gebremst und gelöst wird.

In nachstehendem seien die bei der Reichsbahn heute benutzten
Führerventile, das Drehschieberführerventil von Westinghouse,
sowie das Flachschieberführerventil und das Drehschieberführerventil der Knorr-Bremse-A.-G. beschrieben.

Das Westinghouse-Führerventil ist in Abb. 343 dargestellt. Das
Ventilgehäuse 1 enthält die nebeneinanderliegenden Kammern für den
Drehschieber S und den Ausgleichkolben K. Die Drehschieberkammer
wird oben durch den Deckel 2 abgeschlossen. Durch ihn geht die Spindel G_2
des Handgriffs G_1 hindurch.

Der Handgriff G_1 läßt sich aus der gezeichneten Stellung I in verschiedene andere Stellungen, die mit II, III, IV und V in der Abbildung angedeutet sind, bewegen. Dabei dreht sich der Drehschieber S mit seiner Gleitfläche auf dem Schieberrost des Gehäuses.

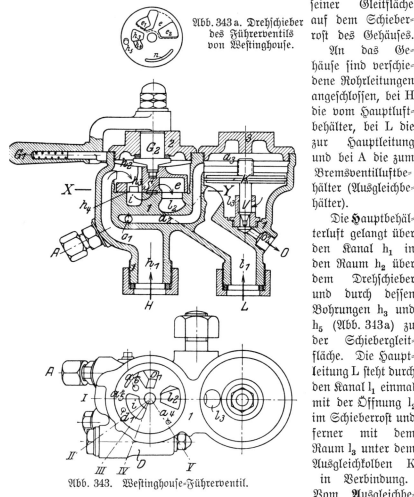

Abb. 343a. Drehschieber des Führerventils von Westinghouse.

Abb. 343. Westinghouse-Führerventil.

An das Gehäuse sind verschiedene Rohrleitungen angeschlossen, bei H die vom Hauptluftbehälter, bei L die zur Hauptleitung und bei A die zum Bremsventilluftbehälter (Ausgleichbehälter).

Die **Hauptbehälter**luft gelangt über den Kanal h_1 in den Raum h_2 über dem Drehschieber und durch dessen Bohrungen h_3 und h_5 (Abb. 343a) zu der Schiebergleitfläche. Die Hauptleitung L steht durch den Kanal l_1 einmal mit der Öffnung l_2 im Schieberrost und ferner mit dem Raum l_3 unter dem Ausgleichkolben K in Verbindung. Vom Ausgleichbehälter A führen die Kanäle a_1 und a_2 zum Raum a_3 über dem Ausgleichkolben K. Der Kanal a_2 ist weiterhin mit den Öffnungen a_4, a_5 und a_6 im Schieberrost verbunden. Die Bohrungen o stellen

Das Führerventil.

die Verbindung mit der Außenluft her, gehen ins Freie, ins Offene.

Der Drehschieber S (Abb. 343a) ist an zwei Stellen — h_3 und h_5 — durchbohrt. Mit der Bohrung h_3 steht die Höhlung h_4 in Verbindung. In der Gleitfläche des Drehschiebers befinden sich ferner eine Nut n und zwei Aushöhlungen e_1 und e_2, die durch einen Kanal e miteinander verbunden sind.

Im Schieberrost münden die bereits erwähnten Kanäle a_4, a_5, a_6 und l_2. Die Bohrung o_1 führt ins Freie und eine Bohrung d_1 zum Druckregler D. i stellt eine Aushöhlung im Schieberrost dar.

Die Ausgleichvorrichtung besteht aus dem Ausgleichkolben K und dem mit ihm durch eine Stange verbundenen Ventil V. Bewegt sich der Kolben nach oben, so hebt sich das Ventil von seinem Sitze und läßt die Luft aus der Kammer l_3 und damit aus der Hauptleitung durch die Bohrung o_2 ins Freie entweichen.

Zum besseren Verständnis der Wirkungsweise des Westinghouse-Ventils ist in der Abb. 344 der Drehschieber S in seinen fünf Hauptstellungen über dem Schieberrost dargestellt. Der Schieber sei dabei in einer Ebene dicht über der Grundfläche (Schnitt X—Y in Abb. 343) geschnitten. Alle sichtbaren Kanten des Schiebers sind in stark ausgezogenen, die oberhalb der Schnittebene liegenden Kanten in stark punktierten Linien gezeichnet. Die Kanten der Öffnungen im Schieberrost sind da, wo sie durch Bohrungen oder Aushöhlungen des Schiebers hindurch sichtbar werden, in schwachen, sonst in gestrichelten Linien wiedergegeben.

In der Füllstellung I steht der Handgriff G_1 des Führerventils am weitesten links. Die durch die weiten Kanäle h_1 und h_2 zuströmende Hauptbehälterluft gelangt dann einmal durch die Bohrung h_3 im Drehschieber zur Höhlung i im Schieberrost, durch die Höhlung e_1, den Kanal e und die Höhlung e_2 im Drehschieber zum Kanal l_2 im Schieberspiegel und von da durch den Kanal l_1 zur Hauptleitung und zum Raum l_3 unter dem Ausgleichkolben. Weiterhin strömt Hauptbehälterluft von h_3 nach der Höhlung h_4 und durch den Kanal a_6 zum Kanal a_2 sowie durch die Bohrung h_5 und den Kanal a_5 ebenfalls nach a_2. Der Kanal a_2 steht sowohl mit dem Ausgleichbehälter A als auch mit dem Raum a_3 über dem Ausgleichkolben in Verbindung. In der Stellung I gelangt also die Hauptbehälterluft in die Hauptleitung, von der aus sie über die Steuerventile die Bremsen auslöst, in den Ausgleichbehälter (Bremsventilluftbehälter) und in die Kammern über und unter dem Ausgleichkolben. Die von Druck-

28*

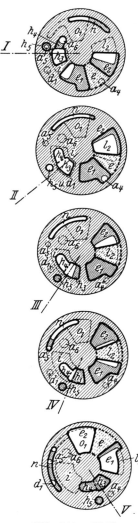

Abb. 344. Stellungen des Führerventils von Westinghouse.

luft beaufschlagte Fläche ist auf der unteren Seite des Kolbens um den Querschnitt der Ventilstange kleiner und der Druck auf den Kolben daher auf der oberen Seite größer; das Ventil V wird also geschlossen gehalten.

Wird der Handgriff in die Stellung II, in die Fahrtstellung, gelegt, so kann über h_3 und h_4 keine Druckluft mehr unmittelbar vom Hauptbehälter nach der Leitung überströmen. Dagegen gelangt sie über die Bohrung h_5 in den Kanal d_1 und zum Druckminderventil D (Leitungsdruckregler). Das Ventil D steht durch einen in den Abbildungen nicht besonders dargestellten Kanal mit l_2 in Verbindung und öffnet sich, wenn in der Hauptleitung der Druck infolge von Undichtigkeiten unter 5 at gesunken ist. Die Behälterluft füllt dann die Hauptleitung wieder auf. Die Kanäle a_5 und a_6 zum Ausgleichbehälter und zur Kammer über dem Ausgleichbehälter sind durch die Gleitfläche des Drehschiebers verschlossen. Dagegen steht die ebenfalls dorthin führende Bohrung a_4 über e_1, e, e_2 und l_2 mit der Hauptleitung in Verbindung. Über und unter dem Ausgleichkolben herrscht also der gleiche Luftdruck, das Ventil V bleibt geschlossen.

In der Abschlußstellung III sind alle Kanäle im Drehschieber und im Schieberrost voneinander abgeschlossen.

Wird der Ventilgriff über die Stellung III hinaus nach IV, in die Betriebsbremsstellung, gedreht, so verbindet die Nut n im Drehschieber die Bohrung a_5 mit dem nutenförmigen Fortsatz der zur freien Luft führenden Ausströmöffnung o_1, so daß aus dem Ausgleichbehälter A über a_2, a_5, n und o_1 Luft entweichen kann. Dadurch vermindert sich auch der Druck in der Kammer a_3, der Leitungsdruck l_3 hebt den Ausgleichkolben K und das Ventil V; es strömt jetzt also auch aus der Leitung über o_2 Luft ins Freie. Auch wenn der Drehschieber inzwischen wieder in die Abschluß-

Das Führerventil. 437

stellung gebracht ist, schließt sich das Ventil V doch erst, sobald sich der Leitungsdruck dem verminderten Druck im Ausgleichbehälter angepaßt hat.

Wird der Handgriff nun noch weiter nach rechts, in die Schnellbremsstellung V, gedreht, so überdeckt die Höhlung e_2 die Ausströmöffnung o_1 und die Leitungsluft kann über l_1, l_2, e_1, e, e_2 und o_1 schnell unmittelbar ins Freie strömen. Die Ausgleichbehälterluft kann gleichzeitig über a_2, a_5, n und o_1 entweichen.

Bei Fahrt mit Vorspannlokomotive wird der Zug vom Führer dieser Lokomotive gebremst. Der Führer der Zuglokomotive hat dann sein Führerventil F vom Hauptluftbehälter H durch den Hahn BV (Abb. 345) abzuschließen. Er kann dann zwar nicht mehr die Leitung mit Druckluft auffüllen, ist aber noch in der Lage, dann, wenn der Führer der Vorspannlokomotive eine dem Zuge drohende Gefahr übersehen sollte, durch Luftauslassen zu bremsen. Allerdings besteht die Möglichkeit, daß der Führer der Zuglokomotive, wenn die Vorspannlokomotive den Zug ver-

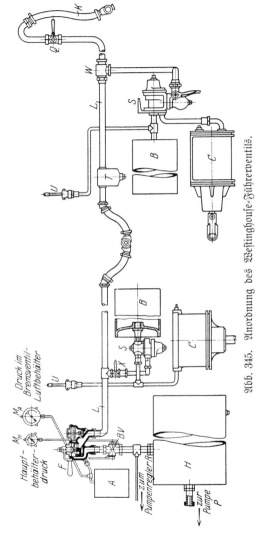

Abb. 345. Anordnung des Westinghouse-Führerventils.

lassen hat, vergißt, den Hahn wieder in die Betriebsstellung zu bringen. Dadurch können in Gefahrfällen Schwierigkeiten beim Bremsen auftreten. Die Führerventilbauarten von Knorr vermeiden dies; statt des BV-Hahnes ist bei ihnen eine besondere Ventilstellung, die Mittelstellung, vorgesehen.

Von den beiden Manometern zeigt das größere M_A den Druck im Ausgleichbehälter, das kleinere M_H den im Hauptluftbehälter an.

Das Knorr-Flachschieberführerventil ist zwar auf neuen Lokomotiven nicht mehr eingebaut. Es sind aber noch so viel ältere Lokomotiven mit ihm ausgerüstet, daß eine Beschreibung des Ventils angebracht erscheint.

Rein äußerlich unterscheidet sich das Ventil von dem Westinghouse-Ventil dadurch, daß sein Bedienungshebel nicht in einer waagerechten, sondern in einer senkrechten Ebene bewegt wird. Der Hauptsteuerschieber wird nicht gedreht, sondern geradlinig durch den Bedienungshebel verschoben.

Wie schon vorn auf S. 408 erwähnt, ist auch die Wirkungsweise der Lokomotivbremse bei Lokomotiven mit Flachschieberventil eine andere als bei den mit Westinghouse-Ventil ausgerüsteten Lokomotiven. Die Druckluft aus dem Ausgleichbehälter strömt bei Bremsung nicht ungenutzt ins Freie, sondern in die Bremszylinder der Lokomotive und des Tenders. Die Bremszylinder erhalten bei Schnellbremsungen außerdem noch unmittelbar aus dem Hauptluftbehälter Druckluft. Sie haben keine Steuerventile und keine Hilfsbehälter, die Bremse wirkt also unmittelbar wie die vorn näher beschriebene Zusatzbremse, allerdings mit dem Unterschiede, daß sie nur mit der Zugbremse in Tätigkeit gesetzt werden kann. Durch den Fortfall von Steuerventilen und Hilfsbehältern ist die Bremsausrüstung von Lokomotive und Tender einfacher.

Neben den fünf Stellungen des Westinghouse-Ventils hat das Knorr-Flachschieberventil noch eine sechste Stellung, die schon genannte Mittelstellung für die Fahrt mit Vorspann. Wird von der Vorspannlokomotive aus gebremst und liegt das Führerventil bei der Zuglokomotive in Mittelstellung, so wirken bei dieser die Ausgleichvorrichtung am Führerventil als Steuerventil und die Ausgleichbehälter als Hilfsluftbehälter.

In dem Ventilgehäuse (Abb. 346) sind untereinander, in ihrer Bahn sich rechtwinklig kreuzend, der Flachschieber s_1 und der Ausgleichkolben k mit dem Ausgleichschieber s_2 untergebracht. Bei H ist der Hauptluftbehälter, bei L die Hauptleitung, bei C die Bremszylinder von Lokomotive und Tender und bei T ein Tropfbecher angeschlossen.

Das Führerventil.

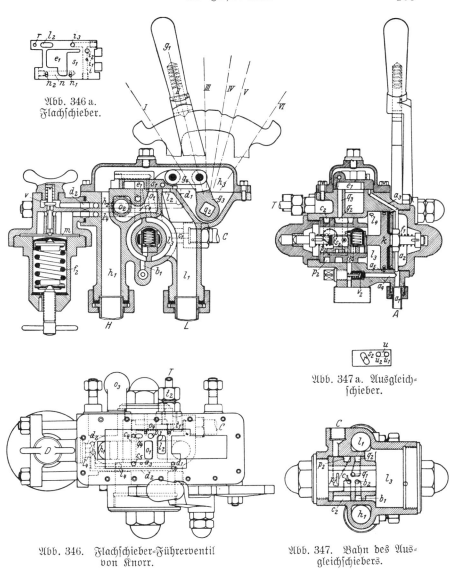

Abb. 346a. Flachschieber.

Abb. 346. Flachschieber-Führerventil von Knorr.

Abb. 347a. Ausgleichschieber.

Abb. 347. Bahn des Ausgleichschiebers.

Das Ventil ist im Führerstande so angebracht, daß sein Hebel g_1 in Längsrichtung der Lokomotive zu bewegen ist. Der Hebel g_1 nimmt mit

Hilfe der Vierkantspindel g_2, des Gabelhebels g_3 und der Lasche g_4 den Flachschieber s_1 mit.

Zum besseren Verständnis der Wirkungsweise sind in Abb. 348 I bis 348 VI die jeweiligen Stellungen des Flachschiebers und des Ausgleichschiebers über ihren Rosten bei den verschiedenen Stellungen des Handgriffs schematisch dargestellt.

In der Füll= und Lösestellung I liegt der Handhebel g_1 und der Flachschieber s_1 am weitesten vorn (in Abb. 346 und 348 am weitesten links). Der Hauptluftbehälter ist über h_1, h_2, dem Raum h_3 über s_1, l_2, l_1, mit der Hauptleitung verbunden. Die Leitungsluft drückt über l_3 den Kolben k in die rechte Endstellung, bis der Ausgleichbehälter über a_5 und a_1 mit Leitungsdruck aufgefüllt ist. Herrscht auf beiden Seiten des Kolbens k, in den Räumen l_3 und a_2, gleicher Luftdruck, so schiebt die Feder f_1 den Kolben wieder in die Stellung der Abb. 348 II zurück, der Kanal a_5 ist dann wieder verschlossen. Die Bremszylinder der Lokomotive und des Tenders werden in der Lösestellung über die Kanäle c_1, c_2, c_4 und c_5, die Winkelbohrung i_3, i_2 und i_1 mit dem ins Freie mündenden Kanal o_1 entlüftet.

In der Stellung II, der Fahrtstellung, sperrt der Hauptschieber s_1 den Kanal l_2 ab. Unmittelbar kann also vom Hauptluftbehälter keine Luft mehr zur Leitung L strömen. Die Hauptbehälterluft steht indes über den Kanal d_1 im Rost des Hauptschiebers und den Kanal d_2 mit dem Druckregler D in Verbindung. In diesem hebt die Feder f_2 das Ventil v und öffnet damit eine Verbindung von d_2 nach l_4 so lange, bis über der Federplatte m ein bestimmter Druck, für den die Feder f_2 durch die Stellschraube eingestellt ist (5 at), die Federplatte und damit den Federkolben und die Feder niederdrückt und das Ventil den Kanal l_4 wieder von d_2 abschließt. Der Kanal l_4 führt zur Hauptleitung. Fällt in dieser also der Druck infolge von Undichtigkeit etwas unter den eingestellten Druck, so kann vom Hauptluftbehälter neue Luft nachströmen, ehe die Steuerventile die Bremse in Tätigkeit setzen.

Die Lokomotiv= und Tenderbremszylinder stehen durch die Kanäle c_1, c_2, c_3, die Muschel w im Ausgleichschieber s_2, die Kanäle q_1, q_2 und die Öffnung q_3 im Schieberrost, sowie die Muschel e_1 im Hauptschieber s_1 mit der freien Luft durch o_1 in Verbindung.

Bei einer Bremsung vom Zuge aus oder von der zweiten Lokomotive aus bei Fahrt mit Vorspann sinkt der Leitungsdruck auf der linken Seite l_3 des Kolbens k. Der Ausgleichbehälterdruck im Raum a_2 und die Feder f_1 drückt ihn dann in die linke Endstellung (wie in Abb. 348 VI). Die Kanäle

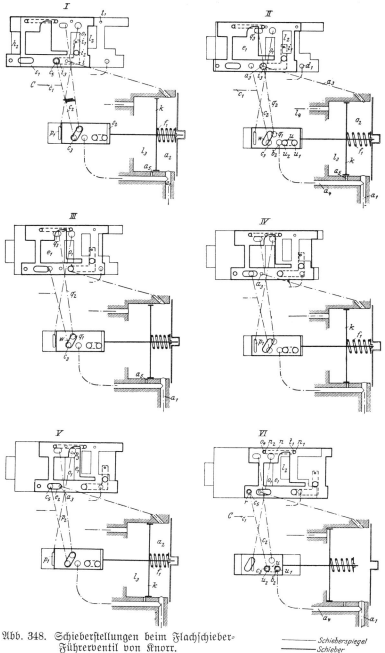

Abb. 348. Schieberstellungen beim Flachschieber-
Führerventil von Knorr.

— Schieberspiegel
— Schieber

u_1, u und u_2 im Ausgleichschieber s_2 verbinden hierbei den Ausgleichbehälter über Kanal a_4, Rückschlagventil v_2, Kanal b_1 und Bohrung b_2 mit dem Kanal c_3, der über c_2 und c_1 zu den Bremszylindern führt. Diese werden dadurch mit Ausgleichbehälterluft gefüllt und die Bremsen angezogen.

Bei Fahrten mit Vorspann wird der Handhebel auf der zweiten Lokomotive in die Mittelstellung III gelegt. Wie die Abbildung erkennen läßt, sind dann sämtliche Kanäle im Hauptschieberspiegel gegen die Leitung zum Hauptluftbehälter abgeschlossen. Das Führerventil wirkt nur als Steuerventil für die Lokomotiv- und die Tenderbremse. Wird von der Vorspannlokomotive aus die Leitung aufgefüllt, so treibt der Leitungsdruck in l_3 wie bei der Stellung I den Kolben k nach rechts und der Ausgleichbehälter wird über a_5 und a_1 aufgefüllt; die Bremszylinder der Lokomotive und ihres Tenders sind über c_1, c_2, c_3, w, q_1, q_2, q_3, e_1 und o_1 mit der freien Luft verbunden. Beim Bremsen von der ersten Lokomotive oder vom Zuge aus sinkt der Leitungsdruck in l_3, der Kolben k wird nach links getrieben und die Ausgleichbehälterluft kann, wie es für die Fahrtstellung beschrieben wurde, in die Bremszylinder strömen.

In der Abschlußstellung IV ist die Bohrung a_3 zum Ausgleichbehälter durch den Hauptschieber s_1 verschlossen. Der Kolben k befindet sich, wenn der Druck auf seinen beiden Seiten ausgeglichen ist, in der Mittelstellung; der Leitungsauslaß p_1 ist dann verschlossen.

In der Stellung V, der Betriebsbremsstellung, stellt der Hauptschieber s_1 durch seine Muschel e_2 eine Verbindung zwischen dem Ausgleichbehälter über a_1, a_2 und a_3 und den Lokomotiv- und Tenderbremszylindern über c_5, c_2 und c_1 her. Infolgedessen sinkt der Druck im Ausgleichbehälter und damit im Raume a_2, der Ausgleichkolben k und der Ausgleichschieber s_2 gehen nach rechts. Dadurch wird die Hauptleitung mit dem Kanal p_1 verbunden und Leitungsluft strömt über p_1, p_2, p_3, e_1 und o_1 ins Freie. Der Druckabfall in der Hauptleitung bewirkt eine Bremsung durch alle mit ihr verbundenen Bremszylinder im Zuge. Wird der Führerbremshebel in die Abschlußstellung gelegt, so wird die Bohrung a_3 abgeschlossen. Zu den Bremszylindern von Lokomotive und Tender kann also keine Ausgleichbehälterluft mehr gelangen, aus der Leitung strömt aber noch weiter so lange Luft, bis die Ausgleichbehälterluft im Raume a_2 und die Feder f_1 den Kolben k in die Mittelstellung drücken und dadurch den Kanal p_1 verschließen können.

In der letzten Stellung VI, der Schnellbremsstellung, werden durch die Muscheln e_1 des Hauptschiebers s_1 die weiten Öffnungen l_2

und o_1 miteinander verbunden. Die Leitungsluft kann sehr schnell aus der Hauptleitung entweichen. Ebenso sinkt der Luftdruck im Raum l_3 links vom Ausgleichkolben k. Die Ausgleichbehälterluft schiebt den Kolben und den Ausgleichschieber s_2 in die linke Endstellung und strömt über a_1, a_4, Rückschlagventil v_2, Kanäle b_1, b_2, Bohrungen u_1, u_2 und c_3 in die Lokomotiv- und Tenderbremszylinder. In diesen wird die Bremswirkung noch dadurch erheblich verstärkt, daß bei der Stellung VI auch noch Hauptbehälterluft unmittelbar über die Bohrung im Schieber s_1 und den Kanal c_5 strömen kann. Wenn der Druck in den Bremszylindern den Ausgleichbehälterdruck übersteigt, schließt sich das Rückschlagventil v_2, so daß der höhere Hauptluftbehälterdruck nicht in den Ausgleichbehälter übertreten kann.

Zur Verstärkung der Schnellbremswirkung trägt auch der Tropfbecher (Abb. 349) bei, der wie in Tafel IV dargestellt, in die Verbindungsleitung vom Führerventil (L_1) zur Hauptleitung (L_2) eingeschaltet ist. Im unteren Teile seines Gehäuses sollen von der Druckluft mitgeführtes Niederschlagwasser und Unreinigkeiten abgeschieden werden. Eine Verbindung führt von ihm zu dem seitlich am Tropfbecher angebrachten Ventil v_3, das eine Öffnung zur freien Luft verschließt. Der Raum t_4 oberhalb des Ventils v_3 ist über t_3 bei T mit dem Kanal t_2 unter der Bohrung t_1 des Führer-

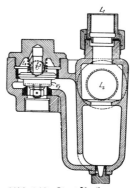

Abb. 349. Tropfbecher zum Knorr-Führerventil.

ventils (Abb. 346) verbunden. In der Füll- und Lösestellung (Abb. 348 I) erhält der Raum t_4 auf diesem Wege Luft aus dem Hauptluftbehälter, die das Ventil niederdrückt. In der Schnellbremsstellung (Abb. 348 VI) wird dagegen der Raum t_4 über t_3, t_2, t_1, die Kanäle n_1, n, n_2 und die ins Freie mündende Öffnung o_4 entlüftet. Der Leitungsdruck kann dann das Ventil v_3 hochheben und auch am Tropfbecher entströmen. Der Druckabfall im Zuge wird dadurch beschleunigt, etwa in der Hauptleitung niedergeschlagenes Wasser wird durch die entweichende Druckluft ausgeblasen.

In neuere Lokomotiven der Deutschen Reichsbahn wird nur noch das **Drehschieberführerventil von Knorr** eingebaut. Das Ventil ist in Abb. 350 dargestellt. Es vereinigt in sich die Vorzüge der beiden vorher beschriebenen Ventilbauarten von Westinghouse und Knorr.

Die Bremsen.

Nach dem Westinghouse=Ventil ist das Hauptverteilungsorgan als Drehschieber (S_1) ausgebildet. Der Schieberrost ist indes nicht versenkt,

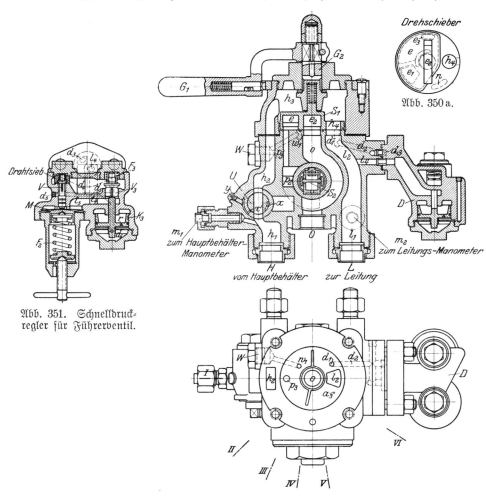

Abb. 351. Schnelldruck=
regler für Führerventil.

Abb. 350. Drehschieber=

sondern frei hervorstehend, so daß er sich bequem bearbeiten läßt. Der Hand=
hebel G_1, der über die Spindel G_2 den Schieber S_1 dreht, wird ebenfalls
in einer waagerechten Ebene bewegt. Wie beim Westinghouse=

Ventil strömt beim Bremsen die Ausgleichbehälterluft ins Freie. Dadurch ist die Bremswirkung im Wagenzug nicht, wie es beim Knorr-Flachschieberventil der Fall ist, abhängig von dem Kolbenhub in den Bremszylindern der Lokomotive und des Tenders; allerdings müssen diese jetzt auch wieder Steuerventile und Hilfsbehälter haben.

Wie beim Knorr-Flachschieberventil liegt die Ausgleichvorrichtung, bestehend aus dem Ausgleichkolben K und dem Flachschieber S_2 waagerecht. Ferner ist beim Knorr-Drehschieberventil auch die Mittelstellung III für Fahrt mit Vorspann vorgesehen. So sind Störungen durch den BV-Hahn (vgl. S. 437) infolge von Unachtsamkeit vermieden.

An dem Gehäuse des Drehschieberventils sind bei H der Hauptluftbehälter, bei L die Hauptleitung und bei A der Ausgleichbehälter angeschlossen. Bei m_1 und m_2 führen Rohre zu Druckmessern M (vgl. Tafel IV und Tafel II Nr. 32 und 33); der bei m_1 angeschlossene Druckmesser zeigt den Druck im Hauptbehälter, der bei m_2 angeschlossene den in der Hauptleitung an. Der Stutzen W steht mit dem Sandstreuer in Verbindung. Die zum Hauptbehälter H führenden Kanäle sind mit h (h_1 usw.), die zur Hauptleitung L mit l (l_1 usw.), die zum Ausgleichbehälter A mit a (a_1 usw.), die zur freien Luft (ins Offene) mit o, die zum Druckregler D mit d (d_1 usw.), die zum Sandstreuer mit w (w_1 usw.) bezeichnet. p_1, p_2 und p_3 verbinden die Schieberroste des Ausgleichschiebers S_2 und

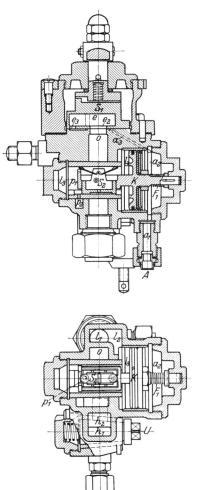

Führerventil von Knorr.

des Drehschiebers S_1 miteinander. Die Grundfläche des Drehschiebers (Abb. 350a) ist bei h_4, e_1, e_2 und e_3 durchbrochen und bei n nutenförmig ausgehöhlt. h_4 führt zum Hauptbehälter, e_1, e_2 und e_3 stehen durch die

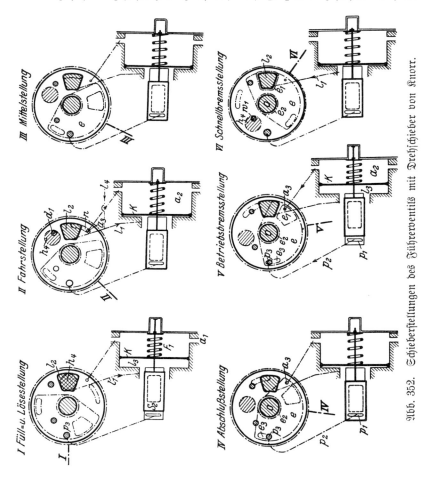

Abb. 352. Schieberstellungen des Führerventils mit Drehschieber von Knorr.

Muschel e miteinander und über e_2 und o mit der freien Luft in Verbindung. Im Schieberrost des Drehschiebers münden die Wege o (zur freien Luft), l_2 (zur Hauptleitung), p_3 (zum Schieberspiegel des Ausgleichschiebers), a_3 (zum Raum a_2 rechts vom Ausgleichkolben K und damit zum Ausgleichbehälter A), d_1 (zum Druckregler D) und w_1 (zum Sand-

Das Führerventil. 447

streuer). In der Abbildung nicht eingezeichnete Schmiernuten im Schieber=
spiegel bewirken eine gute Verteilung des Schmierstoffs.

Die verschiedenen Stellungen des Drehschiebers und des Ausgleich=
kolbens K mit dem Ausgleichschieber bei den einzelnen Lagen des Ventil=
handgriffs G_1 (I bis VI) sind in der Abb. 352 wiedergegeben.

In der Füll= und Lösestellung I steht die Öffnung h_4 ganz über
dem Kanal l_2. Vom Hauptbehälter H strömt daher unmittelbar über
große Querschnitte Druckluft zur Hauptleitung L und füllt diese auf.
Der Raum l_3 links vom Kolben K steht mit der Leitung über l_1 in Ver=
bindung. Die zur Leitung strömende Hauptbehälterluft treibt daher den
Kolben K gegen den Druck der Feder F_1 in die in Abb. 352 I gezeichnete
rechte Endstellung, füllt aber nicht wie bei dem Flachschieberventil (S. 440
und Abb. 348 I) den Ausgleichbehälter auf. Diese Kolbenstellung ist die
gleiche wie für Betriebsbremsungen (Abb. 352 V): der zur Öffnung p_3
im Spiegel des Drehschiebers führende Kanal p_1 liegt frei und ist so
über l_3 und l_1 mit der Hauptleitung verbunden. Der Führer kann also aus
der Lösestellung sofort wieder in die Bremsstellung V übergehen und
weiter über e_3, e, e_2 und o die Leitungsluft ins Freie ausströmen lassen.

Liegt der Handgriff in der Stellung II, der Fahrtstellung, so befindet
sich die Durchbrechung h_4 nicht mehr über dem Leitungskanal l_2, die Haupt=
behälterluft kann also nicht mehr unmittelbar zur Leitung fließen. Sie ge=
langt jetzt nur noch über h_4 und die Bohrungen d_1 und d_2 zum Druck=
regler D.

Statt des in der Abb. 346 beim Flachschieberventil dargestellten
Druckreglers, der früher auch beim Drehschieberventil angebaut war,
findet man jetzt bei neuen Lokomotiven den Schnelldruckregler nach
Abb. 351. Das Regelventil V, die Stellfeder F_2 mit der Stellschraube,
dem Federkolben und der Federplatte M gleichen den entsprechenden
Teilen des älteren Druckreglers.

Mittels der unten am Gehäuse sitzenden Stellschraube läßt sich die
Spannkraft der Feder F_2 so einstellen, daß durch sie das Regelventil V
geöffnet wird, wenn in dem Raum l_5 über der Federplatte M, der mit
der Hauptleitung in Verbindung steht, ein geringerer Druck als 5 at
herrscht. Die aus den Kanälen d_2 und d_3 her über das Ventil V strömende
Hauptbehälterluft dient zur Steuerung des Füllventils V_3; sie erreicht
durch eine Winkelbohrung d_5 den Raum d_6 unter dem Kolben K_3, hebt
diesen hoch und drückt dadurch das mit der Feder F_3 belastete Ventil V_3 auf.

Zur Hauptleitung gelangt die Hauptbehälterluft nicht mehr wie beim
Druckregler nach Abb. 346 über das Regelventil V, sondern über das

größere, einen weiteren Querschnitt freigebende Füllventil V_3 und die weiten Kanäle l_5 und l_4. Sobald in der Hauptleitung der Druck erreicht ist, für den der Regler eingestellt wurde, drückt die Leitungsluft im Raume l_5 die Federplatte M gegen die Spannkraft der Feder F_2 zurück und das Ventil V wird wieder geschlossen. Gleichzeitig schließt die Feder F_3 auch das Füllventil V_3, da der Überdruck unter dem Kolben K_3 verschwindet; er gleicht sich durch die kleine Bohrung r mit dem Druck über dem Kolben aus. Bei dem geringsten Druckabfall in der Hauptleitung kann die Feder F_2 die Federplatte M wieder nach oben durchbiegen und der eben beschriebene Vorgang wiederholt sich.

Die Nut n verbindet den Leitungskanal l_2 mit der Bohrung a_3; die Leitungsluft kann infolgedessen über a_3, a_2 und a_1 zum Ausgleichbehälter strömen. Da jetzt im Raum l_3 links und im Raum a_2 rechts vom Kolben K der gleiche Druck, nämlich Leitungsdruck herrscht, wird der Kolben durch die Feder F_1 in die linke Endstellung gedrückt.

Fährt der Zug mit Vorspann, so hat der Führer der Zuglokomotive seinen Ventilhandgriff in die Mittelstellung III zu legen. Am Drehschieber sind dann alle Öffnungen voneinander abgeschlossen. Der Schieber wird durch den über ihm im Raume h_3 herrschenden Hauptbehälterdruck fest auf seinen Sitz gepreßt, kann also nicht abklappen und irgendwelche störenden Leitungsverbindungen herstellen. Sollte infolge Versagens der Pumpe oder durch Undichtigkeit im Hauptbehälter in diesem der Luftdruck sinken, so muß der Führer den Umschalthahn U um 90° nach rechts drehen und den Handgriff in die Füllstellung (I) legen, so daß der Drehschieber jetzt durch Leitungsdruck in h_3 niedergedrückt wird. Steht die Leitung h_1 nach Beseitigung des Schadens am Hauptbehälter oder an der Pumpe wieder unter Druck und vergißt der Führer dann den Umschalthahn wieder in seine Grundstellung zu legen, so strömt die Hauptbehälterluft über die Aussparung x im Hahnküken, die Bohrung x' und die daran anschließende Aussparung im Hahngehäuse, durch die Freiluftbohrung y in den Führerstand und macht den Führer darauf aufmerksam, daß er den Umschalthahn umzustellen hat.

Nach jeder Teilbremsung, jeder Bremsstufe, wird der Handgriff in die Abschlußstellung IV (Abb. 352 IV) gebracht. Der bei der Bremsung (Abb. 352 V) über a_3 und e_1 geöffnete Weg vom Ausgleichbehälter zur freien Luft wird in dieser Stellung wieder unterbrochen. Der Ausgleichkolben K steht indes zunächst noch von der Bremsung her in seiner rechten Endlage und von der Leitung strömt aus l_3 über p_1, p_2, p_3, e_3, e, e_2 und o noch so lange Luft ins Freie, bis der Ausgleichbehälterdruck und die Feder F_1

Die Hauptleitung. 449

den Kolben und den Ausgleichschieber in die in Abb. 352 IV gezeichnete Endstellung treiben können und so den Kanal p_1 wieder verschließen.

In der Betriebsbremsstellung V befindet sich der Ausschnitt e_1 über dem zum Ausgleichbehälter führenden Kanal a_3. Der Ausschnitt e_1 steht über die Muschel e, den Ausschnitt e_2 und die Bohrung o mit der freien Luft in Verbindung, die Ausgleichbehälterluft strömt also ins Freie, und im Raum a_2 rechts vom Kolben K sinkt der Druck. Der Leitungsdruck im Raum l_3 vermag dann den Kolben K nach rechts zu verschieben. Dadurch wird die bisher vom Ausgleichschieber S_2 verdeckte Öffnung p_1 frei und die Leitungsluft kann vom Raum l_3 auf dem Wege p_1, p_2, p_3, e_3, e, e_2 und o ebenfalls ausströmen.

Bei der Schnellbremsstellung VI sind der Leitungsluft zum schnellen Entweichen unmittelbar ins Freie große Querschnitte geöffnet. Der große Ausschnitt e_1 steht dabei über dem Leitungskanal l_2, so daß l_2 über die Schiebermuschel e mit dem Auslaß o verbunden ist. Früher wurde durch die Schieberdurchbrechung h_4 über w_1 eine Verbindung zwischen dem Hauptluftbehälter und dem bei W angeschlossenen Sandstreuer hergestellt, so daß dieser bei einer Schnellbremsung sofort durch die Hauptbehälterluft in Tätigkeit gesetzt wurde. Neuerdings ist der Anschluß W indes blind verflanscht.

9. Die Hauptleitung.

Beim Führerventil auf der Lokomotive beginnt die Hauptleitung, die mit ihm die Bremseinrichtungen aller Wagen eines Zuges verbindet. Sie besteht aus einer unter jedem Fahrzeuge durchgehenden eisernen nahtlosen Rohrleitung von 25,5 mm innerem und 33,5 mm äußerem Durchmesser. Um der Luft möglichst wenig Widerstand zu bieten, ist sie ohne große Krümmungen schlank verlegt. Bei jedem Fahrzeuge sind an sie mit einer Zweigleitung die Bremsapparate angeschlossen (s. Abb. 330 auf S. 406).

In die Zweigleitung sind vor der Einmündung in die Hauptleitung **Staubfänger W** eingeschaltet, die von der Luft mitgerissene Unreinigkeiten wie Schmutz und Wasser vor den Steuerventilen abscheiden sollen. Die Staubfänger sind Fliehkraftabscheider (Abb. 353), die die zum Steuerventil abzweigende Luft zu einer kreisenden Bewegung zwingen. Die schwereren Unreinigkeiten in der Luft werden dadurch herausgeschleudert und fallen in einen Sammeltopf, aus dem sie von Zeit zu Zeit nach Lösen einer Verschlußkappe entfernt werden können.

Die Rohrleitungen miteinander gekuppelter Fahrzeuge werden durch **biegsame Bremskupplungen** verbunden (Abb. 354). An das Haupt-

450 Die Bremsen.

leitungsrohr sind an den Stirnwänden des Fahrzeugs Luftabsperrhähne a angeschraubt. An ihnen sind die Kupplungsschläuche b, die aus Gummi

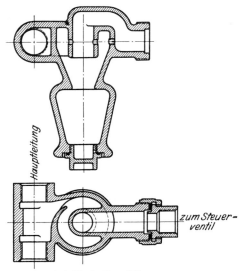

Abb. 353. Fliehkraft-Staubfänger.

mit Baumwolleinlage bestehen, durch die Gewindestutzen d befestigt. Die freien Enden der Kupplungsschläuche tragen die Kupplungsköpfe c.

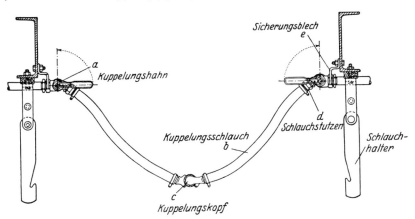

Abb. 354. Bremskupplung.

Die Hauptleitung. 451

Durch die Luftabsperrhähne wird die durchgehende Hauptleitung an den Enden des Zuges abgesperrt. Sollen bei einem Zuge einzelne Wagen abgehängt werden, so werden vor dem Abkuppeln die Absperrhähne an der Trennungsstelle geschlossen. Die Hauptleitung braucht also nicht entleert zu werden, wodurch alle Wagen gebremst werden würden. Die abgekuppelten Wagen können weiterhin mit geladener Bremse abgestoßen und dann durch Öffnen eines Kupplungshahnes zum Halten gebracht werden.

Der Luftabsperrhahn (Abb. 355) ist ein einfacher Absperrhahn. In seinem Gehäuse 1 ist der Hahnkegel 2 durch den Hebel 3 zwischen den

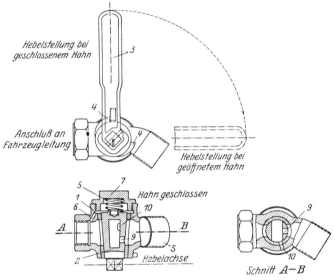

Abb. 355. Luftabsperrhahn.

Anschlägen 4 um 90° drehbar. Der Hahnkegel wird durch die Feder 5 und auch durch den Leitungsdruck, der von der Fahrzeugleitung durch die Bohrung 6 in den Hohlraum der Kappe 7 bringt, auf seine Dichtungsfläche gedrückt. Die Kappe 7 nimmt den Gegendruck der Feder auf und bildet nach außen einen luftdichten Verschluß des Hahngehäuses. Die Stellung des Hahngriffs 3 zeigt die Lage des Durchgangs im Hahnkegel. Bei geöffnetem Hahn liegt der Griff stets waagerecht in der Längsrichtung des Fahrzeuges.

Um das Entkuppeln zu erleichtern, ist im Hahnkegel noch eine Bohrung 9 und im Hahngehäuse eine ins Freie führende Bohrung 10 angebracht. Bei geschlossenem Hahne, wie ihn die Abb. 355 wiedergibt, wird

29*

dadurch der Kupplungsschlauch entlüftet. Die Bremskupplung wird also, wenn auf beiden Seiten die Hähne geschlossen sind, mit druckfreien Schläuchen gelöst. Würden die Schläuche unter Druck entkuppelt, so würden sie durch die Druckluft voneinander geschleudert werden und könnten dabei den Mann, der die Kupplung löst, verletzen. Allerdings muß man wegen der Entlüftungsbohrungen bei miteinander verbundenen Kupplungsschläuchen beide Hähne immer möglichst gleichzeitig öffnen oder schließen, da sonst durch den bereits oder noch geschlossenen Hahn die Druckluft aus der geöffneten Leitung des anderen Fahrzeuges entweicht und dort die Bremse angezogen wird.

Der in Abb. 356 dargestellte Ackermann-Luftabsperrhahn wird in letzter Zeit bei neuen Wagen der Reichsbahn angebaut. Das Gehäuse 1 des Hahns ist durch Stiftschrauben 12 mit dem Anschlußstück 2 verbunden. An das Gehäuse ist bei S der Kupplungsschlauch, an das Anschlußstück L die Hauptleitung angeschlossen. Im Hahngehäuse ist auf der einen Seite in der Verschlußkappe 6, auf der anderen in der Führungsbuchse 8 der Hahnriegel 3 gelagert. Der Riegel kann durch den Handgriff 7, der auf sein eines als Vierkant ausgebildetes Ende aufgesteckt und durch den Splint 9 gesichert ist, gedreht werden. Das mittlere Stück des Hahnriegels 3 ist wulstförmig verstärkt und innen einseitig stark ausgehöhlt. Bei geöffnetem Hahn — der Handgriff weist dann nach unten in Richtung des Kupplungsschlauches — gibt die Aushöhlung den ganzen Leitungsquerschnitt frei. Ist der Hahn geschlossen — der Handgriff zeigt nach oben —, so legt sich die als Kugelfläche ausgebildete Außenseite der Wulst gegen einen zwischen Hahngehäuse und Anschlußstück eingespannten Gummiring 11 und sperrt die Hauptleitung gegen den Kupplungsschlauch ab. Aus diesem kann die Luft über die Bohrung a im Hahnriegel 3, die Längsbohrung b, den Schlitz c im Hahnriegel und den Schlitz d in der Führungsbuchse 8 und im Hahngehäuse ins Freie entweichen.

Wenn man den Handgriff von oben nach unten umlegt, gleitet der Haken e am Handgriff auf der Innenfläche eines Ringstückes f am Hahngehäuse. Sobald der Hahn ganz geöffnet ist, steht der Haken e vor der Aussparung g. Die Feder 5 in dem einen hohlen Zapfen des Hahnriegels kann dann den Riegel etwas in Richtung der Längsachse verschieben; sie drückt den mittleren Teil des Riegels mit dem Dichtungsring 4 gegen die Hülse 8 und versperrt so die Querbohrung a. Auch der Schlitz c steht nicht mehr über dem Schlitz d. Es kann daher aus dem Hahninnern keine Luft mehr ausströmen. Beim Schließen des Hahns klettert der Haken e

Die Hauptleitung. 453

an der schrägen Fläche h auf das Ringstück k, verschiebt dadurch den Hahnriegel und legt die Querbohrung a wieder frei.

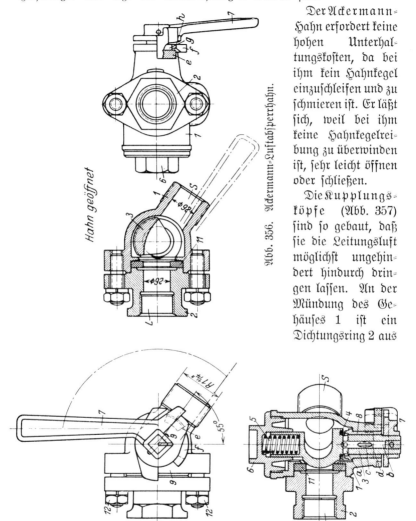

Abb. 356. Ackermann-Luftabsperrhahn.

Der Ackermann-Hahn erfordert keine hohen Unterhaltungskosten, da bei ihm kein Hahnkegel einzuschleifen und zu schmieren ist. Er läßt sich, weil bei ihm keine Hahnkegelreibung zu überwinden ist, sehr leicht öffnen oder schließen.

Die Kupplungsköpfe (Abb. 357) sind so gebaut, daß sie die Leitungsluft möglichst ungehindert hindurch dringen lassen. An der Mündung des Gehäuses 1 ist ein Dichtungsring 2 aus Gummi eingelegt, der sich gegen den Gummiring des anderen Kupplungskopfes legt und mit diesem zusammen einen dichten Abschluß bildet. Durch den inneren Luftdruck werden die Gummiringe außerdem mit ihren Dichtflächen fest gegeneinander gepreßt. Das Gehäuse hat vorn einen Ansatz b, hinten eine Klaue a. Ansatz und Klaue haben Wülste d und e, die an der einen Seite etwas abgeschrägt sind (c in Abb. 358).

Zum Kuppeln hebt man die freien Enden der Kupplungsschläuche mit den Kupplungsköpfen hoch und legt die Mündungen gegeneinander (Abb. 358). Der Ansatz b des einen und die Klaue a des anderen Kupplungskopfes liegen dann mit ihren abgeschrägten Kanten c aneinander. Drückt man dann die beiden Köpfe nach unten durch, so dreht sich der eine gegen den anderen in der in der Abb. 358 eingezeichneten Pfeilrichtung. Der Ansatz b des rechten Kupplungskopfes schiebt sich dabei in Klaue a des linken, der Ansatz des linken in die Klaue des rechten Kupplungskopfes,

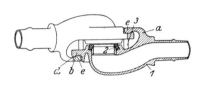

Abb. 357. Kupplungsköpfe gekuppelt (von oben gesehen).

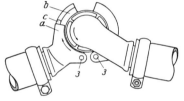

Abb. 358. Lage der Kupplungsköpfe vor dem Kuppeln (von der Seite gesehen).

bis sich jeder Ansatz gegen den Anschlagstift 3 des anderen Kopfes gelegt hat. Die Abschrägungen c wirken wie die Steigungen eines Gewindes und pressen die Köpfe fest gegeneinander.

Gegen selbsttätiges Lösen sind die Bremskupplungen durch die hängende Lage gesichert. Will man die Kupplung lösen, muß man die Schläuche hochheben, so daß sich die Köpfe gegeneinander drehen und die Ansätze b aus den Klauen a herausgleiten.

Wenn bei Zugtrennungen die Schlauchkupplungen gewaltsam auseinandergerissen werden, zwängen sich die Wülste an den Ansätzen über die an den Klauen unter starkem Zusammenpressen der Dichtungsringe hinweg. Die Kupplungen bleiben dabei unbeschädigt.

Bei gelöster Kupplung müssen die offenen Kupplungsköpfe, damit durch sie nicht Unreinigkeiten in die Leitung eindringen können, durch Leerkupplungen verschlossen sein. Bei veralteten Ausführungsarten hängen die Leerkupplungen an einer Kette an dem Pufferträger. Später wurde die Kette durch einen festen Leerkupplungshalter ersetzt, an dessen unterem Ende die Leerkupplung drehbar befestigt ist. Neuerdings verwendet man nur noch die einfachen Schlauchhalter von Vollenschier, die in Abb. 354 erkennbar sind. Bei diesen wird von einer besonderen Leerkupplung ganz abgesehen. Der Kopf des Kupplungsschlauches wird mit dem Anschlagstift (3 in den Abb. 357 und 358) in die Kerbe des drehbaren Schlauchhalters eingehängt. Durch die Fläche des Schlauchhalters wird die Mündung des Kupplungskopfes verschlossen. Der Kopf kann aus dem Schlauchhalter nicht herausspringen, weil ihn der federnde Gummischlauch in die Kerbe drückt.

Zwischen Fahrzeugen, die im allgemeinen nicht voneinander getrennt werden, wie zwischen Lokomotive und Tender und zwischen den Doppelwagen der Stadtbahnen, werden die Hauptleitungsrohre nicht durch Schlauchkupplungen, sondern durch einfache Schlauchverbindungen miteinander verbunden. Die Schlauchverbindungen zwischen Lokomotive und Tender, die eine für die Hauptleitung, die andere für die Leitung der Zusatzbremse, sind in Tafel IV erkennbar.

10. Die Steuerventile.

Steuerventile und Hilfsluftbehälter sind die besonderen Kennzeichen der selbsttätigen Einkammerbremse. Wie schon vorn auf den S. 399 bis 400 näher erläutert, gelang es Westinghouse dadurch, daß er diese beiden Teile zwischen Hauptleitung und Bremszylinder einschaltete, seine unmittelbar wirkende, nicht selbsttätige Druckluftbremse selbsttätig zu machen. Der Zweck des Steuerventils und des Hilfsluftbehälters sei hier zum besseren Verständnis kurz wiederholt.

Bei der unmittelbar wirkenden Bremse, wie z. B. heute noch bei der Zusatzbremse, schickt der Führer beim Bremsen Druckluft aus dem Hauptbehälter durch die Leitung unmittelbar in die Bremszylinder; beim Lösen läßt er die Luft aus der Leitung und damit auch aus den Bremszylindern entweichen. Die Leitung wird also beim Bremsen aufgefüllt und zum Lösen entleert.

Bei der mittelbar wirkenden Bremse ist es umgekehrt. Während der Fahrt, also wenn die Bremse gelöst ist, muß die Leitung mit Druckluft von 5 at gefüllt sein. Durch Absperrorgane, die Steuerventile, wird die Leitung gegen die Bremszylinder abgeschlossen und deren Arbeitsraum mit der freien Luft verbunden, also drucklos gehalten. Wird der Druck in der Leitung vermindert, so werden die Steuerventile umgeschaltet; die Bremszylinder erhalten Druckluft, aber nicht aus der

Leitung, sondern mittelbar über das Steuerventil aus besonderen Behältern, den Hilfsluftbehältern. Je mehr der Druck in der Leitung sinkt, um so mehr Luft strömt aus den Hilfsluftbehältern in die Bremszylinder, um so stärker wird die Bremse angezogen. Wenn dann die Leitung wieder aufgefüllt wird, sperrt das Steuerventil Bremszylinder und Hilfsluftbehälter voneinander ab. Dieser erhält neue Druckluft aus der Leitung und die Druckluft aus den Bremszylindern entweicht ins Freie; die Bremse wird wieder gelöst.

Eine der älteren Bauformen des Steuerventils von Westinghouse findet heute noch als **Einfachsteuerventil** (Abb. 359 bis 361) bei der Treibradbremse der Lokomotiven (wenn diese nicht das Flachschieberführerventil und damit die unmittelbar wirkende Treibradbremse haben), bei der Lokomotivdrehgestellbremse, bei Triebwagen und zuweilen auch bei Wagen für Nebenbahnen Verwendung.

An dem senkrecht angeordneten Gehäuse 1, das unten durch einen als Tropfbecher ausgebildeten Deckel 2 abgeschlossen ist, sind bei L die Hauptleitung, bei B der Hilfsluftbehälter und bei C der Bremszylinder angeschlossen. Eine Öffnung O führt ins Freie. Die mit der Hauptleitung L in Verbindung stehenden Kanäle sind mit l_1, l_2 usw., die zum Hilfsluftbehälter B führenden mit b_1, b_2 usw. und die zum Bremszylinder C mit c_1, c_2 usw. bezeichnet.

In dem Gehäuse 1 bewegen sich bei Druckveränderungen in der Hauptleitung die Steuerungsteile des Ventils, der Steuerkolben k, der Steuerschieber s und das Abstufungsventil v_a. Der Steuerkolben k wird dann, wenn der Druck der Luft in der Hauptleitung L und damit auch in dem Raume l_3 unterhalb des Kolbens größer ist als der Luftdruck in dem mit Hilfsbehälter verbundenen Raume b_2, nach oben (Lösestellung, Abb. 359), überwiegt dagegen der Druck in b_2, nach unten (Bremsstellung, Abb. 360) getrieben. Der Steuerschieber s wird durch den Steuerkolben, in dessen rahmenförmig ausgebildeter Stange er geführt ist, in eine der beiden Arbeitslagen, die Löse- oder die Bremsstellung, gebracht und verbindet so entweder den Bremszylinder mit der freien Luft oder mit dem Hilfsluftbehälter. Das in eine Bohrung des Schiebers s eingelassene Abstufungsventil v_a schließlich hat die Aufgabe, beim stufenweisen Bremsen eine kleine, dem Druckabfall in der Leitung entsprechende Luftmenge aus dem Hilfsbehälter in den Bremszylinder überströmen zu lassen und dann beide wieder gegeneinander abzuschließen.

Lösestellung: Füllt der Führer die Leitung mit Druckluft, so strömt die Leitungsluft über den Anschluß L am Steuerventil und die Bohrung l_1

Die Steuerventile.

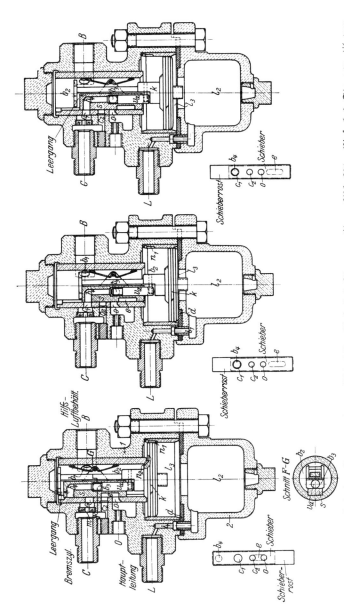

Abb. 359. Einfaches Steuerventil von Westinghouse in Lösestellung.

Abb. 360. Einfaches Steuerventil von Westinghouse in Bremsstellung.

Abb. 361. Einfaches Steuerventil von Westinghouse in Bremsabschlußstellung.

auch in den Hohlraum l_2 des Deckels 2 und in die Kolbenkammer l_3 und treibt den Kolben k mit dem Schieber s und dem Abstufungsventil v_a in die in Abb. 359 gezeichnete obere Lage. Über die Füllnut n_1 in der Kolbenführungsbuchse und eine Aussparung n_2 in dem konischen Kolbenhals bringt dann Leitungsluft in die Schieberkammer b_2 und von dort über den Kanal b_1 und den Anschluß B in den Hilfsluftbehälter. Leitung, Kolbenkammer, Schieberkammer und Hilfsluftbehälter erhalten so Luft von gleicher Spannung. Die Querbohrung b_3 im Schieber s ist durch das Abstufungsventil v_a abgeschlossen, der Kanal b_4 im Schieber ist durch den Schieberrost, der Kanal c_1 im Schieberrost durch den Schieber abgedeckt, dagegen der Kanal c_2 über die Muschel e mit o, der Bremszylinder also mit der freien Luft verbunden. Die etwa von einer vorangegangenen Bremsung im Bremszylinder noch enthaltene Druckluft strömt ab, die Bremse wird gelöst. Die Lage der Steuerungsteile nach Abb. 359 ist somit die Lösestellung des Steuerventils.

Bremsstellung: Wird der Leitungsdruck vermindert, so sinkt der Druck auch in der Kolbenkammer l_3, nicht aber im gleichen Maße auch in der Schieberkammer b_2 des Steuerventils und im Hilfsluftbehälter, weil über die enge Nut n_1 der Druck zwischen den Räumen unterhalb und oberhalb des Kolbens k sich so schnell nicht ausgleichen kann. Es entsteht also ein Überdruck auf der Seite der Schieberkammer b_2 gegenüber der der Kolbenkammer l_3, unter dessen Wirkung sich der Steuerkolben k nach unten bewegt. Auf dem ersten Teil des Kolbenweges wird die Füllnut n_1 abgedeckt und das mit dem Kolben fest verbundene Abstufungsventil v_a von seinem Sitz abgehoben, also die Verbindung zwischen den Bohrungen b_3 und b_4 des Schiebers geöffnet, während der Schieber selbst zunächst noch in seiner bisherigen Lage verharrt. Erst nachdem das Spiel zwischen der rahmenförmigen Kolbenstange und dem Schieber (der Leergang) bei der Fortsetzung des Kolbenhubes überwunden ist, wird auch der Schieber mitgenommen. Wenn der Kolben k die untere Endlage erreicht hat und sich gegen die elastische Lederscheibe d legt, steht der Kanal b_4 des Schiebers s über dem Kanal c_1 des Schieberrostes, die Kanäle c_2 und o sind dagegen durch den Schieber voneinander abgesperrt. Es strömt nunmehr Hilfsbehälterluft von b_2 über b_3, das geöffnete Abstufungsventil v_a, b_4 und c_1 in den Bremszylinder. Die Bremse zieht an (Abb. 360).

Bremsabschlußstellung: Wird der Druckabfall in der Leitung nicht unterbrochen, so strömt auch die Hilfsbehälterluft ohne Unterbrechung in den Bremszylinder über, bis schließlich Druckausgleich zwischen den beiden

Die Steuerventile. 459

Räumen eingetreten ist. Dies ist bei großer Abnutzung der Bremsklötze, also bei großem Bremszylinderkolbenhub, bei etwa 3,5 at, bei kleinerem Kolbenhub schon bei höherem Druck der Fall. Es wäre also zwecklos, beim Bremsen den Druck in der Leitung unter 3,5 at zu ermäßigen, da durch den weiteren Leitungsdruckabfall eine Steigerung des Bremsdruckes im Zylinder nicht mehr zu erzielen ist. Unterbricht aber der Führer bei einer stufenweisen Betriebsbremsung die Druckverminderung in der Leitung, bevor sich der Druckausgleich zwischen Hilfsluftbehälter und Bremszylinder eingestellt hat, so bleiben zunächst die Steuerungsteile in ihrer Bremsstellung stehen. Die Hilfsbehälterluft strömt zunächst noch weiter in den Bremszylinder, bis der Druck im Hilfsbehälter und damit in der Schieberkammer b_2 ein wenig unter den Leitungsdruck gesunken ist, bis sich also unter dem Kolben k im Raum l_3 ein kleiner Überdruck gebildet hat. Unter der Wirkung dieses Überdruckes geht der Steuerkolben nach oben und das mit ihm fest verbundene Abstufungsventil verschließt wieder die Bohrung b_3 gegen den Winkelkanal b_4. Bei dieser Steuerbewegung wird nur der Leergang zwischen Kolben und Schieber zurückgelegt, der Schieber s selbst bleibt in der Lage, die er nach Abb. 360 in der Bremsstellung eingenommen hat. In dieser neuen Lage der Steuerungsteile (Abb. 361), der sog. Bremsabschlußstellung, wird die weitere Luftzufuhr vom Hilfsbehälter zum Bremszylinder über b_3 und b_4 durch das geschlossene Abstufungsventil abgeschnitten; es findet also, obgleich der Bremsenddruck noch nicht erreicht ist, keine Drucksteigerung im Bremszylinder mehr statt, die Bremsstufe ist abgeschlossen. Durch weitere, stufenweise vorgenommene Druckminderungen in der Leitung bis herab auf 3,5 at Enddruck, läßt sich das Spiel des abwechselnden Öffnens und Schließens des Abstufungsventils beliebig wiederholen und damit jeder Druck im Bremszylinder von 0 bis zur Vollwirkung erzielen. Die Höhe des im Bremszylinder erreichten Druckes ist also abhängig von dem Druck, den der Führer bei der Stufenbremsung in der Leitung einstellt.

Um die Bremse zu lösen, füllt der Führer die Leitung vom Hauptbehälter aus mit Druckluft auf. Der dadurch entstehende Überdruck in der Kolbenkammer des Steuerventils treibt den Kolben mit dem Abstufungsventil und dem Schieber in die obere Endlage (Lösestellung), in der die Steuerungsteile die in Abb. 359 dargestellte Lage einnehmen. Der Bremszylinder wird in dieser Stellung des Steuerventils, wie oben dargelegt, über c_2, e und o entlüftet und der Hilfsbehälter über die nunmehr wieder geöffnete Nut n_1 und n_2 von der Leitung aus mit Druckluft aufgefüllt. Ein stufenweises Lösen ähnlich dem stufenweisen Bremsen ist nicht möglich, weil sich infolge der Verbindung von Leitung und Hilfs= behälter über die Füllnut n_1 in der Lösestellung kein zur Steuerbewegung eines Löseabstufungsorgans geeigneter Überdruck auf der oberen Seite des Steuerkolbens (Steuerkammerseite) bilden kann. Die Bremse wird also auch bei geringer Druckerhöhung in der Leitung bereits vollständig gelöst.

Die Steuerventile für die verschiedenen Bremszylindergrößen stimmen in Form und Abmessung der Einzelteile im wesentlichen überein. Sie unter= scheiden sich nur in den Luftdurchgangsquerschnitten. Für große Brems= zylinder werden zwei Füllnuten n_1 und zwei Aussparungen n_2 eingefräst, außerdem erhalten der zum Bremszylinder führende Kanal c_1 und die Aus= strömöffnung o größeren Querschnitt. Im Kanal c_1 befindet sich eine Dros= selscheibe m aus Messing, deren Bohrung der jeweiligen Bremszylinder= größe angepaßt ist. Ebenso wird die Ausströmung der Luft durch Einsetzen von Messingbuchsen mit verschiedenen Durchmessern nach der Bremszylin= dergröße geregelt. Um äußerlich kenntlich zu machen, für welche Brems= zylindergröße das betreffende Steuerventil gebaut ist, ist am Steuerventil= gehäuse ein kleines Schild mit entsprechender Bezeichnung angebracht.

Das Einfachsteuerventil wird im allgemeinen mit einem Rohrstück an eine Stirnwand des Hilfsluftbehälters angeschlossen (vgl. Tafel IV); Lei= tung und Bremszylinder werden gleichfalls durch Rohre mit den Steuer= ventilen verbunden.

Das Einfachsteuerventil wirkt wohl schnell und zuverlässig, wenn es nicht allzu weit vom Führerventil entfernt ist, hat aber den Nachteil, daß es bei längeren Zügen eine starke und möglichst gleichmäßige Bremsung aller Wagen nicht zuläßt. Wenn der Führer das Bremsventil in die Schnellbremsstellung legt, pflanzt sich bei einfachen Steuerventilen die Druckverringerung in der Hauptleitung von der Lokomotive aus nur so langsam fort, daß die Bremsen am Schlusse des Zuges wesentlich später anziehen als am vorderen Zugteil, und infolgedessen die hinteren Wagen auf die vorderen auflaufen; durch die Puffer und Kupplungen werden die einzelnen Wagen des Zuges gegeneinander hin und her gezerrt, häufig reißen dabei die Kupplungen. Um diesen Mißstand zu beseitigen, versah Westinghouse die Steuerventile für die Wagen noch mit einer be= sonderen Schnellbremsvorrichtung, die eine größere Durchschlags= geschwindigkeit der Bremse, sowie weiterhin einen schnelleren Anstieg des Bremsdruckes im Bremszylinder ermöglicht. Die Steuerventile mit Schnellbremsvorrichtung, die schnellwirkenden Steuerventile, stellen, wenn der Leitungsdruck bei einer Schnellbremsung plötzlich stark

Die Steuerventile.

sinkt, eine Verbindung zwischen der Leitung und dem Arbeitsraum des Bremszylinders her. Aus der Leitung strömt eine größere Menge Druckluft zum Bremszylinder ab; der Druckabfall in der Leitung wird dadurch beschleunigt und pflanzt sich so schnell fort, daß am letzten Wagen die volle Bremswirkung erheblich früher eintritt als bei der Verwendung von einfachen Ventilen. Im Bremszylinder jedes Wagens steigt außerdem der Druck schneller und höher an, da ja neben der Hilfsbehälterluft auch noch Druckluft aus der Leitung hineinströmt.

Die Abb. 362 bis 364 zeigen das **schnellwirkende Steuerventil von Westinghouse** in Löse-, Betriebsbrems- und Schnellbremsstellung. In den Abb. 362a, 363a und 364a sind die Stellungen des Schiebers (strichpunktiert) auf dem Schieberrost bei Steuerventilen für kleinere Bremszylinder, in den Abb. 362b, 363b und 364b die entsprechenden Stellungen bei Ventilen für größere Bremszylinder dargestellt.

Wie das einfache hat auch das schnellwirkende Steuerventil einen Steuerkolben k, einen Steuerschieber s und ein Abstufungsventil v_a. Nur liegen diese hier waagerecht im Gehäuse l. Die Schnellbremsvorrichtung liegt darunter, zum Teil noch im Gehäuse 1, zum Teil in einem Gehäuseunterteil 3. Sie besteht aus dem Nebenkolben g, dem Mittelventil w, dem Rückschlagventil v_r, der Rückschlagventilfeder p und der Zusatzfeder q.

Der Steuerschieber s ist in der rahmenförmig ausgebildeten Stange des Steuerkolbens geführt, das Abstufungsventil v_a in eine Bohrung des Schiebers s eingelassen. Die Schieberkammer b_1, in der sich der Steuerschieber s bewegt, ist bei B mit dem Hilfsluftbehälter verbunden. In die Kolbenkammer des Steuerkolbens sind am rechten Ende eine, bei Steuerventilen für größere Bremszylinder zwei Füllnuten n_1 eingefräst, die so lang sind, daß sie in der rechten Endlage des Steuerkolbens von diesem noch nicht verdeckt sind. Ferner hat der Kolben selbst an der dem Schieber zugewandten Seite eine oder zwei Nuten n_2. In dem Rost der Schieberbuchse, d. h. der ebenen Fläche, auf der der Steuerschieber s gleitet, befinden sich die Kanäle c_1, t_1 und o. Der Kanal c_1 führt zu dem bei C angeschlossenen Bremszylinder, t_1 zum Raum über dem Nebenkolben g, o ins Freie. Der Schieber s, der durch die Feder f auf den Schieberrost gedrückt wird, enthält in seinem Schieberspiegel die Muschel e [1]),

---

[1]) Bei dem Steuerventil für große Bremszylinder (12" bis 16") sind sowohl die Bohrungen im Schieberrost als auch die Muschel im Schieberspiegel mit größeren Luftdurchgängen nach Abb. 362b, 363b und 364b ausgebildet. Statt der seitlichen Aussparung r dient die rechte Kante des Schiebers selbst zum Öffnen des Lufteinlasses t_1 zum Nebenkolben.

die Aussparung r und die Bohrung b_3, die als Winkelkanal im Innern des Schiebers weitergeht und in zwei Bohrungen b_2 seitlich aus dem Schieber wieder austritt. Der Schieber s wird als Schleppschieber vom Steuerkolben k aus der einen oder andern Endlage jedesmal erst nach Zurücklegung eines gewissen Leerganges mitgenommen. Das Abstufungsventil v_a ist dagegen mit dem Steuerkolben fest verbunden. Es schließt infolgedessen die Bohrungen b_2 gegen den Kanal b_3 ab, wenn sich der Steuerkolben zur Schieberkammer hin bewegt, und stellt die Verbindung zwischen b_2 und b_3 wieder her, sobald der Steuerkolben die entgegengesetzte Bewegungsrichtung hat.

Die Kolbenkammer des Kolbens k ist durch den abnehmbaren Deckel 2 abgeschlossen, gegen dessen Lederscheibe d sich der Steuerkolben in der Schnellbremsstellung legt. Der Deckel 2 hat in der Mitte einen Stoßbolzen y mit der Abstufungsfeder z, die die Kolbenbewegung in der Betriebsbremsstellung abfängt und nur bei Schnellbremsungen soweit zusammengedrückt wird, daß der Kolben an der Lederscheibe anliegt. Eine Anzahl Bohrungen stellt die Verbindungen zwischen der Kolbenkammer und dem Hohlraum des Deckels her, der durch den am Deckel und Gehäuse angegossenen Kanal l_2 mit dem Unterteil 3 in Verbindung steht. Hier vermittelt der Dreiwegehahn U den Durchgang der bei L durch ein Drahtsieb eintretenden Druckluft einerseits in den Kanal l_2 und anderseits über den Kanal l_4 zum Rückschlagventil v_r mit der Rückschlagventilfeder p. Das hohle Rückschlagventil dient zugleich als Führung für den unteren Teil des Mittelventils w. Dieses legt sich mit seiner Dichtungsscheibe gegen das zwischen Gehäuse und Unterteil 3 eingesetzte Mittelteil 5. Das Mittelteil 5 bildet oben die Führungsbuchse für den hohlen Zapfen des Nebenkolbens g, der seinerseits die Führung der Mittelventilstange übernimmt. Zwischen Rückschlagventil und Mittelteil ist noch die Zusatzfeder q angeordnet.

Füllen und Lösen: Füllt der Lokomotivführer die Leitung mit Druckluft, so strömt die Leitungsluft über den Anschluß L und den Absperrhahn U in das Unterteil 3 des Gehäuses und durch den Kanal l_2 in die Kolbenkammer l_3, treibt den Kolben k mit dem Steuerschieber s und dem Abstufungsventil v_a in die in Abb. 362 gezeichnete rechte Lage. Über die Füllnuten n_1 und n_2 tritt Leitungsluft in die Schieberkammer b_1 und von dort durch B in den Hilfsluftbehälter. Leitung, Kolbenkammer, Schieberkammer und Hilfsluftbehälter werden also mit Luft von gleicher Spannung gefüllt. In dieser Stellung der Steuerorgane ist das Abstufungsventil v_a geschlossen. Die Muschel e im Schieber s verbindet

Die Steuerventile.

sowohl den zum Bremszylinder führenden Kanal c_1 als auch den zum Nebenkolben führenden Kanal t_1 mit dem ins Freie führenden Kanal o.

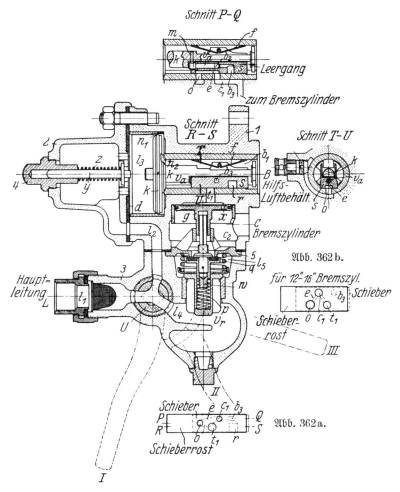

Abb. 362. Schnellwirkendes Steuerventil von Westinghouse beim Lösen.

Die etwa von einer vorangegangenen Bremsung im Bremszylinder noch enthaltene Druckluft strömt ab, ebenso wird der Raum über dem Nebenkolben entlüftet. Die Bremse wird gelöst.

Betriebsbremsung: Vermindert der Lokomotivführer den Leitungsdruck, so sinkt auch der Druck im Raum l_3 links vom Kolben k, nicht aber im gleichen Maße in der Schieberkammer b_1, da sich der Druck zwischen den Räumen rechts und links vom Kolben über die Nuten n_1 und n_2 hinweg so schnell nicht ausgleichen kann. Infolgedessen entsteht ein Überdruck auf der Seite der Schieberkammer, unter dessen Wirkung sich der Steuerkolben k nach links bewegt. In dem ersten Teil seines Hubes schließt er die Nut n_1 ab und zieht das Abstufungsventil v_a durch den Stift m von seinem Sitz, so daß die Druckluft durch die seitlichen Bohrungen b_2 im Schieber in den Kanal b_3 eintritt. Ist das Spiel zwischen der rahmenförmigen Kolbenstange und dem Schieber bei der Fortsetzung des Kolbenhubes überwunden, so nimmt der Kolben k bei seiner weiteren Bewegung auch den Schieber s mit und geht in die Betriebsbremsstellung (Abb. 363).

Um bei stärkerem Druckabfall in der Leitung zu vermeiden, daß der Kolben zuweit nach links geht und die Schnellbremsstellung einnimmt, wird er durch den Stoßbolzen y und die Abstufungsfeder z abgefangen. In der Betriebsbremsstellung hat der Schieber die bisherigen Verbindungen zwischen Bremszylinder (c_1) und dem Raum t_1 über dem Nebenkolben einerseits und der freien Luft (o) anderseits unterbrochen und sich mit seiner Bohrung b_3 über den Kanal c_1 gelegt. Die Hilfsbehälterluft strömt nunmehr über b_1, b_2, das geöffnete Abstufungsventil v_a, b_3 und c_1 in den Bremszylinder. Die Bremse zieht an.

Wird der Druckabfall in der Leitung vom Führer nicht unterbrochen, so strömt die Hilfsbehälterluft ohne Unterbrechung so lange in den Bremszylinder über, bis der Druck zwischen diesen beiden Räumen sich ausgeglichen hat. Dieser Druckausgleich tritt bei großer Abnutzung der Bremsklötze, also großem Hube des Bremszylinderkolbens, auch hier bei etwa 3,5 at ein, bei kleinem Kolbenhub schon bei höherem Druck. Es ist daher zwecklos, beim Bremsen den Druck in der Leitung unter 3,5 at zu ermäßigen, da dadurch keine weitere Steigerung des Bremsdruckes erreicht wird.

Stufenweises Bremsen: Unterbricht der Führer den Druckabfall in der Leitung, bevor Druckausgleich zwischen Hilfsluftbehälter und Bremszylinder eingetreten ist, so bleiben die Steuerungsteile zunächst in der Betriebsbremsstellung stehen. Es strömt also noch Hilfsbehälterluft weiter in den Bremszylinder, obwohl der Druck in der Leitung nicht mehr weiter vermindert wird. Dies geschieht jedoch nur so lange, bis der Druck im Hilfsbehälter und damit in der Schieberkammer etwas unter dem

Die Steuerventile. 465

Leitungsdruck gesunken ist, d. h. bis sich dadurch links vom Kolben k im Raum l_3 ein kleiner Überdruck gebildet hat. Unter der Wirkung dieses Überdrucks geht der Steuerkolben k dann ein wenig nach rechts, bis das

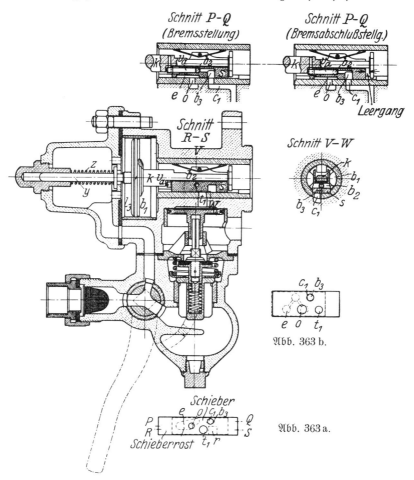

Abb. 363. Schnellwirkendes Steuerventil von Westinghouse bei Betriebsbremsung.

Abstufungsventil auf seinen Sitz trifft. Es wird also bei dieser Steuerbewegung nur der Leergang zwischen Kolben und Schieber zurückgelegt, der Schieber s selbst bleibt in der Lage, die er nach Abb. 363 in der Be=

triebsbremsstellung eingenommen hat. In dieser neuen Lage der Steuerungsteile (Abb. 363 rechts oben), der sog. Bremsabschlußstellung, wird nunmehr die weitere Luftzufuhr vom Hilfsbehälter zum Bremszylinder durch das geschlossene Abstufungsventil abgeschnitten; es findet also, obwohl der Bremsenddruck noch nicht erreicht ist, keine Drucksteigerung im Bremszylinder mehr statt, die Bremsstufe ist abgeschlossen. Durch weitere stufenweise Druckminderungen in der Leitung bis herab auf 3,5 at Druck läßt sich das Spiel des abwechselnden Öffnens und Schließens des Abstufungsventils beliebig wiederholen und damit jeder Druck im Bremszylinder von 0 bis zur Vollwirkung erzielen. Die Höhe des im Bremszylinder erreichten Druckes ist also abhängig von dem Druck, den der Führer bei der Stufenbremsung in der Leitung einstellt, und zwar ist die Bremsstufe um so größer, je größer der Druckabfall in der Leitung ist.

Schnellbremsung: Wird vom Lokomotivführer oder vom Zuge aus eine Schnellbremsung eingeleitet, so strömt die Leitungsluft durch große Querschnitte und daher plötzlich und schnell aus der Leitung ins Freie ab. Infolgedessen sinkt der Druck in den Räumen l_1, l_2, l_3 und l_4 ebenfalls plötzlich, und der dadurch entstehende große Überdruck in der Schieberkammer b_1 treibt den Steuerkolben k schnell unter Überwindung des Widerstandes der Abstufungsfeder z in die linke Endstellung, in der er sich gegen die Lederscheibe d legt. Diese Stellung ist die in Abb. 364 dargestellte Schnellbremsstellung. In ihr befindet sich der seitliche Einschnitt r [1]) des Schiebers s über dem Kanal t_1. Andere Verbindungen werden durch ihn nicht hergestellt. Hilfsbehälterluft aus dem Raum b_1 strömt über r nach t_1 und drückt den Nebenkolben g nach unten; dadurch wird das Mittelventil w geöffnet. Zugleich drückt der Leitungsdruck in l_4 das Rückschlagventil v_r auf, und die Leitungsluft strömt nunmehr über das offene Ventil v_r in den Raum l_5, von dort über das ebenfalls offene Mittelventil w über c_2 in den Bremszylinder. Es wird also ein Teil der Leitungsluft zum Bremsen ausgenutzt, und durch dieses Abzapfen von Leitungsluft an jedem Steuerventil pflanzt sich die Druckverminderung in der Leitung von Wagen zu Wagen so schnell fort, daß auch bei langen Zügen eine fast gleichzeitige Bremswirkung an allen Bremsapparaten eintritt. In der Schnellbremsstellung strömt außerdem noch Hilfsbehälterluft von b_1 über r und t_1 durch eine Öffnung x im Nebenkolben g ebenfalls über C in den Bremszylinder.

---

[1]) Bei dem Steuerventil für große Bremszylinder (12″ bis 16″) legt die rechte Kante des Schiebers s die Bohrung t_1 im Schieberrost frei, so daß die Hilfsbehälterluft in den Raum über dem Nebenkolben einströmen kann (Abb. 364b).

Die Steuerventile. 467

Da der über das Rückschlagventil v_r geöffnete Weg von der Hauptleitung zum Bremszylinder aber einen bedeutend größeren Durchgang hat als der Hilfsbehälter durch die Bohrung x, so wird der Bremszylinder zu=

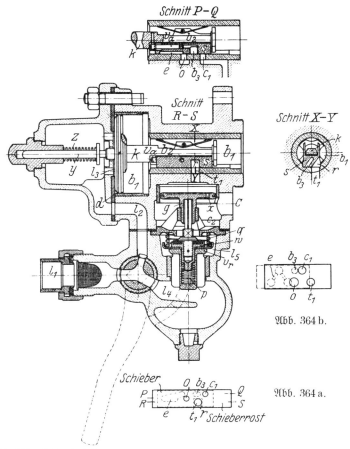

Abb. 364. Schnellwirkendes Steuerventil von Westinghouse bei Schnellbremsung.

nächst hauptsächlich mit Druckluft aus der Hauptleitung gefüllt. Hat der Bremszylinderdruck etwa 2 at erreicht, so schließt sich das Rückschlag= ventil v_r unter der Wirkung der Federn p und q und verhindert somit ein Zurückströmen der Luft, auch wenn der Druck im Bremszylinder

30*

höher wird als in der Hauptleitung. Die Druckluft aus dem Hilfsluft= behälter strömt durch die kleine Bohrung x weiter in den Bremszylinder, bis bei etwa 4 bis 4,2 at Druckausgleich eingetreten ist.

Lösen: Um die Bremsen wieder zu lösen, erhöht der Lokomotiv= führer den Druck in der Hauptleitung. Der Kolben k geht wieder in seine rechte Endstellung. Die Muschel e im Schieber s legt sich über die Kanäle o, c_1 und t_1. Die Druckluft aus dem Raume t_1 oberhalb des Nebenkolbens g entweicht ins Freie, der oben entlastete Nebenkolben geht unter dem auf seine untere Fläche wirkenden Bremszylinderdruck in die in Abb. 362 gezeichnete Endstellung zurück, und die Feder p schließt das Mittelventil w. Gleichzeitig strömt die Luft aus dem Brems= zylinder, wie bereits oben beschrieben, über den Kanal c_1, die Muschel e und den Kanal o ins Freie. Der Hilfsluftbehälter wird wieder mit Druckluft gefüllt.

Ein stufenweises Lösen ähnlich dem stufenweisen Bremsen ist nicht möglich, weil sich auch beim schnellwirkenden Steuerventil infolge der Verbindung von Leitung und Hilfsluftbehälter über die Füllnut n_1 in der Lösestellung kein zur Steuerbewegung eines Löseabstufungsorgans geeigneter Überdruck auf der rechten Seite des Steuerkolbens bilden kann. Die Bremse wird also schon bei geringer Druckerhöhung in der Leitung vollständig gelöst.

Der Hahn U im unteren Teil 3 des Steuerventils stellt folgende Ver= bindungen her:

Hahngriff in Stellung I = Schnellwirkung eingeschaltet,

Hahngriff in der angedeuteten Stellung II = Bremsapparat voll= ständig ausgeschaltet,

Hahngriff in der angedeuteten Stellung III = Schnellwirkung aus= geschaltet, so daß das Ventil wie ein Einfachsteuerventil arbeitet.

Einfacher als das Westinghouse=Ventil ist das **schnellwirkende Steuerventil K1** der Knorr=Bremse=A.=G., das in den Abb. 365 bis 367 wiedergegeben ist. Es hat wie das einfache und das schnellwirkende Westinghouse=Ventil einen Steuerkolben k, einen Steuerschieber s und ein Abstufungsventil v_a. Diese Teile haben auch die gleichen Auf= gaben, wie bei den vorher beschriebenen Steuerventilen. Dagegen fehlen bei ihm die besonderen Teile der Schnellbremseinrichtung des Westing= house=Ventils, die ein Überströmen von Leitungsluft zum Bremszylinder ermöglichen. Beim Knorr=Ventil übernimmt diese Aufgabe auch noch der Steuerschieber s.

Die Steuerventile.

Das Gehäuse 1 kann daher als ein Stück gegossen werden. Da das Knorr-Ventil keinen Stoßbolzen für den Steuerkolben braucht, ist auch die Form des Deckels 2, der die Kolbenkammer verschließt, einfacher. An das Gehäuse 1 sind bei L die Hauptleitung, bei B der Hilfsluftbehälter und bei C der Bremszylinder angeschlossen. Alle mit l_1, l_2 usw. bezeichneten Kanäle stehen mit der Hauptleitung, die mit b_1, b_2 usw. bezeichneten mit dem Hilfsluftbehälter und die mit c_1, c_2 usw. bezeichneten mit dem Bremszylinder in Verbindung. Der Kanal o führt bei O ins Freie.

Der Steuerkolben k bewegt sich in dem oben waagerechten Teile des Gehäuses 1. In seiner rahmenförmigen Kolbenstange wird der Steuerschieber s so geführt, daß er in der Bewegungsrichtung des Steuerkolbens etwas Spiel hat (in Abb. 365, Schnitt P—Q, mit „Leergang" gekennzeichnet). Das Abstufungsventil v_a sitzt in einer Bohrung des Steuerschiebers; mit der Stange des Steuerkolbens ist es durch eine Stiftschraube fest verbunden. Der Steuerschieber hat verschiedene Kanäle und Aushöhlungen; auch die ebene Lauffläche, auf der der Schieber gleitet, der Schieberrost, ist durch mehrere Öffnungen durchbrochen. Die gegenseitige Lage der Öffnungen im Schieber und Schieberrost zueinander bei den verschiedenen Stellungen des Schiebers ist in den Abb. 365a, 366a und 367a noch besonders dargestellt.

Füllen und Lösen: Läßt man durch das Führerventil aus dem Hauptbehälter in die Hauptleitung Druckluft hinein, so strömt diese in jedes angeschlossene Steuerventil. Sie gelangt vom Stutzen L aus durch ein Drahtsieb über den Kanal l_1, den Umstellhahn U und den Kanal l_2 in die Kolbenkammer l_3 und treibt den Steuerkolben k in die in Abb. 365 gezeichnete Endlage. Die Führungsbuchse des Kolbens hat eine oder zwei Nuten n_1, der Kolben selbst an der ringförmigen Fläche, mit der er sich gegen die Buchse des Steuerschiebers legt, eine oder zwei Nuten n_2. Über diese Nuten strömt die Luft in den Raum b_1 innerhalb der Schieberbuchse und von da über B zum Hilfsluftbehälter, der so mit Druckluft aufgefüllt wird. Bei der in Abb. 365 gezeichneten Stellung des Umstellhahns U tritt ferner auch Druckluft von l_1 aus in den Raum l_4, hebt dort gegen den Druck der Feder q das Rückschlagventil v_r und gelangt dann über den Kanal l_5, die Öffnung l_6 im Schieberrost, die Bohrung i im Schieber unter den Belastungskolben f_1. Durch den Luftdruck und die Schraubenfeder f_2 wird der Steuerschieber s fest an seine Lauffläche gepreßt und dichtet so die Öffnungen im Schieberrost, die sich nicht gerade unter solchen im Schieber befinden, ab.

Der Kanal c_1 ist durch die Muschel e_1 im Schieber mit dem Kanal o, der bei C angeschlossene Bremszylinder also mit der freien Luft (O) verbunden. Die von einer vorhergegangenen Bremsung her im Bremszylinder noch vorhandene Druckluft kann entweichen; die Bremse wird gelöst.

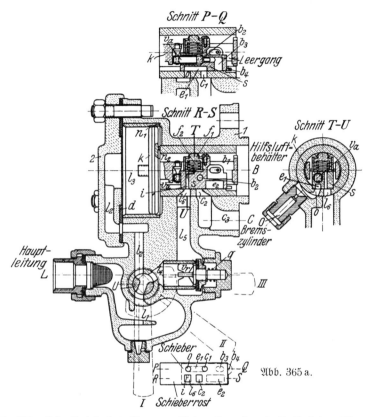

Abb. 365. Schnellwirkendes Steuerventil der Knorrbremse A.-G. beim Lösen.

Betriebsbremsung: Wird der Leitungsdruck langsam vermindert, so sinkt auch der Druck im Raume l_3, dagegen nicht so sehr im Raume b_1, da die Luft von dort über die Nuten n_2 und n_1 nicht schnell genug nachströmen kann. Der höhere Luftdruck im Raume b_1 treibt den Kolben nach links. Dadurch wird die Verbindung zwischen b_1 und l_3 über die Nuten n_2 und n_1 überhaupt aufgehoben. Ferner wird das Abstufungsventil v_a,

Die Steuerventile.

das bisher die beiden Bohrungen b_2 in den Seitenwandungen des Schiebers gegen den Winkelkanal b_3 abschloß, von seinem Sitze fortgezogen. Hat der Kolben weiterhin das Spiel zwischen Rahmen und Schieber, den Leergang, überwunden, so nimmt er den Schieber so weit mit, daß der Kanal c_1 zunächst gegen den Kanal o abgeschlossen wird und hierauf mit der Bohrung b_3 im Schieber in Verbindung kommt (Abb. 366). Die im Hilfsbehälter aufgespeicherte Druckluft strömt dann über b_1, durch die Seitenbohrungen b_2 am geöffneten Abstufungsventil v_a vorbei, durch die Winkelbohrungen b_3 und den Kanal c_1 zum Bremszylinder und bringt dort die Bremse zum Anziehen.

Durch das Überströmen von Druckluft aus dem Hilfsbehälter in den Bremszylinder, sinkt der Druck im Hilfsbehälter und steigt der Druck im Bremszylinder so lange, bis in beiden gleicher Druck herrscht. Dies ist bei etwa 3,5 at der Fall. Dann strömt keine Luft mehr über, der höchste Bremsdruck ist erreicht. Es wäre also völlig zwecklos, den Leitungsdruck unter 3,5 at sinken zu lassen.

Stufenweises Bremsen: Unterbricht man vorher, also bevor Druckausgleich zwischen Hilfsluftbehälter und Bremszylinder eingetreten ist, die Druckverminderung in der Hauptleitung, so bleiben zunächst Kolben und Schieber in der Bremsstellung stehen. Es strömt also auch noch weiter Druckluft vom Hilfsbehälter zum Bremszylinder. Infolgedessen sinkt der Druck im Hilfsbehälter und damit auch in der Schieberkammer b_1 unter den Leitungsdruck in l_3. Der Leitungsdruck treibt den Steuerkolben k mit dem Abstufungsventil v_a um ein kleines Stück, nämlich um das Maß des Spiels zwischen Kolbenrahmen und Schieber, zurück. An der weiteren Bewegung wird er durch den Schieber gehindert; um auch diesen, der mit größerer Reibung auf seiner Gleitfläche ruht, fortzuschieben, reicht der geringe Überdruck des Leitungsdruckes nicht aus. Bei dieser neuen Lage der Steuerungsteile, der Bremsabschlußstellung, die die kleine Teilzeichnung in Abb. 366 oben rechts wiedergibt, schließt das Abstufungsventil v_a die Seitenbohrungen b_2 gegen den Winkelkanal b_3 ab, es kann also keine Hilfsbehälterluft mehr zum Bremszylinder überströmen. Die eingeleitete Teilbremsung, die Bremsstufe, ist abgeschlossen. Wird der Leitungsdruck wieder etwas vermindert, so geht der Steuerkolben wieder in die Bremsstellung, das Abstufungsventil wird geöffnet, und es strömt wieder Druckluft zum Bremszylinder. Dieses Spiel läßt sich, bis der Druck in der Leitung auf 3,5 at gesunken ist, beliebig wiederholen; der volle Bremsdruck kann also allmählich in einzelnen Bremsstufen erreicht werden.

472 Die Bremsen.

Schnellbremsung: Wenn das Führerbremsventil in die Schnell=
bremsstellung gelegt, ein Notbremsventil im Zuge geöffnet oder ein
Kupplungsschlauch zerrissen wird, so entweicht die Luft aus der Leitung

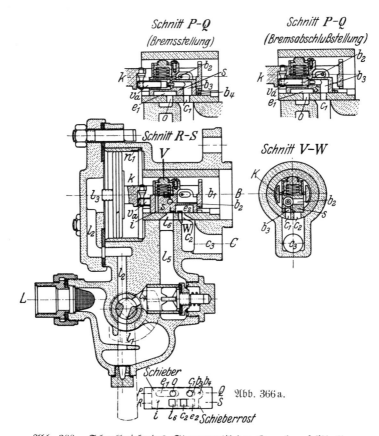

Abb. 366. Schnellwirkendes Steuerventil der Knorrbremse-A.=G.
bei Betriebsbremsung.

durch große Querschnitte. Infolgedessen fällt der Leitungsdruck in den
Steuerventilen links vom Steuerkolben k im Raume l_3 sehr schnell und
die Hilfsbehälterluft treibt den Steuerkolben und den Steuerschieber s
über die Betriebsbremsstellung hinweg in die äußerste linke Stellung,
die Schnellbremsstellung (Abb. 367). Der Kolben legt sich dicht gegen die

Lederscheibe d. Die Muschel e_2 im Schieber verbindet den zum Brems=
zylinder führenden Kanal c_2 mit der Öffnung l_6 im Schieberrost und damit
auch über den Kanal l_5, das Rückschlagventil v_r, den Raum l_4, den Um=
schalthahn U und den Kanal l_1 mit der Leitung. Der Druck der Leitungs=

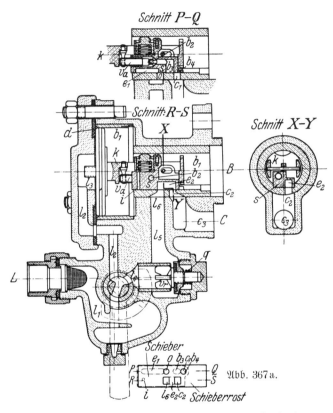

Abb. 367. Schnellwirkendes Steuerventil der Knorrbremse A.-G.
bei Schnellbremsung.

luft öffnet das Rückschlagventil und in den Bremszylinder strömt Luft
aus der Leitung so lange, bis hier der Druck unter den im Bremszylinder
gesunken ist, die Feder q das Rückschlagventil schließt und damit ein Zu=
rückströmen aus dem Bremszylinder verhindert. Dadurch daß bei jedem
Steuerventil auch Luft aus der Leitung in den Bremszylinder entweicht

pflanzt sich die Druckverminderung in der Leitung von Wagen zu Wagen sehr schnell fort.

Neben der Leitungsluft gelangt über die kleine Öffnung b_4 im Steuerschieber und den Kanal c_1 auch noch Hilfsbehälterluft in den Bremszylinder. Da die Durchgänge von der Hauptleitung zum Bremszylinder aber erheblich größer sind als die vom Hilfsluftbehälter, so wird der Bremszylinder zum größten Teile mit Leitungsluft gefüllt, ehe die Hilfsbehälterluft hinzukommt. Leitungsluft und Hilfsbehälterluft zusammen ergeben einen um etwa $1/2$ at höheren Enddruck im Bremszylinder als die Hilfsbehälterluft allein bei einer vollen Betriebsbremsung.

Zum Lösen der Bremse muß der Druck in der Leitung so weit erhöht werden, daß er den Steuerkolben wieder in die rechte Endstellung, die Lösestellung (Abb. 365), treibt. Die Bremse wird dann gleich völlig gelöst. Eine Abstufung des Lösevorgangs, eine allmähliche Abschwächung der Bremswirkung, ist auch beim Steuerventil Kl der Knorr-Bremse-A.-G. nicht möglich.

Der Umsteuerhahn U dient zum Absperren des ganzen Steuerventils von der Leitung (Stellung II) oder der Schnellbremswirkung allein (Stellung III).

Das schnellwirkende Steuerventil von Knorr ist meist an der Stirnseite der Hilfsluftbehälter (Tafel IV), das von Westinghouse am Bremszylinder angebracht. Häufig werden Steuerventil, Hilfsbehälter und Bremszylinder zu einem Bremsapparat vereinigt (vgl. Abb. 330). Die Rohrleitung vom Bremszylinder zum Steuerventil ist dann luftdicht durch den Hilfsbehälter hindurchgeführt.

11. Der Hilfsluftbehälter.

Bei der selbsttätigen Einkammerbremse hat jedes Fahrzeug, das abgebremst werden soll, einen Hilfsluftbehälter; in ihm wird der für den Bremszylinder erforderliche Luftbedarf aufgespeichert. Die Größe des Hilfsbehälters entspricht der des zugehörigen Bremszylinders. Bei den kurzhubigen Bremszylindern von 8″ Durchmesser hat der Hilfsbehälter 25 l, bei den größten Bremszylindern von 16″ Durchmesser 100 und, wenn ein Behälter für zwei Bremszylinder vorhanden ist, sogar 150 l Inhalt. Wird der Hilfsbehälter mit dem Steuerventil und dem Bremszylinder zu einem Stück zusammengeschraubt (vgl. Abb. 330), so ist er aus Gußeisen, sonst, um an Gewicht zu sparen, aus gelötetem oder geschweißtem Eisenblech. An der tiefsten Stelle des Behälters befindet sich eine Ver-

Der Hilfsluftbehälter. 475

schlußschraube, durch die man etwa angesammeltes Niederschlagwasser ablaufen lassen kann.

Wie bei der Beschreibung der Steuerventile näher ausgeführt wurde, wird die angezogene Bremse dadurch wieder gelöst, daß die Hauptleitung vom Hauptbehälter der Lokomotive aus mit Druckluft aufgefüllt wird. Das Steuerventil verbindet dann den Bremszylinder mit der freien Luft und läßt die Bremsluft aus dem Bremszylinder entweichen. Steht zum Auffüllen der Hauptleitung keine Druckluft zur Verfügung, wie z. B. bei abgekuppelten Fahrzeugen, so kann man bei jedem Fahrzeuge die angezogene Bremse auch mit Hilfe des Auslöseventils lösen.

In Abb. 368 ist ein **Auslöseventil**, wie man es an Wagen vorfindet, dargestellt. Die Auslöseventile für die Lokomotive und die Tenderbremse unterscheiden sich davon nur äußerlich dadurch, daß sie im Führerstande gerade umgekehrt — mit dem Hebel 2 nach oben weisend — angeordnet werden und der Verbindungsstutzen zum Hilfsbehälter (B) nicht seitlich, sondern unten liegt.

In dem Ventilgehäuse 1, das bei B mit dem Hilfsbehälter in Verbindung steht, wird durch den in diesem herrschenden Luftdruck und durch eine Feder 5 das kleine Ventil 4 mit einer dichtenden Lederscheibe 6 gegen seinen Sitz gedrückt. Zieht man den Hebel 2 zur Seite, so hebt dieser die Ventilstange an und die Hilfsbehälterluft kann von B am Ventil vorbei nach 0 ins Freie entweichen.

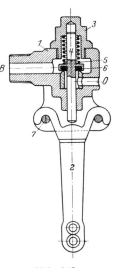

Abb. 368.
Auslöseventil.

Bei angezogener Bremse verbindet das Steuerventil den Hilfsbehälter mit dem Bremszylinder. Entlüftet man den Hilfsbehälter, so sinkt der Druck in ihm und im Bremszylinder so lange, bis er geringer ist als der Leitungsdruck. Dieser treibt dann den Kolben k des Steuerventils in die Lösestellung (vgl. Abb. 365 bzw. 362 oder 359). Der Bremszylinder wird dadurch über das Steuerventil mit der freien Luft verbunden und die in ihm enthaltene Bremsluft entweicht weiter auf diesem Wege. Hält man das Auslöseventil lange genug geöffnet, so nimmt der Druck im Hilfsbehälter und in der Hauptleitung ab, bis die ganze Bremsvorrichtung völlig entleert ist.

Das Auslöseventil sitzt bei Bremsausrüstungen vereinigter Bauart (Abb. 330) seitlich am Hilfsluftbehälter, bei getrennter Anordnung von

Bremszylinder und Hilfsbehälter an einer Stirnseite des Hilfsbehälters. Die Auslöseventile der Lokomotiv- und der Tenderbremse befinden sich in Reichweite des Führers im Führerstande (s. „U" in Tafel IV) und sind durch Rohrleitungen mit ihren Bremsvorrichtungen verbunden, das des Tenders wie bei den Wagen mit dem Hilfsbehälter, die der Treibrad- und der Drehgestellbremse der Lokomotive dagegen mit den zugehörigen Bremszylindern. Da die Bremsvorrichtungen der Wagen unter dem Untergestell angebracht, die Auslösventile mithin schwer zugänglich sind, werden an den Ventilhebeln Drahtzüge befestigt, die zu außen am Längsträger angeordneten Handgriffen führen.

12. Der Bremszylinder.

Im Bremszylinder endet der Weg der Druckluft als Träger der Bremskraft. Dort wird die Druckluft, die in der Luftpumpe durch das Arbeitsvermögen von Dampf aus dem Lokomotivkessel erzeugt wurde, in mechanische Kraft umgesetzt und diese durch das Bremsgestänge zu den Bremsklötzen weitergeleitet.

Die Abb. 369 zeigt einen Bremszylinder (C) im Schnitt. Im Innern des Zylinders hält die Schraubenfeder f den Kolben k in der gezeichneten

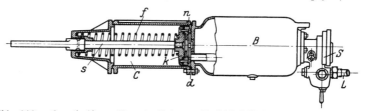

Abb. 369. Langhubiger Bremszylinder mit Hilfsbehälter und Steuerventil.

Stellung; die Bremse ist dann gelöst. Strömt vom Steuerventil S über das durch den Hilfsbehälter B führende Rohr Druckluft hinter den Kolben, so wird dieser vorgetrieben. Die mit dem Kolben fest verbundene Stange s überträgt an ihrem äußeren Ende die Kraft auf das Gestänge, das dann die Bremsklötze gegen die Radreifen drückt (vgl. Abschnitt 2, s. S. 386). Bei anderen Bauformen des Bremszylinders (z. B. Abb. 370) besteht die Kolbenstange aus einem Rohrstück, in dem sich eine mit dem Gestänge verbundene Druckstange frei bewegen kann. Diese stützt sich mit ihrem inneren Ende auf den Bremskolben.

Die Stange s braucht in ihrer Führung im haubenförmigen Deckel nicht besonders abgedichtet zu werden, weil ja auf der Stangenseite des

Kolbens stets der Druck der Außenluft herrscht. Der Kolben k hat dagegen eine Lederstulpdichtung d, damit die Bremsluft nicht nutzlos am Kolben vorbei entweichen kann. Nur bei gelöster Bremse, wenn also der Kolben in der in Abb. 369 gezeichneten Endstellung steht, können geringe Luftmengen, die infolge von Undichtigkeiten in den Bremszylinder gelangen, über eine Nut n in der Zylinderwandung entweichen, so daß die Bremse nicht unbeabsichtigt angezogen wird. Beim stufenweisen Bremsen muß darauf geachtet werden, daß die erste Stufe so groß ist, daß der Kolben über diese Nut hinweg getrieben wird. Auch müssen die Bremsklötze und das Gestänge so eingestellt werden, daß sie diesen Weg des Bremskolbens auch wirklich zulassen.

Die verschiedenen Bremszylinder stimmen in ihrer Einrichtung und Wirkungsweise überein; sie unterscheiden sich nur in Gestalt und Größe je nach Art und Gewicht des Fahrzeuges, für das sie bestimmt sind. Von den Fahrzeugen, die noch nicht mit der Kunze-Knorr-Bremse ausgerüstet sind, haben die Wagen gewöhnlich Bremszylinder nach Abb. 369, die mit Hilfsbehälter und Steuerventil zu einer Bremseinrichtung vereinigt und am Untergestell angebracht sind. Bei schwereren Personenwagen, Tendern und Lokomotiven wird dagegen der Bremszylinder von den anderen Bremseinrichtungen getrennt angeordnet.

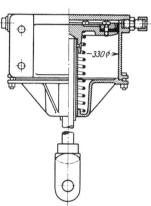

Abb. 370. Kurzhubiger Bremszylinder.

An seiner freien Stirnfläche ist dann meist — wie z. B. beim Tenderbremszylinder auf Tafel IV — ein Träger für das Bremsgestänge angebracht. Bei Lokomotiven und weiter auch bei Fahrzeugen, bei denen der Raum unter dem Untergestell sehr beschränkt ist, werden die Bremszylinder in der Regel senkrecht aufgehängt; sie sind dann oft so gebaut, daß der Hub, d. h. der Weg, den der Kolben von seiner Endstellung bis zu der Stellung, bei der er die größte Bremskraft ausübt, verhältnismäßig kurz ist. Einen derartigen Bremszylinder für eine Lokomotivtreibradbremse zeigt die Abb. 370. Bei Drehgestellen — vgl. Abb. 322 auf S. 389 — findet man noch eine Sonderausführung; die Bremszylinder haben hier zwei Kolben mit Kolbenstangen, die durch die zwischen ihnen in der Mitte eintretende Bremsluft mit gleicher Kraft nach beiden Seiten gedrückt werden.

Die Größe der Bremszylinder wird allgemein durch ihren inneren Durchmesser, dem ja die wirksame Fläche des Kolbens entspricht, angegeben. Die kleinsten einfachen Bremszylinder haben $8'' = 203$ mm, die größten $16'' = 406$ mm Durchmesser. Bei den langhubigen Bremszylindern soll der Arbeitshub mindestens 100 und höchstens 200 mm, bei den kurzhubigen mindestens 65 und höchstens 100 mm betragen. Die Doppelkolbenbremszylinder für Drehgestelle haben $6'' = 152$ mm Durchmesser sowie 50 mm kleinsten und 90 mm größten Hub für jeden Kolben.

13. Die Notbremse.

Wenn dem Zuge, Reisenden oder Beamten eine Gefahr droht, kann die mittelbar wirkende Druckluftbremse auch vom Zuge aus, unabhängig vom Lokomotivführer, in Tätigkeit gesetzt werden. Zu diesem Zwecke haben alle Abteile der Personenwagen, bei D-Zug- und Schlafwagen auch die Seitengänge, die Pack- und Postwagen, sowie die luftgebremsten Güterwagen mit Bremserhaus Notbremseinrichtungen, die, wenn sie betätigt werden, die Luft aus der Hauptleitung durch eine große Öffnung herausströmen lassen und so eine Schnellbremsung herbeiführen.

Die nur den Zugbeamten zugänglichen Notbremsen, wie der in Abb. 330 (S. 406) eingezeichnete Schaffnerbremshahn k oder der in Abb. 371 wiedergegebene Notbremshahn für Güterwagen bestehen aus einem einfachen Notbremshahn, der unmittelbar an die Hauptleitung angeschlossen ist und durch einen Handhebel geöffnet wird. Der Notbremshahn für Güterwagen liegt, um den Inhalt der Hauptleitung nicht unnötig durch ein besonderes Rohrstück zu vergrößern, unmittelbar an einem T-Stück der Hauptleitung unterhalb des Wagenbodens. An den Hahnhebel ist ein nach oben führendes Gestänge angeschlossen, das unten schlitzförmig ausgebildet ist, so daß der Hahn vom Bremserhaus aus nur geöffnet, nicht aber wieder geschlossen werden kann.

Die Notbremse für die Reisenden muß noch weiteren Anforderungen genügen. Sie soll bequem zugänglich sein und auch von schwächeren Personen, wie Frauen und Kindern, leicht betätigt werden können. Sie soll ferner den Zugbeamten deutlich die Stelle zeigen, an der die Bremse gezogen wurde, damit der Reisende bei einer ihm drohenden Gefahr sofort Hilfe erhalten oder aber bei Mißbrauch festgestellt werden kann. Die Notbremse muß daher so eingerichtet sein, daß sie ohne Mitwirken eines Zugbeamten nicht wieder in die Betriebslage zurückgebracht werden kann.

Die Notbremse. 479

In Abb. 330 (S. 406) ist die Notbremseinrichtung eines Abteilwagens, in Abb. 372 die eines D=Zug=Wagens dargestellt. Statt des Hahns ist bei den Personenwagen ein Notbremsventil h vorgesehen, das an die Hauptleitung angeschlossen ist und von besonderen Zugkästen i im Innern des Wagens durch Drahtzüge geöffnet werden kann. Bei D=Zug=Wagen

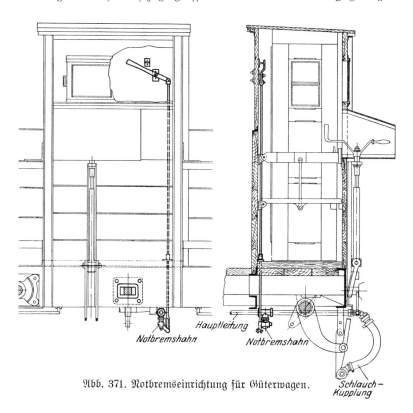

Abb. 371. Notbremseinrichtung für Güterwagen.

befindet sich das Notbremsventil im Abort oder einem besonderen, vom Seitengang zugänglichen Schranke, bei Abteilwagen ist es meist außen an der Wagenstirnwand angebracht. In diesem Falle muß man auch eine Um=lenkvorrichtung haben, den sog. Eckzugkasten e, der die in waagerechter Rich=tung wirkende Kraft des Drahtzuges der Abteilzugkästen i in die senkrechte Richtung umsetzt. Die äußerlich verschieden ausgebildeten Notbrems=ventile und Zugkästen unterscheiden sich nicht in ihrer Wirkungsweise.

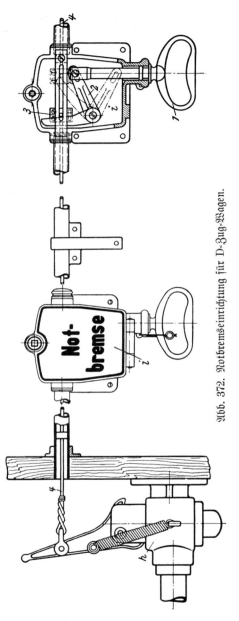

Abb. 372. Notbremseinrichtung für D-Zug-Wagen.

Es sei daher hier nur die in Abb. 372 gezeichnete D-Zug-Wageneinrichtung näher beschrieben.

In dem Gehäuse des Notbremsventils (Abb. 373 bis 375) sitzt ein durch eine Lederscheibe 3 abgedichtetes Tellerventil 2. Die Ventilspindel 4 trägt noch einen Kolben 5, der mit einer feinen Bohrung 6 versehen ist. Die Spindel 4 ist hohl, und wird unten durch ein kleines, auch durch Leder gedichtetes Ventil 7 geschlossen gehalten. Die Spindel 8 dieses Ventils wird oben und unten in der Hohlspindel 4 geführt und ragt über das obere freie Ende der Hohlspindel etwas hinaus. Der Hohlraum 9 zwischen beiden Spindeln ist durch die Bohrungen 10 mit dem Raume 11 oberhalb des Tellerventils und durch die Öffnungen 12 mit der Außenluft verbunden. Die Druckluft aus der bei L angeschlossenen Hauptleitung drückt das Ventil 2 und über die Bohrung 6 hinweg auch das Ventil 7 auf ihre Sitze. Wenn die Hauptleitung drucklos ist, halten Schraubenfedern beide Ventile geschlossen.

Bei der Ruhelage des Ventils wird der ungleicharmige Winkelhebel 1 durch die an dem Bolzen 13 angreifenden Federn 14 in der in Abb. 373 gezeichneten Stellung festgehalten. Wenn im Wageninnern der Notbremsgriff gezogen wird, so bringt der an der Öse 15 angreifende Drahtzug den Hebel 1 um seinen Drehpunkt 16 in die andere Endstellung (Abb. 375). Beim Umlegen des Hebels wird zunächst die Entfernung zwischen dem Bolzen 13 und den Federösen 17 größer, damit wächst die Spannung der Federn 14 bis zu einer Mittellage, nach der die Entfernung der Federangriffspunkte voneinander wieder kleiner wird. Jede Bewegung des Hebels von der einen in die andere Endlage erfordert also Kraft zur Überwindung der zusätzlichen Federspannung über die Mittellage hinweg. Da der an der Öse 15 angreifende Draht nur auf Zug beansprucht werden kann, ist es nicht möglich, mit ihm vom Wageninnern aus den Hebel zurückzudrücken. Um das Ventil wieder in die Ruhelage zu bringen, muß vielmehr der Schutzkasten — in der Abb. 372 ist dieser der Einfachheit halber nicht dargestellt — von einem Bahnbeamten aufgeschlossen und der Hebel von Hand zurückgelegt werden.

Wird der Hebel 1 betätigt, so stößt er auf dem ersten Teil seines Weges zunächst das Ventil 7 auf. Die hierfür erforderliche Kraft ist nur gering, da nur der auf der kleinen Fläche des Ventils herrschende Luftdruck, die Federspannung der kleinen Schraubenfedern und die zusätzliche Spannung der Federn 14 überwunden werden müssen. Durch das offene Ventil 7 entweicht die Druckluft aus dem Raume unterhalb des Kolbens 5 über den Hohlraum 9 durch die Bohrungen 10 und 12 ins Freie. Über die Bohrung 6 kann die Druckluft aus der Leitung nicht schnell genug nachströmen, so daß angenähert in dem Raume unterhalb des Kolbens 5 wie in dem oberhalb des Tellerventils 2 nur der Druck der Außenluft herrscht. Weil weiterhin die Flächen des Ventils 2 und des Kolbens 5, auf die die Leitungsluft nach oben bzw. nach unten drückt, ungefähr gleich groß sind, ist das Ventil 2 beinahe entlastet. Man braucht also auch während des zweiten Teils des Weges, den der Notbremsventilhebel bis zur Öffnungsstellung (Abb. 375) zurücklegen muß, nur wenig Kraft aufzuwenden, da hierbei in der Hauptsache nur die geringen Reibungswiderstände zu überwinden sind.

Zur Betätigung des Notbremsventils dient ein durch den ganzen Wagen hindurchgeführter Drahtzug 4, der durch ein Rohr geschützt wird. An dem Drahtzug sind die einzelnen Zugvorrichtungen parallel angeschlossen (s. Abb. 372). In jedem Abteil, bei D-Zug- und Schlafwagen auch im Seitengange, befindet sich ein Zugkasten i. In ihnen sind auf

482   Die Bremsen.

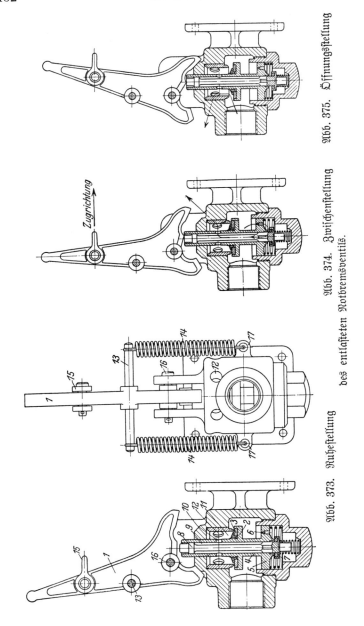

Abb. 373. Ruhestellung. Abb. 374. Zwischenstellung Abb. 375. Öffnungstellung
des entlasteten Notbremsventils.

Die Notbremse. 483

dem Drahtzug 4 Klemmen 3 befestigt, gegen die sich der gegabelte Arm eines Winkelhebels 2 legt. Am anderen Hebelarm greift die mit einem Handgriff 1 versehene Zugstange an. Zieht man an dem Handgriff, so wird der Winkelhebel 2 nach rechts (in die punktierte Lage) gedreht, durch Mitnahme der Drahtklemme 3 der Draht 4 gespannt und der Hebel des Notbremsventils herumgeworfen. Drückt man dann den Handgriff wieder hoch, so wird nicht etwa das Notbremsventil wieder geschlossen. Dies ist, wie oben bereits erwähnt, schon nicht möglich, weil man mit dem Draht den Ventilhebel nicht zurückdrücken kann. Ferner kann auch der Draht nicht durch den Winkelhebel 2 zurückgezogen werden, da dieser die auf dem Draht befestigte Klemme nur in der einen Richtung (in der Zeichnung nach rechts) mitnimmt. Um dem nachforschenden Beamten die Feststellung des Abteils, in dem die Notbremse gezogen worden ist, zu erleichtern, ist der Handgriff noch durch eine plombierte Schnur gesichert, die beim Herabziehen zerreißt.

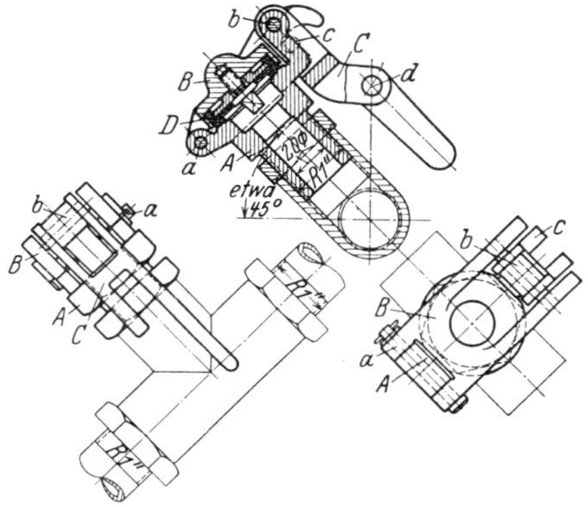

Neuerdings findet man als Notbremsventil vielfach das in Abb. 376 wiedergegebene Notbremsventil der Bauart Ackermann.

Abb. 376. Notbremsventil von Ackermann.

Das Ventil ist sehr einfach. Das Ventilgehäuse A ist um 45° gegen die Waagerechte geneigt und auf eine Zweigleitung der durchgehenden Hauptleitung aufgesetzt. Es wird durch den Deckel B mit dem Dichtungsringe D, einem Nutringe aus Gummi, wie er auch bei den Kupplungsköpfen (Abb. 357) verwendet wird, verschlossen. Um den Bolzen a herum kann der Deckel aufgeklappt werden. An einem Arme des Gehäuses A sitzt dann noch der um den Bolzen b drehbare Hebel C. Dieser hat zwei Zapfen c, die in zwei entsprechend ausgesparte Lappen des Deckels B greifen und bei geschlossenem Ventil den Deckel mit dem Dichtungsring auf seinen Sitz drücken.

Wird der Hebel C durch eine Zugstange oder einen Drahtzug, die bei d angreifen, hoch=, also vom Gehäuse A weggezogen, so heben die beiden Zapfen c den Deckel B zunächst etwas hoch und geben ihn gleich darauf

31*

frei, so daß ihn der Luftdruck im Innern des Gehäuses ganz aufstoßen kann. Will man das Ventil wieder schließen, so braucht man nur nach Reinigen des Dichtungsrings D den Deckel B zuzuklappen und den Hebel C umzulegen, so daß sich die Zapfen c wieder in den Aussparungen des Deckels befinden. Das Ventil ist dann sofort wieder verwendungsbereit.

14. Die Kunze-Knorr-Bremse.

Die in den vorstehenden Abschnitten eingehender beschriebenen Druckluftbremsen von Westinghouse und Knorr haben sich in jahrzehntelangem Betriebe bei Personen- und Schnellzügen nicht nur bewährt, sondern waren auch für eine sichere und schnelle Beförderung der Züge unbedingt erforderlich geworden. Bei den langsamer fahrenden Güterzügen kam man dagegen noch lange mit einfachen, von Hand bedienten Bremsen aus.

Immer mehr zeigten sich im Laufe der Jahre aber auch bei Güterzügen die Nachteile des Handbremsbetriebes. Die Handbremsen wurden von Bremsern bedient, die auf den „Bremswagen" über den ganzen Zug verteilt waren und ihre Befehle zum Anziehen oder Lösen der Bremsen vom Lokomotivführer durch Pfeifensignale erhielten. Hierdurch ergaben sich oft Schwierigkeiten. Eifrige und kräftige Bremser bremsten ihren Wagen früher und stärker ab als schwerfällige und schwache; es gab Zerrungen im Zuge, die nicht selten zu Zugtrennungen führten. Besonders bei schlechtem Wetter oder ungünstiger Strecke mit vielen, womöglich noch in Einschnitten liegenden Kurven hörten selbst aufmerksame Bremser die Signale zu spät oder gar überhaupt nicht. Auf Strecken mit starken Gefällen mußten die Züge erheblich langsamer fahren als auf ebenen Strecken, weil sonst zu viele Bremser hätten eingestellt werden müssen. Drohte dem Zuge eine Gefahr, hatte sich z. B. eine Wagenladung verschoben, so konnte sich der Beamte, der es sah, nur schwer dem Lokomotivpersonal verständlich machen. Und riß der Zug, womöglich noch in einer Steigung, so merkte es der Lokomotivführer oft zu spät, und wenn die Bremser auf dem abgetrennten Zugteile ihre rückwärts rollenden Wagen nicht noch rechtzeitig zum Halten brachten, war ein Unglück nicht zu verhindern.

Man könnte nun zu der Ansicht neigen, daß alle diese Nachteile vermieden werden, wenn auch die Güterwagen die bewährte selbsttätige Einkammerdruckluftbremse erhielten. Der lange Güterzug wäre dann fest in der Hand des Lokomotivführers, auch andere Zugbeamte könnten ihn in Fällen der Gefahr zum Halten bringen und bei Zugtrennungen wäre er selbsttätig gebremst. Leider haben aber die für Personenzüge verwendeten Einkammerbremsen einige Mängel, wodurch sie für Güterzüge unbrauchbar sind.

Güterzüge sind meist erheblich länger als Personenzüge. Um besser anfahren zu können, sind sie lose gekuppelt. Bei Betriebsbremsungen mit den Personenzugbremsen von Westinghouse und Knorr sind die ersten Wagen eines langen Zuges bereits verhältnismäßig stark gebremst, wenn wegen der begrenzten Durchschlagsgeschwindigkeit die Bremsen an den letzten Wagen noch gar nicht angezogen sind; diese Wagen fahren auf die vorderen auf, werden dann durch die Puffer zurückgestoßen und wieder durch den vorderen Zugteil nach vorn gezogen, wenn auch bei ihnen allmählich die Bremse zu wirken beginnt. Die Wagen des Zuges werden infolgedessen hin und her gezerrt, ja, vielleicht auseinandergerissen. Dies läßt sich nur dadurch verhindern, daß bei einer Güterzugbremse auch die letzten Wagen möglichst schnell zunächst leicht abgebremst werden und hierauf bei allen Wagen der Bremsdruck fast gleichzeitig stärker wird, bis die gewollte Bremswirkung erreicht ist.

Bei der Erklärung der Steuerventile von Westinghouse und Knorr wurde bereits darauf hingewiesen, daß mit diesen beiden Bremsbauarten der Lokomotivführer seinen Zug wohl stufenweise immer stärker abbremsen kann; es ist ihm aber nicht möglich, auch umgekehrt die Bremswirkung allmählich wieder abzuschwächen. Fährt er also mit einem Güterzuge im Hügellande zu Tal, so kann er bei geschickter Handhabung seiner Bremse wohl zunächst die Geschwindigkeit einhalten, die der Fahrplan vorschreibt. Kommt dann aber eine flachere Neigung oder eine engere Kurve, so muß er die Bremse lösen, um nicht zum Halten zu kommen. Er kann aber nur ganz lösen; der jetzt ungebremste Zug wird durch sein eigenes Gewicht beschleunigt und kann erst voll abgebremst werden, wenn die Hilfsluftbehälter wieder durch die engen Füllnuten aufgefüllt sind. Dieses Spiel wird sich auf langen Gefällstrecken häufig wiederholen, die Geschwindigkeit wird stark schwanken, und es wird viel Bremsluft verbraucht. Will es der Zufall, daß dann gerade während des Lösens der Bremsen ein unerwartetes Hindernis eine Schnellbremsung erforderlich macht, so ist vielleicht der Druck in den Hilfsbehältern noch nicht wieder genügend erhöht, die Bremse ist erschöpft, und der Zug hält zu spät.

Für die Abbremsung von Güterwagen ist es schließlich sehr wichtig, ob die Wagen schwer beladen oder leer sind. Wie vorn näher geschildert wurde, richtet sich ja die Kraft, mit der ein Fahrzeug abgebremst werden muß, auch nach seinem Gewicht. Damit selbst bei geringerer Geschwindigkeit und ungünstiger Witterung die Räder infolge zu starker Abbremsung nicht anfangen zu schleifen, darf erfahrungsgemäß der Druck aller Bremsklötze eines Wagens auf die Radreifen nicht größer sein als ungefähr 85% des Wagengewichts. Bei Personenwagen kann das Gewicht der Reisenden gegenüber dem Eigengewicht vernachlässigt werden. Bremszylinder und Gestängeübersetzung können daher einfach nach dem Wagengewicht bemessen werden. Die Güterwagen werden dagegen durch die Ladung wesentlich schwerer, bei vielen Wagen kann ihr Gewicht auf etwa das Dreifache des Leergewichts steigen. Die Bremsausrüstung darf aber nur nach dem Leergewicht bemessen sein, damit auch der leere Wagen nicht durch eine Vollbremsung festgebremst werden kann. Die älteren Einkammerbremsen lassen eine Verstärkung des Bremsklotzdrucks entsprechend dem Gewicht der Ladung nicht zu. Der beladene Wagen wird nur mit der für den leeren Wagen bemessenen Kraft, also nur schwach, vielleicht nur mit 30% seines Gewichts, abgebremst. Diese geringe Abbremsung hat unerwünscht lange Bremswege zur Folge, die um so länger werden, je mehr beladene Wagen im Zuge sind. Für Fahrten auf Gefällstrecken reicht sie überhaupt nicht aus; die Bremskraft muß dann noch durch handbediente Bremsen verstärkt werden. Außerdem ist es für die Zugbildung sehr unbequem, daß beladene und unbeladene Wagen in einem Zuge nicht mehr beliebig gemischt werden können, da sonst infolge der verschieden starken Abbremsung die Zug- und Stoßvorrichtungen zu stark beansprucht werden. Um alle diese Mängel zu vermeiden, muß demnach bei Güterwagen der Bremsklotzdruck der Achslast angepaßt werden können.

Zusammenfassend läßt sich also sagen, daß an eine Güterzugbremse neben den Ansprüchen, denen die älteren selbsttätigen Luftbremsen schon genügen, noch folgende weitergehenden Forderungen zu stellen sind:

1. Sie muß auch lange, lose gekuppelte Züge sanft und stoßlos bremsen,

2. sie muß stufenweise lösbar sein,

3. ihre Bremskraft muß bei beladenen Wagen stärker sein als bei leeren.

Damit in Güterzüge auch Wagen mit der gewöhnlichen Einkammerbremse und in Personenzüge auch Wagen mit der Güterzugbremse eingestellt werden können, muß diese schließlich noch einer Bedingung entsprechen:

Die Kunze-Knorr-Bremse. 487

4. Sie muß mit den bereits eingeführten Luftbremsen, also in Deutschland mit den Einkammerbremsen von Westinghouse und Knorr, einwandfrei zusammenarbeiten.

Allen diesen Anforderungen genügte nach den langjährigen, sehr eingehenden Versuchen der preußisch-hessischen Staatseisenbahnverwaltung am besten die Kunze-Knorr-Güterzugbremse. Im Jahre 1918 begannen daher die deutschen Eisenbahnverwaltungen sie in größerem Umfange in ihren Güterwagenpark einzubauen.

Die **Kunze-Knorr-Güterzugbremse** (abgekürzt KKG-Bremse) ist, wie die vorn beschriebenen Bremsen von Westinghouse und Knorr, in der Hauptsache auch eine selbsttätige Einkammer-Druckluftbremse. Sie unterscheidet sich von ihnen nur durch bauliche Änderungen an der Bremsausrüstung des Wagens, besonders durch ein anders arbeitendes Steuerventil und eine neue Bauart von Bremszylinder und Hilfsluftbehälter. Luftpumpe, Führerventil und Hauptleitung sind bei ihr von der Westinghouse- und von der Knorr-Bremse unverändert übernommen.

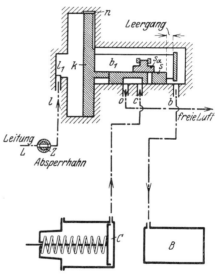

Abb. 377. Einkammerbremse in Lösestellung.

Bevor sich der Leser mit den verschiedenen Teilen der Kunze-Knorr-Bremse näher vertraut macht, möge er sich zunächst an Hand der Abb. 377 bis 379 noch einmal die Wirkungsweise des Steuerventils bei den älteren Einkammerbremsen ins Gedächtnis rufen. Die Abbildungen zeigen in wenigen einfachen Strichen das Steuerventil mit dem Kolben k, dem Steuerschieber s und dem Abstufungsventil s_a, das hier der Einfachheit halber als Schieber dargestellt ist; ferner sind der Bremszylinder C und der Hilfsluftbehälter B angedeutet.

Zum Bremsen wird der Bremszylinder vom Hilfsbehälter aus mit Druckluft gefüllt; zum Lösen strömt die Druckluft aus dem Bremszylinder ins Freie, und der Hilfsbehälter erhält aus der Hauptleitung neue Druckluft. Die verschiedenen Wege zur Hauptleitung (l), zum Hilfsluft-

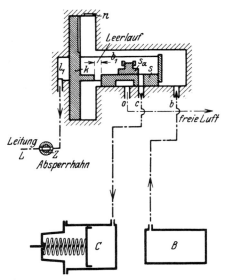

Abb. 378. Einkammerbremse in Bremsstellung.

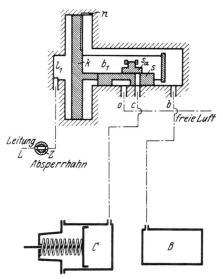

Abb. 379. Einkammerbremse in Bremsabschlußstellung.

behälter (b), zum Bremszylinder (c) und zur freien Luft (o) werden durch den Steuerschieber s untereinander verbunden oder gegeneinander abgesperrt. Der Grundschieber s wird als Schleppschieber vom Steuerkolben in seine eine oder andere Stellung geschoben, aber erst nachdem der Kolben schon einen bestimmten Weg, den Leergang, in dieser Richtung zurückgelegt hat. Der Steuerkolben k kann je nachdem, ob auf der einen Kolbenseite, in der Kolbenkammer l_1, oder auf der anderen, in der Schieberkammer b_1, höherer Luftdruck herrscht, mehrere verschiedene Lagen einnehmen. Der Druck im Raume l_1 ist gleich dem Druck in der Hauptleitung L, der in der Schieberkammer b_1 gleich dem Druck im Hilfsluftbehälter B.

Zum Lösen der Bremse wird der Leitungsdruck erhöht. Der Steuerkolben wird dann mit dem Schieber s in die Lösestellung (Abb. 377) getrieben. In ihr wird der Bremszylinder entlüftet und der Hilfsbehälter über die Nut n mit Leitungsluft aufgefüllt.

Sinkt der Druck in der Hauptleitung, so kann die

Hilfsbehälterluft über die enge Nut n nicht schnell genug nachströmen, der Druck in der Kolbenkammer l_1 wird also niedriger als der im Raume b_1, und der Steuerkolben mit dem Schieber s wird durch den Hilfsbehälterdruck in die Bremsstellung (Abb. 378) geschoben. Der Bremszylinder C ist dann nicht mehr mit der freien Luft, sondern mit dem Hilfsluftbehälter verbunden. Die Hilfsbehälterluft strömt in den Bremszylinder über und treibt dort den Bremskolben vor. Im Hilfsbehälter sinkt, im Bremszylinder steigt der Luftdruck so lange, bis in beiden gleicher Druck herrscht. Voraussetzung hierfür ist, daß auch in der Hauptleitung der Druck so weit gesunken ist.

Läßt der Lokomotivführer aber nur wenig Luft aus der Leitung entweichen, so wird der Druck in der Steuerschieberkammer b_1 bald durch das Überströmen von Hilfsbehälterluft zum Bremszylinder etwas unter den Leitungsdruck sinken; der Druck in l_1 ist dann wieder höher als in b_1 und treibt den Steuerkolben um das Maß des Leergangs in die Bremsabschlußstellung (Abb. 379) zurück. Mit dem Steuerkolben wird der Abstufungsschieber s_a verschoben und dadurch der Hilfsbehälterluft der Weg c zum Bremszylinder versperrt. Der Überdruck in der Kolbenkammer l_1 reicht aber nicht aus, um auch noch den Bewegungswiderstand des Grundschiebers s zu überwinden; dieser bleibt daher in der Bremsstellung stehen. Wenn der Führer dann wieder etwas Luft aus der Leitung hinausläßt, so geht auch der Steuerkolben mit dem Abstufungsschieber wieder in die Bremsstellung; vom Hilfsbehälter strömt aufs neue Druckluft in den Bremszylinder. Dort wird der Druck erhöht, in der Schieberkammer wie im Hilfsbehälter dagegen sinkt er, bis die Leitungsluft Steuerkolben und Abstufungsschieber wieder in die Abschlußstellung geschoben hat. Der Lokomotivführer kann also Schritt für Schritt die Bremswirkung verstärken, er kann stufenweise bremsen.

Ihm ist es aber nicht möglich, auch langsam nach Belieben den Luftdruck im Bremszylinder zu verringern, also stufenweise zu lösen. Zum Lösen muß er ja den Druck in der Hauptleitung so weit erhöhen, daß der Steuerschieber s in die Lösestellung (Abb. 377) getrieben wird und den Bremszylinder mit der freien Luft verbindet. Über die Nut n strömt dabei neue Druckluft aus der Hauptleitung in den Hilfsluftbehälter. Es wäre verfehlt, wenn etwa der Führer in der Absicht, die Bremskraft nur etwas abzuschwächen, die Hauptleitung nur wenig auffüllen und dann sein Führerventil wieder in die Abschlußstellung legen würde. Denn in der Schieberkammer b_1 kann ja beim Lösen der Druck nicht stärker werden als in der Kolbenkammer l_1, es ist also keine Kraft da, die den Steuerschieber umsteuern und damit das Ausströmen der Druckluft aus dem Bremszylinder unterbrechen könnte.

Will man in der Steuerschieberkammer einen Überdruck haben, der bei Erreichung des geringen Bremsdrucks jedesmal, wenn der Leitungsdruck nur teilweise erhöht worden ist, den Steuerkolben und den Abstufungsschieber wieder in eine Abschlußstellung zurückschiebt und dadurch ein weiteres Entlüften des Bremszylinders verhindert, so darf man die Kammer nicht mehr unmittelbar an den Hilfsluftbehälter anschließen, sondern muß sie mit einem Raume verbinden, in dem sich immer ein etwas höherer Luftdruck bildet als im

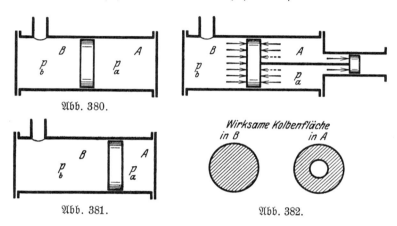

Abb. 380.

Abb. 381. Abb. 382.

Hilfsbehälter. Bei der Kunze-Knorr-Bremse wird diese Aufgabe, wie die Abb. 383—388 zeigen, in der Weise gelöst, daß der Hilfsbehälter durch einen beweglichen Kolben in zwei Kammern A und B geteilt wird. Die Kammer B hat als Hilfsluftbehälter die Aufgabe, die Bremsluft für den Bremszylinder aufzuspeichern; die Kammer A ist statt des Hilfsbehälters an die Steuerschieberkammer, die jetzt a_1 genannt werden soll, angeschlossen. Der die beiden Kammern A und B trennende Kolben hat auf der A-Seite eine kleinere wirksame Fläche als auf der B-Seite. Dadurch stellt sich in der A-Kammer immer ein etwas höherer Druck als in der B-Kammer ein.

Zur näheren Erläuterung dieses Vorgangs mögen die Abb. 380—382 dienen. Denkt man sich den Kolben zunächst einmal als einfache Scheibe und vernachlässigt man die Reibung zwischen ihm und der Zylinderwand, so wird er in einer Stellung, die er vorher eingenommen hatte, stehen-

Die Kunze-Knorr-Bremse.   491

bleiben, solange auf beiden Seiten in A und B Luft von gleicher Spannung herrscht, wenn also der Luftdruck p_a gleich dem Luftdruck p_b ist (Abb. 380). Erhöht man den Druck p_b, so wird der Kolben nach A hin verschoben. Dadurch wird der Raum A verkleinert und der Luftdruck p_a im gleichen Verhältnis erhöht, bis dieser wieder ebenso stark wie der Druck p_b ist. War p_b z. B. auf das Doppelte erhöht, so muß der Raum A auf die Hälfte kleiner werden, damit auch p_a aufs Doppelte steigt. Dann sind die Kräfte, die den Kolben zu verschieben suchen, auf beiden Seiten wieder im Gleichgewicht (Abb. 381).

Die Größe dieser Kräfte richtet sich nach der Größe der Fläche, auf die die Drücke einwirken, nach der wirksamen Kolbenfläche. In den Abb. 380 und 381 waren diese Flächen in A und B gleich groß. Setzt man dagegen in der dem Hauptkolben gegenüberstehenden Zylinderwand der Kammer A einen mit dem Hauptkolben durch eine Stange verbundenen, verschiebbaren Gegenkolben ein (Abb. 382), so versucht der Luftdruck p_a ihn nach der entgegengesetzten Richtung wie den Hauptkolben zu verschieben; die wirksame Kolbenfläche in A wird infolgedessen um die Fläche des Gegenkolbens kleiner als die in B. Wenn jetzt in A und B gleicher Luftdruck herrscht, so besteht doch kein Gleichgewicht; der Luftdruck p_b wirkt auf eine größere Fläche und verschiebt den Kolben so lange nach A hin, bis hier der Luftdruck p_a so weit verstärkt ist, daß er auf die kleinere wirksame Fläche in A ebensoviel Kraft ausübt, wie der Druck p_b auf die größere in B. Die Spannungen p_b und p_a stehen dann zueinander im umgekehrten Verhältnis wie die wirksamen Kolbenflächen in A und B. Sinkt der Druck in B, so schiebt der Druck in A den Kolben nach B hin, der Raum A wird größer, dadurch sinkt auch der Druck p_a, bis der Kolben zum Stillstand kommt, wenn p_a gerade wieder so viel größer ist als p_b, wie die wirksame Kolbenfläche in B größer ist als die in A.

Die Abb. 383—386 geben das Steuerventil, die A- und B-Kammer, sowie den Bremszylinder in vier verschiedenen Stellungen wieder. Die A-Kammer ist mit der Steuerschieberkammer a_1 verbunden. Die Leitung von der B-Kammer teilt sich und gelangt in zwei Bohrungen b und b' zum Schieberrost. Hierher führen auch vom Bremszylinder zwei Leitungen, c und c'. Von dem Leitungskanal zur Kolbenkammer l_1 ist ein Kanal l abgezweigt, der ebenfalls in den Schieberrost einmündet. Wie in den Abb. 377—379 führt schließlich von diesem noch eine Bohrung o ins Freie. Der Grundschieber s hat sechs Bohrungen und wird wieder als Schleppschieber vom Steuerkolben k nach Überwindung eines be-

492   Die Bremsen.

stimmten Leergangs in die eine oder andere Endstellung verschoben. Das auf dem Schieber s sitzende Abstufungsventil s_a ist dagegen mit dem

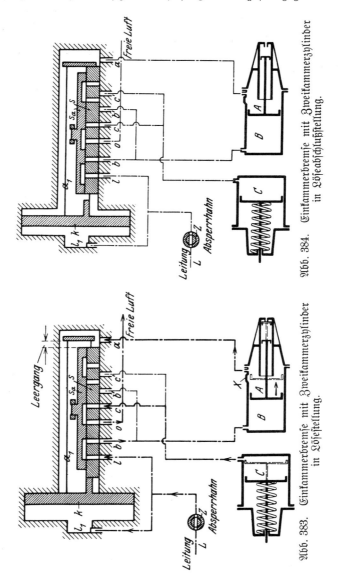

Abb. 384. Einkammerbremse mit Zweikammerzylinder in Löseabschlußstellung.

Abb. 383. Einkammerbremse mit Zweikammerzylinder in Lösestellung.

Steuerkolben fest verbunden und kann mit diesem auch noch Mittelstellungen, die Abschlußstellungen, einnehmen.

Die Abb. 383 zeigt die einzelnen Teile beim Lösen. Der Lösevorgang ist noch nicht abgeschlossen. Von einer voraufgegangenen Bremsung her ist im Bremszylinder noch Druckluft, die dort den Kolben gegen die Feder und über das Bremsgestänge die Bremsklötze noch gegen die Radreifen drückt, wenn auch nicht mehr mit der ganzen Kraft wie bei einer Vollbremsung. Der wachsende Druck in der Hauptleitung hat den Steuerkolben k mit dem Abstufungsschieber s_a und den Schieber s in die Lösestellung getrieben. Über c und o entweicht die Druckluft aus dem Bremszylinder und über l und b strömt neue Luft in den Behälter B. Hier steigt entsprechend der Druck an und schiebt den Kolben zum Raume A hin. Dadurch wird auch in diesem der Druck etwas erhöht; er ist hier wegen der kleineren wirksamen Kolbenfläche immer etwas höher als im B-Behälter. Solange der Lösevorgang noch nicht beendet ist, ist der Druck der B-Luft immer etwas kleiner als der Druck in der Hauptleitung, weil die zuströmende Leitungsluft durch die Bohrungen im Schieber etwas gedrosselt wird. Wenn auch die A-Luft in der Schieberkammer a_1 höheren Druck hat als die B-Luft, so reicht ihre Spannung doch nicht aus, um die Reibung des Kolbens k an der Gehäusewand und die des Abstufungsschiebers auf seiner Grundfläche zu überwinden und etwa durch Verschieben dieser Teile die Kanäle im Steuerventil vorzeitig voneinander abzuschließen.

Will der Lokomotivführer die Bremswirkung im C-Zylinder nur teilweise abschwächen, so unterbricht er jetzt während des Lösens das Zuströmen von Druckluft in die Hauptleitung. In jedem Steuerventil strömt dann noch kurze Zeit Leitungsluft in den B-Behälter, bis auch hier ganz oder jedenfalls angenähert Leitungsdruck herrscht. Die Spannung der A-Luft ist dann soweit gewachsen, daß sie in der Kammer a_1 den Steuerkolben k mit dem Abstufungsschieber s_a um das Maß des Leergangs zu verschieben vermag. Ihr Überdruck reicht aber nicht aus, um auch noch den Bewegungswiderstand des Schiebers s zu überwinden. Alle Steuerteile stehen jetzt in der Löseabschlußstellung (Abb. 384).

Verstärkt dann der Führer den Druck in der Hauptleitung, so überwiegt wieder der Druck in der Kolbenkammer l_1, der Steuerkolben wird wieder in die Lösestellung geschoben, der Bremszylinder noch mehr entlüftet und der B-Behälter weiter aufgefüllt. Diesen Vorgang des stufenweisen Lösens kann der Führer beliebig wiederholen, bis der Kolben in dem Zweikammerzylinder A—B die in Abb. 383 durch gestrichelte

Linien angedeutete Löseendstellung eingenommen hat. Allerdings hat es keinen Zweck, den Lösevorgang noch zu unterbrechen, wenn die Bremsklötze nicht mehr an den Radreifen anliegen. In der Löseendstellung wird eine kleine Bohrung, die x-Bohrung, die in der Abb. 383 durch eine Nut angedeutet ist, freigegeben und dadurch zwischen B und A eine Verbindung hergestellt, über die sich der Druck zwischen beiden Behältern ausgleichen kann. Etwa durch Undichtigkeit am Gegenkolben auftretende Luftverluste in der A-Kammer werden dann von der Hauptleitung über die B-Kammer ausgeglichen.

Sinkt der Druck in der Hauptleitung, so sinkt er auch in der Kolbenkammer l_1, und der Druck in der Schieberkammer a_1 schiebt die Steuerteile in die Bremsstellung (Abb. 385). Über die Kanäle b' und c' strömt dann Druckluft aus dem B-Behälter in den Bremszylinder. Durch den Druckabfall im Raume B wird das Kräftegleichgewicht im Zweikammerzylinder gestört, und der Überdruck im A-Teil verschiebt den Kolben nach B zu; dadurch sinkt auch der Druck im Raume A und in der Schieberkammer a_1.

Wenn der Führer den Druckabfall in der Leitung unterbricht, bevor zwischen B-Behälter und Bremszylinder Druckausgleich eingetreten ist, strömt zunächst noch B-Luft nach C hinüber. Infolgedessen sinkt noch der Druck in A und a_1. Der Leitungsdruck in l_1 gewinnt darauf das Übergewicht gegenüber dem Schieberkammerdruck und schiebt den Steuerkolben um ein kleines Stück, eben wieder um das Maß des Leerganges, zurück in die Bremsabschlußstellung (Abb. 386). Dann sind wieder alle Kanäle am Steuerventil gegeneinander abgeschlossen.

Der Vorgang des stufenweisen Bremsens weicht grundsätzlich nicht von dem bei den älteren Einkammerbremsen ab. Neu ist nur die Lösung, durch die jetzt auch ein stufenweises Lösen ermöglicht wird. Damit wird die Kunze-Knorr-Bremse einer von den vorn genannten Forderungen, die an eine Güterzugbremse gestellt werden müssen, gerecht.

Von einer brauchbaren Güterzugbremse wird weiterhin verlangt, daß sie einen langen, lose gekuppelten Zug möglichst stoßlos abbremst. Bei Versuchen mit älteren Güterzugluftbremsen stellte es sich heraus, daß man dies am besten erreicht, wenn man den Bremsvorgang in zwei Abschnitte zerlegt. Zunächst muß sich die Druckverminderung in der Leitung möglichst schnell bis zum Zugende fortpflanzen und dabei einen schnellen, aber leichten Druckanstieg in den Bremszylindern hervorrufen; dann muß der Bremsdruck bei allen Wagen nur langsam, aber fast gleichzeitig stärker werden. Während des ersten Abschnittes werden die Brems-

Klötze leicht angelegt, und die Wagen laufen etwas, aber nur langsam auf. Im zweiten Abschnitt wird durch das langsame Ansteigen des Brems=

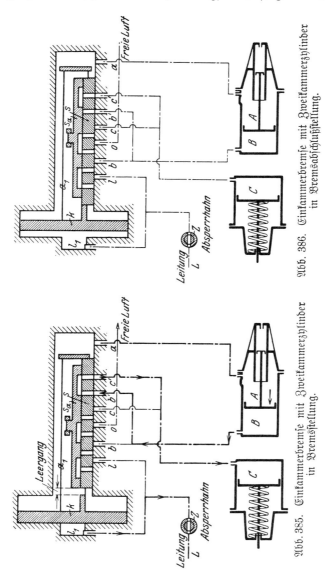

Abb. 386. Einkammerbremse mit Zweikammerzylinder in Bremsabschlußstellung.

Abb. 385. Einkammerbremse mit Zweikammerzylinder in Bremsstellung.

drucks der Unterschied zwischen der am ersten Wagen bereits erreichten Bremskraft und der am letzten Wagen gemildert; ein starkes Auflaufen der Wagen und die gefürchteten Zerrungen im Zuge werden so vermieden.

Um den geschilderten Verlauf des Bremsdruckanstiegs zu erzwingen, haben die Steuerventile der Kunze-Knorr-Bremse die Übertragungskammer, das Mindestdruckventil und eine Drosselbohrung (Abb. 387 und 388).

Die **Übertragungskammer** Ü steht durch zwei Kanäle ü und ü' mit dem Schieberrost in Verbindung. Die Leitung c' der Abb. 383—386 ist in zwei Leitungen c_1 und c_2 aufgelöst. In die Leitung c_1 ist das Mindestdruckventil M, in c_2 die **Drosselbohrung** eingeschaltet.

Die Kammer Ü nimmt bei Einleitung einer Bremsung über die Kanäle l und ü sofort aus der Leitung eine Luftmenge auf, die ungefähr der Luftmenge entspricht, die in der Kolbenkammer l_1 durch den Steuerkolben beim Übergang in die Bremsstellung verdrängt wird. Sie verhindert also, daß diese Luftmenge in die Leitung gedrückt wird und dort die Fortpflanzung der Druckverminderung stört. Die Durchschlagsgeschwindigkeit wird dadurch erhöht. In der Lösestellung wird die Kammer Ü über die Kanäle ü' und o entlüftet, allerdings, wie später näher dargelegt werden wird, erst dann, wenn der Druck im Bremszylinder stark gefallen und die Bremse fast völlig wieder gelöst ist.

Das Mindestdruckventil wird durch einen mit ihm verbundenen Stufenkolbensatz gesteuert. Bei Beginn einer Bremsung strömt die Luft aus dem B-Behälter über b' und c_1 zum Ventil und gelangt von dort über große Durchgangsquerschnitte schnell zum Bremszylinder C. Wenn in diesem der Druck so weit angestiegen ist, daß die Bremsklötze leicht zum Anliegen gekommen sind, wird das Ventil durch die unter den großen Kolben des Stufenkolbensatzes gedrungene Bremsluft geschlossen, und die B-Luft kann jetzt nur noch über c_2 und die Drosselbohrung langsam nach C überströmen.

Bei einer Güterzugbremse muß ferner die Bremskraft der Achslast des Wagens angepaßt werden können. Würden die Züge einmal nur aus beladenen und ein anderes Mal nur aus leeren Wagen bestehen, so ließe sich dies noch verhältnismäßig einfach erreichen; man brauchte nur in dem einen Falle mit einem höheren Druck der Bremsluft zu arbeiten als im anderen. Sind in einem Zuge aber beladene und unbeladene Wagen gemischt, so stößt dies auf erhebliche Schwierigkeiten. Auch Vorrichtungen, die einen stärkeren oder schwächeren Bremsklotzdruck durch Änderung des Übersetzungsverhältnisses im Bremsgestänge

Die Kunze-Knorr-Bremse. 497

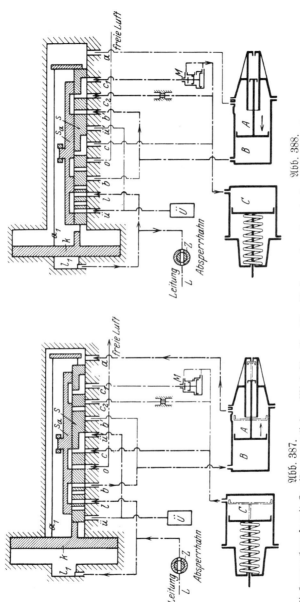

Abb. 388. Einkammerbremse mit Zweikammerzylinder, Mindestdruckventil, Übertragungskammer und Drosselbohrung in Bremsstellung.

Abb. 387. Einkammerbremse mit Zweikammerzylinder, Mindestdruckventil, Übertragungskammer und Drosselbohrung in Lösestellung.

Brosius-Koch, Lokomotivführer II, 14. Aufl.   32

erzielen, erwiesen sich im praktischen Betriebe als wenig brauchbar. Die beste Lösung ist es, beim beladenen Güterwagen die Last durch einen zweiten zusätzlichen Bremszylinder abzubremsen. Bei der Kunze-Knorr-Bremse lag es nahe, dazu den Zweikammerzylinder heranzuziehen. Er arbeitet dann gewissermaßen wie eine Zweikammerbremse (vgl. S. 401). Die Kammer A entspricht der Arbeitskammer A, die B-Kammer dem Totraume B der Zweikammerbremse.

Im Bremszylinder C ist bekanntlich die größte Bremswirkung erreicht, sobald sich der Luftdruck in C und der in der Hilfsbehälterkammer B ausgeglichen haben. Wenn dann beim beladenen Wagen der Weg von B nach C gesperrt und die B-Luft ins Freie gelassen wird, so schiebt die Druckluft in der A-Kammer den Zweikammerkolben weiter vorwärts. Wird der Kolben ans Bremsgestänge angeschlossen, so wird durch die A-Luft die Bremswirkung der C-Luft verstärkt. Man kann nun die Bremsvorrichtungen so bemessen, daß die C-Luft gerade das Leergewicht des Wagens und die A-Luft die Last abbremst. Zwar wird hierdurch eine genaue Anpassung des Bremsklotzdrucks an die Achsbelastung noch nicht erreicht; die beiden Vollbremsungsstufen, die eine — mit dem Bremszylinder C allein — für den leeren und leicht beladenen Wagen, die andere — mit C-Zylinder und Zweikammerzylinder — für den schwer beladenen genügen indes praktisch durchaus.

Die Abb. 389 zeigt die beiden Kammern A und B mit dem Bremszylinder C in einem Gehäuse vereinigt. Die Kolbenstange, die den Zweikammerkolben mit dem Gegenkolben verbindet, ist über diesen hinaus verlängert. Sie ist an das Bremsgestänge mit einer Schleife angeschlossen, damit sich der C-Kolben bis zur Vollbremsung ungehindert bewegen kann.

Um nun den A-Zylinder beim beladenen Wagen in Tätigkeit treten zu lassen, ist noch eine Vorrichtung nötig, die bei einer Vollbremsung selbsttätig den B-Behälter gegen den Bremszylinder abschaltet und dafür mit der freien Luft verbindet, wenn in C der volle Bremsdruck erreicht ist. Diese Aufgabe erfüllt ein federbelastetes Hohlkolbenventil, das Zwischenventil V, das in die Leitung c_2 eingeschaltet ist. Im zweiten Bremsabschnitt, nachdem also das Mindestdruckventil geschlossen wurde, drückt die Hilfsbehälterluft das Ventil nach oben und strömt dann über die enge Drosselbohrung b_0 zum Bremszylinder. Ist zwischen diesem und dem B-Behälter Druckausgleich eingetreten, so drückt die Feder das Ventil V auf seinen Sitz, die B-Luft entweicht dann durch die Bohrung b_0 gedrosselt ins Freie. Es beginnt der dritte Bremsabschnitt, in dem der Zweikammerkolben zur Wirkung kommt.

Beim leeren Wagen fällt der dritte Bremsabschnitt fort; bei ihm darf also die B-Luft nach Vollbremsung nicht entweichen. Deswegen ist noch ein Umstellhahn U vorgesehen, der von Hand bedient wird und nur bei der Stellung für beladene Wagen der B-Luft den Weg ins Freie öffnet.

Die KK-Bremse hat gegenüber den Einkammerbremsen von Westinghouse und Knorr auch den Vorteil, daß sie nicht erschöpfbar ist.

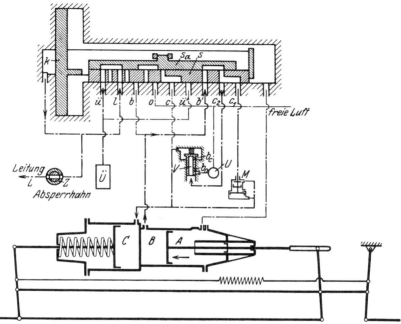

Abb. 389. Kunze-Knorr-Güterzugbremse in Bremsstellung.

Der Lokomotivführer braucht ja, um die Bremswirkung abzuschwächen, nicht mehr ganz, sondern nur so weit, wie es eben notwendig ist, zu lösen. Ganz gelöst ist die Bremse erst, wenn die Leitung und die B-Behälter wieder voll aufgefüllt sind.

Im A-Zylinder ist immer die gleiche Luftmenge, sie nimmt nur, der Stellung des Zweikammerkolbens entsprechend, einen kleineren oder größeren Raum ein, und steht damit unter stärkerem oder geringerem Druck. Sollte bei einer Bremsung infolge von Undichtigkeiten der Druck im Bremszylinder C schwinden, so entweicht er im gleichen Maße auch im B-Behälter. Die A-Luft drückt infolgedessen den Zweikammerkolben immer weiter vor und schließlich tritt auch bei geschlossenem Umstellhahn U der Zweikammerzylinder als Ersatz für den C-Zylinder in Wirksamkeit.

Von den vorn auf S. 486 genannten Forderungen an eine Güterzugbremse werden die drei ersten von der KKG-Bremse erfüllt. Die Bremse kann auch lange Güterzüge stoßlos bremsen, sie läßt sich stufenweise lösen, und bei ihr kann der Bremsdruck am beladenen Wagen verstärkt werden. Im gewissen Umfange erfüllt sie auch die vierte Aufgabe, zusammen zu arbeiten mit den älteren Druckluftbremsen. Da die KK-Bremse auf die gleiche Weise in Tätigkeit gesetzt wird wie die Einkammerbremsen von Westinghouse und Knorr, können in einem Zuge, der vorwiegend Wagen mit diesen Bremsen hat, auch einige wenige mit der KK-Bremse ausgerüstete Wagen laufen und an die Hauptleitung angeschlossen werden. Bei den Einkammerbremsen steigt allerdings der Bremsdruck sehr schnell an; es empfiehlt sich deshalb, Wagen, die häufiger in Güterzügen befördert werden müssen, mit einer Einrichtung zu versehen, die einen ähnlichen Anstieg des Bremsdrucks wie bei der KK-Bremse ermöglicht.

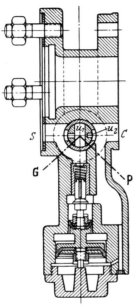

Abb. 390. G-P-Wechsel für Einkammerbremse.

Zu diesem Zwecke haben alle Güterwagen, die bereits vor Einführung der KK-Bremse mit einer älteren Einkammerbremse ausgerüstet worden sind, sowie die Güterzug-Packwagen und die Postwagen, soweit sie nicht schon eine KK-Bremsausrüstung haben, noch nachträglich eine Umstellvorrichtung mit Mindestdruckventil und Drosselbohrung, den sog. **G-P-Wechsel**, erhalten.

Die in Abb. 390 dargestellte Vorrichtung wird zwischen Steuerventil und Hilfsluftbehälter oder Bremszylinder eingebaut und in die vom Steuerventil (S) zum Bremszylinder (C) führende Luftleitung eingeschaltet. Der Umstellhahn hat zwei außen durch die Buchstaben „G" und „P" gekennzeichnete Stellungen für Güterzüge oder für Personenzüge und dementsprechend im Hahnküken zwei verschieden große Bohrungen, eine enge u_2 und eine weite u_1. In der Stellung „P" läßt die große Bohrung u_1 die Luft ungehindert zum Bremszylinder strömen; der Verlauf des Druckanstiegs ist dann dort der gleiche wie bei der Westinghouse- oder der Knorr-Bremsausrüstung ohne die Vorrichtung. Ist der Hahn aber in Stellung „G", so strömt die Hilfsbehälterluft vom Steuerventil über die enge Bohrung u_2 und vor allem zunächst noch ungehindert über das geöffnete Flügelventil des Mindestdruckventils zum Bremszylinder. Das Mindestdruckventil gleicht dem schon von der KK-Bremse her bekannten Ventil M (Abb. 387—389, sowie Abb. 393 auf S. 510). Sobald also die erste kleine Bremsstufe erreicht ist, vermag die Druckluft im Bremszylinder, die durch eine Bohrung unter dem großen Kolben des mit dem Flügelventil verbundenen Stufenkolbensatzes tritt, das Ventil zu schließen; wie bei der KK-Bremse strömt die Hilfsbehälterluft dann nur noch gedrosselt über die Bohrung u_2 zum Bremszylinder.

Durch den G-P-Wechsel kann man zwar einen ähnlichen Druckanstieg in den Bremszylindern wie bei der KK G-Bremse auch bei den älteren Einkammerbremsen erreichen. Damit sind diese aber der Kunze-Knorr-Bremse bei weitem noch nicht gleichwertig geworden. Der Nachteil, daß sie nicht auch stufenweise gelöst werden können, ließ es vielmehr zweckmäßig erscheinen, auch die Reisezüge mit einer der Güterzugbremse ähnlichen Bremseinrichtung auszurüsten.

Hierfür sprach auch noch das Bestreben, für den ganzen Lokomotiv- und Wagenpark eine möglichst einheitliche Bremse zu haben. Selbstverständlich konnten nicht Personen- und Güterwagen eine vollkommen gleiche Bremsausrüstung erhalten. Wohl aber gibt es bei allen Wagen eine Reihe von Teilen, die zusammen allen gemeinsamen Anforderungen genügen, die man sowohl an eine Schnellzug- und an eine Personenzugbremse als auch an eine Güterzugbremse stellt. Diese Teile ergeben die Grundform der Einheitsbremse. Für die besonderen Ansprüche, die an die Bremse je nach der Wagenart noch außerdem gestellt werden, ist die Grundform durch besondere Einrichtungen zu ergänzen.

Wegen der Vorteile, die die Kunze-Knorr-Güterzugbremse besitzt, wurde ihr die Grundform für eine neue Personenzug- und eine neue Schnellzugbremse entnommen.

Die Personenwagen haben wegen des geringen Gewichtsunterschieds zwischen vollbeladenen und leeren Wagen eine besondere Lastabbremsung nicht nötig. Das Zwischenventil V, das ja die Aufgabe hat, den Zweikammerzylinder hierfür heranzuziehen, fällt deswegen mit dem dazugehörenden Umstellhahn fort. Aber alle anderen Teile der Güterzugbremse, wie sie in den Abb. 387 und 388 schematisch dargestellt sind, also der Zweikammerzylinder, die Übertragungskammer, das Mindestdruckventil und die Drosselbohrung, gehören auch zur **Kunze-Knorr-Bremse für Personenzüge** (KK P-Bremse) und zur **Kunze-Knorr-Bremse für Schnellzüge** (KK S-Bremse). Durch die einheitliche Grundform wird nunmehr erreicht, daß D-Zug-, Abteil- und Güterwagen beliebig gemischt in einem Zuge gefahren und doch gleichmäßig abgebremst werden können.

Da die Reisezüge nicht so lang sind wie im allgemeinen die Güterzüge, und ihre Wagen eng gekuppelt werden, kann in ihnen beim Bremsen der Luftdruck in den Bremszylindern erheblich schneller ansteigen. Er muß es sogar, damit bei der höheren Geschwindigkeit der Bremsweg, d. h. der Weg, den der Zug nach Beginn der Bremsung noch bis zum Stillstand zurücklegt, nicht zu groß wird. Die KK P-Bremse und die KK S-Bremse haben daher einen Umstellhahn, durch den für die Fahrt in Reisezügen Kanäle mit weiterem Querschnitt für das Durchströmen der Luft beim Bremsen und Lösen geöffnet werden. Diese Einrichtung allein genügt aber noch nicht, um ebenso kurze Bremswege wie mit den Schnellbremsen von Westinghouse und Knorr zu erhalten. Der Kunze-Knorr-Bremse fehlt ja in ihrer Bauform als Güterzugbremse eine besondere Schnellbremseinrichtung. Für Personen- und Schnellzüge mußte sie also durch eine Einrichtung ergänzt werden, die sehr schnell den Bremszylinderdruck auf das Höchstmaß anwachsen läßt. Dies geschieht durch ein besonderes Ventil, das Beschleunigungsventil.

In Abb. 391 ist mit wenigen Strichen die Kunze-Knorr-Bremse für Personen- und Schnellzüge angedeutet. Der Einkammerzylinder C und der Zweikammerzylinder A B sind wieder, der Wirklichkeit entsprechend, als ein Gußstück dargestellt. Beim Steuerventil befindet sich an Stelle der Drosselbohrung der Umstellhahn U_1, der in der Stellung für Personenzüge einen größeren Querschnitt für die Luft freigibt als in der Stellung für Güterzüge. Im übrigen ähneln Steuerventil und Bremszylinder den gleichen Teilen der Güterbremse nach Abb. 389. Neu hinzugekommen ist das Beschleunigungsventil mit dem Steuerkolben k_2 und dem Schleppschieber s_2.

Das Beschleunigungsventil ist einmal durch die Leitung l_2 an die Hauptleitung L und ferner durch die Leitung c_3 an den Bremszylinder C angeschlossen. Bei Fahrt in Güterzügen wird das Ventil durch den Hahn U_2 abgeschaltet. Ist der Hahn offen, so strömt beim Lösen Leitungs-

Die Kunze-Knorr-Bremse.   503

luft nach l_2, drückt den Kolben k_2 zurück und füllt über die Nut w den kleinen Hilfsbehälter H auf. Bei Betriebsbremsungen drückt die H-Luft den Kolben k_2 in die durch strichpunktierte Linien gekennzeichnete Stellung.

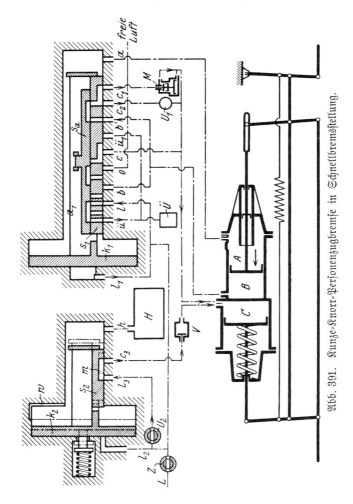

Abb. 391. Kunze-Knorr-Personenzugbremse in Schnellbremsstellung.

Weiter kann der Kolben nicht vorgeschoben werden, da dies bei geringeren Druckänderungen in der Leitung ähnlich wie beim Westinghouse-Ventil eine Hubbegrenzungsfeder verhindert.

Nur wenn der Leitungsdruck bei Schnellbremsungen plötzlich sehr stark sinkt, überwindet die H-Luft den Gegendruck der Feder; der Steuerkolben k_2 nimmt dann den Schieber s_2 in die gezeichnete Stellung mit. Die Muschel m verbindet den an die Hauptleitung angeschlossenen Kanal l_3 mit der Leitung c_3. Infolgedessen strömt aus der Hauptleitung noch eine bestimmte Luftmenge in den Bremszylinder C. Da dieser nunmehr nicht allein über das Steuerventil von der B-Kammer aus, sondern auch von der Hauptleitung aus Druckluft erhält, steigt in ihm der Bremsdruck erheblich schneller und höher an. Wie durch die Schnellbremseinrichtung bei den Einkammer-Steuerventilen wird weiterhin durch das Abzapfen von Leitungsluft die Durchschlagsgeschwindigkeit vergrößert.

Das Rückschlagventil V verhütet, daß die Druckluft aus C nach der Leitung zurückströmt, wenn in dieser der Druck unter den Bremszylinderdruck gesunken ist.

Das Beschleunigungsventil erhöht die Durchschlagsgeschwindigkeit nur bei Schnellbremsungen. Bei Betriebsbremsungen wird die Bremswirkung im Zuge allein durch die Übertragungskammer beschleunigt.

Bei der Personenzug- und bei der Schnellzugbremse dient die A-Kammer des Zweikammerzylinders auch dazu, den für ein stufenweises Lösen erforderlichen Druckunterschied zwischen Hilfsluftbehälter B und Steuerkammer herbeizuführen. Sie hat aber nicht die Aufgabe, wie beim beladenen Güterwagen, den durch den C-Zylinder ausgeübten Bremsdruck zu verstärken. Geht allerdings in diesem durch Undichtigkeit oder, wie gleich geschildert wird, bei der Schnellzugbremse auch absichtlich die Bremsluft verloren, so gibt die A-Kammer eine Ersatzbremskraft, die indes niemals einen größeren Bremsklotzdruck ausüben kann als die C-Kammer allein bei einer Vollbremsung.

Früher gab es im allgemeinen keinen Unterschied zwischen Personenzug- und Schnellzugbremse. Die D-Zugwagen erhielten nur ihrem höheren Gewicht entsprechend größere Bremszylinder und Steuerventile mit weiteren Durchgangsquerschnitten als die Abteilwagen. Der Bremsklotzendruck, der größte Klotzdruck an den abgebremsten Rädern, betrug indes bei ihnen auch nicht mehr als 85% des Wagengewichts. Als von der preußisch-hessischen Staatseisenbahnverwaltung die größte zulässige Fahrgeschwindigkeit auf 110 km/Std. erhöht wurde, reichte der Bremsklotzdruck nicht mehr aus, um einen Zug bei dieser Geschwindigkeit noch mit dem nach § 55 der BO. vorgeschriebenen Bremswege von höchstens 700 m Länge zum Halten zu bringen. Bereits im Jahre 1912 wurde daher die Abbremsung der preußisch-hessischen Schnellzugwagen erhöht.

Für die Kunze-Knorr-Schnellzugbremse war zunächst eine Abbremsung von 185% des Wagengewichts vorgesehen. Die Versuche mit dieser älteren KKS-Bremse, bei der wie bei der KKG-Bremse am beladenen Güterwagen der hohe Bremsklotzdruck von Einkammer- und Zweikammerzylinder gemeinsam aufgebracht wurde, zeigten, daß eine Abbremsung von 125% nur wenig längere, den Vorschriften immer noch genügende Bremswege ergibt. Um Radreifen und Bremsklötze zu schonen und um das Bremsgestänge und das Wagenuntergestell nicht zu schwer ausbilden zu müssen, wurde deshalb bei der letzten Bauform der KKS-Bremse auf eine Abbremsung von etwa 125% zurückgegangen, die durch den Einkammerzylinder allein geleistet wird.

An früherer Stelle war nun gesagt worden, man dürfe den Bremsklotzdruck nicht höher als 85% des Wagengewichts wählen, wenn die Räder nicht auf den Schienen schleifen sollen. Dies trifft für kleinere Geschwindigkeiten zu. Am schnellfahrenden Fahrzeuge ist aber ein stärkerer Bremsklotzdruck zulässig, weil ja, wie vorn auf S. 383 ff. näher ausgeführt wurde, die Verhältniszahl μ der Reibung zwischen Klotz und Rad bei höheren Geschwindigkeiten

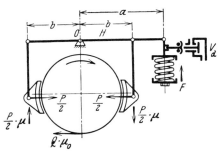

Abb. 392. Schema des Bremsdruckreglers.

erheblich geringer ist als bei langsamerer Fahrt. Um die Rollgrenze nicht zu überschreiten, darf der Malwert $P \cdot \mu$, Klotzdruck mal Reibungszahl, nicht größer werden als der Malwert $Q \cdot \mu_0$, Raddruck mal Reibungszahl der Ruhe zwischen Rad und Schiene. Die größte überhaupt mögliche Bremsverzögerung wird erreicht, wenn $P \cdot \mu$ fast ebenso groß ist wie $Q \cdot \mu_0$, wenn man also zu Beginn der Bremsung beim schnellfahrenden Wagen zunächst dem niedrigen μ-Wert entsprechend die Bremsklötze stärker und dann mit sinkender Geschwindigkeit und wachsendem μ-Wert entsprechend schwächer gegen die Radreifen preßt.

Bei der KKS-Bremse ist zu diesem Zwecke ein Bremsdruckregler eingebaut, dessen Wirkungsweise die Abb. 392 verständlich machen soll. Der Klotzdruck wird hier von zwei Bremsklötzen ausgeübt; beide Klötze rufen am Radumfange eine in der Abbildung nicht eingezeichnete

Widerstandskraft $\left[2 \cdot \dfrac{P}{2} \cdot \mu = P \cdot \mu\right]$ hervor, die der Drehbewegung des Rades entgegenwirkt. Umgekehrt versucht das Rad jeden Bremsklotz mit der Gegenkraft $\dfrac{P}{2} \cdot \mu$ in der Drehrichtung mitzunehmen. Die beiden Klötze hängen nun an einem Hebel H im gleichen Abstande b vom Drehpunkte O des Hebels. Der eine Hebelarm ist verlängert; auf ihn wirkt im Abstande a vom Drehpunkt die Feder F. An der Federstange ist gelenkig ein Winkelhebel angebracht, durch den, wenn die Feder nach unten oder oben zusammengedrückt wird, das mit dem Bremszylinder C in Verbindung stehende Ventil V_d geöffnet wird.

Die Federkraft ist so bemessen, daß sie den Hebel H so lange waagerecht hält, bis die Kraft $P \cdot \mu$ am Radumfange größer zu werden droht als der Wert $Q \cdot \mu_0$. Dann gewinnen die beiden Kräfte $\dfrac{P}{2} \cdot \mu$ an den beiden Bremsklötzen das Übergewicht, die Bremsklötze werden in der Drehrichtung des Rades mitgenommen, der Hebel H um den Drehpunkt O gedreht und die Feder F zusammengedrückt. Infolgedessen wird das Ventil V_d geöffnet, und aus dem Bremszylinder C entströmt Luft ins Freie. Dadurch werden die Kraft P und also auch die beiden Kräfte $\dfrac{P}{2} \cdot \mu$ kleiner, die Feder F geht in ihre Ruhelage zurück, und das Ventil V_d wird wieder geschlossen. Unter dem Einflusse der Bremskraft dreht sich das Rad immer langsamer, dadurch wird μ größer, und so kommt bald wieder der Augenblick, in dem der Druck P durch Verringerung des Bremszylinderdrucks verkleinert werden muß. Der eben beschriebene Vorgang spielt sich aufs neue ab.

Wenn der Druck im C=Zylinder sinkt, so schwindet er auch in der B=Kammer. Der Druck in der A=Kammer schiebt dann den Zweikammerkolben vor, bis dessen Kolbenstange am Bremsgestänge angreift. Der Zweikammerzylinder ist nun so bemessen, daß er immer noch 85% des Wagengewichts abbremst, wenn kurz vor Stillstand des Zuges der C=Zylinder durch den Bremsdruckregler ganz entlüftet ist.

Um bei der Schnellzugbremse einen noch schnelleren Anstieg des Bremszylinderdrucks als bei der Personenzugbremse zu erreichen, hat der Umstellhahn U_1 noch eine dritte Stellung, in der er die Luft ungedrosselt durchströmen läßt. Diese Stellung ist für die Fahrt in Schnellzügen einzuschalten. Die beiden anderen Stellungen entsprechen denen der Personenzugbremse und ermöglichen, daß die Schnellzugwagen ohne Störung auch in Personen= und Güterzügen laufen können.

Die Kunze-Knorr-Bremse.

Die vorstehende Beschreibung der Kunze-Knorr-Bremse kann selbstverständlich nicht den Anspruch auf Vollständigkeit erheben. Sie sollte nur den Leser mit der Entwicklung der neuesten Bremsbauarten der Deutschen Reichsbahn und mit der Wirkungsweise der drei Grundformen, der Güterzug-, der Personenzug- und der Schnellzugbremse, vertraut machen. Die wichtigsten Bauteile werden in den nächsten beiden Abschnitten eingehender beschrieben. Hier seien jetzt nur noch einmal die Kennzeichen der KK G-, der KK P- und der KK S-Bremse, durch die sie sich von den älteren Einkammerbremsen und untereinander unterscheiden, zusammengefaßt.

Alle drei Bremsen haben den Zweikammerzylinder, durch den ein stufenweises Lösen möglich gemacht wird, die Übertragungskammer, durch die die Durchschlagsgeschwindigkeit erhöht wird, das Mindestdruckventil, das den Bremsdruck nur zu Beginn einer Bremsung schnell ansteigen läßt, und Drosselbohrungen, die hierauf bei Güterzügen nur eine langsame, bei Personenzügen eine schnellere Drucksteigerung in den Bremszylindern zulassen.

Nur die Güterzugbremse hat das Zwischenventil, das beim beladenen Wagen die Aufgabe hat, den vom C-Zylinder ausgeübten Bremsdruck durch den Zweikammerzylinder zu verstärken.

Nur die Personenzug- und die Schnellzugbremse haben das Beschleunigungsventil, durch das bei Schnellbremsungen die Bremswirkung beschleunigt und verstärkt wird.

Nur die Schnellzugbremse hat den Bremsdruckregler, der verhütet, daß bei der stärkeren Abbremsung der Schnellzugwagen die Rollgrenze überschritten wird.

Die Schnellzugbremse hat drei Stellungen des Umschalthahns U_1 und des mit ihm verbundenen Umschalthahnes U_2:

Eine Stellung für Schnellzüge, in der beim Bremsen und Lösen die Luft ungedrosselt strömen kann,

eine Stellung für Personenzüge, in der sie etwas gedrosselt wird,

und eine Stellung für Güterzüge, in der sie noch mehr gedrosselt und das Beschleunigungsventil ausgeschaltet wird.

Die Personenzugbremse hat zwei Stellungen der beiden Umschalthähne, die denen der Schnellzugbremse für Personenzüge und für Güterzüge entsprechen.

Die Güterzugbremse hat zwei Stellungen,

die eine für den leeren oder leicht beladenen Wagen, die der Hahnstellung für Güterzüge bei den beiden anderen Bremsbauarten entspricht, und eine zweite für den schwer beladenen Wagen, in der das Zwischenventil eingeschaltet ist, also der Zweikammerzylinder zur Verstärkung der Bremswirkung herangezogen wird.

Der Bremsklotzenddruck beträgt bei mittlerem Bremskolbenhube:
bei der KKG-Bremse am leeren Wagen durchschnittlich 70—80% des Wagengewichts, am vollbeladenen Wagen etwa 50—55% des Gesamtgewichts;
bei der KKP-Bremse in Stellung „P" 75—80% und in Stellung „G" gegen 75% des Wagengewichts;
bei der KKS-Bremse in Stellung „S" zu Beginn der Bremsung 120—125% des Wagengewichts, der vom Einkammerzylinder allein geleistet wird, und am Schluß der Bremsung 75—80%, den der Zweikammerzylinder ausübt, in Stellung „P" durch den Einkammerzylinder auch etwa 120—125% und in Stellung „G" etwa 115—120% des Wagengewichts.

15. Einzelteile der Kunze-Knorr-Güterzugbremse.

Es würde über den Rahmen dieses Buches hinausgehen, wenn hier alle Einzelheiten der KKG-Bremse genau beschrieben werden würden. Es sollen daher im folgenden nur die wichtigsten Teile etwas eingehender besprochen werden.

Das Steuerventil G. Das Gehäuse des in Abb. 393 dargestellten Steuerventils besteht aus zwei Teilen. Im Oberteil sind der Steuerkolben k, der Grundschieber s, der Abstufungsschieber s_a und die Übertragungskammer Ü untergebracht; das Unterteil enthält den Abstellhahn Z, den Umstellhahn U, das Mindestdruckventil M und das Zwischenventil V. Der Grundschieber s hat in der rahmenförmigen Kolbenstange des Steuerkolbens k etwas Spiel. Er wird also aus der einen in die andere Endstellung immer erst von dem Kolben mitgenommen, wenn dieser schon um das Maß dieses Spiels, des Leergangs, vorgerückt ist. Der kleinere Abstufungsschieber s_a ist dagegen mit dem Kolbenrahmen fest verbunden und bewegt sich auf dem Rücken des Grundschiebers, bis auch dieser vom Kolbenrahmen mitgenommen wird. In dem Abstufungsschieber ist der Entlastungskolben k_a mit kugelförmiger Kappe eingebaut. Unter diesen Kolben tritt beim Übergang der Steuerteile aus der Bremsin die Lösestellung Leitungsluft, die den Abstufungsschieber auf den Grundschieber drückt und so verhütet, daß der Schieber abklappt, wenn beim ersten Auffüllen des Steuerventils die Schieberkammer noch ohne Druck ist.

Einzelteile der Kunze-Knorr-Güterzugbremse. 509

Die Übertragungskammer Ü wird durch einen um Kolben- und Schieberkammer herumgelegten Hohlraum gebildet, der etwa ebenso groß ist wie der Raum, den der Steuerkolben k beim Umsteuern aus der Löse- in die Bremsstellung durchschreitet.

Der Absperrhahn Z hat zwei Stellungen. In der Stellung ZI ist die Bremse eingeschaltet, in der Stellung ZII ist sie abgesperrt, und der Wagen läuft als Leitungswagen.

Auch der Umstellhahn U hat zwei Stellungen, die Stellung UI für den „leeren" und die Stellung UII für den „beladenen" Wagen. Der Hahn ist in zwei verschiedene Luftwege eingeschaltet und hat deshalb in zwei Ebenen Durchtrittsöffnungen. In der einen Ebene liegen zwei sich kreuzende Bohrungen, eine von großer und eine andere von geringer lichter Weite. In der anderen Ebene befindet sich eine Aussparung in Form eines Kreisausschnittes.

Das Mindestdruckventil M besteht aus einem Kegelventil mit Flügelführung, das oben durch eine schwache Feder belastet ist. Mit dem Kegelventil ist ein Stufenkolbensatz D fest verbunden. Der Raum oberhalb des oberen kleinen Kolbens und der unterhalb des unteren großen Kolbens sind miteinander verbunden und stehen daher immer unter dem gleichen Luftdruck. Der Raum zwischen den Kolben wird durch eine Bohrung im Gehäuse ständig entlüftet.

Das Zwischenventil V, ein kleines, federbelastetes Hohlkolbenventil, verbindet durch eine Bohrung den Kolbeninnenraum in der unteren Stellung mit einer Bohrung im Gehäuse, in der oberen mit dem Raume oberhalb des Ventils.

Die Schaltbilder in den Abb. 394—397 sollen dem Leser die Wirkungsweise des Steuerventils leichter verständlich machen. Zu diesem Zwecke sind die einzelnen Teile auseinandergezogen. Die beiden Schieber s und s_a sind in zwei verschiedenen Ebenen geschnitten (vgl. die Abb. 394a und b, sowie 395a und b) und die beiden Schnitte nebeneinander gelegt. Ebenso sind die beiden Schnittebenen durch den Hahn U nebeneinander gezeichnet. Die Übertragungskammer Ü, das Mindestdruckventil M und der Bremszylinder mit dem Hilfsbehälter A_1 sind nur in einfachen Strichen angedeutet. Die Verbindungswege für die Luft sind in strichpunktierten Linien dargestellt und je nachdem, ob sie bei der Stellung, in der die Steuerteile sich gerade befinden, benutzt werden oder nicht, stärker oder schwächer ausgezogen.

Im Gegensatz zu den Steuerventilen der Knorr- und der Westinghouse-Einkammerbremsen hat der Grundschieber s des Steuerventils

der Kunze-Knorr-Bremse nur zwei Stellungen, eine Füll- oder Lösestellung (Abb. 394) und eine Bremsstellung (Abb. 395). Eine besondere
Schnellbremsstellung gibt es bei ihm also nicht. Der Steuerkolben und

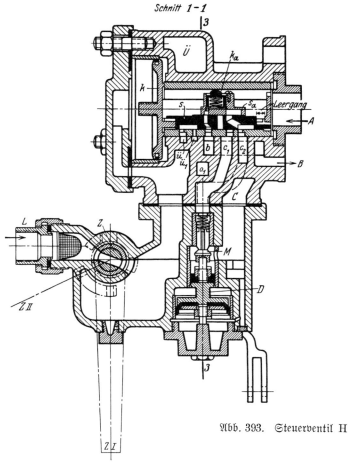

Abb. 393. Steuerventil H

der Abstufungsschieber s_a können noch zwei Zwischenstellungen einnehmen:
die Löseabschlußstellung (Abb. 397), in der der Abstufungsschieber durch
den Steuerkolben auf dem Rücken des Grundschiebers aus der Lösestellung etwas nach links verschoben ist, und die Bremsabschlußstellung
(Abb. 396), in der er aus der Bremsstellung etwas nach rechts gerückt ist.

Einzelteile der Kunze-Knorr-Güterzugbremse. 511

Füllen: Beim Füllen der Bremsapparate tritt die Leitungsluft bei L über den Anschlußstutzen l_1, den offenen Absperrhahn Z, Kanal l_2 in die Steuerkolbenkammer l_3 und drückt den Kolben k mit den beiden

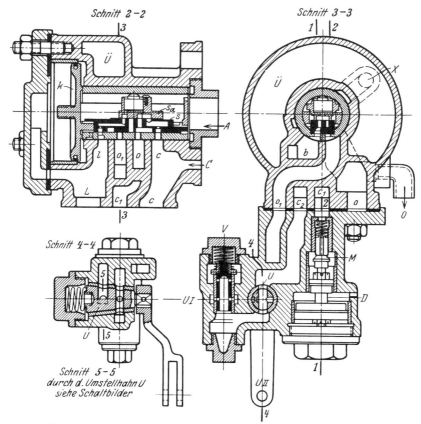

der KKS-Bremse.

Schiebern s und s_a nach rechts in die Löfestellung (Abb. 394). Außerdem strömt sie durch l_4, Kanal j im Grundschieber, Querkanal d im Abstufungsschieber, Kanal f im Grundschieber über den Verbindungskanal b in die B-Kammer und treibt hier den Zweikammerkolben in die rechte Endstellung. Dadurch wird die x-Bohrung in der Zylinderwandung frei-

512 Die Bremsen.

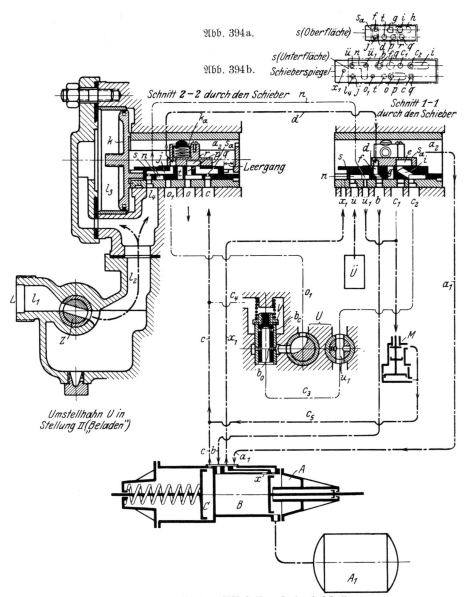

Abb. 394. Schaltbild der KKG-Bremse in Lösestellung.

Einzelteile der Kunze-Knorr-Güterzugbremse.

gelegt, und über die im Schieberspiegel mündende Leitung x_1 gelangt die Luft in die Schieberkammer a_2, die wieder über den Anschluß a_1 mit der A-Kammer verbunden ist. Die A-Kammer und der mit ihr verbundene kleine Behälter A_1, der zur Vergrößerung des Luftvorrats der A-Kammer dient, werden so auch mit Leitungsluft aufgefüllt.

Der C-Zylinder wird über Kanal c, Kanal q im Grundschieber, Höhlung r im Abstufungsschieber, Kanal p im Grundschieber und über den ins Freie führenden Kanal o entlüftet. Auch die Übertragungskammer Ü ist durch Kanal ü, Muschel n, Kanal $ü_1$, Leitung c_1, über das geöffnete Mindestdruckventil M hinweg, durch Kanal c_5 mit dem Kanal c und damit ebenfalls mit der Außenluft verbunden.

Die Bremse ist gelöst und betriebsfähig, die Räume A und B des Zweikammerzylinders, die Steuerschieberkammer a_2 und die Steuerkolbenkammer l_3 stehen unter Leitungsdruck (5 at); der C-Zylinder und die Kammer Ü sind entlüftet.

Bremsen: Zum Bremsen wird der Leitungsdruck vermindert. Er sinkt infolgedessen auch in der Kolbenkammer l_3. Ehe er aber auch in den über die verschiedenen engen Bohrungen an die Leitung angeschlossenen Bremsteilen geringer wird, verschiebt der Luftdruck in der Schieberkammer a_2 den Steuerkolben mit den beiden Schiebern in die Bremsstellung (Abb. 395).

Die Leitung ist dann nicht mehr mit der B-Kammer, der C-Zylinder und die Ü-Kammer sind nicht mehr mit der freien Luft verbunden. Durch den Grundschieber wird die Bohrung x_1 überdeckt (Abb. 395 b) und damit die Verbindung zwischen den beiden Kammern A und B des Zweikammerzylinders aufgehoben. Über l_4, die winkelförmige Höhlung n und den Kanal ü wird die Übertragungskammer Ü mit Leitungsluft gefüllt.

Von der B-Kammer strömt Druckluft über die Leitung b, Bohrung g, Muschel e und Winkelkanal i zu den beiden Leitungen c_1 und c_2. Von c_1 aus gelangt sie über das offene Ventil M, Kanäle c_5 und c in den Bremszylinder C. Gleichzeitig strömt B-Luft von c_2 aus über die weite Bohrung u_1 des Umstellhahns U, wenn dieser auf „Beladen" eingestellt ist, oder über die enge Bohrung u_2 bei der Stellung „Leer" (Abb. 395c) zum Zwischenventil V, hebt dieses hoch und gelangt dann über die Bohrung b_e und die Kanäle c_4 und c ebenfalls in den Bremszylinder. Dieser erhält also vorwiegend über c_1 und daneben auch über c_2 rasch so viel Luft, daß die Kolbenreibung und die Widerstände der Rückdruckfeder und des Bremsgestänges überwunden werden und die Bremsklötze zum Anliegen kommen.

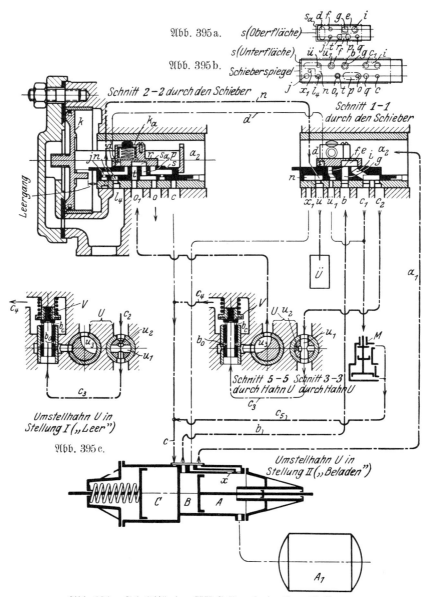

Abb. 395. Schaltbild der KKG-Bremse in Bremsstellung.

Einzelteile der Kunze-Knorr-Güterzugbremse. 515

Sobald der Druck im Bremszylinder aber auf etwa $^1/_2$ at gestiegen ist, wird das Mindestdruckventil durch die größere Kraft unter dem unteren Kolben gegen die kleinere auf dem oberen Kolben lastende und gegen die schwache Feder hoch gehoben; die Leitungen c_1 und c_5 werden dadurch voneinander abgesperrt. Die B-Luft kann dann nur noch durch die b_e-Bohrung gedrosselt zum Bremszylinder übertreten und erhöht dort nur noch langsam den Druck.

Wenn die B-Luft nach C überströmt, sinkt der Druck in der B-Kammer. Die A-Luft schiebt infolgedessen den Zweikammerkolben langsam immer mehr nach links. Die Folge davon ist, daß auch in der A-Kammer, im A_1-Behälter und in der Schieberkammer a_2 der Druck fällt.

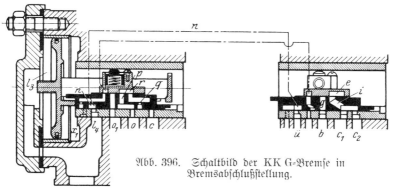

Abb. 396. Schaltbild der KKG-Bremse in Bremsabschlußstellung.

Stufenweises Bremsen: War der Leitungsdruck nur wenig vermindert worden, so sinkt allmählich der Druck in a_2 unter den Leitungsdruck l_3. Die Leitungsluft vermag dann den Kolben und mit ihm auch den Abstufungsschieber etwas — um das Maß des Leergangs — nach rechts in die Bremsabschlußstellung (Abb. 396) zu drücken. Ihr Übergewicht reicht aber nicht aus, um auch noch den Grundschieber aus der Bremsstellung fortzurücken. Der Abstufungsschieber trennt dann die Verbindung zwischen B und C. Im Bremszylinder C ist die erste Bremsstufe erreicht. Der Bremsdruck wird erst wieder höher, wenn aufs neue der Leitungsdruck verringert wird. Der Vorgang kann zum stufenweisen Bremsen so lange wiederholt werden, bis sich der B-Kammerdruck und der Druck im C-Zylinder ausgeglichen haben und in diesem die volle Bremswirkung erreicht ist.

Verstärkte Bremswirkung am beladenen Wagen: Ist der Druck in C gleich dem in B, so wird das Ventil V durch die Feder auf

33*

seinen Sitz gedrückt. Die Bohrung b_0 im Hohlkolben tritt dann über eine Bohrung im Gehäuse, und die B-Luft kann über diese beiden Bohrungen, die Aussparung u_3, Kanal o_1, Bohrung t, Muschel r, Kanal p und o ins Freie entweichen. Die A-Luft drückt den Zweikammerkolben weiter nach links, dieser wirkt nun auch noch — und zwar ziehend — auf das Bremsgestänge ein und verstärkt die vom C-Zylinder ausgeübte Bremswirkung.

Beim leeren Wagen wird die B-Kammer nicht entlüftet, der Zweikammerzylinder also nicht zur Abbremsung herangezogen. In der Stellung U I (Abb. 395c) wird deshalb die b_0-Bohrung durch den Umstellhahn verschlossen. Da beim leeren Wagen die volle Bremswirkung bereits erreicht ist, wenn zwischen B-Kammer und C-Zylinder Druckausgleich eingetreten ist, beim beladenen Wagen dann aber erst der Zweikammerzylinder auf das Bremsgestänge zu wirken beginnt, würde bei diesem der volle Bremsdruck später erreicht sein als beim leeren Wagen. Um dies zu vermeiden, um also die Dauer des ganzen Bremsvorgangs beim beladenen und beim unbeladenen Wagen annähernd gleich lang zu machen, führt bei der Stellung U I des Umstellhahns der Weg von c_2 nach c_3 nicht über die weite Öffnung u_1, sondern über die enge u_2. Hierdurch wird die Zeit bis zur Erreichung des höchsten Bremsdrucks beim leeren Wagen etwas verlängert.

Lösen: Wird nach einer Bremsung der Druck in der Hauptleitung wieder erhöht, so steigt er auch in der Kolbenkammer l_3. Der Kolben k wird infolgedessen mit dem Abstufungsschieber s_a und dem Grundschieber s in die in Abb. 394 dargestellte Lösestellung getrieben. Wie unter „Füllen" bereits geschildert wurde, kann jetzt wieder Leitungsluft in die B-Kammer strömen und die Bremsluft aus dem C-Zylinder ins Freie entweichen. Bei Beginn des Lösens stehen aber der C-Kolben und der Zweikammerkolben zunächst noch in der Stellung, die sie nach der vorher erfolgten Bremsung eingenommen hatten. Sie gehen langsam nach rechts in die Lösestellung. Aus dem C-Zylinder kann die Luft wegen der engen Drosselbohrung im Kanal q des Grundschiebers nur allmählich entweichen. Auch die zur B-Kammer überströmende Leitungsluft wird gedrosselt, und zwar durch eine enge Bohrung im Kanal j des Grundschiebers. Dadurch, daß der Druck im B-Behälter wächst und den Zweikammerkolben verschiebt, steigt auch der Luftdruck im A-Behälter und damit in der Schieberkammer a_2. Wegen des Gegenkolbens ist er hier immer etwas höher als im B-Behälter.

Stufenweises Lösen: Will der Lokomotivführer die Bremsen nicht ganz lösen, sondern ihre Wirkung nur etwas abschwächen, so erhöht

Einzelteile der Kunze=Knorr=Güterzugbremse. 517

er nur teilweise den Druck in der Hauptleitung. Weil die Leitungsluft in die B=Kammer überströmt, sinkt allmählich ihr Druck unter den Druck in den A=Behältern. Bei jedem angeschlossenen Bremsapparat übersteigt dann der Druck in der Schieberkammer a_2 den Druck in der Kolbenkammer l_3 und schiebt den Kolben mit dem Abstufungsschieber etwas nach links in die Löseabschlußstellung (Abb. 397). Der Drucküberschuß in a_2 reicht aber nicht aus, um auch den Grundschieber aus der Lösestellung, die er bei Beginn des Lösens eingenommen hat, fortzubewegen. In der Löseabschlußstellung verbindet die Muschel r des Abstufungsschiebers nicht mehr die Kanäle q und p miteinander, der Luft im Bremszylinder wird also der Weg ins Freie wieder versperrt. Auch

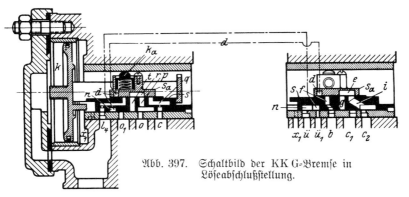

Abb. 397. Schaltbild der KKG=Bremse in Löseabschlußstellung.

die Verbindung zwischen Hauptleitung und B=Behälter ist aufgehoben, da der Querkanal d nicht mehr über den Kanälen j und f steht.

Nach einer Lösestufe kann der Lokomotivführer den Bremsdruck weiter abschwächen, indem er den Leitungsdruck weiter erhöht. Er kann stufenweise lösen, bis die Bremse ganz gelöst ist und die Kolben die in Abb. 394 gezeichnete rechte Endstellung eingenommen haben. Er kann aber auch nach jeder Lösestufe die Bremswirkung aufs neue verstärken, indem er den Leitungsdruck wieder vermindert. Die Druckluft in der Schieberkammer a_2 wird dann so viel stärker als die Leitungsluft in der Kammer l_3, daß sie den Kolben k mit beiden Schiebern aus der Löseabschlußstellung noch weiter nach links in die Bremsstellung (Abb. 395) hinüberdrücken kann.

Da eine feine Regelung der Bremswirkung nicht möglich wäre, wenn bei einer Bremsstufe nach einer Lösestufe stets Leitungsluft in die Übertragungskammer Ü überströmen müßte, wird diese beim Lösevorgang

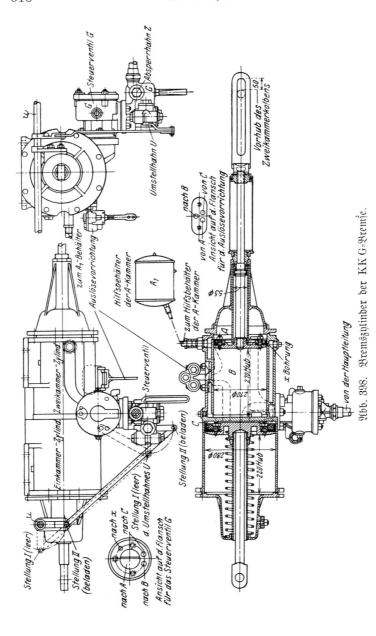

Abb. 398. Bremszylinder der KKG=Bremse.

Einzelteile der Kunze-Knorr-Güterzugbremse. 519

zunächst nicht entleert. In der Lösestellung führt der Weg von ihr zur freien Luft (ü, n, ü₁) über das Mindestdruckventil M. Erst wenn der Druck im Bremszylinder unter $^1/_2$ at sinkt, öffnet sich das Mindestdruckventil, und erst dann wird auch die Übertragungskammer entlüftet.

Der Bremszylinder KKG. Der Bremszylinder der KKG-Bremse (Abb. 398) besteht aus dem Einkammerzylinder von 280 mm Ø mit der Arbeitskammer C und dem Zweikammerzylinder von 210 mm Ø mit der Vorderkammer B und der Arbeitskammer A. Im allgemeinen sind beide Zylinder in einem Gußstück vereinigt, das am Untergestell des Wagens angeschraubt und gegen Verschiebung durch Paßstücke gesichert ist. Nur bei einigen Sonderwagen, bei denen in der Längsrichtung nicht genügend Platz ist, werden Einkammer- und Zweikammerzylinder getrennt unter dem Wagen aufgehängt.

An die A-Kammer ist durch eine kurze Rohrleitung der A₁-Behälter von 25 l Inhalt angeschlossen. Dieser soll den Rauminhalt der A-Kammer so vergrößern, daß er in richtigem Verhältnis zum Inhalt der B-Kammer steht.

An einer Seite ist das Steuerventil befestigt. Es wird mit den Bremszylinderräumen A, B und C und mit der x-Bohrung durch Gußkanäle am Mantel des Zweikammerzylinders verbunden.

Am Einkammerzylinder ist für die Umstellwelle u des Lastwechsels ein Lager vorgesehen. Durch Hebel und Verbindungsstange ist die Welle mit dem Umstellhebel U des Ventils verbunden.

Der Einkammerkolben und der Zweikammerkolben sind zweiteilige Scheibenkolben mit Lederdichtung. Die Kolbenstange des Einkammerkolbens besteht aus einem im vorderen Zylinderdeckel geführten Rohr, in dem sich eine mit dem Bremsgestänge gelenkig verbundene Druckstange frei bewegen kann. Bei gelöster Bremse wird der Einkammerkolben durch eine Rückdruckfeder in die gezeichnete rechte Endstellung gebracht. Die Kolbenstange des Zweikammerkolbens ist fest mit dem Kolben verbunden und trägt den kleinen Gegenkolben, der in einer langen Hülse geführt wird.

Beim Bremsen drückt der Einkammerkolben auf einen Ausgleichhebel des Bremsgestänges. Wenn auch der Zweikammerzylinder Bremskraft ausübt, wie z. B. beim beladenen Wagen, so wirkt er ziehend an einem anderen Ausgleichhebel. Damit sich beide Kolben unabhängig voneinander bewegen können, endet die Zweikammerkolbenstange in einer Schleife, die bei gelöster Bremse gegen den zugehörigen Bolzen des Bremsgestänges einen Spielraum von 50 mm hat. Der volle Hub des

520   Die Bremsen.

Zweikammerkolbens (270 mm) ist um diesen „Vorhub" größer als der des Einkammerkolbens (220 mm). Die Verbindung des Bremszylinders mit dem Bremsgestänge ist bereits in Abb. 323 auf S. 390 dargestellt worden.

Die Auslösevorrichtung. An einem seitlichen Flansch des Bremszylinders, dem Steuerventil gegenüber, sitzt die Auslösevorrichtung, mit der durch Entlüften die Bremseinrichtung jedes Wagens für sich von Hand ausgelöst werden kann. Sie besteht aus den beiden Auslöseventilen W_1

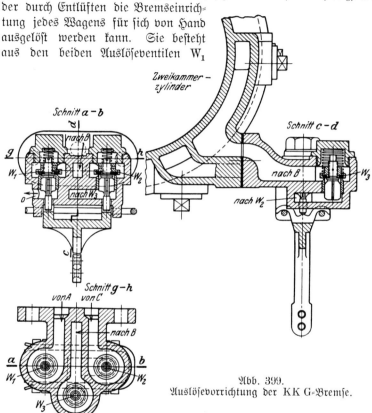

Abb. 399.
Auslösevorrichtung der KKG-Bremse.

und W_2, sowie einem Rückschlagventil W_3 (Abb. 399). Die beiden Auslöseventile werden gleichzeitig durch den unter ihnen angeordneten Hebel aufgestoßen, wenn dieser mittels eines Drahtzuges von einer der beiden Wagenlangseiten aus zur Seite gezogen wird. Von den drei in einem Gehäuse vereinigten Ventilen liegt das Auslöseventil W_1 in einer von der A-Kammer ins Freie führenden Leitung, das Auslöse-

Einzelteile der Kunze-Knorr-Güterzugbremse.

ventil W_2 in einem Verbindungskanal von der B-Kammer zum C-Zylinder und das Rückschlagventil W_3 im gleichen Kanal zwischen dem Ventil W_2 und der B-Kammer.

Die Wirkungsweise der Auslösevorrichtung wird am leichtesten aus der Abb. 400 verständlich, in der die drei Ventile und ihre Kanäle in eine Schnittebene verlegt sind.

Nach einer Vollbremsung bei Stellung „Beladen" des Umstellhahns herrscht im A- und C-Zylinder voller Bremsdruck; in der B-Kammer ist dagegen keine Druckluft. Wird dann das Auslöseventil betätigt, so strömt die Luft aus dem C-Zylinder über das geöffnete Ventil W_2 zum Rückschlagventil W_3, hebt dieses hoch und füllt die B-Kammer auf. Aus der A-Kammer strömt die Luft über das offene Ventil W_1 und Kanal o_1 unmittelbar ins Freie. In der A-Kammer und damit auch in der Schieberkammer des Steuerventils sinkt der Druck. Ist in der Hauptleitung noch Druckluft vorhanden, so drückt diese das Steuerventil in die Lösestellung.

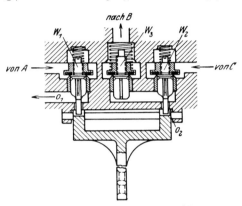

Abb. 400. Schema der Auslösevorrichtung.

Der Bremszylinder C wird dann über das Steuerventil entlüftet, und die Rückdruckfeder schiebt den Kolben in die Ausgangsstellung zurück. Inzwischen hat sich das Rückschlagventil W_3 wieder geschlossen, so daß die bereits nach B übergeströmte Druckluft nicht wieder über C entweichen kann. Unter dem Druck der B-Luft geht auch der Zweikammerkolben in die Lösestellung zurück. Wird die Auslösevorrichtung lange genug offen gehalten, so werden auch die B-Kammer wieder und die mit ihr über das Steuerventil verbundene Hauptleitung durch die x-Bohrung, Steuerschieberkammer, A-Kammer, Auslöseventil W_1 und Kanal o_1 entlüftet.

Falls beim Auslösen keine Druckluft mehr in der Hauptleitung des Wagens vorhanden ist, kann das Steuerventil nicht in die Lösestellung umsteuern. Der Einkammerzylinder C ließe sich dann nicht völlig entlüften, wenn die Luft aus ihm nur zur B-Kammer überströmen könnte;

denn der Druck in C könnte ja nicht tiefer als der Druck im B-Behälter sinken. Weil aber die nach außen durchgehenden Druckstifte der beiden Ausgleichventile in der Gehäusewand reichlich Spiel haben, kann sich die Luft im C-Zylinder auch bei geschlossenem Rückschlagventil W_3 völlig über den Ringspalt o_2 unter dem Ventil W_2 entspannen. Damit das Auffüllen des B-Behälters mit C-Luft durch den Ringspalt o_2 nicht wesentlich beeinträchtigt wird, ist dieser indes möglichst eng gehalten.

Soll die Bremse durch die Auslösevorrichtung gelöst werden, wenn nur der Einkammerzylinder Bremskraft ausübt, wenn also nur eine Teilbremsung oder eine Vollbremsung bei Stellung „Leer" des Umschalthahns vorangegangen ist, so bleibt das Ventil W_3 überhaupt geschlossen, weil in diesem Falle ja der Druck in der B-Kammer nicht geringer, vielleicht sogar noch höher als im C-Zylinder ist. Die A-Kammer wird dann ebenfalls durch das Ventil W_1 entlüftet. Durch die in der Hauptleitung verbliebene Druckluft wird das Steuerventil in die Lösestellung umgesteuert. Dadurch wird auch der Bremszylinder C entlüftet. Die Rückdruckfeder schiebt den Einkammerkolben, die B-Luft den Zweikammerkolben in die Ausgangsstellung zurück.

Abb. 401. Bremsgewichtsschild der KK G-Bremse.

Ist die Hauptleitung aber vorher entleert worden, so kann die Druckluft aus dem C-Zylinder nur über den Ringspalt o_2 ins Freie entweichen.

Der Lastwechsel. Die Welle u für den Umstellhahn U des Steuerventils ist quer unter dem Wagen bis zu den beiden Längsträgern durchgeführt. Durch Handkurbeln, Lastwechselhebel, kann sie von jeder Seite aus in die eine oder andere Stellung gedreht werden. Die eine Kurbel sitzt fest auf der Welle; zwischen der anderen und der Welle sind Zahnradsegmente eingeschaltet. Dadurch wird erreicht, daß auf beiden Seiten des Wagens die gleichen Kurbelstellungen den gleichen Stellungen des Umstellhahns U entsprechen. Die mit der KK-Bremse ausgerüsteten Tender haben einen Lastwechselhebel auf dem Führerstand der Lokomotive.

Die Bedeutung der beiden Kurbelstellungen ist noch durch die Bremsgewichtsschilder, deren Form der § 61 der TV. vorschreibt, kenntlich gemacht. Die Abb. 401 zeigt ein solches Schild. Auf ihm sind zwei Anschläge für den Lastwechselhebel. Liegt der Hebel links, so steht der Umstellhahn in Stellung „Leer". Wenn das Gewicht des Wagens und der Last gleich dem unten auf dem Schild angegebenen „Umstellgewicht"

Einzelteile der Kunze-Knorr-Güterzugbremse.

oder höher ist, muß der Hebel nach rechts umgelegt und damit der Umstellhahn in die Stellung „Beladen" gedreht werden. Auf dem Schild sind dann noch oben „die Bremsgewichte" verzeichnet, mit denen festgestellt wird, ob dem § 55 der BO. entsprechend genügend „Bremswerte" im Zuge vorhanden sind. Die linke Zahl gibt das Bremsgewicht bei der Hahnstellung „Leer", die rechte das bei der Stellung „Beladen" an. Nach § 61 der TV. ist das Bremsgewicht = Bremsklotzdruck bei mittlerem Kolbenhub $\cdot \frac{10}{7} \cdot \gamma$ [1]).

γ ist ein Wert, der die besonderen Eigenschaften jeder Bremsbauart in bezug auf die Schnelligkeit des Druckanstiegs in den Bremszylindern berücksichtigt und für jede Bauart besonders ermittelt werden muß. Für die KK G-Bremse liegt er zwischen $^8/_{10}$ und $^9/_{10}$.

Sonderbauarten der KK G-Bremse. Manchmal reichen der Bremszylinder KK G und das Steuerventil G, wie sie in den Abb. 398 und 393 wiedergegeben sind, nicht aus, um eine wirksame Abbremsung des Wagens herbeizuführen. Für solche Fälle gibt es neben der KK G-Bremse noch die KK G_2-, die KK G_1- und die KK G_3-Bremse.

Wagen mit hohem Eigengewicht erhalten den Bremszylinder KK G_2, der größere Zylinderdurchmesser hat, im Einkammerteil 406 mm und im Zweikammerteil 330 mm, und das Steuerventil G_2, das im Inneren einige größere Bohrungen als das Steuerventil G aufweist.

Bei der KK G-Bremse ist die volle Bremskraft, wenn der Lastwechsel in Stellung „Beladen" steht, etwa 1,6 mal so groß wie die volle Bremskraft bei der Leerstellung des Lastwechsels. Bei einzelnen Wagenbauarten ist nun das Ladegewicht erheblich größer als das Eigengewicht, zum Teil 3—4 mal so groß. Bei diesen Wagen würde die Abbremsung in Stellung „Beladen" zu klein sein. Sie erhalten deshalb noch Zusatzbremszylinder, gewöhnliche Einkammerzylinder mit besonderen Hilfsluftbehältern.

Durch den Zusatzzylinder wird die KK G-Bremse für gewöhnliche Güterwagen zur KK G_1-Bremse für Wagen mit großem Ladegewicht, die KK G_2-Bremse für schwere Wagen zur KK G_3-Bremse für schwere Wagen mit hohem Ladegewicht verstärkt.

Bei der KK G_1- und der KK G_3-Bremse dient der Zweikammerzylinder nicht mehr zur Lastabbremsung. Die Bremskraft wird beim beladenen Wagen nur durch den Zusatzzylinder verstärkt. Wie bei der

---

[1]) γ griechischer Buchstabe; sprich Gamma.

KK P- und der KK S-Bremse wirkt der Zweikammerzylinder nur auf das Bremsgestänge, wenn der C-Zylinder undicht geworden ist. In den Steuerventilen G_1 und G_3 fällt daher das Zwischenventil fort, und die Bohrungen sind entsprechend geändert.

16. Einzelteile der Kunze-Knorr-Personenzugbremse und der Kunze-Knorr-Schnellzugbremse.

Bei der KK P-Bremse und der KK S-Bremse wird der Zweikammerzylinder nicht zur Lastabbremsung herangezogen. Die Steuerventile P und S haben deswegen nicht das Zwischenventil des Steuerventils G. Andererseits wird bei beiden Bremsen das Steuerventil durch den Bremsbeschleuniger ergänzt.

Die Teile der KK S-Bremse sind den größeren Bremskräften entsprechend, die von ihren Bremszylindern ausgeübt werden müssen, größer als die der KK P-Bremse; die Bohrungen im Steuerventil S sind weiter als die im Steuerventil P, bei der S-Bremse hat der Umstellhahn U_1 drei Stellungen, für „Schnellzug", „Personenzug" und „Güterzug", bei der P-Bremse nur die beiden letzten, und mit dem Bremsdruckregler wird nur die Schnellzugbremse ausgerüstet. Im übrigen ähneln sich aber baulich die Einzelteile der beiden Bremsen so sehr, daß es hier genügen möge, wenn sie gemeinsam besprochen werden und auf besondere Einzelheiten nur bei den Teilen der Schnellzugbremse näher eingegangen wird.

Die Steuerventile P und S. Wie das Steuerventil G bestehen auch das Steuerventil P (Abb. 402) und das Steuerventil S (Abb. 403) aus zwei Gehäuseteilen. Im oberen Gehäuse befinden sich der Steuerkolben k_1, der Grundschieber s_1, der Abstufungsschieber s_a mit dem Belastungskolben k_a und die Übertragungskammer Ü, im unteren Gehäuse das Mindestdruckventil M mit dem Stufenkolben D und der Umschalthahn U_1. Durch den Befestigungsflansch führen nicht nur wie beim Steuerventil G die Anschlüsse zum C-Zylinder und zu den Kammern A und B des Zweikammerzylinders, sondern auch der Verbindungskanal zur Hauptleitung L. Der Absperrhahn Z zum Abschalten der Bremseinrichtung ist bei der Personenzug- und bei der Schnellzugbremse im Beschleunigungsventil (Abb. 404) untergebracht. Der Umschalthahn U_1 hat beim Ventil P zwei verschieden große Bohrungen, von denen die größere in Stellung „P" (Personenzug), die kleinere in Stellung „G" (Güterzug) eingeschaltet ist. Beim Steuerventil S hat der Hahn U_1 für die drei Stellungen „S", „P" und „G" in zwei verschiedenen Ebenen je

Einzelteile der Kunze-Knorr-Personenzug- und -Schnellzugbremse. 525

zwei Bohrungen, eine Bremsbohrung in einem Kanal von der B- zur C-Kammer und eine Lösebohrung, über die in der Lösestellung des Ven-

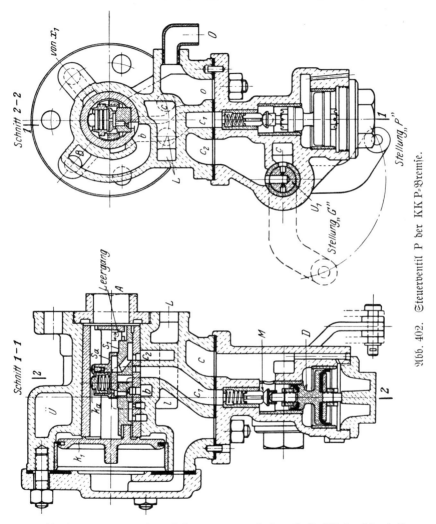

Abb. 402. Steuerventil P der KK P-Bremse.

tils der Weg von der C-Kammer zur freien Luft führt. Die beiden Bohrungen für die Stellung „S" haben den größten, die für Stellung „G" den kleinsten Querschnitt.

Das Beschleunigungsventil. Das Beschleunigungsventil (Abb. 404) gleicht in vielem dem schnellwirkenden Steuerventil der vorn beschriebenen Einkammerbremsen (S. 461—474). Es hat einen Steuerkolben k_2, einen Steuerschieber s_2, der vom Steuerkolben aus der einen nach der anderen Richtung jeweils erst nach Überwindung eines gewissen Leergangs mitgenommen wird, und ein Abstufungsventil v_a, das mit dem Steuerkolben fest verbunden ist und bei dessen Leergang von seinem Sitz im Innern des Schiebers s_2 abgezogen oder bei der entgegengesetzten Bewegung auf den Sitz gedrückt wird.

Während die Steuerventile der Kunze-Knorr-Bremse nur zwei Hauptstellungen des Grundschiebers haben, eine Löse- und eine Bremsstellung, kann der Schieber des Beschleunigungsventils noch wie bei den schnellwirkenden Steuerventilen der Einkammerbremsen eine dritte Stellung, die Schnellbremsstellung, einnehmen. In diese werden Kolben und Schieber durch die Druckluft aus dem besonders für das Beschleunigungsventil vorgesehenen Hilfsluftbehälter H hinübergedrückt, wenn in der Hauptleitung und damit auch in der Steuerkolbenkammer der Luftdruck plötzlich stark sinkt. In der Schnellbremsstellung wird die

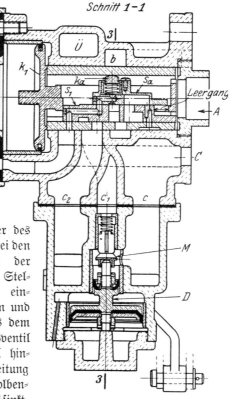

Abb. 403. Steuerventil S

Hauptleitung durch die Muschel m des Schiebers mit dem Bremszylinder über das Rückschlagventil V verbunden. Das Ventil V, ein federbelastetes Tellerventil mit Flügelführung, hat die Aufgabe, diese Verbindung zu schließen, sobald genügend Leitungsluft in den Bremszylinder geströmt ist. Bei Betriebsbremsungen wird der Steuerkolben vorher durch den

Einzelteile der Kunze-Knorr-Personenzug- und -Schnellzugbremse.

von der Feder z belasteten Stoßbolzen y in der Betriebsbremsstellung aufgehalten. Aus dem H-Behälter entströmt dann die Druckluft über die vom offenen Abstufungsventil v_a freigegebene Bohrung h_3, Bohrung o_1 im Schieber und Kanal o_2 im Schieberspiegel ins Freie. Auf die Bremswirkung übt das Beschleunigungsventil bei Betriebsbrem-

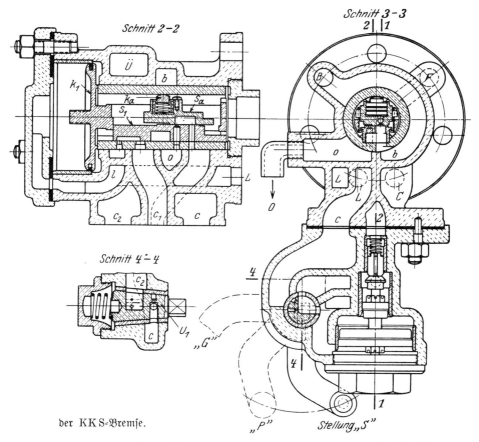

der KKS-Bremse.

sungen also keinen Einfluß aus. Daß sich die Steuerteile hierbei auch bewegen, hat den Zweck, sie beweglich zu erhalten, damit sie im Gefahrfalle bei einer Schnellbremsung nicht festsitzen. In der Lösestellung, in die der beim Lösen wieder ansteigende Leitungsdruck in der Steuerkolbenkammer die Steuerteile hinüberschiebt, wird der

Hilfsbehälter H aufs neue über die Füllbohrung w_1 mit Druckluft gefüllt.

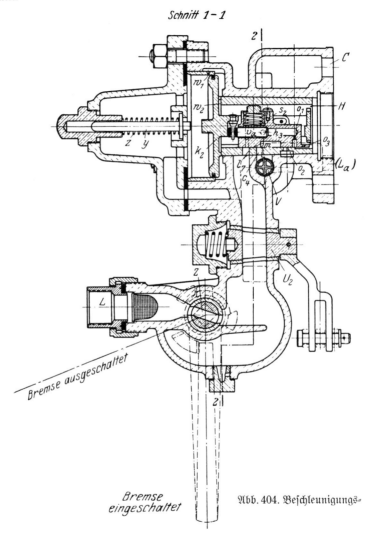

Abb. 404. Beschleunigungs=

Durch den Umstellhahn U_2 wird der Leitungskanal l_7 bei der Stellung „G" des zugehörigen Steuerventils P oder S abgesperrt. Es kann

Einzelteile der Kunze-Knorr-Personenzug- und -Schnellzugbremse. 529

dann also bei Schnellbremsungen keine Luft von der Leitung zum C-Zylinder überströmen. Der Hebel des Umstellhahns U_2 ist mit dem Hebel des Umstellhahns U_1 am Steuerventil durch ein Gestänge gekuppelt, so daß beide Hähne gleichzeitig umgestellt werden.

Durch den Absperrhahn Z kann das Beschleunigungsventil und, da über ihn auch die Verbindung von der Leitung zum Steuerventil(L_a) führt, damit auch die Bremseinrichtung des Wagens ausgeschaltet werden.

Die Beschleunigungsventile der KKS-Bremse und der KKP-Bremse sind vollkommen gleich bis auf die Belastungsfeder des Rückschlagventils V. Diese hat bei der P-Bremse eine Spannkraft von 2,5 kg, bei der S-Bremse dagegen von nur 1,5 kg. Bei der S-Bremse kann daher in

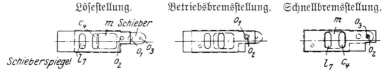

Lösestellung. Betriebsbremsstellung. Schnellbremsstellung.

ventil der KKS-Bremse.

der Schnellbremsstellung mehr Leitungsluft in den C-Zylinder überströmen als bei der P-Bremse.

Wirkungsweise des Steuerventils P und S und des Beschleunigungsventils. An Hand der Schaltbilder in den Abb. 405 und 406 sei nur auf

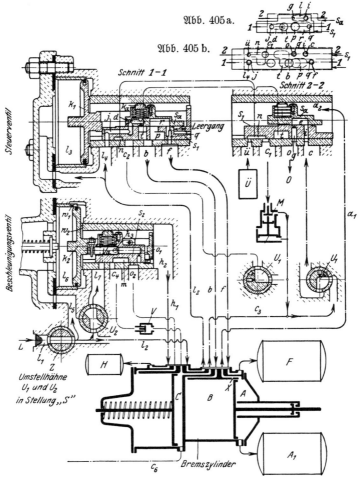

Abb. 405. Schaltbild der KKS-Bremse in Lösestellung.

die Wirkungsweise der KKS-Bremse im einzelnen näher eingegangen. Dabei soll dann aber auch erwähnt werden, wie sich das Steuerventil P, das in seiner Bauart nicht so verwickelt ist wie das Ventil S und in vielem dem Ventil G gleicht, beim Lösen und Bremsen verhält.

Einzelteile der Kunze-Knorr-Personenzug- und -Schnellzugbremse. 531

In den beiden Abbildungen sind oben die Steuerteile des Steuerventils S in zwei Schnitten dargestellt. Die beiden Schnittebenen 1—1 und 2—2 (vgl. Abb. 405a und b), die in Wirklichkeit in kleinem Abstande übereinanderliegen, sind der Übersichtlichkeit halber nebeneinander gezeichnet. Unter dem Schnitt 1—1 des Steuerventils ist ein Schnitt durch das Beschleunigungsventil wiedergegeben. Unten ist der Bremszylinder angedeutet mit dem A_1-Behälter, dem Steuerbehälter H für den Beschleuniger und einem Behälter F, der nur bei der Schnellzugbremse vorhanden ist. Aufgabe dieses Behälters, des Füllbehälters, ist es, beim stufenweisen Lösen die B-Kammer mit Druckluft zu füllen; bei kleinen Lösestufen wäre sonst wegen der großen Räume der Schnellzugbremse zu befürchten, daß die geringe Druckerhöhung in der Leitung sich nicht bis zum Zugende fortpflanzt, weil die B-Behälter der ersten Wagen zuviel Luft geschluckt haben. In den Schaltbildern sind ferner erkennbar die Übertragungskammer Ü, das Mindestdruckventil M, das zum Beschleuniger gehörende Rückschlagventil V, der Absperrhahn Z und die Umstellhähne U_1 und U_2. Der Hahn U_1 ist in zwei Schnitten, die ebenfalls nebeneinander gelegt sind, wiedergegeben; der rechte Schnitt zeigt die Lösebohrungen, der linke die Bremsbohrungen. Beide Hähne, U_1 und U_2, sind in den Hauptzeichnungen in Stellung „S", in den Abb. 406c und d in den Stellungen „P" und „G" gezeichnet.

Füllen und Lösen: Wenn die Hauptleitung mit Druckluft gefüllt wird, strömt die Luft an jedem angeschlossenen Wagen mit KKP- oder KKS-Ausrüstung bei L über l_1 und den geöffneten Absperrhahn Z in das Beschleunigungsventil. Hier teilt sie sich: ein Teil füllt über l_5 die Kolbenkammer l_6 des Beschleunigers, der andere geht über den Kanal l_2 in der Bremszylinderwandung in die Kolbenkammer l_3 des Steuerventils und erhöht dort den Druck. Die beiden Kolben k_1 und k_2 werden mit den Steuerteilen in die in Abb. 405 dargestellte Lösestellung gedrückt.

Im Steuerventil S tritt die Leitungsluft vom Kanal l_4 im Schieberrost über die Winkelbohrung j im Grundschieber s_1 und die Winkelbohrung d im Abstufungsschieber s_a unter den Belastungskolben k_a, dessen Bedeutung bereits auf S. 508 erwähnt wurde. Die Leitungsluft strömt weiterhin vom Kanal d durch eine feine Drosselbohrung über die Bohrung t im Grundschieber und den Kanal b im Schieberrost zur B-Kammer und schiebt hier den Zweikammerkolben aus der Bremsstellung, die er bei vorangegangener Bremsung eingenommen hat (vgl. Abb. 406), nach der in Abb. 405 gezeichneten Löseendstellung zu. In der A-Kammer, im Hilfsbehälter A_1 und in der über a_1 mit A verbundenen Schieber-

34*

kammer a_2 wird dadurch der Druck erhöht. In der Löseendstellung, die der Zweikammerkolben beim ersten Auffüllen der Bremse bald nach

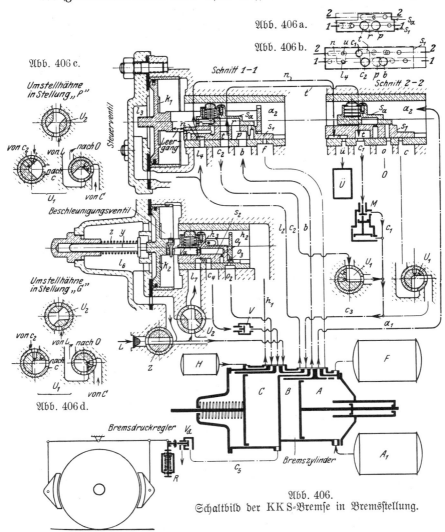

Abb. 406.
Schaltbild der KKS-Bremse in Bremsstellung.

Einleitung des Füllvorgangs einnimmt, nach einer Bremsung aber erst erreicht, wenn die Bremse ganz ausgelöst worden ist, wird die A-Kammer über die Bohrung x mit der B-Kammer verbunden. A-Kammer, A_1-Behälter und Schieberkammer stehen dann auch unter Leitungsdruck.

Der Füllbehälter F wird beim ersten Auffüllen von der Bohrung b im Schieberrost aus über die Bohrung p im Schieber s_1, Muschel r im Abstufungsschieber, Bohrung q im Schieber und Kanal f mit Druckluft gefüllt. Beim Bremsen bleibt, während aus der B-Kammer Luft entweicht, im Behälter F der Druck erhalten. Beim darauffolgenden Lösevorgang strömt von F über f, q, r, p und b Druckluft nach B, bis sich zwischen F und B der Druck ausgeglichen hat und F wieder mit B zusammen bis zum Enddruck neu gefüllt wird.

Der Bremszylinder C wird über c_3, Umstellhahn U_1, Kanal c, Bohrung i, Muschel e, Bohrung g und Kanal o entlüftet. Bei Stellung „S" des Umstellhahns kann die C-Luft sehr schnell entweichen; bei Stellung „P" (Abb. 406c) wird sie dagegen etwas, bei Stellung „G" (Abb. 406d) noch mehr gedrosselt, damit das Ventil S ohne Störung mit den Personenzug- oder Güterzugventilen zusammen arbeiten kann.

Die Übertragungskammer Ü wird über ü, n, c_1, Mindestdruckventil M, c_3 und weiter, wie der Bremszylinder, mit der freien Luft verbunden, aber erst, wenn der Druck in C unter etwa 0,3 at (bei dem Steuerventil P unter etwa 0,6 at) gesunken und dadurch das Mindestdruckventil geöffnet ist.

Im Beschleunigungsventil strömt die Leitungsluft von der Kolbenkammer l_6 aus über die Füllbohrung w_1 und die Empfindlichkeitsnut w_2 in die Schieberkammer h_2 und gelangt über h_1 in den Steuerbehälter H. Unter den Belastungskolben des Schiebers s_2 tritt von l_7 aus über eine Bohrung im Schieber ebenfalls Leitungsluft.

Bei der KKP-Bremse entspricht der Lösevorgang im Beschleuniger genau dem bei der KKS-Bremse. Das Steuerventil P gleicht dagegen dem Steuerventil G. Die x-Bohrung steht also nicht unmittelbar, sondern über eine Bohrung x_1 im Schieberrost und die Schieberkammer a_2 mit der A-Kammer in Verbindung. Bei der Güterzugbremse und ebenso auch bei der Personenzugbremse kann so beim Übergang des Steuerschiebers aus der Löse- in die Bremsstellung sofort die Verbindung zwischen B- und A-Kammer durch den Schieber abgesperrt werden; dadurch wird ein sicheres Anspringen des Zweikammerkolbens gewährleistet. Bei der S-Bremse hat sich dies als überflüssig herausgestellt, weil der große Zweikammerkolben auch bei langsamem Druckabfall in der B-Kammer sofort die x-Bohrung überschleift. Beim P-Ventil fehlen die Lösebohrungen im Umstellhahn U_1, die C-Kammer ist also unmittelbar mit der Schieberrostfläche verbunden. Schließlich sind auch die Bohrungen und Kanäle für den Füllbehälter F nicht vorhanden, weil dieser ja bei der KKP-Bremse fehlt.

Bei ganz gelöster Bremse sind die Kolbenkammern und die Steuerschieberkammern des Steuerventils und des Beschleunigungsventils, die Vorderkammer B und die Arbeitskammer A des Zweikammerzylinders, der Hilfsbehälter A_1, der Steuerbehälter H und der Füllbehälter F mit Leitungsluft gefüllt, dagegen die Arbeitskammer C des Bremszylinders und die Übertragungskammer Ü entlüftet.

Stufenweises Lösen: Wie bei der KKG-Bremse läßt sich auch bei der KKP- und der KKS-Bremse der Lösevorgang unterbrechen. In der A-Kammer stellt sich dann ein höherer Druck ein als in der B-Kammer, der Druck in der Schieberkammer a_2 wird damit stärker als der in der Kolbenkammer l_3 und schiebt den Kolben k_1 mit dem Abstufungsschieber s_a um das Maß des Leergangs in die Löseabschlußstellung. Die Kanäle j und t, p und q, g und i sind dann gegeneinander abgesperrt, es kann also nicht mehr Luft nach B und F strömen und die Luft aus C nicht mehr entweichen.

Wenn dann der Druck in der Hauptleitung wieder verstärkt wird, gehen der Kolben k_1 und der Abstufungsschieber s_a in die Lösestellung zurück, um aufs neue die Löseabschlußstellung einzunehmen, wenn die Luftzufuhr zur Hauptleitung wieder unterbrochen wird.

Beim Beschleunigungsventil gibt es keine Löseabschlußstellung. Das Ventil bleibt also beim stufenweisen Lösen in der Lösestellung stehen.

Betriebsbremsung: Sobald der Lokomotivführer sein Führerventil in die Betriebsbremsstellung legt, entweicht aus der Hauptleitung Luft ins Freie. In jedem Steuerventil drückt dann die Schieberkammerluft den Steuerkolben k_1 mit dem Abstufungsschieber s_a und auch mit dem Grundschieber s_1 in die Bremsstellung (Abb. 406). Ein Teil der Leitungsluft — etwa so viel, wie vom Kolben k_1 beim Übergang aus der Lösestellung in die Bremsstellung verdrängt wird — strömt über Kanal l_4, Muschel n und Kanal ü in die Übertragungskammer Ü. Der Abstufungsschieber verbindet durch die Muschel r die Bohrungen p und t des Grundschiebers und damit den Kanal b mit den Kanälen c_1 und c_2. Aus der B-Kammer gelangt jetzt auf zwei Wegen, einmal über c_1 und das Mindestdruckventil M und ferner über c_2 und den Umstellhahn U_1 Druckluft in den Bremszylinder C. In diesem steigt der Druck daher schnell an, die Bremsklötze kommen — vorläufig aber nur ganz leicht — zum Anliegen an

Einzelteile der Kunze-Knorr-Personenzug- und -Schnellzugbremse. 535

den Radreifen. Sobald in C der Druck auf etwa 0,3 at (beim P-Ventil auf etwa 0,6 at) angestiegen ist, schließt sich das Mindestdruckventil M. Die B-Luft kann dann nur noch über c_2 und den Umstellhahn U_1 zum Bremszylinder überströmen, und zwar bei Stellung „S" ungedrosselt, bei Stellung „P" (Abb. 406c) etwas und bei Stellung „G" (Abb. 406d) stärker gedrosselt. Mit dem Ansteigen des Drucks im Zylinder C fällt der Druck in der Kammer B. Die Luft in der Kammer A dehnt sich aus und treibt den Zweikammerkolben vor. Infolge der Vergrößerung des A-Raumes sinkt auch hier der Luftdruck und damit im A_1-Behälter und in der Steuerschieberkammer a_2.

Mit dem Beschleunigungsventil (vgl. Abb. 404; im Schaltbild der Abb. 406 ist nur die Schnellbremsstellung des Beschleunigers eingezeichnet) wird der Steuerbehälter H über h_1, h_2, Querbohrung h_3, die vom Abstufungsventil in der Betriebsbremsstellung freigegeben wird, o_1 und o_2 entlüftet.

Wenn die Geschwindigkeit des Zuges unter dem Einfluß der Bremskraft geringer wird, läßt der Bremsdruckregler R durch das Ventil V_d über Kanal c_5 aus dem Bremszylinder C allmählich ganz die Druckluft ins Freie entweichen. Da der C-Zylinder über das Steuerventil mit der Kammer B verbunden ist, sinkt auch in dieser der Druck. Die Luft in der A-Kammer und den mit ihr verbundenen Räumen treibt dann den Zweikammerkolben so weit nach links, daß dessen Kolbenstange am Bremsgestänge angreift. Während die Druckluft im Zylinder C bei einer Vollbremsung die Bremsklötze mit einem Druck von etwa 125% des Wagengewichts gegen die Radreifen drückte, wird nach dem Entweichen der C-Luft durch die Druckluft der A-Kammer ein Gesamtbremsklotzdruck von etwa 80% des Wagengewichts ausgeübt.

Stufenweises Bremsen: Wenn während des Bremsvorgangs das Entweichen der Leitungsluft ins Freie unterbrochen wird, geht im Steuerventil der Kolben k_1 mit dem Abstufungsschieber s_a in die Bremsabschlußstellung, sobald in a_2 der Druck geringer als in l_3 geworden ist. Der Abstufungsschieber deckt dann auf dem Grundschieber, der in der Bremsstellung stehenbleibt, den Kanal p mit der Muschel r ab und verhindert so ein weiteres Überströmen von B-Luft nach dem C-Zylinder. Wird der Leitungsdruck dann weiter vermindert, so nehmen Steuerkolben und Abstufungsschieber wieder die Bremsstellung ein, bis der Druck in a_2 wieder unter den Leitungsdruck gefallen ist und damit die Steuerteile aufs neue in die Abschlußstellung gehen. Der Bremsdruck kann so stufenweise erhöht werden.

Im Beschleunigungsventil werden wie beim schnellwirkenden Steuerventil der Einkammerbremsen einzelne Stufen dadurch ermöglicht, daß das Abstufungsventil v_a in der Bremsabschlußstellung jedesmal die Bohrung h_3 absperrt. Der Steuerbehälter H wird so stufenweise entleert. Wie bereits erwähnt, hat das Beschleunigungsventil aber bei Betriebsbremsungen auf die Bremswirkung keinen Einfluß.

Schnellbremsung: Wird plötzlich viel Luft aus der Hauptleitung ausgelassen, so gehen die Steuerteile des Steuerventils wie bei einer Betriebsbremsung in die in Abb. 406 gezeichnete Bremsstellung. Im Beschleunigungsventil kann die Steuerbehälterluft über die enge Bohrung des Kanals o_1, der bei einer Betriebsbremsung über dem Kanal o_2 im Schieberrost steht (vgl. Abb. 404), nicht schnell genug ins Freie entweichen und gewinnt daher über den Leitungsdruck in l_6 so sehr das Übergewicht, daß der Kolben k_2 mit dem Schieber s_2 gegen den Druck der Feder z in die in Abb. 406 wiedergegebene Schnellbremsstellung getrieben wird. In ihr wird der Leitungskanal l_7 über die Muschel m mit dem Kanal c_4 verbunden. Über das Rückschlagventil V strömt noch Leitungsluft in den Bremszylinder C. Hierdurch wird der Druckabfall in der Hauptleitung beschleunigt und der Bremsdruck im Bremszylinder erhöht. Das Rückschlagventil V schließt sich, wenn der Leitungsdruck unter den inzwischen im Bremszylinder erreichten Druck gesunken ist. Der Steuerbehälter wird aber noch weiter von h_2 aus über die enge Bohrung o_3 und den Kanal o_2 nach der Vorderkammer des Bremszylinders C hin entlüftet. Würde dies nicht geschehen, so könnte beim Lösen nach der Schnellbremsung der ansteigende Leitungsdruck in l_6 den Kolben k_2 erst sehr spät umsteuern, und die Entlüftung des C-Zylinders würde verzögert, weil ihm vom Beschleunigungsventil über l_7, m, c_4 und das sich dabei wieder öffnende Rückschlagventil V noch Druckluft aus der Hauptleitung zugeführt werden würde.

Der Schnellbremsvorgang bei der KKP-Bremse gleicht dem bei der S-Bremse. Bei dieser arbeitet in Stellung „P" der Umstellhähne (Abb. 406c) das Beschleunigungsventil wie in Stellung „S". Bei Stellung „G" (Abb. 406d) wird indes bei der KKS- und bei der KKP-Bremse der Kanal l_7 des Beschleunigungsventils gegen die Hauptleitung abgesperrt. Der Kolben k_2 und der Schieber s_2 gehen bei einer Schnellbremsung zwar auch in die in Abb. 406 dargestellte Schnellbremsstellung; von der Hauptleitung kann dabei aber keine Druckluft zum Bremszylinder C gelangen, weil ja der Hahn U_2 geschlossen ist.

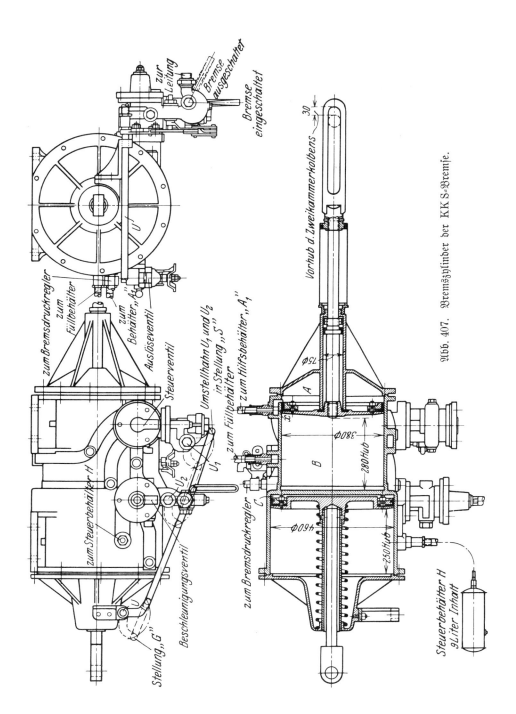

Abb. 407. Bremszylinder der KKS-Bremse.

Die Bremszylinder P und S. Die Bremszylinder der KK P- und der KK S-Bremse sind wie die der KK G-Bremse Doppelzylinder, die sich aus einem Ein- und einem Zweikammerteil zusammensetzen.

Der Gußkörper des Bremszylinders P entspricht in seinen Abmessungen genau dem der Güterzugbremse (vgl. Abb. 398 auf S. 518). Er hat wie dieser im Einkammerteil 280 mm ∅ und im Zweikammerteil 210 mm ∅, sowie für den Einkammerkolben 220 mm Hub und für den Zweikammerkolben 270 mm Hub einschließlich 50 mm Vorhub. Abweichend vom Bremszylinder G sind beim Bremszylinder der P-Bremse wie auch bei dem der S-Bremse seitlich zwei Flächen vorgesehen, an denen Beschleunigungsventil und Steuerventil unmittelbar befestigt sind; die Luftverbindungen für die beiden Ventile laufen innerhalb der Gußkörperwandung. Ferner ist noch ein Anschluß für den Steuerbehälter H vorhanden. In Abb. 407 ist der Bremszylinder der KK S-Bremse dargestellt. Er ist in seinen äußeren Abmessungen erheblich größer als die Bremszylinder der P- und G-Bremse. Der Einkammerteil hat 460 mm ∅ und 250 mm Hub, der Zweikammerteil 380 mm ∅ und 280 mm Hub; der Vorhub des Zweikammerkolbens beträgt hier also nur 30 mm.

Wie bei den anderen Bremszylinderbauarten sind auch beim Bremszylinder S die beiden Kolben zweiteilige Scheibenkolben mit Lederdichtung. Der Einkammerkolben hat eine lose Kolbenstange, die in einer Rohrhülse geführt wird, und eine Rückdruckfeder, der Zweikammerkolben eine feste Kolbenstange mit fest darauf sitzendem Gegenkolben und schleifenförmig gestaltetem Ende.

Am Zylindergehäuse sitzen auf der einen Seite der Beschleuniger, das Steuerventil und der Anschluß für den Steuerbehälter H, auf der anderen das Auslöseventil und die Rohranschlüsse für den A_1-Behälter, den Füllbehälter und den Bremsdruckregler. Die beiden letzten Anschlüsse fehlen natürlich beim Bremszylinder P. Die Betätigungshebel der beiden Umstellhähne des Steuerventils U_1 und des Beschleunigers U_2 sind durch ein Doppelflacheisen verbunden und werden mit Hilfe einer Stange und eines Hebels von der Welle U aus bewegt, die wie bei der G-Bremse nach beiden Wagenlangseiten führt und dort je eine Kurbel hat.

Die Auslösevorrichtungen. Die Auslösevorrichtung der KK P-Bremse ist der früher beschriebenen Vorrichtung der KK G-Bremse ähnlich (s. S. 520 Abb. 399 und 400). Sie ist nur einfacher als diese; der B-Behälter der KK P-Bremse wird ja beim Bremsen nicht entleert und braucht daher zum Auslösen nicht erst mit Druckluft gefüllt

Einzelteile der Kunze-Knorr-Personenzug- und -Schnellzugbremse.   539

zu werden. Bei der Auslösevorrichtung sind daher nur die beiden Aus=
löseventile vorhanden, von denen das eine mit dem C=Zylinder, das

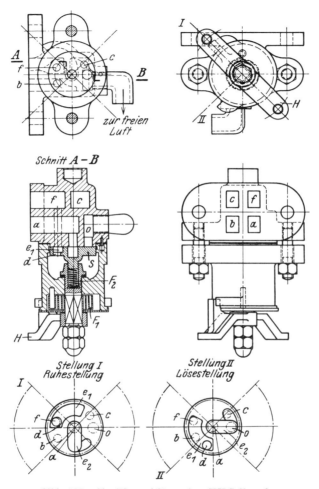

Abb. 408. Auslösevorrichtung der KKS=Bremse.

andere mit der A=Kammer in Verbindung steht. Wird die Vorrichtung
betätigt, so lassen die Ventile die C=Luft und die A=Luft ins Freie ent=
weichen.

Nicht so einfach ist die Auslösevorrichtung der KKS-Bremse. Bei der Schnellzugbremse läßt ja der Bremsdruckregler im letzten Teil des Bremsvorgangs mit der C-Zylinderluft auch die Luft aus der B-Kammer ins Freie hinaus. Soll die Bremse ausgelöst werden, so muß die B-Kammer mit Druckluft gefüllt werden, die den Zweikammerkolben in die Lösestellung hinüberdrückt.

In Abb. 408 ist die Auslösevorrichtung der Schnellzugbremse dargestellt. Im oberen Teil des Gehäuses werden die Verbindungskanäle c vom Bremszylinder C, a von der A-Kammer, b von dem B-Behälter und f vom Füllbehälter F von dem Flansch aus, mit dem die Vorrichtung am Zweikammerzylinder befestigt ist, zu einer unten liegenden Schieberrostfläche geführt. Hier mündet auch ein fünfter Kanal o, der mit der freien Luft in Verbindung steht. Gegen die Rostfläche wird von unten her der Drehschieber S gedrückt. Der Schieber kann durch den Doppelhebel H, von dem aus zwei Drahtzüge nach den beiden Langseiten des Wagens führen, aus seiner Ruhestellung (I) in die Lösestellung (II) gedreht werden. Die Schloßfeder F_1 bringt den Schieber aus der Stellung II selbsttätig wieder in die Stellung I, wenn der Doppelhebel losgelassen wird.

Der Schieber hat eine längliche, gekrümmte Muschel e_1 mit einer durch den Schieber hindurchführenden Bohrung d und eine winkelförmige Muschel e_2. In der Ruhestellung sind alle fünf in den Schieberrost mündenden Kanäle durch den Schieber S gegeneinander abgeschlossen. Wenn man den Schieber zum Auslösen der Bremse in die Lösestellung (II) bringt, verbindet die Muschel e_1 den Kanal f mit dem Kanal b und die Muschel e_2 die Kanäle c und a mit o. Der Bremszylinder C und die A-Kammer werden entlüftet, die B-Kammer wird vom Füllbehälter F aus aufgefüllt.

Hält man die Auslösevorrichtung lange genug in der Lösestellung fest, so entweicht auch aus dem B-Behälter und dem Füllbehälter über die x-Bohrung und die A-Kammer hinweg die Druckluft ins Freie.

Durch die Bohrung d tritt die Füllbehälterluft von f aus unter den Drehschieber und drückt diesen fest auf den Schieberrost. Die Feder F_2 verhindert außerdem ein Abklappen des Schiebers, wenn der Füllbehälter leer ist.

Der Bremsdruckregler. Der Bremsdruckregler gehört nur zur Bremsausrüstung der Schnellzugbremse. Seine Wirkungsweise ist bereits auf S. 505 behandelt worden. Die Abb. 409 gibt seine wirkliche Bauform wieder.

Einzelteile der Kunze-Knorr-Personenzug- und -Schnellzugbremse. 541

In dem zylindrischen Gehäuse G sitzen zwei gleichachsige Schrauben=
federn F, die sich oben und unten gegen die Teller T stützen. Die Federn
werden mit einer bestimmten Spannung eingesetzt, die nach dem Wagen=
gewichte durch Unterlegscheiben U geregelt wird. Durch das Gehäuse G
hindurch führt in dessen Längsachse ein Bolzen B, der sich im Ruhe=
zustande mit zwei kegelförmigen Bunden gegen entsprechend ausgebildete
Flächen der Teller T legt. Der gabelförmige Kopf des Bolzens B ist

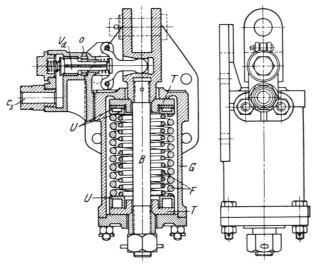

Abb. 409. Bremsdruckregler.

durch einen Einsteckbolzen mit einem über den Bremsklötzen liegenden
waagerechten Hebel H (vgl. Abb. 392) verbunden. Wenn der Hebel H
den Druck der Federn überwinden kann und nach der einen oder anderen
Seite hin ausschlägt, drückt der Bolzen die Federn mit dem unteren
Teller nach oben oder mit dem oberen nach unten zusammen. Dabei
stößt dann die in der Bolzengabel gelagerte doppelarmige Ventilgabel
das Flügelventil V_d auf und läßt die Bremsluft aus dem Bremszylinder C
von c_5 aus durch die Bohrung o ins Freie entweichen.

Sachverzeichnis.

(Die fettgedruckten Zahlen kennzeichnen die Seiten, auf denen die Sache vorzugsweise behandelt ist.)

Abdampfstrahlpumpe 364.
Abschlammschieber von Ludwig 376.
— von Strube 374.
Achsdruck 155, 272.
Achskörner 158.
Achslager 164 ff.
— Tender- 251.
— von Obergethmann 170.
Achslagerführungen 167 ff.
Achslagergleitplatten 167.
Achslagerstellkeil 167.
Achswelle 157.
Ackermann-Luftabsperrhahn 452.
Ackermann-Notbremsventil 483.
Ackermann-Sicherheitsventil 366.
Adams-Achse 186.
Allan- (Trick-) Steuerung 33 f., 49.
Anfahrvorrichtung (Verbundlokomotive) 236, 240 f.
—, Bauart Dultz 240.
— der 02-Lokomotive 241.
— der bayrischen S 3/6-Lokomotive 242.
Anfahrzugkraft 219.
Aschkasten (mit Bodenklappen) 353.
Aufwerfhebel 46, 48.
Ausgleichbehälter 404, 435 f., 438 f., 445 f.
Ausgleichhebel 175.
Ausgleichrohre für Wasserbehälter 264.
Auslöseventil 405, **475**.
Auslösevorrichtung der KKG-Bremse 520 f.
— der KKP-Bremse 538.
— der KKS-Bremse 538 f.
Außenkurbeln 164.
Außenrahmen 134.
Ausströmkästen 68, 237.

Bahnmetall 164.
Bahnräumer 151.
Bandbremse 381.
Barrenrahmen 135.

Beleuchtung 265 ff.
Beschleunigungsventil 502, 507, 524, **526 ff.**
Bezeichnung der Lokomotiven 271 ff.
Bisselgestell 189.
Blasrohr (Tieflage) 356.
Blattfedern 170.
Blechrahmen 135.
Bosch-Schmierpumpe 94.
Bremsausrüstung der Lokomotive 403 ff.
Bremsdruckregler **505**, 507, 535, **540**.
Bremsen 380 ff.
Bremsgestänge 386 ff.
Bremsgestängesteller 392 f.
Bremsgewicht 523.
Bremsklotz 384 ff.
Bremsklotzdruck 388, 486, 504 f., 508, 523.
Bremskupplung 405, **450 ff.**
Bremstafeln 381.
Bremsventilluftbehälter 404, 435 f.
Bremswert 523.
Bremszylinder 405, 476 ff.
— der KKG-Bremse 519 ff.
— der KKP-Bremse 538.
— der KKS-Bremse 538.

Caprotti-Ventilsteuerung 61.
Carpenter-Bremse 401.
Le Chatelier 382.
Clayton-Bremse 403.

Dampfarbeit 13.
Dampfdehnung 12 f., 23.
Dampfdruckschaulinie 16, 234.
Dampfentnahmestutzen 369.
Dampfheizventil 368.
Dampfkolben 78 f.
Dampfsichtöler 88.
Dampfstrahlpumpe 362.
Dampfzylinder 9 f., **63 ff.**
Deichselgestell 192 f.

Sachverzeichnis. 543

De Limon Fluhme-Schmierpumpe N 93.
De Limon Fluhme-DK-Schmierpumpe 425f.
Deuta-Geschwindigkeitsmesser 129.
Dichtungsringe (gußeiserne), Stopfbuchsen- 76.
Diesellokomotiven 336ff.
— mit Druckluftübertragung 344.
— mit elektrischer Übertragung 343.
— mit Flüssigkeitsgetriebe 341.
— mit Zahnradgetriebe 338.
Dieselmotor-Wirkungsweise 337.
DK-Schmierpumpe 425ff.
Doppel-Verbund-Luftpumpe 417ff.
„Drehen" der Lokomotiven 212.
Drehgestelle 194ff.
— Tender- 250.
Drehschieber-Führerventil von Westinghouse 433ff.
— von Knorr 408, 443ff.
Dreipunktauflagerung 178.
Dreizylinderlokomotiven 77, 221.
Drosselbohrung der KK-Bremsen 496, 507.
Drosselhahn 408.
Druckabfall zum Schieberkasten 12.
Druckausgleicher mit Hahn 84.
— mit Eckventilen 86.
— mit Ventil 85.
Druckausgleich-Kolbenschieber 87.
Druckluftbremsen 398.
Druckminderventil der Bremse 436.
Druckregler 436, 440, 447.
Dultz-Wechselschieber 240.
Duplex-Lokomotive 220.
Durchschlaggeschwindigkeit der Bremsen 399, 403, 485, 496, 504.

Eames-Bremse 403.
Einfachsteuerventil 456ff.
Einheitslokomotiven 275.
Einheitsschmierpumpe 90.
Einkammerbremse 399, **403ff.**, 485.
Einströmrohr 63, 236f.
Einzelbremsen 394.
Elektrische Beleuchtung 270.
— Bremsung 382.
Entkupplungsvorrichtung 154.
Extersche Wurfhebelbremse 396.
Exzenter (Hubscheibe) 24, 26, 46f.
Exzentrizität 25.

Fahrgestell 133ff.
Federanordnung 176ff.
Federblätter 173.
Federbund 172.
Federdruckplatten 174.
Federgehänge 174.
Federspannschrauben 174.
Federung 170ff.
Fettschmierung für Stangenlager 117.
Feuerbüchs-Wasserkammern 350f.
Feuerlose Lokomotiven 347f.
Flachschieber 39f.
— mit doppelter Einströmung 40.
— mit Entlastung 41.
Flachschieber-Führerventil 408, 411, **438**ff.
Frémontsche Ausschnitte 164.
Friedmann-Schmierpumpe 96.
Frischdampfventil zum Vorwärmer 360.
Führerbremshahn der Zusatzbremse 409.
Führerhaus 202ff.
Führerventil der Druckluftbremse 404, **432**ff.
Füllventil 244.
Funkenfänger 357.

Gasbeleuchtung 265.
Geführte Länge 186.
Gegendampfgeben 382.
Gegendruckbremse **121 ff.**, 382.
Gegengewichte 162, 213.
Gegenkraftbremsen 381f.
Gegenkurbel (Schwingenkurbel) 161.
Geschwindigkeit und Indikatordiagramm 17.
Geschwindigkeitsmesser 127ff.
— der Deuta-Werke 129.
— von Hasler 129.
— von Haushälter 128.
Gleitbahn 101ff.
Gleitbahnträger 104.
Gölsdorf, Achsenanordnung 181.
Gooch-Steuerung 32f.
GP-Wechsel 408, **500f.**
Gruppenbremsen 394.
Güterzuglokomotiven 283ff.

Handbremsen **394ff.**, 484.
Händelsteuerung 55.
Hängeeisen 46, 48.
Hardy-Bremse 403.
Hasler-Geschwindigkeitsmesser 129.
Hauptbehälter der Bremse 404, **431.**
Hauptleitung 404, **494ff.**

Haushälter-Geschwindigkeitsmesser 128.
Heberlein-Bremse 394.
Heißdampfzylinderöl 90.
Heizleitung 256, 368.
Heizung 368.
v. Helmholtz 201.
Heusinger-Steuerung 35 ff.
— mit Kuhnscher Schleife 51.
— mit Winterthur-Umsteuerung 51.
Hilfsluftbehälter 399, 405, **474 ff.**
Hochdruck-Ausrüstung 320.
Hochdruck-Kessel 318 f.
Hochdruck-Lokomotiven 315 ff.
— Bauart Schmidt-Henschel 316 f.
— Löffler-Schwartzkopff 325.
Hochdruckschmierpumpe 93 f.
Holzkohlefilter 256.
Hubscheibe 24, 26, 46 f.
Hülsenpuffer 148.

Indikator 14 ff.
Indikator-Diagramm 16 f., 234.
Innenrahmen 134.

Kastenrahmen 138, 262.
Keilbremsen 382.
Kessel der Einheitslokomotiven 376 f.
Kesselhalter 143.
Kesselträger 138 ff.
Kipprost 352.
Klien-Lindner-Radsatz 182.
Klotzbremsen 382 ff.
Knorr-Drehschieberführerventil 443 ff.
Knorr-Flachschieberführerventil 438 ff.
Knorr-Schnellsteuerventil 468 ff.
Kohlenkasten 253, 264.
Kohlenstaublokomotiven 308 ff.
— Bauart AEG 310.
— Studiengesellschaft 311 ff.
Kolben, Dampf- 78.
Kolbenringe 78.
Kolbenschieber 37, **43.**
Kolbenschiebersteuerung 37.
Kolbenstange 80.
Kompression 24.
Kondensator (Turbinenlokomotive) 326, 332.
Körner, Achs- 158.
Körnerstopfen 158.
Kondensatverwertung (Speisewasserrückgewinnung) 256, **361.**
Körting-Bremse 403.
Krauß-Helmholtz-Drehgestell 201.
— Kuppelstangen für — 112.

Kraußscher Kastenrahmen 138, 262.
Kreißigsche Ringfeder 149.
Kreuzkopf 4 f., **101 f.**
Kropfachsen 162.
Kühltender 332.
Kuhnsche Schleife 51.
Kunze 402.
Kunze-Knorr-Bremse 391, 402, 484 ff.
Kunze-Knorr-Güterzugbremse 487 ff., 508 ff.
Kunze-Knorr-Personenzugbremse 502 ff., 524 ff.
Kunze-Knorr-Schnellzugbremse 502 ff., 524 ff.
Kuppelkasten 152.
Kuppelräder 155, **159.**
Kuppelstangen 104, 110 ff.
Kupplung, Schrauben- 147.
— Tender- **154,** 215.
Kuppelzapfen 159.
Kupplungshahn der Bremse 404, **451 ff.**

Lagergehäuse 166.
Lagermetalle 164.
Lagerschalen 164 f.
Lastwechsel der KKG-Bremse 522.
Laterne 266.
Laufblech 205.
Laufkreis 156.
Laufräder 155 ff., 183 ff.
Lebendige Kraft 380.
Leerkupplung 405, **454.**
Leitungsdruckregler der Druckluftbremse 404, 436, 447.
— der Gasbeleuchtung 265.
Lentz-Ventilsteuerung 61 f.
Lichtmaschine 270.
Luftabsperrhahn 404, **451 ff.**
Luftdruckmesser 404, 445.
Luftpumpe 404, **412 ff.**
Luftpumpendruckregler 404, **429 ff.**
Luftsaugeventil 83, 242.
Luttermöller-Radsatz 183.

Mallet-Rimrott-Lokomotive 297.
Meßvorrichtungen 205.
Michalk-Schmierpumpe 90.
Mindestdruckventil der KK-Bremse 496, 507, **509,** 524.

Nadelschmierung für Stangenlager 116.
„Nicken" der Lokomotiven 209.
Nicolai-Schieber 87.

Nielebock-Luftpumpe 417 ff.
Nielebock-Speisepumpe 362 f.
Notbremse 478 ff.
Notbremshahn 495, **478**.
Notbremsventil 405, **479 ff**.
Nummernschild 273.

Obergethmann-Achslager 170.
Ölabscheider 256.
Ölpumpe für Luftpumpe 416, 425 ff.
Ölpumpen 88 ff.
Ölsperren 97 f.

Pendelstützen 141.
Personenzuglokomotiven 280 ff.
Preßluftstandstreuer 119 f.
Prüfkreis 158, 162.
Puffer 147 ff.
Pufferträger 144.
Pumpe, Luft- 404, **412 ff**.
— Speise- 362 f.
Pumpenregler 404, 429 ff.

Radreifen 158 ff.
Radsätze 155 ff.
Rahmen 133 ff.
— Tender- 251.
Rauchkammer 356 f.
Rauchkammerträger 138.
Regelmetall 164.
Reibungsbremsen 381.
Reibungsgewicht 117, 155.
Reibungspuffer 149.
Reibungsrollenbremse 394.
Reibungszahlen bei Bremsen 383, 505 f.
Reibungsziffer 117.
Riggenbach-Gegendruckbremse **121 ff**., 382.
Ringfeder 149.
Röhrenkupplung 256.
Rollgrenze 384.
Rückstellfedern 186.

Sandkasten 118.
Sandstreuer 117 f.
— Bauart Borsig 121.
— Bauart Knorr 120.
Saugluftbremsen 402.
Schieber 20 f., **39 ff**.
Schieberkasten 9, 63, 238.
Schieberrahmen 39 f.
Schieberschubstange 51.

Schieberstange 46, 48, 53 f.
Schiebersteuerung **9 ff**., 20 ff.
Schlammabscheider 374.
Schlauchkupplung 450.
Schlauchverbindung 455.
Schleifer-Bremse 402.
„Schleudern" der Lokomotiven 117.
„Schlingern" der Lokomotiven 185, 207.
Schlingerstück 140.
Schlittenbremsen 381.
Schlitzschwinge 49.
Schmalspurlokomotive 299.
Schmierhahn für Luftpumpe 417.
Schmierpumpen 88 ff.
— für Luftpumpe 416, 425 ff.
Schnellbremsventil 407, 461 ff., 468 ff.
Schnelldruckregler 447.
Schnellzuglokomotiven 276 ff.
Schraubenkupplung 147.
Schürgeräte (Aufnahmerohr) 253 f.
Schwallbleche 253.
Schwanenhalsträger 195.
Schwinge 27 ff., **49 ff**.
Schwingenkurbel 161.
Schwingenstange 27 ff., 46 ff.
Schwingenstein 31, 50.
Schwingensteuerung 27 ff.
Sicherheitskupplung 147.
Sichtöler von de Limon Fluhme 88.
Smith-Bremse 403.
Spindelbremse 394.
Speisedom 373.
Speisepumpe 362 f.
Speisewasserrückgewinnung 256, **361**.
Sprengring 159.
Spurkranz 156.
Stangenlager 105, 108 f.
Stangenlagerschmierung 113 ff.
Stangenpuffer 148.
Staubfänger 405, **449 ff**.
Stehkesselträger 139.
Stellkeil 167.
Stephenson-Steuerung 27 ff.
Steuerhändel 55.
Steuerschraube 56 f.
Steuerung, äußere 46 f.
— Allan-Trick- 33 f.
— für Dreizylinderlokomotive 227 f.
— für Vierzylinderlokomotive 225.
— Gooch- 32.
— Heusinger- 35 ff.
— innere 20 f., 37 f.
— Stephenson- 27 ff.

Brosius-Koch, Lokomotivführer II, 14. Aufl.   35

Steuerventil 399, 405, 455 ff., 487 ff.
— der KKG-Bremse 490 ff., 508 ff.
— der KKP-Bremse 502 ff., 524 ff.
— der KKS-Bremse 502 ff., 524 ff.
Steuerwelle 30, 46, 48.
Stopfbuchsen 71, 74 f.
Stoßpuffer 154.
Störende Bewegungen der Lokomotiven 207 ff.
Stützbleche 141.
Syphon (Feuerbüchs-Wasserkammer) 350 f.

Taschenschwinge 49.
Tender 246 ff.
Tender-Achslager 251.
Tenderbremse 396.
Tenderbrücke 205.
Tender-Drehgestell 250.
Tenderkupplung **154**, 215.
Tenderlokomotiven 287 ff.
Tragbuchse 71 f.
Tragfedern 170 ff.
Treibräder 4 f., 155, **159 f.**
Treibstangen 6 f., **104 ff.**
Treibzapfen 4 f., **159 f.**
Trick, Allan-Trick-Steuerung 33 f.
Trofimoff-Schieber 87.
Tropfbecher 405, 443.
Turbine für Beleuchtung 270.
Turbinenlokomotiven 325 ff.
— Hilfsmaschinen 332.
— Kessel 329.
— Triebwerk 331.

Überdeckung 22.
Überhitzer 378 f.
Übertragungskammer 496, 507, **509**, 524.
Umsteuerung 25 f.

Ventilregler 358 f.
Ventilsteuerung 60 f.
Verbinder 18, 236 f.
Verbundlokomotiven 18, **232 ff.**
— Anfahrvorrichtungen für — 240 f.
— Vierzylinder- 223, 237 f.
— Zweizylinder- 223, 235.
Verschiebbare Radsätze 181 ff.
Verschiebelokomotiven 292 f.

Vollenschier 455.
Vorausströmung 23.
Voreilhebel 35, 48, 53.
Voreilwinkel 21.
Voröffnung 21, 30, 33, 36.
Vorratsbehälter 252, 262 f.
Vorwärmer 360.

„Wanken" der Lokomotiven 210.
Wasserkammern, Feuerbüchs- 350 f.
Wasserkasten 138, 252, 262 f.
Wasserstandsanzeiger für Hochdruck 320.
Wechselschieber (-ventil) für Gegendruckbremse 122 f., 304.
— für Verbundlokomotiven 236, 340 f.
— für Zahnradlokomotiven 304.
Westinghouse 398 f., 403, 432, 433 f., 455, 460.
— Einfachsteuerventil 456 ff.
— Führerventil 433 ff.
— Schnellsteuerventil 461 ff.
Windleitbleche 206.
„Wogen" der Lokomotiven 210.
Woerner-Schmierpumpe 96.
Wurfhebelbremse 396.

Zahnradantrieb von Luttermöller 183.
Zahnradlokomotiven 300 ff.
— Bremsen für — 305, 381.
— für gemischten Betrieb 301.
— für reinen Zahnradbetrieb 301, 308.
Zahnstangen 301.
Zangenbremsen 381.
Zerstäuberschmierung 97.
„Zucken" der Lokomotiven 212.
Zugkraft 3 f., 217 f.
Zugvorrichtung 144.
Zusatzbremse 408 ff.
Zweikammerbremsen 401.
Zweikammerzylinder der KK-Bremse 490, 498, 507, 516.
Zwischenlagen für die Stangenköpfe 108.
Zwischenventil der KK-Bremse 498, 507, **509**.
Zylinder (Dampfzylinder) 9 f., 63 f.
Zylinderhahn (-ventil) 80.
Zylindersicherheitsventil 82.
Zylinderventil 80.